btb
Aus Freude am Lesen

btb

Buch

Wie erleben Menschen Sexualität, Liebe, Aggression und Gewalt? Dieser Frage ist der Historiker Peter Gay in seinem großen kulturhistorischen Werkzyklus nachgegangen. Im vorliegenden Band beschäftigt er sich mit der Sexualität im bürgerlichen Zeitalter. Wie, so fragt Gay, entdeckten die Menschen in der damaligen Zeit ihre Sexualität? Was wußten sie darüber? Welchem inneren und äußeren Druck unterlagen ihre sexuellen Gefühle? Welche Sehnsüchte, welche Leidenschaften beherrschten sie? Traditionelle Ansichten von der Sexualität im 19. Jahrhundert haben uns das Bild einer Welt vermittelt, in der sich Ehemänner Mätressen hielten und Ehefrauen bar aller erotischen Gefühle waren. Das Liebesleben der bürgerlichen Gesellschaft in der Epoche bis zum Ausbruch des Ersten Weltkriegs war – so das globale Urteil – langweilig, prüde, von Heimlichkeiten bestimmt. Mit psychologischem Scharfsinn und anhand einer Fülle von Quellen zeichnet Peter Gay ein völlig anderes Bild der privaten Welt der Menschen dieser Zeit: Empfängnisverhütung und Abtreibung, Angst vor Schwangerschaft oder vor dem frühen Tod der Kinder, Prostitution und Pornographie, diesen Themen geht der brillante Autor in seiner »Archäologie« der bürgerlichen Erfahrungen auf den Grund.

Autor

Peter Gay, 1923 in Deutschland geboren und 1941 nach Amerika emigriert, ist emeritierter Sterling Professor für Geschichte der Yale University und Direktor des Dorothy and Lewis B. Calman Centers für Wissenschaftler und Schriftsteller an der New York Public Library. Für seine kulturhistorischen Studien zum 18. und 19. Jahrhundert hat er zahlreiche Preise und Auszeichnungen erhalten, darunter auch den Geschwister-Scholl-Preis 1999 für *Meine deutsche Frage: Jugend in Berlin 1933-1939.*

Peter Gay bei Siedler/btb

Kult der Gewalt (75554)
Die Macht des Herzens (75555)
Die zarte Leidenschaft (75552)

Peter Gay

Erziehung der Sinne

Sexualität im bürgerlichen Zeitalter

Aus dem Englischen von
Holger Fließbach

btb

Die Originalausgabe erschien 1984 unter dem Titel »Education of the Senses« (Band 1 von »The Bourgois Experience«) bei Oxford University Press, Oxford

Umwelthinweis:
Alle bedruckten Materialien dieses Taschenbuches sind chlorfrei und umweltschonend.

btb Taschenbücher erscheinen im Goldmann Verlag, einem Unternehmen der Verlagsgruppe Bertelsmann.

1. Auflage
Genehmigte Taschenbuchausgabe Oktober 2000

Umschlaggestaltung: Design Team München
Umschlagmotiv: Frank W. Benson
KR · Herstellung: Augustin Wiesbeck
Made in Germany
ISBN 3-442-72751-0
www.btb-verlag.de

Inhalt

Erster Teil: Allgemeine Einführung

I. Orientierungen . . . 11
1. Ein Überblick . . . 11
2. Dimensionen der Erfahrung . . . 18

II. Die Last der Definition . . . 27
1. Von Namen zu Dingen . . . 28
2. Das verführerische Einfache . . . 42
3. Widerstreit der Wahrnehmungen . . . 46

III. Baumeister und Märtyrer des Wandels . . . 56
1. Im Bann des Neuen . . . 56
2. Ein Zeitalter der Kurierzüge . . . 67

Zweiter Teil: Erziehung der Sinne

I. Bürgerliche Erfahrungen: Ein erotisches Bekenntnis . . . 83
1. Mabel Loomis . . . 83
2. Mabel Loomis Todd . . . 93
3. Mabel Loomis Dickinson . . . 102

II. Holde bürgerliche Gemeinschaften . . . 122
1. Ein Paradies für zwei . . . 124
2. Das zweifelhafte Zeugnis der Zahlen . . . 148
3. Das problematische Geschlecht . . . 159

III. Die offensive Frau, der defensive Mann . . . 187
1. Die Frauen auf dem Vormarsch . . . 189
2. Der Mann in Gefahr . . . 207
3. Das männermordende Geschlecht . . . 216
4. Das Geschlecht in Körper und Geist . . . 230

IV. Die Last der Realität . . . 242
1. Zwischen Leben und Tod . . . 243
2. Gewissen und Kontrolle . . . 257
3. Der Kampf um Malthus . . . 269

V. Gelehrte Unwissenheit 289
1. Die Zeit der erkünstelten Unschuld 289
2. Der Beruf zur Angst 303
3. Die Flucht ins Wissen 325

VI. Sinnliches Wissen 334
1. Platonische Libertinage 334
2. Lektionen des Körpers 341
3. Der Leser im Konflikt 359
4. Die Doktrin der Distanz 380

VII. Festungsmauern um das Selbst 400
1. Auf der Suche nach Sicherheit 400
2. Sozialwissenschaft als Kultursymptom 417
3. Die Demokratisierung des Komforts 430
4. Das Erlebnis der Privatheit 436

Dritter Teil: Anhang

Sexuelle Symbole in Mabel Loomis Todds Taschenkalendern 453
Anmerkungen 455
Ausgewählter bibliographischer Essay 497
Abkürzungsverzeichnis 539
Abbildungsverzeichnis 541
Danksagung 545
Register 549

Les premières impressions ne s'effacent pas, tu le sais. Nous portons en nous notre passé; pendant toute notre vie nous nous sentons de la nourrice.

Gustave Flaubert an seine Mutter,
24. November 1850

An ample theme: the intense interests, passions, and strategy that throb through the commonest lives.

Thomas Hardy, Notiz, Mai 1882

Vann Woodward

in Bewunderung
und Zuneigung

Erster Teil
Allgemeine Einführung

I. Orientierungen

1. Ein Überblick

Da der Leser ein umfangreiches Buch vor sich liegen hat, ist es sein gutes Recht, darüber informiert zu werden, was ihn erwartet. Im weiteren Verlauf der Lektüre wird er mir, wie ich meine, darin zustimmen, daß die bürgerliche Erfahrung von Königin Victoria bis zu Freud eine symphonische Behandlung verdient, ja fordert. Meine Untersuchung umfaßt das frühe 19. Jahrhundert bis zum Ausbruch des Ersten Weltkrieges. Als Ausgangspunkt habe ich die zwanziger Jahre des vorigen Jahrhunderts gewählt – gelegentlich gehe ich auch einige Jahre weiter zurück; denn die Reserviertheit *in eroticis* und die moralische Strenge, die charakteristisch für die Mittelschichten waren und verantwortlich für die sarkastischen Bemerkungen mancher Historiker über «den viktorianischen Menschen», gab es im wesentlichen schon ein oder zwei Jahrzehnte vor Victorias Thronbesteigung im Jahre 1837. Und das Jahr 1914, in dem Sigmund Freud den Zenit seiner psychoanalytischen Laufbahn erreichte, drängte sich als offensichtlicher Schlußpunkt von selber auf: Der Erste Weltkrieg hat, neben so vielem anderen, auch die bürgerliche Kultur vergiftet, mit der ich mich in diesem Werk auseinandersetze. In dem genannten Zeitraum bahnten sich in der westlichen Kultur einschneidende, irreversible, oft traumatische Veränderungen an – Veränderungen, die zwar zeitlich nicht zusammenfielen, die insgesamt aber doch ein Grundmuster erkennen lassen, das kohärent genug ist, um einige Verallgemeinerungen zu erlauben. Auf sie werde ich in späteren Kapiteln zurückkommen. An dieser Stelle will ich nur bemerken, daß ich mein 19. Jahrhundert in eine frühe und eine späte Phase gliedere und daß ich ein breites Band folgenschwerer kultureller Umwälzungen zwischen den fünfziger und den neunziger Jahren herausstellen werde. Das Verhalten von Liebespaaren, Erziehungsideale, Befürchtungen über die schädlichen Folgen der Masturbation, Ansichten über körperliche Züchtigung, die Darstellung der Frau in der Kunst, der Geschmack in der Architektur und viele andere kulturelle Charakteristika wandelten sich in diesen Jahrzehnten – manchmal kaum wahrnehmbar, manchmal fast bis zur Unkenntlichkeit. Die Untertitel, die ich für dieses Buch gewählt habe, sind lediglich Sinnbilder für diese Veränderungen. Einsichtige Historiker haben immer wieder darauf hingewiesen, daß Königin Victoria keine Viktorianerin gewesen sei, ebensowenig wie Freud ein Freudianer: beide sind nicht verantwortlich für den Mythos, den man um ihren Namen gesponnen hat. Ich möchte diese Namen verstanden wissen als Erinnerung daran, daß die bürgerliche Kultur um 1890 etwas ganz anderes war als die bürgerliche Kultur ein halbes Jahrhundert zuvor.

Der Begriff «Kultur», den ich in der umfassenden Weise des Anthropologen verwende, erfordert einige warnende Worte. Jedes menschliche Artefakt, das zur Konstituierung von Erfahrung beiträgt, fällt in diese geräumige Rubrik: gesellschaftliche Einrichtungen, wirtschaftliche Entwicklungen, Familienleben, moralische und religiöse Lehren, die Ängste der Ärzte, die Strömungen des Geschmacks, das Gefüge der Gefühle, ja sogar die Politik. Während nun ohne Zweifel jede Kultur bestimmte unübersehbare, beherrschende Züge und eine gewisse Kohärenz erkennen läßt, gibt es breite Unterströmungen, die sich bis zu einem gewissen Grade unabhängig, ja gelegentlich sogar isoliert voneinander entwickeln. Ich habe an anderer Stelle ein wenig scherzhaft die Vermutung geäußert, «Wien» sei überhaupt keine wirkliche Stadt gewesen, sondern nur die Erfindung von Kulturhistorikern, die nach einem möglichst großen Gefäß suchten, in das sie das muntere und bunte literarische, künstlerische, wissenschaftliche und philosophische Leben hineinpacken konnten, das sich auf diesen wenigen Quadratkilometern abspielte. Das war mehr als nur ein Scherz von mir: Die Kultur Sigmund Freuds, geprägt von den deutschen Klassikern, dem positivistischen Denken des 19. Jahrhunderts und der Freundschaft mit jüdischen Ärzten, war nicht die Kultur Hugo von Hofmannsthals oder anderer gebildeter Bürger dieser «imaginären» Stadt. Was ich meine, dürfte klar sein: Kultur ist vielschichtiger, zusammenhangloser und reicher an Überraschungen, als die Erforscher der modernen westlichen Zivilisation bisher erkannt haben. Die Bewegung von Ursache und Wirkung, zumal wenn wir ihre unbewußten Dimensionen berücksichtigen, widersetzt sich dem Versuch des Historikers, Kultur kartographisch zu erfassen.

Was ich unter «Bürgertum» verstehe, einem Begriff, der ebenso schwer zu fassen und ebenso dehnbar ist wie der Begriff «Kultur», soll aus dieser Einleitung hervorgehen, aus meiner Besetzung der Rollen und aus den Dokumenten, die ich hauptsächlich heranziehen werde. Meine Hauptdarsteller sind Ärzte, Kaufleute, Lehrer, Hausfrauen, Romanciers, Maler, Politiker, gelegentlich der wohlhabende Handwerker, der es zu einer gewissen wirtschaftlichen Unabhängigkeit und zu gesellschaftlichem Ansehen gebracht hat, seltener der Aristokrat, dessen Legitimation fragwürdig, dessen ganze Situation aber eminent bürgerlich ist. Meine ergiebigsten Dokumente sind neben (oft unfreiwilligen) Bekenntnissen wie privaten Tagebüchern und Familienbriefen medizinische Texte, Schriften «für Haus und Familie», fromme Traktate und Kunstwerke. Ich werde phrenologische Profile wiedergeben, intime Briefe kommentieren, Gemälde interpretieren und Träume analysieren. Die bürgerliche Erfahrungswelt des 19. Jahrhunderts war sehr reichhaltig: freimütig und zugleich verschlossen, fest geformt und gleichzeitig chaotisch.

Bei der Erkundung dieses unübersichtlichen und faszinierenden Geländes habe ich meine Zeugen in Amerika wie in Europa gefunden. Amerikaner nehmen sogar einen bevorzugten, wenngleich keinen unangemessenen Platz ein. Das ist darauf zurückzuführen, daß die amerikanischen Archive für mich leichter zugänglich waren, hat aber auch andere, interessantere Gründe. Ihr Bestand an posthumen Enthüllungen hat meine kühnsten Erwartungen weit übertroffen. Die Journale, Tagebücher und Briefe, die von Amerikanern hinterlassen wurden – oft mit der nachdrücklichen Bitte, sie zu vernichten, aber, wie mir scheint, doch halb und halb hoffend, daß sie erhalten blieben –: diese amerikanischen Papiere verrieten, von einigen seltenen und bezeichnenden europäischen Ausnahmen abgesehen, eine weniger abwägende und abwehrende Haltung als ihre französischen oder deutschen oder englischen Gegenstücke. Darüber hinaus hat mir die Lektüre dieses amerikanischen Materials nachdrücklich bestätigt, was von zeitgenössischen Kommentatoren vorausgesagt worden ist: daß Amerika, obwohl in seinen Ursprüngen und den meisten seiner Ideen unzweifelhaft europäisch, doch auch zukunftsweisend für europäische Entwicklungen sei. Von Alexis de Tocqueville um 1830 bis zu Sigmund Freud achtzig Jahre später sahen Kritiker die Vereinigten Staaten als die bürgerliche Gesellschaft schlechthin, als eine – sei's verheißungsvolle, sei's bedrohliche – Inkarnation jener Mittelschichtskultur, der die europäischen Kulturen unaufhaltsam entgegenzugehen schienen. Die Vereinigten Staaten waren ein Land, in dem, wie Stendhal und Dickens und zahllose andere Beobachter bemerkten, das bürgerliche Streben nach materiellen Gütern, der Mangel an höheren Idealen und die Unfähigkeit zu lieben am vollkommensten ausgebildet waren, aber auch am unbekümmertsten zur Schau getragen wurden. Gewiß, die bürgerliche Kultur im 19. Jahrhundert war, wie ich angedeutet habe und im einzelnen zeigen werde, ebenso einheitlich wie vielfältig: Die Einstellungen zu Gefühlsäußerungen, zur Erörterung körperlicher Beschwerden, zur Beaufsichtigung der Mädchen, zum Gebrauch von Verhütungsmitteln und zu anderen bezeichnenden Elementen des bürgerlichen Lebens unterschieden sich von Jahrzehnt zu Jahrzehnt, von Land zu Land, von Schicht zu Schicht ganz erheblich. Aber trotz aller dieser Nuancen und Entwicklungen, trotz aller dieser individuellen Schicksale bilden die verschiedenen Spielarten der bürgerlichen Ideale und des bürgerlichen Verhaltens eine erkennbare Familie von Wünschen und Ängsten. Das Zeugnis Amerikas heranzuziehen heißt, das Bürgertum des 19. Jahrhunderts in seiner reinsten Form, oder vielleicht besser: am äußersten Rande der ihm bestimmten Zukunft zu fassen. Da die Lage der Frauen in der Mittelschichtskultur des 19. Jahrhunderts – sei es in politischer, bildungsmäßiger oder sexueller Hinsicht – von überragendem symptomatischen Interesse ist, so ist es bezeichnend, daß gerade die Vereinigten Staaten als erstes Land Frauen den Zugang zu den Universitäten und die Niederlassung als Ärztinnen gestatteten und ihnen das Wahlrecht einräumten; die Vereinigten Staaten waren auch das erste Land, das (wie sich aus impressionistischen Anhaltspunkten fast zwingend ergibt) Frauen zu vorehelichen Experimenten ermutigte oder diesbezüglich doch gerne ein Auge zudrückte. Das Amerika des 19. Jahrhunderts war bereits so, wie das Europa des 19. Jahrhunderts – mehr oder weniger – erst werden mußte.

Die inhaltliche Argumentation dieses Werks verdankt vieles dem Denken Freuds. Dasselbe gilt auch für die Anlage des Ganzen. Ich habe meine Bände auf den grundlegenden Bausteinen der menschlichen Erfahrung aufgebaut: Liebe, Aggression und Konflikt. Im vorliegenden Band untersuche ich das Sinnenleben des Bürgertums, die Formen, die seine libidinösen Triebe unter dem Druck seiner moralischen Imperative und physischen Möglichkeiten annahmen; im folgenden Band untersuche ich die Formen bürgerlicher Liebe und die Art, sie auszudrücken beziehungsweise zu verheimlichen. In diesem Anschlußband prüfe ich Theorien der Liebe; die kulturellen Phantasien, welche die Romanliteratur jener Zeit in sich barg; die Verkleidungen, in denen das erotische Begehren in den sogenannten höheren Bereichen der Kultur erschien; die Formen des Liebens, welche die Geistlichen sündig, die Psychiater aber pervers nannten, und welchen Preis die bürgerlichen Sexualzwänge von den Mittelschichten forderten oder zu fordern schienen. In beiden Bänden sind Liebe und Sexualität miteinander verflochten, so, wie sie auch als Ideal bürgerlicher Phantasien miteinander verflochten waren. Mein Entschluß, diese beiden Bände zu teilen, ist rein taktisch begründet: Das Material ist einfach zu reichhaltig, als daß es in einem einzigen handlichen Buch unterzubringen wäre.

Ich habe die bürgerliche Sexualität und ihre reife Form, die Liebe, an den Beginn dieser Untersuchung gestellt, um jene hartnäckigen Fehlvorstellungen über die viktorianische Welt zu dokumentieren und nach

Möglichkeit zu problematisieren und zu korrigieren: das Bild einer verlogenen und heuchlerischen Welt, in der die Ehemänner der Mittelschicht ihrer Lust frönten, indem sie sich Mätressen hielten, Prostituierte aufsuchten oder Kinder mißbrauchten, während ihre Frauen – bar jeder sexuellen Regung – verschüchtert, pflichtbewußt und gehorsam waren und ihre ganze Liebesfähigkeit in der Führung des Haushalts und der Erziehung der Kinder verströmten. Diese vorherrschende, herablassende und kaum angezweifelte Einschätzung ist gewiß nicht ganz aus der Luft gegriffen: Ich widme daher größere Abschnitte dieses Bandes der Unaufgeklärtheit in sexuellen Dingen und den Vorurteilen Frauen gegenüber sowohl bei gebildeten Akademikern als auch bei weniger privilegierten Bürgern des 19. Jahrhunderts. Natürlich gab es im bürgerlichen Jahrhundert impotente Ehemänner, frigide Ehefrauen sowie junge Menschen beiderlei Geschlechts, die von den elementarsten «facts of life» keine Ahnung hatten; und Skandalberichte über Etablissements für Homosexuelle oder den illegalen Handel mit präpubertären Mädchen zeugen hinreichend von der Nachtseite des bürgerlichen Sinnenlebens. Matrosen, Soldaten, entwurzelte Handlungsreisende waren nicht die einzigen Kunden, auf welche die Prostituierten des 19. Jahrhunderts zählen konnten. In vielen seiner Patienten sah Sigmund Freud den unwiderlegbaren Beweis dafür, daß die bürgerliche Kultur seiner Zeit den Sexualtrieb über Gebühr gezügelt hatte. Ich versuche also, gängige Anschauungen über das viktorianische Zeitalter zu revidieren, einschließlich einiger Ansichten von Freud selbst: nicht um der Revision willen, sondern um unseren Blick wieder freizumachen für die Konflikte, die Ambivalenz, die Mannigfaltigkeit der bürgerlichen Kultur des 19. Jahrhunderts.

Wie konfliktbeladen und heterogen diese Kultur war, wird vielleicht noch deutlicher bei der Untersuchung der in ihr vorkommenden Formen der Aggression. Psychoanalytische Definitionen der Aggression sind alles andere als gesichert; aber wie man Aggression auch definiert, sie umfaßt jedenfalls mehr als bloß das Wirken des Hasses oder die Lust an der Zerstörung. Freud hat gelegentlich vom «Bemächtigungstrieb» gesprochen; ich zähle hierher auch den Drang des Menschen, seine Umwelt mit Hilfe technischer, politischer, ästhetischer und sozialer Erfindungen unter Kontrolle zu bringen. Ich verstehe den bürgerlichen Lebensstil als Mittel der Anpassung, und ich untersuche Spezialisierung, Professionalisierung, Sozialforschung, den Gang der Naturwissenschaft und die Geschichtsschreibung ebenso eindringlich wie solche unterschwellig feindseligen Verhaltensweisen wie beispielsweise den Humor oder die gesellschaftlich sanktionierte Härte gegen Kinder, Schüler, Arme und Ausländer.

Wenn von den Geburtswehen der liberalen Kultur die Rede ist, kann man das Thema Konflikt nicht umgehen. Der Psychoanalytiker versteht Konflikt im wesentlichen als Erfahrung des Individuums mit sich selbst, doch kann man dieses Modell auch auf die gesellschaftliche Ebene übertragen. Gegen Ende des 19. Jahrhunderts sah sich das umkämpfte Bürgertum mit drei Gegnern konfrontiert, von denen keiner nennenswerte Kompromißbereitschaft zeigte. Es waren dies die noch vorhandenen Zentren aristokratischer Macht und aristokratischen Prestiges; die immer größeren Zulauf findenden Parteien der Arbeiterklasse mit ihren militanten, oft auch revolutionären Ideologien; und die unversöhnlichen Avantgardisten in der Literatur, der Kunst, der Philosophie und auf dem Theater, die das Bürgertum als geschmacklos, raffgierig und bildungsfeindlich verachteten. Über den letztgenannten dieser drei Gegner – die Avantgarde – weiß man noch immer am wenigsten. Sie war in sich nicht geschlossener als jene Mittelschichten, über die ihre selbsternannten Wortführer herfielen; viele brave Bürger begrüßten denn auch die neue Kunst und förderten sie, ganz ohne herablassenden Hintergedanken, während andererseits viele avantgardistische Künstler im Innersten ihres Herzens kreuzbrave Bürger waren. Die Neigung des Historikers, die bürgerfeindlichen Ausbrüche von Flaubert oder Marx zu behandeln, als gehe es um nüchterne Berichte von der Front, hat wenig zur Klärung dieser komplexen und verworrenen Situation beigetragen. Ich hoffe, an anderer Stelle unser übernommenes Bild vom bürgerlichen Leben in einer das Bürgertum heftig befehdenden Welt zu revidieren und seiner wirklichen Erfahrung, auch seiner unbewußten, näherzukommen.

Um die historische Erfahrung in allen ihren Dimensionen zu erfassen, bedarf es der Verschmelzung des traditionellen Rüstzeugs des Historikers mit dem psychoanalytischen Modell der menschlichen Natur und der menschlichen Entwicklung, wobei beide Seiten einander belehren und kritisieren. Die Suche nach dem Dokumentierten, das Herstellen von Kausalbeziehungen, das wachsame, skeptische Mißtrauen gegen alles Spekulative muß einhergehen mit dem analytischen Sprung von den manifesten Inhalten des Materials zu dessen latenter Bedeutung. Gewiß kann der Historiker, am Schreibtisch oder in den Archiven sitzend, niemals die psychoanalytische Situation nachahmen – eine gegen die Außenwelt abgeriegelte, regressive Situation, in der das Unbewußte des einen Teilnehmers Kontakt zum Unbewußten des anderen Teilnehmers sucht. Trotzdem vermag der Historiker sich dieser Situation bis zu einem gewissen Grade zu nähern. Auch er kann Träume deuten, zumal dann, wenn der Träumer selbst sie in ein Geflecht von Assoziationen eingebettet hat; er kann die Reihenfolge der Themen in einem privaten Tagebuch lesen, als ob es sich um einen Strom freier Assoziationen handele; er kann für die Öffentlichkeit bestimmte Dokumente als Verdichtung von Wünschen und als Übung im Ableugnen auffassen; er kann aus den Vorurteilen in einem Groschenroman – oder auch in einem hochgelobten Kunstwerk – unterschwellige unbewußte Phantasien herausfiltern.

Ich rufe die Historiker nicht dazu auf, sich analysieren zu lassen, geschweige denn, selber Psychoanalytiker zu werden. Die Meister dieser Zunft haben auch ohne Freuds Hilfe das Arsenal der Motive, die Ströme gegenseitiger Beeinflussung, die Feinheiten des Ausdrucks, die Lehren, die man aus dem beiläufigsten Hinweis ziehen kann, berücksichtigt. Es liegt mir fern, den Großen des historischen Fachs – Elie Halévy, Marc Bloch oder wer sonst unser Vorbild sein mag – gönnerhaft auf die Schulter zu klopfen und zu unterstellen, sie würden irgendwie bessere Historiker gewesen sein, wenn sie nur das Glück einer psychoanalytischen Ausbildung gehabt hätten. Lange Beschäftigung mit dem Gegenstand, geschulte Intelligenz und ein hochentwickeltes Einfühlungsvermögen können Zusammenhänge aufdecken und Schlußfolgerungen begründen, zu denen ein Psychoanalytiker mit seiner ganzen professionellen Technik möglicherweise nur sehr viel mühsamer oder überhaupt nicht gelangt. Wir wissen, daß Freud Dichter beneidete, weil sie Dinge intuitiv erfaßten, deren psychoanalytische Rekonstruktion ihn Jahre kostete. Der Psychoanalytiker wiederum mag die Historiker aus demselben Grunde beneiden.

Dazu besteht jedoch eigentlich kein Anlaß. Die psychologischen Theorien, die die meisten Historiker eher zufällig mitbringen und anwenden, fangen nur einige Rhythmen und Melodien der Vergangenheit ein. Es entgehen ihnen die Obertöne, die heimlichen Anklänge, die Wiederholungen, die mehr sind als nur Wiederholungen, und die unzähligen Überraschungen. Was die Psychoanalyse zur Interpretation von Erfahrung beitragen kann, ist ein Gefüge von Methoden und Aussagen, das darauf abzielt, der Vergangenheit ihre verborgenen Bedeutungen zu entreißen und ihre ausgeschriebene Orchesterpartitur zu lesen. Mein Ziel ist die Integration der Psychoanalyse in die Historie. Diese Bände sind also keine Psychohistorie; sie sind Historie, in welche Psychoanalyse eingebracht wurde. Das ist ein Unterschied.

Das wohl wichtigste Unterscheidungsmerkmal dieser Art von Geschichtsschreibung ist ihre Aufgeschlossenheit für den deutlichen Anteil, den das Gesellschaftliche auf die Herausbildung, ja sogar auf das unbewußte Wirken der Seele hat. Es wird sich bald genug zeigen, daß die kulturellen Signale, an denen die Bürger des 19. Jahrhunderts sich orientierten, nicht selten unklar und beängstigend waren. Es war eine

Zeit des Fortschritts und der Zuversicht, aber auch eine Zeit des Zweifelns, des Grübelns, der Anfälle von Pessimismus und der Fragen nach der Identität.

2. Dimensionen der Erfahrung

Die bürgerliche Kultur des 19. Jahrhunderts hat ihre Fähigkeit nicht verloren, Erstaunen hervorzurufen. Soviel wir auch über sie wissen, wir wissen zu wenig, und vieles davon ist falsch: Die Mittelschicht von den Tagen Victorias bis zu den Tagen Freuds ist in dieser – wenn auch kaum in einer anderen – Hinsicht zu kurz gekommen. Unsere gängige Vorstellung von jenen Menschen, die wir mit einem unscharfen, aber wohl nicht zu umgehenden Ausdruck als «viktorianisch» bezeichnen, bedarf dringend der Revision; schwankt unsere Einschätzung dieser Zeit doch in unguter Weise zwischen der Belustigung über ihre Sittenstrenge und der Verachtung ihrer Prüderie, zwischen der Entrüstung über ihre Heuchelei und einer etwas herablassenden Sehnsucht nach ihrer liebenswerten Biederkeit. Trotz aller zuverlässigen Untersuchungen und scharfsinnigen Analysen, die ernstzunehmende Ergründer der Vergangenheit dieser Kultur haben zuteil werden lassen, lädt sie den Historiker doch ein, ihr vertrautes Gelände weiter zu erkunden und dem schier unerschöpflichen Schatz ihrer Zeugnisse neue Deutungen zu entreißen.

Diese Behauptung mag zunächst erstaunlich klingen. Die erdrückende Menge des erhaltenen Materials sollte eigentlich Überdruß und eine gewisse Hilflosigkeit hervorrufen.[1] Kein Jahrhundert, von unserem eigenen abgesehen, dürfte erschöpfender dokumentiert worden sein als das neunzehnte. Das ist nur allzu natürlich; war dieses Jahrhundert doch das Haus unserer Väter, das, ungeachtet der Verwüstungen des Krieges und einer herzlosen Zeit, noch immer unrenoviert, ja unberührt, und frei zur Besichtigung dasteht. Seine Tapeten sind nur leicht verblaßt, die meisten Familienporträts hängen noch an ihrem Platz. Trotzdem ist dieses Jahrhundert von nicht beantworteten – und auch nicht gestellten – Fragen umflutet. Seine Aristokraten, Staatsmänner, Künstler und Dichter sind seit langem Gegenstand unterhaltsamer Klatschgeschichten und ausführlicher Biographien, mögen sie auch noch für die eine oder andere Überraschung gut sein; auch seine Arbeiterklassen, besonders wenn sie streikten oder aufbegehrten, und seine ländlichen Bevölkerungskreise haben in den letzten Jahren die mitfühlende Aufmerksamkeit nicht weniger Sozialwissenschaftler gefunden.

Nicht so das Bürgertum: Wir haben es bisher versäumt, seine Erfahrungen zu ermessen und die Bewältigung jener wirtschaftlichen, politischen, geistigen und sozialen Veränderungen abzuwägen, die so nachhaltig in sein Leben eingriffen. Haben diese Veränderungen das 19. Jahrhundert zum bürgerlichen Jahrhundert gemacht? Wie wirkten sie auf den höchst wichtigen, aber wenig untersuchten Bereich der Gefühle zurück: auf Frustration und Erfüllung, auf Selbsteinschätzung und Geltung bei anderen, auf Zuversicht und Angst? Wie erklärt sich die Vorliebe der Mittelschichten des 19. Jahrhunderts für das Private – eine Vorliebe, die so stark und so universell war, daß sie sogar in die Definition des Bürgertums eingegangen ist? Was tat der moderne Kapitalismus für die, die am meisten von ihm profitierten – und was tat er ihnen an? Gab es einen besonderen «bürgerlichen» Stil der Sexualität, der Aggression, der Einsamkeit des Gebets, des Umgangs mit Kunst, der Bewältigung der sozialen Mobilität? Welche Erfahrungen machte der bürgerliche Mensch auf der Universität, auf dem Marktplatz, in der Wahlkabine, im Museum, im Bett? Sigmund Freud hat mich bewogen, diese Fragen zu stellen, und er hat meinen Antworten den Stempel seines Geistes aufgedrückt.

Am 3. Oktober 1897 schrieb Freud einen seiner rückhaltlos offenen Briefe an Dr. Wilhelm Fließ in Berlin, der damals sein engster Freund und einziger Vertrauter war. Nur ihm teilte Freud alle seine bestürzenden Entdeckungen offen mit. Es waren damals aufgeregte, nicht unbedingt angenehme Tage für Freud. Seine Verführungstheorie der Neurosen, die, wie er hoffte, seinen Ruf als neuartiger Heiler von nervösen Störungen begründen sollte, drohte mangels glaubwürdiger Beweise in sich zusammenzubrechen. Der epochale Triumph, den er dieser Niederlage abzutrotzen wußte – die Erkenntnis, welche herausragende Rolle die Phantasie im Seelenleben des Menschen spielt –, lag noch in der Zukunft. Unterdessen war seine Selbstanalyse in ihr intensivstes Stadium getreten; Freud suchte tief verdrängte Erinnerungen ans Licht zu ziehen und wagte sich an Traumdeutungen von unerhörter Kühnheit. In dieser Atmosphäre von verbissenem Forschen und schonungsloser Selbstkonfrontation erinnerte er sich, wie er Fließ erzählt, daß «zwischen 2 und 2 1/2 Jahren» seine «Libido gegen matrem erwacht» sei; bei einer nächtlichen Bahnfahrt von Leipzig nach Wien hatte er Gelegenheit gehabt, seine Mutter «nudam» zu sehen. Und dann, nachdem er sich von dieser lange unterdrückten Erinnerung befreit hat, fügt Freud unmittelbar hinzu – in einer verräterischen Assoziation, deren er sich überhaupt nicht bewußt zu sein scheint –, er habe den Tod seines um ein Jahr jüngeren Bruders «mit bösen Wünschen und echter Kindereifersucht» begrüßt.[2] So erwiesen sich Liebe und Haß als ständige Gefährten, als Intimfeinde.

Gerade mit seinen Verhehlungen und instruktiven Irrtümern ist dies ein folgenreicher Augenblick; er enthält in eindrucksvoller Verdichtung jene Themen, die ich in meiner Studie behandeln werde: die vorwärtsdrängende Kraft der erotischen und aggressiven Triebe, ihr ständiges zermürbendes Aneinanderreiben sowie den heimlichen Konflikt auf einer inneren Bühne. Mehr noch, er zeigt die Funktionsweise von Zivilisation – die Kontrolle von Wünschen und das Hinausschieben von Wunschbefriedigungen in der Seele des Menschen. Endlich demonstriert dieser Augenblick die Zähigkeit und die enorme Vitalität unserer frühen Erlebnisse sowie den bestimmenden Einfluß, den psychologische Abwehrvorgänge auf die Formung von Erinnerungen haben. Nach einem halben Lebensalter und in einem Brief an seinen besten Freund, der wie er selbst Arzt war, hielt es Freud noch für nötig, seine Inzestwünsche in die dezente Verschwommenheit einer Gelehrtensprache zu hüllen; das Lateinische errichtete eine Sicherheitszone zwischen ihm selbst und seiner verbotenen Erregung. Bezeichnend ist überdies, daß Freud den Zeitpunkt des verführenden Blicks «gegen matrem» falsch datiert: In Wirklichkeit war er damals bereits vier Jahre alt. Indem er sich jünger und kleiner machte, als er tatsächlich gewesen war, verleugnete er die unverkennbare Erotik der ödipalen Phase, in die er eingetreten war. Er gab sich ohnmächtiger und ungefährlicher, als er in Wirklichkeit war – als sei er kaum fähig, die eigenen aggressiven und sexuellen Absichten zu erkennen, geschweige denn sie auszuführen. Als er Fließ davon erzählte, war er 41 Jahre alt. Das, was in Freuds Erinnerungen mitschwingt, die von seiner gegenwärtigen prekären Lage fast lückenlos bis zu den Leidenschaften des kleinen Kindes zurückreichen, kann für den Historiker zum Anlaß werden, über den unmittelbaren Befund hinauszugehen und auf die gesamte kulturelle Umwelt Freuds auszugreifen, um danach wieder zu seiner persönlichen Frühgeschichte zurückzukehren. Diese ungemein beziehungsreiche Vignette aus dem Leben Freuds, mit ihren weitreichenden Konsequenzen für das Studium jener Triebkräfte menschlichen Handelns, die außerordentlich stark, aber auch außerordentlich verborgen sind, ist das Musterbeispiel einer Erfahrung. In einem sehr direkten Sinn ist dieses Buch ein ausführlicher Kommentar dazu.

Eine Erfahrung ist eine Begegnung der Seele mit der Außenwelt, wobei keine von beiden jemals ganz einfach oder ganz durchsichtig ist. An der Oberfläche oft banal, erweist sich die Erfahrung, zumal wenn wir ihre Wurzeln in die fernen Bezirke des Unbewußten verfolgen, als unzugänglich, ungreifbar, verschlossen; als Produkt zweideutiger Regungen und ungelöster Konflikte sät sie oft Verwirrung und erzwingt drastische

Verkennungen. Erfahrung ist weit mehr als nur Anlaß zu stereotypem Denken und Handeln. Sie erzeugt Gegenstände des Interesses und der Leidenschaft; sie gibt gestaltlosen Wünschen Form und schützt gegen bedrängende Ängste. Der ununterdrückbare Erfahrungshunger des Menschen reicht bis zu den frühesten Erkundungen des Kindes zurück, das nach sexuellem Wissen verlangt und die Lust der Bemächtigung sucht – jene Lust, die mehr oder weniger unterdrückt werden muß und später zu kulturellen Aktivitäten sublimiert wird, die weniger primitiv sind. So ist eine Erfahrung – sowohl als solche wie auch in Verbindung mit anderen Ereignissen – mehr als nur ein bloßer Wunsch oder eine zufällige Wahrnehmung; sie ist ein organisiertes Gefüge aus leidenschaftlichen Begierden, hartnäckig festgehaltenen Sehweisen und objektiven Realitäten, die sich nicht verleugnen lassen.

Erfahrung ist aber nicht nur die Begegnung einer Seele mit der Welt, sondern darüber hinaus die Begegnung der Vergangenheit mit der Gegenwart. Liebe und Haß, diese tätigen Bildner der Geschichte, haben ihre eigene, ausgedehnte und im wesentlichen verborgene Geschichte: Der Druck der Vergangenheit ist ebenso allgegenwärtig, wie er stark ist. Den Menschen das «kulturelle Tier« nennen heißt, seine Natur als Tier hervorheben, das aus der Erfahrung lernt, wenngleich auch oft das Falsche. Die Erfahrung, rief William James 1890 in seiner überschwenglichen Art aus, «ist unser Erzieher, unser souveräner Helfer und Freund».[3] Sie erwächst aus dem Aufeinanderprallen und Zusammenwirken von bewußter Reflexion und unbewußtem Bedürfnis; sie verschmilzt Erinnerung und Begierde. Und wenn viele jener unvergeßlichen Lehren, die der Mensch in seinem Leben befolgt, ihm gar nicht bewußt werden, so gibt es doch auch viele andere, die dem Bewußtsein zugänglich sind: Wenn Sigmund Freud seine Psychoanalytiker-Kollegen dazu anhält, mit gleicher Unparteilichkeit auf die manifesten Darbietungen des Traumes wie auf dessen latenten Inhalt zu achten, so hätte er auch Historiker belehren können, daß es notwendig ist, nicht nur bequem zugängliches Material zu verwerten, sondern auch entlegenes in Betracht zu ziehen.

Erfahrungen zeugen also von dem ununterbrochenen Austausch zwischen dem, was die Welt uns aufdrängt, und dem, was die Seele verlangt, erhält und umformt. Dieser Austausch hat die Berufshistoriker seit langem beschäftigt, ja beunruhigt. Ebenso wie die Realitäten, denen sie ausgesetzt ist, ist auch die Seele, dieses feste und zugleich wandelbare Ding, fast niemals gänzlich passiv. Ich vertrete damit nicht die These einer unheilbaren Subjektivität des Menschen. Die Seele ist oft erstaunlich gewandt, wenn es darum geht, Umriß und Bedeutung ihrer Wahrnehmungen zu erfassen. Die meisten Historiker bekennen sich zu der zweifelhaften These, jeder Mensch sei das unselige Opfer eines falschen Bewußtseins, ein bloßer Parteigänger, ein unbewußter, doch unverbesserlicher Exponent seiner Klasse, seines Glaubens und seiner Zeit. Dieselben Historiker behaupten gerne mit den Kulturanthropologen, daß die Menschen ihre Erfahrung konstruieren.[4] Das tun sie in der Tat. Aber diese Konstruktion der Erfahrung beruht auf dem problematischen Zusammenspiel von falschen Wahrnehmungen, die die Angst hervorgerufen hat, und deren Richtigstellung durch Vernunft und Experiment. Die Vorstellung, die die meisten Menschen von der sie umgebenden Realität haben, ist, trotz aller leidenschaftsbedingten und neurotischen Retuschen, doch ein wiedererkennbares Abbild dieser Realität. Es hat ungefähr so viel Ähnlichkeit mit der wirklichen Welt, wie eine Landkarte aus dem 18. Jahrhundert Ähnlichkeit mit dem heutigen Globus hat. Die Menschen erfinden ihre Welt nicht einfach – selbst dann nicht, wenn sie irrsinnig sind. Die Materialien, die sie zum Bau ihrer Welt verwenden, sind im großen und ganzen öffentliches Eigentum.

Ich werde auf den folgenden Seiten des öfteren Gelegenheit haben, Selbsttäuschungen zu entlarven, Fehldeutungen zu korrigieren und den unbewußten Sinn bewußter Handlungen zu analysieren. Doch plädiere ich zugleich energisch dafür, der äußeren Realität ein Recht sui generis und der Seele Urteilsfähigkeit zuzubilligen. Die Tatsache, daß es in der Geschichte der Menschheit von parteilichen Argumentationen, irrationalen Überzeugungen und feindseligen Projektionen nur so wimmelt, ist zwar ein niederschmetternder Beweis für die Grenzen menschlicher Objektivität. Und bekanntlich steckt nach psychoanalytischer Auffassung hinter allen Gedanken, Äußerungen und Handlungen des Menschen mehr, als das ungeschulte Auge zu erkennen vermag. Dennoch verpflichtet die Psychoanalyse den Analytiker – bzw. den Historiker – nicht dazu, in allen Dingen nun immer das Gegenteil von dem zu sehen, was sie zu sein scheinen. Sie sind paradoxerweise das, was sie scheinen, *und* zugleich das, was sie nicht scheinen. Das macht sie so interessant, aber auch so schwierig. Und die Theorie Freuds, weit davon entfernt, diese Komplikationen zu unterschätzen, rechnet mit ihnen; ja sie schwelgt in ihnen und erleichtert es, sie zu untersuchen. Das macht sie mir so sympathisch, und sicherlich erhebt sie mit Recht Anspruch auf die Aufmerksamkeit des Historikers.

Wenn der einundvierzigjährige Freud im Geist wieder seine nackte Mutter vor sich sah, hätte er mit Recht von einer «zweiten Auflage» sprechen können: Was in der bedeutsamen, ja entscheidenden Erinnerung von 1897 neue Gestalt gewann, war die revidierte Neuauflage von Geboten und Verboten, die Enthüllung nachweisbarer Ereignisse um

1860. Die Wünsche des Knaben Freud, von der Angst des Erwachsenen nachempfunden, waren zwar etwas sehr Persönliches, hatten aber Auswirkungen von sehr allgemeiner Art. Brachen sie doch gerade in dem Augenblick wieder hervor, als Freud um die Formulierung einer Seelenlehre rang, in der eines jeden Knaben Verlangen nach der Mutter zum tragenden Element werden sollte. Daß die Historiker im allgemeinen die unzugänglichen Bezirke der Erfahrung gemieden haben, ist nur allzu begreiflich. Das Unbewußte verweigert sich. Mag es herausfordernd genug seine Spuren hinterlassen: es ist, selbst im günstigsten Fall, für den ungeübten Beobachter fast unentzifferbar. Doch mag es auch ein schwieriges Geschäft sein, der historischen Forschung das Unbewußte zu erschließen: Es bleibt doch eine wesentliche Wahrheit der Geschichte – eine Wahrheit, die der Historiker nur zu seinem Schaden und zu seinem Nachteil ignoriert –, daß vieles in der Vergangenheit sich unterirdisch, schweigend, aber beredt abgespielt hat.

Ungeachtet der machtvollen Wirksamkeit des Unbewußten muß aber die historische Interpretation menschlicher Erfahrung ebenso sensibel für die *bewußten* Dimensionen der Erfahrung wie für deren unbewußte Dimensionen sein, für die Einwirkung der Kultur auf die Seele – für jene Welt also, in der der Historiker am meisten zu Hause ist. Es ist kein Zufall, daß der kleine Sigmund Freud jenes folgenreiche erotische Erlebnis in der Eisenbahn hatte: Wurde sie doch zum Inbegriff eines in Bewegung geratenen 19. Jahrhunderts. Die Intimität des Abteils, das rhythmische Wiegen des Zuges ließen im Vierjährigen unabweisbare Wünsche aufsteigen und gaben ihnen ihre besondere Gestalt. Die menschliche Seele hungert nach Wirklichkeit; mit Ausnahme des im wesentlichen in sich selbst verschlossenen Es, dieses Sammelbeckens für alles roh Triebhafte und tief Verdrängte in uns, machen die anderen Instanzen der Seele, Ich und Über-Ich, gerne und großzügig Gebrauch von der Kultur, in der sie existieren, sich entwickeln, sich behaupten oder scheitern. Die Seele präsentiert der Welt ihre Wünsche; die Welt gibt der Seele die Grammatik, den Wünschen ihren Wortschatz, den Ängsten ihr Objekt. Das Über-Ich des Menschen ist eine Ansammlung von elterlichen und sonstigen lehrhaften Geboten und Verboten; das Ich des Menschen, begabt mit der Fähigkeit, zu denken, zu wägen und zu ahnen, stellt sich den Realitäten und prüft sie. Die Seele vereinnahmt die Welt für ihre Phantasien, ja für ihre Träume. Und wenn schon dieses nächtliche Schattentreiben der Seele so stark aus dem Fundus des wirklich Sichtbaren, Hörbaren und Riechbaren schöpft, um wieviel enger muß nicht das Tageserleben von uns Normalneurotikern an den gesellschaftlichen, religiösen, wirtschaftlichen und technischen Zwängen kleben, die jedem einzelnen Menschen und ganzen Gruppen den Rahmen des Möglichen abstecken und Grenzen ziehen.

Der Reduktionismus, welcher die Psychohistorie so sehr belastet hat, ist also unhaltbar: weil er nicht nur über die Subtilitäten des historischen Prozesses, sondern auch, und vielleicht noch schlimmer, über die Subtilitäten des psychoanalytischen Menschenbildes hinwegsieht. Nun ist gewiß nicht jede Reduktion reduktionistisch. In einer Abhandlung von 1913 spekuliert Freud über Möglichkeiten, die Psychoanalyse auch auf historische Untersuchungen anzuwenden, und erwähnt eine Methode, seine Individualpsychologie für das Studium kollektiver Erfahrung fruchtbar zu machen, Biographie Historie werden zu lassen. «Die Psychoanalyse», schrieb er, «stellt eine innige Beziehung her zwischen all diesen psychischen Leistungen der einzelnen und der Gemeinschaft, indem sie dieselbe dynamische Quelle für beide postuliert. Sie knüpft an die Grundvorstellung an, daß es die Hauptfunktion des seelischen Mechanismus ist, das Geschöpf von den Spannungen zu entlasten, die durch Bedürfnisse in ihm erzeugt werden. Ein Teil dieser Aufgabe wird lösbar durch Befriedigung, welche man von der Außenwelt erzwingt; zu diesem Zwecke wird die Beherrschung der realen Welt Erfordernis. Einem anderen Teil dieser Bedürfnisse, darunter wesentlich gewissen affektiven Strebungen, versagt die Realität regelmäßig die Befriedigung. Daraus geht ein zweites Stück der Aufgabe hervor, den unbefriedigten Strebungen eine andersartige Erledigung zu verschaffen.» Überzeugt davon, daß die Psychoanalyse bereits die Ursprünge von Religion, Moral, Recht und Philosophie mit gleißendem Licht erfüllt habe, schließt Freud: «Alle Kulturgeschichte zeigt nur, welche Wege die Menschen zur Bindung ihrer unbefriedigten Wünsche einschlagen unter den wechselnden und durch technischen Fortschritt veränderten Bedingungen der Gewährung und Versagung von seiten der Realität.»[5]

Dieser kaum bekannte Absatz enthält nichts weniger als ein ehrgeiziges Programm für Historiker, dessen Tragweite bisher weder Psychoanalytiker noch Historiker ausgelotet haben. Freud ist sich offenbar der Art und Weise bewußt, wie seelische Operationen in Erfindungen, Institutionen und Problemlösungen übersetzt werden und sich dabei selbständig machen und ihr eigenes öffentliches Leben führen. So gesehen, ist sogar die Technik eine rationale Methode der Befriedigung unerfüllter Wünsche. Zugleich ist sie aber auch eine äußere, objektive Wirklichkeit, die, einmal von der Seele losgelöst, nunmehr der Seele gegenübersteht. Nicht umsonst benutzen die Menschen Metaphern aus dem Bereich des Familienlebens, wenn sie über Religion, Politik oder die Fabrik sprechen. Sie drapieren ihre öffentliche Umwelt mit ihrem inneren Erleben, während die Umwelt dieses Erleben widerspiegelt und beeinflußt. Klassenbewußtsein, nationale Loyalitäten, wirtschaftliche Entscheidungen sind Beispiele für eine Seelentätigkeit, welche die Wirklichkeit gestaltet und von ihr gestaltet wird. Der Kult der Jugend, des Alters oder der Natur; die Hoffnung auf soziales Vorwärtskommen oder die Verzweiflung an der sozialen Mobilität; das Eintreten für parlamentarische Einrichtungen oder die Bevorzugung einer charismatischen Führung; die Entscheidung für bestimmte Geschäftsstrategien; und eine Unzahl weiterer Empfindungen und Tätigkeiten: Das alles ist teils rational, teils nicht-rational – das Ergebnis bewußter Berechnung und unerfüllter Wünsche, deren Existenz der einzelne und seine Gruppen kaum kennen und auch kaum zugeben können. Erläuternde psychoanalytische Kategorien sind keine festgelegten Gleise, die den Gang der Geschichtsdeutung vorschreiben würden; es sind Beschreibungen über verfügbare und nicht verfügbare menschliche Alternativen. Sie vergrößern für den Historiker die Chance, sämtliche Dimensionen der Vergangenheit und ihren jeweiligen Anteil an der aus ihnen gewonnenen Erfahrung zu erfassen. Deshalb analysiere ich das, was ich «Realitätsdruck» nenne, an so unterschiedlichen Beispielen wie der Einführung der Eisenbahn, der Vulkanisierung von Gummi, dem Sieg über das Kindbettfieber oder der Fortdauer von gesellschaftlichen Hierarchien. Alles miteinander hat bürgerliche Erfahrung zu dem gemacht, was sie geworden ist.

Streng genommen, hat es «die» bürgerliche Erfahrung natürlich nicht gegeben, weder im 19. noch in einem anderen Jahrhundert; was es gab, waren bürgerliche Erfahrung*en*. Gerade der psychoanalytisch orientierte Historiker muß wissen, daß die Erfahrung eines jeden Individuums sich von der aller anderen unterscheidet, und sei der Unterschied noch so gering. Die Geschichte «der» bürgerlichen Erfahrung im 19. Jahrhundert schreiben, heißt, gewagte Verallgemeinerungen riskieren. Nur der konkrete einzelne ist es, der liebt und haßt; Geschmack an Bildern und Möbeln entwickelt; Zufriedenheit in Augenblicken der Erfüllung, Angst in Zeiten des Unglücks, Zorn gegen die Boten des Mangels empfindet. Nur der einzelne triumphiert in der geglückten Bemächtigung oder rächt sich an der Welt; der Rest ist Metapher.

Freilich eine unentbehrliche! Denn allen Menschen ist zumindest ihre Menschlichkeit gemein – ihre Leidenschaften, das Geheimnis ihres Reifens, ihre ununterdrückbaren Bedürfnisse. Und jeder Mensch entwickelt soziale Beziehungen und gehört Teilkulturen an, durch die er voraussagbaren Erfahrungen ausgesetzt sein wird. Diese Erfahrungen aber weisen genügend Familienähnlichkeit untereinander auf, um den Historiker zu

Pauschalurteilen zu verführen. Religionsgemeinschaften, Stadtviertel, Sprachgruppen sowie, im 19. Jahrhundert, soziale Klassen machen aus dem einzelnen ein identifizierbares Mitglied von verschiedenen Gesellschaften. Zu dem Zeitpunkt, da ein Kind schulpflichtig wird, ist es bereits ein kleiner, wandelnder Auszug aus der Kultur, der es angehört – etwas Einzigartiges, ein wirkliches Individuum, und dabei zugleich ein höchst lehrreicher Repräsentant seiner verschiedenartigen Welten. So sind die Methoden, Theorien und Techniken der Psychoanalyse geeignet, eben jene Brücke von der individuellen zur kollektiven Erfahrung zu schlagen, die die meisten, der Psychoanalyse abholden Historiker als etwas ausgesprochen Problematisches behandelt haben. Denn das Individuum des Psychoanalytikers ist ein soziales Individuum. Selbst jener privateste der inneren, im wesentlichen unbewußten Kämpfe: die Verdrängung des Ödipuskomplexes, geht, wie Freud bemerkt, «unter dem Einfluß von Autorität, Religionslehre, Unterricht, Lektüre» vor sich.[6] Andere Erfahrungen sind nicht weniger kulturell vermittelt, mögen sie nach Art und Folgen auch noch so persönlich und intim sein. Damit ist auch erklärt, warum Freud keinen prinzipiellen Unterschied zwischen der Individual- und der Sozialpsychologie anerkannte.

Trotzdem muß hinter meinen psychologischen und historischen Verallgemeinerungen stets der eine, wirkliche Mittelpunkt des Erlebens stehen: die Person. Um dies sinnfällig zu machen, stelle ich diesem Band eine analytische Biographie voran: Ich möchte damit (ohne sie imitieren zu wollen) an die klassischen Fallgeschichten Freuds erinnern, die im besten Sinne des Wortes Historien sind. Diese psychologischen und sozialen Porträts sind keine vollkommenen Spiegelbilder, aber doch beredte Zeugnisse der Kultur. Sie leiten über zu jenem riesigen, komplizierten Mosaik – der bürgerlichen Erfahrung des 19. Jahrhunderts –, dem ich im folgenden nachgehen, das ich nachkonstruieren und nacherzählen möchte.

II. Die Last der Definition

Ein beunruhigendes, wenngleich oft kaum wahrnehmbares Moment bürgerlicher Erfahrung im 19. Jahrhundert war die Besorgtheit des Bürgertums um die eigene Definition: um seine inneren Rangordnungen, seinen Status in der Gesellschaft, sein Verhältnis zu anderen Klassen, seine politische Zukunft, seinen moralischen Charakter. «Ich wende mich an die mittleren Schichten», schreibt Thackeray im *Jahrmarkt der Eitelkeiten.*[1] Zwar hielten er und seine Leser die Bedeutung dieser Anrede für sonnenklar, aber wirklich sicher durften sie sich ihrer Sache nicht sein. Zu vieles war zweifelhaft: Ideale, Aussichten, nicht zuletzt die Bedeutung von Begriffen. Die Schichtung der sozialen Pyramide lag teilweise hinter subtilen gesellschaftlichen Differenzierungen und unvereinbaren Ansprüchen verborgen. Die obere und die untere Grenze einer Schicht verhüllte sich oft hinter den Staubwolken des verzweifelten Kampfes, den bürgerlichen Status zu erlangen, zu verlassen oder zu verbessern. Und die Legenden, die sich an die Geschichte der Mittelschichten knüpften, verbunden mit der nicht enden wollenden Diskussion über deren Rang und Ansehen, erzeugten ein Gefühl der Ungewißheit über die eigene Identität, das oft schon an Selbsthaß grenzte. Ein weitgespanntes und bohrendes bürgerliches Bewußtsein belastete viele Menschen des 19. Jahrhunderts und erschwerte dem Historiker im 20. die nachträgliche Orientierung.

Immerhin enthalten auch Fiktionen, Widersprüche und neurotische Verzerrungen oftmals den Schlüssel zur historischen Realität. Ja, sie werden sich sogar als wesentliches Element einer jeden sinnvollen Definition der Mittelschichten des 19. Jahrhunderts erweisen. Ich denke mir diese Schichten als eine von denselben Begierden und Ängsten zusammengehaltene Familie. Freilich gab es noch manches andere, was ihnen den nicht einmal ganz falschen Schein von Kohärenz und Einheit verlieh: gleichlaufende Interessen, den einigenden politischen Druck von außen, rechtliche Klassifizierungen, gemeinsame Vorstellungen. Allerdings war es eine weitläufige Familie, verzweigt und zänkisch. Die Bande, die sie zusammenhielten, waren oft schwächer als die Bestrebungen, die sie trennten. Und das verräterischste Symptom hierfür sind die Namen, die man diesen Schichten gab.

1. Von Namen zu Dingen

Das Durcheinander der Klassenbezeichnungen im 19. Jahrhundert ist den Zeitgenossen nicht entgangen. 1893 übersetzte der amerikanische Gelehrte Charles K. Needham die Streitschrift eines deutschen Arztes gegen die offiziell geduldete Prostitution ins Englische und stieß dabei auf das Wort *Bürger*. In einer reflektierenden Anmerkung sagt er dazu: «Dieses Wort kann man in seiner vollen Bedeutung nicht mit *middle classes* übersetzen, auch wenn ich das auf den vorangegangenen Seiten gelegentlich getan habe. Die Lebensbedingungen in England und Amerika unterscheiden sich von denen in Deutschland, weshalb es im Englischen nichts gibt, um jenen Begriff mit einem einzigen Wort wiederzugeben.»[2] Needham war klug genug, zu erkennen, daß diese sprachlichen Schwierigkeiten auf Schwierigkeiten in der Sache schließen ließen. Die deutsche Terminologie trug dieser Sachlage immerhin Rechnung: Sie machte einen feinen, aber wahrnehmbaren Unterschied zwischen *Bürgertum* und dem modischen Fremdwort «Bourgeoisie». Wenn Thomas Mann noch 1918 das Loblied des Bürgers sang und am Bourgeois kein gutes Haar ließ, so stand er damit in einer rhetorischen Tradition, die mindestens hundert Jahre alt war. *Bürger* war ein juristisches und zugleich ein soziales Etikett: Das Wort bezeichnete den Einwohner eines Staates («Staats-Bürger») oder den Angehörigen einer Klasse – eine Zweideutigkeit, die von deutschen Autoren weidlich ausgeschlachtet wurde. Zudem benutzten die Deutschen nicht nur das Wort *Bürger*, sondern auch das Wort *Mittelstand*, und die merkwürdige Sprachgeschichte dieser Bezeichnung liefert einen weiteren Beweis dafür, daß ein unfester Sprachgebrauch im 19. Jahrhundert oft Unfestigkeit in der Gesellschaft sowie eine gewisse Nervosität verrät.

Zu Beginn des Jahrhunderts sahen Goethe, Hegel und ihre Zeitgenossen den Mittelstand als respektabel und vermögend an und zählten zu seinen oberen Rängen die höheren Beamten und andere Gebildete; um die Jahrhundertmitte bezeichnete das Wort kleine Kaufleute und Fabrikanten. Nach 1870, mit der Gründung des neuen Deutschen Reiches und den Turbulenzen einer hemmungslosen, oft ruinösen Spekulation, sank «Mittelstand» zum Synonym für Kleinbürger ab, für Kleingewerbetreibende, die krampfhaft versuchten, sich über Wasser zu halten, und für Handlungsgehilfen, die in Scharen jenen trostlosen Arbeitsplätzen zuströmten, welche die neuen industriellen und Handelsunternehmen ihnen boten. Die meisten Angehörigen dieser beiden Gruppen hatten allen Grund, ihre sozialen Chancen und ihre wirtschaftliche Zukunft düster zu beurteilen. In der Volkswirtschaft begann man, zwischen einem alten und einem neuen Mittelstand zu unterscheiden, wobei man sich über den Niedergang des ersteren und die Schäbigkeit des letzteren besorgt zeigte. Und so stand in den neunziger Jahren der Begriff schließlich für einen gesellschaftlichen Sektor in der Dauerkrise, für ein Problem auf der Suche nach seiner politischen Lösung.[3] Der Weg dieser Bezeichnung mit seiner unaufhaltsamen Abwärtstendenz dokumentiert schwere Belastungen im deutschen Bürgertum selbst.

Der englische Mittelstand hingegen weigerte sich beharrlich, sich durch differenzierende, aggressive Klassenbezeichnungen herauszuheben. Über das Wort «bourgeoisie» verfügte man zwar schon seit dem späten 17. Jahrhundert, aber man «bürgerte» es nicht ein und bevorzugte das heimische «middle class», oder auch, mit biederem und vernünftigem Respekt vor dem Pluralismus, die Mehrzahl «middle classes». Anscheinend fanden englische Autoren nichts dabei, den deutschen Mittelstand «bourgeois» zu nennen; George Eliot tat es 1856. Doch noch 1873 macht J. A. Symonds die Bemerkung, das Eigenschaftswort «bourgeois» sei «ein moderner Ausdruck». Nur wer ein kosmopolitisches Weltkind sei oder nach einer leicht abschätzigen Bezeichnung Ausschau halte, werde bereitwillig zu diesem französischen Lehnwort greifen. «Die große Überlegenheit Frankreichs gegenüber England», schreibt Oscar Wilde in einem seiner funkelnden, aber abwegigen Epigramme, «besteht darin, daß in Frankreich jeder Bourgeois sich wünscht, Künstler zu sein, während in England jeder Künstler sich wünscht, Bourgeois zu sein.»[4] Und Beatrice Potter, die nachmalige Beatrice Webb, notiert sich Anfang 1890 in ihr Tagebuch, sie habe «Sidney Webb, den Sozialisten», zum Abendessen eingeladen: «bemerkenswerter kleiner Mann, etwas ungepflegt, [mit] Brille und einem blankgewetzten, bourgeoisen schwarzen Rock.»[5] Die meisten ihrer Landsleute hätten die anderen Bezeichnungen mit heimischerem Klang bevorzugt: 1834 konnte John Stuart Mill bei der Aufzählung der «drei Klassen», in welche die englische Gesellschaft zerfalle, von «landlords, capitalists and labourers» sprechen.[6]

Diese Abwehrhaltung gegen das Wort «bourgeois» kann nicht einfach als sprachlicher Chauvinismus abgetan werden. Immerhin waren es die Marxisten, die, angefangen bei Engels' *Lage der arbeitenden Klasse in England,* das Wort «bourgeois», wo nicht zu ihrem Monopol, so doch zum kennzeichnenden Usus des sozialistischen Diskurses machten. Für die politisch Aktiven wurde es nachgerade zu einer polemischen Vokabel: William Morris konnte an seine Jugendjahre zurückdenken als an «eine dumpfe, stumpfe Zeit, auf der Bourgeois- und Philistertum lasteten».[7] Nicht einmal die vermeintlich unschuldige Entscheidung darüber, ob man die stark geschichteten mittleren Bezirke der Gesellschaft im Singular oder im Plural ansprechen wollte, war frei von politischen Implikationen: bewußte Liberale wie Richard Cobden sprachen mit Nachdruck von «middle class», um ihrem Aufruf zur Einheit des Mittelstandes und ihrer Erwartung politischer Macht Ausdruck zu geben.[8] Die Sprache, deren man sich bediente, um die von den mittleren Schichten der Gesellschaft beanspruchte, schlecht definierte und vielleicht undefinierbare Region der sozialen Pyramide zu kennzeichnen, war fast nie völlig harmlos, fast nie völlig unpolitisch.

Doch damit nicht genug des Babels der Definitionen! Schon die Fülle deskriptiver Global-Etiketten wie «bourgeois», «Bürger» oder «middle class» bekundet die Mannigfaltigkeit der sozialen Typen, die unter diesen geräumigen Oberbegriffen zusammengefaßt wurden. Einige Historiker, denen bei solcher begrifflichen Weite entschieden unwohl war, sonderten sowohl die mit dem Adel auf du und du stehenden Großkapitalisten, ob Patrizier oder Plutokraten, als auch die ärmsten Handwerksmeister, denen es nicht besser ging als Tagelöhnern, vom Bürgertum ab und verwiesen sie entweder in eigene Sonderkategorien oder schlugen sie ihren Nachbarn in der sozialen Pyramide zu. Andere haben den Ausweg gewählt, alle diejenigen als Angehörige des Mittelstandes zu definieren, die weder Arbeiter noch Bauern noch Aristokraten waren. Für diese drastische Vereinfachung gibt es eine gewisse juristische Legitimation, nämlich das Preußische Landrecht, das zum «Bürgerstande» alle Einwohner des Staates zählte, welche «ihrer Geburt nach weder zum Adel, noch zum Bauernstande gerechnet werden können; und auch nachher keinem dieser beiden Stände einverleibt worden sind».[9] Aber diese prachtvolle Klarheit des Preußischen Landrechts, summarisch und psychologisch unpräzise, stand anderen Ländern nicht zu Gebote, wo sich die Historiker statt dessen genötigt sahen, auf ökonomische oder soziale Kriterien zurückzugreifen.

Um die Verwirrung noch weiterzutreiben: in der Mitte des 19. Jahrhunderts benutzten Pariser Proletarier das Wort *bourgeoise* zur Bezeichnung braver, nüchterner Arbeiterfrauen, deren Männer unter ihrem Pantoffel standen.[10] Und nicht weniger schwierig war es, Grundbesitzer ohne Adelstitel einzuordnen: ob sie ihren Geschäften nachgingen, als städtische Beamte fungierten oder von ihren ländlichen Investitionen lebten, immer hatten sie kontinuierlichen, engen Kontakt zu städtischen Angelegenheiten und Zugang zur politischen Macht. Diese Grundbesitzer, die, zumindest bis zur Jahrhundertmitte, besonders zahlreich und einflußreich in Frankreich und in Preußen waren, passen am wenigsten zum Stereotyp des Bürgers. «Niemand möchte auf seinen eigenen Gütern auf dem Lande leben», wie es der Comte de Villèle ausdrückt, der brillante Finanzmann und französische Ministerpräsident gegen Ende der Restaurationszeit: «Alle unsere *gentilshommes* verwandeln sich jetzt in Bürger, indem sie sechs oder gar neun Monate in der Stadt verweilen, um das dortige gesellschaftliche Leben, die Bequemlichkeiten und die Erziehungs- und Unterbringungsmöglichkeiten für ihre Kinder wahrzunehmen.»[11] Für die meisten Beobachter war der Bürger ein urbanes Tier. Doch trugen auch nicht-adlige Grundbesitzer hinreichend viele jener Merkmale zur Schau, die normalerweise mit dem Bürgertum verbunden werden, so daß sie gelegentlich den Fabrikanten und freien Berufen zugeordnet wurden.

Mit Rücksicht auf solche Kompliziertheiten bedienten sich die Zeitgenossen bestimmter beschreibender Eigenschaftswörter, um Untergliederungen kenntlich zu machen und soziale Bewegungen festzuhalten: *haute, bonne* und *petite bourgeoisie,* obere und untere Mittelschicht. Aber sogar derartige Begriffe, mochten sie auch hilfreich sein, erwiesen sich als ein zu grobmaschiges Raster, um alle jene feinen Differenzierungen und schwelenden Konflikte einzufangen, welche die Mittelschichten allenthalben erfüllten und den Anstoß gaben zu Rastlosigkeit und sozialem Wandel. Mitte der dreißiger Jahre des 19. Jahrhunderts schrieb Michel Chevalier – Reisender, Beobachter, ein kleinerer Tocqueville, der später ein hervorragender französischer Staatsbeamter wurde – ein Buch mit Reflexionen über die Vereinigten Staaten, in welchem er amerikanische Einrichtungen mit solchen in seiner Heimat verglich. In Amerika stelle die Mittelschicht ein zusammenhängendes, geschlossenes Ganzes dar, bestehend aus «Fabrikanten, Kaufleuten, Juristen, Ärzten», aber auch «einer kleinen Zahl von Landwirten und von Personen, die sich der Gelehrsamkeit oder den schönen Künsten gewidmet haben». In Frankreich hingegen sei die «starke Mittelschicht» deutlich gespalten in «die tätige Klasse», deren Geschäft «Handel, Industrie, Ackerbau und die freien Berufe» seien, und das «müßige» Bürgertum, «das sich zusammensetzt aus Menschen ohne tätigen Beruf, Grundbesitzern, die aus ihren Gütern ein Einkommen von $ 500 oder $ 1500 ziehen, indem sie dieselben verpachten oder den Ertrag mit dem Landwirt teilen, ohne den Versuch einer Steigerung der Erträge zu unternehmen». Diese beiden «Teile» der Mittelschicht unterschieden sich für Chevalier «wesentlich voneinander», obgleich sie, wie er auf der nächsten Seite, unbekümmert um logische Konsistenz, hinzufügt, «nicht gänzlich und reinlich voneinander geschieden sind».[12] Offenbar mußte selbst der scharfsinnigste und kühnste Kommentator an der Aufgabe verzweifeln, die Mittelschichten zu definieren und zu lokalisieren.

Irgendwann Ende der sechziger Jahre des 19. Jahrhunderts versuchte sich der immer einfallsreiche und häufig maliziöse Émile Zola an einer Verfeinerung der herrschenden unscharfen und vergröbernden Klassifizierung des Bürgertums, indem er die französische Gesellschaft in fünf Welten einteilte: *peuple*, wozu er Arbeiter und Soldaten rechnet; *commerçants,* worunter zu verstehen sind «die Spekulanten bei der Pariser Stadtsanierung», Industrielle und wohlhabende Geschäftsleute, «die Damen der Kabale und Liebe» sowie Kaufhausbesitzer; *bourgeoisie,* von Zola kurz und bündig definiert als «Söhne von Emporkömmlingen»; *grand monde,* bestehend aus Politikern und einflußreichen Staatsdienern; und endlich *un monde à part,* bestehend aus Huren, Mördern, Priestern und Künstlern.[13] Dieses Schema ist amüsant und sogar tiefsinnig, aber es verrät doch auch nur die allgemeine Verlegenheit um eine Definition des Mittelstandes. So war die obere Mittelschicht niemals völlig in sich geschlossen und zeigte selten eine einheitliche Front; und die Personengruppen, die Zola als *commerçants, bourgeoisie* und *grand monde* definiert, hatten oft gegensätzliche, wenn auch einander überschneidende Ziele und Wertvorstellungen. Juristen mit guten Beziehungen, höhere Beamte, prominente Kleriker und angesehene Ärzte wechselten oft aus einer Schicht des mittelständischen Lebens in eine andere über. Als Antwort auf solche Fakten des sozialen Lebens bereicherten die Deutschen ihr soziologisches Vokabular um zwei Bezeichnungen für Gruppen, die aufgrund ihres Besitzes oder ihrer Bildung besondere Beachtung heischten: sie sprachen von «Besitzbürgertum» und von «Bildungsbürgertum» – beides plausible, aber noch immer allzu weitgefaßte Kategorien. Insbesondere die Bildung – der sichere Besitz hoher Kultur, mitunter auch deren unaufdringliches Zurschaustellen – ließ die mit ihr gesegneten Mittelschichten Anspruch auf Status, ja auf Autorität erheben. Die Kenntnis klassischer Texte, das geläufige Zitieren aus der deutschen Literatur, das fachkundige Interesse für Kunst und Musik erlaubten es dem Bürger, seine alte, servile Verehrung des Adels zu temperieren.[14] Daß in Preußen und anderen deutschen Staaten auch viele Adlige ihren Söhnen eine gewisse höhere Bildung, oder zumindest deren äußere Kennzeichen, mit auf den Weg gaben – wie wenn es sich um brave Bürger gehandelt hätte –, war ein eindrucksvoller Beweis für das mit solcher «Bildung» verbundene Prestige.

Ein anderes akutes Problem waren die Staatsdiener, sowohl für sich selbst als auch im Sinne ihrer gesellschaftlichen Einordnung. Die Stellung etwa der deutschen Beamten, zumal der höheren Beamten, war eigentümlich zweideutig. Und da in den deutschen Staaten auch Universitätsprofessoren oder die musikalischen Leiter von Hoforchestern Beamte waren, hatten diese ebenfalls einen ziemlich merkwürdigen Status inne. Im 19. Jahrhundert war die mißliche Situation des Beamten bereits so etwas wie eine deutsche Tradition geworden,[15] die den preußischen Bürokraten selber nicht entging: Rudolf von Delbrück, adliger Beamter in Berlin, erinnert sich, «daß die Beamtenkreise, zwischen der fest geschlossenen Hofgesellschaft auf der einen und der bürgerlichen Gesellschaft auf der anderen Seite ein Leben unter sich führten, welches ärmer an Emotionen, aber reicher an Behaglichkeit war, als jetzt».[16] In anderen Ländern, etwa in Belgien oder in Frankreich, scheint diese Isolierung nicht ganz so ausgeprägt, die Entfremdung der Funktionäre vom Leben des Mittelstandes weniger gründlich gewesen zu sein als in den deutschen Staaten. Aber sie war da, und sie schuf Unbehagen.

Dieselbe Unschärfe des Übergangs und mit ihr dieselben Kontroversen kennzeichnen den Konflikt um den beanspruchten Vorrang zwischen konkurrierenden bürgerlichen Schichten. Geld verlieh Macht, auch ein Stammbaum verlieh Macht, und beides war nicht notwendig deckungsgleich. Man konnte aber dafür sorgen, daß es zu dieser Deckungsgleichheit kam, und häufig geschah dies auch: Die einer Eheschließung vorangehenden Verhandlungen zwischen einer reichen Familie und einer alten Familie gewannen mitunter die Dimension – und praktisch auch die Bedeutung – von diplomatischen Verhandlungen zwischen Staaten. Innerhalb der Mittelschichtseliten sowie an ihren Rändern gab es eine gewisse Zirkulation. Geld vermochte sich durch Verehelichung mit altem Geschlecht reinzuwaschen, während die Familie mit Stammbaum durch Einheirat in Vermögen ihre leeren Truhen auffüllen konnte. Freilich waren derartige Allianzen alles andere als beiläufig oder einfach: Der Widerstand der Geschäftsfamilie vereitelte oft Verbindungen, welche die Liebe – oder der schiere Eigennutz – gebot.

Die wenigen zuverlässigen Untersuchungen über moderne Städte, mit denen man deren soziale Struktur zu ergründen suchte, sind geeignet, diese allgemeinen Beobachtungen zu spezifizieren. Die Rangkämpfe an den Rändern der Mittelschichten wie in deren Zentren waren zäh, erbittert und kräfteraubend. In der deutschen Industriestadt Barmen machte 1861 das Bürgertum, das von Wirtschaftspotentaten auf der einen Seite bis zum bedrängten Mittelstand auf der anderen reichte, 9 Prozent der Bevölkerung aus; sechsundvierzig Jahre später, 1907, war dieser Prozentsatz auf über 23 geklettert, wobei, was niemanden verwundern wird, die eindrucksvollste Zuwachsrate im untersten Bereich der sozialen Stufenleiter erzielt wurde. Aber auch diese recht bescheidene Vergrößerung der Mittelschichtskader war keineswegs eine universelle Erscheinung: In der Ruhrstadt Bochum stieg die Zahl der mittelständischen

Bürger zwischen 1858 und 1907 nur geringfügig, und zwar von 13 auf rund 16,5 Prozent, wobei der eigentliche Sprung, nicht anders als in Barmen, in den unteren Rängen der Beamten und Angestellten zu verzeichnen war. Wohl mochten derartige Rangkämpfe ihren Preis fordern; aber sie vergalten tausendfach den Aufwand von Energie und Geduld, ungeachtet verdrießlicher und häufiger Rückschläge. In Großbritannien wuchs die Zahl der Steuerzahler, die auf £ 200 veranlagt wurden, innerhalb von zwei Jahrzehnten auf fast das Doppelte, nämlich von knapp 9000 im Jahre 1851 auf rund 17500 im Jahre 1871. Diese ungestüme Zuwachsrate blieb relativ stetig bis zu dem Punkt, wo die Veranlagung die £ 800 überschritt; danach ging sie spürbar zurück. Die Anzahl der Personen, die auf £ 2000 oder mehr veranlagt wurden, stieg im selben Zeitraum von 235 auf 356 bzw. um etwas mehr als fünfzig Prozent. Während in Großbritannien um die Mitte des 19. Jahrhunderts die unteren und vor allem die einigermaßen wohlhabenden mittleren Schichten untereinander enger zusammenrückten und zu ihren vermögenderen Mit-Bürgern aufschlossen, blieben die Reichen unerreichbar und wurden zur Quelle neiderfüllter Phantasien.

Bestimmte Teile der Mittelschichten erfreuten sich eines Ansehens, das in keinem Verhältnis zu ihrem Einkommen stand. Die freien Berufe, insonderheit Jura, Medizin, Geistlichkeit und Bildungswesen, hoben ihre Träger über jenen sozialen Rang hinaus, den ihr bloßes Einkommen ihnen verschafft hätte. Ihre kleine Zahl und ihr Selbstverständnis, eine Elitegemeinschaft zu sein, schützten ihr soziales Ansehen vor jedwelcher Aufweichung: Zwischen 1851 und 1881 ging der prozentuale Anteil der Juristen in England und Wales nur geringfügig, von vier auf drei von tausend, zurück, während Ärzte und Geistliche ihren Stand wahrten, nämlich sieben bzw. vier von tausend; allein die Zahl der im Bildungswesen Tätigen, die von der jüngsten Ausweitung der Bildungschancen profitierten, stieg von 1 auf 1,6 Prozent. Geld war für diese Berufsgruppen alles andere als unerheblich: ein sich abstrampelnder Anwalt, ein am Hungertuche nagender Kurat oder Lehrer mußten notwendigerweise große Schwierigkeiten haben, einen geeigneten Ehepartner zu finden. Aber ihr Fortkommen war zumindest nicht gänzlich blockiert. In England, in Deutschland und anderswo vermochte ein fleißiger und alerter Jüngling aus einem akademischen Grad oder einem achtbaren Diplom ein Vehikel der Beförderung zu machen.

Bürgerliche Bevölkerungskreise, das machen die Zahlen schmerzhaft deutlich, schwammen in einem Meer der Armut; das gilt für Ober-, Mittel- und Unterschicht ebenso wie für die «tätige» oder die «müßige», die Handels- oder die freiberufliche Welt. Es gehört zu den ebenso angsterregenden wie bewußtseinsschärfenden Grundtatsachen des Mittelschichtslebens im 19. Jahrhundert, daß die Bürger immer und überall, sogar in Handelsstädten, in der Minderheit waren. Die Mittelschichten machten mit Wissen, Macht und wohl auch Anmaßung wett, was ihnen an Zahl abging. Im Bochum und im Barmen des 19. Jahrhunderts konnten 10 oder 12 Prozent der Bevölkerung Anspruch auf den Status des Bürgers erheben; in Paris, wo wenigstens zwei Drittel der Bevölkerung arm waren, wie man es auch drehen und wenden mochte, konnten sich, wenn es hoch kam, 15 Prozent rechtmäßigerweise Bürger nennen. Wenn, wie gewisse verblendete Sonntagsredner der Mittelschicht gerne äußerten, das Bürgertum die Nation war, so galt dies jedenfalls nur in einem sehr übertragenen Sinne.

Der dramatischste soziale Aspekt der bürgerlichen Erfahrung im 19. Jahrhundert war freilich die ökonomische, soziale und politische Ungleichheit, die im Bürgertum selbst waltete; seine hierarchischen Gliederungen waren verräterischer als jegliche Klassensolidarität – es sei denn, es wurde auf das Bürgertum Druck von außen ausgeübt, etwa durch eine radikalisierte ländliche Bevölkerung oder eine militante Arbeiterbewegung. Ob *grand* oder *petit*, alt oder neu: der Bürger versuchte, anständig zu leben, seinen Kindern eine gute Erziehung zu geben, sein Heim zu schmücken und Besitz zu hinterlassen. Aber die Quellen seines Einkommens – und dessen Höhe – variierten beträchtlich. Die Entfernung zwischen der obersten Sprosse der bürgerlichen Stufenleiter und der untersten war groß, die Leiter selber steil und mühselig zu erklimmen. Wenn im Bochum von 1895 sich 93 Prozent der Bevölkerung am unteren Ende der ökonomischen Skala zusammendrängten, mit einem Jahresverdienst von 3000 Mark oder weniger – und häufig viel weniger –, dann standen sie gemeinsam nur für rund zwei Drittel des Gesamteinkommens in der Stadt. In schreiendem Gegensatz hierzu zog die Wohlstandselite in Bochum, ungefähr einer von hundert Bewohnern, 15 Prozent des Ganzen an sich. Das bedeutete aber, daß viele Bürger dieser Stadt sich nahe jener Linie stauten, die die bloß Mittellosen von den regelrecht Armen trennt, und daß manche diese Linie sogar überschritten. Auch in Barmen waren von jenen, die eindeutig zur Mittelschicht gehörten, wenigstens zwei Drittel Handwerksmeister und Gehaltsempfänger, die sich zum größten Teil abmühen mußten, ihren Weg zu machen, während nur ein Drittel als «Kapitalisten» und «Kaufleute» figurierten. Und die meisten Kaufleute erzielten ein wahrlich bescheidenes Einkommen.

Die Handlungsgehilfen und Kommis, dieses rapide anwachsende Heer achtbarer und ungemein schlecht bezahlter Bürger, die sich in Exportunternehmen, Warenhäusern, Eisenbahnunternehmen und Ämtern abrakkerten, waren dem Verhängnis schierer Armut im großen und ganzen noch näher als die selbständigen Kaufleute. In England konnte ein Handlungsgehilfe in der Privatindustrie mit £ 70 pro Jahr anfangen und es vielleicht auf £ 200 oder, wenn er tüchtig war und gute Beziehungen hatte, sogar das Doppelte bringen. Als P. G. Wodehouse, der Sohn «durchaus solventer, aber gewiß nicht vermögender Eltern», im September 1900 seine erste Stelle bei einer Londoner Bank antrat, betrug sein Anfangslohn £ 80 pro Jahr – eine dürftige Summe, die sein Vater um weitere £ 80 aufstockte, ohne daß der junge Wodehouse sich dadurch eines auch nur bescheidenen Wohlstandes erfreut hätte.[17] Staatliche Angestellte begannen in der Regel bei ca. £ 125 pro Jahr und konnten es langfristig – sehr langfristig – auf über £ 1000 pro Jahr bringen, aber derartige Beamte gab es wenige, und ihre Einkommen waren unterschiedlich. Wir wissen, daß die Anzahl der Personen, die im Jahre 1871 auf mehr als £ 2000 veranlagt wurden, in ganz Großbritannien lediglich 356 betrug, während sich in der schwindelnden Höhenlage jener Steuerzahler, die auf £ 5000 und mehr veranlagt wurden, im selben Jahr nur 80 Personen befanden. Dieses breite Spektrum von £ 70 bis zu £ 5000 war in der Mittelschichtskultur des 19. Jahrhunderts, in Großbritannien und anderswo, drückende, ja oft bedrückende Wirklichkeit. Im Paris von 1817 zahlte mehr als die Hälfte aller Einwohner Mieten unter 150 Francs, ein weiteres Viertel zahlte zwischen 150 und 400 Francs. Der weite mittlere Bereich (der, am unteren Ende, im wesentlichen von wohlhabenden Handwerkern bestritten wurde), der Mieten zwischen 400 und 2500 Francs zahlte, belief sich auf ein Fünftel der Gesamtzahl, während nur 0,8 Prozent der Pariser sich Mieten über 2500 Francs leisten konnten. Von dieser Handvoll Reicher, die die schmale Spitze der sozialen Pyramide ausmachten, waren einige nun wirklich sehr reich. Wie die Krupps konnten sie Dynastien begründen und sich Schlösser bauen; wie der englische Kaufmann und Bankier James Morrison konnten sie ihren Erben vier Millionen Pfund hinterlassen. Um diese Braukönige, Financiers und Munitionsfabrikanten rankten sich die Legenden; solche Magnaten als «Bürger» zu bezeichnen hieße, diesen Begriff um jeden Sinn bringen.[18]

Er läßt sich auch nicht einfach dadurch retten, daß man die Verhaltensweisen der Mittelschicht betrachtet, in erster Linie ihr Streben nach den schöneren Dingen des Lebens, das sich in höchst unterschiedlicher Weise äußerte. Bürger, die in Residenzstädten lebten, waren auf den Kunstsinn und die Freigebigkeit des herrschenden Hauses angewiesen. Dagegen waren Bürger in freien Städten oder in Handelsmetropolen an der kulturellen Front ebenso aktiv wie an der politischen, wobei sie ihre Ziele fast ausschließlich durch freiwillige Zusammenschlüsse erreichten, in die sie dieselbe beharrliche Energie investierten, die sie normalerweise für das Geldverdienen aufwandten. Das Theater im München des 19. Jahrhunderts, die Oper, das Sinfonieorchester, die Museen, die Universität waren Schöpfungen wittelsbachischer Generosität. Wohl fanden sich mittelständische Bürger in zwanglosem Kreise zusammen, um Theaterstücke zu lesen, Gemälde auszustellen und Streichquartette aufzuführen. Und sie konnten, wenn sie wollten, Druck auf die bayerische Kultusbürokratie ausüben, indem sie eine Geschmackslobby bildeten und ihre Präferenzen dadurch bekundeten, daß sie zu gewissen Veranstaltungen in Scharen strömten und anderen fernblieben. Aber im Grunde gaben die königlichen Kunstmäzene den Ton an und stellten die Mittel für alles zur Verfügung, was in München an Musik, Theater, Kunst und Bildung erstrangig war. Einen dramatischen Gegensatz hierzu bietet Manchester. Das gefeierte Hallé-Orchester, die hervorragenden Bibliotheken, die Universität, das Konservatorium und die Kunstsammlung waren ohne Ausnahme private Unternehmungen, die sich auf private Zuwendungen stützten. Die Segnungen, um welche man das Königshaus bat, kamen später und waren rein dekorativer Natur. Das Verhalten von Mittelschichtsbürgern auf der Suche nach hoher Kultur war nicht immer völlig berechenbar: In der königlichen, seit 1871 kaiserlichen Hauptstadt Berlin waren zwar die hervorragenden Museen sämtlich auf Kosten und Veranlassung hoher Hohenzollernmäzene entstanden, doch das berühmte, 1882 gegründete Philharmonische Orchester war ein privates Unternehmen. Es gab Bayern mit einer Initiative, die eines Engländers würdig gewesen wäre, so wie es Engländer gab, die lieber der Krone das Regiment über die Künste überließen. Im großen und ganzen ist die Unterscheidung freilich doch berechtigt: Als in München der Grundstein zur Alten Pinakothek gelegt wurde, schmückte man ihn mit einer kupfernen Tafel, welche die wichtigsten im Museum untergebrachten Sammlungen aufzählte und dankbar festhielt: «Das Gebäude und dessen Kunstschätze verdankt Bayern dem hohen Sinn seiner Herrscher aus dem Hause Wittelsbach.» Wenige Jahre später enthüllten die Gründer der Birminghamer Kunstgalerie im Eingangssaal ihres Museums einen Gedenkstein, der einen ganz anderen bürgerlichen Stil verewigte, lakonischer und doch beredter: «By the gains of Industry we promote Art.»[19] [Mit den Früchten des Gewerbefleißes fördern wir die Kunst.]

Nicht einmal in ihrer Einstellung zur hohen Kultur fanden sich die Mittelschichten also zusammen. Das bürgerliche Philistertum, gegen welches zu wettern zornige Kommentatoren, von Heinrich Heine bis zu William Morris, nicht müde wurden: es war gewiß nicht so weit verbreitet, wie sie zu glauben beliebten. Dennoch war es sichtbar genug. Die Leiter von Opernhäusern klagten darüber, daß ein großer Teil des Publikums – auch des gebildeten Publikums – offenbar den leichten Ohrenschmaus eines Johann Strauß der schweren Kost Richard Wagners vorzog. Dies traf sogar auf München zu, das doch im 19. Jahrhundert eine der glänzendsten Musikkapitalen Europas war: Wohlhabende Bürger waren vollauf zufrieden mit «musikalisch-deklamatorischen Abendunterhaltungen», bestehend aus leicht anzüglichen Duetten, bravourösen Instrumentalstücken und unterhaltsamen Rezitationen.[20] Henry James war nicht der einzige engagierte Literat, der die Seichtigkeit der zeitgenössischen Romane sowie das geringe Niveau der Kritik beklagte, die kaum imstande war, irgendeinen Leser über die verbreitete Vorliebe für das rein Unterhaltsame, mit melodramatischen Verwicklungen, psychologischen Kruditäten und dem unfehlbaren Happy-End, zu erheben. Dabei redete James nicht von jenen alphabetisierten Massen, die erst seit kurzem die Reihen des lesenden Publikums aufblähten, sondern von bürgerlichen Lesern, von mutmaßlich doch wohl gebildeten Konsumenten des gedruckten Wortes.[21] Er sah nicht, und konnte nicht sehen, daß vieles an dieser aggressiven Vulgarität Abwehrhaltung war und dem ängstlichen Selbstschutz vor den rigorosen Zumutungen der ernsthaften, hohen Kultur diente. Jene Cliquen und Klüngel, die Ende des 19. Jahrhunderts zur Pflege avantgardistischer Malerei oder esoterischer Dichtung entstanden, gaben sich zwar bewußt exklusiv; doch wäre es ihnen, bei ihrer Leidenschaft zum Schwierigen, ohnehin kaum gelungen, neue Jünger zu werben.

Zugleich war, abgesehen von seinem Lieblingsanspruch auf «Anständigkeit», für den Bürger wohl nichts so charakteristisch wie sein Anspruch auf Bildung. Die Kulturkritiker (selber ebensosehr ein Phänomen des 19. Jahrhunderts wie jenes Philistertum, das sie zergliederten): die Kulturkritiker hatten es nicht schwer, Hohn und Spott über die rührende Mimikry der unteren Mittelschichten zu ergießen; über den ängstlich beflissenen Konformismus der Bessergestellten; über das selbstgefällige Mäzenatentum der Reichen. Und wie ich bereits angedeutet habe: Viele Bürger häuften ihre Bildungsbeweise nicht an, um dem Auge zu schmeicheln, das Ohr zu entzücken oder die Seele zu bewegen, sondern um, in der typischen Manier des Emporkömmlings, ihren jüngst erworbenen Reichtum und Status zur Schau zu stellen. Ein treffend karikierter Typus sind die unmöglichen Veneerings bei Charles Dickens, in deren blendend-opulentem Haus alles «bran-new», alles Ausstellungsobjekt ist.

Immerhin: waren auch Philister und soziale Aufsteiger im beweglich-nervösen 19. Jahrhundert unübersehbare Wirklichkeit, so gab es doch auch viele Mittelschichtsfamilien, die Bildung ernsthaft zu schätzen wußten: kaum ein bürgerlicher Haushalt ohne Bilder an den Wänden, Hausmusik in der guten Stube, Klassikerausgaben im verglasten Bücherschrank. Die Bürger, Männer wie Frauen, sangen, zeichneten, besuchten getreulich Konzerte und Lesungen, rezitierten aus den Klassikern und schrieben sogar selbst Gedichte. Jene prächtigen musikalischen Abende in Wien, abgehalten im gastfreien Hause des hervorragenden deutschen Chirurgen Theodor Billroth, der selbst ein tüchtiger Pianist war und in dessen Salon ein gut Teil der Brahmsschen Kammermusik uraufgeführt wurde: diese Abendmusiken waren eine Ausnahme nur, was ihre erlesene Qualität betraf. Insofern war der oftgehörte Vorwurf, alle diese Fertigkeiten seien nichts weiter gewesen als der Köder, mit dem die jungen Damen auf dem Heiratsmarkt nach geeigneten jungen Herren fischten, im wesentlichen ein Gerücht. «Um einen Begriff von der Ausdehnung der hiesigen Dilettantenschaft zu geben», schreibt der Korrespondent der *Leipziger Musikzeitung* 1808, «jedes feine Mädchen, habe sie Talent oder nicht, muss Clavierspielen oder Singen lernen; erstlich ist's Mode, zweitens ist's die bequemste Art, sich in der Gesellschaft hübsch zu producieren und dadurch – wenn das Glück es will – eine in die Augen fallende Partie zu machen.»[22] Einige Jahrzehnte später hatte dieser misogyne Scherz sein Salz verloren. Bürgerliche Mädchen im heiratsfähigen Alter waren nicht selten talentierte und ernstzunehmende Pianistinnen. 1884 berichtete die englische Musikzeitschrift *Musical Opinion*, daß es in Deutschland nicht weniger als 424 Klavierfabriken gäbe, in denen jährlich rund 73 000 Klaviere hergestellt würden; und diese Klaviere wurden fleißig benutzt.[23] Für die Definition des Bürgertums ist also auch der Bildungsanspruch der Mittelschichten ein reizvolles und nützliches Moment. So problematisch, so uneinheitlich auch die Motive derer, die diesem Anspruch genügen wollten, gewesen sein mögen: er war weit verbreitet, und er war im großen und ganzen glaubwürdig. Freilich gab es sehr unterschiedliche Arten, ihn zu verwirklichen.

In dieser Atmosphäre der Ungewißheit und des auf politische Interessenkonflikte und unversöhnliche soziale Gegensätze hindeutenden Pluralismus wurde es bezeichnenderweise Mode, bestimmte Kreise des Bürgertums mit geistreichen, pittoresken und, strenggenommen, unlogischen Bezeichnungen zu belegen. Stendhal war es, der zu Beginn der Julimonarchie das Muster lieferte: «Die Banken», schrieb er, «sind Herren des Staates. Der Bürger hat den Faubourg Saint-Germain abgelöst, und die Bank ist die Aristokratie der Bürgerklasse.» Und Otto Camphausen, ein preußischer Beamter, macht 1843 die Bemerkung, sein Staat werde von Karrierebeamten beherrscht, von einer Art Expertokratie.[24] Die halb neidisch, halb spöttisch gemeinte Wortprägung «Geldaristokratie» machte die Runde durch ganz Europa; in England ging die *finance aristocracy*, in Frankreich *l'aristocratie financière* in den Sprachgebrauch ein. In Deutschland erfand man für mittellose Angestellte, die normalerweise weniger verdienten als die Facharbeiter in der Fabrik, den Ausdruck «Stehkragenproletarier». Später unterstrich dann die geistvolle marxistische Erfindung der «Arbeiter-Aristokratie» (labour aristocracy), angewendet auf relativ gut verdienende und politisch gemäßigte Handwerker, welche tendenziösen Möglichkeiten in solch phantasievoller Nomenklatur schlummerten; sie veranschaulicht übrigens auch das Problem, die Mittelschichten mit einiger Präzision zu definieren. Es ist symptomatisch, daß diese bewußte Sprachverwirrung bis ins 20. Jahrhundert hinein fortgedauert hat, und zwar selbst in der Sprache berühmter Historiker. «Ob wir oben oder unten sind», schreibt Johan Huizinga 1935, «wir Holländer sind samt und sonders Bürger – Jurist wie Poet, Baron wie Arbeiter. Unsere nationale Kultur ist bürgerlich in jedem Sinn, den man diesem Wort legitimerweise geben kann.»[25] So sollte es denn niemanden befremden, wenn eine englische Zeitschrift den französischen König Louis Philippe 1849, im Jahr nach seiner Abdankung, den «riesenhaften Handels-Monarchen» nennt, «den großen Höker und Krämer».[26] Anscheinend war «Bürger» eine zu enge und doch wieder zu weite Benennung der Mittelschichten.

In allen diesen bunt durcheinandergewürfelten Bestimmungen sind nun ganze Bündel von zweideutigen Selbstwahrnehmungen und glühenden, zumeist frustrierten Phantasien verborgen. Selbständige Handwerker, obgleich so gut wie mittellos, konnten von wilder Verbissenheit sein, wenn es um die Verteidigung ihres Status ging.[27] Dafür pflegten reiche Industrielle auf unbeugsamen, demütigenden Widerstand von seiten oft weit weniger wohlhabender Aristokraten zu stoßen, wenn es um die Aufnahme in ein exklusives Regiment oder um die Verleihung begehrter Auszeichnungen oder Ehrentitel ging. Trotzdem gelang es vielen, wenngleich beileibe nicht allen von ihnen, auf der Prestigepyramide nach oben zu klettern.

Gewiß waren diese Gruppen, die eine prekäre Balance an den Rändern ihrer Klasse hielten, in besonderem Maße einem zwiespältigen Schicksal ausgeliefert. Aber auch der eigentliche Kern der Bourgeoisie – der wohlhabende Bürger, sei er nun Fabrikbesitzer, gebildete Hausfrau, vermögender Kaufmann, mittlerer Beamter, renommierter Arzt oder Professor – war keineswegs festgefügt. Der praktische Arzt lag mit dem Chirurgen und dem Facharzt über Kreuz. Akademiker, die es mit dem klassischen Curriculum hielten, rangen mit innovationssüchtigen Natur-

im Fabrikanten das Ideal der neuen Zeit erblickten, während andere ihn als ungeschliffenen Emporkömmling bespöttelten.

Und dennoch bediente sich (fast) jedermann bis zum Überdruß der Klassenterminologie. In ihrer maßgeblichen Studie über das Pariser Bürgertum in der ersten Hälfte des 19. Jahrhunderts erzählt Adeline Daumard eine amüsante Anekdote, die deutlich macht, wie diese Terminologie unbeabsichtigt sogar jenen unterlief, die ihre Brauchbarkeit bestritten. Garnier-Pagès rief 1847, in einer Ansprache vor der Deputiertenkammer, aus: »Es gibt in unserem Lande keine Klassen mehr!» und verurteilte Guizot für seine «verabscheuungswürdige» Theorie, es gäbe «unterschiedliche Klassen, das Bürgertum und die Armen». Dann fuhr er unschuldig fort: «Ich sehe viele Bürger hier!» Das Protokoll verzeichnet Gelächter im Haus.[31]

Nicht minder eindeutig drückten sich Dichter und Romanschriftsteller aus. Heinrich Heine verspottet in seiner späten Abhandlung «Lutezia» die neue Philisterwelt, die er um sich herum sieht, als ein industrielles, bürgerliches Zeitalter; Henry James spricht unbedenklich von «breiten, dicken bürgerlichen Sofas»; Marcel Proust läßt seinen versnobten Bloch die Taschenuhr und den Regenschirm als «nur dem ideenlosen Bürgertum dienende Instrumente» schmähen.[32] Alle diese Anwendungen des belasteten Adjektivs zusammen ergeben leider kein in sich stimmiges Porträt; sie charakterisieren, oder schmähen, nicht dieselben Seiten. Doch daran schien sich niemand zu stoßen. Henry James pflegte bekanntlich seine Worte mit äußerster Sorgfalt zu wählen; ebenso Heinrich Heine und Marcel Proust, und übrigens auch Alexis de Tocqueville. Andere, weniger wählerisch, waren nebulöser in ihren Epitheta. Trotzdem hatte niemand Mühe, sich verständlich zu machen. Man hatte sie ja vor Augen: die bürgerlichen Deputierten in der französischen Nationalversammlung, die dicken bürgerlichen Sofas, die ideenlosen bürgerlichen Regenschirme, und konnte eine klarumrissene Vorstellung damit verbinden.

Und war nicht wirklich der Bürger seit Jahrhunderten höchst sichtbar gewesen? Wer sich den Bürger zu seinem Studium erwählt, definiert ihn gerne durch seine Geschichte. Ein höchst vernünftiges Beginnen, sollte man meinen; zumal im 19. Jahrhundert alle die Beschwörungen und Beschreibungen des Bürgers kaum etwas anderes gemeinsam hatten als die Versicherung, das Bürgertum sei in der Tat eine Klasse gewesen. Und doch hat es damit seine eigene Bewandtnis. Denn was haben die Historiker mit der bürgerlichen Vergangenheit – der jüngsten wie der längst entfernten – getan? Sie haben das einleuchtende, unverwüstliche Märlein vom «aufsteigenden Bürgertum» liebevoll ausgesponnen. Das Spektakel einer Klasse von forsch-verschlagenen, schamlos merkantilen Bürgern, seit Jahrhunderten rücksichtslos von ihren Ellbogen Gebrauch machend und sich auf der Leiter des Wohlstandes und der Macht nach oben boxend: dies muß die beliebteste historische «Erklärung» sein, die menschlicher Witz jemals erfunden hat. Sie hat viele Untersuchungen beeinträchtigt und viele Antworten versimpelt. Diese Erklärung war um so verführerischer, als sie nicht völlig falsch ist. Aber dank ihrer Knetbarkeit und wundervollen Unbestimmtheit hat man ihr die Wesensdeutung von mindestens sechs Jahrhunderten abendländischer Geschichte abgepreßt: die Entstehung der mittelalterlichen Stadt – die Geburt des Kapitalismus – die protestantische Reformation – die überseeische Expansion Europas – die Konsolidierung der absoluten Staaten – den englischen Bürgerkrieg – den atemberaubenden Aufschwung des wissenschaftlichen Denkens – und natürlich die Aufklärung des 18. Jahrhunderts. Was das 19. Jahrhundert betrifft (ich demonstriere nur die jüngsten und halsbrecherischsten Nummern dieser explanatorischen Akrobatik), so glaubte man, dem Bürgertum danken – oder ankreiden – zu sollen: die Industrielle Revolution; die politischen Revolutionen, die Europa seit 1789 überschwemmten; den Aufstieg des geschmacklichen Mittelmaßes; und den modernen Imperialismus. Jene übermächtigen Realitäten des 19. Jahrhunderts: Urbanisierung, Industrialisierung, Mechanisierung – alles Revolutionen, die zwar weniger dramatisch, aber auch weniger ephemer waren als die von Arbeitern aufgetürmten Barrikaden, die von Politikern aufs Papier geworfenen Verfassungen –: diese Realitäten sollen also das Werk des Mittelstandes gewesen sein (und seine Lage verbessert haben). Es ist kein Zufall, daß Charles Morazés vielgelesene Gesamtdarstellung des 19. Jahrhunderts den Titel trägt «Triumph des Bürgertums».[33] Man hätte sie schwerlich anders nennen können.

Dieser Triumph, so lautet das Märlein, beschränkte sich nicht auf die politische oder die wirtschaftliche Sphäre. Der siegreiche Bürger schien im Reich des Geschmacks und der Ideen ebenso unwiderstehlich zu sein wie in der Gesetzgebung und an der Börse. Er drückte den Stempel seiner Denkungs- und Empfindungsart den Klassen über ihm wie unter ihm auf. Daß ausgerechnet ein regierender Monarch – Königin Victoria – dem 19. Jahrhundert den Namen gab, beweist im Sinne obiger Auffassung nur, wie umfassend der Bürger seine Vormachtstellung etabliert hatte: war doch Victoria, wie einige Zeitgenossen spöttisch-liebevoll bemerkten, selber die größte Bürgerin von allen. Das Bürgertum setzte in allem seinen Willen durch, bis es von den radikalen Bewegungen des späten 19. Jahrhunderts herausgefordert wurde. Die Französische Revolution und deren Ableger anderswo warfen angeblich, Land um Land, für die bürgerlichen Kräfte unermeßlichen, ja unverlierbaren Nutzen ab; die Revolution von 1830 hob jenen Haupt- und Ober-Bürger Louis Philippe, samt seinem Regenschirm, auf den französischen Thron; der große Reform Act von 1832 sicherte den politischen Primat der englischen Mittelschicht. Später soll dann dem Bürgertum auch in anderen Ländern der Aufstieg zu Positionen von entscheidendem Einfluß gelungen sein, trotz aller vorübergehenden Rückschläge, die es nach den zögerlichen, schlecht vorbereiteten Revolutionen von 1848 hinnehmen mußte. Waren es nicht gerade die Fehlschläge von 1848, die den schönsten Beweis dafür lieferten, wie herrlich weit die Mittelschichten es inzwischen gebracht hatten? Warf nicht ihr überstürzter, ängstlicher Rückzug Ende 1848 und 1849 ein bezeichnendes Licht auf das, was sie gesellschaftlich bereits zu verlieren hatten? Verwandelte sich nicht das Bürgertum, ein halbes Jahrhundert zuvor noch die Partei der treibenden Kraft, nunmehr in eine Partei der Ordnung? Und nahm nicht alsbald sein unterbrochener Aufstieg zum Gipfel wieder seinen Fortgang? Mit derartigen Bewertungen nahmen die Beobachter des 19. Jahrhunderts das Urteil späterer Historiker vorweg, wonach das Bürgertum immer nur Fortschritte gemacht und endlich triumphiert habe. «Heute», so faßt Michel Chevalier um 1830 die Lage zusammen, «heute wird allenthalben zugestanden, daß in Frankreich die Mittelschicht am Ruder ist.»[34] Kurzum, einhundertundfünfzig Jahre lang hat man uns gepredigt, daß das neunzehnte Jahrhundert das Jahrhundert des Bürgertums war. Niemand konnte daran zweifeln.

Nun, fast niemand. Verschiedene skeptische Historiker haben sich, hauptsächlich in Spezialmonographien, bemüht, dieses Pauschalurteil zu modifizieren; einige haben versucht, es ganz zu entkräften. Sie haben geltend gemacht, daß es zu viel erklärt, und also sehr wenig. Sie haben Zweifel an der Auffassung angemeldet, das Bürgertum sei in England nach 1832 politisch führend gewesen, und die These vertreten, daß es in Deutschland überhaupt niemals, weder in der Politik noch in der Gesellschaft, beherrschend war. Selbst an der ansprechend-amüsanten Beschreibung Louis Philippes als eines Bürger-Königs fanden sie manches auszusetzen. Ja, sogar Friedrich Engels, der, zusammen mit seinem Freunde Karl Marx, zu den ersten gehörte, die ihrem Zeitalter das Etikett «bourgeoises Jahrhundert» verpaßten: selbst er brachte es fertig, sich gegen Ende seines Lebens von einer seiner Lieblingsformulierungen ein wenig zu distanzieren. 1845 hatte er unumwunden erklärt: «Diese herrschende Klasse ist in England wie in allen anderen zivilisierten Ländern die Bourgeoisie.» 1892 schrieb er hingegen: «In England besaß das Bürgertum niemals die unumschränkte Macht. Selbst der Sieg von 1832 ließ die grundbesitzende Aristokratie im fast ausschließlichen Besitz aller führenden Regierungsämter. Die Gutmütigkeit, mit welcher die wohlhabende Mittelschicht sich hiermit abfand», war, wie Engels bekannte, «mir unbegreiflich.»[35] Seiner späten Kehrtwendung ist die jüngste historische Forschung gefolgt. Und dennoch bleibt die Vorstellung, das 19. Jahrhundert sei das Jahrhundert des Bürgertums gewesen (und um so schlimmer für das Jahrhundert), bis heute ein Lieblingsthema der Allerweltsgescheitheit und eine unentbehrliche Floskel in den Litaneien über unsere jüngste Vergangenheit.

3. Widerstreit der Wahrnehmungen

Alle diese definitorischen Bemühungen zeugen letztlich von einem Widerstreit der Wahrnehmungen. Freilich, nicht alle Auffassungen waren gleich stark vertreten. Nach dem Rufe zu urteilen, in dem die Mittelschichten des 19. Jahrhunderts gemeinhin stehen, könnte es scheinen, als seien die aufschlußreichsten zeitgenössischen Beschreibungen und späteren Würdigungen des Bürgertums von dessen Kritikern verfaßt worden, deren oft giftige, wenngleich höchst plausible Karikaturen praktisch kanonische Kraft erlangt haben – praktisch, aber doch nicht ganz; denn es mangelt keineswegs an bürgerlichen Selbstporträts, die pro domo und im Bewußtsein der eigenen Kraft geschrieben wurden und eine gewisse posthume Wertschätzung erfuhren.

Heinrich Heine, dieser unerschöpfliche Metaphernerfinder, demonstriert, wie einfallsreich, wie witzig – und wie vernichtend die antibürgerliche Karikatur ausfallen konnte. Durch den Pariser Salon von 1843 schlendernd, notiert er mit einigem Widerwillen, daß in jedem Gemälde, ungeachtet seines vorgeblichen Sujets, der moderne Geist der Bourgeoisie, der Geist des Eigennutzes und der Habgier walte. Die meisten Bilder, so schreibt Heine, «haben einen so pekuniären, eigennützigen, verdrossenen Ausdruck»! Selbst eine Darstellung des gegeißelten Christus weckt, in Heine, widerwärtige kommerzielle Assoziationen; der Christus sieht dem «Direktor einer verunglückten Aktiengesellschaft» ähnlich. Und die historischen Bilder, mag ihr Gegenstand noch so grandios sein, erinnern an «Kramladen, Börsenspekulation, Merkantilismus, Spießbürgerlichkeit».[36]

Wie andere boshafte Kommentatoren des in ihren Augen trostlosen bürgerlichen Zeitalters, hielt auch Heine diejenigen, die er als Herren der modernen Welt verspottete, für die Quelle einer grenzenlosen *Borniertheit* – ein vergleichsweise harmloser Ausdruck, hinter dem sich aber ein gutes Stück schierer Wut verbirgt. Jeder Kritiker hatte sein Lieblingsbeispiel für das bornierte Bürgertum: Stendhal verachtete alle Provinzler;

Flaubert fast alle Franzosen. Heine seinerseits verabscheute die englischen Mittelschichten: für ihn die Verkörperung eines vulgären Materialismus und einer selbstsüchtigen Frömmigkeit. In dieser wie in manch anderer Hinsicht der gelehrige Schüler Stendhals, betrauert Heine mit dem Tod Napoleons das Zeitalter der wahren Helden; moderne Bürger bewundern «ganz andre Heroen», schreibt Heine, «etwa den tugendhaften Lafayette, oder James Watt, den Baumwollespinner».[37] Noch vehementer als Heine empfand Gustave Flaubert eine verzehrende Verachtung für das Bürgertum, die schon an neurotische Aversion grenzte: Er fand das Bürgertum buchstäblich zum Speien und unterzeichnete einmal einen Brief mit «bourgeoisophobus». Es war eine Phobie, die er ernst genommen wissen wollte. Auch andere kämpften mit Freuden den gerechten Kampf Flauberts, wie jene kecke, talentierte junge russische Tagebuchschreiberin Marie Bashkirtseff, die, verärgert über Émile Zolas stumme Zurückweisung ihrer Avancen, ihm, in der zutreffenden Erwartung, daß er sie weiterhin ignorieren werde, erklärte: «Ich nehme nicht an, daß Sie dies beantworten werden: man sagt mir, Sie seien im wirklichen Leben durch und durch ein Bürger.»[38] Das war als Beleidigung gedacht, und es wurde gewiß als eine solche aufgenommen...

Einer der gewichtigsten Gründe für die Zählebigkeit der Flaubertschen Phobie, die das ganze Jahrhundert überdauerte und noch bei späteren Historikern nachklang, war der von der Avantgarde scheinbar unwiderleglich geführte Beweis, daß die Mittelschichten unfähig waren, aufrichtigen Herzens Liebe zu empfinden oder zu geben. Diese Anschuldigung läuft auf den Vorwurf hinaus, die Bürger würden, in ihrer Borniertheit und mechanischen Rationalität, aus dem ganzen Leben eine Ware machen und jegliche Erfahrung in die kalte Operation des Addierens und Subtrahierens übersetzen. Gewiß, als Mensch sehnte sich der Bürger – zumindest der männliche Vertreter dieser unglücklichen Spezies – nach sexueller Erfüllung; aber er vermochte seine Sinnlichkeit nicht mit liebevoller Zuwendung zu verschmelzen. Das überschwengliche Lob der Liebe in jenen Gedichten, die der Bürger gerne las, und in den Briefen, die er gerne schrieb, wurde als reine Gefühlsduselei verunglimpft, als Deckmantel für emotionale Unzulänglichkeit und schlimmste Lüsternheit. So gesehen, war schon die Idee der romantischen Liebe und das ostentative unkonventionelle Privatleben vieler Künstler des 19. Jahrhunderts eine Anklage gegen jenes Denkmal der Verlogenheit, jene einschmeichelnde und trügerische Fassade: die bürgerliche Ehe. Was Sigmund Freud später als häufiges pathologisches Symptom bei Männern entdeckte, die auf ihre Mutter fixiert waren, diagnostizierten die Bourgeoisophoben als herrschende bürgerliche Einstellung: «Wo sie lieben, begehren sie nicht, und wo sie begehren, können sie nicht lieben.»[39] Wie die Bourgeoisophoben gerne kolportierten, betrachteten bürgerliche Ehemänner ihr Weib als tüchtige Hausfrau, schwärmerische Mutter – und erotische Katastrophe. Gavarni, der gefeierte französische Karikaturist und Gesellschaftskommentator, pflegte seine Freunde, unter ihnen auch die Brüder Goncourt, diese unermüdlichen Tagebuchschreiber und Romanciers, mit Schrekkensgeschichten von pedantischen bürgerlichen Frauen zu ergötzen, die er verführt hatte: Sie waren, wenn man ihm glauben darf, besessen von Regeln, wahre Märtyrerinnen der Pünktlichkeit. Sie schmollten, wenn er fünf Minuten zu spät kam; eine von ihnen traf einmal eine Verabredung mit ihm für «heute in fünf Monaten und einer Woche».[40] In einem seiner frühen Notizbücher formuliert Leopold von Ranke, über die Liebe sprechend, die Sache viel weniger frivol: «Jedes Verhältnis ist sündhaft, was nicht aus Erkenntnis oder aus Liebe hervorgeht: denn außer diesen Ideen kann nur ein gemeiner irdischer Zweck, ein niederer bürgerlicher Vorteil zum Grund liegen.»[41] Die klassischen Denunziationen durch Marx und Engels waren daher auch vielen aus dem Herzen gesprochen, die keine Marxisten waren: «Der Bourgeois sieht in seiner Frau ein bloßes Produktionsinstrument», schreiben sie im «Manifest der Kommunistischen Partei»; ja, «unsre Bourgeois, nicht zufrieden damit, daß ihnen die Weiber und Töchter ihrer Proletarier zur Verfügung stehen, von der offiziellen Prostitution gar nicht zu sprechen, finden ein Hauptvergnügen darin, ihre Ehefrauen wechselseitig zu verführen.»[42] Kurzum, der Bürger war ebensowenig liebenswert, wie er zur Liebe fähig war.

Der Historiker hat derartigen Verdikten mit der äußersten Zurückhaltung zu begegnen. Mitunter projizierten die Kritiker nur ihre eigene Neurose auf eine – zugegebenermaßen – verwundbare öffentliche Zielscheibe; es war nur allzu verführerisch, zu verachten, was man selber nicht erlangen konnte, und dem Bürger Wünsche und Eigenschaften anzulasten, die man in sich selbst zu finden fürchtete. Dann wieder war solche Kritik der paradoxe Tribut an eine liberale Kultur, die noch ihre vehementesten Verleumder in einer nie gekannten Weise gewähren ließ, oder einfach das Nachplappern uralter Angriffe gegen das Bürgertum, die ihre Überzeugungskraft der schieren Wiederholung verdankten. Die kalte Wut und der Wortereichtum, die Heine, Marx und ihresgleichen aufboten, um Zorn und Verachtung auszudrücken; die physische Übelkeit, von der sie beim bloßen Gedanken an den Bürger ergriffen wurden: das alles ist selten erreicht und niemals übertroffen worden. Und dennoch war das alles nichts Neues; es war nur der Höhepunkt einer sehr langen und um die Mitte des 19. Jahrhunderts bereits sehr reichhaltigen Tradition der Bürger-Beschimpfung. Diese Tradition geht mindestens bis auf Jesus zurück, der, wie uns die Heilige Schrift berichtet, die Taubenverkäufer und Geldwechsler aus dem Tempel jagte und über die Chancen des Reichen, ins Himmelreich zu kommen, pessimistisch dachte. Solcher Pessimismus verging weder im heidnischen Rom noch im christlichen Mittelalter und wurde von den protestantischen Reformern in die moderne Zeit hinübergerettet. Das Entstehen des modernen Staates und der modernen Gesellschaft eröffnete den Bürgern zwar ausgezeichnete Möglichkeiten, zu Reichtum und Macht zu gelangen; doch satirischer Spott und wütende, oft neidische Beschimpfung begleiteten sie dabei, wie ehedem.

Ende des 18. Jahrhunderts brachten die Richter des Bürgertums neue Anklagepunkte aufs Tapet und erhoben nochmals lautstark ihre Stimme. Die aufsässigen Dichter des Sturms und Drangs, an ihrer Spitze der junge Goethe des *Werther*, postulierten mit Nachdruck die Gemeinheit des Bürgertums: nicht nur als Stand, sondern auch im Stil. Und die Romantiker verschiedenster Couleur, aus mancherlei Ländern, gaben diese Botschaft an das 19. Jahrhundert weiter. E. T. A. Hoffmann spitzte sie zu seiner berühmten ironischen Wendung zu: Er gab seinen Lesern zu verstehen, daß sein Lieblingscharakter, der wahnsinnige Musiker Kreisler, bei weitem gesünder sei als seine weltlich-mittelmäßigen Mitbürger, deren vielgepriesenes «seelisches Gleichgewicht» in Wirklichkeit einem Mangel an geistiger Verfeinerung entsprang, einem tödlichen Versagen ihrer ästhetischen Wahrnehmung. Die Kunst – Malerei, Dichtung, vor allem Musik – war eine Art von heiliger Krankheit, ja oft eine Krankheit zum Tode; die pausbäckige Gesundheit, das gute Gewissen des braven Bürgers waren die Schandmale einer unverwüstlichen Borniertheit. Im frühen 19. Jahrhundert tummelten sich in den deutschen Staaten, aber auch in Frankreich und anderen zivilisierten Gesellschaften, junge, selbsternannte Kreislers, die – bleich und blaß von jener Langweiligkeit, die da «Fanatismus» heißt – den Philister mit ihren Bildern, ihren Kompositionen, ihren Versen und Manifesten aufschreckten.

Vieles daran war rebellische Pose: der Aufstand der Jungen gegen die Väter, die sich Macht und Einfluß in Politik und Kunst gesichert hatten. Aber Pose hin oder her: ihre Ausdrucksformen waren elektrisierend; sie manövrierten das Bürgertum gerade in jenen Jahrzehnten in die Defensive, welche als Zeit seiner größten Triumphe gefeiert, oder beklagt, wurde. Untypisch waren Heine und Flaubert nur durch ihren Hang zur Übertreibung, ihre pure Eloquenz. Andere Kritiker des Bürgertums, die bloß weniger extravagant und weniger einfallsreich waren, machten gerne Anleihen bei ihnen. So waren 1857, als Flaubert *Madame Bovary* herausbrachte, seine «bourgeoisophoben» Meinungen keineswegs mehr selten.

Und als Flaubert 1880 starb, war sein privater Rachefeldzug gegen das Philistertum praktisch zu einer Massenbewegung geworden. Die «happy few», die kulturelle Elite, von der Stendhal um 1830 geträumt hatte: das waren, ein halbes Jahrhundert später, viele, freilich kaum sehr glückliche. Und während die beredtesten Kreuzzügler im großen und ganzen Franzosen waren, waren es Deutsche gewesen, die den Anfang gemacht hatten; und Matthew Arnolds *Culture and Anarchy* (nicht gerade das, was man einen «unbeachtet gebliebenen Text» nennt) beweist, daß die Verachtung für das bürgerliche Philistertum um 1860 auch England erreicht hatte.

In dem Maße, wie die Schelte auf das abscheuliche Philistertum zu einer Mode wurde, büßte das Beiwort «bürgerlich» seinen spezifischen Bedeutungsgehalt weitgehend ein. Zu den Feinden des Lichts und der Schönheit zählte nun praktisch jedermann – außer einer Handvoll auserwählter Seelen. «Wenn ich hier von der Bourgeoisie spreche», mahnt Friedrich Engels die Leser der *Lage der arbeitenden Klasse in England*, «so schließe ich gleich die sogenannte Aristokratie mit ein.»[43] Zwei Jahrzehnte später, 1862, kurz nachdem er *Salammbô* vollendet hatte, diesen befremdlichen, blutrünstigen Roman über Karthago, äußert Flaubert in einem Brief an einen Freund die Hoffnung, sein Buch möge «dem Bürger, d.h. jedermann, verdrießlich sein».[44] Doch mochte der Kreuzzug gegen den Bürger in seiner Rhetorik auch noch so polemisch und parteilich sein: in seinen Gefühlen war er ganz aufrichtig. Die Kreuzzügler selbst verstanden sich als verlorene Kämpen einer untergehenden Kultur, die gerade von einer gewaltigen Flut von neureichen, politisch mächtigen, aber künstlerisch unbedarften Bankiers und Kaufleuten und Bürokraten überschwemmt wurde; die bürgerliche Nachhut aber bildeten Kleingewerbetreibende und Kommis, die womöglich noch vulgärer waren als die Bessergestellten.

Immerhin vermochten die bürgerfeindlichen Kreuzzügler, trotz aller Verve und Meinungsbeeinflussung, die öffentliche Beurteilung der Mittelschichten nicht zu monopolisieren. Dem Zeitalter Victorias fehlte es nicht an wohlwollenden Beobachtern, die mit frohem Herzen feierten, was in ihren Augen die eindrucksvollen Beiträge des Bürgertums zum Fortschritt der Zivilisation waren. «Der Bürgerstand», so erklärt um die Mitte des Jahrhunderts der einflußreiche konservative Kulturhistoriker und Soziologe Wilhelm Heinrich Riehl, «ist seit alten Tagen der oberste Träger der berechtigten sozialen Bewegung gewesen, der sozialen Reform.» In seinen eigenen Tagen, so setzt er selbstbewußt hinzu, sei das Bürgertum unstreitig «im Besitze der überwiegenden materiellen und moralischen Macht. Unsere ganze Zeit trägt einen bürgerlichen Charakter.»[45] Er sagte das nicht ohne Genugtuung; rechnete er sich doch selbst zu den Bürgern.

Diese Selbstzufriedenheit hatte eine große Tradition. Seit Jahrhunderten hatten in so mancher stolzen Stadt bürgerliche Magnaten, an der Spitze von Handelsunternehmungen, Zünften und Familiensippen stehend, die Künste gepflegt und die Wissenschaften gefördert. Kaufmanns-Fürsten wie die Medici – geradezu sprichwörtlich geworden für ihre klug-abwägende Generosität gegenüber Gelehrten und Dichtern, Malern und Bildhauern, Musikern und Baumeistern – waren Kaufleute gewesen, bevor sie Fürsten wurden. Und was die hohe Kultur von Florenz ihren reichsten Bürgern verdankte, das verdankte die hohe Kultur anderer Zivilisationszentren – Brügge, Amsterdam, Nürnberg, Edinburgh – ihrem mittelständischen Patriziat.

Die Patrizier, die die großen Handelsstädte der frühmodernen Zeit beherrscht hatten, Männer, die den Adelstitel verschmähten und den Beruf des Händlers nicht nur profitabel, sondern auch ehrenvoll fanden, sahen keinerlei Grund, warum ihre Stellung in der Welt ihnen hätte peinlich sein sollen. Wir erblicken sie, versehen mit den Insignien des Kaufmanns: Abrechnungen, Waagschalen zum Wägen von Gold, Münzen, auf jenen Gemälden, mit denen Maler wie Hans Holbein d. J. brillierten und einen von sich selbst überzeugten, robusten, von ungebrochener Selbstachtung erfüllten Stand unsterblich machten. Und diese mittleren Ränge der Gesellschaft hatten manchen gewandten und witzigen Apologeten: Addison in seinem *Spectator,* Voltaire in seinen berühmten Briefen an die Engländer: sie priesen den friedlichen, toleranten Kaufmann gerade darum, weil er mit den großsprecherischen und destruktiven, im Grunde kindischen Idealen des Adels nichts zu schaffen hatte. Sogar am Börsenspekulanten fanden Addison und Voltaire etwas Bewundernswertes.

In Gesellschaften, in denen Männer aus dem Kaufmannsstand zu großem Wohlstand und großem Ansehen gelangten, hielten Ideologen der Mittelschicht gerade diesen Stand für das Reservoir staatsbürgerlicher Tugend – dazu ausersehen, im Staate wie in der hohen Kultur voranzugehen. Schon Daniel Defoe verkündete, in England sei der Handel keineswegs «eines Gentleman unwürdig»;[46] und im 19. Jahrhundert fand diese positive Einstellung ein wohlwollendes Echo. «Der Wert der mittleren Schichten in diesem Lande», schreibt James Mill 1826, «ihre wachsende Zahl und Bedeutung werden von allen anerkannt. Diese Schichten spricht man seit langem, und zwar bereitwillig und auch in den höherstehenden Kreisen, als die Zierde Englands an.» Vier Jahre später liefert der radikale Lord Brougham ein Beispiel jenes unpräzisen, aber eindrucksvollen

Sprachwandels, von dem ich weiter oben gesprochen habe, indem er die englischen Mittelschichten mit der englischen Nation selbst vermengt. «Unter dem Volk», sagt er, «verstehe ich die mittleren Schichten, den Reichtum und die Intelligenz des Landes, die Zierde des britischen Namens.»[47] Es ist bezeichnend, daß der erst kurz zuvor in den Adelsstand erhobene Brougham seine Herkunft aus der Mittelschicht nicht zu verbergen suchte, sondern emphatisch deren Tugenden verkündete. Auch solche Bürger, die nicht dazu neigten, sich auf eine so extravagante Weise in den Vordergrund zu rücken, erhoben den stärkstmöglichen Anspruch auf Selbstachtung. Als der Publizist Robert Prölss 1885 über den Charakter der «niederen Schichten des deutschen Bürgerstandes» nachdenkt, hebt er besonders ihre «Ehrbarkeit, Ausdauer, Festigkeit und Stärke des Charakters» hervor.[48] Acht Jahre danach definierte Charles Needham den deutschen Bürger als einen Menschen «mit einem gewissen Familienstolz auf seine Abstammung, jedoch ohne das dem Adel eigene Gefühl der Exklusivität». Ob sein Einkommen groß ist oder nicht, «er lebt im Rahmen seiner Mittel» und ist darauf bedacht, «jegliche Beweise des Vertrauens und der Achtung», die ihm von seiner Umgebung «indirekt entgegengebracht werden», zu wahren und, wenn möglich, zu mehren. Und dies gilt immer, ob er nun einen «gebildeten» oder einen «merkantilen» Beruf ausübt, ob er «Künstler oder Handwerker» ist, «Bankier oder Fabrikant, Angestellter oder Unternehmer».[49]

Vielleicht war es unvermeidlich, daß es in den Jahrzehnten nach der Französischen Revolution selbstzufriedene Bürger gab, die das ganze Jahrhundert für sich selber reklamierten. Was so mancher mürrische Kulturkritiker als die Laster des Bürgertums verabscheute, begrüßten sie selbst als bürgerliche Tugenden: Das Absterben der Poesie galt ihnen als Realismus; das Fehlen hochgestimmter Grundsätze als Sinn fürs Praktische; die obsessive Hingabe an die Arbeit als Tatkraft; der träge Konservativismus der Wohlhabenden als Solidität. Selbst Marx und Engels, die keine sonderliche Liebe zu einer Klasse hegten, deren historische Mission sich, wie sie glaubten, rasch ihrem Ende näherte, fanden ausdrückliche Worte des Lobes für sie. «Die Bourgeoisie», schreiben sie in einem berühmten Absatz des *Manifests der Kommunistischen Partei,* «hat das Land der Herrschaft der Stadt unterworfen. Sie hat enorme Städte geschaffen», sie hat «alle, auch die barbarischsten Nationen in die Zivilisation» gelockt und «so einen bedeutenden Teil der Bevölkerung dem Idiotismus des Landlebens entrissen».[50]

Diese Würdigung, so knapp sie war, hat dennoch keine allgemeine Zustimmung gefunden. Einer der Gründe hierfür war der Umstand, daß das Bürgertum es leidenschaftlich liebte, sich selbst zu kritisieren und eine ganze Schar schonungsloser Sozialkritiker aufzuziehen, die fast alle aus den eigenen Reihen kamen. «Balzac und seine Genossen», bemerkt Henry James in einer bissigen Diagnose, hassen das Bürgertum, «weil sie fast ausnahmslos selber dem Bürgertum entflohen sind. Sie sind mit dem Leben davongekommen, und nun, da sie im gegnerischen Lager stehen, wenden sie sich um, schütteln drohend die Fäuste und speien Hohn.»[51] Arthur Symons, der symbolistische Dichter und Kritiker, pflichtete ihm bei. Mit Blick auf die ästhetischen Aufrührer um 1890 notierte er sich einigermaßen abschätzig: «Nichts, nicht einmal konventionelle Tugend, ist dermaßen provinziell wie konventionelles Laster, und der Wunsch, ‹den Bürger zu erschrecken›, ist selber bürgerlich.»[52] Trotzdem kann der Historiker, der nach einer Definition der bürgerlichen Kultur des 19. Jahrhunderts sucht, nicht übersehen, daß diese wütende Feindseligkeit gegen den Bürger in vielem den Nerv der Zeit traf. In mancherlei Hinsicht wirkte die Atmosphäre der Geschäfts- und Unternehmer-Zivilisation wirklich erstickend, zumal wenn sie stark mit einem evangelikalen Eifer aufgeladen war, der keinen Raum ließ für kultivierten Geschmack, subtile Differenzierungen, moralische und künstlerische Freiheit, und schon gar nicht für feine kritische Beobachtungen. Die offizielle Kunst, in den Salons Europas nach wie vor preisgekrönt; die prätentiöse Inneneinrichtung wohlhabender deutscher Häuser in den ersten Jahrzehnten nach der Reichsgründung; das grobschlächtige Vorgehen der Zensur gegen Kunstwerke oder Dichtungen, die nach dem Urteil der Zensoren anstößig oder gotteslästerlich waren: derlei kulturelle Symptome legen den Verdacht nahe, daß die unerträgliche Situation der schöpferischen Geister keineswegs bloß eine Selbststilisierung war. Der Schmerz und der Zorn, dem avantgardistische Schriftsteller und Künstler in ihren Briefen, ihren Lieblingscafés und ihren kurzlebigen Zeitschriften freien Lauf ließen, war nicht bloß das unglaubwürdige Gehabe von Ästheten, welche wütend die Hand bissen, die sie fütterte, um weiter gefüttert zu werden. Er entsprang nicht bloß dem primitiven Bedürfnis des Streitsüchtigen, die Welt reinlich in Freunde und Feinde zu scheiden. Nein: die Gründlichkeit und das Tempo des sozialen Wandels hatten ein Heer von Parvenüs nach oben gespült, von denen die meisten vor sozialer Angst förmlich schlotterten. In ihrer Befangenheit im unvertrauten Lande der hohen Kultur pflegten sie sich, mit einigen rühmlichen Ausnahmen, am Geschmack der eben vergangenen Generationen zu orientieren und an traditionelle Maßstäbe zu klammern, die von urteilsfähigeren Kulturkonsumenten längst beargwöhnt und bekämpft wurden. Was in öffentlichen Ausstellungen wie in Privathäusern dominierte, war Kunst um der Selbstdarstellung und der tröstlichen Selbstvergewisserung willen. Mehr noch: Die Massenfertigung von Kulturgütern – durch technische Verbesserungen im Druck, in der Photographie und, gegen Ende des Jahrhunderts, beim Phonographen begünstigt – warf die beunruhigende Frage auf, welche Konsequenzen solche Verbreitung von Kultur in immer weiteren Kreisen der Bevölkerung haben mochte. Die Eroberung neuer Machtpositionen durch das Bürgertum verlief zwar nicht so global und unterschiedslos, wie uns besagtes Märlein glauben machen will; sie rief aber bei den Neulingen zwangsläufig eine gewisse soziale und politische Verteidigungshaltung hervor, deren Ausdruck vor allem ein borniertes, ja wütendes und normalerweise selbstsüchtiges Nichtwahrhabenwollen der sozialen Realitäten war, gepaart mit der ebenso bornierten, ebenso wütenden Ablehnung ästhetischer Experimente.

Die Bürger des 19. Jahrhunderts taten also nach Kräften das ihre, um jene kritischen Vorwürfe zu rechtfertigen, mit denen man sie überschüttete. Auch machten viele Bürger aus Selbsterforschung Selbstzerfleischung. Sie forderten Pauschal-Verurteilungen heraus, ja sie waren an ihnen tonangebend beteiligt, und zwar mit einer Inbrunst, die jeder Gemeinde von Masochisten Ehre gemacht hätte. Kein Zweifel: Im Bürgertum des 19. Jahrhunderts gedieh so manches prächtige Über-Ich. Obgleich dem Privaten verschworen, erging es sich in schöner Regelmäßigkeit in öffentlichen Anfällen von Schuldgefühl. «Wir – und damit meine ich die Mittelschichten, nicht allein die Reichen –, wir haben euch vernachlässigt; statt Gerechtigkeit haben wir euch Nächstenliebe geboten, und statt Mitgefühl haben wir euch herbe, gehaltlose Ratschläge geboten.» So Arnold Toynbee 1883 in einer Ansprache vor Arbeitern. «Ihr müßt uns vergeben», fuhr er fort, «denn wir haben euch Unrecht getan.» Er sprach zu einer Zeit, da «Menschen von Geist und Menschen von Vermögen», wie Beatrice Webb sich später erinnerte, «ein neues Sündenbewußtsein» gewannen, ein irritiertes Aufmerken, das sie als «Kollektiv- oder Klassenbewußtsein» beschrieb.[53] George Bernard Shaw, der aus seinen eigenen Gründen sein Allerbestes tat, derartige Gefühle nach Kräften zu entfachen, notiert 1912: «Die großen Konversionen des XIX. Jahrhunderts entsprangen nicht dem individuellen, sondern dem sozialen Sündenbewußtsein. Die erste Hälfte des XIX. Jahrhunderts betrachtete sich selbst als größtes aller Jahrhunderte. Die zweite entdeckte, daß es das verruchteste aller Jahrhunderte war.»[54] Shaw spitzte, in seiner gewohnten Weise, beide Hälften seines Satzes zu und sah bewußt darüber hinweg, daß, in den frühen wie in den späten Jahren des Jahrhunderts, solche gegensätzlichen Gefühle nebeneinander existiert hatten. Doch kann seine Verallgemeinerung, mag sie auch immer salopp und oberflächlich sein, als Erinnerung daran taugen, daß die Frage der

Definition des Bürgertums mehr war als bloß ein Problem der treffenden Bezeichnung, mehr als nur ein Gegenstand soziologischer Vergleiche: Sie beinhaltete die problematische moralische Natur des bürgerlichen Lebens selber. Vielleicht bestehen die schwierigsten Hürden, die das Unternehmen einer Definition des Bürgertums im 19. Jahrhundert zu überwinden hat, in dessen krampfhaften Versuchen einer Selbstdefinition.

Trotz aller dieser Hemmnisse, die einer hinreichend umfassenden und zugleich genügend differenzierten Definition des Bürgertums im Wege stehen, will ich nicht behaupten, daß es überhaupt nichts zu definieren gäbe. Unter äußerem Druck zusammenwachsend, hat das Bürgertum des 19. Jahrhunderts gemeinsame Denkweisen zum Thema «Liebe und Aggression» entwickelt. Es war, womit nichts Metaphysisches impliziert sein soll, eine Einheit und zugleich eine Vielheit. Der scharfsichtige Fürst Metternich erkannte diese Eigenschaft schon 1820: «Diese mittlere Klasse», schrieb er an Zar Alexander I., bedient sich «aller Arten der Verkleidung, schließt sich zusammen und unterteilt sich, wie die Gelegenheit es bietet, hilft einander in der Stunde der Gefahr, um einander am nächsten Tag alle Eroberungen wieder abzujagen.»[55] Vielleicht hatten es englische Autoren des 19. Jahrhunderts am leichtesten: Außer wenn sie polemisch oder ironisch sein wollten, hielten sie sich, wie gesagt, an den Ausdruck «middle classes», der geschickt die sieghafte Pluralität der bürgerlichen Kultur erkennen läßt, die mit einer gewissen unterschwelligen Einheitlichkeit dieser Kultur Hand in Hand ging.

III. Baumeister und Märtyrer des Wandels

1. Im Bann des Neuen

Die Unsicherheiten, die die Bürger des 19. Jahrhunderts plagten, beschränkten sich nicht auf die quälende Frage, welche Verpflichtung gegenüber den Schlechtergestellten sie haben mochten, oder auf die Sorge um ihre Reputation bei Dichtern und Malern. Mehr als jedes andere Jahrhundert zuvor war das neunzehnte eine Epoche beispielloser Hoffnungen wie ungewohnter Ängste. Es war, wie Gladstone sagte, «eine getriebene und erwartungsvolle Zeit».[1] Für die Unbemittelten war sie natürlich mehr getrieben als erwartungsvoll; Bauern und Arbeiter, Soldaten und Matrosen: sie alle konnten ein Lied davon singen, daß Grausamkeit und Roheit nicht vom Erdboden verschwunden waren. Äußerste Not und starrender Schmutz waren in den fortschrittlichsten Ländern des Westens noch immer für ungezählte Tausende an der Tagesordnung. Die Zeitgenossen hatten dafür ein offenes Auge; man erinnere sich nur an Goyas haarsträubende *Schrecken des Krieges;* an die entsetzlichen Berichte der Florence Nightingale von den Schlachtfeldern auf der Krim; an ungeschminkte offizielle Dokumentationen über die Lebensbedingungen der werktätigen Klassen; oder man denke sich einen Rundgang durch jenen typischen, niederschmetternden Höllenspuk der modernen Zeit: das Slumviertel einer Industriestadt.

Die bürgerliche Erfahrung war natürlich, zumindest vordergründig gesehen, im großen und ganzen viel erfreulicher. Nicht von ungefähr waren es gute Bürger, die offensichtlichen Nutznießer von wirtschaftlicher Expansion und politischen Erhebungen, die auf weitere Expansion, auf neuerliche Erhebungen drangen. Allein schon die Sprache, in der Fürst Metternich, dieser geplagte Gralshüter der europäischen Traditionen, in seiner berühmten geheimen Denkschrift an Alexander I. vom Dezember 1820 sein Zeitalter charakterisierte, zeugt von den im Bürgertum wirkenden dynamischen Kräften: Er klagt darüber, daß die «agitierten Klassen» überall auf dem Kontinent die öffentliche Ordnung unterwühlten. Der rapide «Fortschritt des menschlichen Geistes», mit dem ein ebensolcher Fortschritt an «Weisheit» nicht Schritt halte, habe – man denke – zur privaten Urteilsbildung geführt, und es sei «im wesentlichen die mittlere Schicht der Gesellschaft, welche von dieser moralischen

Fäulnis befallen ist». Diese Subversiven würden geführt von so rührig-bemühten Bürgern wie «Staatsdienern, Literaten, Juristen und den mit der öffentlichen Erziehung betrauten Individuen», die alle, wie er fürchtete, von «Präsumption» erfüllt seien.[2] Im Verlauf des bürgerlichen Jahrhunderts war diese «Präsumption» das vorzügliche Instrument zur Aufrüttelung der Mittelschichten. Nur hätten die Initiatoren des Wandels einen weniger mißgünstigen Begriff gewählt: Selbstbewußtsein. Wer so erzogen worden war oder gesellschaftlich so gestellt war, daß er von den enormen Errungenschaften des Kapitalismus zu profitieren vermochte, hatte die Chance, in einer für die meisten seiner Vorfahren undenkbaren Weise aus seiner Passivität herauszutreten und sich in seinem Wirkungskreis Ansehen oder, noch besser, Macht zu verschaffen. «Niemand, der den eigentümlichen Wesensmerkmalen unseres Zeitalters nur die geringste Aufmerksamkeit geschenkt hat», sagte Prinz Albert 1850 auf einem Festbankett des Lord Mayors von London, «wird auch nur einen Augenblick bezweifeln, daß wir in einer Periode des großartigsten Überganges leben; in einer Periode, die jenem großen Ziele entgegeneilt, zu dem alle Geschichte hinstrebt – der Verwirklichung der Einheit der Menschheit.» Im Hinblick auf die bevorstehende Weltausstellung erklärte er vor seinem Publikum: «Neu-erlangtes Wissen wird sogleich das Eigentum der gesamten menschlichen Gemeinschaft»; und ferner: «der Mensch nähert sich heute einer vollkommeneren Erfüllung jener großen und hehren Mission, die er in dieser Welt zu vollbringen hat.»[3] Der Ton des Prinzgemahls ist zwar ein wenig selbstzufrieden, vielleicht sogar übertrieben treuherzig, von unangekränkelt-sonnigem Gemüt. Aber was er zu sagen hatte, war den Zuhörern nicht neu: es war ein gerngehörter Gemeinplatz, eine repräsentative Sichtweise. Wie es E. B. Tylor, der bahnbrechende Theoretiker der Kultur-Evolution, 1867 formulierte: «Die Geschichte des Menschen» ist «die Geschichte einer Aufwärtsentwicklung.»[4] Internationale Messen, wie die Londoner Weltausstellung von 1851, das Muster aller späteren, waren zugleich Dokument und Instrument des Fortschritts.[5]

Der Fortschritt war aber nicht nur ein Mythos für die Wohlanständigen. Politische Radikale, mochten sie nun utopisch oder «wissenschaftlich» gesinnt sein, sahen bereits das Ende aller Knappheit kommen, die in der Vergangenheit Ursache der erbittertsten sozialen Zwistigkeiten gewesen war. «Wir haben die Länder vermessen», wie Heinrich Heine, beflügelt vom mitreißenden Schwung der Saint-Simonschen Verkündigung, Mitte der dreißiger Jahre schrieb, «die Kräfte der Natur gewogen, die Mittel der Industrie berechnet, und siehe, wir haben gefunden: daß diese Erde uns alle anständig ernähren kann, wenn wir alle arbeiten und nicht auf Kosten anderer leben wollen.»[6] Wenn aber genug für alle da war, dann konnte die Zukunft in der Tat nicht anders als rosig aussehen; und alle ihre Verheißungen waren Schößlinge der Gegenwart. «Wandel»: das bedeutete für viele nicht Gefahr, sondern Versprechen.

Ich brauche wohl nicht umständlich zu beweisen, daß der Wandel das Gesetz des Lebens ist und daß die meisten Zeitalter solche des Übergangs waren. Im 19. Jahrhundert aber erfuhr das Wesen des Wandels selber einen Wandel: Er wurde rapider, gewalttätiger und war zudem ausgesprochen ungleichzeitig: Fortschritte in den Naturwissenschaften führten nicht automatisch zu einer verbesserten medizinischen Versorgung; das Zusammentragen von Informationen über die Gesellschaft mündete nicht ohne weiteres in soziale Reformen. Und altehrwürdige soziale Institutionen, wie das Familienleben, wurden erschüttert durch den Zusammenprall von neuen Bedürfnissen mit alten Gewohnheiten. Daher wurde der Wandel im 19. Jahrhundert weit häufiger als irritierend denn als erfreulich empfunden.

Ich will sogleich hinzufügen, daß das Zeitalter außerordentlich sensibel und aufgeschlossen für diese seine ungemeinen Erfahrungen war: Die Historiker wurden zu Deutern und Denkern des Wandels, nachdem sie bisher vornehmlich dessen Dichter gewesen waren. Und Carlyle durfte auf breite Zustimmung zählen – Zustimmung sogar bei jenen, die seinen Pessimismus nicht teilten –, wenn er 1829 ausrief: «Daß große äußere Wandlungen im Schwange sind, kann niemandem zweifelhaft sein. Die Zeit ist krank und aus den Fugen.»[7] Daher konnten intelligente Zeugen der Zeit ihr Jahrhundert ein solches des Überganges nennen, ohne das Gefühl haben zu müssen, einen Gemeinplatz zu äußern, vielmehr überzeugt, eine bedeutende Wahrheit von sich zu geben, die ihr eigenes Zeitalter von dessen Vorgängern schied. John Stuart Mill sprach 1831 von seiner Zeit als einem «Zeitalter des Wandels» und auch wiederum einem «Zeitalter des Übergangs». Drei Jahrzehnte später, 1860, vertraute Émile Zola einem engen Freunde an: «Unser Jahrhundert ist ein Jahrhundert des Übergangs.»[8]

Und am Ausgang des 19. Jahrhunderts demonstrierte die Psychoanalyse – ihrem gegenteiligen Ruf zum Trotz –, daß auch sie, die doch dem Postulat einer im Grunde unveränderlichen Natur des Menschen verpflichtet war, den Wandel zu erkennen und zu deuten wußte. Der Ödipuskomplex hatte, wie Sigmund Freud bei dessen Formulierung erkannte, seine eigene Geschichte, und siehe da: es war eine soziale Geschichte. Anläßlich eines Vergleichs zwischen Sophokles' *Oedipus Rex* und Shakespeares *Hamlet* machte er auf die «veränderte Behandlung des nämlichen Stoffes» in den beiden Tragödien aufmerksam; in ihr offenbare sich «der ganze Unterschied im Seelenleben der beiden weit auseinanderliegenden Kulturperioden», ein Unterschied, den Freud als «das säkulare Fortschreiten der Verdrängung im Gemütsleben der Menschheit» deutete.[9] Mit dieser Anerkennung des Wandels befand sich demnach die sonst so subversive Psychoanalyse im Einklang mit ihrer Zeit.

Früher, im 17. und 18. Jahrhundert, waren überkommene Denkweisen nach Bedarf zurechtgebogen worden, während man neuartige Gedanken in den Sozialwissenschaften in herkömmliche Schemata gepreßt hatte – vielleicht unter Mühen, aber nichtsdestoweniger gepreßt. Man konnte noch im 18. Jahrhundert ein tüchtiger Naturwissenschaftler und zugleich ein guter Christ sein; im bürgerlichen Jahrhundert blieb diese doppelte Loyalität zwar noch eine durchaus praktikable Möglichkeit, war aber doch immer schwerer durchzuhalten. Zugleich bewirkten die Französische und die Industrielle Revolution, begleitet und gefolgt von nicht weniger bedeutsamen Umwälzungen in den Wissenschaften vom Menschen, die Erschütterung, teilweise auch die endgültige Zerschlagung, der meisten Glaubens- und Autoritätsstrukturen.

Diese großen Umwälzungen des 19. Jahrhunderts waren in den Köpfen der Menschen schemenhaft präsent und sorgten für hoffnungsvolle Träume, oder aber für alptraumhafte Visionen: Optimisten fühlten sich berufen, den Sieg der Wissenschaft, die Befreiung der Frau oder die Erneuerung der Kultur zu prognostizieren, Pessimisten sahen den Ruin der Religion, die Aushöhlung des Familienlebens oder den Verfall der Ordnung voraus. Jahrhundertelang hatte man sich vor «Innovation» in jeglicher Form gefürchtet und sich dieses Begriffs mit nachdrücklicher Geringschätzung bedient; im 19. Jahrhundert aber wurde Innovation zur Institution erhoben. In der Zeit der Reformation pflegten römisch-katholische Gläubige protestantische Rebellen mit der rhetorischen Frage zu verspotten: «Wo war denn eure Kirche vor Luther?» Später, im 17. Jahrhundert, sahen sich englische Puritaner in die Defensive gedrängt, weil sie angeblich «Neuerungen im Staate» anstrebten, und noch ein Jahrhundert später wetterte Cotton Mather gegen die Gründer der neuen Brattle-Street-Kirche in Boston, diese Werkzeuge «*Satans*, von denen eine furchtbare Erschütterung anhebt», diese sündigen «*Neuerer*», die unter den Gläubigen von Massachusetts «einen Tag der *Versuchung*» schüfen. Erst nachdem die Vertreter der Aufklärung, allen voran Locke, die Frage zu stellen begannen, welche Rechte denn das Alte, gegen den Druck des Neuen, besitze, wurde «Innovation» allmählich zu einem akzeptablen Begriff.[10] Das Zeitalter der Väter machte dem Zeitalter der Söhne Platz. Bewegung wurde denkbar; wurde zum Allerweltswort.

Bewegung, in der geläufigsten Bedeutung, war denn auch im 19.

Jahrhundert gang und gäbe. Auswanderer überquerten Grenzen, oft sogar Meere. In den zehn Jahren nach 1820 sahen die Vereinigten Staaten 150000 Einwanderer; in den vierziger Jahren stieg diese Zahl dramatisch an: auf 1,5 Millionen. Während der achtziger Jahre absorbierte Amerika die eindrucksvolle – und für viele beängstigende – Zahl von über 5,23 Millionen Menschen. Und die USA waren nicht das einzige Sammelbekken von Auswanderern: Südamerika, das östliche Rußland, Südafrika, Kanada, der australasiatische Raum: sie wurden durch Schwärme von Neuankömmlingen umgestaltet. Man hat geschätzt, daß zwischen etwa 1820 und etwa 1920, als in den USA und den meisten anderen Ländern Einwanderungsbeschränkungen den Strom der Zuwanderer praktisch zum Versiegen brachten, rund 62 Millionen Menschen Europa verlassen hatten, um sich in der Fremde anzusiedeln. Diese enorme Völkerwanderung war natürlich im wesentlichen eine Migration von Bauern, Handwerkern und einfachen Arbeitern; doch gab es auch viele Bürger, die anderswo ein besseres Leben suchten. Bankrotte Kaufleute, unbotmäßige politische Publizisten, bürgerlich-jüdische Opfer der Bigotterie – alle flohen die Alte Welt, um es mit der Neuen zu wagen. Und andererseits wurde das wirtschaftliche und soziale Leben der bürgerlichen Gesellschaften von ihren Einwanderern betroffen – und zwar nicht immer zum Vergnügen des Gastlandes. Auszuwandern war ein Abenteuer, der Weg in die Freiheit, in die wirtschaftliche Solvenz oder in die persönliche Sicherheit; es war auch, und zumal für die Auswanderer selbst, ein einziges, oft lähmendes Trauma.

Das gleiche gilt für die andere, nicht weniger drastische Form der Migration: vom Bauernhof in die Fabrik, in die Werkstatt, in das Büro. Diese Migrationsbewegung – mochte sie saisonal oder, was häufiger war, dauerhaft sein – trug, durch ihren natürlichen Zustrom, zum Entstehen der riesigen Metropolen des 19. Jahrhunderts bei. «Die Vereinigten Staaten», so der verstorbene Richard Hofstadter in seinem *Age of Reform,* «wurden auf dem Lande geboren und sind in die Stadt gezogen.»[11] Ganz Europa machte dieselben, massiven Menschen-Verschiebungen durch. Wie Maxime du Camp, der Freund Flauberts und Historiker des modernen Paris, gegen Ende des 19. Jahrhunderts bemerkte: «England geht nach Indien, Deutschland geht nach Amerika, Frankreich zieht nach Paris.»[12] Er hätte hinzufügen können, daß England auch nach London, Deutschland auch nach Berlin ging. Lebten im Jahre 1800 gerade 21 Prozent der Bevölkerung von England und Wales in Städten von 10000 Einwohnern oder mehr, so waren es 1850 schon fast 40 und 1890 über 61 Prozent. Andere Länder, die beharrlicher bäuerlich waren als England, zeigten Zuwachsraten, die kaum weniger dramatisch waren: für Belgien stieg zwischen 1800 und 1890 die Zahl von 13 auf 35 Prozent; für die USA im selben Zeitraum von knapp 4 auf über 27 Prozent. Sichtbarstes Ziel dieser Mobilität war: die menschenverschlingende Metropole. Im Jahre 1800 hatte Paris, bereits damals der unbestrittene Mittelpunkt des französischen Lebens, weniger als 600000 Einwohner; 1850 beherbergte die Stadt mehr als eine Million und 1900 weit über 2,5 Millionen Menschen. Berlin sprang von 420000 Einwohnern im Jahre 1850, als es bloß die Hauptstadt Preußens war, auf zwei Millionen im Jahre 1900, als es zugleich deutsche Reichshauptstadt war. Im Zeitraum eines Lebensalters verwandelten sich diese Städte bis zur Unkenntlichkeit.

Diese Flucht, fort vom flachen Lande, das doch seit unvordenklichen Zeiten die Heimat fast der gesamten Menschheit gewesen war, richtete sich nicht allein auf eine Handvoll von Kapitalen. Industrie- und Handelszentren wie Birmingham und Manchester, ein Jahrhundert zuvor noch verträumte Kleinstädte, explodierten binnen weniger Jahrzehnte zu wuchernden, pulsierenden, betriebsamen – und kläglichen städtischen Agglomerationen. Manche dieser Städte des 19. Jahrhunderts wurden buchstäblich aus dem Boden gestampft: 1801 zählten Middlesbrough 581, Crewe 121 Bewohner; neunzig Jahre später konnte jener Ort auf 76135 Einwohner, dieser auf 28761 verweisen.[13] Es war mehr als nur das absolute Größenwachstum der Städte: es war justament dieses *Tempo* der Urbanisierung, was die meisten Zeitgenossen so frappierend und einige besorgte Beobachter so verabscheuenswert fanden. In Deutschland wuchs die Zahl der Großstädte – worunter man Städte mit mehr als 100000 Einwohnern verstand – zwischen 1871 und 1910 auf nicht weniger als das Sechsfache: nämlich von 8 auf 48. Was die deutschen Städte gewannen, das verlor das Land. 1882 lebten noch mehr als 42 Prozent aller Deutschen auf dem Lande, während rund 35 Prozent in Industrie, Baugewerbe und Bergbau tätig waren; nur dreizehn Jahre später war die städtische, werktätige Bevölkerung größer als die ländliche, und 1907 war der landwirtschaftliche Sektor auf 28 Prozent zusammengeschrumpft, während der industrielle Sektor nunmehr fast 43 Prozent ausmachte. Auch in Frankreich wirkten die Städte als Menschen-Magneten. Jahr für Jahr kehrten mehr als 100000 Franzosen dem Bauernhof den Rücken, um Arbeit in der Stadt zu suchen; allein zwischen 1875 und 1881 belief ihre Zahl sich auf 840000. 1891 waren es sogar in Frankreich, dem Lande der Höfe und der Weiler, gerade 45 Prozent der Bevölkerung, die den Boden bearbeiteten.

Das sind, in mehr als einer Hinsicht, nur grobe Schätzungen. Die Erfahrung des 19. Jahrhunderts fordert Unterscheidungen, die differenzierter sind als solche nackten Statistiken. Es war das Zeitalter der *suburb*, des *faubourg*, der Vorstadt – zwar zunehmend vom Arbeitermilieu geprägt, je älter das Jahrhundert wurde, aber doch auch weiterhin die Zuflucht der Mittelschichten. Jede Vorstadt, ob vor den Toren Berlins oder Roms oder New Yorks gelegen, hatte ihre eigene Geschichte, deren Anfänge oft bis in frühmoderne Zeiten zurückreichten. Das 19. Jahrhundert aber war es, das, zumal nach dem Aufkommen der Eisenbahn, diese Fluchtstätten vor dem Lärm und dem Menschengewühle der modernen Großstadt am eifersüchtigsten hütete und diese kleinen, unprätentiösen (und manchmal auch prätentiösen) Grundstücke erschloß.

Dieses bedenkliche Phänomen einer um sich greifenden bürgerlichen Einnistung im ländlichen Frieden weckte Neid und eine nicht geringe Spottlust. Niemand bot der Satire eine bequemere Zielscheibe als der Vorstadtbewohner: Die Zeitgenossen betrachteten sein Leben, seinen Geschmack, sein Sinnen und Trachten fast einmütig mit scheelen Augen, und eine Flut von Persiflagen ergoß sich über ihn. George und Weedon Grossmiths kleiner Klassiker *The Diary of a Nobody*, 1892 erstmals erschienen und seither immer wieder neu aufgelegt, ist mit seiner gemütvollen, fast zärtlichen Schilderung noch das am wenigsten selbstgefällige Beispiel für dieses Genre. Doch die Vorstadt, mochte sie auch zum Gegenstand wohlfeiler Verachtung werden, feierte überall ihre Triumphe. H. J. Dyos, der Chronist des südlich von London gelegenen Vororts Camberwell, macht einmal die geistreiche Bemerkung, daß Beobachter, die über diese besorgniserregende Entwicklung berichteten, unfehlbar in die Sprache der Kriegsgeschichte zu verfallen pflegten: «Die Heere Alexanders waren große Meister der Eroberung», schreibt etwa Wilkie Collins, im Jahre 1861, als das Tempo der Vorstadtentwicklung sich merklich beschleunigte, «und die Heere Napoleons waren große Meister der Eroberung; aber die modernen Guerilla-Regimenter des Mörteltrogs, der Maurerkelle und des Ziegelofens sind die größten Eroberer von allen; denn sie behaupten am längsten den Boden, den sie einmal in ihren Besitz gebracht haben», komplett «mit der Bekanntmachung des Eroberers: ‹BAUREIFES GRUNDSTÜCK ZU VERKAUFEN!›» Camberwell, zu Anfang des 19. Jahrhunderts noch ein spärlich besiedeltes Örtchen, wuchs von 39 868 Einwohnern im Jahre 1841 auf 259 339 im Jahre 1901 – eine frappierende Versiebenfachung der Bevölkerung in nur sechzig Jahren.[14] Immer mehr Menschen von dieser Viertelmillion waren achtbare Arbeiter, die in schnellen, billigen Zügen nach London pendelten; ja, es entstanden sogar Slums in Camberwell; und doch behauptete sich das bürgerliche Element. Die Phantasien, welche Londoner Bürger in Camberwell auslebten, lebten Berliner Bürger in Wilmersdorf aus. Doch in dem Maße, wie eine Vorstadt nach der anderen mit Fabriken und mit

Arbeiterwohnvierteln überzogen wurde – Argenteuil am Rande von Paris, La Guillotière am Rande von Lyon –, wurde auch so mancher dieser bürgerlichen Träume zu einem Alptraum. Hier, wie überall sonst, wurde die bürgerliche Erfahrung von der Zwiespältigkeit ihrer Zeit eingeholt.

Die Vorstädte, Geschöpfe und Schöpfer dieses Wandels, spielten in dieser Erfahrung eine erhebliche Rolle: Sie boten dem Bürger Schutz vor seiner Angst, aber sie bedeuteten ihm auch die Verwirklichung seiner Wünsche. Und die großen Städte selbst boten reichlich Gelegenheit für die Erfüllung von Wünschen oder Anlaß zur Unzufriedenheit. Im 19. Jahrhundert entwickelte sich die Gewohnheit, innerhalb ein und derselben Stadt eifrig umzuziehen, was mit der zunehmenden Zahl der Fabriken, dem Vordringen von Gleisanlagen und von Bahnhöfen, der Expansion der Ämter und Behörden sowie mit dem Aufstieg und Niedergang «fashionabler» Wohnviertel zusammenhing. Die nackten Zahlen, die alle diese Wohnort-Veränderungen registrieren, enthalten zwar sämtliche Erfahrungen in sich, die jeder Umzug so nachhaltig mit sich brachte; aber sie können diese Erfahrungen nicht nachvollziehbar machen. Das besorgte die Romanliteratur und die Sozialkritik; man überblickte jene Erfahrungen nicht völlig, aber sie hatten offensichtlich mit den zentralen Aspekten des menschlichen Daseins zu tun: mit der Sexualmoral, der Arbeitsdisziplin, dem Zusammenhalt der Familie, mit der Wahrnehmung von Raum, Zeit und Lebenschancen.

Der Bann des Wandels, in dem man stand, wurde trefflich auf den Punkt gebracht durch den beschwörenden Gebrauch des Wortes «neu». Jacob Burckhardt, der große Historiker und prinzipienfeste Konservative, bemerkte diese Angewohnheit seiner Zeit schon früh. 1843 schreibt er: «... alles will *Neu* sein, aber auch weiter nichts.» Dieses Bedürfnis mochte populär sein – eine geistige Anstrengung erforderte es in den Augen Burckhardts nicht: «Liberal zu sein ist die leichteste Sache», verkündete er 1841.[15] Ein gutes halbes Jahrhundert später, in den neunziger Jahren, empfand Holbrook Jackson, als typisch für seine Zeit, Bücher mit Titeln wie etwa: *The New Hedonism* und *The New Fiction*, sowie Bewegungen, die sich «Neues Heidentum» oder «Neue Üppigkeit» nannten, aber auch, im unübersehbaren Gegenzug dazu, «Neue Zerknirschung», ferner «Neuer Geist», «Neuer Humor», «Neuer Realismus», «Neues Drama», ganz zu schweigen von der «Neuen Gewerkschaft» und der «Neuen Frau».[16] Kurz nach 1890 registrierte denn auch der österreichische Kritiker und Essayist Hermann Bahr, daß in Kunst und Literatur andauernd «junge», ja sogar «jüngste» Schulen aus der Taufe gehoben wurden. «Alle Tage», so schreibt er, «erscheint eine neue

Aesthetik. Jeder bringt seine besondere Formel des Romanes.» Keine Frage: «Die alten Formeln haben ausgedient, es ist ein unüberwindliches Bedürfnis nach neuen...»[17] Schon 1783 hatte Samuel Johnson die weitverbreitete «Neuerungssucht» beklagt; und doch ging es zu seiner Zeit still und beschaulich zu, verglichen mit der schwindelerregenden Situation hundert Jahre später. Auf jeden Fall war um 1880 ein scharfsinniger Beobachter der Gesellschaft, wie Émile Durkheim, davon überzeugt, in einer neuen Zeit, einer neuen Ära zu leben.

Walter Bagehot hatte diese Überzeugung schon früher, in den einleitenden Absätzen von *Physics and Politics,* formuliert: «Eine der Eigentümlichkeiten dieses Zeitalters ist der plötzliche Zuwachs an umfangreichem physikalischen Wissen. Es gibt kaum eine Abteilung der Naturwissenschaft, die noch ganz dieselbe, oder überhaupt dieselbe, ist wie vor fünfzig Jahren. Eine neue Welt der Erfindungen – von Eisenbahnen und Telegraphen – ist um uns herum emporgestiegen, die wir nicht umhin können zu sehen; eine neue Welt der Ideen erfüllt die Luft und tangiert uns, obwohl wir sie nicht sehen.»[18] Und man konnte mit Fug und Recht der Ansicht sein, daß die neue, wenngleich noch so unsichtbare Welt der Ideen sich anschickte, das 19. Jahrhundert mindestens ebenso unwiderruflich zu transformieren wie jene allersichtbarsten Erfindungen: die Eisenbahn, der Telegraph oder das internationale Kreditsystem. Gewiß, als Bagehot die Würdigung seines Zeitalters erscheinen ließ, war das Tempo des Wandels schon seit einigen Jahrzehnten beängstigend. Aber dieses Tempo beschleunigte sich noch, als das Zeitalter der Königin Victoria von dem Zeitalter Sigmund Freuds abgelöst wurde. An das hektische Leben und Treiben in seiner Heimatstadt München Anfang der neunziger Jahre zurückdenkend, erinnert sich der Kunsthistoriker Hermann Uhde-Bernays an diese Atemlosigkeit der Zeit: «Der Streit ging um eine neue Kunst, ein neues Schauspiel, eine neue Oper, neue Konzerte in neu gebauten Sälen, um die Verjüngung aller Lehranstalten, um ein neues frisches Leben in einer vertrockneten und verstaubten Atmosphäre.»[19] 1912 hielt es Dr. Hermann Rohleder für richtig, sich in der Einleitung eines Buches über Sexualhygiene und -pädagogik noch einmal auf die überwältigende Realität des Tages zu berufen: «Gewiß weiß jeder, daß kolossale Umwälzungen in allen Bereichen für unsere heutige Kultur, für die jetzige Generation, für die Modernen kennzeichnend sind. Auf dem Gebiet der Technik haben wir Neuerungen erlebt, die wir uns noch vor fünfzehn, ja vor zehn Jahren nicht hätten träumen lassen; dasselbe gilt für Handel, Industrie und – last not least – die Wissenschaften.» Der altgriechische Satz, daß alles Umwälzungen unterworfen ist, «ist gewiß niemals wahrer oder berechtigter gewesen als in unserer Zeit».[20] Ein so vom Taumel der Veränderung erfaßtes Zeitalter bedürfe, meint Rohleder, auch einer neuen Einstellung zur Sexualität, die sich natürlich ebenso wandle wie alles andere.

Charles Péguy übertreibt gewiß, aber er fängt diese Stimmung doch sehr schön ein, wenn er, ein Jahr nach Rohleder, sagt: «Die Welt hat sich seit Jesus Christus weniger verändert als in den letzten dreißig Jahren.»[21] Diese allgegenwärtige Leidenschaft zum Neuen war auch auf Nebenschauplätzen der zeitgenössischen Kultur zu verzeichnen. Auguste Escoffier, der vermutlich renommierteste Küchenchef des bürgerlichen Jahrhunderts, ereifert sich im Vorwort zu seinem klassisch gewordenen Kochbuch: «Aber alle Welt fordert lauthals Neues – auf Biegen und auf Brechen!» Zwar sprach er von Rezepten und Gerichten, aber er hätte auch die Welt als Ganzes meinen können: «Neuheit! Das ist der herrschende Ruf, das gebieterische Verlangen eines jeden.»[22] Immerhin: diese arge Zeit entschädigte auch für manches. Émile Zola, der die Schrecken seiner Zeit leidenschaftlich, oft sogar recht melodramatisch, wahrnahm, entdeckte doch, wie viele andere Menschen, «die Lust am Neuen; etwas, was sich das Volk von Paris gerne etwas kosten läßt».[23] Auch in der Provinz, so scheint es, ließ man sich diese Lust gern etwas kosten.

Zum Siegeszug des Neuen hat, wie schon erwähnt, die Mittelschicht selbst wohl am maßgeblichsten beigetragen. Die Erfordernisse des Industriekapitalismus prägten das, was man die «neue Mittelschicht» nannte, und verschoben ein für allemal die altüberkommenen Konturen des Bürgertums. Technische und administrative Verbesserungen in Fertigung und Bankwesen, in Verkehr, Verkauf und Verwaltung zogen ganze Heerscharen von Schreibkräften, Sekretären, Inspektoren, Buchhaltern, Verkaufspersonal an – Männer, und zunehmend auch Frauen, die nichts anbauten oder herstellten, sondern die Dienstleistungen erbrachten. Eisenbahn und Schreibmaschine, Dampfschiff und Telegraph, die Erleichterung von Kreditaufnahme und Kapitalbildung: dergleichen machte die Vorteile einer Großorganisation nahezu unabweisbar. Die Fabrik, die größere Anwaltskanzlei, das Kaufhaus: alle waren auf helfende Hände erpicht. 1870/71 beschäftigte eine durchschnittliche Baumwollspinnerei in England 177 Personen – Arbeiter, Verwalter und Gehilfen. In denselben Jahren beschäftigte ein durchschnittliches Kontor vier Gehilfen.[24] Aus heutiger Sicht nimmt sich eine solche Unternehmensgröße bescheiden genug aus; doch um die Mitte des vorigen Jahrhunderts, und noch einige Zeit später, waren derartige Zahlen der schlagende Beweis für ein neues Zeitalter. Die neue Mittelschicht expandierte ungehindert und unaufhaltsam. 1851 waren, laut englischem Zensus, 91000 Personen in Wirtschaft und Handel tätig. Zehn Jahre später waren es 130000, und bis

1911 war die Zahl auf 739000 gestiegen, was einer Verachtfachung innerhalb von nur sechzig Jahren entspricht. Und immer stärker kam diese Explosion eines Berufsstandes auch den Frauen zugute: Hatte es 1851 noch so gut wie keine weiblichen Handlungsgehilfen gegeben, so waren es 1861 immerhin schon 2000 bzw. knapp 1,5 % der Gesamtzahl. 1911 aber war der Anteil der Frauen auf 157000 geklettert, was recht beachtlichen 21 Prozent aller Handlungsgehilfen in England entsprach.

Diese Entwicklungen waren übrigens keineswegs nur für England, als der ersten Industrienation der Erde, typisch. In Frankreich nahm zwischen 1856 und 1906 der administrative und kaufmännische Sektor der Wirtschaft von 21 auf 28 Prozent zu, während die Industrie im selben Zeitraum nur um 2 Prozent wuchs. Und in Deutschland drängten sich die greifbarsten Veränderungen am Jahrhundertende zusammen. Ging zwischen 1882 und 1907 die Zahl der Arbeitgeber und Eigentümer um 7 Prozent zurück, so stieg die der Arbeiter um 110 und die der Angestellten um 592 Prozent; innerhalb eines Vierteljahrhunderts erhöhte sich die Industriearbeiterschaft auf das Doppelte, während die Zahl der Sekretärinnen, Handlungsgehilfen und Verkäufer dreimal so schnell zunahm.[25] Die moderne Welt war dabei, eine Welt von Handlungsgehilfen zu werden; die Basis der bürgerlichen Pyramide erweiterte sich ins Unüberschaubare.

Zu den unermüdlichsten Mitgestaltern der neuen Mittelschicht gehörte der Staat. Die Geldsummen, zu deren Aufwendung er sich verpflichtet sah; die Zahl der Arbeitnehmer, die er in Dienst nehmen mußte, um seinen mannigfachen neuen Überwachungs- und Kontrollfunktionen gerecht zu werden; und der Anteil der Angestellten in der aufstrebenden Gruppe der Staatsdiener – alles erhöhte sich, und zwar mit bemerkenswerten Zuwachsraten. 1792 gab die englische Regierung £ 7,7 Millionen aus; 1897, wenig mehr als hundert Jahre später, war es zehnmal soviel, £ 77,9 Millionen. 1797 beschäftigte sie knapp 16000 Personen, von denen rund 1500, also weniger als 10 Prozent, Angestellte waren; 1869 sind es 108000 Personen, von denen sich fast 17000, oder über 15 Prozent, in Angestelltenpositionen befinden.[26] Seit der Jahrhundertmitte werden Angestellte zum Gegenstand humorvoller Glossen in den Zeitschriften und tauchen sogar in Romanen auf. Mitfühlende Beobachter fanden sie komisch und rührend zugleich. Andere, bissigere, neigten mehr dazu, im Angestellten den kleinen Diktator oder den speichelleckenden Kriecher oder beides zu sehen – den jämmerlichen Niemand, der sich aufführt, als sei er ein Jemand.[27]

Immerhin: das Leben in der neuen Mittelschicht war ein Leben, das nicht ganz ohne Hoffnung war. Nicht wenige ließen sich vom Mythos (und – in weit geringerem Umfang – vom Faktum) der sozialen Mobilität verlocken. Die meisten konnten freilich ihrem Los nicht entrinnen: lange Jahre in einer provisorischen Anstellung, denen noch längere Jahre folgten, in denen es galt, mit sehr wenig auszukommen. Es war, zumal in Deutschland und in Frankreich, allgemein bekannt, daß Respektspersonen wie Lehrer oder Postbeamte spät heirateten und wenig Kinder hatten; sie konnten sich selten mehr als zwei leisten, und oft nicht einmal diese. Ärgerlich war ferner, daß viele zivile Berufe militaristisch angehaucht, und mehr als nur angehaucht, waren. Von den Staatsbeamten wurde erwartet, daß sie die Tugenden der Disziplin und des untertänigen Gehorsams, des unermüdlichen Arbeitseifers und der bedingungslosen Staatstreue übten. Wohl wurden in vielen Betrieben die Beziehungen des Vorgesetzten zum Untergebenen noch nach dem Vorbild des Familienlebens gestaltet; aber was als Vorbild diente, war die autoritäre Familie.

Dieses Obrigkeitsdenken und diese eingeschränkte Mobilität, mit den unbeweglichen Rangordnungen und geschmeidigen Hierarchien, wecken Erinnerungen an die traditionelle Gesellschaft, den alten Staat. Dennoch gab es vieles, was unbestreitbar modern war: Die schiere Masse des neuen Mittelstandes, und das Elend des alten, beweisen, daß sich das Bürgertum im Zeitalter Freuds gegenüber dem der viktorianischen Zeit signifikant gewandelt hatte.

2. Ein Zeitalter der Kurierzüge

All diese Regsamkeit forderte ihren Preis. Nur zu oft wurden die Baumeister des Wandels selber zu dessen ersten Märtyrern: Die schwindelerregende Mobilität des Jahrhunderts forderte viele Opfer bereits zu Hause. Mitunter war das die Folge der Mobilität im ganz wörtlichen Sinne: Um 1860 mußten die einst wohlhabenden Kaufleute von Orléans ohnmächtig zusehen, wie ihre früheren Kunden in der Eisenbahn an ihnen vorüberflogen, um ihre Einkäufe in Paris zu tätigen.[28] Physische Ereignisse und geistige Zustände waren, wie stets, nicht voneinander zu trennen. Und daß man für alles, auch für den Fortschritt, zu zahlen hat, war eine alte Binsenwahrheit, die sogar für dieses progressive Zeitalter, das 19. Jahrhundert, und für diese progressive Klasse, das Bürgertum, galt – und zwar unerbittlich.

Das späte 19. Jahrhundert machte zu seinem Erstaunen die Entdeckung, daß selbst die Veränderung zum Besseren ein tiefes geistiges Unbehagen hervorrufen konnte und oft auch wirklich hervorrief. Diese Erkenntnis deutet sich zuerst bei dreien der scharfsichtigsten Beobachter ihrer Zeit an – bei Nietzsche, bei Freud und bei Durkheim –, um dann ins allgemeine Bewußtsein zu dringen. In seinen aphoristischen Reflexionen aus den achtziger Jahren notiert Nietzsche einmal: «In dem innern Seelen-Haushalt des *primitiven* Menschen überwiegt die *Furcht* vor dem *Bösen. Was* ist das *Böse?* Dreierlei: der Zufall, das Ungewisse, das Plötzliche.»[29] Freud verallgemeinerte diese Diagnose der Angst und übertrug sie auf alle Menschen – einfach deshalb, weil im Grunde alle Menschen «primitiv» sind. Angst erscheint in seiner späteren Theorie als Warnsignal, das angesichts von wirklicher oder vermeintlicher Gefahr ausgelöst wird und das dem Menschen erlaubt, seine Abwehrmechanismen zu mobilisieren: Kampf, Flucht, Verleugnung u.a.m. Durkheims Entdeckung des Phänomens der Anomie ist seiner Zeit, dem reifen bürgerlichen Jahrhundert, voll und ganz angemessen. Anomie erwächst nach Durkheim aus dem Fehlen fester Grenzen und erkennbarer Verhaltensregeln; diese qualvolle soziale Desorientierung kann nach plötzlicher Prosperität ebenso heftig hereinbrechen wie nach einer plötzlichen Katastrophe.

Das waren wichtige Einsichten, die vor allem deshalb schockierend wirkten, weil sie die Gesetze des gesunden Menschenverstandes beleidigten: Man hätte doch annehmen sollen, daß eine gute Nachricht – ein gelungener Coup an der Börse, eine Beförderung, die glückliche Beendigung einer schwierigen Aufgabe, die Eroberung einer launischen Geliebten – nur eitel Freude und Sonnenschein bereite. In Wirklichkeit löste sie häufig Panik aus. Sigmund Freud analysierte dieses überraschende Phänomen, als Durkheim den Begriff «Anomie» schon längst in den sozialwissenschaftlichen Wortschatz eingeführt hatte; die Instinkte des Menschen sind eben konservativ. Jede noch so positive Veränderung erfordert den Aufwand seelischer Energie, Anpassungsleistungen. Wird die Veränderung nicht von Vorsichtsmaßnahmen begleitet, von Zuwendung und Ermutigung umhegt und Schritt für Schritt assimiliert, so birgt sie alle Risiken eines Aufbruchs ins Unbekannte in sich, wo automatische Reaktionen und gewohnte Verfahrensweisen ihre Geltung verlieren. Daher ist nach Freud jede Veränderung, mag sie an sich noch so wünschenswert und ersehnt sein, doch zugleich mühselig und gefährlich. Die tröstliche Gegenwart dessen, was später Proust in *Du côté de chez Swann* mit einem hübschen Ausdruck «le bon ange de la certitude» nennen wird, blieb dem bürgerlichen Jahrhundert, bis auf seltene Ausnahmen, versagt.

Neu war die bürgerliche Angst natürlich nicht, als Nietzsche, Freud und Durkheim sie diagnostizierten. Schon in jenen Jahrzehnten des 19. Jahrhunderts, als das Bürgertum seine spektakulärsten politischen und wirtschaftlichen Triumphe feierte, hatte diese Angst in der Seele der

Mittelschicht ihre verräterischen Spuren hinterlassen. Um 1880 hatten energische Kontrahenten sie mit Inhalt erfüllt: man hatte Angst vor den Forderungen der organisierten Arbeiterschaft; vor dem Auftreten radikaler Parteien; vor dem Hohn und Spott avantgardistischer Intellektueller. Es gab noch andere Kontrahenten, namentlich feministische Bewegungen sowie literarische oder künstlerische Nonkonformisten – wortgewandt, zornig und nicht immer gerecht –, die sich nicht länger mit bescheidenen Zugeständnissen begnügen mochten. Von unversöhnlicher Feindschaft gegen das Bürgertum erfüllt, beuteten alle diese Kritiker das aus, was George Bernard Shaw 1891 «das Schuldbewußtsein der Mittelschicht»[30] genannt hat.

Gleichwohl war die bürgerliche Angst – Signal und Symptom der Gefahr – nicht einfach die Furcht vor bestimmten Feinden; sie war diffus und endemisch. Als Théophile Gautier 1861 den kaiserlichen Hof in Compiègne besuchte, fiel ihm die allgemeine Verkrampftheit der Besucher dort auf; gelöst wirkten eigentlich nur die alten Aristokraten. «Der *bourgeois* weiß nicht genau, wie er sich benehmen soll. Es ist offenkundig, daß er sich seiner Rolle nicht sicher ist.»[31] Auch in anderen, weniger mißlichen Situationen hätte Gautier dieses Gefühl der Unsicherheit bei der Mittelschicht wiederfinden können. Es gab daneben immer wieder sporadische Versuche, sich der Umwelt oder des eigenen Selbsts zu bemächtigen, in eine wehmütige Nostalgie zu entfliehen oder, als sich die Möglichkeit dazu bot und die Gefahren zu wachsen schienen, Verrat am Liberalismus zu üben. Hauptursache war der Wandel. Unter seinem Ansturm kamen die unbewußten Dimensionen der Erfahrung zu unbestreitbarer Prominenz; denn wohl löst der Wandel manche Konflikte, aber zugleich erzeugt und verschärft er auch andere, indem er die willkommenen Orientierungsmarken, in Form der sozialen Gewohnheiten, beseitigt.

In früheren Zeiten war die Angst endemisch gewesen; sie kehrte in regelmäßigen Abständen wieder, hing von den Jahreszeiten ab, wurde erwartet. Veränderung hieß entweder seltenes, unvorhergesehenes Glück oder nur zu gut vorhersehbares Unglück: der Zyklus guter und schlechter Ernten, der Sturz der herrschenden Dynastien, das Verblassen der alten Götter. Der Wandel im 19. Jahrhundert war demgegenüber schwerer zu lesen, aber im Tiefsten strebte er der Rationalisierung des Lebens entgegen, fort von den Tröstungen eines unbezweifelten Glaubens und der Herrschaft widerstandsloser Regung. Die Verpönung der ungenierten Bekundung und öffentlichen Befriedigung von körperlichen Bedürfnissen, die in der Renaissance mit kulturellen Erfindungen, wie der Gabel und dem Taschentuch, begonnen hatte, dauerte an und intensivierte sich.

Die Scham- und Ekelschwellen wurden immer niedriger angesetzt. Die wohlanständige Kultur des 19. Jahrhunderts sah in der Phantasie eine gefährliche Begleiterin; statt dessen setzte sie auf Aufschub, Modulation, Kontrolle. Solche Zügelung war, als kulturelle Haltung, schwer durchzuhalten, und oft war es notwendig, sie zu umgehen; wie Freud früh und immer wieder gesagt hat, stellte die bürgerliche Moral, zumal die Sexualmoral, harte Anforderungen an die Seele der Mittelschicht und unterwarf sie beispiellosen Zwängen. Und die Formen des Aufschubs und der Kontrolle der Triebbefriedigung waren instabil, und sie wurden ständig attackiert von dem verlockend Neuen und den Leidenschaften einerseits, und von dem Streben nach Unterdrückung unzulässiger, verbotener Wünsche andererseits. Dazu kam, daß der Wandel oft überraschend kam, sich ständig beschleunigte, weitreichende Folgen hatte und, wie gesagt, in keiner Weise rückgängig zu machen war. Deshalb unternahmen ja auch solche mächtigen Reaktionäre solche immensen Anstrengungen, um ihn dennoch rückgängig zu machen. Das Leben Metternichs, eines brillanten Vertreters der Regression, ist ein einziger Tribut an die Veränderungen, die er aufzuhalten, ja auszuschalten suchte, bis sie endlich ihn selber ausschalteten. Und Metternich hatte viele ergebene Anhänger.

Eines der auffälligsten Symptome der allgemeinen Unsicherheit war ein Gefühl der Haltlosigkeit und Verwirrung, der Eindruck, vielfältigsten Impulsen wehrlos ausgeliefert zu sein. Karl Storck, ein deutscher Biograph, äußerte 1897 einen gängigen deutschen Gemeinplatz, wenn er «unsere geräuschvolle reklamesüchtige Zeit» beklagt, «deren kaufmännisches Gebaren längst auch schon die Künstlerkreise erfaßt hat».[32] Bereits 1848 hatte Graf Duchâtel, einst Innenminister unter Louis Philippe, über seine Zeit gesagt: «Die Dinge bewegen sich heute schneller als vor sechzig Jahren. Die Ereignisse bewegen sich mit Dampf, wie die Reisenden.»[33] Das sagte er unter dem Eindruck einer unvorhergesehenen politischen Revolution. Doch während des ganzen Jahrhunderts gab es Zeitzeugen, die sich des Eindrucks nicht erwehren konnten, es herrsche Unordnung, die Philosophen seien ratlos, die Staatsmänner wie gelähmt. 1844 dachte Disraeli an die Jahre nach den Napoleonischen Kriegen zurück und schilderte sie als eine Zeit größter Hilflosigkeit: «Die Menschen waren führerlos geworden. Sie wandten sich an die Obrigkeit; sie wollten geführt werden; sie wollten regiert werden.» Die Nicht-Wahlberechtigten forderten lauthals das Stimmrecht und die Arbeiter ihre Rechte; aber: «Was tat die Obrigkeit? Sie verfiel in Panik.» Sie war es, in den alten Tagen, zufrieden gewesen, zu verwalten; jetzt verlangte man von ihr, daß sie regiere. Und davor, meint Disraeli, fürchtete sie sich entsetzlich. «Wie alle schwachen Menschen», fügt er scharfsichtig hinzu, «nahmen sie Zuflucht zu dem, was sie ‹strenge Maßnahmen› nannten.» So waren es nicht allein die Beherrschten, sondern auch die Herrschenden, die im unerforschten Gelände des 19. Jahrhunderts Angstanfälle erlitten. Wenige Jahre nach Disraeli formulierte der Dichter und Politiker Alphonse de Lamartine in ganz ähnlicher Sprache seinen Eindruck von Frankreich: «Diese Zeiten sind Zeiten des Chaos; Meinungen sind Umstandskrämerei; Parteien: Wirrwarr; die Sprache für neue Ideen ist noch nicht geschaffen worden.»[34] Die zunehmende Leidenschaft für eine Wissenschaft von der Gesellschaft, die alles erklären und alles lösen würde, die reuige Rückkehr tatendurstiger Rebellen zu der Religion ihrer Väter, die Entstehung moderner Kulte wie Christliche Wissenschaft oder Theosophie: dies alles deutet auf das heftige Bedürfnis, Führer durch den Dschungel der Modernität zu finden. Die Mischung aus Generosität und Rationalität, die den liberalen Geist auszeichnet, war eine schwer erkämpfte Errungenschaft der Wenigen und ständig neu gefährdet.

Das Neue, das Säkulare, die Wissenschaft, hatten denn auch keineswegs auf der ganzen Linie und unangefochten gesiegt. Das viel gescholtene Alte behauptete eine erstaunliche Lebenskraft. Die Religion machte viel verlorenen Boden wett, zumal bei den achtbaren Bürgern, zumal in England. Das Zeitalter Comtes und Darwins war auch das Zeitalter Kardinal Newmans und William James'. Schon Jahrzehnte vor Victorias Thronbesteigung 1837 war es bei den Gebildeten und den Reichen Mode geworden, den Deismus oder Atheismus der Aufklärung zu verwerfen und zum Glauben der Väter zurückzukehren. Das berühmte Diktum von Marx, die Religion sei das Opium des Volkes, war eine gravierende Fehleinschätzung – jedenfalls was das 19. Jahrhundert betraf: Die Religion blieb, oder besser gesagt: sie wurde wieder das Opium der Mittelschichten, besonders in Großbritannien, in den USA und in Deutschland. Zwar gab es in diesen und anderen Ländern einflußreiche Gruppen von Ungläubigen, die mit ihrer Meinung nicht hinter dem Berge hielten, bescheidene Agnostiker, philosophische Theisten und dogmatische Positivisten; speziell in Frankreich blieben die aus Aufklärung und Revolution überkommenen, antiklerikalen und antitheologischen Überzeugungen für das gebildete Bürgertum maßgeblich und attraktiv. Trotzdem konnte Émile Durkheim 1895 bekümmert diese «Zeit des wiedererwachenden Mystizismus» beklagen, wobei er auch an Frankreich dachte.[35]

Doch nicht einmal die Religion bot unverbrüchlichen Schutz vor der Verzweiflung. Die dramatischen (und für gläubige Menschen skandalösen) Fortschritte der Naturwissenschaften waren für viele Anlaß zu aufgeregten Zukunftsprognosen, für andere aber Grund für ängstliche Beteuerungen. Die Wissenschaft bot die ausgeklügeltsten Spitzfindigkeiten auf (selber Symptome der Angst), um altehrwürdige Glaubenssätze zu verteidigen. Begreiflicherweise waren es gerade die beunruhigendsten Entwicklungen der Zeit, namentlich Industrialisierung und Urbanisierung, die so manchen modernen Jeremias düstere Urteile fällen und drohendes Unheil verkünden ließen. Blake befand sich in guter Gesellschaft, wenn er gegen die teuflischen Fabriken wetterte, und Metternich stand keineswegs allein, wenn er das allgemeine Abhandenkommen von Glauben und Stabilität bedauerte.

In jedem Land und in jedem Jahrzehnt des 19. Jahrhunderts erhoben sich progressive wie konservative Stimmen, die die unruhige und beunruhigende Situation ihrer Zeit beklagten. Sie entdeckten eine alarmierende Haltlosigkeit, eine allgemeine Anarchie des Denkens, ein ungesundes Lebenstempo, ein generelles Unbehagen mitten im schönsten wissenschaftlichen Fortschritt. Émile Zola, Vorkämpfer dieses Fortschritts und Parteigänger der Modernität, sprach für sie alle, wenn er 1860 an einen guten Freund schrieb: «Aus einer verhaßten Vergangenheit kommend, gehen wir einer ungewissen Zukunft entgegen. Und da wir Franzosen sind, will sagen: ungeduldig *par excellence*, gehen wir im Geschwindschritt.» Charakteristisch für seine Zeit seien «Ungestüm, verzehrende Betriebsamkeit; Betriebsamkeit in den Wissenschaften, Betriebsamkeit im Handel, in den Künsten, überall: es gibt die Eisenbahn, die Elektrizität steht im Dienst der Telegraphie, der Dampf bewegt Fahrzeuge, Ballons erheben sich in die Lüfte.» Zola beschränkte seine Beispiele für diese «verzehrende Betriebsamkeit» – eine treffend brutale, orale Metapher – jedoch nicht auf technische Neuerungen. «Im Bereich der Politik ist es noch viel schlimmer: Nationen erheben sich, Reiche erstreben die Einigung. In der Religion ist alles noch unfest; diese neue Welt, die im Heraufkommen ist, braucht eine junge und lebhafte Religion. So stürzt sich die Welt auf den Weg in die Zukunft, begierig, was sie am Ende des Rennens erwarten wird.»[36] Die Religion, die Zola forderte: jung und lebhaft, war die Religion des Fortschritts, die tatkräftige Organisation der natürlichen und wirtschaftlichen Ressourcen zum allgemeinen Besten. Trotzdem ist auch aus Zolas vibrierenden Worten der Rhythmus der Angst vernehmbar, die kaum wahrnehmbare Furcht, die Dinge könnten außer Kontrolle geraten.

Noch in den unbeschwertesten Memoiren kam dieses Unbehagen zum Vorschein. Lady Knightley – damals noch Miss Louisa Bowater und unvermählt – fing um 1860 in ihrem ziemlich affektierten, aber hochintelligenten Tagebuch diese moderne Ungewißheit sensibel ein. Dem «Tumult und Getöse der Stadt» eine «gloriose» morgendliche Ausfahrt in der englischen Sommersonne gegenüberstellend, mit Rehen, Spechten und stillen, lieblichen Seen, empfindet sie «Tag für Tag stärker die Hetze, in der die meisten Menschen der heutigen Zeit leben. Können wir uns da über die Zunahme des Wahnsinns wundern? Die Hälfte der Menschen, denen ich in der Eisenbahn begegne, haben etwas Wildes im Blick», und dieser Blick «macht mich schaudern. Rast und Ruhe gibt es heutzutage für niemanden; immer ist man in Bewegung, ob man Zerstreuung sucht oder seinen Geschäften nachgeht. Ist das der Stagnation früherer Zeiten vorzuziehen? Ich weiß es nicht; das ist schwer, ja fast unmöglich zu entscheiden.»[37]

Selbst John Stuart Mill fiel es schwer, seine zwiespältigen Gefühle gegenüber dem Fortschritt zu klären. Es war ihm sein Leben lang darum zu tun, für Verbesserungen einzutreten und bei den neuen Einrichtungen, die er allenthalben bemerkte, das Wertvolle zu bewahren. Doch obgleich er Veränderungen nicht abgeneigt war, sah er ein, daß allein schon deren Tempo seine Zeit vor massive Probleme stellte. «Die Minderwertigkeit des gegenwärtigen Zeitalters», schreibt er Anfang 1854 in sein Tagebuch, «ist vielleicht die Folge ihrer Überlegenheit. In den gebildeteren Klassen scheint kaum jemand irgendeine Meinung zu haben oder irgend wirkliches Vertrauen in diejenigen zu setzen, von denen er es behauptet.» Im Tone Disraelis zehn Jahre zuvor setzt er hinzu: «Diejenigen, welche die Führer der übrigen sein sollten, sehen an jeder Frage zu viele Seiten.» Was die Zeit brauchte, war Charakterstärke; aber die war schwer zu finden. Die politisch Verantwortlichen «hören so vieles über alles, daß sie sich der Wahrheit von nichts sicher sind». Das waren nicht die Voraussetzungen für selbstsichere Führung.

Aus Mills bedrückender Skepsis hört man noch den Tonfall von Tocquevilles *Demokratie in Amerika* heraus, einem Buch, das Mill in der Tat sorgfältig studiert und begeistert besprochen hatte. Tocqueville war das seltene Beispiel eines Propheten, der in der eigenen Zeit etwas galt. Er hatte 1831 die Vereinigten Staaten bereist und die Ergebnisse seiner Beobachtungen und Reflexionen in vier umfangreichen Bänden niedergelegt, die 1835 und 1840 erschienen. In Amerika hatte Tocqueville einen Blick in die Zukunft getan und war mit gemischten Gefühlen nach Hause gereist. Die USA – ich habe es schon gesagt – machten es dem Propheten leicht; sie präsentierten sich als sichtbares Endziel jener schicksalhaften Reise, die Europa schon längst angetreten hatte. Amerika bewies, daß die Gesellschaft der Zukunft von Bürokratien und im Zeichen der Gleichheit regiert werden würde, mit der ganzen damit verbundenen Vulgarität, Mittelmäßigkeit und Geistfeindlichkeit. Doch sah Tocqueville in der amerikanischen Gesellschaft auch viel Löbliches. Wenn seine letzten Jahre von zunehmender politischer Ernüchterung und privater Depression überschattet waren, so lag das ebensosehr an der französischen Politik, an der er aktiven Anteil nahm, wie an seinen Betrachtungen über den Wandel. Auf jeden Fall aber verabscheute er es, mit dem Unvermeidlichen zu hadern.

Oft waren Tocquevilles bewundernde Leser weniger differenziert und auch weniger resigniert als ihr Meister. Henri-Frédéric Amiel, der Genfer Professor, Philosoph und Kritiker, der mehr wegen seines geheimen Tagebuchs als wegen seiner veröffentlichten Schriften unvergessen blieb, notierte sich 1851 nach der Lektüre Tocquevilles: «Tocquevilles Buch wirkt nicht wenig beruhigend auf den Geist, doch hinterläßt es auch einen gewissen Widerwillen. Man erkennt die Notwendigkeit dessen, was kommt.» Seine olympische Haltung mag Tocqueville nicht mißfallen haben; Amiel aber war zu beunruhigt, als daß er sich mit ihr abgefunden hätte: «Man sieht, daß überall das Zeitalter der *Mittelmäßigkeit* heraufzieht, und das Mittelmaß tötet jedes Streben. Gleichheit erzeugt Einförmigkeit»; sie opfert «das Hervorragende, das Bemerkenswerte, das Außerordentliche.» Amiel befürchtete, daß «Melancholie – *spleen* – die Krankheit des *egalitären* Jahrhunderts werden» würde, eine Befürchtung, die von manchen Vertretern der Gleichheit geteilt wurde. Zwangsläufig werde «das Nützliche das Schöne ersetzen; Industrie die Kunst; politische Ökonomie die Religion; Arithmetik die Poesie». Im kommenden Zeitalter des Individualismus und der zunehmenden Arbeitsteilung werde der «ideale Einzelne» verschwinden; die «Zeit der großen Männer geht zu Ende, die Epoche der Massen» steht bevor. Die Gesellschaft «wird alles sein, und der einzelne Mensch nichts. Die Statistik wird einen großen Fortschritt verzeichnen, und der Moralist einen allmählichen Niedergang.» Mit einem Wort, das «universale Wohl», das das 19. Jahrhundert zu erreichen verspreche, werde «um einen zu hohen Preis» erkauft. Der Fortschritt, mochte er noch so dramatisch sein, war diesen Preis einfach nicht wert. Alles, so notierten sich die Brüder Goncourt, wurde auf den Kopf gestellt. Das Vergnügen war tot; das Geschäft war König; eine große Säuberung stand bevor; denn, wie die Goncourts ihrem Tagebuch anvertrauten, die Zeit, in der sie lebten, war nicht normal.[39] Den Pessimisten war diese Lehre aus dem Herzen gesprochen. Jacob Burckhardt, der sein Jahrhundert mit unverhohlener Verachtung betrachtete, spickte seine Briefe mit Schmähungen dieses konfusen, geschwinden, vulgären Zeitalters, in das ein ungnädiges Geschick ihn verschlagen hatte. An einen Freund schrieb er, daß «alte Leute conservativ sind»; deshalb könne ihnen «diese jetzige Welt der raschen Aenderungen kaum mehr recht zusagen». Bemerkenswert an dieser Äußerung ist, daß sie von 1873 stammt, als Burckhardt erst 55 war. Tempo und

Richtung der Veränderungen gaben ihm das Gefühl, alt und konservativ und mit seinem Jahrhundert zerfallen zu sein. Nüchtern stellte er fest, daß der moderne Mensch fröhlich-borniert die soliden Werte von Bildung und Diversität um der zweifelhaften Segnungen des Neuen willen aufgegeben habe: «Die heutigen Menschen... opfern, wenn es sein muß, alle ihre speciellen Literaturen und Culturen gegen ‹durchgehende Nachtzüge› auf.»[40]

Die Eisenbahn, mit ständiger Verbesserung der Lokomotiven, Gleiskörper und Signale immer schneller werdend, wurde zur ausdrucksstarken Metapher für das verwirrende, beängstigende Tempo des 19. Jahrhunderts. Hans von Bülow, der brillante Dirigent und Klaviervirtuose, prägte 1874 das Wort vom «Zeitalter der Courierzüge».[41] Dicht unter der Oberfläche solcher Epitheta lagen immer auch die erotischen Wünsche und Ängste, die das rhythmische Rütteln der Bahnfahrt erregte. Zu dem nervösen Gefühl, daß das Tempo der Zeit über alles vernünftige Maß hinaus zunahm, gesellten sich beunruhigende Anzeichen, daß die neuen Empfindungen und Eindrücke überhandnahmen. Eine andere, charakteristische Lieblingsmetapher des 19. Jahrhunderts warnte vor der Gefahr, geistig-seelische Kreisläufe zu überlasten. «Das Leben wird immer komplizierter», schreibt Theodor Billroth 1876 an seinen Freund, den österreichischen Musikkritiker Eduard Hanslick. Das Leben, fügt er hinzu, «absorbiert uns immer mehr; die immer steigende Konkurrenz auf wissenschaftlichem, künstlerischem, litterarischem, sozialem Gebiet soll wohl ein Beweis von steigender Kraftentwicklung unserer Generation sein, doch geht bei diesem Arbeiten und ewigem Hasten nach neuer Arbeit auch viel verloren. Die Kunst leidet dabei am meisten; das moderne Publikum hat keine Zeit mehr zum Sehen und Hören, denn das Denken und Empfinden wird gewaltsam durch das Schwungrad der Zeit in eine bestimmte Bahn mitgerissen.»[42]

Die unentrinnbare Geschwindigkeit dieses Rades rief eine ebenso brennende wie rührende Sehnsucht nach der guten alten, eisenbahnlosen Zeit hervor. «Wir, die wir gelebt haben, bevor man Eisenbahnen baute», schreibt Thackeray, «wir gehören einer anderen Welt an.» *«Damals»*, als die Leute noch in Kutschen fuhren, «das war die alte Welt.» Er räumte ein, daß wohl auch «Schießpulver und Druckerpresse» die Zivilisation modernisiert hätten. Aber «was die neue Ära einleitet», ist doch die Eisenbahn. Und er malt sich aus, wie diejenigen, die «vor den Eisenbahnen gelebt haben und aus der alten Welt überkommen sind», dem «Vater Noah mit seiner Familie aus der Arche gleichen. Die Kinder werden sich zu uns drängen und werden zu uns Patriarchen sagen: ‹Großpapa, erzähle uns von der alten Welt!› Und wir werden unsere alten Geschichten mümmeln und, einer um den anderen, einnicken; und es werden unserer immer weniger sein, und diese sehr alt und hinfällig.» Keine Frage: «Wir, die wir vor den Eisenbahnen gelebt haben, sind Neanderthaler – wir müssen verschwinden.»[43] Bei aller Übertreibung und Schalkhaftigkeit seines Humors beschwört Thackeray in dieser kleinen Szene doch das sehr reale Gefühl eines Verlustes.

Thackeray gestaltet eine Stimmung; er schreibt keine Sozialgeschichte. Die Eisenbahn, mit ihrem gewaltigen Potential zur Revolutionierung der Industrieansiedlung, des Gütertransports, der Urlaubsgewohnheiten, war ebensosehr eine Folge der wirtschaftlichen und sozialen Revolution, wie sie deren Ursache war. Sie war ein spektakuläres Symbol und für Malerei und Dichtung des 19. Jahrhunderts ein willkommenes Sujet. Weniger dramatisch, aber noch einflußreicher waren die neuen Entwicklungen im Finanzwesen, im Fabrikbau, in der Organisation der Arbeit: mit einem Wort, der entfaltete Handels- und Industriekapitalismus. Bankiers trugen ebenso tätig dazu bei, den Wandel des 19. Jahrhunderts zu gestalten, wie Ingenieure und Fabrikanten. Gemeinsam waren sie damit befaßt, eine Welt aufzubauen, die für ihre Nutznießer ebenso problematisch war, wie sie für ihre Opfer verheerend sein konnte.

Trotz aller nervösen Reflexionen über Status, Macht und Moral war das Bürgertum im großen und ganzen doch die treibende Kraft in einem dynamischen Zeitalter. Es war für viele Menschen die Zeit jener selbstgefälligen Zuversicht, die Prinz Albert zur Schau trug: einer Zuversicht, die Menschen ebenso selbstverständlich war, wie sie ihnen, unbewußt, unproblematisch erschien. Sie konnten viele Veränderungen, auch abrupte und unvorhergesehene, verkraften und sich in Augenblicken des Unbehagens mit dem Gedanken an ihr Bankkonto, ihren politischen Aufstieg oder ihre sozialen Gratifikationen trösten. Das bürgerliche Jahrhundert war ein Zeitalter der Verbesserung, für den Bürger vielleicht mehr als für jeden anderen Menschen. Die herrschende Ideologie der Hoffnung war weniger eine Bemäntelung von Verzweiflung als vielmehr der ernsthafte Glaube an den Fortschritt. Der Mythos, der das Zeitalter beherrschte – zumindest für dessen Nutznießer –, konnte eigentlich nur der Mythos der Mobilität sein. Frohgemute Parolen vom Talent, dem die Welt offen stand, und vom Marschallstab, den auch der einfache Soldat im Tornister trug, kündeten von der allgemeinen Überzeugung, daß die soziale Welt der gebildeten, tätigen Bürger eine Welt ohne besondere Barrieren war, in welcher harte Arbeit, Gewitztheit und Ausdauer Früchte zeitigten, die die ältere Statusgesellschaft nur ganz wenigen Glücklichen vorbehalten hatte. Steiler gesellschaftlicher Aufstieg war zwar nichts Neues; keine Biographie eines großen Staatsmannes, Kirchenfürsten oder Handelsherrn ohne den Topos der «bescheidenen Anfänge», aus denen sich der Held mit Mut, Energie und Köpfchen nach oben gearbeitet hatte. Und diese Geschichten waren nicht alle erfunden: Immerhin waren das die Männer, über die man gerne Biographien schreibt. Doch jetzt, im Treibsand des 19. Jahrhunderts, dieser «stürmischen und haltlosen Epoche», wie eine französische Zeitung 1878 schrieb, wurde dieser Mythos der Mobilität demokratisiert.[44] Eine ungemein beliebte Erfolgsliteratur trug die Kunde von diesem Mythos in ein breites und begieriges Lesepublikum: Horatio Algers Geschichten und Samuel Smiles' Biographien veranschaulichten jedem, der zu lesen verstand, die mannigfachen, glänzenden Möglichkeiten, «vom Tellerwäscher zum Millionär» aufzusteigen.

Es ist daher keineswegs ein Zufall, daß die traditionellen statischen Bezeichnungen für soziale Gliederungen – «estates», anschaulicher «orders», noch anschaulicher «Stände» – im 19. Jahrhundert von Bezeichnungen verdrängt wurden, die einer gegliederten Gesellschaft der Aufstiegschancen angemessener waren: man sprach nun von «Klassen», «Parteien» oder, gegen Ende des Jahrhunderts, von «Interessengruppen». In ähnlicher Weise ersetzte man die Bezeichnungen für Gruppen mit denselben politischen, religiösen oder künstlerischen Überzeugungen weitgehend durch dynamische Begriffe: statt «Schule», was an die Abhängigkeit von einem Meister denken läßt, oder «Sekte», was nach verbissenen lebenslangen Treuebindungen klingt, sagte man nun «Bewegung». Im Englischen scheint der Begriff *movement* erstmals 1828 in diesem modernen Sinne gebraucht worden zu sein, und zwar bezeichnenderweise in «labour movement» (Arbeiterbewegung). Bald danach wurde er auch auf andere Gruppen übertragen, die gewillt waren, Veränderungen herbeizuführen und willkommen zu heißen. Das 19. Jahrhundert war ein Zeitalter der Bewegung und der Bewegungen.

Das ist nicht bloß ein Spiel mit Worten. Was der neue Sprachgebrauch im Grunde besagte, war, daß die zunehmenden Chancen beachtlich waren; daß es legitim war, dieser Verheißung zu trauen; und vor allem, daß die neue Zeit recht daran tat, die Kräfte des Wandels zu mobilisieren, zu organisieren und in eine erwünschte Richtung zu steuern. Mochte der Wandel ein Wirbelwind sein: der Mensch konnte lernen, ihn zu bändigen. Moderne Wissenschaften wie die Soziologie betrachteten sich selber als Vehikel der sozialen Verbesserung, einer Verbesserung, die in erster Linie Mobilität nach oben bedeutete. «Aktiv tätig, zugleich den Fortschritt zu fördern und Entgegenstehendes zu beseitigen, ist die Kulturwissenschaft ihrem Wesen nach Reformwissenschaft.»[45] Mit diesen tönenden Worten beschloß E. B. Tylor seine berühmte *Primitive Culture.*

Karl Marx befand sich zu seiner Zeit in guter Gesellschaft, wenn er den Standpunkt vertrat, die wahre Aufgabe des Philosophierens sei es, die Welt zu verändern und nicht, sie zu interpretieren; also von der Passivität zur Aktivität überzugehen.

Natürlich hatten die Menschen schon seit Jahrhunderten ihren Lebensunterhalt dem Boden abgerungen, hatten Brücken und Straßen und große Städte gebaut, über ihre Bestimmung nachgedacht und wissenschaftliche Entdeckungen auf die Technik angewandt. In der Renaissance ging den Humanisten recht eigentlich die Eigenschaft der Tatkraft auf: dem widrigen Zufall trotzend, im Ausnahmemenschen verkörpert. Das praktische Denken eines Sir Francis Bacon, das auf Werke, nicht auf Worte sah, war zwar weniger eine Beschreibung erprobter Verfahren als eine Prophezeiung; aber die wissenschaftliche Revolution des späten 17. Jahrhunderts und die im frühen 18. einsetzende Intensivierung technischer Findigkeit machte aus manchen der spektakulärsten Prognosen Bacons nüchterne Realität.

Namentlich war es das Zeitalter der Aufklärung, das einflußreichen, gebildeten Europäern und Amerikanern eine neue Perspektive und ein umfassendes Gefühl für die Möglichkeiten der Bemächtigung bot. Gewiß, die Armut tat weiter ihr Zerstörungswerk; Krankheiten forderten weiter ihren Tribut; Bigotterie und Ungerechtigkeit blühten kaum weniger als zuvor. Mit dem allmählichen Abbau von Sicherung und Protektion wurde die Ausbeutung schlimmer, da die Ausbeuter ihre Chance witterten. Doch in dem Maße, wie die *philosophes* begannen, Metaphysik und Theologie gleichermaßen zu untergraben, versuchten sie, die kritischen Methoden der Naturwissenschaften, die auf ihrem eigentlichen Gebiet so ungemein fruchtbar gewesen waren, auf *jede* Reflexion über das Individuum wie über die Gesellschaft anzuwenden; das führte zu der realistischen Erwartung, daß es einmal gelingen werde, die mühevolle Tretmühle des Daseins durch die menschliche Intelligenz zu ersetzen und dem ewigen Kreislauf von Epidemien, Hungersnöten, allgemeiner Armut und verheerendem Krieg endlich Einhalt zu gebieten. Im Bereich der menschlichen Handarbeit wurde die neue Atmosphäre durch das gekennzeichnet, was Alfred North Whitehead «die Erfindung der Erfindung» genannt hat.

Die Männer der Aufklärung unterstrichen diesen Wechsel von der Passivität zur Aktivität, indem sie ein altrömisches Sprichwort wieder ausgruben, das während der christlichen Jahrhunderte unbeachtet geblieben war und ungefähr besagte, daß der Mensch Herr seines Geschickes sei. Schon Bacon hatte es im Munde geführt, ebenso wie Descartes und Locke, bevor es zur Lieblingswendung der *philosophes* des 18. Jahrhunderts wurde. Im 19. wurde es allgemein als gültige Wahrheit empfunden. «Der Mensch», erklärte John Davies 1827 vor der Manchester Mechanics Institution, «muß Baumeister seines eigenen Ruhmes sein.» Dieses gefällige Bild büßte seine Beliebtheit nicht so rasch ein. In *David Copperfield* läßt Charles Dickens seine Mrs. Micawber vor der Einschiffung ihrer ganzen Familie nach Australien, wo man ein neues Leben beginnen will, die sehnliche Hoffnung äußern, Mr. Micawber möge «der Caesar seines eigenen Glückes» werden. Und 1878 pries in Newburyport (Massachusetts) der Herausgeber des *Herald* zwei reiche Honoratioren der Stadt, beides Männer von «bescheidener Abkunft», die das Leben früh «auf ihre eigene Findigkeit» verwiesen hatte und die beide «Männer von Lauterkeit, Fleiß und unermüdlicher Ausdauer» waren, als – «natürlich» – erfolgreich. Und beide waren «Baumeister ihres eigenen Glückes» gewesen. Daß solche Männer in einer solchen Zeit das Gefühl der Anomie hatten, war unwahrscheinlich; und Angst empfanden sie, wenn überhaupt, nur unterschwellig.

Kollektiv gesehen, war also die bürgerliche Stimmung im 19. Jahrhundert eine Mischung aus Hilflosigkeit und Zuversicht; endemische Aufgeregtheit wurde durch soziale Vorkehrungen und private Abwehrmechanismen kontrolliert. Mit geradezu morbider Sehnsucht über den himmlischen Frieden der Toten reflektierend, erwog William Gladstone, daß für die Lebenden das «Hauptelement» des «irdischen Lebens» der «unaufhörliche Konflikt» sei.[47] Er sprach dabei von der Ungewißheit der menschlichen Situation zu allen Zeiten, auf allen sozialen Ebenen. Aber es wäre zu rechtfertigen gewesen, wenn er seine Beobachtung gerade auch auf seine eigene Zeit und seine eigene Klasse angewandt hätte. Wurde doch alles in Frage gestellt: religiöse Lehren, politische Grundsätze, soziale Ideen und, sehr nachdrücklich, auch die Sexualmoral. Das machte sogar die Nutznießer des Zeitalters, deren Zahl nicht klein war, außerordentlich nervös. Als gegen Ende des Jahrhunderts Ärzte, Psychologen und Soziologen ihre Zeit «das Zeitalter der Nervosität» tauften, kodifizierten sie nur eine kollektive Klage, die in der populären Presse ausgiebig breitgetreten und in der medizinischen Literatur akribisch dokumentiert wurde.

Doch abgesehen von drei oder vier brillanten Diagnostikern konzentrierten sich die Kulturkritiker auf die Auswirkung von materiellen Realitäten auf seelische Zustände: auf das Tempo des Reisens, übervölkerte Städte, einander jagende Erfindungen. Viele von Gladstones Zeitgenossen mochten ahnen, daß die unaufhörlichen Konflikte, von denen er sprach, einen fernen, geheimnisvollen Ursprung hatten; aber sie waren nicht bereit oder nicht fähig, diese Konflikte über ihre augenfälligen

Erscheinungsformen hinaus zu sezieren. Erst Sigmund Freud hat gelehrt, welchen überragenden Einfluß elementare und zumeist unbewußte Kräfte auf die Ausprägung der menschlichen Erfahrung ausüben. In diese unzugänglichen Bezirke von Sexualität und Aggression will ich ihm nun folgen.

Zweiter Teil
Erziehung der Sinne

I. Bürgerliche Erfahrungen: Ein erotisches Bekenntnis

1. Mabel Loomis

Aus naheliegenden Gründen sind sexuelle Erfüllungen, die doch zu den intimsten und wichtigsten Erfahrungen des Menschen gehören, zugleich die am spärlichsten dokumentierten. Das gilt vor allem in einer Kultur, die größten Wert darauf legt, ihre Privatangelegenheiten als privat zu behandeln. Wenn daher ein Historiker das Glück hat, einer Frau wie Mabel Loomis Todd zu begegnen, die genügend Zeit und genügend Ungehemmtheit besaß, um über ihr Liebesleben erschöpfend Buch zu führen und dieses Zeugnis der Nachwelt unzensiert zu hinterlassen, so kann er nur seine Dankbarkeit bekunden – und ausgiebig zitieren. Der Reiz, den Mabel Todd für den Erforscher der bürgerlichen Kultur des 19. Jahrhunderts hat, liegt nicht allein in ihrer prachtvollen Genauigkeit, ihrer erfrischenden Redseligkeit und der nie erlahmenden Neugier auf sich selbst. Fröhlich, talentiert, in der guten Gesellschaft zu Hause und bekannt genug, um für eifersüchtigen Klatsch zu sorgen, wußte sie freundschaftliche wie amouröse Beziehungen anzuknüpfen und zu unterhalten; erfolgreich als Schriftstellerin, Dozentin und Redakteurin, als Ehefrau, Gastgeberin und Geliebte, bildete sie sich zu einer beneidenswert robusten und widerstandsfähigen Persönlichkeit. Als sie, fünfundsiebzigjährig, im Oktober 1932 starb, trauerte ihre Tochter Millicent, ihr einziges Kind, am meisten um die unermüdliche Energie und um die ansteckende Fröhlichkeit Mabel Todds.

Und doch hatte sogar diese Mabel Todd – und das macht ihren Lebensweg um so interessanter – als reife Frau mit Konflikten zu kämpfen, die teils im verborgenen blieben, teils offen zutage lagen. Die Liebesbeziehungen der erwachsenen Frau haben etwas von Übertragung, etwas unbewältigt Ödipales an sich: Verdrängte Gefühle wollten ausagiert sein, die in ihrer Intensität und Zielrichtung unschicklich waren – Gefühle, die seit der Kindheit in Mabel Todd schlummerten und nun die Wahl ihrer Liebesbindungen tangierten. Doch was Mabel Todd in Triumph oder Niederlage mit anderen, und wie sie gern glaubte: geringeren Sterblichen verbindet, ist die Konfrontation mit den eigenen unbewußten Wünschen und bewußten Ambitionen.

«Am Morgen des 15. Mai 1879 kamen mein Liebster und ich vom Frühstück in der Fourteenth Street 1234 nach oben und hatten einige sehr glückliche Liebesminuten in unserem Zimmer.»[1] Mag es auch im bürgerlichen Jahrhundert üblich geworden sein, ein Tagebuch zu führen: *das* war kein üblicher Eintrag. Es war der Versuch, jenen Augenblick zu rekapitulieren, in dem ein Kind empfangen worden war. Das sexuelle Intermezzo, das sie festzuhalten suchte, war gewiß nichts Esoterisches; und natürlich sind seine Spielarten und Wechselfälle Gegenstand dieses Buches. Und doch war der Geist bemerkenswert, der diese Episode dem Kalender anvertraute.

Unbestreitbarer- und interessanterweise war Mabel Loomis in fast jeder Hinsicht ein Kind der Mittelschicht des 19. Jahrhunderts. Wie andere anständige junge Damen in den USA, und überall sonst in der westlichen Welt, spielte sie Klavier und sang, dichtete und malte. Ihre Versiertheit auf diesen Gebieten ging über die eines durchschnittlichen Amateurs weit hinaus. Sie verfügte über eine überschäumende und doch geduldig gezähmte animalische Lebenskraft; oft saß sie zwei bis drei Stunden täglich am Klavier, um zu üben. Sie spielte und sang so gut, daß sie öffentlich auftreten konnte; sie schrieb so gut, daß sie gedruckt wurde; und sie malte so gut, daß sie ihre Aquarelle und Wandschirme zu Geld machen konnte. Mitunter fühlte sie sich wie überflutet von Worten, die «mit der ganzen Heftigkeit der Geburt» in ihr brannten, von einer «Gewalt», einer «furchtbaren heiligen Flamme», die «so durch mein ganzes Innere zuckt».[2] Diese Formulierungen verraten ein erotisiertes Sicheinhüllen in ihre Talente, das bei Mädchen ihrer Zeit und ihres Standes selten war, jedenfalls selten zugegeben wurde. Sie war hübsch, aber nicht schön: dazu standen ihre Augen zu weit vor, und ihre Nase war ein wenig zu kräftig. Aber sie strahlte Lebhaftigkeit und Gesundheit aus. Sobald sie einmal abnahm, machte sie sich Sorgen; wie die meisten ihrer Geschlechtsgenossinnen zur damaligen Zeit liebte sie es nicht, allzu schlank zu sein. Sie wußte, daß ihre Taille schmal bleiben würde, auch wenn sie, wie sie etwas selbstgefällig vermerkte, «dick» war. Ihre blendende Figur, auf die sie sorgfältig achtete, erfüllte sie – und ihre zahlreichen Verehrer – mit höchster Befriedigung. Was sie zur Ausnahmeerscheinung machte, waren jedoch ihre Talente, ihre Beharrlichkeit, ihre Gefühlskräfte und ihre unverbildete Sinnlichkeit.

Gleichwohl waren ihr die meisten jener Sehnsüchte und auch viele der Vorurteile nicht fremd, die für das Bürgertum des 19. Jahrhunderts kennzeichnend waren. Die Familie, in der sie zur Zeit des Bürgerkrieges in Washington aufwuchs, war, wie Tausende anderer Familien auch, anhänglich, zudringlich, stolz auf ihre Herkunft, weit über ihre finanziellen Möglichkeiten hinaus ehrgeizig, von sozialer Furcht geplagt, aber zugleich betont angstfrei – kurzum, durchschnittlich gerade in dem Anspruch, besser zu sein als der Durchschnitt. Mabel Loomis bleibt, trotz ihrer geliebten Individualität, trotz ihrer «heiligen Flamme», ein typisches Produkt der gebildeten Mittelschicht des 19. Jahrhunderts.

Wie andere anständige amerikanische Mädchen auch, träumte sie davon, Erfolg in der Gesellschaft zu haben; sie verschlang begierig Romane, vergötterte ihren Vater und heiratete – anders als manche ihrer europäischen Schwestern – aus Liebe. Sie unternahm romantische Spaziergänge und nächtliche Ausfahrten im Mondenschein, führte vertrauliche Gespräche und wechselte unverpflichtende Briefe mit jungen Männern; stolpernd, ungelenk, rührend übte sie sich ins Leben ein, ohne dabei im großen und ganzen die Grenzen des Erlaubten zu verletzen.

Bezeichnenderweise überstand sie fast alle diese reizvollen Experimente unversehrt. Es gab ein kurzes, aufregendes Intermezzo mit einem «älteren Manne», einem gewissen Ezra Abbott – er war dreißig, sie achtzehn –, aus dem sie aber zu ihrer großen Erleichterung unbeschadet hervorging, dank des Widerstandes der Eltern. Der ideale Kandidat war dagegen David Peck Todd, den sie mit 22 Jahren heiratete; Astronom wie ihr Vater, vielversprechend und fleißig, hatte er den Kopf voller hochfliegender Pläne und war, wie sie mit Vergnügen feststellte, «durch und durch wohlerzogen». Und genau wie Tausende von Gebildeten im 19. Jahrhundert führte auch sie, als Mädchen wie als verheiratete Frau, sowohl einen Kalender mit gedrängten, oft sehr komprimierten Schilderungen der Tagesereignisse als auch ein Tagebuch, in das sie ausformulierte Reflexionen und Erinnerungen eintrug: über Blumen und Wälder, über ihre bescheidenen Triumphe am Klavier und im Atelier, über ihre Verehrer, im Grunde aber über ihr eigenes, sie immer aufs neue faszinierende Ich. Nach Art aller Tagebuchschreiber sprach sie sowohl zu ihren Tagebüchern als auch zu ihren Kalendern wie zu lebendigen Wesen, zu vertrauten Freunden. Ihr allererster Versuch, 1871 unternommen und auf den ersten Seiten noch ein wenig gezwungen und tastend, ist ihr «liebes Tagebuch»; ein Jahr später, schon freier geworden, kann sie ihr liebes Tagebuch in scherzendem Ton auf eine Enthüllung vorbereiten: «Ich will *dir* etwas mitteilen, altes Tagebuch.» Und ihr zweites Tagebuch beendete sie in genau demselben Stil: «Lebe wohl, kleines Buch – deine liebe und dankbare Freundin Mabel Loomis.»[3] Das war an ihrem Hochzeitstag.

Mit dem Strom ihrer autobiographischen Träumereien ist Mabel Loomis typisch für ihre Klasse und ihr Alter; was sie aber auf denkwürdige Weise auszeichnet, sind die Unbefangenheit ihrer Introspektion und ihre schöne Gedankenklarheit. Als sie an jenem 15. Mai 1879 vom Frühstück nach oben kam, um mit ihrem «Liebsten» die bewußten «sehr glücklichen Liebesminuten» zu verbringen – Minuten, die sie in allen köstlichen Einzelheiten aufzeichnet –, war sie seit drei Monaten verheiratet. In den folgenden Jahren sollte sie solche glücklichen Episoden noch oft erleben, und nicht nur mit ihrem Manne.

Mabel Loomis, ich muß es wiederholen, war ein höchst anständiges Mädchen aus einer höchst achtbaren Familie. In dieser wie in vieler anderer Hinsicht das Kind ihrer Eltern, empfand sie ausgesprochene Freude über das Familienwappen, «das ich habe – auf beiden Seiten ein schönes Wappen, Gott sei Dank». Sie hatte ein ausgeprägtes, leicht versnobtes Gefühl für die feinen Unterschiede, die jede Ebene der Mittelschicht von den ihr benachbarten trennen. Nicht zuletzt deshalb, weil Geld im Haushalt ihrer Eltern nicht im Überfluß zu Gebote stand, waren für Mabel Loomis Familie und gute Erziehung die Merkmale echter Respektabilität. 1873, noch ein halbwüchsiges Schulmädchen, ist sie verstimmt darüber, eine Gesellschaft bei einer Familie besucht zu haben, die «auf der gesellschaftlichen Stufenleiter nicht so hoch steht wie viele in der Stadt, und wir empfanden einen natürlichen Widerwillen, uns zu ihnen zu gesellen». Mitunter spiegeln ihre Verdikte den eigenen Bildungsanspruch wider: «Ich möchte so weit wie möglich weg aus dieser banalen Georgetowner Gesellschaft», schreibt sie Anfang 1874, «ich bin über sie alle weit hinaus.» Soweit sie selbst die Sache beurteilen konnte, gehörte sie den «besten Kreisen» an.[4] Auch in späteren Jahren versuchte sie noch, sich vom gewöhnlichen Amerikaner zu distanzieren. 1885 hatte sie Gelegenheit, ihre Landsleute auf einer Reise nach Europa zu beobachten, und verhehlte nicht ihre Geringschätzung: «Ich möchte nicht mit den durchschnittlichen amerikanischen Reisenden in einen Topf geworfen werden (die, wie ich gestehen muß, die vulgärsten Menschen sind, die uns begegnet sind), u. ein noch so großes Vermögen, ja noch so viel Herzensgüte können nicht den vulgären u. gewöhnlichen Ton des amerikanischen Selfmademan verbergen.» Das Zurschaustellen von Reichtum weckte immer ihren Zorn: Als eine ihrer ältesten Freundinnen, Caro Andrews, sie 1890 mit einigen ihrer eigenen Freundinnen bekannt machte, notierte sie sich, nicht ohne einen Anflug von Neid: «Sie stellte mir keine Frauen meinesgleichen vor – bloß vier großbusige, mit Diamanten behängte Weiber.» David Todd besaß, wie sie bald bemerkte, vieles, was für ihn einnahm, vor allem gutes Aussehen und Intelligenz; was ihn aber primär über die vielen anderen Männer hinaushob, die um ihre Gunst rangen, war, daß er «ein vollendeter gentleman» war. Nachdem sie begonnen hatte, ihn anzuhimmeln, vertraute sie im Frühjahr 1878 ihrem Tagebuch an: «Von seinem Geist einmal abgesehen: er ist ein direkter

Nachfahr Jonathan Edwards' [amerikanischer Theologe, 1703–1758 – A. d. Üb.], hat also gutes Blut.»[5] Dergleichen zählte.

Anders als ihre gesellschaftlichen Maximen, mußten sich ihre moralischen Maximen dem Druck der Erfahrung beugen – genauer gesagt, ihrer erotischen Erfahrung. Ja, es war, wie wir sehen werden, gerade die Unerschütterlichkeit ihres Snobismus, der es ihr erlaubte, sich hinsichtlich ihrer Moral flexibel zu verhalten. In den Jahren ihrer Entwicklung war sie freilich noch durch und durch konventionell; mochte die Pose der Selbständigkeit noch so ernst gemeint sein, sie fühlte sich nicht gedrängt, die in ihrer Familie herrschenden Anschauungen abzulehnen oder gar in Frage zu stellen.[6] Sie erkannte die Grenzen an, die das bürgerliche Verhalten umgeben, und respektierte sie. Nachdem ein junger Mann, der ihr brüderlich zugetan war, ihr von seinen «Liebesgeschichten und Flirts» erzählt hatte, grübelte sie: «Ich glaube, ich weiß nicht viel von der Welt, aber ich habe immer gedacht, daß ein Mädchen, das auf sich hält, nicht die Vertraulichkeiten eines Mannes dulden würde, solange sie nicht mit ihm verlobt ist. Freizügiges Herzen und Küssen ist etwas, was ich nicht einmal gesprächsweise ertragen könnte, und ich habe es immer für ein Zeichen von niedrigem Niveau gehalten, wenn ein Mädchen so etwas duldet oder ein Mann es versucht.» Sie war sich sicher, daß «es nur gewöhnliche Mädchen, also offen gesagt: plebejische, sind, die sich zu solchen Dingen hergeben». Und mit jener immer wieder aufblitzenden Selbsterkenntnis, die ihre Introspektion so ergiebig macht, fügt sie hinzu: «Ich habe immer den Zauberkreis meines persönlichen Magnetismus intakt gehalten und für mich bewahrt.»[7] Damit meinte sie ihre lebhafte Sinnlichkeit, deren sie sich später nur allzu bewußt werden sollte und die ihr die auffallende Überlegenheit bei gesellschaftlichen Anlässen und, noch gefährlicher, über die Männer gab. Wenn sie einmal den Zauberkreis ihres Magnetismus auftat, forderte sie, dank ihrer unverkennbaren, wenngleich zum Teil unbewußten Signale, zu leidenschaftlichen Erklärungen heraus.

Ihre unbeeinträchtigten narzißtischen Regungen und das (nachdem sie es einmal entdeckt hatte) ungetrübte Vergnügen an Männern ließen kaum erwarten, daß sie den magnetischen Kreis ihrer Sinnlichkeit für alle Zeiten intakt halten würde. Im Sommer 1872, als sie auf die sechzehn zuging, wurde sie sich erstmals ihrer erotischen Bedürfnisse und Fähigkeiten deutlich bewußt. «Alle haben mich angegafft», notierte sie sich nach einem Picknick im Juli 1872, «aber ich fand es eigentlich schön.» Einen Monat später verbrachte sie Ferienwochen in Charlton (Massachusetts) und langweilte sich entsetzlich, bis sich ein «Mann» dazugesellte: «O Wonne, ein Junge ist aufgekreuzt!» Es war der Bruder einer ihrer

Freundinnen und eine wertvolle Errungenschaft. «Im ganzen Ort findet man ja kaum eines dieser Prachtgeschöpfe.» Mitte November, nachdem sie 16 geworden war, vertraute sie ihrem Tagebuch die schlichte Wahrheit an: «Ich fange an zu denken, daß ich den Herren sehr zugetan bin.» So war es in der Tat. Nachdem sie einmal mitten im Winter in der Kirche einige Musikstücke geprobt hatte, notierte sie treuherzig: «Es hat mir wahnsinnig Spaß gemacht: alle Jungen waren versammelt!»[8] Die Adoleszenz war für sie, wie für jeden anderen normalen Menschen, eine Zeit der Proben – in mehr als einer Hinsicht. Es waren Jahre des Experimentierens, des Spielens mit Rollen und Identifikationen, Jahre auch des neuerlichen inneren Ringens mit ödipalen Wünschen liebevoller und aggressiver Art. Es war eine Zeit der Wiederholungen und der Abschiede.

Die Adoleszenz bot Mabel Loomis Gelegenheit, ihre Talente als begabte Interpretin – und die Berufung zur leidenschaftlichen Gattin zu entdecken. In den drei oder vier Jahren, die auf ihre Pubertät folgten und in denen sie zur jungen Frau heranreifte, geht es in ihren Kalendern und Tagebüchern in zunehmendem Maße um Männer. Sie überlegt, mit welchem ihrer Verehrer sie vielleicht glücklich werden könnte, und findet manche von ihnen anziehend; doch im Grunde lassen alle zu wünschen übrig – an Kultur, an Geschmack oder an geistiger Unabhängigkeit. Im selbstsicheren Bewußtsein, etwas Besonderes zu sein, fühlt sie sich verpflichtet, überaus sorgfältig zu wählen. Der Mann, den sie sucht, muß «gut, aufrichtig, klug u. zärtlich» sein, von seinem Familienstammbaum ganz zu schweigen.

Weit war es mit Mabel Loomis' Selbstsicherheit freilich nicht her: Ihre Impulsivität legte ihr Fallstricke. Ihr Hunger nach Liebe war unersättlich; man hat den Eindruck, als machte sie ein altes Defizit wett, dessen Ursprung längst in Vergessenheit geraten war. Wie so viele andere junge Frauen – und Männer – wurde auch sie zum Opfer ungelöster Konflikte, die sie zwar nicht lähmten, aber doch in einer unbestimmten Weise quälten. «Wenn mich die Menschen nur *lieben*», hatte sie, noch nicht sechzehnjährig, etwas rührselig geschrieben, «tue ich alles für sie.» Sie bestand darauf, Karriere machen zu wollen, und lehnte die Rolle des «rankenden Weinstocks» ab, mit der sich manche ihrer Schulfreundinnen frohen Herzens abfanden. «Aber», so grübelte sie, «ich besitze eine solch ungeheure Fähigkeit zum Lieben! Wenn ich nur ein ganz kleines Rinnsal herauslasse und es dann staue, ersticke ich beinahe unter dem überwältigenden Ansturm von etwas Unbeschreiblichem, was über mich kommt.» Das sind blumige, wenngleich unfreiwillige Metaphern. Die Liebe, sagt Freud einmal, macht die Dinge feucht. Sie macht auch ersticken. Am selben Tag, an dem sich Mabel Loomis den quälenden Strom ihrer Sinnlichkeit eingestand, schrieb sie sich auch auf, daß sie sich zwar ziemlich langsam entwickelt habe, nun aber «an einem Punkt angelangt» sei, wo «die Heftigkeit meiner Empfindungen einfach ungeheuer» ist. Wohl behauptet sie steif und fest, daß sie keinen der sie umschwärmenden Männer hätte heiraten mögen, und registriert selbstgefällig, daß sie mit ihren 21 Jahren «absolut ‹in Mode›» ist; aber sie sehnt sich «so sehr nach Zärtlichkeit, daß ich wirklich glaube, daß ein schwacher Mann mich glücklicher machen würde als gar kein Mann». Sie verhehlte sich nicht, daß ihre ungestümen Sehnsüchte ihr gefährlich werden konnten: «Meine Standfestigkeit ist nicht unerschütterlich; der Mann, der liebend auf mich zukäme, würde es nicht schwer haben, meine Liebe zu wecken.» Freimütig stellte sie sich die Diagnose: Sie sei, schrieb sie, «in der Seele, oder nein: im Herzen ausgehungert».[10] Sie wartete auf den richtigen Mann; aber sie war nicht geduldig genug, um lange zu warten.

Mabel Loomis' erotische Bedürftigkeit brach bei den unschuldigsten Anlässen durch. Einmal nennt sie einen Herbsttag in Massachusetts mit seinem prachtvollen Laub «köstlich» *(delicious)*, und sie ärgert sich über ihren Freund John Garland, «ungebildet in den feineren Dingen des Lebens u. der Gesellschaft», der dieses vollmundige Adjektiv nur «für Dinge, die man essen oder trinken kann», gelten lassen will. Verstimmt und aufgebracht, wehrt sie sich, indem sie «erstklassige Autoren» im *Atlantic* sowie die Farbenpracht der roten und gelben Ahornblätter für sich ins Feld führt: «... aber sie *sind* köstlich, und dabei bleibe ich.»[11] Der Streit um ein Wort ist pedantisch, aber die Leidenschaftlichkeit, mit der sie ihn führt, zeugt weniger von dem Bedürfnis, recht zu behalten, als vielmehr von dem Bedürfnis, ausdrucksvolle Äquivalente für erotische Gefühle zu finden. Es ist kein Zufall, daß andere poetische Sensualisten des 19. Jahrhunderts Mabel Loomis' Lieblingsadjektiv in derselben metaphorischen Weise gebraucht haben. *«What a delicious shiver»*, läßt Charles Kingsley seinen Helden Lancelot in dem Roman «Yeast» sagen, *«is creeping over those limes!»*[12] [Welch köstliches Erschauern beschleicht die Linden dort!] Dies war das Erschauern, das Mabel Loomis im Sinne hatte – Vorahnung eines heftigeren Erschauerns, das noch kommen sollte.

Ihre scharfäugige Suche nach einem Mann und das Vergnügen an der Jagd waren vielleicht etwas übereifrig; aber für die damalige Zeit war Mabel Loomis' Verhalten weder unschicklich noch unangepaßt und insofern auch kein untrügliches Indiz für eine überschäumende, kaum gezügelte Sinnlichkeit. Mit einem jungen Mann einen Hausstand zu gründen, war die Bestimmung achtbarer junger Frauen. «Ich bin immer begieriger auf die Ehe», gestand Alice James, die Schwester von William und Henry James, eine sensible, zur Selbstbeobachtung neigende Frau, um 1876 einer Freundin, «und wenn ich einen x-beliebigen Mann dazu bringen könnte, sein Herz an mich zu verlieren, so sollte er mir nicht wieder entwischen!»[13] Das klingt forsch und ist freimütig, doch war Alice James kaum in der seelischen Verfassung noch gesundheitlich in der Lage, ihrerseits ihr Herz an einen Mann zu verlieren. Ganz anders Mabel Loomis: Ihre Suche nach einem passenden Partner hing aufs engste mit ihrem sexuellen Erwachen zusammen.

Das Wissen um die in ihr schlummernde erotische Energie sowie ihre erotisierende Ausstrahlung brachten die unvermeidlichen Konflikte zwischen ihren Impulsen und ihren Abwehrmechanismen zum Ausbruch. Gelegentlich drangen diese Konflikte in ihr Bewußtsein und ließen sie, in gewissen bangen Augenblicken, an ihrem Verhalten zweifeln. «Ich frage mich, ob ich ein ‹Flirt› bin?» schrieb sie einmal – sie war knapp unter zwanzig – in ihr Tagebuch, nachdem ein ausgebooteter Bewunderer ihr vorgeworfen hatte, es zu sein. Sie kam aber beruhigenderweise recht schnell zu dem Schluß, daß sie es nicht war. Nachdem sie beobachtet hatte, wie eine hübsche Sechzehnjährige auf der Straße die Blicke der Männer auf sich zog, schloß sie: «Ich bin selber den Herren sehr zugetan, aber nicht auf so plumpe Weise; ich hoffe für das junge Ding, daß ihre ‹Beaux› ihr gefallen.» Diese Art von Selbstzufriedenheit konnte sie freilich nicht immer durchhalten. Dazu war sie zu leicht erregbar und zu ehrlich. Als sie zum erstenmal «Mr. Todd» begegnet, den sie «recht charmant» findet, bemerkt sie, er fühle sich «offenbar unter *jungen* Damen ganz wie zu Hause, wie übrigens», fügt sie hinzu, «jeder Mann, den ich kenne. Sie schäkern mehr oder weniger alle.» An Mr. Todd fiel ihr sogleich seine physische Erscheinung auf: «Er sieht sehr gut aus, ist blond, hat prächtige Zähne, angenehme Umgangsformen und versteht es, heftig, aber ganz unschuldig zu schäkern. Na ja», schloß sie, «ich ja auch.»[14] Aus einer gewissen jugendlichen Gewitztheit heraus entschied sie sich jedoch, die Gebote der Schicklichkeit zu beobachten, die sie oft auf die allerwörtlichste Weise auslegte. Nachdem sie mit David Peck Todd gut bekannt geworden war, hängte sie sich einmal auf einem Spaziergang in seinen Arm und fand diese Geste so unkonventionell, daß sie sie in ihrem Tagebuch verewigte: Sich bei einem Manne einzuhängen – so schreibt sie – bedeute, öffentlich zu demonstrieren, daß man verlobt sei; ansonsten habe sie nichts übrig für unangebrachte Vertraulichkeiten.[15]

Rücksichtnahme auf die Öffentlichkeit hinderte nicht das private Experimentieren. Bevor sie mit David Todd intim wurde, scheint Mabel Loomis ihre Erregung vornehmlich in den Genuß der Natur verlegt zu haben; in ihren Tagebüchern wimmelt es von Einträgen über ihr «innigstes Glück», ihre «große Freude», ganz zu schweigen von ihren regelmäßigen «Ekstasen» vor ausgedehnten Fluren und dunklen Wäldern, vor Lieblingsblumen und strahlendem Mondschein, friedlichen Stränden und stürmischer See. «O Wonne, o Entzücken», ruft sie im Spätsommer 1872 aus, «den lieben alten Ozean wieder zu sehen!» Und ein gutes Jahr später: «Der Wind geht so herrlich, und der Himmel erfüllt mich mit unaussprechlicher Sehnsucht und Freude»; diese Einträge sind typisch für ihren gefühligen Stil. Ihre Verzückungen sind mehr als die geradezu obligatorischen Herzensergießungen eines kultiviert erzogenen Mädchens mit Sinn für poetische Prosa; sie erotisierte die Natur – wie andere Bürger auch, nur wortgewandter als die meisten. Erst nachdem sie und David Todd sozusagen offiziell verliebt waren, konnte sie auf solche Verschiebungen verzichten und ihre Erfüllung vornehmlich bei einem Manne suchen. Sogar ihre Tagebücher, die sie «außerordentlich genossen» hatte und die ihr oft «ein unaussprechlicher Trost» gewesen waren, konnten nun in den Hintergrund treten, nachdem sie ein lebendiges erotisches Ziel vor Augen hatte.[16]

Dieses Ziel war alles andere als lahm oder lau. «Fahrt im Buggy mit gefälligem Pferd», notierte sich David Todd rund vier Monate vor der Heirat mit Mabel Loomis in seinen Kalender. «Gegen 9 nach Hause. Mabel wird sich mit Vergnügen an die neue Empfindung erinnern, die ich heute abend in ihr erweckte. Wir könnten es unseren Verlobungsabend nennen.» Etwa einen Monat später heißt es knapp: «Erste lange Liebe – 5-6.» In ihrem eigenen Kalender registrierte Mabel Loomis die Fortschritte ihrer Liebe mit wachsender Erregung. Schon im April 1878, nach dem üblichen Spaziergang – «wir gingen und gingen u. gingen, u. hatten die schönste Zweisamkeit» –, kam David Todd «auf ein paar Minuten» mit in Mabel Loomis' Wohnung; die beiden «gingen im Zimmer auf und ab, und – und er –, je nun, ich war machtlos.» Die letzten Zweifel durch trotziges Auftrumpfen beschwichtigend, schrieb sie: «Am nächsten Morgen wachte ich aber sehr glücklich auf u. fühlte mich überhaupt nicht verworfen.» Fast zwei Wochen zuvor war etwas vorgefallen, was sie «ein leichtes Geplänkel» nannte, wobei ihr «ein Fehler unterlief – was mir sehr unangenehm war, aber die Folgen dieses Fehlers sind erfreulicherweise völlig verschwunden.»[17] So offenherzig Mabel Loomis sonst war: mitunter gibt sie dem unbefugten Leser Rätsel auf...

Als David Todd im August auf einer seiner astronomischen Exkursionen war, vertraute sie ihrem «alten Freund, diesem treuen Buch» ihre drängenden erotischen Bedürfnisse an: «Seine Briefe haben wahrhaftig eine *körperliche* Wirkung auf mich», und mit einem Minimum an vornehmer Zurückhaltung gestand sie: «Ich werde dir etwas sagen, was ich nicht sagen sollte – ich *weiß*, daß ich David brauche, nicht nur zu meinem Glück, sondern seine Gegenwart ist absolut unentbehrlich für mein körperliches Wohlbefinden.» Anfang Januar 1879, nach einem langen Spaziergang mit ihrem «David, dem lieben Jungen», nähte sie «Knöpfe für ihn an» und hatte nach dem Abendessen «noch ein paar selige Minuten mit ihm u. dann – putzte er meine Schuhe! Endlich.»[18]

Dieser recht verquere Eintrag hält wohl ein ziemlich ernüchterndes Zusammensein fest. Die Freuden, die die beiden Verlobten teilten, waren zwar innig, gingen aber wahrscheinlich nicht bis zum letzten. Für Mabel Loomis und David Todd, wie für zahllose andere verlobte Paare in der westlichen Welt, bot die Zeit der Verlobung Gelegenheit zum sexuellen Experimentieren. Als Julia Ward sich 1843 mit ihrem abolitionistischen Mitkämpfer Samuel Gridley Howe verlobte, schrieb Longfellow an diesen: «Das große Rätsel des Lebens ist Dir nun kein Rätsel mehr; das große Geheimnis ist gelüftet.» Ein Jahrzehnt zuvor richtete Elias Nason, Student in Brown, an Mira Bigelow, die er seit zwei Jahren umworben hatte, die Bitte, ihn zu besuchen: «Kannst Du zu mir kommen?» Er könne sich große Freuden ausmalen, wenn sie käme: «Jeden Tag einander *sehen* u. *hören* u. *berühren*» und vertraute Gespräche führen: das würde «alles so *behaglich* machen». Allerdings dürfte es Nason mehr um die Erregung als um die Behaglichkeit gegangen sein, wenn er Mira Bigelow an so manches frühere Zusammensein erinnerte: «Mein Herz verweilt gerne bei jenen Schauplätzen, die wir gemeinsam durchwandelt haben – bei all den *Spaziergängen* und *Küssen* und *Lerchen* und *Liedern* und *Gedanken* und *Verabredungen* und *Abschieden* und *Liebkosungen.*» Gleichgültig, ob nun tatsächlich viele Mädchen der Mittelschicht vorehelichen Geschlechtsverkehr hatten oder nicht – die meisten hatten ihn wohl nicht –: für viele war die Zeit der Verlobung eine Zeit des Entdeckens und des Entdecktwerdens. Jenes «freizügige Herzen und Küssen», das Mabel Loomis so streng verurteilte, war solchen Paaren erlaubt, die einander versprochen waren: «Natürlich wird man es erwarten, nachdem man verlobt ist; aber mir scheint, es muß eine ganz klare Trennungslinie geben zwischen der Freundschaft, die ein Mädchen für viele Männer empfinden kann, und der einen, besonderen Art von Zuneigung, die sie dem Manne schenkt, den sie heiraten wird.»[19]

Diese Trennungslinie war die Linie des Anstands. In seinem vielgelesenen Buch *The Physical Life of Woman* erklärte der amerikanische Arzt und Reformer George H. Napheys apodiktisch: «Das Drängen des Mannes wie die Schüchternheit des Weibes werden durch die Zeit der Werbung abgeschwächt.»[20] Er hatte mindestens zur Hälfte recht: Während das sanktionierte Werben um die Frau häufig die «Schüchternheit des Weibes» abschwächte, eröffnete sie dem Drängen des Mannes neue Gelegenheiten. «Ach der Herzensjunge!» schrieb Mabel Loomis in ihren Kalender, nachdem er ihr eine gute Woche zuvor die Schuhe geputzt hatte. «Wenn er doch jetzt nur hier wäre! Wie ich es ihm ‹zeigen› wollte!» Man kann nur Vermutungen darüber anstellen, gegen was Mabel Loomis «machtlos» war; was während jener «seligen Minuten» nach dem Abendessen geschah; oder was sie ihrem Verlobten «zeigen» wollte. So gut wie sicher ist aber, daß sie, trotz allen eifrigen vorehelichen Geplänkels, zumindest technisch als Jungfrau in die Ehe ging: Als die Familie Loomis Ende Januar 1879 beschloß, die Trauung für den frühen Vormittag anzusetzen, schrieb David Todd seiner Verlobten mit unverhohlener Begeisterung, daß er diesen Gedanken ausgezeichnet finde. «Dann könnten wir sogleich unsere erste Liebesnacht haben – *Liebste!* Auch das vom Tag erleuchtete Gaslicht und die anderen damit zusammenhängenden Dinge entsprechen ganz meinen Wünschen.» Das ist zwar nicht gerade die amouröse Epistel eines alterprobten Liebhabers an seine erfahrene Mätresse; aber es ist doch auch nicht jene Art von Brief, wie sie ein junger Mann an eine Unschuld vom Lande schreiben würde. Am 10. März 1879, fünf Tage nach der Hochzeit, schrieb Mary Loomis an ihre frisch vermählte Tochter im Überschwang mütterlichen Hochgefühls: «Niemals werde ich den verzückten Ausdruck von Reinheit und Frieden auf Deinem Gesicht vergessen, den ich an jenem ereignisreichen Abend, bald nach der Zeremonie, an Dir beobachtet habe.»[21] Das klingt überspannt, banal und, angesichts der erotischen Experimente ihrer Tochter, ein wenig spießig; aber zweifellos war Mabel Loomis' frommer Gesichtsausdruck ganz aufrichtig gemeint. Sie hatte den Mann bekommen, den sie haben wollte. Und was ihre Miene der Reinheit betraf: Unschuld war für sie – und, wie wir sehen werden, auch für andere anständige Bürger – etwas relativ Elastisches.

2. Mabel Loomis Todd

Das eheliche Zusammensein, weit davon entfernt, das sexuelle Feuer der Todds zu dämpfen oder es auf eine angenehme, schläfrige Monotonie zu reduzieren, entfachte ihre Leidenschaft nur noch mehr. Der Appetit der beiden wuchs mit seiner regel- und rechtmäßigen Befriedigung; die ersten Jahre ihres gemeinsamen Lebens liefern überzeugende Beweise für George Bernard Shaws vielzitierte Beobachtung, daß die Ehe die zuchtloseste aller menschlichen Einrichtungen ist.[22] «David ist ein leidenschaftlicherer

Liebhaber als jemals vor unserer Ehe», registriert Mabel Loomis Todd freudig nach den ersten fünf Monaten in ihrem Tagebuch, «und ich empfinde die tiefste Dankbarkeit gegen Gott, der mir in meinem Gatten einen Mann geschenkt hat, dessen frischer Born der tiefsten Zärtlichkeit und Liebe jeden Tag reicher u. voller wird und der mich mit den süßesten Lebensquellen umfängt, die ein Weib in seinem Leben nur kennenlernen kann.» Wie so oft, sind Mabel Todds Metaphern auch hier aufschlußreicher, als sie selbst geglaubt haben mag. Was sie zu solchen Tiraden hinriß, war natürlich nicht einfach die krude Sexualität, sondern die glückliche Verschmelzung von Sinnlichkeit und Zuneigung. «Seine Liebe zu mir ist so leidenschaftlich, u. doch so rein.»[23] Allerdings war die Sinnlichkeit ihr selber ebenso unentbehrlich wie ihrem Manne.

David Todd, der seine Frau vergötterte und zugleich begierig nach ihr war, schuf eine liebes-schwüle häusliche Atmosphäre, die Mabel Todd genoß und intensivierte. Vom ersten Tage ihres Ehelebens an scheinen die Todds mit einem sinnlichen Ritual den Abend beendet und den Morgen begrüßt zu haben – Einleitung und Ausklang einer in engster Umarmung verbrachten Nacht. «Jeden Abend», erinnerte sich Mabel Todd, «entkleidete er mich auf der hellen Orientbrücke vor dem Kamin u. hüllte mich in Decken, damit mich nicht fror, während er heiße Steine ins Bett legte. Danach trug er mich auf den Armen ins Bett u. packte mich sorgfältig ein, wobei er mich über und über mit Küssen bedeckte. Dann ging er wieder an den Schreibtisch u. arbeitete noch ein oder zwei Stunden. Und wenn wir von Gesellschaften nach Hause kamen und mir kalt war, tat er als erstes dasselbe – und liebte mich so!» Morgens «stand er auf und machte Feuer u. legte meine Kleider davor aus, bis sie warm geworden waren, u. dann kam er zu mir u. trug mich auf den Armen bis dicht vor das Feuer, wo meine ‹frisch getoasteten› Gewänder schon auf mich warteten. Dann kamen die Trauben oder Feigen oder Äpfel, mit denen er mich immer vor dem Frühstück verwöhnte.»[24] Arbeitend, lesend, musizierend, spazierengehend, genossen die Todds alle Vergnügungen der Ehe; doch das Vergnügen an der ehelichen Sexualität überstieg und erfüllte alles andere.

Wenn sie zusammen waren, schliefen sie offenbar ohne störende Hemmungen miteinander und verbanden den Geschlechtsverkehr gern mit anderen Genüssen. Da gab es die morgendlichen Feigen und Trauben, und mitunter wohl auch beziehungsreichere Speisen. «Auf dem Heimweg Eiscreme», notiert sich Mabel Todd nach zwei Monaten Ehe in ihren Kalender, «und die hinreißendste u. heiligste Nacht unserer ganzen Liebe.» Waren sie getrennt voneinander – sie bei ihren Eltern, er bei der Beobachtung der Sterne –, konnten sie ihren Hunger nach dem Körper des anderen kaum bezwingen: «David», schrieb Mabel Todd an ihren Mann, «es ist einfach schrecklich, allein zu schlafen.» Und drei Jahre später: «Du fehlst mir so sehr, Liebster, so sehr.» Sie konnte seine Rückkehr geradezu schmecken: «Die Nacht des 4. ist unsere Zeit, mein Lieber, und ich ahne sie mit Freuden!» David Todd seinerseits quälte sich mit dem Problem, wie er seiner Gelüste allein Herr werden sollte: «Kann ich – ach, kann ich so lange warten?» Er schmiedete Pläne, wie er sich mit ihr treffen könne, so daß sie ohne Aufschub miteinander schlafen konnten, und versuchte mannhaft, beim Schreiben Gedanken und Feder in Zaum zu halten, um nicht durch allzu glühende Liebesworte sich selbst und seine Frau zu entflammen: «Eigentlich habe ich mir versprochen, Dir diesmal einen unleidenschaftlichen Brief zu schreiben, mein Herz», schrieb er ihr, nachdem sie fast drei Jahre verheiratet waren, «aber ich weiß einfach nicht, was ich Dir sonst schreiben soll, und ich liebe Dich so sehr, daß es schwer ist, Dir nicht ununterbrochen davon zu schreiben – aber Du weißt, daß ich das jetzt nicht darf. Wenn ich Dir sage, wie unerträglich wertlos und abgeschmackt mir das Leben vorkommt, wenn Du nicht hier bist, um mich zu lieben und wiedergeliebt zu werden, und daß ich vor zwei Tagen bereits fest entschlossen war, in diesem Augenblick schon längst auf dem Weg nach Washington zu sein, um Dir morgen abend in den Armen zu liegen – auch wenn ich Dich vor Ablauf von 24 Stunden wieder hätte verlassen müssen –, dann habe ich alles gesagt, was Du wissen mußt, und alles, was zu schreiben mir gut tut.»[25]

Dann, als sie wieder vereinigt waren, machten sie das Versäumte wett, Nacht um Nacht. «Zärtlichste Gedanken an meinen Gatten und Geliebten.» Das ist Mabel Todd in ihrem Kalender, Ende 1879. «*Mein lieber, köstlicher David* schloß mich am Hauptbahnhof in die Arme, nachdem er dafür extra den Eilzug von Washington genommen hatte. Welche Freude! Unsagbare Wonne – mein guter, reiner Gatte.» Um das Maß vollzumachen, notierte sie am folgenden Tag: «Die vergangene Nacht war fast zu selig für diese Welt.» Auch in den Jahren danach läßt ihr Kalender kein Nachlassen ihrer Erregung erkennen: «Diese Nacht, von 9 bis gegen 12, war die bisher glücklichste in meinem ganzen glücklichen Leben.» Und wiederum: «Die letzte war eine so glückliche Nacht! Ach! Ach!» Manche ihrer Einträge sind von quälender Dunkelheit: «Ach! mein orientalischer Morgen», schreibt sie 1881; und im nächsten Jahr, der Phantasie nicht ganz so viel Spielraum lassend, heißt es: «David und ich, wir zogen uns um 7 zurück u. verlebten einen herrlichen Abend. Ich werde ihn nie vergessen, u. so werde ich nicht darüber schreiben.» Auf diesen Eintrag folgen zwei Symbole, die besagen, daß das Paar in dieser unvergeßlichen Nacht des 28. Februar 1882 zweimal Geschlechtsverkehr hatte. Diese

Episoden dessen, was Mabel Todd einmal «ein kleiner Himmel gleich nach dem Nachtmahl» nennt, sind keineswegs Zeichen von Sexualathletentum: sie kommen im Durchschnitt etwas weniger als einmal wöchentlich vor. Es fehlte auch nicht an verdrießlichen Momenten: «Und so, Liebste», schreibt David Todd Ende 1882 von einer seiner astronomischen Expeditionen an seine Frau, «kann ich hier in aller Ruhe von Dir fernbleiben, bis die glückliche Gelegenheit kommt, so zu Dir zurückzukehren, wie wir beide es uns nach einer solchen Trennung wünschen.» Er sei geneigt, «mich zu schonen und mir die Erfahrungen zu ersparen, die wir in der Vergangenheit nicht selten gemacht haben und die immer katastrophal u. nachgerade eine Tortur sind» – gemeint ist vermutlich ein Wiedersehen zu einem Zeitpunkt, da Mabel Todd menstruierte.[26]

Doch ersetzten die beiden durch Heftigkeit des Orgasmus, was ihnen an Häufigkeit entging oder aber durch einen schlecht gewählten Zeitpunkt mißriet. Als sich Mabel Todd im Sommer 1885 mit einigen Freunden, aber ohne ihren Mann, auf einer Europareise befand, vertraute sie ihrem Reisetagebuch die drängende Not ihrer Sinnlichkeit an: «Ich empfinde ein höchst quälendes Verlangen nach meinem Mann», schreibt sie; «ich zähle die Tage, bis ich, zu meiner eigenen Befriedigung, wieder bei ihm bin. Ich bin nicht zum Alleine-leben geschaffen.»[27] Sie war in der Tat nicht zum Alleinsein geschaffen; wenn sie ihre eigene Befriedigung suchte, brauchte sie einen Mann dazu.

Sie brauchte ihn – und er sie – auch dann noch, als sie schon schwanger war. Am 10. September 1879, nachdem David Todd von einer Expedition zurückgekehrt war, empfand sie zunächst etwas wie Scheu gegenüber ihrem Mann, die sich erst gegen Abend verlor: «Die Nacht brachte uns einander sehr nahe. Die körperliche Auswirkung unserer Verbundenheit war anders als alles, was ich bisher erlebt habe – es war Beglückung, und trotzdem war es sehr schwer für mich, dieselbe Art von Intensität zu empfinden wie vorher – es war eine aufreizende Art von Atemlosigkeit – aber endlich kam er doch – derselbe wunderbare Höhepunkt des Gefühls, den ich so gut kenne, und doch unterschied er sich in seiner Intensität von der Ekstase im Frühling.» Doch während sie weiter mit ihrem «Liebling alle diese glücklichen Wochen» erlebte, genoß sie «jedesmal unseren liebenden Verkehr – bei jedem Male mehr als beim letzten, obwohl wir uns nur selten dem Genuß hingeben u. versuchen, zu der Zeit in jedem Monat besonders vorsichtig zu sein, da ich unpäßlich sein müßte, wenn ich nicht mein Kleines hätte.»[28]

Mabel Todd registrierte diese intimen Einzelheiten in einer Chronik, die sie kurz nach der Geburt ihrer Tochter anlegte. Die ersten Worte dieser Chronik habe ich bereits zitiert: «Am Morgen des 15. Mai 1879 kamen mein Liebster und ich vom Frühstück in der Fourteenth Street 1234 nach oben u. hatten einige sehr glückliche Liebesminuten in unserem Zimmer.» Freilich hatten sie solche Minuten vor nicht allzu langer Zeit schon einmal gehabt: «Mein Liebling hatte mir diesen herrlichen Teil von sich selbst drei Tage vor diesem Donnerstagmorgen geopfert, aber davor zwei Wochen lang nicht.» Das Zusammensein am 15. Mai nahm jedoch in Mabel Todds ehelicher Phantasie eine besondere Stellung ein: Sie hatte diesen Tag bewußt dazu ausersehen, um mit einer Lieblingsidee über Fruchtbarkeit bzw. Unfruchtbarkeit zu experimentieren. «Dreimal bin ich seit meiner Heirat unpäßlich gewesen, und wir hätten zweifellos durch weitere Beobachtung jener Vorsicht, die wir auch in den früheren Fällen geübt hatten, nämlich uns des vollen Genusses unseres Verkehrs bis vierzehn Tage nach Ende meiner Unpäßlichkeit und ab drei Tage vor dem nächsten Mal zu enthalten, jede Gefahr einer Frucht aus unserem süßen Umgang vermeiden können.» Doch am 15. Mai waren «kaum acht Tage seit meiner letzten Unpäßlichkeit vorüber», und anstatt den in solchen Zeiten bei den Todds üblichen Coitus interruptus zu praktizieren, machte Mabel Todd sich zum Versuchskaninchen: Sie war davon überzeugt, daß «bei mir der *einzige* fruchtbare Augenblick nur auf dem Höhepunkt meiner Empfindung sein könne – wenn *der* vorüber war, so glaubte ich, daß mein Schoß sich verschließen werde u. keine Flüssigkeit mehr den Fruchtbarkeitspunkt erreichen könne.» Und so «nahm ich, keineswegs aus unbezähmbarer Leidenschaft, sondern lediglich aus der felsenfesten Überzeugung von der Richtigkeit meiner Idee, die kostbare Flüssigkeit in mich auf, mindestens sechs oder acht Augenblicke lang, nachdem der höchste Punkt meiner Wonne vorüber war, und als ich völlig abgekühlt u. befriedigt war, stand ich sogleich auf und ließ scheinbar alles wieder entrinnen.»[29] Diese selbstgestrickte biologische Theorie war eine besondere Variante der verbreiteten Vorstellung, daß es zu einer Empfängnis nur dann kommen könne, wenn beide Partner den Orgasmus erleben. Hinzu kam der nicht minder verbreitete, und sogar von vielen medizinischen Fachleuten vertretene, fatale Irrtum, daß die Frau in der Mitte des Menstruationszyklus ihr Konzeptionsminimum habe. Die dramatische Widerlegung dieses wissenschaftlichen Hirngespinstes erblickte neun Monate später das Licht der Welt, und man nannte sie Millicent.

Einige Monate lang hielt die Aussicht auf das zu erwartende Baby die Todds in keiner Weise vom fortdauernden Genuß dessen ab, was sie am meisten genossen; der letzte, ziemlich unverblümte Hinweis auf eine «Liebesnacht» findet sich in Mabel Todds Kalender im Dezember 1879, als sie im siebenten Monat schwanger war. Zunächst – bevor sie sich selber, ungeachtet gelegentlicher Depressionen, Appetitlosigkeit und Übelkeit, ihre Schwangerschaft eingestand – gerieten die sexuellen Freuden des Paares eher noch köstlicher denn je zuvor. Als die beiden im Juli eine Urlaubsreise durch den Staat New York unternahmen, notierte Mabel Todd: «Den ganzen süßen Monat lang war Davids u. meine Liebe zueinander höchst selig u. befriedigend.» Und sie erinnert sich an «einen der glücklichsten Tage von allen», den Tag, an welchem sie «im Dampfschiff *Schuyler* von Geneva nach Watkins fuhren, auf dem herrlichen Seneca-See – *ach!* wie haben wir uns geliebt! und was für ein prachtvolles Zeugnis davon hatten wir in unserem Zimmer, vor dem Abendessen, im Glen Mountain House [Gletscherhotel]!» Sie «genoß während der ganzen Zeit unsere Liebesumarmungen so stark wie nie zuvor und bemerkte an mir nicht das mindeste Nachlassen in der Heftigkeit meiner Wonne – und meine Nächte waren oft überstrahlt und meine Tage verklärt von diesem himmlischen Beweis unserer tiefen Liebe füreinander – jedoch nie so oft, daß es mich geschwächt oder erschöpft hätte – u. manchmal bis zur höchsten Erfüllung – häufig auch nicht – nur ein Augenblick intensiver Nähe – allein um des Glücksgefühls willen u. ganz ohne die heftigste Leidenschaft.»[30] Sich lieben hieß für die Todds: spielen.

Als David Todd Anfang August wieder einmal zu einer seiner Sternbetrachtungen aufbrach, ließ er eine Frau zurück, die nervös war, zunächst unruhig schlief, Angst vor Einbrechern hatte und den Körper ihres Mannes neben dem ihren vermißte. Als sie in den vierten Monat kam, prüfte Mabel Todd ihre seelische Verfassung und entdeckte, daß ihr erotischer Appetit in einem bestimmten – aber nur in einem bestimmten – Umfang nachgelassen hatte. «Irgendwie verlangte mich, in einer rein körperlichen Weise, mehr oder weniger während des ganzen Monats August nach David, aber nicht so sehr, wie ich erst befürchtet hatte – der leidenschaftliche Teil meines Wesens schien schwächer zu werden, wenn er auch immer noch heftig war.» Was sie jetzt hauptsächlich wolle, sei, «einfach liebgehabt und liebkost zu werden, und nichts irgendwie Leidenschaftlicheres.» Während sie den Mutterfreuden entgegenging, regredierte sie – nicht unnatürlicherweise – in den Zustand der Kindheit. Endlich verschwand zu ihrer Erleichterung der Anflug von Depression wieder, und es durchströmte sie, wie schon früher manchmal, «ein großes, unbehindertes Gefühl der Stärke». Es erschien ihr als «ein *Genie,* das völlig von mir Besitz ergriff – nicht das Genie zum Malen oder zur Musik oder zum Schreiben allein – sondern so, als ob ich alle diese Dinge mit größter Leichtigkeit u. glorreichem Erfolg treiben könnte, wenn ich mich nur darauf verlegen wollte. Ein Genie, das mich überströmte u. das ebenso leicht in den einen wie in einen anderen Kanal gelenkt werden könnte.»[31] Nach Millicents Geburt verweilte Mabel Todd gerne bei diesem wiedererweckten Gefühl kindlicher Allmacht; denn da sie fest an pränatale Einflüsse glaubte, war sie sich sicher, daß auch diese Woge des Selbstvertrauens, wie ihr sexuelles Glück vom Juli, für den keimenden Embryo von Vorteil gewesen sein müsse.

Unterdessen stritt sie in den ersten Monaten ihrer Schwangerschaft mit Nachdruck ab, schwanger zu sein. Selbst als ein Frauenarzt zu bedenken gab, daß das Ausbleiben der Menstruation möglicherweise die Folge einer «holden Gemeinschaft» mit ihrem Gatten sein könne, schob Mabel Todd die Schuld hartnäckig auf Gemütsbelastungen oder auf eine alte Neigung zur Verdauungsschwäche. Pflichtschuldigst berichtete sie ihrer Mutter von ihrer Unpäßlichkeit; die Folge waren lange, besorgte Episteln voller guter Ratschläge, verziert mit aufgeregten Unterstreichungen. Mrs. Loomis schärfte ihrer Tochter ein, daß die Sorge für ihren Körper ein göttliches Gebot sei und daß sie nun viel Obst essen, ausgiebig ruhen und gesunde Gymnastik treiben müsse. Ihr Brief vom 3. August ist fast schon ein hysterischer Traktat; er mußte für die Empfängerin um so verdrießlicher sein, als ihr «Schatz von Vater» ihr am nächsten Tag einen ganz anderen Brief schickte: kurz, aufgeräumt, launig. Mabel Todd war betroffen genug über die Aussicht, ein Kind zu bekommen; diese Proben von häuslicher Heilkunst, die ihr die Mutter in immer neuen Gaben verabreichte, erbitterten sie nur noch mehr. «Und nun, liebes Mütterlein», schrieb sie am 16. August, «hör' bitte auf, mit mir zu zanken!» Sie warf ihrer Mutter vor, völlig falsche Schlüsse aus ihrem Zustand zu ziehen: sie treibe *keinen* Raubbau mit ihrem Körper! «Und noch etwas: Wenn Du mir irgendeine wichtige Sache mitzuteilen hast – *bitte* sag' es mir nicht hundertmal hintereinander!»

Bei der wichtigen Sache, die Mabel Todd sich allmählich eingestehen mußte, handelte es sich um weit mehr als nur eine Verdauungsstörung. Ende August bemerkte sie «eine harte, kleine Vorwölbung» unterhalb ihres Magens, und von diesem Augenblick an war die Fruchtbarkeitstheorie, von der sie sich am Morgen des 15. Mai hatte leiten lassen, nicht länger zu vertreten. Am 3. September vertraute sie sich ihrer Mutter in einem aufschlußreichen Brief an. Die ersten beiden Seiten sind angefüllt mit häuslichem Kram, mit ausführlichen Informationen über Kleider. Dann kommt sie zur Hauptsache: «Zu meinem größten Leidwesen muß ich Dir mitteilen, daß in mir die Überzeugung fast zur Gewißheit gereift ist, daß ich mich in dem befinde, was man mitunter ‹eine interessante Situation› nennt.» Ihre Aversion gegen die Mutterschaft ist mit Händen zu greifen: nicht nur in dem unverhohlenen Bedauern, sondern auch in dem Zögern, mit dieser Nachricht herauszurücken, und in der kokettzimperlichen Umschreibung ihrer Schwangerschaft. «Ich weiß *genau* den Tag, an dem alles begonnen hat», gesteht sie ihrer Mutter. Dann versucht sie, ihre eigenen Befürchtungen bezüglich ihrer «interessanten Situation» zu zerstreuen, indem sie umständlich ihre robuste Natur beschreibt, die für eine komplikationslose Schwangerschaft und eine leichte Geburt sorgen sollte. Aber noch war es nicht soweit, und daher beschwor sie die Mutter, in einem Ton, der in ihrer umfangreichen Korrespondenz selten ist: «Aber hör' zu – ich könnte es Dir *niemals* verzeihen, wenn Du auch nur einem *einzigen Menschen* ein Sterbenswörtchen verrätst!»[32]

Immerhin: aus Indizien wurde Gewißheit. Mitte September machte sie es schließlich publik, wobei sie sich, was bei ihr selten war, verschrieb: «Es steht nun fest, daß ich *enciente* bin.» Immer noch deprimierte sie die Vorstellung, daß sie nun ein Kind haben würde, für das sie sorgen mußte, anstatt ihre Zeit nach eigenem Gutdünken verwenden zu können. Sie berichtete ihrem Mann, daß sie «eine geradezu quälende Verzagtheit» bei dem Gedanken an ihre Mutterschaft empfinde, während sie in ihrer Chronik ihrer vermeintlichen «Selbstsucht» mit der ihr eigenen Phrasenlosigkeit auf den Grund ging. Hatte sie bisher wie ein «Schmetterling» gelebt, so würde sie von nun an einem anderen Geschöpf ihre Zeit und Aufmerksamkeit widmen müssen, und das behagte ihr nicht. «Ich habe mein Glück u. meine Erfüllung in meinem Dasein als Ehefrau gefunden – ich bin zur Ehefrau *geschaffen* – aber zur Mutter, ehrlich gesagt, *nicht*. Mein Leben ist in meinem Mann – ein Kind, oder Kinder, werden immer bloß Nebensache sein; trotzdem», machte sie sich selber Mut, «weiß ich, daß ich mein Kleines lieben werde – allerdings nicht», fuhr sie ehrlicherweise fort, «mit der Stärke jener Liebe, mit der ich meinen Mann liebe – die eine ist mir nicht notwendig – die andere ist mir Luft u. Speise u. Wasser – ohne sie müßte ich zugrunde gehen.»[33] Wie so oft, schrieb Mabel Todd nicht als eine Ausnahmeerscheinung unter den Frauen, sondern nur als eine ungewöhnlich offene Frau. Die Bangigkeit vor dem, was Kinder für ihr Leben bedeuten mochten, belastete viele Frauen, die sich bloß diesen Sachverhalt nicht so ungeschminkt eingestehen wollten wie Mabel Todd.

Nachdem sich Mabel Todd ihrer Schwangerschaft sicher war, spielte sie die für sie neue Rolle der werdenden Mutter mit gewohnter Tatkraft und Wortgewandtheit. Interessanterweise war es ihr Mann, der diese Veränderung bei ihr herbeiführte, indem er auf Mabels Nachricht, daß sie wahrscheinlich schwanger sei, den Ton reinster Begeisterung, gepaart mit rückhaltlosester Anbetung, anschlug. Er wünsche nichts sehnlicher, schrieb er ihr zurück, als daß diese Neuigkeit sich bewahrheiten möge. «Mein geliebtes Weib», begann seine Ergießung, «laß mich Dir als erstes sagen, daß mein ganzes Leben in der vergangenen Woche ein einziger großer, nicht endender Tribut der Huldigung an *Dich* war»; er versicherte ihr, daß er ihr in den bevorstehenden Monaten soviel Hausarbeiten wie nur möglich abnehmen werde und daß sie beide vielleicht schon in drei Jahren das Kind bei den Großeltern lassen könnten, um endlich gemeinsam eine Europareise zu machen – geschickte Versprechungen, um eine Frau zu beruhigen, die das Veröden ihrer Talente durch die Sorge um das Kind befürchtete. In diesem rhapsodischen Stil ging es rund zwanzig Seiten fort. David Todd erklärte seiner Frau vor allem, daß er «den vollkommenen Adel» ihres «fraulichen Wesens» verehre, daß ihre Mutterschaft nichts weniger als «heilig» sei und daß durch ihren Brief an ihn seine «glorreiche Liebe» zu «Dir, Mabel – Weib – Mutter» vertieft, erhöht und verlängert worden war. Er machte sich leise Vorwürfe, daß er es ihr nicht schon früher gestanden hatte: sein «innigstes Verlangen nach einer fruchtgesegneten Umarmung mit Dir, meinem bezaubernden Gemahl – meiner lieben Mabel – meiner unvergleichlichen, heiligen, kostbaren, guten, lieben, treuen, fröhlichen, wonnigen, vollkommenen, süßesten, trautesten Braut». Er komponierte Variationen über das Thema ihrer «erhabenen Mutterschaft», nannte sie auf immer neue Weise «heilige, fromme Mutter» und erwähnte, daß er insgeheim schon seit langem gedacht habe, wie prachtvoll sie doch für die sie erwartende Aufgabe geschaffen sei: «Ich habe mir oft gesagt, wie bewunderungswürdig Dein Körper für diese heilige Aufgabe gebaut ist – Deine Hüften so breit – ganz zu schweigen von der makellosen Vollkommenheit all dieser Teile, die nie in ein Korsett gezwängt worden sind.» Nachdem er sich genugsam damit ergötzt hatte, sich die körperlichen Reize seiner Frau auszumalen, kam er auf *seine* Pflichten bei dem bevorstehenden freudigen Ereignis zu sprechen: Der Tag werde kommen, so hoffte er, da sie «in glücklicher, seliger Zufriedenheit und Dankbarkeit die Macht jenes rätselhaften, lebenspendenden Elements empfinden» werde, «von welchem ich Dir reichlich gegeben habe und das Du in die Vollkraft Deines fruchtbaren, jungfräulichen Bodens eingepflanzt hast.» Kein Wunder, daß Mabel Todd diesen Brief «inspiriert und hinreißend» fand.[34] Die hochtönende Rhetorik, mit der David Todd und seine Frau einander die Freuden des Geschlechtsverkehrs ausgemalt hatten, diente nun dazu, die Früchte dieser «holden Gemeinschaft» zu preisen. Seine «kostbare Flüssigkeit» hatte ihr Werk getan, und das erfüllte ihn mit Stolz.

Dieser Brief ist so etwas wie ein historisches Dokument. David Todd stand gewiß in einer uralten Tradition, wenn er die Mutterschaft seiner Frau mit der Aura des Heiligen umgab; das war zweifellos die gängige Münze achtbarer Rhetorik im ganzen 19. Jahrhundert. Das Frappierende ist aber, daß er die frommen Gefühle für die Mutterschaft mit der Begeisterung für die Sexualität verband. Nach überkommener Anschauung zerfiel ja das Liebesleben des bürgerlichen Mannes im 19. Jahrhundert in zwei Teile: bestimmte Frauen waren ihm Engel, andere waren ihm Huren. Verhalten und Gefühle der Todds strafen jedoch diese immer noch herrschende Auffassung Lügen. Wenn auch David Todd in puncto sexueller Intimität die Führungsrolle übernahm, so folgte Mabel Todd ihm doch mit sichtlichem Entzücken; ja, die Tagebücher und Briefe der beiden lassen vermuten, daß die Frau es war, die ihrem Manne zu seinen exquisiteren Ekstasen verhalf. Zugleich aber war die Sinnlichkeit des Paares, wiewohl erfindungsreich und ohne Scham, doch durch und durch domestiziert. David Todd war ein gezähmtes Tier, dessen Erdverhaftetheit seiner Frau willkommen war; Mabel Todd aber war weder ein Engel noch eine Hure. Die von beiden bevorzugte briefliche Anrede und Unterschrift – «Mann und Geliebter» oder «Geliebter und Mann» – bringt ausdrücklich die beiden Aspekte zusammen, die nach Ansicht der Kritiker des Bürgertums normalerweise getrennt waren. Noch im Juni 1885, nach sechsjähriger Ehe, schließt David Todd einen Brief an seine Frau mit den Worten: «Lebe wohl, mein süßes Herzblatt. Ich liebe Dich. David Lover Husband [Geliebter-Gatte].» Dieselbe Sprache führte Mabel Todd in ihren Kalendern.[35] Diese glückliche Verknüpfung der Erotik mit bürgerlicher Wohlanständigkeit stand auch am Beginn des Lebens der Tochter Millicents. Es schien keinen Grund zu geben, warum nicht alles so hätte bleiben können, wie es war. Doch dann verließen die Todds Washington und zogen nach Amherst.

3. Mabel Loomis Dickinson

In Amherst setzte Mabel Loomis Todd die in ihr schlummernden Kräfte und Begabungen in Aktivitäten um, die ihr einen bescheidenen Platz in der Geschichte sichern: Als vertraute Freundin von Amhersts prominentester Familie gehörte sie zu den frühesten Bewunderern Emily Dickinsons und war die erste Herausgeberin von deren Gedichten. Aber diese Vertrautheit war nicht nur die Quelle eines überströmenden Glücks, sondern gestaltete sich auch ungemein problematisch; denn mehr als zehn Jahre lang bestand zwischen Mabel Loomis Todd, der achtbaren, gesellschaftlich ehrgeizigen Ehefrau und Mutter, und Austin Dickinson, dem Bruder Emilys, Schatzmeister des örtlichen College und Leuchte von Amherst, einem verheirateten Manne mit erwachsenen Kindern, ein Liebesverhältnis. Die beiden trafen sich in Mabel Todds Haus, abends, in der oberen Etage, und schlossen Ehegatten und Tochter aus; unbegleitet unternahmen sie empfindsame Ausflüge aufs Land; sie fanden Mittel und Wege, um gemeinsame Stunden in Boston zu verbringen; sie übermittelten einander lyrische Liebeszeichen, wenn sie beide in Amherst weilten, und lyrische Liebesbriefe, wenn sie getrennt waren. Von ihrem Verhältnis durfte offiziell niemand wissen, und es fehlte denn auch nicht an melodramatischen Ausflüchten und ausgeklügelter Geheimhaltung; aber es war ein «offenes Geheimnis», das jedermann kannte: eine Probe auf den bürgerlichen Gesellschaftsstil.

Dieses Liebesverhältnis enthüllt auch etwas von Mabel Todds Bedürfnissen; die Liebelei mit Austin Dickinson liest sich wie die Realisierung hartnäckig bewahrter Phantasien. David Todd brachte seine junge Frau im August 1881 nach Amherst, wo er Astronomie unterrichtete und Direktor der College-Sternwarte wurde. Das Paar war ein gefundenes Fressen für die feine Amherster Gesellschaft, die bis dahin auf immer dieselben gehobenen Zerstreuungen und vertrauten Gesichter beschränkt gewesen war. David Todd hatte in Amherst studiert und galt als attraktiv; Mabel Todd war in den Künsten bewandert und hatte, wie sie wohl wußte, eine «magnetische Anziehungskraft». So war es nur natürlich, daß Susan Dickinson, der unbestrittene *arbiter elegantiarum* der Stadt, und ihr Mann Austin mit gastfreundlicher Bestimmtheit von den Neuankömmlingen Besitz ergriffen. Eine Zeitlang lief alles gut oder, wie Mabel Todd gesagt haben würde, «glänzend». Einige der sinnlichsten Passagen in den oben zitierten Tagebüchern und Briefen stammen aus den ersten Amherster Jahren der Todds.

Doch bald begannen Männer, die nicht ihr Gatte waren – ich will sie nicht Nebenbuhler nennen –, Mabel Todds erotischen Stundenplan auszufüllen. Ende 1881, als die Todds noch damit beschäftigt waren, sich häuslich einzurichten, riskierte Mabel Todd – oder verbat sich jedenfalls nicht – einen Flirt mit Ned Dickinson, dem Sohn von Austin und Susan Dickinson. Er war zwanzig, ein Amherster Student ohne Sinn für Humor und, nachdem er sich leidenschaftlich verliebt hatte, ohne jede Rücksicht auf die guten Formen. Wie Mabel Todd ihrem Tagebuch anvertraute und auch ihrem Manne beichtete, war die ganze, verfahrene Angelegenheit allein ihre Schuld; zuviel Spaß hatten ihr die Schlittenfahrten und die Walzerstunden mit Ned, ja sogar sein Liebesgeflüster gemacht, als daß sie den jungen Mann hätte in seine Schranken verweisen können, als noch Zeit dazu war. Sie fand Ned attraktiv und seine Gesellschaft höchst angenehm; im Februar 1883, einige Monate, nachdem sie versucht hatte, ihn zu einem reinen Freundschaftsverhältnis umzustimmen, räumte sie ein, zeitweilig ein «besonderes Gefühl» für ihren Verehrer gehegt zu haben.[36] Inzwischen hatte sich aber, wie es bei enttäuschten Männern zu gehen pflegt, Neds unerwiderte Liebe in hellsichtigen Haß verwandelt, und so schwärzte er Mabel Todd bei seiner Mutter als einen «Flirt» an, die mit dem Sohn gespielt habe, um sich nun, des Spielzeugs müde, an den Vater heranzumachen. Wieder traf sie der alte Vorwurf, ein «Flirt» zu sein – ein Epitheton, das damals noch schwer wog.

Mabel Todds verantwortungs-, wenngleich (für sie) folgenlose Tändelei mit Ned Dickinson verrät, daß sie auf immer erneuerte Beweise männlicher Huldigung weit erpichter war, als ihre wohldokumentierten gesellschaftlichen Erfolge und ihre Erfüllung in der Ehe erwarten lassen würden. Ihr narzißtischer Hunger pflegte sie immer dann zu plagen, wenn der «Nachschub» an Ergebenheitsadressen auch nur vorübergehend ins Stocken zu geraten drohte. Im Januar 1882 besuchte sie ihre Eltern in Washington, während ihr Mann bei seiner Arbeit in Amherst blieb. Sie notierte, daß sie die Zeit «ganz glänzend» verbringe, «mit genügend Magnetismus, um einen ganzen Raum voller Menschen zu entzücken – was ich auch wirklich getan habe.» Arglos fügt sie hinzu: «Ich habe heftig mit jedem Mann geflirtet, der mir über den Weg lief – aber so, wie es auch David an mir gefällt.» Ein alter Bewunderer, ein gewisser Mr. Eliot, machte ihr unentwegt seine Aufwartung, und sie marterte ihn zwar mit der Schilderung ihres ehelichen Glücks, hatte aber gegen seine Besuche nichts einzuwenden. Sich selbst gegenüber gab sie zu, daß ihr all diese Aufmerksamkeiten nicht nur Spaß machten: sie *brauchte* sie.[37] Selbst wenn ihr Mann in ihrer Nähe war, sah sie sich nach neuen Bewunderern um, nach Männern, die ihrer magnetischen Anziehungskraft erliegen würden. Im August 1882, als ihr Mann, von einer Exkursion zurückgekehrt, gerade wieder zwei Wochen daheim war und ihr Kalender wiederholt den «kleinen Himmel nach dem Nachtmahl» registrierte, konnte sie diesem Kalender auch anvertrauen: «Ich begann, mich so für einen neuen Mann zu interessieren, Mr. Robinson, von Cambridge...»[38] Auf ihrer Europareise 1885, auf der sie von einem Paar, mit dem sie gut bekannt war, begleitet wurde, durfte sie sich zweifellos in dem sicheren Bewußtsein wiegen, von ihrem Manne wie auch von ihrem Geliebten angebetet zu werden. Und doch wurde ihr die Reise ohne ein mitfühlendes männliches Herz zur Qual: Sie fühlte sich «stark hingezogen» zu einem seelenvollen Engländer, der die Schönheiten der Natur und den Zauber der Städte ebenso zu schätzen wußte wie sie selber. «Ich wollte», notierte sie sich naiv in London, «Austin wäre bei mir – oder David.»[39] Ned war viril auf dem Schlitten, agil auf dem Tanzboden, und rührend, wenn er auf den Knien lag; aber er war eben doch nur ein halbes

Kind. Was Mabel Todd brauchte, war ein ausgewachsener Mann, und just ein solcher Mann war – Neds Vater.

Die lange Liebesaffäre zwischen Mabel Todd und Austin Dickinson war für beide eine Quelle ständiger Belastungen und immer neuer Depressionen; gezielte Todeswünsche, die sich nicht gegen sie selbst, sondern gegen ihre jeweiligen Ehepartner richteten, begleiten ihren Briefwechsel. Ein kleines Stück Papier, in Mabel Todds Kalender für 1889 eingelegt, gibt diesen Wünschen definitiv Ausdruck. Der Text auf dem Zettel lautet vollständig: «Mabel Loomis Dickinson / Amherst, Massachusetts / 14. August 1889.»[40] In den Briefen an ihren Geliebten gibt es rührende Augenblicke ungestillter Enttäuschung. «Ich liebe Dich», schreibt sie ihm im April 1890, «und Du fehlst mir bitterlich.»[41] Doch die Affäre zog sich, mit unverminderter Glut, von den frühen achtziger Jahren bis zu Austin Dickinsons Tod im Jahre 1895 hin. Das Paar schuf sich eine Geheimschrift aus privaten Abkürzungen und nahm die Dienste verläßlicher Kuriere in Anspruch; feierlich erinnerte man sich an Lieblingsgedichte und Ausflüge, zärtlich beging man heimliche Jahrestage. Bei der Manie der beiden, Gedenktage zu Mementos zu machen, ist unschwer festzustellen, wann sie einander ihre Liebe entdeckten. In der für ihn typischen, lapidaren Art schreibt Austin Dickinson am 11. September 1882 in seinen Kalender: «Nicht viel los gewesen»; er zählt die Namen von Leuten auf, mit denen er Karten gespielt hat, unter ihnen auch eine «Mrs. Todd», und fügt gravitätisch hinzu: «Rubikon.»[42] Der Rubikon, den er mit Mrs. Todd überschritten hatte und jedes Jahr aufs neue feierte, war der des Einanderbemerkens; den Rubikon der sexuellen Erfüllung überschritten sie erst später, zu einem nicht mehr feststellbaren Zeitpunkt.

Mit Sicherheit *haben* sie ihn aber überschritten; am Tage von Austin Dickinsons Begräbnis sah Mabel Todd den «teuren, lieben Körper» zum letzten Male, «küßte die heiligen, kalten Wangen» und «hielt seine zärtliche Hand. Da lag», fügte sie hinzu, «der teure Körper, von dem ich jeden Zoll kenne und so sehr liebe, und ich nahm Abschied von ihm.» Und Austin Dickinson scheint ebenfalls jeden Zoll ihres Körpers gekannt zu haben: «Ich liebe Dich – und ich liebe Dich», schrieb er ihr im Sommer 1885, «und ich küsse Dich über und über.»[43] Die Beinahe-Halluzinationen, die Mabel Todd in jenen Tagen nach seinem Tode erlebte, bezeugen ebenfalls mit Nachdruck die völlige physische Intimität der beiden. «Nun, mein geliebter Austin», schrieb sie drei Monate nach seinem Tod in ihre Chronik, «ich brauche Dir nicht gute Nacht zu sagen – Du gehst ja nicht fort. In diesem Augenblick fühle ich, wie Du mich umfängst, wie Du ganz in mir bist.» Die Trauerarbeit war für sie furchtbar und von einer fast unerträglichen Langsamkeit; im März 1896, als sie wieder einmal am Ende eines ihrer Tagebücher angelangt war und der Tod ihres Geliebten bereits mehr als sieben Monate zurücklag, empfand sie noch immer ihre ungestillte Verzweiflung und Austins Gegenwart. Es war der größte Verlust, den sie in ihrem Leben jemals erlitt. Wohl mag es ein wenig taktlos gewesen sein, was sie ihrem Mann im September 1895 erklärte: «Ich werde natürlich nie mehr dieselbe sein wie vorher»; aber es erwies sich als ziemlich zutreffende Prognose.[44] Mabel Todd überlebte ihren älteren Geliebten um 37 Jahre; doch wenn sie später auch noch ein- oder zweimal den Ausbruch einer Leidenschaft erlebte, war sie doch wirklich nicht mehr dieselbe, muntere, erotisch geladene Frau wie ehedem.

Wohl war Mabel Todds Talent zur Selbstinszenierung hochentwickelt, ihre Vorliebe für Gefühlsergüsse hemmungslos; doch in dieser Affäre, der Affäre ihres Lebens, zehrte sie von inneren Kräften, die kaum aus der konventionellen Rhetorik stammten. Sie verstellte sich nicht – nicht einmal vor sich selber. Während ihr Geliebter, unerreichbar für sie, sterbend in seiner Wohnung lag, begann sie am 10. August 1895 einen Brief, dem sie Tag um Tag neue Seiten mit teuren Erinnerungen und uneingeschränkter Schmeichelei hinzufügte: «Ach, mein Lieb, mein Schatz, du mein Gefährte, und Besitzer, wie liebe ich Dich! Und wie mich nach Dir verlangt, und ich mich nach Dir sehne, und im Geiste Deine lieben Arme um mich spüre!» Vier Tage später schloß sie mit einer, in ihrer Schlichtheit anrührenden, kleinen Bemerkung: «Guten Morgen, mein teuerstes Lieb! Mein Herz war die ganze Nacht bei Dir, und wird es den ganzen Tag sein. Heute werde ich einen kleinen Ausflug unternehmen. Hier kann ich weder atmen, noch arbeiten, darum gehe ich den Tag über fort. Ich liebe Dich.»[45] Man braucht nur diesen Brief zu lesen, oder den mit gebrochenem Herzen, ganz ohne ihre geschmeidige, erprobte Eloquenz geschriebenen Aufschrei in ihrem Kalender, am Tage nach dem Tode ihres Austin, um zu ermessen, wieviel sie in diese Liebe investiert hatte: «Mein Gott, warum hast du mich verlassen!» Indem sie Christus nicht so sehr zitierte als paraphrasierte, wahrte sie die Unantastbarkeit ihrer leidenden Individualität. Millicent Todd, zur damaligen Zeit ein aufmerksam beobachtendes, altkluges Mädchen, bestätigte in ihrem Kalender den gefährlichen Zustand ihrer Mutter, kurz nachdem die Todds vom Ableben Austin Dickinsons erfahren hatten. «Mamma ist schier tot.»[46]

Das war eine – verzeihliche – Übertreibung. «Die ganze Stadt *beweint* ihn», schreibt Mabel Todd am 19. August. «Ich bin die einzige, die um ihn *trauert.*» Ihr Kummer machte sie so blind, daß sie nicht einmal diejenigen Menschen sah, die ihr Leid mit ihr teilten – zu Hause. Zu denen, die ihren Geliebten am aufrichtigsten betrauerten, gehörte ihr Mann. «Heute nacht starb mein bester Freund», schreibt David Todd am 16. August in seinen Kalender, «u. ich bin wie gestrandet.» Zwei Tage später bemerkt er, daß er «versucht habe, zu arbeiten, aber mein Herz ist zu schwer»; und der folgende Tag, mit dem «Begräbnis unseres besten Freundes», war «der traurigste Tag meines Lebens». Wieder ist es Millicent, die die Stimmung im Hause Todd einfängt, und zwar auffallenderweise ganz in den Worten des Vaters. «Dies», schreibt sie am Tag vor Austin Dickinsons Begräbnis, «war einer der traurigsten Tage, die ich in meinem Leben jemals gehabt habe. Mamma hat den ganzen Tag geweint, und auch Papa hat etwas geweint und *so traurig* ausgesehen, daß ich ganz verstört war.»[47]

Millicent Todd, Zeugin und Opfer zugleich, war seit Jahren verstört, freilich ohne sich dessen immer ganz bewußt zu sein. Denn wie sie zu ihrer Pein und Beschämung erspürte, wußte ihr Vater von der Affäre seiner Frau, drückte jedoch standhaft und fröhlich beide Augen fest zu. Er ermutigte seine Frau, sich mit dem Geliebten zu treffen und die gemeinsamen Stunden nach Belieben auszudehnen; er übermittelte Botschaften zwischen beiden; er zog sich an den Abenden diskret zurück, wenn das Paar in seinem Haus weilte, und pflegte seine Rückkehr anzukündigen, indem er eine Weise aus *Martha* pfiff. Das war so demütigend für Millicent, daß sie noch mehr als sechzig Jahre später diese «kleine Weise» im Ohr hatte und ihr Schlafzimmer vor sich sah, «mit dem Veilchenmuster auf der Tapete». Sie wachte davon auf, «gegen Tagesanbruch nach einer sternklaren Nacht». Aber, setzte sie hinzu – und die Verteidigungsstrategie der Verleugnung bewies einmal mehr ihre Wirksamkeit –, sie wisse nicht mehr, ob sie sich gefragt habe, «warum er pfiff, bevor er in das Haus eintrat.»[48] Sich das zu fragen hätte bedeutet, Vermutungen anzustellen, und das wiederum hätte bedeutet, zu merken und somit in der Selbstachtung schwer gekränkt zu werden.

Millicent Todds Vater verhalf den Liebenden nicht nur zu ihren Rendezvous. Er pflegte sie auch auf Reisen zu begleiten und, wenn seine Frau einmal fort war, gemeinsam mit ihrem Geliebten das Loblied dieses Weibes zu singen, das sie beide vergötterten. Anfang 1884 bejubelte sie Austin Dickinsons «heilige» Liebe zu ihr, die Höhen und Tiefen, die sie erreicht hatte, die wunderbaren Kräfte, die sie in ihr freigemacht hatte, und ließ sich zu der Bemerkung herbei: «Und all die Zeit über sind mein lieber David u. ich einander sehr glückliche u. zärtliche u. ergebene Gefährten. Mein Eheleben ist gewiß außergewöhnlich reizvoll u. befriedigend u. erfüllt, und Davids Wesen ist gerade das rechte, mich zu besänftigen u. zu beruhigen.» Wenn Austin Dickinson spekulierte: «Ich glaube, wir drei zusammen in einem Hause würden es nicht schwer haben, so zu leben, wie Du und ich es uns wünschen»,[49] so sprach er damit auch für David Todd, der zu einer solchen trauten Dreisamkeit gerne bereit gewesen wäre.

David Todds Hilfestellung bei den Seitensprüngen seiner Frau verdeckte nicht nur seine eigenen Seitensprünge, sondern zeitigte auch andere Früchte; die stellvertretende Teilhabe an den sexuellen Abenteuern seiner Frau scheint ihm fast ebensolche Befriedigung gewährt zu haben wie die Sache selbst. Und in den verschwiegensten, am hartnäckigsten abgewehrten Tiefen seines Unbewußten muß er beträchtliche erotische Lust aus der emotionalen Nähe zu dem Geliebten seiner Frau gezogen haben. Derartige Dinge liegen im Dunkeln; keinem Zweifel aber unterliegt es, daß David Todd eine unleugbare «Schwäche» für andere Frauen als seine eigene hatte: In einem Prosagedicht, das sie über ihre geistige Vereinigung mit Austin Dickinson verfaßte, spricht Mabel Todd auch die nüchterne Erkenntnis aus, daß ihr Gatte «nicht das ist, was man ein monogames Wesen nennen könnte».[50]

Betrüblicherweise mußte ihre Tochter Millicent das Verdikt der Mutter bestätigen. In ihren Notizen schrieb sie nieder, was ihre Mutter ihr einmal anvertraut hatte: «Sie waren kaum drei Jahre verheiratet, als er begann, mit jeder Frau ein Verhältnis einzugehen, die seinem Werben nachgab. Er besaß die meisten weiblichen Gäste, die in unser Haus kamen, und machte sich, als ich größer wurde, sogar an meine Freundinnen heran.» David Todd war, wie seine Frau es pointiert und einsichtsvoll formulierte, «in aller Unschuld unmoralisch». Als er in späteren Jahren, nach 1920, wegen seines zunehmend erratischen Verhaltens in eine Irrenanstalt eingeliefert werden mußte oder eine Pflegerin brauchte, rechtfertigte er das Urteil seiner Frau durch mancherlei laszive Erinnerungen an «Weibsbilder», die er hätte haben können, und an seine verdächtige Vorliebe für heranreifende Mädchen. Dabei beschränkte er sich nicht auf deftige Phantasien. Millicent, das kürzliche Ableben der Mutter noch in frischer Erinnerung, berichtet von einem quälenden Besuch bei dem alternden, emotional labilen Vater und verweilt mit fast unüberwindlichem Widerwillen bei diesem Tag: Er hatte sie angeschrien, sie verstoßen, ihre Mutter beschimpft, auch hemmungslos geweint, um dann, in einer drastischen Kehrtwendung, von Wut auf Gefühl umzuschalten. «‹Komm, mein Liebes, komm›, hatte er geschluchzt, ‹ich habe deine Mutter so geliebt – und dich, dich liebe ich, weil ich sie geliebt habe.›» Dann, schreibt sie weiter, «versuchte er, mich auf die Lippen zu küssen und mir die Zunge in den Mund zu stecken, mit allem, was dazu gehört», so daß sie «Abscheu und Entsetzen» empfand und sich endlich, «halb ohnmächtig und angeekelt», von ihm losmachte.[51] In dieser abstoßenden Familienszene erleben wir noch einmal David und Mabel Todds Liebesspiel, karikiert und besudelt zwar, aber doch wie als Abglanz jener ekstatischen Episoden, die das Paar in Zeiten der Trennung mit solchem Verlangen, in Zeiten der Vereinigung aber mit solcher Befriedigung erfüllt hatten.

David Todd, seiner reizbaren, schweifenden Libido wegen geringe oder keine Schuld empfindend, war fast sein ganzes Leben lang in aller Unschuld – und auch mit geringerer Unschuld – unmoralisch gewesen. Die obszönen Reden und Gesten seiner letzten Lebensjahre machen nur rückblickend sichtbar, wie wenig fest er seine erotischen Leidenschaften – inzestuöse, polygame, wahrscheinlich homosexuelle – einst im Zaume gehabt hatte, just in jenen Jahren, in denen er und seine Frau der Welt das Bild eines glücklich verheirateten Paares geboten hatten: voller Zuneigung füreinander und von Liebeskraft strotzend. Dieses ganze häusliche Schauspiel war aber keineswegs nur Schein. David Todd hatte es, trotz aller seiner Launen, verstanden, zu seiner Frau eine haltbare Beziehung herzustellen, die auf Achtung und Begehren zugleich aufgebaut war. «Mein teures, kleines Herz», schrieb er an sie, als sie auf der Reise durch Europa war, «wie ich Dich liebe! Und wie mich nach Dir verlangt!» Und seine Frau erwiderte diese Gefühle, liebevoll und leidenschaftlich, mehr als nur erleichtert, einen Mann zu haben, der ihr nicht im Wege war. «Ich denke an Dich, träume von Dir, sehne mich nach Dir – *wann* werden wir Dich sehen?» schrieb sie David Todd im Frühjahr 1883, sieben Monate, nachdem sie mit Austin Dickinson den Rubikon überschritten hatte. «Liebe mich bis zum Wahnsinn, jede Minute, mein Lieber! Deine Dir zugetane, Dich anbetende, Dir dankbare, Dich liebende und ganz zärtliche Frau, Mabel.»[52] Das ist keine Heuchelei – deren bedurfte es in dieser Ehe gewiß nicht –, sondern zeugt von einer Weite des Gefühlsausdrucks, von welcher sich die traditionelle Vorstellung vom bürgerlichen Familienleben des 19. Jahrhunderts nichts träumen läßt.

Ich will damit nicht sagen, daß das Liebesleben der Mabel Loomis Todd in irgendeiner Weise die Regel gewesen sei. Schließlich tat sie sich viel auf ihre Unabhängigkeit und Individualität zugute und rechtfertigte ihre Seitensprünge mit der Verachtung des Patriziers für die Herde der bürgerlichen Pharisäer. Sich selbst hielt sie für eine Ausnahmeerscheinung, Austin Dickinson aber für einzigartig. Ihre alten Tagebücher musternd, vermeinte sie im Sommer 1884, «durch diese Bücher den Anhauch von großen Gedanken, kaum angedeuteten Möglichkeiten wahrzunehmen, die, wie ich hoffe, jetzt in mir *aufblühen*. Der größte

Beweis aber, den ich *jemals* dafür gehabt habe, daß ich anders bin als neunundneunzig andere, u. daß die Hoffnung meiner Mädchenjahre – etwas Seltenes in mir zu haben – wohlbegründet war: dieser Beweis liegt in der großen, der ungeheuren Tatsache, daß ich die ganze Liebe des seltensten Mannes besitze, der je gelebt.» Es war nicht so, daß ihre Außerordentlichkeit sie zum Ehebruch berechtigt hätte; vielmehr bestätigte der Ehebruch ihre Außerordentlichkeit. Das habe ich gemeint, als ich sagte, daß die Unerschütterlichkeit ihres Snobismus ihr erlaubte, großzügig in ihrer Moral zu sein: Kulturaristokraten wie sie, waren einem höheren Rechte pflichtig und schufen sich daher selber ihre Gesetze.

Freilich hatte seine unerträgliche familiäre Situation Austin Dickinson allen Grund gegeben, Trost bei einer Frau zu suchen, die so vital, so gebildet und verständnisvoll war, wie Mabel Todd es zu sein vermeinte; er erzählte ihr, und getreulich schrieb sie es nieder, daß seine Frau vulgär, launisch und rachsüchtig sei, und daß sie ihm oft monatelang den Beischlaf verweigere; auch habe sie, ungeachtet seines aufrichtigen Wunsches nach Kindern, vier von ihnen abgetrieben, bevor sie Ned zur Welt kommen ließ, und auch ihn habe sie versucht, aus der Welt zu schaffen. Aber selbst wenn diese Ehe nicht jene Hölle gewesen wäre, als die er sie beschrieb, war Austin Dickinsons Verbindung mit Mabel Todd, zur beiderseitigen Genugtuung, doch im Himmel geschlossen. Als im Winter 1884 Mabel Todds Mutter und ihre Großmutter die intime Freundschaft mit einem verheirateten Manne mißbilligten, schwang sich Mabel Todd auf das hohe Roß der Verachtung. Die Freundschaft mit Mr. Dickinson, beharrte sie in einem trotzigen Tagebucheintrag, habe sie auf ungeahnte geistige Höhen gehoben. Anstatt sich «bei Roastbeef u. Bier zu bescheiden», habe sie «vom Nektar der Götter gekostet». Diese Beziehung bedeute die Verwirklichung ihres schönsten Ichs, und sie sei froh, daß auch ihr Mann dies völlig verstehe: «David hat Größe genug, um es einzusehen: Wenn *er* nicht in jedem Punkt mit mir übereinstimmt, u. ein anderer doch, dann ist das weder seine Schuld, noch meine, noch die des anderen.» Das führte sie zwangsläufig zu einer Position, deren sich selbst ein Nietzsche nicht hätte zu schämen brauchen: «Für die Masse ist es eine gefährliche Lehre, aber einer von tausend kann es fassen.» Sie sei weder verrucht noch auch schwach genug, «an das Konventionelle auch nur zu denken». Der eine von tausend, der sie verstehen konnte, war natürlich Austin Dickinson. Er teilte ihre aristokratische Sichtweise, ja, er hatte sie seiner jungen Mätresse eigentlich erst beigebracht. «Der Geist», schrieb er ihr Anfang 1883, «ist größer als der Buchstabe. Das Konventionelle ist für jene, die nicht stark genug sind, sich selbst Gesetz zu sein, oder sich jenem großen, höheren Gesetze zu beugen, in welchem alle Harmonien zusammenfließen.»[53] Das war eine berauschende Lehre für zwei Bürger des 19. Jahrhunderts, der sie gerne folgten.

Und eine höchst willkommene Lehre: die Sünder als Ankläger gegen jene, die die Sünde geißeln, und also besser als diese. Ein Zug zur Selbstrechtfertigung, zur Apologetik ohne Apologie, ist in Mabel Todds autobiographischen Grübeleien mitunter unverkennbar. Entrüstet verteidigt sie George Eliot gegen die kleinen Geister unter den Rezensenten, die sich mißbilligend über ihren gottlosen Bund mit G. H. Lewes empörten: «Das Gesetz Gottes steht für mich weit höher als Kalbsleder u. Pergament.» Wenn «zwei edle Geister, trotz Verworrenheit u. Nebel, die die Menschen über das Leben breiten, einander erkennen und sich bewußt sind, einander die vollkommene u. ideale Ergänzung zu sein, dann ist es ihre Pflicht, so wenig wie möglich auf andere zu achten, sondern dem klaren Lichte zu folgen, das in ihnen und über ihnen leuchtet, und das sie zueinander führte, und ganz ineinander aufzugehen. Dies», fügte sie nicht ohne Selbstgefälligkeit hinzu, «ist unzweifelhaft eine revolutionäre Lehre»: angewendet auf George Eliot, die selbstredend für Mabel Todd stand.[54] Aber ihr antinomistischer Hohn auf das Sittengesetz, das die Menge regiert, war nicht allein der Versuch, ihrem verbotenen Abenteuer die höhere geistige Weihe zu geben: Es war auch der logische Ausdruck für den Narzißmus, den sie in ihre eigenen Kräfte investiert hatte, und für ihre Überzeugung, zur Verwirklichung ihrer Möglichkeiten, namentlich aber ihrer sexuellen Leidenschaften berufen zu sein.

Welchen bedeutenden Anteil die Sinnlichkeit an ihrem Bild von sich selbst hatte, geht aus einer frappierenden Überlegung hervor, die sie zu Papier brachte, nachdem sie Mrs. Laura Chants Haus für «Irrende Frauen» in Chicago besucht hatte. Beim Anblick «aller der armen Mädchen» zerfloß sie in Tränen. Es war «herzzerbrechend», diese schwangeren, unverheirateten Geschöpfe anzusehen. «Wie *kann* die Gesellschaft nur behaupten, ihre Sünde sei die einzige Todsünde?» fragte sie sich. «Wenn es etwas ist, was sie aus Liebe zu einem Manne getan haben, dann ist es etwas Holdes und Reines: vielleicht verkehrt, aber in keiner Weise böse.» Nun war ja die These, daß die Verkehrung des Guten etwas keineswegs Böses sei, an sich schon radikal genug; aber in Mabel Todds Augen gab es nicht allein für unbesonnene Liebe eine Rechtfertigung. Auch die Lust hatte ihr Recht. «Wenn es aus reiner Leidenschaft geschieht, wie ich es von manchen der Mädchen höre, die in dieses Leben nur geraten, um ihre Lust zu büßen, dann habe ich wohl Mitleid mit ihnen, denn es ist doch ein naturgegebener Trieb und, wie mich dünkt, nicht halb so schlimm, wie wenn einer sich seiner Trunksucht ergibt; denn diese ist künstlich erzeugt u. nicht von Natur aus angeboren.»[55] Sie fand die erotischen Leidenschaften nur insofern «gewöhnlich», als sie etwas Natürliches, d.h. allgemein Verbreitetes waren.

Ein Liebesverhältnis wie das ihre war natürlich nicht etwas allgemein Verbreitetes, auch wenn es vollkommen natürlich war. Mabel Todd hatte recht, wenn sie argwöhnte, daß die meisten verheirateten Frauen ihre Möglichkeiten nicht gerade in ihrer, Mabel Todds, unbekümmerten Weise verwirklichten. Und doch war ihre Affäre, bei aller Unerlaubtheit und Heimlichkeit, nur eine Neuauflage des Zusammenlebens mit ihrem Mann. Mabel Todds Hohn auf die Konventionalität hatte etwas ungemein Konventionelles an sich. Im Scherz, aber nicht ohne ernsthafte Hintergedanken nannte sie sowohl David Todd als auch Austin Dickinson ihre «Besitzer» – eine Bezeichnung, in der gleichermaßen Unterwürfigkeit wie Intimität mitschwangen. Unausgesprochen und ausgesprochen, waren beide Männer Geliebter und Ehemann zugleich; was bedeutet, daß beide weit mehr in ihr befriedigten als nur das sexuelle Verlangen; sie sättigten ihren Hunger nach Liebe und nach Bewunderung, und sie gaben ihr das Gefühl künstlerischer und geistiger Regsamkeit, das Gefühl einer höheren Reinheit. «Jeden Reiz – jeden Zauber, den ich besitze, bemerkt er u. liebt er u. hilft er mir zu bewahren... er ist so froh, daß ich dauernd male und übe – es würde ihm größeren Kummer bereiten als mir selbst, wenn ich das nicht mehr täte.»[56] So schilderte Mabel Todd ihren Gatten, nachdem sie fünf Monate verheiratet waren; man braucht die Akzente nur geringfügig zu verschieben und namentlich den frommen Unterton zu verstärken (den sie immer etwas zurücknimmt, wenn sie über David Todd schreibt), um eine Beschreibung ihres Geliebten zu bekommen. Beide Männer gaben ihr ein schwer definierbares Gefühl des Ganzseins; keiner von beiden duldete einen Bruch zwischen Leidenschaft und Zuneigung, zwischen sexueller und geistiger Betätigung. Und sie selbst bedeutete ihren beiden Männern dasselbe. Der glühende Name «holde Gemeinschaft», den Mabel Todd für den Geschlechtsverkehr mit ihrem Manne fand, gilt für die Gesamtheit ihrer Erfahrungen, mit David Todd wie mit Austin Dickinson. Indem sie erst in ihrem Gatten und später in ihrem Geliebten aufging, war sie allerdings für andere Menschen emotional weit weniger aufgeschlossen, als sie es hätte sein müssen; und es ist leider unverkennbar, daß die Hauptleidtragende ihres verbotenen Glücks die eigene Tochter war. Für sie selbst war freilich der Gewinn enorm – eine Quelle immer neuen, jubelnden Erstaunens.

Selbstverständlich gab es einen markanten Unterschied zwischen diesen beiden Lieben ihres Erwachsenenlebens, nämlich das Alter. Austin

Dickinson, im April 1829 geboren, war dreiundfünfzig, als er mit Mabel Todd den Rubikon überschritt; er war, offen gesagt, so alt, daß er ihr Vater hätte sein können. In der Tat war er fast genauso alt wie ihr Vater: Eben Loomis war ein Jahr früher, 1828, zur Welt gekommen. Und Mabel Todd vergötterte ihren Vater maßlos, genauso wie sie es als Mabel Loomis getan hatte. «*Vater* ist gekommen!» ruft sie freudig in ihrem ersten Tagebuch aus, das sie begonnen hatte, als sie noch nicht ganz vierzehn war. «Er ist herrlich.»[57] Dergleichen hätte sie über ihre Mutter niemals geschrieben. Ja, die unbefangene Bereitschaft ihrer Mutter, auch einmal auf den Vater zu verzichten und in den langen, heißen Sommermonaten das malariagefährdete Washington gegen nördlichere Gefilde zu vertauschen, empfand Mabel Loomis als geradezu sträfliche Gleichgültigkeit. Im September 1879, als sie sich bereits über ihre Schwangerschaft ärgerte und daher nicht gerade in der rechten Stimmung war, Nachsicht walten zu lassen, sagte sie es der Mutter ins Gesicht: «Ich für meinen Teil muß gestehen, daß ich lieber *sterben* würde, als in dieser Sache eine so nüchterne Denkweise an den Tag zu legen, wie Du sie bezüglich des Getrenntseins von Vater beweist. Du bist ganz und gar in Dir vergnügt, wenn Du fern von ihm bist.» Was sie selber betreffe, so seien «sechs Wochen» ohne David so ziemlich das Äußerste, was sie ertragen könne. Drei Jahrzehnte später, 1910, knapp zwei Jahre vor dem Tode ihres Vaters, ließ sie ihn porträtieren: «Er ist zu wunderbar, um nicht verewigt zu werden.»[58] Wenn sie an ihn denkt, schlagen die religiösen Töne durch: Ihr Vater führt ein «heiliges Leben»; sie macht sich Vorwürfe, wenn sie vor ihm, dem «frommen Vater», eine Jugendliebe geheimhält; als er 65 wird, gerade doppelt so alt wie sie selbst, ist sie bewegt bei dem Gedanken an ihren «frommen, heilig-poetischen Vater». Und gerade so, wie dieser geliebte Vater für sie mit dem göttlichen Vater im Himmel zusammenhing, so hatte wiederum ihr allwissender, all-erbarmender Gott, was sein Aussehen und sein Handeln betraf, eine verdächtige Ähnlichkeit mit Eben Loomis. Und wie immer es um das Walten des wohltätigen Gottes bestellt sein mochte – für Mabel Loomis verblaßte dieser himmlische Vater um so mehr, je älter sie wurde –: der irdische Vater war immer da für seine einzige Tochter. Mit ihm zusammen lernte sie Deutsch; und wenn er in Washington ins Büro ging, begleitete sie ihn ein Stück Weges. Im Januar 1878 – sie war gerade einundzwanzig –, erinnerte sie sich, mit der Wehmut einer reifen Frau, an die «glücklichen Tage» ihrer Kindheit, «da mein stattlicher junger Vater um ein Uhr aus dem Bureau kam», um den Nachmittag arbeitend in dem «seligen» Garten zu verbringen.[59] Wie so mancher verliebte Jüngling feststellen mußte, war es eine undankbare Sache, mit einem solchen Muster an

Vollkommenheit zu wetteifern. Mabel Todd stellte Vergleiche an, und bis zum Auftreten David Todds waren es ungünstige Vergleiche.

Immer wieder läßt sie diese Vergleiche in ihre autobiographischen Notizen einfließen. Aus den Flitterwochen berichtet sie von der ausgesuchten Aufmerksamkeit ihres neuen Gatten und läßt ihm als höchste Auszeichnung das Lob zuteil werden: «Ich habe noch niemals dergleichen erlebt, außer in Vaters Liebenswürdigkeit gegen Mutter.» Als «Mr. Dickinson» auf den Plan trat, wurde er an demselben strengen Maßstab gemessen. «Er u. ich sind die engsten Freunde. Wenn ich daran denke, daß er unter all den großartigen u. vornehmen Frauen, die er kennt, gerade mich – halb so alt wie er – zu der seinem Geiste ähnlichsten Freundin erkoren hat, die er jemals gehabt hat! Es gibt niemanden in Amherst, oder irgendwo sonst, der sich mit ihm vergleichen könnte, außer meinen beiden Lieben»: ihrem Gatten und, natürlich ihrem Vater. Dies war am Anfang jener Zeit, in der sie ihre Liebe zu Austin Dickinson entdeckte; zwei Jahre später unterwarf sie den Geliebten nicht länger dem Vergleich mit ihrem Gatten: «Daß niemand an ihn heranreicht, kommt nicht daher, daß er einen vornehmen u. starken u. aufrechten Charakter hat, oder daß sein Aussehen und sein Auftreten eindrucksvoll ist (der *best*aussehende Mann, den ich je getroffen!), oder daß er aus einer waschechten, alten Neu-England-Familie stammt, oder daß er sensibel u. zärtlich u. einsam ist, oder daß er die Natur *ungemein* liebt, oder aus allen diesen Dingen zusammen. Sondern es kommt ganz entschieden daher, daß sein ganzes Wesen erhaben u. geistig ist, wie es mir noch bei keinem Menschen begegnet ist, es sei denn bei meinem teuren Vater.» In der Tat hatte Austin Dickinson in manchem große Ähnlichkeit mit ihrem Vater: auch Eben Loomis wurde lyrisch, wenn es um die Natur oder die Dichtkunst ging.

Geblendet wie sie war von der Ausstrahlung ihres älteren Geliebten, verblaßte ihr dennoch niemals die lebendige Gegenwart des Vaters. Ja, in ihrer Hingerissenheit behandelte sie Austin Dickinson, als wäre er ihr Vater; sie liebte es, ihn brieflich und persönlich «Mein König» zu titulieren.[61] Natur und Sitte haben es so eingerichtet, daß das Mädchen, von skandalösen Ausnahmen abgesehen, den ödipalen Ur-Kampf verlieren und den Vater an die Mutter abtreten muß; wenn eine junge Frau einen älteren Mann, und noch dazu einen verheirateten, im Triumphzug entführte, so hieß das, daß sie jenen Kampf doppelt gewann, wenn auch nur ersatzweise. Auch in dieser Hinsicht war Mabel Todds Affäre mit Austin Dickinson nur die Neuauflage einer früheren Liebe: der zu Eben Loomis.

Mabel Loomis Todds Verhältnis mit einem älteren Mann war natürlich in erster und letzter Linie ihr persönliches Schicksal. Die Konfigurationen dieses Verhältnisses waren einzigartig: Es gründete sich auf ihre niemals nachlassende Sehnsucht nach dem teuren Vater, hatte in ihrer einzigen ernsthaften Jugendschwärmerei für einen zwölf Jahre älteren Mann seinen Schatten vorausgeworfen, und verbarg sich untergründig auch im Beruf ihres Mannes, der, wie ihr Vater, Astronom war. Das Gefühl, «im Herzen ausgehungert» zu sein, über das sie als junges Mädchen geklagt hatte und das sie niemals ganz verließ, war ein ausgesprochen privates Symptom. Aber die solchermaßen verklärte inzestuöse Beziehung hatte einen breiten kulturellen Hintergrund. Die Liebe zum Vater, durch die Jahre hindurch nicht wankend geworden, war eine sehr sichtbare Lebensaufgabe für viele Frauen des 19. Jahrhunderts. Einige der rührigsten weiblichen Zeitgenossen Mabel Todds, etwa Louisa May Alcott oder Catharine Beecher, haben niemals geheiratet, bewahrten aber bis zuletzt die sorgende, mütterliche Hingabe an den Vater. Andere, wie die umstrittene amerikanische Vorkämpferin der Geburtenkontrolle, Margaret Sanger, oder die angesehene schwedische Romanautorin Victoria Benedictsson, hatten ihr Leben lang an den Gefühlen zum Vater zu tragen: durchtränkt mit lust- wie angsterregenden Phantasien, die nie erfüllt und nie vergessen wurden.[62]

Solche verbotene Liebe, mehr oder weniger sublimiert, oft geschickt geheimgehalten, wurde im 19. Jahrhundert zu einer unübersehbaren Realität. Selbst Frauen, die heirateten und ein ausgefülltes Leben führten, erinnerten sich noch lange an den väterlichen Part in ihrem jungen Dasein – mit einem Schauder des Entzückens, dessen innerster Kern das Erotische war. Besonders in den begüterten Kreisen war es der Vater, der Freuden spendete, Regeln außer Kraft setzte und Ferien brachte. Er überstrahlte die Kinderstunde. Die britische Suffragette Dora Montefiore erinnerte sich an ihre frühe Kindheit um 1850, in einer streng reglementierten und ziemlich großen Familie: «Jeden Abend wurden wir angezogen und zur Kinderstunde, von sechs bis sieben, hinunter in den Salon geschickt. Dann war mein lieber Vater nach Hause gekommen, und wir kleinen Leutchen erfreuten uns an seinem sonnigen Lächeln und an der Art, wie er an unserer Ausgelassenheit und unseren Spielen teilnahm und sich herrliche Überraschungen für uns ausdachte.» Und die Sonntage, die alles andere als puritanisch-düster waren, brachten den «Heidenspaß» eines Spazierganges mit dem Vater.[63] Solche Männer waren unvergeßlich.

Die kindliche Idealisierung des Vaters konnte für das Mädchen verderbliche Folgen haben. Sie konnte seine erotische Entwicklung verkümmern; sie konnte es zu irrationalen, schädlichen Vergleichen zwischen dem vollkommenen Vater und dem unvollkommenen Werber nötigen;

und sie konnte das Mädchen zwingen, einen alt gewordenen Haustyrannen zu umsorgen, zumal, wenn die Mutter krank oder gestorben war. Wie immer der Triumph der Tochter über die unfähige oder abwesende Mutter aussah, sie bezahlte ihn oft mit lebenslanger Sklaverei. Freilich: In geeigneter Weise sublimiert, konnte er das Liebesleben der Frau auch um die Befriedigung bereichern, in der Leidenschaft das Körperliche und das Geistige, das Erotische und das Zärtliche miteinander zu verschmelzen. Man hat die ödipale Phase mit einem treffenden Ausdruck eine «Schule der Liebe» genannt. Das kann sie in der Tat sein, für Knaben wie für Mädchen; nicht immer muß sie den Weg zum emotionalen Schiffbruch bedeuten.

Kritische Psychologen sind geneigt, in der Idealisierung eine Falle zu sehen: ein Hindernis, das es erschwert, die sexuelle Befriedigung mit dem angebeteten Wesen möglich oder auch nur denkbar erscheinen zu lassen. Für die vom Glück Begünstigten kann sie jedoch auch dazu dienen, das erotische Erleben durch Poetisierung zu erhöhen. Zu diesen Glücklichen gehörte Mabel Todd. Ihre erotische Laufbahn war, bei aller Schmerzlichkeit und trotz der Enttäuschung ihrer Wunschvorstellung, Mabel Loomis Dickinson zu werden, justament eine solche Heranbildung zur Liebe. Ihre Bindung an den Vater – unvollständig durchgearbeitet und niemals überwunden, wie sie war – gab ihr doch die Triebkräfte, ihre Sehnsüchte bei einem älteren Manne auf einem hohen Niveau seelischer wie körperlicher Erfüllung zu verwirklichen.

Wie Tausende anderer anständiger Mädchen war also auch Mabel Todd irgendwie das Opfer ihrer erotischen Vorgeschichte; doch im Gegensatz zu Tausenden anderer hat sie später in die Tat umgesetzt, was andere nur fruchtlos ersehnten. Ihre Affäre mit Austin Dickinson ist fast zu schön, um wahr zu sein: ein Kompromiß mit ihren emotionalen Bedürfnissen, wie er befriedigender nicht zu denken ist. Diese Affäre war keineswegs typisch für eine verbreitete bürgerliche Handlungsweise; in ihr verwirklichte *eine* bürgerliche Frau ihre Phantasien. Eheratgeber der damaligen Zeit zeigten sich besorgt über solche Phantasien, aber ihre Polemik gegen «Mai-Dezember»-Heiraten unterstreicht nur deren Häufigkeit. Ein älterer Mann hatte nach dem Willen dieser Bücher so enthaltsam wie möglich zu leben; denn, wie es einer dieser Ratgeber ausdrückt: «Jedesmal, wenn er sich dem Genusse hingibt, häuft er eine Schaufel voll Erde auf den eigenen Sarg.» Einige besorgte Autoren konnten sich bei diesem Thema regelrecht ereifern: Dr. Augustus K. Gardner verurteilte Ehen zwischen «Männern, die an der Schwelle zur Altersschwäche stehen, und bedauernswerten jungen Mädchen» als «einen Frevel wider die Natur», «monströs» und gefährlich für den Mann, für die Frau und, sofern eine solch monströse Verbindung Früchte trug, auch für die Kinder.[64] Ein gewisser, nicht zu großer Altersunterschied erschien jedoch angezeigt: Viele Handbücher rieten dazu, daß der Mann, aus wirtschaftlichen wie aus physischen Gründen, einige Jahre älter als seine Braut sein solle. Und viele Witwer, deren Frauen im Kindbett gestorben waren, begaben sich unverzüglich wieder auf den Heiratsmarkt. So war es in Kreisen der Mittelschicht ein durchaus vertrautes Bild, daß Ehen zwischen reifen Männern und kaum heiratsfähigen Mädchen geschlossen wurden. Und es scheint auch, als hätten, trotz der warnend erhobenen Zeigefinger, viele junge Bräute dieses Schicksal nicht allzu hart gefunden. Anders konnte es in einer Kultur kaum sein, in der die Idealisierung des Vaters durch die Tochter gefördert wurde und die Zuneigung des Vaters zur Tochter sich ziemlich ungeniert bekunden durfte. Eines der auffallendsten Symptome der Hysterie – dieser im 19. Jahrhundert so verbreiteten, vielgesichtigen Krankheit – bestand im Rückzug aus der Erwachsenen-Sexualität auf Nachbildungen früherer Sexualobjekte. Und Mabel Loomis Todd, mit ihrer überschwenglichen und theatralischen Art und ihrer Munterkeit, die ihre Besucher so bezaubernd und ihre Tochter so denkwürdig fanden: auch sie war eine Spur hysterisch. Daß ihre Wahl auf den machtvollsten älteren Mann in Amherst fiel, war also ein privater, aber auch ein sozusagen kultureller Akt. Austin Dickinsons herbstliche Reife erklärt zu einem guten Teil seine Attraktivität für sie, eine Frau, die zwar ungemein tatkräftig und vom Bewußtsein ihrer Stärke und ihrer Jugendlichkeit erfüllt war, die aber doch niemals abstritt, nur halb so alt zu sein wie er.

In der herben, unversöhnlichen Erinnerung ihrer Tochter erscheint Austin Dickinson als ein Snob, der ihre Mutter dazu erzog, auf gewöhnliche Sterbliche verächtlich herabzusehen; als humorloser, hoheitsvoller Mensch, der niemals lächelte, niemals mit ihr sprach und zu allem Überfluß eine rote Perücke trug – ausgerechnet er, der Herrlichste von allen. Millicent Todds rückblickende Beurteilung muß zwangsläufig subjektiv sein; ein Mädchen, das wie sie in einem Hause mit anstößigem Geheimnis aufwuchs, konnte den Eindringling schwerlich in einem anderen Lichte sehen. Eine ihrer frühesten Erinnerungen war, wie sie «zwischen meiner jungen Mutter und dem gestrengen, ältlichen Mr. Dickinson saß, der sein hochtrabendes Pferd durch die Wälder von Leverett kutschierte und nach einer kleinen Hemlocktanne für einen bestimmten Platz [im Garten] suchte.»[65] Das Gefühl, eingeklemmt zu sein zwischen diesem unwahrscheinlichen Paar: ihrer lebensprühenden jungen Mutter und diesem griesgrämigen alten Herrn, muß ungemein unbehaglich gewesen sein.

Ja, schlimmer noch: es war vernichtend. Millicent Todd beschäftigte sich geradezu zwanghaft mit ihrer Vergangenheit, verfolgt von einem Rätsel, das sie lösen, erdrückt von einer Pflicht, deren sie sich entledigen mußte. Sie äußert die Ansicht, ihre besonderen Probleme müßten wohl von ihrer imposanten Abstammung hergerührt haben: «Das Gewicht meiner Ahnen drückte mich nieder – und tut es noch. Ich empfinde wohl so etwas wie ein Gefühl der Verpflichtung gegen sie alle.» Wir wissen es besser – und sie selber oft genug auch. Was sie in Ratlosigkeit und Depression stürzte, war die Untreue ihrer Mutter und die Schmach ihres Vaters. Mit sechzehn hatte sie ein langes Prosagedicht verfaßt, in welchem sie ganz ernsthaft den Ausspruch Popes «Whatever is, is right» [Alles, was ist, ist richtig] zu widerlegen trachtete. Aus eigener Erfahrung hatte sie gelernt, daß alles, was war, falsch war. Sie verspürte «den tiefinneren Drang zu einem fast unerreichbaren Ziele – heute so unerbittlich wie damals», die kräftezehrende Last des Verantwortlichseins. «Ein wesentlicher Bestandteil [dieses Dranges] war die Empfindlichkeit gegen Ungerechtigkeit und die Entschlossenheit, etwas dagegen zu tun.»

Wir wissen von Freud, daß die Schuld des Unschuldigen am schwersten zu tragen ist. Während Millicent Todds Mutter unter großartiger Verachtung der Konventionen ihren Weg ging und ihr Vater sich zum Kuppler seiner Frau machte, hatte sie selbst, nach Art der Kinder, das dunkle Gefühl, selber schuld an der schrecklichen ausweglosen Situation zu sein. Sie sah sich selbst, wie Hamlet, dazu verdammt, den Schaden wiedergutzumachen, den sie irgendwie angerichtet hatte; sie glaubte, der Welt den Eindruck vermitteln zu müssen, daß alles in Ordnung war. Diese Aufgabe schien um so vordringlicher zu sein, als sie instinktiv wußte, daß nichts in Ordnung und daß die Welt ein erbarmungsloser Richter war. Sie fürchtete, «die Empfindlichkeiten» des «Amherster Publikums» seien verletzt worden, und konnte niemals vergessen, wie ihr diejenigen die kalte Schulter gezeigt hatten, die am Verhalten ihrer Mutter Anstoß nahmen. Sie war fest davon überzeugt, daß Mabel Todd sich durch dieses Verhalten von der Gesellschaft isoliert habe: «Als Mamma sich zu ihrer Handlungsweise entschloß, wählte sie damit auch den Schimpf, mit dem eine solche Neu-England-Gemeinde ein derartiges Verhalten bestraft.»

Daß derartige Erinnerungen Millicent Todds jedoch tendenziös oder doch zumindest übertrieben sind, ist die wohl lohnendste Erkenntnis aus unserer einleitenden Untersuchung. Millicent Todds Erlebnisse beeinflußten zwangsläufig ihr Urteil über die gesellschaftliche Stellung der Mutter. Ihre Einschätzung der Situation entspricht haargenau dem Bild, das man sich normalerweise von der bürgerlichen Gesellschaft des 19.

Jahrhunderts macht: insgeheim lüstern und nach außen hin prüde; heuchlerisch in der Verurteilung jener Fehltritte anderer, die selbst zu begehen man nicht den Mut oder die Gelegenheit hatte. Vereinzelt wettert Mabel Todd in ihren Tagebüchern gegen «engherzige, lieblose, selbstgerechte» Vertreter des Amherster Lehrkörpers (samt und sonders Kirchgänger); das läßt erkennen, daß die frommen Pharisäer sie gepeinigt haben – oder vielleicht, daß Mabel Todd sich, aus einem Restgefühl von Schuld heraus, selber peinigte. Auch David Todd erinnerte sich gegen Ende seines Lebens in einem klaren Augenblick, wie er und seine Frau 1896 von einer langen Japanreise zurückkehrten und ganz Amherst «von Klatsch und Tratsch erfüllt» war; «alle» meinten, daß die Todds sich nicht länger in der Stadt würden halten können.[67]

Das klingt glaubhaft: Es war schließlich das Jahr nach dem Tode Austin Dickinsons, und diejenigen, die früher zu feige gewesen waren, ihrem lokalen Potentaten entgegenzutreten, konnten nun ungestraft ihre Zunge wetzen. Doch auf der anderen Seite gibt es Erkenntnisse, die weit eindrucksvoller sind. Die Todds blieben in Amherst wohnen. Es gab Leute, die Mabel Todds Affäre in günstigem Licht sahen – einfach deshalb, weil Austin Dickinson, der lokale Patrizier, nichts Unrechtes tun konnte: Altbewährte Macht zerfällt nicht von heute auf morgen. Austin Dickinson, der in seiner Stadt berühmt war, weil er das Collegegelände verschönert hatte und an den örtlichen Angelegenheiten den stärksten Anteil nahm, war gewiß nicht überall beliebt, aber allgemein geachtet. In der Erinnerung eines, der ihn gut gekannt hatte, war er «ein Turm an Stärke», eine «hohe, schlanke, gebieterische Gestalt», von «etwas martialischem Auftreten» und mit einer «donnernden Stimme».[68] Das war der Mann, der sich, in einem seiner frühen Liebesbriefe, ungeniert «Narziß» nennen konnte.[69] Teilweise lagen unter seiner zur Schau getragenen Stärke tiefere Schwächen verborgen. Nur aus Gehorsam gegen seine Familie hatte er Susan geheiratet, Jura studiert und den Dunstkreis von Amherst nicht verlassen; diese Gefügigkeit läßt vermuten, daß Austin Dickinson komplexer und weniger ruhig-dominierend war, als er anderen erschien. Aber bei seiner Statur, seiner Stimme, seinem Auftreten und, nicht zu vergessen, seiner lokalen Prominenz konnte er, in gewissen Grenzen, doch tun und lassen, was ihm beliebte. Und es scheint Bürger in Amherst gegeben zu haben, unter ihnen auch seine Schwester Emily, die sein Verhältnis mit einer verheirateten Frau nachsichtig beurteilten, weil sie fanden, daß Austin Dickinson nach seiner ganzen Ehemisere ein wenig Vergnügen verdient habe.

Doch viel wichtiger als die verständnisvolle Haltung, die die Stadt gegen den *Mann* bewies, war ihre Duldsamkeit gegen die in die Affäre verwickelte *Frau*. Obwohl sie den äußeren Schein nur halbherzig wahrte, sah sich Mabel Todd zu Lebzeiten Austin Dickinsons in den Mittelpunkt des Interesses gerückt, und auch nach seinem Tode änderte sich daran nicht viel. Ihre Tagebücher sind voll von unklaren, lakonischen Einträgen wie «Abends Austin», während gleichzeitig Einladungen zu den erlesensten gesellschaftlichen Anlässen verzeichnet werden, die die Stadt und das College zu bieten hatten. Man lud sie zu exklusiven Tees, zu Promotionsfeiern, in die Häuser von Professoren und Dekanen. Bei studentischen Tanzveranstaltungen war sie eine beliebte «Anstandsdame». Im Mai 1889 mußte die «fraternity» DKE zwischen ihr und ihrer Erzrivalin Susan Dickinson wählen; man entschied sich gegen die betrogene Frau und für die Ehebrecherin. Nachdem Mrs. Dickinson und ihre Tochter in aller Öffentlichkeit Mabel Todd geschnitten hatten, entschuldigte sich ein Vertreter von DKE bei dieser und versicherte ihr: «Diese beiden werden wir nicht mehr einladen!»[70] Mabel Todd, die unreuige Sünderin, begrüßte im Laufe der Jahre Dutzende von hochrangigen Besuchern in ihrem Hause; sie sang bei Beerdigungen, Wohltätigkeitsveranstaltungen und sonntags in der Kirche (First Congregational Church); sie war Vorsitzende des Ausschusses zur Gründung eines Faculty Club in Amherst und etwas später des Ausschusses zur Gründung von Amhersts erstem «Woman's Club»; sie gründete die Amherst Historical Society; sie unternahm durch Jahre hindurch vielbeachtete Anstrengungen, Amherst und seine Umgebung schön zu erhalten – noch 1913 machte man sie zur Vorsitzenden der örtlichen Forestry Association. Ja, mehr noch: Ab 1894 bemühte sie sich, ein Kapitel der «Daughters of the American Revolution» [Vereinigung von Frauen, deren Vorfahren im amerikanischen Unabhängigkeitskrieg gekämpft haben; A.d.Übs.] nach Amherst zu holen, einer Organisation von geradezu erbarmungsloser Wohlanständigkeit. Sie wurde denn auch der erste «Regent» der Gruppe und hatte diese einflußreiche Stellung bis 1903, acht Jahre nach dem Tode Austin Dickinsons, inne. Das sind nicht die Aktivitäten einer Ausgestoßenen, die hektisch bestrebt ist, ihre ramponierte Reputation zu retten; damit Mabel Todds Bestrebungen Erfolg hatten, mußte die Amherster Gesellschaft, und mußten insbesondere die Damen, bereit sein, mit ihr zusammenzuarbeiten, ja ihre Vorrangstellung zu dulden. Und alle diese Aktivitäten waren, zumindest in bescheidenem Rahmen, erfolgreich. Es war *eine* Sache, achtbare Damen zum Tee einzuladen, aber eine ganz andere, daß sie auch kamen. Und die meisten von ihnen kamen wirklich.

So gesehen, wirft Mabel Todds Liebesleben ein neuartiges, unerwartetes Licht auf die bürgerliche Kultur des 19. Jahrhunderts. Die Amherster Gesellschaft war vielleicht weniger scheelsüchtig als viele andere; zu der

Zeit, da Mabel Todd in der Stadt lebte, formulierte ein durchreisender Journalist den Eindruck, daß die Bürger von «schöner Unabhängigkeit des Urteils» seien, und rühmte «die Wunderlichkeit und Kultur und Freiheit» der Stadt.[71] Trotzdem war Amherst wohl kaum ein Sündenbabel; die Vorstellung, die man hier von schicklichem Verhalten hatte, dürfte mehr oder weniger typisch für die ganze damalige Zeit und Gesellschaft gewesen sein.

Bekanntlich ziehen alle Kulturen den Leidenschaften Grenzen, bauen mächtige Abwehrstellungen gegen Mord und Inzest auf. In komplexen Kulturen, wie beispielsweise dem Europa und Amerika des 19. Jahrhunderts, sind natürlich auch diese Grenzen komplex: an manchen Stellen bequem überwindbar, anderswo durch zusätzliche Hindernisse abgeschottet. Kulturelle Teilbereiche, wie etwa religiöse Gruppen oder soziale Klassen, fügten eigene Verbote hinzu. Diese Grenzen mit ihren Durchlässigkeiten und Abschottungen kenntlich zu machen, ist weit schwieriger, als es die selbsternannten Moralapostel und Grenzschützer der Zivilisation wahrhaben wollen. Ihre Maßregeln und Deklarationen beschreiben nur allzu gern Wunschdenken, aber keine Wirklichkeit. Mit umfassenden und oft zweideutigen Verbotskatalogen suchen sie einer eindrucksvollen Verhaltensvielfalt Herr zu werden.

Das Bürgertum des 19. Jahrhunderts scheint seine idealen Grenzen recht eng gezogen zu haben. Aber nicht einmal die von der historischen Forschung aufgedeckten, weiteren Grenzen waren zu ihrer Zeit leicht erkennbar oder irgendwie endgültig. Sie erlaubten Schleichwege zur Lust, welche von vielen anständigen Menschen, die nach sinnlicher Erfüllung suchten, unangefochten beschritten werden konnten. Einer dieser Auswege war die Verschwiegenheit; ein anderer die strikte Einhaltung der Spielregeln. Was zeitgenössische Moralisten etwas voreilig als «Heuchelei» verurteilten, war in Wirklichkeit eine Methode, im Bezirk der Vernunft Raum für die Leidenschaften zu schaffen. Zweifellos mußte Mabel Loomis Todd einen Preis für ihre unerlaubte «holde Gemeinschaft» zahlen; sie büßte ihre innere Gelassenheit ein und verlor die uneingeschränkte Anerkennung durch ihresgleichen. Und obwohl sie immer nur das Beste wollte, fügte sie ihrem Mann und ihrer Tochter Schaden zu. Aber immerhin gab es für sie Wege nach draußen, und sie ist sie gegangen. Für die Einschätzung der bürgerlichen Erfahrung im 19. Jahrhundert ist es von Bedeutung, daß sie sich den Preis für ihr Verhalten leisten konnte.

II. Holde bürgerliche Gemeinschaften

Die Heimlichkeit des bürgerlichen Jahrhunderts hüllt sein Liebesleben in unergründliches Dunkel. 1898 wirft Sigmund Freud einen prüfenden Blick auf die «sexuelle Sittlichkeit» seiner Zeit und findet sie ebenso abstoßend wie rätselhaft: «Gegenwärtig sind wir in Sachen der Sexualität samt und sonders Heuchler, Kranke wie Gesunde», schreibt er.[1] Freud verwahrt sich damit natürlich gegen die nach seiner Meinung unverbesserliche Unaufrichtigkeit des Bürgertums; zugleich bekennt er jedoch seine Ratlosigkeit angesichts undurchdringlicher Rätsel. Sicher ist, daß das sexuelle Selbstbildnis der Mabel Loomis Todd ein Ausnahmefall an Üppigkeit und Ungeschminktheit bleibt; nicht einmal George Sand hat sich zu solch instruktiver Detailfreudigkeit aufgeschwungen (oder herabgelassen). Weit weniger sicher ist, ob es auch seiner Natur nach ein Ausnahmefall war; der historische, im Gegensatz zum anekdotischen Wert des Materials, das Mabel Todd so bienenfleißig zusammentrug, bedarf weitergehender Überprüfung. Mochte sie sich noch so oft jenes «selben, herrlichen Gefühls des Höhepunkts» erinnern, «das ich so gut kannte», mochte sie wieder und wieder und mit einer Heftigkeit, die auch durch die Wiederholung nicht litt, ihre «holden Gemeinschaften»[2] erleben: Es bleibt doch zu fragen, wieviele bürgerliche Frauen (und übrigens auch Männer), selbst wenn sie unbefangen zu ihren Leidenschaften standen, ihre Tagebücher und Kalender mit der Erinnerung an ähnlich holde, ähnlich häufige Gemeinschaften hätten füllen können.

Hierauf wird es niemals eine schlüssige Antwort geben. Zu sehr differierte die bürgerliche Kultur des 19. Jahrhunderts nach Zeit und Ort, nach gesellschaftlichem Rang und damit in ihren Einstellungen. Dazu kommt, daß jedes sexuelle Erleben notwendigerweise so eng an die körperliche Ausstattung, an frühe Erfüllungen und spätere Gelegenheiten gebunden, so abhängig von den Zufällen der Geburtsreihenfolge, der ersten Verführung, von traumatischen Begegnungen ist, daß kein einziges erotisches Einzelschicksal völlig repräsentativ für andere sein könnte. Schon das Erhaltenbleiben sexueller Zeugnisse ist das wahllose Werk des Zufalls – fast zwangsläufig dazu bestimmt, das Bild der kollektiven Vergangenheit zu verzerren. Denn was von jenen Zeugnissen durch Zufall bewahrt worden ist und was der Historiker davon zu Gesicht bekommen hat, legt möglicherweise Schlußfolgerungen nahe, die von dem weit größeren Schatz vergangener, für immer verlorener oder versehentlich unbeachtet gebliebener sexueller Erfahrungen keineswegs gedeckt worden wären. Die von mir benutzten Dokumente sind Zufallsproben aus einer unübersehbaren intimen Literatur, die noch auf Dachböden oder in vergessenen Archiven schlummern mag, ganz zu schweigen von jenen Blättern, die von uninteressierten oder schockierten Nachkommen vernichtet wurden. Schon die Tatsache, daß jemand überhaupt seine eigene sexuelle Geschichte zu Papier bringt, wie Mabel Todd es mit so bewunderungswürdiger Ungezwungenheit getan hat, macht den Schreiber als Zeugen ein wenig verdächtig: Die übergroße Mehrheit der Bürger, zumal im 19. Jahrhundert, und selbst die emsigsten Tagebuchschreiber bewahrten über das delikate Thema der Geschlechtsliebe ein ehernes Schweigen.

Der Historiker ihres Liebeslebens muß ihnen freilich in dieses Schweigen nicht folgen. Ebensowenig ist er zur Biographie verdammt. Aber die eigentümliche, fragmentarische Natur seines Materials zwingt ihn, so viele verschiedene Zeugen zu befragen, wie er nur ausfindig machen und zur Aussage bewegen kann. Indirekte, unbeabsichtigte Enthüllungen können sich dabei als ebenso wertvoll erweisen wie offenkundig einschlägige Zeugnisse. Ich habe drei Arten von Materialien geprüft, um herauszufinden, wieviele und was für Gefährten Mabel Loomis Todd zu ihrer Zeit gehabt hat: die Tagebücher, Kalender und Briefe anderer, die die Erfahrungen Mabel Loomis Todds teilweise bestätigen und ausgiebig kommentieren, manchmal aber auch in offenem Widerspruch zu ihr stehen; die außerordentlich seltenen, nicht sehr zuverlässigen, aber dennoch aufschlußreichen Untersuchungen des kollektiven Sexualverhaltens; und endlich die durchgängige Einstellung des 19. Jahrhunderts zur Frau, die, wie sich herausstellen wird, der öffentliche Niederschlag allgemein geteilter privater Phantasien war. Alle diese Materialien sind Illustrationen, aber keine Beweise: Es sind einzelne Punkte auf einer skizzenartigen Landkarte der Kultur. In dieser Art von Geschichtsschreibung kann es keinen «Beweis» geben; die Landkarte muß Skizze bleiben. Prüfstein muß die Frage sein, ob anderes Anschauungsmaterial eine andere Landkarte nahegelegt hätte.

Logischerweise kann der Historiker nur jene Dokumente benutzen, die er hat auftreiben können, und er kann sie nur so benutzen, wie er sein Material immer benutzt: mit Skepsis. Wenn irgendwo, muß sein Mißtrauen in der zarten Sphäre sexuellen Erlebens am stärksten sein, wo Stolz, Scham oder Befangenheit dem Schreiber die Feder führen, ihn Eroberungen erdichten und Niederlagen leugnen lassen, seine Empfindungen verzerren und nur zu oft Formelhaftes nachschreiben. Die wenigsten Tagebuch- oder Autobiographienschreiber, auch wenn sie noch so sensibel oder intelligent sind, durchschauen wirklich alle ihre Triebregungen oder sind sich ihrer eigenen Ambivalenz voll und ganz bewußt. Sie merken oft überhaupt nicht, wieviel sie eigentlich sagen. Aus diesem Grunde ist es mit Mißtrauen allein nicht getan, mag es auch als professionelle Grundhaltung unverzichtbar sein. Die Methoden und Theorien Sigmund Freuds, die mir, wie ich schon sagte, unentbehrlich gewesen sind, liefern Möglichkeiten, unter die Oberfläche des geschriebenen Wortes zu dringen und tieferliegende sexuelle Bedürfnisse und Konflikte auszumachen. Unbewußte Phantasien aus ihren ausdrücklichen Manifestationen herauszulesen, ist eine wichtige Methode, die Aussagekraft eines Selbstzeugnisses zu erhöhen, wobei man den Schreiber zugleich mit den Menschen seiner Gegenwart und seiner Vergangenheit in Verbindung bringt. Eine solche Art der Lektüre ist nicht einfach, doch habe ich mich überall von einer erhellenden Beobachtung Freuds leiten lassen: Man mag noch so sehr versuchen, seine tiefsten Wünsche und Aversionen geheimzuhalten, das Geständnis wird einem doch aus jeder Pore dringen. Es kommt nur darauf an, das Geständnis als das zu erkennen, was es ist, und zu verstehen, was es bedeutet.

1. Ein Paradies für zwei

Nichts beschönigende erotische Aufzeichnungen wie die Tagebücher Mabel Todds sind zwar selten, aber doch nicht einzigartig. Ähnliche Einträge, ob beschämte Geständnisse oder glühende Erinnerungen, finden sich ab und zu, hie und da auch in den Merkbüchern und Korrespondenzen anderer Menschen. Gewiß, nicht alle Erfahrungen, die sie aufzeichnen, waren befriedigend. Die «Gemeinschaften» konnten einsam sein, und zuzeiten erschien allein schon der Gedanke an sie nicht als Glücksversprechen, sondern als Gefahr für die sittliche Sauberkeit oder die Gesundheit. Otto von Leixner, der deutsche Journalist, schrieb 1867, als Student in Graz, in sein Tagebuch: «Jetzt beginnt sich bei mir mächtiger als bisher die Sinnlichkeit zu regen, trotzdem ich gegen sie kämpfe; bis jetzt habe ich zwar noch kein weibliches Wesen umarmt, – ob ich aber Kraft genug haben werde, noch lange Widerstand zu leisten weiß ich nicht. Möge diese Frucht von mir so lange als möglich ungekostet bleiben!» Er hatte ganz einfach Angst und schürte seine Angst mit dem Hinweis auf die schlimmen Symptome geschlechtlicher Ausschweifung, die er um sich herum beobachtete. «Ich sehe wie das Genießen auf viele meiner Bekañten [sic!] gewirkt hat; sie sind nicht nur körperlich, auch geistig geschwächt.» Ihm erschien der Pfad zur erotischen Befriedigung als umständlich, rauh und womöglich der Mühe nicht lohnend. Zuletzt lohnte der Weg aber doch der Mühe: Nach einigen unglücklichen Liebeshändeln fand Leixner «die rechte Mitte zwischen Geist und Sinnlichkeit», nach der er so lange gestrebt hatte, und ehelichte seine «geliebte Tilda», an die er von seinen Reisen sehnsuchtsvolle Briefe schrieb und für die er ein zärtliches «Kleines Reisetagebuch»[3] verfaßte.

Andere Männer, und auch Frauen, sind jenen Pfad niemals ganz bis zu Ende gegangen. Henri-Frédéric Amiel, der Genfer Tagebuchschreiber und treffliche Selbstbeobachter, bekannte seinem Arzt sowie seinem Tagebuch eine «gefährliche Gewohnheit» zumal seiner jungen Jahre, nämlich unfreiwillige nächtliche Samenergüsse, hervorgerufen durch zu reichliches Essen oder durch lüsterne Phantasien. «Montags, am Morgen», registriert er im Mai 1841, «ein Erguß infolge eines Traumes; ergiebig und schwächend.» Er erging sich in erotischen Tagträumen; unschuldige Pfänderspiele auf Gesellschaften, Gespräche über die Ehe oder die Erörterung von Victor Hugos Seitensprüngen konnten ihn ebenso erregen wie das Studium der einschlägigen Ehekapitel im kanonischen Recht samt ihren aufreizenden Überschriften wie *«fornicatio, concubinatus, raptus, adulterium, incestus, virginitas»*, gar nicht zu reden von *«debitum conjugale»* oder *«usus naturalis et contra naturam»*.[4] Hans Christian Andersen wiederum befriedigte seine sexuellen Sehnsüchte dadurch, daß er sich in seiner Phantasie die Frauen ausmalte, die er zu lieben behauptete und die zum Glück alle unerreichbar waren, und indem er masturbierte. Schon 1834 notierte er auf einer Italienreise: «Mein Blut in starker Bewegung. Ungeheure Sinnlichkeit und Kampf gegen mich selbst. Ist es wirklich eine Sünde, diese mächtige Lust zu befriedigen, dann will ich sie bekämpfen. Noch bin ich unschuldig, aber mein Blut brennt. In Träumen kocht mein ganzes Inneres. Der Süden fordert sicher sein Recht. Ich bin halb krank. – Glücklich, wer verheiratet ist, der verlobt ist!»[5] Es war ein Glück, welches Andersen, und Amiel, niemals kennenlernen sollten.

Indessen war natürlich die Ehe als solche – überflüssig, es zu erwähnen – noch nicht des sexuellen Glückes Unterpfand. Ein aus jener Zeit stammendes Dokument für diese betrübliche Tatsache, weit bitterer und ergreifender als die Offenbarungen der gerade zitierten notleidenden und frustrierten Junggesellen, sind die freimütigen, außerordentlich minuziösen autobiographischen Schriften der schwedischen Romanschriftstellerin Victoria Benedictsson, die, ganz ähnlich wie Amiel, der Nachwelt besser durch ihre Aufzeichnungen und Tagebücher bekannt geworden ist als durch ihre literarischen Werke. Ihr geliebtes ‹Großes Buch› – *Stora*

Boken – wurde ihr zur Vertrauten, zum «lieben alten Buch», zum zuverlässigen Depositorium ihrer innersten Gefühle wie ihrer intensivsten Begegnungen. Beides, Gefühle wie Begegnungen, fand sie qualvoll; denn ihr Leben lang oszillierte sie zwischen den Extremen der Ambivalenz hin und her. Von Jugend auf träumte ihr immer wieder von ein und demselben Mann, der zugleich ihr Freund und ihr Feind war. Im Jahre 1850 geboren, hatte sie mit 21 Jahren einen Witwer geheiratet, der doppelt so alt war wie sie selbst. Die Ehe – alles andere als eine glückliche Verbindung – war zum Teil die Einlösung eines voreilig gegebenen Versprechens, zum Teil ein Akt der Befreiung vom Elternhaus, zum Teil auch die verzweifelte Neuauflage des Kampfes um die Liebe des Vaters. «Ich hege Zuneigung zu Dir, Christian», hatte sie zu dem Mann gesagt, den sie heiraten sollte, «aber ich habe niemals das empfunden, was man ‹Liebe› nennt, und ich werde es vielleicht niemals empfinden» – nicht eben ein verheißungsvoller Anfang.[6]

Einmal verheiratet, fühlte sich Victoria Benedictsson wie gefangen in ihrer geistlosen Umgebung, unzufrieden in der ihr zugemuteten Rolle der gefügigen Hausfrau, ausgehungert nach geistiger Gesellschaft. Sie zankte nicht mit ihrem Mann, sondern zog sich mehr und mehr in das Reich ihrer bedrängenden und hochgespannten Phantasien zurück. Sie verschlang Bücher, und sie begann zu schreiben – Rezensionen, Skizzen, Geschichten. 1884 erschien von ihr eine stark beachtete Sammlung von Kurzgeschichten, *Från Skåne.* Damit begann ihre Karriere als die, wie Edmund Gosse anerkennend sagte, «vielleicht originellste der vielen weiblichen Autoren des modernen Schwedens».[7] Nun, die Karriere begann zwar, aber sie war kläglich: Victoria Benedictsson trennte sich nun wirklich von ihrem geduldigen und nachsichtigen Mann, unternahm ausgedehnte Reisen und wandte sich, nicht ohne Beifall zu finden, einer ehrgeizigeren literarischen Gattung zu, dem Roman – immer unter ihrem männlichen Pseudonym Ernst Ahlgren.

Das Sichverstecken hinter einer durchsichtigen männlichen Verkleidung war bei weiblichen Autoren des bürgerlichen Jahrhunderts gang und gäbe; für Victoria Benedictsson aber hatte es damit noch eine besondere, erschütternde Bewandtnis: es unterstrich ihre Selbstverachtung, ihre «Scham, eine Frau zu sein». Diese Scham überkam sie fast täglich, ihr ganzes Leben lang: «Verflucht! Daß ich eine Frau sein muß mit dem Hirn eines Mannes!» ereifert sie sich 1887, ein Jahr vor ihrem Tode, in ihrem Merkbuch: «Eine Frau ist nichts für sich selbst oder durch sich selbst, und ich bin nur eine Frau.»[8] Die Erinnerung an frühe traumatische Erlebnisse verließ sie nie: Sie konnte nicht vergessen, wie der Vater ihr seine Verachtung des feigen weiblichen Geschlechts zu verstehen gegeben hatte. Ihre körperlichen Beschwerden und ihre immer wiederkehrenden Depressionen mit Selbstmordgedanken waren überdeterminiert; sie waren körperlichen, aber noch mehr gesellschaftlichen und seelischen Ursprungs. 1876 gebar sie eine Tochter, die noch im Säuglingsalter starb; danach wurde sie sehr krank. Und es gab vieles, was sie entmutigen mußte: eine lieblose Ehe; die Enttäuschung über ihre ältere Tochter, die, wie sie höhnisch sagte, einmal ganz so zu werden versprach wie ihr Mann; vor allem aber das Schicksal einer klugen, sensiblen und unternehmungslustigen Frau, die in einer restriktiven, von Männern dominierten Kultur ihren Weg zu gehen suchte. Sie warf allerdings nicht sämtliche bürgerlichen Werte über Bord: Ihr Leben lang bekannte sie sich zur Institution der Ehe und verwarf die von der skandinavischen Avantgarde gepredigte freie Liebe. Aber nichts war genug; nichts befriedigte sie. Und dieses Unbefriedigtsein lädt zu einer Untersuchung fernab aller Physiologie oder Soziologie ein.

Denn immerhin hatte Victoria Benedictsson dort, wo sie sich zum Aufbegehren entschloß, eindrucksvolle Erfolge. Ihr Gatte ließ sie das Leben führen, das sie führen wollte; sie erfreute sich eines erheblichen literarischen Beifalls. So müssen ihre unregelmäßig wiederkehrenden Depressionen, ihre zarte Gesundheit und ihre Selbstmordgedanken aus ihrem Unbewußten erwachsen sein, aus dunklen Wünschen und verborgenen Quellen des Schuldgefühls. Benedictsson konnte sich ihr Leben lang nicht von ihrer ersten Liebe zu dem unnahbaren, schwierigen, vergötterten Vater befreien; das bezeugt die Wahl ihres Gatten, eines 48 Jahre alten Witwers mit fünf Kindern – und es war ausdrücklich ihre eigene Wahl. – Einmal als Schriftstellerin anerkannt, begann sie, Freundschaft mit Literaten zu schließen, die sie bezeichnenderweise wie Brüder, mitunter auch wie Söhne behandelte. Sie hielt sich für häßlich, für klapperdürr, für nicht der Rede wert, und wenn, dann nur als verunglückter Mann mit tüchtigem Kopf. Es gibt keine Hinweise darauf, daß sie mit ihrem Mann jemals so etwas wie sexuelle Lust empfunden hätte.

Dann aber, am 1. Oktober 1886, lernte sie Georg Brandes kennen: Mit rührender Genauigkeit verzeichnet ihr ‹Großes Buch› diese schicksalhafte Begegnung. Brandes, brillanter Außenseiter, selbsternannte Schmeißfliege auf dem Kadaver der herkömmlichen Literatur und Philosophie und grimmiger (aber bürgerlicher) Feind alles Bürgerlichen, besaß damals schon europäischen Ruf. Er kannte jeden Autor, den zu kennen sich lohnte; er schrieb ohne Unterlaß und wurde weit und breit gelesen. Gefeierter Literaturkritiker, Entdecker und Förderer neuer Talente, Vorkämpfer des neuen Realismus, künftiger Biograph großer Männer wie Disraeli, Lassalle, Caesar, hielt er öffentliche Vorträge, die ein ebenso erfrischendes wie ärgerliches Ereignis waren. Die radikalen Aussprüche, mit denen er das konservative literarische und akademische Establishment seines heimatlichen Dänemarks vor den Kopf zu stoßen liebte, machten ihn nur noch unwiderstehlicher. Die Frauen flogen auf ihn, und Brandes, der leichtsinnige Gatte, liebevolle Vater und erfahrene Mann von Welt, war ebensooft geneigt, sie zu erhören, wie er es ratsam fand, sie abzuweisen. Victoria Benedictsson, die sich so rührend nach emotionaler Stabilität und geistiger Bestätigung sehnte, war seinen selbstsicheren Urteilen und seiner verbindlichen Ironie nicht gewachsen. In der Beziehung zu Brandes wurde der geschwisterliche Standpunkt, auf den sich Victoria Benedictsson zurückzuziehen pflegte, um erotischen Verwicklungen aus dem Wege zu gehen, unhaltbar; ja er war nicht einmal mehr wünschenswert. Schon am 16. Dezember 1886, nachdem sie Brandes kaum drei Monate kannte, schrieb sie in ihr Tagebuch: «Bin bis über beide Ohren verliebt.» Oft benutzte sie eine Geheimschrift, wie um die unbequeme, aber ununterdrückbare sinnliche Wahrheit sogar vor sich selber zu verhehlen. Und am selben Tag notiert sie den «langersehnten Augenblick: Georg Brandes küßte Ernst Ahlgren.» Sie gestand aber auch – immer in Geheimschrift und normalerweise in der dritten Person –, daß sie es mochte, wenn Brandes sie berührte und küßte, und sie litt selige Martern, indem sie sich seinen wirklichen Kuß vorphantasierte: «Er beugte sich über sie, die auf dem Sofa ausgestreckt lag, und sein Gesicht war dem ihren ganz nahe.» Auch konnte sie nicht ganz die oralerotische Lust leugnen, die seine Besuche ihr verschafften: «Ich hoffe, mich mit der Gegenwart Brandes' ganz und gar zu sättigen.»[9] Es war ein großes Erwachen für sie, mit sechsunddreißig.

Es gab nicht nur Küsse, wirkliche oder phantasierte; es gab auch vieles, worüber die beiden miteinander reden konnten: die avantgardistische Bewegung in der erzählenden Literatur Skandinaviens, die Politik der Literatur, die Ethik der freien Liebe und endlich ihrer beider Vergangenheit, einschließlich ihrer früheren Liebschaften. Zu diesem letzten Punkt hatte Brandes sehr viel mehr beizutragen als sie; und er hoffte selbstredend, auch Victoria Benedictsson auf die lange Liste seiner Eroberungen setzen zu können. Er habe noch nie eine Frau dazu beschwatzt, mit ihm ins Bett zu gehen, erklärte er ihr stolz, und er habe noch niemals einen Korb bekommen. Doch Victoria Benedictsson entwand sich ihm und erwies sich als schwierig. Als er sie das erste Mal geküßt hatte, hatte sie keinerlei Reaktion verspürt; sie verging nur vor Sehnsucht nach geistiger Nähe, nach stiller Zuneigung. Sie «dürstete» nach dem Du, das der boshafte Brandes ihr jedoch monatelang verweigerte. Wenn sie getrennt waren, schrieben sie einander flüchtige, formlose Zettel oder sandten kryptische Telegramme; wenn sie zusammen waren, probten sie die Intimität: «Er küßte mich auf den Mund», notiert sie Ende Januar 1887, «beiläufig und ohne Leidenschaft, wie wenn wir zwei Frauen gewesen wären.»[10]

Diese Tändeleien waren zu harmlos für Brandes, der bald kühner und fordernder auftrat. Am 15. März 1887 notiert sich Victoria Benedictsson in ihr Merkbuch, wiederum in Geheimschrift: «Zum ersten Mal hat er mich gefragt.» Er fragte sie wiederholt: «Willst du?», oder, herausfordernd und ein wenig defensiv: «Warum willst du denn nicht?» Er umarmte sie stürmisch, nestelte an den Knöpfen ihrer Unterwäsche und machte Miene, sie zu schlagen – eine Drohung, die ihr in ihrer schuldbesessen-masochistischen Art willkommen war und auf die sie sich zum Spaße einließ. Von da an ergingen sich die beiden in einem quälenden und nicht endenwollenden *pas de deux*, der von häufigen Trennungen und auffallend ergebnislosen Streitereien unterbrochen war. Sie küßten einander mit Inbrunst, maßen sich im Wortstreit und diskutierten darüber, ob sie «wollten» oder nicht. Oft genug geriet Brandes über ihre Ausflüchte in Wut; er konnte sich anscheinend ebenso rasch wieder abkühlen, wie er zu entflammen war. Mit allen diesen intimen Unterredungen, die eher den Charakter eines Krieges hatten, als daß es wirkliche Gespräche waren – und die *Stora Boken* und die anderen Merkbücher der Autorin peinlich genau registrieren –, scheint sich Victoria Benedictsson für die letzte große Prüfung: den Geschlechtsverkehr, sozusagen gestählt zu haben. Als Brandes sie am 13. November 1887 erneut bedrängte, mit ihm ins Bett zu gehen, reagierte sie endlich zum ersten Male positiv, hatte aber sogleich wieder Skrupel: «Aber nicht heute abend.» Sie menstruierte gerade. Brandes bewies einmal mehr die gewohnte Selbstbeherrschung und Haltung und sagte: «‹Also gut, wann du willst.› Dann ging er.» Aber sechs Tage später war diese Ausrede gegenstandslos geworden, und die beiden vollzogen den Höhepunkt ihrer Affäre. Zu ihrer eigenen Verblüffung empfand Victoria Benedictsson weder Scham noch Unreinheit, sondern nur Glück, Frieden und Unschuld.[11] Aber das frohe Gefühl währte nicht lange. Knapp zwei Monate später versuchte sie, sich mit Morphium das Leben zu nehmen; und am frühen Morgen des 22. Juli 1888 wurde sie tot, mit durchschnittener Kehle aufgefunden – nicht das Opfer ihrer einzigen, späten Liebesbeziehung, sondern ihres lebenslangen Selbsthasses.

Dieser Selbsthaß wurde im wesentlichen durch ihre sexuellen Konflikte geprägt, auf die er wiederum zurückwirkte. Anders als Mabel Loomis Todd hatte Victoria Benedictsson niemals die Erfahrung einer «holden Gemeinschaft» gemacht; sie zweifelte nicht daran und sprach es auch häufig aus, daß der Beischlaf sie abstoße. Ende 1886, zu Beginn ihrer Bekanntschaft mit Georg Brandes, notierte sie: «In der Phantasie ihrer schlaflosen Nächte hatte sie sich eine gewisse Art von körperlichem Kontakt ausgemalt»; aber in der Phantasie war dieser Kontakt leicht und zart gewesen und ganz ohne Roheit. Sie gab zu, daß sie vom Vollzug des Geschlechtsaktes «enttäuscht sein werde». Im Hinblick auf ihre Standhaftigkeit gegenüber Brandes fand sie eine solche Zurückhaltung «erfrischend» und setzte hinzu: «Das andere interessiert mich überhaupt nicht so besonders.» Nachdem sie seine ersten Avancen abgelehnt hatte, setzte sie ihm im März 1887 auseinander, was er längst gewußt haben muß: «Auf diese Weise geliebt zu werden, ist widerwärtig; zumindest für mich.»[12] Vielleicht glaubte er ihr nicht; und gewiß mochte er sich nicht gerne geschlagen geben. Gerade weil sie ihn liebe, wolle sie sich ihm nicht ergeben, hatte sie zu Brandes gesagt. Es war eine Logik, die zwar der ungeduldige Brandes etwas verschroben fand, die aber ihren guten psychologischen Sinn bei einem Menschen wie Victoria Benedictsson hatte, die Sexualität und Liebe streng voneinander schied und die für «das andere» nicht viel übrig hatte.

Ihre Frigidität hing mit ihrer elementaren sexuellen Ratlosigkeit und ihrem eigentlichen Kummer zusammen: Sie fühlte sich als kastrierter Mann, erbittert und vor allem deprimiert darüber, in einen Frauenkörper gesperrt zu sein. Es gibt einen rätselhaften, widersprüchlichen Tagebucheintrag von ihr, wonach sie nur eines fürchtete: «zu entbehren!» Wir dürfen den Satz wohl so ergänzen: Es war furchtbar, den Penis zu entbehren – Quelle und Symbol der Macht. Denn sogleich verleugnet sie, was sie gedacht haben muß: «Was zu entbehren?» fährt sie fort und bringt, weniger schwankenden Boden betretend, ihr Unglück mit der Furcht vor der Dunkelheit und dem Tod in Verbindung. Es ist aufschlußreich, daß sich bei ihr die Vorstellung der Selbstvernichtung mit der Vorstellung irreparabler Verstümmelung verknüpft: «Ich beginne, an Selbstmord zu denken», schreibt sie im April 1887, und unmittelbar anschließend: «Ich bin nicht unglücklich, aber unzulänglich, eine Frau ohne Berufung zur Frau.» Und verzweifelt fragt sie: «Ich bin auch Schriftsteller; bin ich dann nicht auch irgendwie zum Teil ein Mann?» Sigmund Freud postulierte bekanntlich einen elementaren Penisneid bei kleinen Mädchen; wenn das Mädchen «den Wunsch äußert: Ich möchte lieber ein Bub sein, so wissen wir, welchem Mangel dieser Wunsch abhelfen soll.»[13] Die meisten Mädchen lernen, sich mit ihrer biologischen Bestimmung auszusöhnen, indem sie sich entweder resignierend in ihr Frausein ergeben oder sogar positiv in ihm aufgehen. Victoria Benedictsson gehörte nicht zu diesen Frauen; immer wieder überwältigten sie der

Neid auf den Mann und die nicht wiedergutzumachende Ungerechtigkeit des Schicksals.

Sie fand ihr Los darum besonders erbitternd, weil die Welt – zumal jene Welt, die ihr am meisten bedeutete – ihre sehnliche Selbstdefinition, zur Hälfte ein Mann zu sein, nicht akzeptieren wollte. Aus diesem Grunde konnte sie auch Georg Brandes' schroffe Ablehnung ihres Romans *Fru Marianne*, ihres «Hymnus auf die Ehe», niemals verwinden. Kurz nach der Veröffentlichung des Buches erschien eine vernichtende anonyme Besprechung von Edvard Brandes, dem Bruder und, wie Victoria Benedictsson fürchtete, Sprachrohr von Georg Brandes. Lakonisch schrieb sie in ihr Tagebuch: «Verzweiflung.» Und ohne die geringste Outriertheit setzte sie nüchtern hinzu: «Todesurteil über mein Werk; vielleicht über mich.» Georg Brandes selber verhielt sich noch verletzender. Als sie ihm im Juli 1887 ein Exemplar des Buches zuschickte, wählte er in seinem Antwortbrief mit grausamem Bedacht genau jene Worte, von denen er wissen mußte, daß sie sie am tiefsten verwunden würden: «Es ist zu sehr ein Damenroman. Das unter uns.»[14]

Wir wissen, daß ihre Selbstmordtendenzen endemisch waren und im Laufe der Jahre immer wieder an die Oberfläche kamen. Und wie Byron zu Shelley nach dem Tode von Keats sagte: Man stirbt nicht an einer Rezension.[15] Aber diese verächtliche Zurückweisung durch den einen Mann, den sie in ihrem Leben geliebt hatte, mit Worten, die sie unwiderruflich in den Kreis der Frauen zurückstießen: das beraubte sie jeder Gegenwehr. Schuldgefühle und Wut über das, was sie war und das, was sie sein wollte, stiegen in ihr auf. Ihr langer Abschiedsbrief an Georg Brandes, den sie schrieb, bevor sie den letzten, erfolgreichen Versuch unternahm, ihrem Leben ein Ende zu machen, schließt mit Worten, die einmal mehr Liebe von Sinnlichkeit trennen: «Wie teuer Du mir gewesen bist!»[16]

Glücklicherweise nahmen nur wenige Liebesbeziehungen des 19. Jahrhunderts einen so tragischen Ausgang wie diese. Aus veröffentlichten Autobiographien wie aus vertraulichen Tagebüchern geht unwiderleglich hervor, daß es im bürgerlichen Jahrhundert in der Mittelschicht auch erfolgreiche Ehen gab, in denen die gemeinsam erlebte Sinnlichkeit ein unentbehrliches Ingrediens war. So tritt uns aus der bezaubernden, mehrbändigen Autobiographie von Molly Hughes eine junge Londoner Frau vom Jahrhundertende entgegen: zärtlich-leidenschaftlich, ein wenig zurückhaltend, aber besonnen und warmherzig, und glücklich und zufrieden an der Seite ihres Mannes Arthur.[17] Auch das Leben der Kingsleys – Charles und Fanny – war, zumindest einige Jahre lang, eine nicht endende Feier der sexuellen Erfüllung in den frommen Banden der Ehe.

Nathaniel und Sophia Hawthorne empfanden das Verheiratetsein als Freibrief für ungescheut gefühltes, wenngleich nicht ungescheut gezeigtes erotisches Vergnügen.[18] Und aus gelegentlichen Einträgen in ihrem Tagebuch sowie aus Absätzen in ihren Briefen zu schließen, genoß auch Elizabeth Cady Stanton, im 19. Jahrhundert Amerikas einflußreichste Feministin, zumindest anfangs ein äußerst befriedigendes Eheleben an der Seite Henry B. Stantons, des umjubelten abolitionistischen Redners.

Später kämpften sich die Stantons von Zeit zu Zeit durch ernsthafte Konflikte hindurch und gingen, da sie beide vielbeschäftigt waren, zum großen Teil ihrer eigenen Wege. Die Äußerungen Elizabeth Cady Stantons über eheliches Glück waren daher ebensosehr Ausdruck von Wünschen wie Erinnerung an Realitäten. Aber die Realitäten hatten ihre Spuren hinterlassen. Ein phrenologisches Gutachten von 1853 erklärte sie für «fähig, die eheliche Beziehung in hohem Maße zu genießen» – fähig und willens.[19] Das Paar bekam in rascher Folge sieben Kinder, und Elizabeth Cady Stanton, von Jugend auf organisierend und propagandistisch für die Sache des Feminismus tätig, führte ein Leben heiterer Häuslichkeit wie kompromißloser Parteinahme; sie verband Haushalt und Kindererziehung mit politischer Tat, ohne daß eines davon zu kurz gekommen wäre. Ihre eigentliche Mission war das Wahlrecht für Frauen, doch war ihr gerade in ihrer Rolle als feministische Reformerin auch die Ehe wichtig. 1853, bereits ein gutes Dutzend Jahre verheiratet, schreibt sie an ihre gute Freundin Susan B. Anthony: «Ich halte es für eine Sünde und einen Frevel an unseren heiligsten Gefühlen, wenn man so tut, als gründe sich die Ehe auf irgend etwas anderes als tiefe, glühende Liebe und Sympathie. Die richtige Vorstellung von der Ehe ist Grundlage aller unserer Reformen.» Sie forderte die rechtliche, politische, wirtschaftliche und sexuelle Gleichstellung von Mann und Frau und zitierte beifällig eine der letzten Verlautbarungen ihrer Freundin und Mitstreiterin Lucretia Mott: «In der wahren ehelichen Beziehung sind die Unabhängigkeit von Mann und Frau gleich groß, ihre Abhängigkeiten gemeinsam, ihre Pflichten auf Gegenseitigkeit beruhend.» Sie bemerkte dazu, dies sei gewiß «eine gute Definition der Ehe». Im folgenden Jahr notiert sie sich: «Was man als erstes für die Frauen erreichen muß, ist die völlige Umwertung des Dogmas, daß Sexualität ein Verbrechen, Ehe eine Befleckung und Mutterschaft ein Fluch ist.» Sie selber lebte offenbar nicht so, als ob Sexualität ein Verbrechen sei: «Ich bin niemals eine Männerhasserin gewesen», bekannte sie. Ende 1883 notiert sie, daß sie gerade *Leaves of Grass* lese. Sie bewundert Whitman ob seiner Offenherzigkeit, mißbilligt aber sein Bild des Weibes: «Walt Whitman scheint alles in der Natur zu verstehen, nur nicht die Frau. In ‹There is a Woman Waiting for Me› tut er so, als müsse die Frau zum Akt der Fortpflanzung regelrecht gezwungen werden – anscheinend in Unkenntnis der großen Naturtatsache, daß eine gesunde Frau ebensoviel Leidenschaft besitzt wie ein Mann und daß es nichts Stärkeres braucht als das Gesetz der Anziehung, um sie zum Manne zu treiben.»[20] Mit achtundsechzig sprach aus ihr die Erfahrung einer frühen, befriedigten Leidenschaft.

Für Männer konnte die Sexualität ebenso problematisch sein wie für Frauen – ein Ringen mit privaten Teufeln, bei dem man oft unterlag. In den Erinnerungen des englischen Möbeltischlers James Hopkinson – treuherzig, bieder, aber unsentimental, ein wenig unsicher in der Orthographie und rührend in seiner Lehrhaftigkeit – verdichten sich solche typischen Konflikte bei der Nacherzählung eines bemerkenswerten Traumes. «Ich habe in meinem Leben manch auffallenden Traum gehabt», hebt Hopkinson an, und in vielen davon schien er «die Fähigkeit des Fliegenkönnens zu besitzen». Sigmund Freud bemerkt in der *Traumdeutung*, daß solche Träume oft, wenn nicht immer, den symbolischen Wunsch nach sexueller Höchstkraft ausdrücken. So war es wahrscheinlich auch bei Hopkinson, dessen Gedanken in jungen Jahren viel um seine sexuellen Sehnsüchte kreisten. In der Tat ging es bei dem Traum, zu dessen Nacherzählung es ihn in seiner Autobiographie drängte und dessen Protagonist kein Geringerer als der Satan war, justament um diese Sehnsüchte. Dieser Traum, den Hopkinson hatte, als er zwanzig war, reicht bis in die Tiefen seiner gepeinigten und unerfüllten Sexualität hinab. Ihm träumte, daß er in Begleitung eines kleinen Hundes in einem Park von Nottingham spazierenging. «Ich war gerade an der tiefsten Stelle des Tales angelangt, und wer gab sich mir dort zu erkennen, als Seine *Satanische* Majestät, angetan mit allen Seinen Schrecken.» Im Traum wollte Hopkinson nicht weglaufen, um nicht als Angsthase dazustehen; so hielt er seine Augen «unverwandt auf ihn gerichtet. Er sagte, ich bin gekommen, deinem Treiben Einhalt zu tun. Ich dachte, er meint, weil ich in das Bethaus ging. Er sagte, ich werde mit dir kämpfen. Ich erwiderte, wohlan, mit dem größten Vergnügen.» Satan verabredete sich mit Hopkinson für den nächsten Tag um zwölf, dann «zog er sich langsam zurück, wobei er seinen riesigen Schweif nachzog, der wie ein ungeheurer, mit Schuppen bedeckter Lindwurm aussah.» Hopkinson überlegte nun – immer noch im Traum –, wie er diesem Widersacher trotzen solle. «Ich beschloß, in meine Werkstatt zu gehen und mir eine schwere Keule zu machen und sie mit langen, nach außen ragenden Nägeln zu spicken, daß es eine furchtbare Waffe werden sollte, mit der ich ihm gegenübertrat. Auch beschloß ich, meinen *Terrier* mitzunehmen, damit er ihn in den Schweif beißen sollte, während ich ihn von vorne anging.» Endlich war der Zeitpunkt für den Zweikampf gekommen, und Hopkinson fand sich Punkt zwölf an der verabredeten Stelle ein. «Nach einer kleinen Minute kam er und war schrecklicher anzusehen denn je, und seine Augen sahen so rot aus, als wären sie mit rotem Garn angenäht. Es fiel kein Wort zwischen uns, aber als ich gerade dem Hund befehlen wollte, sich über den Schweif herzumachen, verwandelte er sich unversehens in eine herrliche Frau mit kohlrabenschwarzen Augen.»

Mag Hopkinson auch kein Intellektueller gewesen sein, so zeigt er sich doch erstaunlich scharfsichtig bei der Besinnung auf die Tagesreste, die seinem Traum Nahrung gegeben haben mochten. «Darauf wachte ich auf», und nun verfällt er in die Redeweise der puritanischen Literatur, die er gerade las: «und siehe da, es war ein Traum.» Und selbstsicher fügt er hinzu: «Diesen Traum weiß ich zu erklären. Ich hatte über Christian im Pilgrims progres gelesen, wie er durch das Tal der Demütigung zog» – eine treffliche Lektüre für einen guten Baptisten und eifrigen Bethausgänger. Tatsächlich begegnet Christian, auf seiner «Gefährlichen Fahrt und Sicheren Ankunft im Ersehnten Lande», im Tal der Demütigung dem grausigen Scheusal Apollyon: Schmeichler, Versucher und Todfeind des christlichen Glaubens und angetan «mit Schuppen wie ein Fisch (und sie sind sein Stolz)», ganz ähnlich wie Satans «riesiger Schweif» in Hopkinsons Traum. Christian und Apollyon messen ihre Kräfte, zuerst in zornigem Wortwechsel, dann im tödlichen Zweikampf, so wie Satan sich mit dem träumenden Hopkinson schlagen wollte; das Schwert fliegt Christian aus der Hand, aber gerade, als Apollyon ihm den Rest geben will, bekommt der Pilger sein Schwert wieder zu fassen, verwundet Apollyon und schlägt ihn in die Flucht. Diese dramatische Begegnung, dieses alles entscheidende Ringen zwischen Gut und Böse, Reinheit und Sünde, war für Hopkinson überdeterminiert. Er sei seit langem ein Freund Bunyans, schreibt er, ebenso wie von «Miltons paradise lost», worin ihm besonders «die Schilderung von Adams erster Begegnung mit Eva» gefällt, aber auch «der Kampf zwischen den guten und bösen Engeln, und wie die bösen Engel zuletzt vom triumphierenden Sohn Gottes aus dem Himmel verstoßen werden.» Diese gewaltige Schlacht, die einen großen Teil von Buch I des *Paradise Lost* einnimmt, gibt in einem riesigen Gemälde das, was Christians Zweikampf mit Apollyon und Hopkinsons Ringen mit Satan im Miniaturbild geben: das Ausagieren des nie endenden inneren Konflikts im Menschen zwischen Gut und Böse, Hemmung und Trieb. Was «Adams erste Begegnung mit Eva» betrifft, so muß Hopkinson an den ersten Blick Satans auf die Erzeltern der Menschheit gedacht haben, glücklich und noch unschuldig,

Godlike erect, with native honour clad
In naked majesty.

Zumal Miltons Eva muß den erotischen Phantasien des jungen Mannes denkwürdigen Stoff geliefert haben:

She, as a veil down to the slender waist
Her unadorned golden tresses wore
Dishevelled, but in wanton ringlets waved
As the vine curls her tendrils, which implied
Subjection, but required with gentle sway,
And by her yielded, by him best received,
Yielded with coy submission, modest pride,
And sweet, reluctant, amorous delay.
Nor those mysterious parts were then concealed;
Then was not guilty shame,

– berauschende Worte für einen Lehrjungen, den es nach weltlicher Erfahrung gelüstete.

Falls noch ein Zweifel daran besteht, daß Hopkinson in seinem Traum seine eigene Sexualität, seine Bedürfnisse, Ängste und Verwirrungen durchspielte, so beseitigt ihn der unmittelbar folgende Eintrag in seinen episodenhaften Erinnerungen, der sich an die melodramatische Traumbegegnung anschließt wie eine Assoziation auf der Couch des Analytikers: «Einige Monate, bevor meine Lehrzeit um war, begann ich ernsthaft daran zu denken, daß es nun Zeit für mich sei, einen *Schatz* zu haben. Ich fühlte mich einsam, und in meinem Herzen war eine Leere, die ausgefüllt sein wollte.» Es sollten noch ein Dutzend Jahre vergehen, ehe er diese Leere dauerhaft ausfüllte; dazwischen lag so manche Episode mit der einen oder anderen «anmutigen jungen Dame». Danach wurde er allem Anschein nach ein glücklicher und zufriedener Ehemann.

Zumindest in seiner Jugend aber sah Hopkinson in der Sexualität ebensosehr eine Gefahr wie eine Verlockung. Der Traum dramatisiert lebhaft seine gemischten Gefühle, sein ergebnisloses Ringen mit dem Eros. Auf einer Ebene präsentiert der Traum eine ödipale Szene: David in der mannhaften Konfrontation mit Goliath: «Ich bin immer mannhaft, wenn ich träume», bemerkt Hopkinson sardonisch und verhüllt kaum den Wunsch nach staunenswerter Potenz. Der einsame Lehrjunge, nur von seinem Terrier begleitet und einzig mit seiner schweren Keule bewaffnet, steht bereit zum Kräftemessen mit dem turmhoch überlegenen Teufel und seinem riesigen, phallischen Schweif. Ein solcher Widersacher scheint schon furchtbar genug, doch Satan erweist sich als noch furchtbarer. Er verwandelt sich in eine schöne Frau mit schwarzen Augen. Unbewußt knüpft Hopkinson an eine lange Tradition an, die im 19.

Jahrhundert eine bemerkenswerte Renaissance erleben sollte: Der Teufel ist eine Frau; was nur eine andere Art ist, in der Frau den Teufel zu sehen. Und diese wunderbare Verwandlung Seiner schrecklichen Satanischen Majestät in ein reizendes weibliches Wesen legt eine komplizierte, aber nicht widersprüchliche Deutung nahe: eine gewisse Unsicherheit Hopkinsons in bezug auf seine Geschlechtsidentität oder doch auf seine maskuline Stärke; er hatte, wie wir wissen, selber einige abwertende Bemerkungen über seine Mannhaftigkeit zu machen. Hinter alledem mag sich die Erinnerung an eine Urszene verbergen, nach Traumesart nacherlebt und verzerrt: Der Kampf, den Hopkinson vor sich sieht, ist ein verwirrendes Handgemenge, bei dem Hopkinson mit seiner nagelgespickten Keule den Teufel von vorne angeht, während sein Terrier dem Satan in den Schweif beißt. Er erinnert, häßlich und brutal, an die Vergewaltigung, als die das Sichwinden der Leiber im Geschlechtsakt dem kleinen Kinde oft erscheint, das ihn hilflos aufgeregt und furchtsam belauscht. Kein Wunder, daß dieser Traum «einen tiefen Eindruck» auf Hopkinson machte, als er ihn zum erstenmal träumte, und daß er ihn nicht losließ, bis Hopkinson ihn sich ein halbes Jahrhundert später für seine Autobiographie ins Gedächtnis zurückrief.[21]

Es gab sogar Zeiten, in der die ehelichen Reizmittel von einer perversen Aufwendigkeit waren, wie man sie sonst eher aus pornographischen Romanen kennt. Im Mai 1904 sandte Godfrey Lowell Cabot, der Bostoner Patrizier und prominente Industrielle, seiner Frau Minnie eine sinnliche Beichte – und Aufforderung. Er befand sich auf einer Geschäftsreise in West Virginia und war anscheinend eben aus dem Schlaf erwacht – unerträglich erregt. Es war kurz nach 4 Uhr morgens. Auf Englisch schrieb er: «Ich habe einen Traum gehabt und kann vor Sehnsucht nach Dir nicht schlafen.» Dann fiel er ins Deutsche und erzählte den Traum: «Ich träumte dass du in meinen Mund hineingeharnt hast, viel, sehr viel und dass ich deinen Harn begierig hinuntergeschluckt.» Er fügte, noch immer auf Deutsch, hinzu: «Ich liebe dich so. Ach dass du hier warst»; dann, unvermittelt wieder zum Englischen übergehend, erzählte er, daß es draußen sehr warm sei und daß er dabei sei, seine Post zu erledigen.[22]

Dies scheint eine wiederholte Phantasie Godfrey Cabots gewesen zu sein. Ein Jahr später, erneut geschäftlich in West Virginia unterwegs, spielte er sie noch einmal durch: «Du weißt nicht», schreibt er an Minnie, «wie sehr ich mich nach Dir sehne. Ich war ganz wild vor Verlangen, als ich heute im Zug hierher kam.» Dann erzählt er ihr sein wildes Verlangen, und zwar wieder auf Deutsch: «Ich wollte dass deine Blase mit Harn bis zum platzen gefüllt würde und du könntest dich, um dein Leben zu retten, nur auf der Weise erledigen dass du in meinen Mund hinein harnen solltest bis du dich gänzlich entleert und ich mit deinem Harne ganz zum Platzen gefüllt wurde.» Weiter auf Deutsch schreibend, kam er auf eine andere, noch ausgefallenere Phantasie zu sprechen: «Oder wenn du eine grosse Riesin wärest, die sehr verhungert war und sehr danach sehnte einen Menschen zu fressen wie gerne wäre ich das Opfer, wenn du mich nur lebendig verschlingen solltest, wenn du durch deine geliebten Lippen über deine schleimige Zunge erstens meine Füsse zunächst meine Beine meine Hüften meinen ganzen Leib meinen Kopf nacheinander dahin ziehen solltest durch deine schöne Kehle in deinen lieben Bauch wo ich deinen Herzensschlag und Atmen so lieblich und ruhig vernehmen konnte als ich in Wonne entschlafte und ich in dich durch Verdauung nach und nach dahinverschwand.» Etwas unwohl scheint Cabot bei diesen phantasierenden Gelüsten doch gewesen zu sein, aber nicht so sehr, daß er seine Feder gezügelt hätte: «Am besten vernichtest Du diesen dummen Brief», schreibt er seiner Frau, nun wieder auf Englisch; «oder wenn Du ihn auch mit Hilfe eines deutschen Wörterbuchs nicht verstehst, werde ich ihn Dir übersetzen, wenn ich zurückkomme.» Und Cabot, seit fast fünfzehn Jahren verheiratet, unterschrieb mit den Worten: «Your lover.»[23]

Da wir keine Assoziationen Cabots zu diesen opulenten Phantasien besitzen, ist es gewagt, Deutungen zu versuchen. Cabot hatte sehr an seiner Mutter gehangen, die nach Kräften dafür gesorgt hatte, daß die Welt seiner Jugend so «gesund» und «sauber» blieb wie nur möglich; trotz aller Liebesabenteuer des jungen Studenten behauptete er, noch keinen Geschlechtsverkehr gehabt zu haben, als er mit neunundzwanzig in den Stand der Ehe trat. Zuvor hatte er, gepeinigt von Selbstzweifeln und in rascher Folge, drei jungen Damen einen Heiratsantrag gemacht, wie um sich selber zu bestätigen, daß er Manns genug sei, sich in der rauhen Welt von Wirtschaft und Industrie zu behaupten, in der er sich nun mit untrüglichem Blick für günstige Gelegenheiten zu bewegen begann. Und später stellte er sich jenen, die ihn gut kannten, als prüder Geselle und Tugendapostel dar; er spuckte Gift und Galle dagegen, daß Ehepaare einander nackt sahen. «Was er praktizierte», meinte sein Schwiegersohn, «war gesetzlich sanktionierte Vergewaltigung.»[24] Was er im Geiste praktizierte, war noch skandalöser, wenn auch weit weniger augenfällig.

Die beiden Phantasien Cabots stehen in Entsprechung zueinander. In der ersten nimmt er eine Substanz seiner Frau in sich auf; in der zweiten nimmt sie ihn mit Haut und Haaren in sich auf. Beide Phantasien stehen wohl für regressive Wünsche, die zweite allerdings viel drastischer als die erste. Cabot sucht Nahrung, wobei er wie ein kleines Kind über deren Beschaffenheit und Herkunft phantasiert. Er sehnt sich danach, in den Schoß der Mutter zurückzukehren, wobei er den natürlichen Ablauf der Dinge umkehrt, ja sogar durch den Kopf in sie eindringt, wie wenn auf der Leinwand seiner Seele der Film seiner Geburt rückwärts abgespielt würde; und endlich genießt er in seiner Phantasie das stille Dasein als Fötus in seiner Mutter, bevor er sich in ihr auflöst in den Zustand, in dem er vor der Empfängnis war. Die beiden Phantasien hängen aber noch in anderer Weise miteinander zusammen. Urinale und urethrale Phantasiebilder, wie Cabot sie hatte, sind häufig ein Symbol des sexuellen Verlangens, und die Vorstellung, mit Haut und Haaren verschlungen zu werden, ist verwandt mit jenen Träumen vom Geschlechtsakt, in denen der Körper als Ganzer die Stelle des Penis vertritt und der weibliche Mund die der Vagina.

Diese psychoanalytischen Spekulationen mögen plausibel sein, obwohl sie mehr Licht auf die speziellen Bedürfnisse Godfrey Cabots werfen als auf die Konturen bürgerlicher Sexualität. Daß er sich aber nicht scheute, seine Phantasien zu Papier zu bringen und an seine Frau zu schicken, läßt weiterreichende Schlüsse zu. Minnie Cabot war eine wohlanständige, ehrbare Neu-England-Matrone; sie war ein unverbesserlicher Snob, lamentierte ständig über all und jedes und war ängstlich auf Geld, Ansehen und gesellschaftlichen Rang bedacht. Die Aussicht ist geradezu unwahrscheinlich, aber, wie Godfrey Cabots Brief verrät, keineswegs undenkbar: Minnie Cabot, dieser Ausbund an bürgerlicher Tugendhaftigkeit, mühselig mit dem Entziffern der Sexualphantasien ihres Mannes beschäftigt oder, noch besser: ihr Mann, dieser untadelige Bostoner Bürger aus alteingesessener Familie, der sie seiner Frau vorübersetzt. Daß Godfrey Cabot ein eifriges und aktives Mitglied in der Bostoner Sittenwächtergesellschaft «Watch and Ward» war, macht die Vorstellung einer solchen Lektüre nur noch erschreckender. Seine Tätigkeit für diese Gesellschaft gab Cabot so manche beneidenswerte Gelegenheit, obszöne Bücher zu lesen und obszöne Photographien zu betrachten.

Generell, so darf man wohl sagen, war das bürgerliche Eheglück weniger infantil und zugleich weniger inkonsistent als bei Godfrey und Minnie Cabot. Wie die Briefe und Gelegenheitsschriften von Joseph und Laura Lyman bezeugen, konnte jenes Glück mitunter von einer beziehungsreichen, spielerischen Freiheit sein, die bewies, daß Gewöhnung nicht Überdruß erzeugen mußte und daß Wiederholung der Lust förderlich sein konnte – selbst unter Bürgern. Joseph Lyman hatte an der Yale University studiert (Klasse von 1850), war Anwalt und Journalist gewesen und wirkte Ende der 1860er Jahre, nachdem er sich einige Jahre lang mehr schlecht als recht durchgeschlagen hatte, als angesehener Herausgeber und Autor auf dem Gebiet der Agronomie. Als junger Mann war er mit Emily Dickinson befreundet gewesen und hatte deren Schwester Lavinia umworben. 1858 heiratete er Laura Baker, eine junge Dame, deren literarische Ambitionen den seinen kaum nachstanden und die ebenso gläubig und begeistert wie er der Phrenologie anhing. Während der Mann sich von einem Phrenologen ein Profil seines Charakters, einschließlich seines Geschlechtslebens, anfertigen ließ, war die Frau für die phrenologische Presse schriftstellerisch tätig: Im Oktober 1865 redete Joseph Lyman in einem Brief aus New York seine Frau in dem zwischen beiden herrschenden launigen Ton folgendermaßen an: «MEINE LIEBE BEITRÄGERIN zum ‹American Phrenological Journal›, bekannt unter dem unsterblichen Zeichen ‹L. E. L.›»[25] Offensichtlich betrachteten die beiden einander als Partner, beim Schreiben ebenso wie im Bett: «Ich wünschte, ich könnte irgend etwas auftreiben, was uns eine Woche gemeinsamer Arbeit erlauben würde», schrieb er ihr zwei Wochen später. «Die geistige Partnerschaft zwischen uns ist ebenso reizvoll u. vielleicht auch ebenso fruchtbringend wie die körperliche.»[26]

Mit Beginn des Jahres 1864 wurde diese Partnerschaft, die geistige wie die körperliche, zeitweilig unterbrochen, als Joseph Lyman auf der Suche nach einer festen Stelle nach New York ging, während seine Frau mit den Kindern in Easthampton (Mass.) zurückblieb. Er betätigte sich als Lohnschreiber und veröffentlichte gelegentlich Leitartikel in der *New York Times*; im übrigen besuchte er, so oft er konnte, am Wochenende seine Familie. Er vermißte seine Frau sehr, und zwar nicht nur ihren Geist. «Ich wünschte, man könnte Dich aufheben, so wie Du bist (ich bestehe auf der Auffahrt im Fleisch!)», schrieb er ihr am 14. Februar 1865, «und Dich für einen Tag und eine Nacht hier bei mir absetzen...» Seine Pläne waren grandios und klingen in der ungehemmten Intimität des Briefwechsels mit seiner Frau ziemlich bewußt verrückt, wie die Prahlerei des kleinen Jungen, der seine vergötterte Mutter mit unerhörten Taten für sich gewinnen will: «Hast du nicht 7 Jahr' mit einem Anwalt geschlafen, und wenn Du eine Frau *bist*, dann eine solche, wie sie Lord Brutus zum Weibe nahm – so *vermuttert* und vergatte(r)t, Du ahnst es nicht. Höre mich, Portia! Ich hecke einen gar erschröcklichen Plan: Ich will Ben Butler [General im Bürgerkrieg auf seiten der Union] u. Abe Lincoln ermorden u. ihre Köpfe in einem Sack nach Richmond tragen u. mich von Davis [Präsident der Konföderation] zum Agenten der Confödierierten ernennen lassen, um in ihrem Auftrag nach Europa zu reisen u. den immerwährenden Weltfrieden auszuhandeln! Ich selbst werde Ministerpräsident des Königreichs Mexico. Und Du sollst eine Bettstatt aus Silber bekommen!»[27] Wenn er von seiner Frau getrennt war, ließ Joseph Lyman seiner üppig blühenden Phantasie die Zügel schießen.

Die frustrierende Situation, die das Paar getrennt hielt, war für beide äußerst lästig: «Ich erwarte unaussprechliche Wonne in Deiner Umarmung», schrieb Joseph Lyman am 11. März 1865 an seine Laura. Vorderhand war freilich Erwartung das einzige, was er hatte. Zwei Tage später hatte er sich noch weiter in Fahrt geschrieben und wünschte, er könne «überall an mir die liebkosenden Hände spüren u. von der wollüstigen Berührung gestillt werden! Aber bald wird es soweit sein, und wir werden alles haben – ohne Maßen!» Nicht bald genug, scheint es: »Ich liebe Dich so se-hr [ver-y], Du meine liebe Frau», sagte er ihr zehn Tage später. «Wie hold würdest Du Deine weißen Arme um mich schlingen und mich in einen Schlummer wiegen, so süß wie Narzissen, Deinen geschmeidigen Leib an mich geschmiegt! Wie durch die Träume der Sommerwind ginge!» Laura Lyman ihrerseits blieb ihm nichts schuldig. «Ach, wie ich Dich liebe», schrieb sie ihm im selben Monat, unter glücklicher Verknüpfung des Sexuellen mit dem Religiösen: «Wie ich mich sehne, Dich zu sehen – wie ich mich sehne, ‹die ganze Nacht in der Schulterhöhle meines Gatten zu liegen› wie es Dr. Breen so trefflich in seinen Sonntagspredigten auszudrücken pflegte. Wie ich mich danach sehne, meinen Geist sich an Deinen schmiegen zu fühlen» – und nicht nur, wenn ich meine Formulierung wiederholen darf, seinen Geist. Wenig später wurde sie noch deutlicher, geradezu weltlich: «Nächsten Samstag werde ich Deine Schatztruhen plündern, das kann ich Dir versichern!»[28] Die Lymans waren bereits sieben Jahre verheiratet, als sie solche Empfindungen austauschten; sie hatten zermürbende Geldsorgen erlebt, den Verlust einer Tochter betrauert, mit großem Ernst die korrekte Pädagogik zur Erziehung ihrer beiden kleinen Söhne erarbeitet. Trotz aller Litaneien über Alltagsärger und kleine Triumphe, des Durchhechelns von Mitmenschen und des Schmiedens ehrgeiziger Zukunftspläne nahmen sexuelle Freuden einen Hauptplatz in ihren Gedanken ein und fanden ungeschminkten Ausdruck in ihren Briefen.

Die quälende, erzwungene Trennung voneinander erzeugte sogar eine Atmosphäre des aufreizend Verführerischen, wie sie eher jungen, romantischen Liebesleuten angestanden hätte als einem glücklich verheirateten bürgerlichen Paar. Es ist auch nicht immer leicht, die wahren Gefühle der Lymans festzustellen. Joseph Lyman schrieb unermüdlich: eine philosophische Abhandlung über die Schönheit (der sich als Vorwand für ein sorgfältiges Studium des weiblichen Körpers entpuppte), Essays über Gesundheit und Glück, über Landwirtschaft, Politik und Geschichte; die meisten dieser Arbeiten blieben ungedruckt, manche sind erschienen.

Laura Lyman versuchte sich an schwülstigen Beschwörungen ihres bukolischen Honigmondes und an Arbeiten über Haushaltsführung.[29] Die Prosa des Paares zeichnet sich aus durch gewisse, beiden gemeinsame Manierismen – die Dehnung in «ver-y» und anderen, besonders betonten Wörtern ist nur ein Beispiel hierfür –, durch dichterische Aufschwünge, Anspielungen an die Klassiker, erhabene Gedanken und eine getragene, mitunter schwerfällige Diktion. Doch bleibt ihre Partnerschaft in der Sinnlichkeit, das gemeinsame Vergnügen an den körperlichen Aspekten der Erotik unverkennbar; sie überlebte ihren Stil. Sie liebten es, nackt im Meer zu schwimmen, und es gibt keine Anhaltspunkte dafür, daß Laura Lyman mehr Hemmungen in bezug auf ihre Nackheit gehabt hätte als er in bezug auf seine. Und als Joseph Lyman 1863 das kompilierte, was er eine «Historia Erotica» nannte: eine lockere, zwanglose Sammlung von vermischten Beobachtungen über Sexualität auf Griechisch und Lateinisch, wies er eigens darauf hin, daß er dieses Wagnis mit Gewagtem allein für die Augen seiner Frau Laura unternommen habe: «Oculis Laurae Solae Scripta.» Und die Initiative zur Verführung lag keineswegs allein bei Joseph Lyman. Am 11. März 1865, «Samstagabend, halb 11», offerierte Laura Lyman gleichsam sich selber als Stoff für die Phantasien ihres Mannes: «Ich habe soeben ein warmes Bad genommen, hier vor dem Feuer, und bin jetzt wie eine Rose, so lieb und hold und rein!» Und schamlos aufreizend fuhr sie fort: «Wünschst Du Dir nicht, Du wärest hier? oder ich könnte durch irgendeinen wunderbaren morgenländischen Hokuspokus den Ring auf den Tisch legen und *bei Dir* aufwachen, in Deinen Armen, während Deine beiden Zimmergefährten abwesend oder in einen tiefen Zauberschlaf versunken wären? Wieviel würdest Du darum geben? Ach nein, solche Wonnen sind nicht um Geld oder Gold zu haben!» Es wird ihrem bedauernswerten Gemahl nicht entgangen sein, daß solche Wonnen sehr wohl um Geld oder Gold zu haben waren; war es doch gerade der beklagenswerte Mangel an beidem, was das Paar getrennt hielt. Er antwortete zehn Tage später mit einer niedergeschlagenen kleinen Ansprache an sie: «Du *willst* ja über Deine Bäder reden, und wie hinreißend u. entzückend Du Dich an Deinen Samstagabenden herrichtest, und über den Himmel, der *jetzt* nicht mein ist.» Ohne die geringste Spur von Reue, nur indem sie ihr verführerisches Phantasiebild aus verlockender Reinheit in verlockende Unreinheit überführte, konterte sie witzig: «Ich habe mich *nicht* gebadet», schreibt sie am 24. März, «die Laken sind nicht frisch – meine Unterwäsche ist nicht sauber – Du sollst nicht länger Qualen leiden – aber heute ist ja auch nicht Samstag – und morgen abend werde ich kein einziges Wort an Dich schreiben – und am Sonntag auch nicht, bis alle Frische dahin ist u. mit ihr der ganze

Liebreiz.« Nicht wenig stolz auf ihre unschuldige, intime Neckerei, schließt sie liebevoll: «*Na,* wie gefällt Dir das, mein Kätzchen!? Lebe wohl – ich liebe dich immer mehr u. mehr u. mehr.»[30] So fuhren sie wohl fort, einander zu lieben, immer mehr und mehr und mehr, kamen zu mehr Geld und zu mehr Kindern, bis er 1872 unverhofft an den Blattern starb. Er war gerade zweiundvierzig.

Ein ganz anderes glückliches Paar, in der Ehe und auch schon davor, waren Lester Ward und Lizzie Vought. Ward registrierte die Fortschritte ihres intimen Umgangs in einem Tagebuch, das er von 1860 bis 1870 führte, und zwar auf Französisch – um sich in der Sprache zu üben, wie er behauptete, aber doch wohl auch, um Raum für seine Tagträume und das Erlebnis des Umwerbens der jungen Dame zu haben, die er konstant als «das Mädchen» bezeichnet. Es ist ein aufschlußreiches Tagebuch, weil Ward – damals ein mittelloser Jüngling, der sich mit zähem Fleiß zu einem der angesehensten Soziologen Amerikas heranbildete – mit beneidenswerter innerer Freiheit schrieb und dabei von einem Thema zum anderen sprang, ganz unbefangen ob etwaiger verräterischer Assoziationen.

Im Sommer 1860 lernte Ward *la fille* kennen und lieben, beschränkte sich aber anfangs darauf, ihre Hand zu halten und ihr Gesicht mit Küssen zu bedecken.[31] Anfang Oktober war seine «Seele» «voll von Träumen» über die Zukunft, über Liebe und Ehe. «Ich kann nicht glauben», schrieb er, «daß ich jemals wirklich glücklich sein werde, wenn ich nicht das Mädchen heirate, meine erste Erwählte und einziger Gegenstand meiner Zuneigung.» Er malte sich «das Glück einer Verbindung mit ihr aus, und die süßen Empfindungen meines Gemüts sind nicht zu beschreiben.» Er war sich sicher, daß sie ihn liebe und daß sie vieles gemeinsam hätten. «Bei ihrer zärtlichen und liebevollen Art kann ich der glücklichste der Sterblichen sein. O ja! Von ihren Liebesarmen umfangen zu werden ist wie das Eintreten durch die Pforte des Himmels.» Er schalt sich dafür, daß er solchen Phantasien nachgab, hörte aber nicht auf, sie zu kultivieren und das Unbeschreibliche zu beschreiben: Ende Oktober notierte er, daß sie gestanden habe, ihn auch zu lieben, und daß sie ihn auf den Mund geküßt und ihm zärtliche Namen gegeben habe. Eines Abends, als sie vertraulich nebeneinander auf einer Bank saßen, öffnete er sein Hemd und legte ihre Hände auf seine nackte Brust; sie ließ es geschehen, war aber ein wenig scheu und fragte sich, ob es auch recht war, was sie tat. «Ich bin ganz von Sinnen vor Liebe», kommentierte er, doch die Gelegenheit blieb hinter seinen Wünschen zurück: «Wenn nur deine Schwester nicht da wäre!»[32]

Zum Glück war Lizzie Voughts Schwester nicht immer im Wege,

dennoch ließ die Erfüllung noch geraume Zeit auf sich warten. Ende November gab Ward seinem Verlangen und seiner Frustration rührenden, wenngleich unbewußten Ausdruck. Er hatte, wie er sich notierte, soeben «einen Brief, oder besser gesagt: ein Blatt an das Mädchen beendet», und fuhr fort: «Letzte Nacht hatte ich einen entsetzlichen Traum über sie. Mir träumte, sie habe einen Mann namens McCarty geheiratet und mir einen Brief geschrieben. Welche Gefühle des Entsetzens und der Verzweiflung löste er in mir aus!» Er zögerte nicht, diese Reaktion als günstiges Zeichen zu deuten: «Das gibt mir die Gewißheit, daß ich sie wirklich liebe. Ach, wenn sie stürbe, so wollte ich auch sterben! Ihre reizende kleine Gestalt ist mir gegenwärtig sehr teuer.» Dann sprang er, was er nach Art der Tagebuchschreiber seines Jahrhunderts häufig tat, abrupt zu gleichgültigen Einzelheiten über das Wetter: «Vergangene Nacht hat es geschneit, und heute morgen ist es sehr kalt. Das Barometer steht fast unverändert bei 29.» Doch die Liebe zu dem Mädchen und ihre reizende kleine Gestalt spukten weiter in seinem Kopf herum, und er kam noch einmal auf sie zurück, wenn auch in symbolischer Form: «Eben wollte ich meine Stahlfeder mit Gewalt in das Federetui schieben, aber sie verhakte sich, und ich zerbrach den Federhalter, als ich sie herausziehen wollte.» Die Stahlfeder war offensichtlich nicht das einzige spitz zulaufende Objekt, das Ward in Bewegung setzen, das Federetui nicht das einzige Behältnis, das er durchbohren wollte...

Aber er mußte sich gedulden. Im Laufe des Winters sah Ward das «Mädchen» häufig, und Anfang 1861 tastete sich das Paar zu neuen Stufen der körperlichen Intimität vor: «Das Mädchen und ich haben eine reizende Zeit gehabt. Ich küßte sie auf ihre reizenden Brüste und nahm mir gar zu viele Freiheiten mit ihrer reizenden Person heraus, und wir werden damit aufhören. Es ist», fügte er hinzu, «eine ganz hinreißende Praktik, die uns sehr süße, zärtliche und familiäre Gefühle verschafft und uns infolgedessen glücklich macht.» Aber so glücklich sie auch waren, er fürchtete doch, sie könnten möglicherweise zu weit gehen und gegen die «Tugendgesetze» sündigen. Ihre guten Vorsätze hielten eine ganze Weile, und erst am 25. Oktober 1861 – mehr als ein Jahr, nachdem Ward erkannt hatte, daß er das Mädchen liebe – konnte er seinem Tagebuch berichten: «Am letzten Dienstag war ich genötigt, meine Einträge ziemlich brüsk zu unterbrechen; so muß ich die Geschichte nun dort aufnehmen, wo ich sie liegen ließ. Als ich in das Haus des Liebreizes kam, empfing sie mich in ihren Armen der Zärtlichkeit und preßte mich gegen ihre Art von Honig, und unsere Lippen fanden sich, und unsere Seelen betraten gemeinsam das Paradies.« Es war der Augenblick, dem sie sich seit über einem halben Jahr millimeterweise genähert hatten. «Ihre Mutter war krank, aber ihre Schwester war fortgegangen, und so war alles gut. An diesem Abend und in dieser Nacht erlebten wir die Freuden der Liebe und kosteten jene Glückseligkeit, die allein dem ehelichen Leben gehört. Am Sonntag verweilte ich den ganzen Tag in den wohligen Gefilden der Glückseligkeit. Zwischendurch schrieb ich einen Brief an meine Mutter, den ich noch nicht aufgegeben habe. Gegen acht Uhr löste ich mich gewaltsam von ihrem Honigbusen und ihren Wonnelippen.»[34] Just in dem Augenblick, da er an sein erotisches Ziel gelangt war – ihrer *beider* Ziel, muß man wohl sagen –, entdeckte Ward, nach dem ominösen Intermezzo des Briefes zu urteilen, wie knabenhafte, einst unterdrückte Wünsche in ihm aufstiegen und ihn plagten. Wenn Lester Ward in diesem höchsten Augenblick der sexuellen Erfüllung, den er so glühend ersehnt und so geduldig geplant hatte, an seine Mutter dachte und sich einer noch uneingelösten Sohnespflicht entsann, so bedeutete das, daß untergründig noch hartnäckige ödipale Sehnsüchte in ihm fortwirkten. Es war das männliche Gegenstück zu Mabel Todd, die scheinbar ganz in ihrer sinnlich erfüllten Ehe aufging und doch ihr Leben lang mit den Gefühlen für den Vater und für das Vatersurrogat Austin Dickinson zu kämpfen hatte. Wir werden sie niemals ganz los, unsere alten Lieben aus Kindertagen.

Aber die reine Beschränkung auf das Sinnliche war Lester Ward nicht gegeben, wie sie überhaupt wenigen gegeben ist. Im August 1862 meldete er sich freiwillig als Soldat im Bürgerkrieg und hielt dieses sowie ein anderes wichtiges Ereignis in seinem Tagebuch fest: «Jeder, der kann, zieht in den Krieg, und alles ist in großer Erregung. Aber es fehlt noch ein anderes Ereignis als krönender Abschluß; und gestern war der große Tag. Mittwoch, 13. August 1862. Ich mußte meine Eheschließung eintragen lassen! Wie? Ich verheiratet? Nun, in der Tat. Die Traute meines Herzens, die ich so lange, so beständig und so inbrünstig geliebt habe: sie ist mein. Wir halten es noch geheim, aber die Leute vermuten etwas, ohne es noch zu wissen. Wie reizend ist es, mit ihr zu schlafen! Bezahlt habe ich 3,– Dollar Gebühr.»[35] Das Leben – Krieg und Liebe in sich schließend – war in diesem Augenblick sehr erregend, und Ward erkannte das. Aber bei aller Seligkeit erkannte er auch, daß alles seinen Tribut forderte, selbst die Erregung.

Der Preis für die Eheschließung erwies sich als nicht zu hoch. Das eheliche Leben entsprach ganz den hochgespannten Erwartungen der Wards; sein Tagebuch wimmelt von atemlosen Ausrufen über seinen «Liebling Lizzie» oder seine «reizende Frau», die, wie er summarisch sagt, «vollkommen» ist. Sie lernten und spielten mitsammen – ein Paar, das miteinander auskam. Mit diesem Engel von Ehefrau fand er die Fesseln der Ehe entzückend, und es waren physische Fesseln, die er in ihren Armen und an ihrer Brust empfand. Am 4. März 1866 notierte er glücklich, daß an diesem Tag der Geburtstag seiner Frau sei – und der seiner Mutter. Er verweilte jedoch nicht bei diesem Zusammentreffen, sondern zog es vor, sich statt dessen die Freuden seiner Ehe ins Gedächtnis zu rufen. Fern von seiner Frau zu sein war eine Qual: «Wie ich sie liebe!» schrieb er im Sommer 1867, während seine Lizzie verreist war, um einen Besuch zu machen. Sie waren jetzt fünf Jahre verheiratet. «Wie soll ich noch eine Woche warten?» Es war jene Frage, die sich David Todd und Joseph Lyman und Tausende anderer bürgerlicher Ehemänner in der ganzen westlichen Welt unter ähnlichen Umständen vorlegten.[36] Als Lizzie Ward 1872 starb, war Lester Ward vereinsamt – zwar nicht vereinsamt genug, um ledig zu bleiben; aber trotz aller krampfhaften Bemühungen seiner zweiten Frau, die seligen Erinnerungen an seine erste Ehe auszulöschen, verließen ihn nie die Gedanken an Lizzie und an die gemeinsamen Jahre an ihrer Seite. Die beiden hatten schließlich als erste das sexuelle Paradies betreten und erkundet – zusammen.

Wards Erinnerungen haben in seinen soziologischen Schriften ihren Niederschlag gefunden. In seiner Vorstellung vom Platz des Menschen in der Gesellschaft spielt das Begehren eine zentrale Rolle. Begehren ist es, was den Menschen zur Tat treibt, und jedes Begehren ist an und für sich gut. «Alle Begierden sind vor der Natur gleich», schreibt er in seiner Erörterung der Schamhaftigkeit, «gleichermaßen ehrbar. Alle bekunden sich mit demselben Freimut, derselben Unverhohlenheit, derselben Mißachtung des schönen Scheins. Die Natur kennt keine Scham. Sie heuchelt keine Sittsamkeit.» Und er schloß ausdrücklich das sexuelle Begehren in seine ausgreifende These ein: «Die Akte, die zur *Perpetuierung* einer Art notwendig sind, besitzen keine besondere Qualität, die sie vor den für den *Unterhalt* der Art notwendigen Akten auszeichnen würde.» Solange die Befriedigung der eigenen Begierden nicht diejenige anderer beeinträchtigt, ist sie zulässig. Je weniger Sittsamkeit und falsche Scham herrschen, desto angenehmer werden sich solche natürlichen Betätigungen wie der Geschlechtsverkehr gestalten. Wie so vieles, was irregeleitete Menschen für natürlich und unveränderlich halten, ist Schamhaftigkeit ein rein sozialer, ein konventioneller Erwerb: eine «erstaunliche Empfindung», eine «Ansammlung von Absurditäten und Irrationalitäten».

Das war ein von persönlicher Erfahrung durchdrungener und gefärbter philosophischer Utilitarismus, der Lust mit Glück gleichsetzte und zugleich die Lust gegen den Vorwurf der Unsittlichkeit in Schutz nahm. So war Ward, implizit wie explizit, in sexuellen Dingen ein Egalitarist, in dem sich noch einmal die Seligkeit spiegelte, die er gemeinsam mit seiner Lizzie genossen hatte. In einer faszinierend originellen Erklärung der weiblichen Sexualität vertrat er die These, sie sei eine «Anomalie»; bei anderen Tierarten ist das Weibchen passiv, ihre Liebesbereitschaft periodisch. Die Spezies Mensch hingegen besitzt sowohl Phantasie als auch Verstand, und so wird die Anomalie des weiblichen Geschlechtsverlangens beim Menschen etwas Normales. Gewiß, die Frauen gefallen sich darin, den Mann zu fliehen; sie sind schüchtern und scheu, wo der Mann aggressiv ist. Aber das ist eine rein gesellschaftliche, lang ererbte Konvention. Es ist bloße Schamhaftigkeit. «Solange die Funktionen des Körpers nicht in harmonischer Wirksamkeit sind, kann nichts, was den Namen Glück verdiente, existieren», schrieb Ward 1893 in seinem Buch *The Psychic Factors of Civilization*. Gewiß, aus entwicklungsgeschichtlichen Gründen ist die Frau das Gefäß der Intuition. Daraus folgt aber nicht, und schon gar nicht für Ward, daß ihr Verstand schwächer wäre als der des Mannes oder daß die beiden Geschlechter in irgendeiner Hinsicht ungleich wären, am wenigsten in ihrem Bedürfnis nach sinnlicher Befriedigung und ihrem Anrecht darauf.[37] Wards «Philosophie des Begehrens» war ein durchdachter Beitrag über Freuden und Leiden, über die Suche nach Befriedigung und die Wiedergewinnung des Gleichgewichts nach erlangter Erfüllung. Im Innersten aber war seine Soziologie eine Feier: die ergreifende, strahlende Schilderung des Paradieses, das Lester Ward mit seiner Frau geteilt hatte.

Andere Briefwechsel zwischen Ehepaaren kommen nur sporadisch ans Licht. Es sind ärgerlich wenige, aber auch in ihrer Unvollständigkeit legen sie beredtes Zeugnis ab für ein beachtliches Maß an erotischer Befriedigung beider Partner – auch in den ehrbarsten Kreisen. Der bekannte amerikanische Nationalökonom Henry Varnum Poor, der auch viel über Eisenbahndinge schrieb, berichtete seiner Frau im Juni 1842, nachdem sie neun Monate verheiratet waren, anläßlich ihrer «ersten Trennung von nennenswerter zeitlicher Länge seit unserer Heirat», daß er nachts nicht einschlafen könne, ja daß er es kaum aushalte, «*ganz allein* ins Bett zu gehen». Seine Frau teilte dieses Gefühl und beklagte es jedesmal aufs neue, wenn sie getrennt wurden; noch fast zwanzig Jahre später schrieb sie ihrem Mann einen leidenschaftlichen Brief, der Sorge, Einsamkeit und das unverkennbare Verlangen nach körperlicher Nähe verriet: «Henry, Lieber, *warum* bist Du gestern nicht nach Hause gekommen? Ich versuche, keine Angst zu haben. Wenn Du krank bist, kann ich in kürzester Zeit bei Dir sein. Den Kindern geht es allen gut», versicherte sie ihm und fügte hinzu: «Wenn es sein muß, kann ich sie *ohne weiteres* allein lassen.» Vor die Wahl zwischen Ehemann und Kinder gestellt, entschied sich Mrs. Poor leidenschaftlich und ohne zu zögern für ihren Mann.

Forscher, die sich mit der bürgerlichen Kultur des 19. Jahrhunderts befassen, sind oft geneigt, den überschwenglichen Wortschwall von intimen Briefwechseln als leeres Gerede, als Musterbeispiel einer unverhohlenen und bedeutungslosen Sentimentalität abzutun. In Wirklichkeit brachten die blumigen Worte oft nicht mehr, sondern weniger als das eigentlich Gemeinte zum Ausdruck. Sie waren Zeichen starker Emotionen, Hinweise auf ungehemmte Phantasien. Der hervorragende deutsche Botaniker, Karl Heinrich Emil Koch, den seine Forschungsreisen bis in den Kaukasus und das südliche Rußland führten, lebte seine sinnlichen Phantasien in langen Briefen an seine Verlobte aus. «Theure Geliebte!» schreibt er am 22. April 1838 aus St. Petersburg, auf dem Heimweg nach Deutschland: «Wenn diese Zeilen bei dir sind, dann laß deine Sehnsucht frei und übergieb dich ganz der süßen Hoffnung, mich bald in deine liebenden Arme zu schließen.» «So geht dann die schwere Prüfungszeit dem glücklichen Ziele nah und die Morgensonne unseres freundlichen Zusammenlebens erglüht im feurigen Osten unserer Vereinigung.» Er spricht von seiner «nagenden Sehnsucht» nach ihr: «Hin zu dir gehen alle meine Seufzer...» In wenigen Wochen «hoffe ich bei dir zu seyn und dich an das hochklopfende Herz zu drücken.» Das alles sind zwar reichlich abgegriffene, aber doch präzise poetische Beschwörungen seiner ungestillten emotionalen und erotischen Gelüste. Sieben Jahre später, mittlerweile mit seiner Therese verheiratet, brach er erneut zu einer botanischen Expedition auf und erinnerte sein «Theuerstes», sein «Alles», daß es vor sieben Jahren «doch ein ganz anderer Abschied» gewesen sei; damals hätten sie sich «sehr innig» geliebt, «aber das jetzige Gefühl von Liebe ist wohl unaussprechlich und gränzenlos»; «es hat das Ernsteste und Tiefste Leben».[39] Oft wurde Liebe durch die Erfüllung des Verlangens nicht gemindert, sondern verstärkt.

Das Bürgertum ist reich an derartigen Passionen, und sie durchziehen das Leben der Liebenden von der Adoleszenz bis zum reiferen Alter. Wenn Beruf oder Familienangelegenheiten die Partner trennten, eilten Frauen zu ihren Männern und Männer zu ihren Frauen; Kinder kommen in vielen dieser bürgerlichen Briefwechsel, wie auch in bürgerlichen Tagebüchern, vornehmlich als interessante, vergnügliche, oft auch geliebte Fußnote vor; sie sind Quelle lustiger Anekdoten und Gegenstand ernsthafter Ermahnungen. Die Bindung aber, die zählte und alle anderen übertraf, war die zwischen den Gatten. Die bürgerliche Frau des 19. Jahrhunderts, die ihre ganze Liebesfähigkeit an ihre Kinder verströmt und ihrem Gatten jegliche sexuelle Wärme vorenthält, ist im großen und ganzen eine Fiktion – eine pathologische, wenngleich gewiß nicht ungewöhnliche Ausnahme. Sie konnte nur entstehen, weil die Kluft zwischen öffentlichem Verhalten und privaten Gefühlen sehr weit war; Zimperlichkeit und Etikette versagten dem Erotischen die meisten seiner Ausdrucksformen. Doch gab es in jener Zeit viele bürgerliche Gemeinschaften, die für Frau und Mann gleichermaßen zu jenem Hochgefühl des Höhepunkts führten, das Mabel Todd so gut kannte.

2. Das zweifelhafte Zeugnis der Zahlen

So schwer bestimmbar und problematisch dem Forscher die *Qualität* des sexuellen Erlebens bleiben muß: noch schwerer bestimmbar und problematischer müssen dessen *Quantität*, die Verteilung und Intensität erotischer Lust und Qual in der Kultur bleiben. Trotzdem lohnt es sich, die Frage zu stellen, ob das eheliche Glück der Todds, der Lymans, der Wards in irgendeiner Weise repräsentativ für ihre Schicht und ihre Zeit war. Das 19. Jahrhundert, süchtig nach Umfragen und Vergleichen, hat nicht versäumt, auch die Sexualität in diesen Erhebungen zu berücksichtigen und aus ihnen Schlußfolgerungen zu ziehen, die auf dem zweifelhaften Zeugnis der Zahlen basierten. Diese Untersuchungen, mögen sie auch fragmentarisch und parteiisch und nur mit skeptischer Vorsicht zu genießen sein, erlauben doch zumindest einige fundierte Vermutungen über das Sexualleben des Bürgertums in jenen Jahren, da Lester Ward und Mabel Todd ihre wiederholten Besuche im Paradies registrierten, ihren kleinen Himmel nach dem Nachtmahl genossen. Im Jahre 1907 brachte der deutsche Sexualwissenschaftler, Dr. Iwan Bloch, berühmt eher als Publizist denn als Facharzt, eine umfassende Untersuchung über das Liebesleben der modernen Zeit heraus, in der er auch der vielumstrittenen Frage nach der Sexualität der Frau nicht auswich. Nachdem er die widersprüchlichen Auffassungen prominenter Sexualwissenschaftler referiert hat, teilt Bloch die Ergebnisse einer sehr formlosen und bedauerlich unpräzisen Umfrage mit, die er auf eigene Faust durchgeführt hatte: «Ich selbst habe eine ganze Reihe gebildeter Frauen über diesen Punkt befragt. *Ohne Ausnahme*» erklärten diese Frauen der Mittelschicht, unter denen sich anscheinend weder eine Hausangestellte noch das sprichwörtliche Milchmädchen befanden, «die Theorie von der geringeren geschlechtlichen Sensibilität der Weiber für unrichtig, viele meinten sogar, sie sei größer und nachhaltiger als beim Manne.»[40] So impressionistisch die Forschungsmethoden des Dr. Bloch gewesen sein mögen, er war der festen Überzeugung, daß Frauen wahrscheinlich ebenso sinnlich seien wie Männer.

Bereits rund zwei Jahrzehnte früher war ein hervorragender schottischer Frauenarzt, J. Matthews Duncan – vom Wert der Statistik viel mehr angetan als Bloch –, zu fast identischen Resultaten gelangt. Als er 1883 vor dem Royal College of Physicians über Unfruchtbarkeit las, gestand er, daß weibliche Sexualität eine «delikate» Sache sei und daß brauchbare Begriffsdefinitionen, die eine Unterscheidung erleichtern würden, schwer zu bestimmen seien. Er fand es hilfreich, zu unterscheiden zwischen geschlechtlichem Begehren und geschlechtlicher Lust – Erregung und Orgasmus. Aber selbst diese Unterscheidung erlaubte es dem gewissenhaften Forscher nicht, mit wirklich schlüssigen Verallgemeinerungen aufzuwarten. Ja, von 504 unfruchtbaren Frauen, die er über ihre erotischen Erfahrungen befragte, wollten (oder konnten) nur 196 über ihre geschlechtliche Lustempfindung und 191 über ihr sexuelles Begehren berichten: Dr. Duncans schweigende Mehrheit belief sich auf mehr als 60 Prozent seiner Stichprobe. Ein eindrucksvoller Teil jener Frauen aber, die ungehemmt oder prahlerisch genug waren, seine indiskreten Fragen zu beantworten, behauptete oder gestand, ein sinnliches Wesen zu sein: 152 gaben an, sexuelles Verlangen zu empfinden, während nur 39 dessen Nichtvorhandensein zu Protokoll gaben; 134 berichteten von Orgasmen, 62 dagegen nicht.[41] Das war nicht viel, aber es war für Duncan doch genug, um sinnliche Frauen für normal zu halten.

Duncans Vorlesungen sind in der Tat ein Tribut an die Mannigfaltigkeit des sexuellen Erlebens. «Geschlechtsverlangen und Geschlechtsgenuß», schreibt er, «können exzessiv, wütend, überwältigend sein, ohne die Frau darum in die Klasse der Unersättlichen zu verweisen; sie können temporär, gesund und maßvoll sein; sie können auch ganz fehlen»; manche Frauen, sogar verheiratete, die ihrem Gatten in Liebe zugetan sind, können Aversion oder Schmerz empfinden. Künstliche Stimulation oder hemmende Faktoren können die Natur des geschlechtlichen Begehrens wie des Genusses von Grund auf verändern; auch die Zeit bringt Veränderungen mit sich. «Daß der Einfluß der Gesellschaft und ihrer Zerstreuungen, Eßgewohnheiten, gewisse Arten von Lektüre, das Zusammensein mit Männern das geschlechtliche Verlangen steigern können, ist allgemein bekannt.» Vielleicht noch weiter ging Duncan mit der Überzeugung, daß sexuell empfindungslose Jungfrauen lernen können und nach einiger Zeit auch wirklich lernen, die erotische Umarmung ihres Mannes zu genießen: «Der Geschlechtsgenuß ist bei der Eheschließung häufig noch nicht gegeben und wird allmählich, mit der Fortdauer dieses Zustandes, entwickelt.»[42] Die Fähigkeit zur sexuellen Erregung und zur sexuellen Befriedigung ist Frauen ebenso mitgegeben wie Männern, bei denen sie nur sichtbarer ist.

Als Facharzt für Frauenkrankheiten bekam Duncan von Berufs wegen nur sexuelle Funktionsstörungen zu sehen, und er nahm die Beschwerden, die er behandelte, sehr ernst; sie waren «sowohl zahlreich als auch gravierend». Aber es waren eben *Beschwerden*; Duncan stellte sich mit seiner ganzen Autorität hinter die «fast einhellig vertretene Meinung», daß «bei Frauen Geschlechtsbegehren und Geschlechtsgenuß in jedem Falle vorhanden sind bzw. in jedem Falle durch geeignete Stimulantien hervorgerufen werden können. Diese Meinung gründet sich auf Erfahrung und kommt ohne Zweifel der Wahrheit ziemlich nahe.» Duncan schilderte die komplizierten Realitäten in einer einzigen Vignette: «Eine kräftige, gesunde Frau wird mit achtzehn Jahren verheiratet; sie trägt drei Kinder aus und hat vier Fehlgeburten, bevor sie das dreiundzwanzigste Jahr überschritten hat. Bis zur Geburt des letzten Kindes und noch fünf Jahre danach empfindet sie kein sexuelles Verlangen und keinen Geschlechtsgenuß. Fünf Jahre nach der letzten Schwangerschaft ist sie fast soweit, heftiges Verlangen und starken Genuß zu empfinden, bleibt aber vier weitere Jahre unfruchtbar, bis sie sich wegen ihrer Unfruchtbarkeit in Behandlung begibt. Fruchtbarkeit gegeben, wenn Verlangen und Genuß ausbleiben; Unfruchtbarkeit gegeben, wenn Verlangen und Genuß ebenfalls gegeben.»[43] Die auf ihren Mann eingestimmte, leidenschaftliche Frau war für Duncan keine Seltenheit.

Der «Mosher Survey», wahrscheinlich die gründlichste Erhebung über das sexuelle Verhalten der Mittelschicht im bürgerlichen Jahrhundert, zwingt praktisch zu denselben Folgerungen. Von 1892 an untersuchte Clelia Duel Mosher die Liebesempfindungen und -gewohnheiten von rund vier Dutzend amerikanischer Frauen. Den ersten Anlauf unternahm sie auf Anregung eines Müttervereins an der Universität von Wisconsin, dessen Mitglieder sie z.T. als Versuchskaninchen benutzte; später warf sie ihre Netze weiter aus. Clelia Mosher war Zoologin und Doktor der Medizin, praktizierte als niedergelassene Ärztin und war zuletzt «Professor of Personal Hygiene» an der Universität Stanford. In ihr verbanden sich zwei Zeitalter miteinander. Zu vornehmer Zurückhaltung erzogen, aber beruflich zur Wißbegier verpflichtet, war sie prüde, was das Ausleben der Sinnlichkeit betraf, und über deren Bedeutung für ihr eigenes Leben im unklaren. Nach dem Ersten Weltkrieg beklagte sie bei Vorträgen in Europa die Art und Weise, wie ihre amerikanischen Landsleute sich «lateinamerikanische Maßstäbe» zu eigen gemacht hätten. Was sie selbst betreffe, so sei sie von dem ständigen Herumreiten auf Sex «angewidert und abgestoßen – ich halte mich davon lieber fern – Sexualität hat ihre Berechtigung, aber man muß nicht ständig darüber nachdenken – Es gibt viel interessantere Dinge im Leben –.» Geheiratet hat sie nie. Als erklärte, selbstbeherrschte Viktorianerin leistete das «Gefühl für vornehme Diskretion» ihr gute Dienste, als sie bei ihren Umfragen die ungeniertesten Fragen stellte und darauf manche denkwürdige, wenngleich im allgemeinen lakonische Antwort bekam.[45]

Clelia Mosher hatte mit den von ihr befragten Frauen Glück und Pech zugleich. Die besondere Zusammensetzung ihrer Stichprobe war zwar nicht repräsentativ für die allgemeine, ja nicht einmal für die Mittelschicht-Bevölkerung der USA; sie führte ihr jedoch Auskunftswillige zu, die bereit waren, über ihr geheimstes Privatleben zu sprechen. Die meisten der fünfundvierzig Frauen, die verwertbare Antworten ablieferten, waren auf eine Lehrerinnen-Schule gegangen oder hatten das College besucht – zu einer Zeit, als ein junges Mädchen noch außerordentliche Tatkraft und Unternehmungslust aufbringen mußte, um in den Genuß einer höheren Schulbildung zu gelangen. Und die meisten der Befragten hatten, begreiflich genug, wiederum Männer mit höherer Schulbildung geheiratet. Clelia Moshers Population ist also geeignet, die äußersten Grenzen viktorianischer Flexibilität und Liberalität in sinnlichen Dingen abzustecken. «Viktorianischer»: denn Clelia Mosher trat mit ihrem Fragebogen zwar ins 20. Jahrhundert ein, doch die überwältigende Mehrheit der Befragten war im 19. Jahrhundert zu Hause. Siebzehn von ihnen waren vor dem amerikanischen Bürgerkrieg zur Welt gekommen, sechzehn vor 1870; mit einem Wort, eine klare Mehrheit gehörte durchaus der Generation Mabel Todds an und hatte deren erotische Ideale und Hemmungen; sie stammten also aus einer Zeit, die vor dem Auftreten der berühmt-berüchtigten «neuen Frau» lag. Und sie hatten auch insofern Ähnlichkeit mit Mabel Todd, als sie, wie oben angedeutet, alle dem Mittelstand angehörten, alle eine höhere Schulbildung besaßen und die meisten hatten auch schon eigene Erfahrungen mit dem Geldverdienen gesammelt. Mabel Todd hatte Klavierunterricht gegeben, ihre Bilder verkauft und später ansehnliche Summen mit Lichtbildervorträgen und schriftstellerischer Tätigkeit für Zeitschriften verdient; dagegen waren diese Frauen in der Hauptsache im Lehrberuf tätig gewesen. Wäre eine von ihnen Mabel Todd begegnet, so hätten sie viel zu reden gehabt und wären in vielem einer Meinung gewesen.

Das gewichtigste Thema, über das sie einer Meinung gewesen wären, auch wenn sie darüber vielleicht nicht hätten reden können, wären wohl die Freuden der ehelichen Sexualität gewesen. Mehr als ein Drittel dieser fünfundvierzig Frauen behauptete, den Orgasmus «immer» oder «für gewöhnlich» zu erreichen – neun, bzw. eine von fünf, sagten «immer». Weitere vierzig Prozent erwiderten, anscheinend nur geringfügig weniger befriedigt, sie würden ihn «manchmal» oder «nicht immer» erreichen. Zwar waren manche Fragen Clelia Moshers nicht eindeutig formuliert, doch lassen diese Zahlen den begründeten Schluß zu, daß nur eine von vier Frauen dieser Stichprobe sexuell mehr oder weniger empfindungslos war – ich sage bewußt «mehr oder weniger», weil selbst in dieser letzteren Gruppe mehrere Frauen gelegentlich die Unruhe sinnlicher Erregung verspürten. In mindestens einem aufschlußreichen Fall steht das Eingeständnis sexueller Lustempfindung im Widerspruch zu deren höchst emphatischer Verneinung. Nr. 23 erwiderte auf Clelia Moshers etwas gestelzt formulierte Frage: «Haben Sie stets einen venerischen Orgasmus?» mit Nachdruck: «Nein, nie.» Logischerweise hätte sie nun die nächste Frage überspringen müssen, in der nach dem «Wann?» und nach der «Wirkung unmittelbar danach?» gefragt wird. Doch ungerührt beantwortete Nr. 23 auch diese Frage: «Hinterher aufgekratzt und erregter.»[46] Nicht zu übersehen ist, daß manche Frauen, die den Orgasmus genossen, nicht zugeben mochten, jemals einen gehabt zu haben. Die Sinnlichkeit dieser verheirateten Frauen mit höherer Schulbildung war durchsetzt mit Bedenken und Konflikten, aber sie war ziemlich munter und rege und, mit einigen wenigen Ausnahmen, unverklemmt. Man kann sich ohne Übertreibung vorstellen, daß Matronen wie diese auch schon vor 1900 im Bett die Initiative ergriffen.

Die Fähigkeit, den Orgasmus zu erreichen, bedeutete für viele der Befragten das Recht, ihn auch zu erwarten. Manche nahmen sein Ausbleiben als bedauerliche Episode hin, über die man im glänzenden Licht der nächsten, befriedigenderen Liebesumarmung am besten hinwegsah; einige wenige behandelten es als eine Art von Intim-Katastrophe. Eine Frau, die glücklicherweise fast jedesmal einen Orgasmus hatte, empfand sein Ausbleiben als «deprimierend und ekelhaft». Eine andere sagte über ihre Enttäuschungen: «Wenn ich unbefriedigt bleibe, ist das schlimm, ja grauenhaft, eine Tortur, falls es längere Zeit anhält.» Sie sah sogar die Ursache für einen fasrigen Tumor, der sich während der Menopause entwickelt hatte, in dem wiederholten Ausbleiben eines befriedigenden sexuellen Höhepunkts. Eine dritte wiederum, die den Geschlechtsverkehr annehmbar fand, auch wenn sie nicht jedesmal zum Orgasmus kam, gab zu erkennen, daß sie in diesem Fall die Sache philosophisch nahm: «Jede Frau läßt es manchmal über sich ergehen, auch wenn sie vielleicht nicht aufgelegt ist, aber negative Folgen kann ich nicht sehen. Es ist, als ob es nie gewesen wäre. Allerdings war mein Mann auch überaus rücksichtsvoll. Einen Mann, der mich mit Gewalt zwingen wollte, könnte ich wohl nicht ertragen.» Und dies: die behutsame Rücksichtnahme des Mannes auf die Stimmungskurven ihres sexuellen Verlangens war für ihren Geschlechtsgenuß notwendig. Viele Befragte waren sich bewußt, daß der sexuelle Rhythmus bei Mann und Frau stark variieren kann und daß infolgedessen die Geduld und Zurückhaltung ihrer Männer für die Ökonomie ihres erotischen Haushalts notwendig waren. Die meisten Frauen aus Clelia Moshers Stichprobe scheinen denn auch mit rücksichtsvollen Männern verheiratet gewesen zu sein; manche sagen das ausdrücklich, und viele andere geben es implizit zu erkennen. Die durchschnittliche Häufigkeit des Verkehrs lag bei rund einem Mal pro Woche – eine Rate, die die Männer praktisch ebenso befriedigt zu haben scheint wie die Frauen – und nahm oft im Laufe der Zeit ab; einige wenige Paare gaben sich dem Verkehr weit öfter oder weit seltener hin. Im sexuellen Begehren gab es Unterschiede: Zwar setzten mindestens dreizehn Frauen den Geschlechtsverkehr auch in der Schwangerschaft mit derselben Häufigkeit fort, und rund zwanzig weitere hatten in dieser Zeit in etwas eingeschränktem Maße Verkehr, aber das Verlangen nach Sexualität nahm ab, ob nun mit Rücksicht auf physiologische Signale oder auf kulturelle Vorschriften. Der Verkehr erfolgte in diesen Monaten im wesentlichen auf Wunsch des Gatten; allerdings scheint er, auch wenn er von den meisten Frauen nicht gewollt wurde, für sie nicht schmerzhaft oder abstoßend gewesen zu sein. Nur wenige Befragte sahen sich von unersättlichen Sexualathleten unterjocht: eine, Nr. 27, fühlte sich als regelrechtes Opfer; sie berichtete, dreimal die Woche Verkehr zu haben, «oder auch öfter, wenn ich mich füge», obwohl sie sexuelle Beziehungen nur sporadisch erfreulich fand und ihr geschlechtliches Verlangen nur etwa alle zwei Wochen erwachte. Sie fügte sich, wenn sie sich fügte, weil es nach ihrer Meinung notwendig war, «zuhause zusammenzuhalten und dem Mann seine Befriedigung zu verschaffen».[47] Einige andere gaben ebenfalls an, daß das Verlangen nach Geschlechtsverkehr sie selber viel seltener überkam als ihren Mann. Die meisten Befragten waren jedoch mit Männern gesegnet, die auf sie warteten – ja, die schon am Beginn des Ehelebens auf sie gewartet hatten: Einer hatte die Ehe zehn Tage lang, ein anderer zwei Wochen, wieder ein anderer ein ganzes Jahr lang nicht vollzogen.[48] Nur zwei Befragte charakterisierten den Geschlechtsgenuß ausdrücklich und mit bitteren Worten als etwas, was allein dem Manne vorbehalten sei. Die aus dem Geschlechtsverkehr stammende Befriedigung ist – wie eine der Frauen bemerkte – die Domäne des Mannes – «von Zeit zu Zeit. Wie beim Tier ein- bis zweimal im Jahr.»[49] Vielleicht war es bezeichnend für diese Frau, daß sie für sich selber nur ein geringes geschlechtliches Verlangen und nur gelegentliche Orgasmen angab. Aber sie gehörte zu einer verschwindenden Minderheit, jedenfalls in dieser Stichprobe.

Entsprechend ihrer Erziehung und ihrer ganzen Kultur machten die von Clelia Mosher befragten Frauen die Erfahrung, daß sie ihre sexuellen

Empfindungen in den konventionellen Sprachschatz nicht einbringen konnten. Fast alle waren sie als brave christliche Mädchen aufgewachsen, und der fromme Glaube, daß Gott den Geschlechtsverkehr allein zur Zeugung von Nachwuchs bestimmt habe, beherrschte nach wie vor ihre sittliche Phantasie. Dreißig bzw. zwei Drittel von ihnen nannten zwar «Fortpflanzung» als Hauptziel geschlechtlicher Beziehungen, doch verraten die knappen, oft rührend inkonsequenten Randbemerkungen, daß viele auch den sexuellen Genuß als solchen als Rechtfertigung des Geschlechtsaktes betrachteten, selbst wenn eine Empfängnis nicht beabsichtigt oder nicht möglich war. Nr. 24, die dogmatischste der Puristinnen, machte sich hierzu ihre eigenen Gedanken: «Eine Beziehung, die nicht mit dem festen Willen zum Kind einhergeht, kann ich nicht als wahre Ehe anerkennen. Platonische Liebe genügt insofern meinem Maßstab fast ebensowenig wie die Ehe als eine Form der sogenannten legalisierten Prostitution.» Diese Phrase war um 1890 schon lange ein abgedroschenes Klischee, das Nr. 24 in jedem beliebigen Traktätchen über die Ehe hätte nachlesen können, aber auch in der sexualfeindlichen Literatur, so etwa in Tolstois *Kreutzersonate*.[50] Immerhin war Nr. 24 offen für Zweifel und Unterscheidungen und hatte ihr Teil dazu beigetragen, das glückliche Band der Ehe zu festigen. Da sie ihren «Gatten sehr liebe», habe sie, wie sie treuherzig bekannte, «die Leidenschaft ziemlich kultiviert». Selbst jetzt, nach jahrelanger Ehe, erlebte sie den Orgasmus kaum in der Hälfte aller Fälle. Wenn sie ihn doch erlebte, fand sie ihn allerdings ermattend, doch mache er auch «den Verkehr in gewisser Weise angenehmer».[51] Bei näherer Prüfung stellt sich heraus, daß die Rede von der «legalisierten Prostitution» eine höchst tendenziöse Beschreibung ihrer sexuellen Erfahrung war.

Die meisten anderen Befragten hatten eine solch gequälte Argumentation nicht nötig, um zu dem Schluß zu gelangen, daß die sexuelle Beziehung in der Tat etwas Angenehmes war. Eine, die «in der Regel» den Orgasmus erlebte, notierte, daß sie «diese Erfahrung auf keinen Fall missen» wolle. Eine andere, die den Verkehr «für gewöhnlich sehr reizvoll» fand, sah in ihm «ein Sedativ»: Er machte sie «sehr schläfrig und wohlig. Kein Ekelgefühl, wie ich habe sagen hören.» Das Ideal wäre «einmal im Monat, wenn beide wohlauf sind, und während der Menstruation, und», setzte sie hinzu, »am hellichten Tag».[52] Ihre erotische Phantasie war, wie man sieht, lebendig und ohne falsche Scham.

Für viele dieser Frauen war der Geschlechtsverkehr eine gesunde und gesundheitsfördernde Sache. Sie wollten ihn, aber sie wollten ihn, wie einige von ihnen ausdrücklich betonten, in Maßen: «Für mich rangiert dieses Verlangen neben anderen natürlichen Verlangen», wie Nr. 14 es formuliert, «und soll wie diese mit gutem Recht, aber maßvoll befriedigt werden.»[53] Innerhalb dieser Grenzen des Rechtmäßigen und Maßvollen erschien der Verkehr als etwas Natürliches, Notwendiges und Heilsames. Die Befragte Nr. 2, geschieden und wieder verheiratet, meinte, der Geschlechtsverkehr sei «notwendig für die völlige Harmonie zwischen zwei Menschen», und schrieb ihrer glücklichen zweiten Ehe eine eklatante Verbesserung ihrer körperlichen und seelischen Gesundheit zu: «Mein Mann», schrieb sie, «ist ungewöhnlich rücksichtsvoll; in den ersten Monaten unserer Ehe» – sie war damals fünfzig – «hatten wir häufig Verkehr – zwei- bis dreimal die Woche, und zwar genauso sehr auf meinen wie auf seinen Wunsch.» Am Tag nach einem Orgasmus, schrieb die Frau Nr. 41, sechs Jahre jünger als Mabel Loomis Todd, empfand sie «ein generelles Wohlbehagen, Zufriedenheit und Zärtlichkeit für den Mann. Das», betonte sie, so als ob Clelia Mosher ihr vielleicht nicht glauben würde, «stimmt wirklich, Frau Doktor!» Dieser kleine Ausruf läßt einmal mehr die Kluft zwischen privatem Erleben und öffentlicher Diskussion im bürgerlichen Jahrhundert erkennen. Es scheint, als hätten viele Paare der Mittelschicht ihre Sexualität genossen; aber da man ihnen beigebracht hatte, in ihr etwas Verruchtes zu sehen, und sie von den Freuden der anderen nichts wußten, wagten sie es nicht, sich zu den eigenen zu bekennen. Obwohl sie nicht immer zum Orgasmus kam, äußerte diese Frau sich klar, ja fordernd über die Bedeutung der Sinnlichkeit für eine gute Ehe. «Ich glaube, Frauen und Männer brauchen diese Beziehung während ihrer Lebensmitte. Sie macht die Menschen normaler.» Sie habe zwar vier Jungen, aber die Erzeugung von Nachwuchs brauche, soweit sie sehen könne, in die geschlechtliche Vereinigung nicht einzugehen: «Selbst wenn keine Kinder da sind, lieben die Männer ihre Frau mehr, wenn sie diese Beziehung fortsetzen, und die höchste Hingebung gründet sich auf sie, etwas Wunderschönes, und ich freue mich, daß die Natur uns das geschenkt hat.»[54] Ihre ruhige Dankbarkeit gegen die Natur war ein Tribut, den sie der bürgerlichen Sexualität entrichtete.

Bei aller ungekünstelten Begeisterung verbirgt sich aber in dieser Antwort auch eine Spur Manipulation oder vielleicht Resignation. Wenn sie in den Verkehr einwilligen, «lieben die Männer ihre Frauen mehr». Daß viele der Befragten zum Verkehr auch während der Schwangerschaft bereit waren, wo der Spiegel ihres eigenen erotischen Verlangens deutlich abgesunken war, läßt auf dieselbe Überlegung schließen. Einige andere Frauen aus Clelia Moshers Stichprobe geben das auch offen zu. «Band zwischen den Geschlechtern«, meinte eine, «Mann mehr zu seiner Gattin hingezogen als zu anderen Frauen; macht Menschen zärtlich und liebevoll.» Diese Befragte definierte Liebe als das, «was die Geschlechter aneinander bindet». Die Vorstellung vom Geschlechtsverkehr als dem Kitt der Ehe kommt in diesen Antworten recht häufig vor. «Ein festes Band», schreibt Nr. 5, «macht die Ehe stabiler»; und wiederum: «bindet Menschen aneinander und hält Familie zusammen – ist ein Band.» Eine andere war nicht viel gesprächiger: «Beziehung bringt Mann und Frau einander näher.» Manchmal strahlte die orgastische Beglückung des Mannes aus, schenkte der Frau Erfüllung und bewährte das Gefühl der Nähe: «Lust, die der Mann empfindet – und die Lust der Intimität mit dem, den man liebt.» Schon die Gleichförmigkeit dieser Rhetorik und ihre gelegentliche Unlogik bezeugen die Beflissenheit der Befragten. Geschlechtsverkehr zu anderen als Fortpflanzungszwecken fand seine eigene Rechtfertigung: «Gefühl der Intimität, das man sich anders nicht verschaffen kann; besonders, wenn zwei Menschen ihre Liebe nicht zeigen können, wenn sie nicht bis zum letzten gehen. Dient als Band, sogar noch vor der körperlichen Lust.«[55] Dieses ängstliche Bedachtsein darauf, gefällig zu sein, sich reibungslos in die Rolle einzupassen, die ihr von der Biologie her zugedacht war, veranlaßte zumindest eine Frau zu einer verräterischen Fehlleistung. Gebeten, die in ihren Augen ideale sexuelle Situation zu schildern, sagte Nr. 19: «In der Blüte des Lebens: bei einem gut entwickelten u. kräftigen Mann etwa zweimal pro Woche. Bei der Frau halb so oft – zweimal im Monat» – was natürlich auf ein Viertel, nicht auf die Hälfte hinauslief. «Es ist mir immer gut bekommen», beeilte sie sich hinzuzufügen, «und es hat mir nicht wehgetan und ich wollte immer entgegenkommend sein.»[56] Viele der Befragten fanden es allerdings nicht allzu lästig, entgegenkommend zu sein; es trug Früchte ein, die nicht alle nur rein geistiger Art waren. Mir fällt das bezaubernde französische Bonmot ein, das Dostojewski einer üppigen jungen Schönheit und eingefleischten Sünderin bei der Beichte in den Mund legt: «Ça lui fait tant de plaisir et à moi si peu de peine!» Wären nicht viele Ehemänner, und noch mehr Ehefrauen, in Dingen der Sexualität so unschuldig gewesen, wäre Clelia Moshers Statistik über den Orgasmus noch günstiger ausgefallen, als sie ohnedies ausfiel. Unwissenheit war nicht Glück.

Immerhin gab es auch so schon genug Glück. Der «Mosher Survey» legt überzeugend den Schluß nahe, daß viele bürgerliche Frauen mit höherer Schulbildung im 19. Jahrhundert eine sexuelle Vereinigung zu schätzen wußten, ja teilweise sogar ersehnten, die beiden Partnern ein gleiches Maß an Befriedigung eintrug, und nicht zögerten, einen solchen Verkehr in die Liste der für eine gute Ehe unerläßlichen Voraussetzungen aufzunehmen. Nur wenige von ihnen verstanden es, unverblümt die

Sprache der Erotik zu sprechen; es fiel ihnen leichter, den Geschlechtsakt auszuführen, als über ihn Auskunft zu geben, selbst gegenüber einer so verständnisvollen und wenig bedrohlichen Interviewerin wie Clelia Mosher. Die Antworten bestehen häufig aus einzelnen Wörtern oder abgerissenen Sätzen; Poetisches ist selten und wird öfter angedeutet als ausgesprochen. Um so besser: Es zeigt, daß die Befragten ihre Antworten nicht mit Anleihen bei der Lyrik formulierten, sondern indem sie auf ihr eigenes Erleben hörten. Was uns aus diesen Bemerkungen entgegentritt, ist die glückliche Verbindung von Zuneigung und Leidenschaft im Eheleben dieser Frauen: die Vereinigung dessen, was Sigmund Freud die beiden Stränge der Erotik genannt hat. Was alle Frauen schätzten und zum größten Teil auch bekamen, war Mäßigung, Rücksichtnahme und das Seelische beim Liebesakt.

Dieses letzte Thema: das Seelische ist es, was sich wie ein Leitmotiv durch die Umfrage Clelia Moshers zieht. Wie alle anderen befragt, was den Geschlechtsverkehr über die Erzeugung von Nachwuchs hinaus verbürge, erwidert eine Frau, Nr. 45: «Zuneigung sehr. Ein Mann u. eine Frau Bedeutung des Seelischen ganz entscheidend.» Und eine andere, weniger atemlos und artikulierter: «Er scheint mir ein natürliches und körperliches Zeichen einer seelischen Vereinigung zu sein, eine Erneuerung des Ehegelübdes.» Dieses Emporloben des Geschlechtsverkehrs in die Höhenluft der Reinheit war in der bürgerlichen Kultur ein Gemeinplatz. Die Lust an der Sexualität diene «einem höheren Zweck», meint Nr. 29, «als dem körperlichen Vergnügen». Der Geschlechtsverkehr führt zum «Einssein», sagt Nr. 44; er wirkt «erhebend wie Musik».[57] Und Nr. 17 findet, der Liebesakt gebe einem «ein Gefühl der Ganzheit, eine seelische Ganzheit, wie man sie sonst auf keine Weise erreicht». Dann geht sie, ohne zu zögern, vom Geist zur Materie über: «Für die Frau wie für den Mann körperlich notwendig für ein rundherum ganzes Leben.» Nr. 12 bezeugte die Wonnen des sexuellen Gleichklangs mit ihrem Mann; sie übte den Verkehr nur mäßig oft aus, erreichte aber den Orgasmus «fast unfehlbar» und nannte ihn «keine sinnliche Lust, sondern die Lust der Liebe», eine reizende Begriffsverwirrung, die natürlich besagen will, daß sie eine sinnliche Lust genoß, die von herzlicher Zuneigung begleitet und durch sie erleichtert wurde. Der Geschlechtsverkehr sei «nur berechtigt als Ausdruck wahrer und leidenschaftlicher Liebe». Eine Befragte, Nr. 10, brachte sogar Gott ins Spiel, um den Geschlechtsverkehr zu rechtfertigen: «Ich glaube, daß Mann und Frau aus Liebe geheiratet haben; er [sc. der Verkehr] kann in *mäßiger* Form als einer der höchsten Liebesbeweise dienen, die unser Schöpfer uns geschenkt hat.» Doch ihr Ideal war die menschliche Gleichheit: «gelegentlicher Verkehr», kontrollierte Empfängnis, und: «alles muß auf absoluter Gegenseitigkeit beruhen».[58]

Liebe war für diese Frauen das Zentrale, Unabdingbare – Grundlage, Krönung und innerstes Prinzip der Sexualität. Der Verkehr, sagte eine Frau 1897 zu Clelia Mosher, ist «der Ausdruck der Liebe zwischen Mann und Frau», ein Akt, der «häufig einfach der äußerste, zärtlichste Liebesbeweis der Leidenschaft ist». Elf Jahre jünger als Mabel Todd, gab sie, nachdem sie ein Jahr verheiratet war, zu, daß sie früher das Zeugen von Kindern für das einzig legitime Ziel des Verkehrs angesehen habe. Doch habe sie «aus Erfahrung» erkannt: «Die gewohnheitsmäßige körperliche Liebesbezeugung hat eine tiefe psychologische Wirkung, indem sie vollständige innere Sympathie ermöglicht und die seelische Einheit festigt, die das bleibende Band der Ehe bilden muß, wenn die Liebesleidenschaft mit den Jahren verschwunden ist.»[59] Diese Frau erwartete, daß die Freuden des Geschlechtsverkehrs ihre unreife Verliebtheit überdauern und jene «seelische Einheit» zementieren würden, die für sie das Ideal der Ehe war.

Es gibt verschiedene Möglichkeiten, sie zu lesen, diese glühenden Bekundungen des Vertrauens in die Liebe, des Glaubenwollens an den höheren Sinn ehelicher Sexualität. Immerhin gibt der «Mosher Survey» Anlaß zu so dramatischen Revisionen der herkömmlichen Theorien über Sexualität im 19. Jahrhundert, daß der Historiker in die Versuchung gerät, die fragmentarische und teilweise widersprüchliche Evidenz dieser Umfrage zu überinterpretieren. Wenn man jedoch bedenkt, wie viele der Befragten aus Gefälligkeit vor und während der Schwangerschaft die Zudringlichkeit ihres Gatten ertrugen, dann muß man wohl die optimistischen Zahlen über Orgasmen mit einiger Vorsicht lesen. Aber selbst wenn diese Zahlen übertrieben wären, selbst wenn die einzelne Befragte es darauf angelegt hätte, Clelia Mosher ebenso gefällig zu sein, wie sie ihrem Mann gefällig war, so implizierte dies doch eine gewisse positive Voreingenommenheit des bürgerlichen Jahrhunderts zugunsten der sexuellen Erfüllung, und zwar auch für die Frau. Zumindest einige der Befragten griffen auf die Rhetorik des Seelischen zurück, um das Leibliche leugnen zu können und mit erotischen Wünschen des Mannes ins reine zu kommen, die sie weder ermattet noch angewidert zurückließen und ihnen überdies das befriedigende Gefühl verschafften, eine eheliche Pflicht ordnungsgemäß erfüllt und sich so die Dankbarkeit des Mannes verdient zu haben. Viele der Befragten hielten es jedoch mit Nr. 41, die sich darüber freute, daß die Natur dem Menschen diesen herrlichen geschlechtlichen Trieb mitgegeben hatte. Für sie war Sexualität Selbstzweck – nicht einfach ein Instrument ehelicher Liebe, ein Anhängsel braver Häuslichkeit, sondern Lust aus eigenem Recht. Der schiere Kult des Seelischen berechtigte zur Befriedigung des Körperlichen. Oft war der Verkehr ein Augenblick im Paradies, und zwar in einem Paradies für zwei. Was ich das «zweifelhafte Zeugnis der Zahlen» genannt habe, ist in diesem zentralen Punkt gar nicht so zweifelhaft.

Clelia Moshers Erhebung ist fehlerhaft und faszinierend zugleich. Die Auswahl der Frauen und die gestellten Fragen setzen sie dem Vorwurf der ungewollten Verzerrung aus; die kleine Anzahl der Befragten sowie deren Auskunftsfreudigkeit und Bildungsniveau legen den Einwand nahe, daß Clelia Moshers Befunde alles andere als repräsentativ waren. Zweifellos hätten die Antworten jener Frauen, die sich weigerten, an Clelia Moshers kühnem Experiment in Sozialforschung teilzunehmen, oder eine Stichprobe aus lauter Victoria Benedictssons ein radikal anderes Profil bürgerlicher Sexualität im 19. Jahrhundert ergeben. Trotzdem sind die Antworten, die Clelia Mosher den Befragten entlockte, überzeugend und über die Gruppe dieser 45 Frauen hinaus von Bedeutung. Zögernd, unvorbereitet, inkonsistent, eignet ihnen die Echtheit des Unbeholfenen. Ihre kunstlose, ernste Aufrichtigkeit ist ein Anhaltspunkt für Wünsche und Erfüllungen, deren sie sich nur teilweise bewußt sind; sie verweist auf erotische Beglückungen, die in den gängigen Wortschatz frommer Achtbarkeit zu hüllen die Frauen für notwendig hielten: Am schlagendsten deutlich wird das beim Geschlechtsverkehr »um seiner selbst willen», während doch sein wahrer Zweck aus moralischen Gründen die Fortpflanzung zu sein habe. Darüber hinaus gab es so viele Enttäuschungen im Sexualleben der von Clelia Mosher Befragten, daß ihre bahnbrechende Untersuchung auch von der ganzen Bandbreite des erotischen Erlebens zeugt. Der «Mosher Survey» ist der beste, ja der einzige Versuch, bürgerliche Sexualität im 19. Jahrhundert wissenschaftlich zu erfassen. Er ist alles, was wir haben. Aber er entspricht inhaltlich anderen, informelleren Zeugnissen und ergänzt aufs schönste die Briefe der Lymans und die Notizen Lester Wards. Kurz gesagt: Mabel Todd sprach für eine wesentliche Population von verheirateten Frauen der Mittelschicht. Das Ungewöhnliche an ihrer gewissenhaften Buchführung war nicht das Erlebte, sondern das Beredte.

3. Das problematische Geschlecht

Die vorliegende Untersuchung über die bürgerliche Erotik ist, wie diese Seiten zeigen, untrennbar verbunden mit der im 19. Jahrhundert geführten Diskussion über weibliche Sexualität. Nach Dr. Iwan Bloch, dem bekannnten, wenngleich notorisch unzuverlässigen Sexualwissenschaftler, der im Jahre 1907 die Erkenntnisse eines Jahrhunderts zusammenfaßte, schienen «die Ausdrucksformen männlicher Geschlechtsbegierde und Geschlechtslust ziemlich eindeutig» zu sein. Sie sorgten daher auch für wenig Diskussionsstoff – erheblich weniger, als sie es angesichts der Furcht des Mannes vor Impotenz und seiner Angst vor der Hochzeitsnacht verdient hätten. Für Bloch wie für viele andere Erforscher des erotischen Lebens jener Zeit war hingegen «die Stärke und Natur der geschlechtlichen Sensibilität des Weibes» eine «alte, bis heute noch nicht gelöste Streitfrage».[60]

Dieser Streit hatte in der Tat, wie Bloch sagte, eine lange Geschichte – freilich keine besonders lebhafte. Die alten Römer, die mittelalterlichen Christen, die Menschen der Renaissance und der Aufklärung: sie alle wären sich darin einig gewesen, daß diese Frage in dem bekannten Streitgespräch zwischen Zeus und Hera über die Stärke der geschlechtlichen Lustempfindung bei Mann und Frau im wesentlichen geklärt worden sei. Zeus, der eingefleischte Schwerenöter, hatte zu seiner Entschuldigung vorgebracht, daß die Frauen das wollüstigere Geschlecht und seine Seitensprünge daher nur der Ausgleich für ihren größeren Liebesgenuß seien; Hera, die zornige, betrogene Ehefrau, hatte spitz erwidert, daß sein Betragen genau das Gegenteil beweise. So hatten sie den Seher Teiresias befragt, der den Geschlechtsverkehr sowohl in männlicher als auch in weiblicher Inkarnation erlebt hatte, und dieser weise Mann hatte, ohne zu zögern, die Siegespalme der Lust der Frau zuerkannt, im Verhältnis von neun zu eins. Es mag zwar im Altertum und auch später Leute gegeben haben, die die unwahrscheinliche Präzision des Teiresias in Frage stellten; aber nur wenige hätten bestritten, daß sein Spruch eine wesentliche Wahrheit enthielt. Als um die Zeit Christi der einflußreiche jüdische Philosoph Philo Judaeus den biblischen Sündenfall als Allegorie deutete, sah er Adam als Verkörperung der Vernunft, die durch Eva, die Inkarnation der Sinnlichkeit, in die Irre geführt worden sei. Die großen Moralisten seit Montaigne haben nie daran gezweifelt, daß die Frau in der Tat die ewige Eva ist. Man mußte nicht ein Frauenfeind sein, der gegen «das Weib» als Quelle aller moralischen Verderbnis wetterte, um in ihr das Gefäß der Lust zu sehen. Und als dieses erschien sie allen Jahrhunderten – bis zum neunzehnten.

Bloch war also wie üblich ungenau, wenn er meinte, die Frage der weiblichen Sexualität sei bis in seine Zeit hinein noch immer ungelöst; genau genommen war sie schon rund hundert Jahre zuvor wieder zur Diskussion gestellt worden. Genauso wie der heftige, von Panikmache begleitete Kreuzzug gegen die Onanie waren auch die Zweifel von

Ärzten und Priestern an der angeborenen Sinnlichkeit der Frau höchst bezeichnende Zeiterscheinungen.[61] Dem bürgerlichen Jahrhundert wurde «das Weib» zum Problem.

Diese recht kuriose Diskussion war von entscheidender Bedeutung für Frauen in allen Rollen – und für Männer ebenfalls. Immerhin war es nicht gleichgültig, ob die sexuelle Erregbarkeit der Frau ein angeborener Trieb oder eine erworbene Aufgabe, ein natürliches Recht oder eine juristische Pflicht war: Die Antwort, die man gab, trug mit dazu bei, den Umfang, ja den besonderen Charakter der ehelichen Verpflichtungen der Frau und indirekt auch ihre etwaige Eignung für höhere Schulbildung und akademische Berufe zu bestimmen. Das Wesen weiblicher Sexualität zu definieren hieß nichts weniger als das Wesen der Ehe selbst zu definieren und instruktive Anhaltspunkte für die Beschaffenheit bürgerlicher Gemeinschaften zu liefern.

Angesichts der Gewißheit, mit der der medizinische und theologische Diskurs in dieser wichtigen Frage jahrhundertelang geführt worden war, sind die Bedenken und Widersprüche des 19. Jahrhunderts verblüffend. Manche Ärzte riefen unter dem Eindruck dessen, was sie für die Kompliziertheit geschlechtlicher Triebe hielten, nach weiteren Forschungen. «Die Frage, ob der Mann oder die Frau begehrlicher sind nach den Freuden des Geschlechtsverkehres», schrieb Dr. Friedrich Siebert, ein Münchner Facharzt für Haut- und Geschlechtskrankheiten, im Jahre 1901, «ist schon viel behandelt worden und verschieden beantwortet worden. Es fehlt uns ein ganz sicherer Maßstab zur Beurteilung...» Ähnlich äußerte sich der französische Arzt Paul Moreau in seiner Abhandlung über Verirrungen des «Fortpflanzungssinnes». Typisch genug für das Jahrzehnt, in dem er schrieb, die 1880er Jahre, meinte er: «Es gibt einen genitalen Sinn, der zwar allgemein anerkannt, aber wissenschaftlich noch nicht erforscht ist.» In demselben zurückhaltenden Stil behauptete der schwedische Facharzt Dr. Seved Ribbing 1892: «Die Stärke des menschlichen Geschlechtstriebes, dessen Verlangen nach einem Objekt zu seiner Befriedigung, zeigt unter Ausnahmeverhältnissen große Verschiedenheiten.» Er zählt dann eine Reihe berühmter Menschen, unter ihnen auch Frauen, auf, «welche mit wahrhaft enormem Geschlechtstriebe ausgestattet» waren. Er entdeckte subtile Unterschiede zwischen Männern und Frauen, die aber seiner Meinung nach unzweifelhaft erotischer Natur waren. Siebert sprach für eine ansehnliche Mehrheit, wenn er Skepsis bezüglich der verbreiteten Ansicht äußerte, «daß die *naturae frigidae* bei den Frauen viel verbreiteter seien, als bei den Männern», und statt dessen die Auffassung vertrat, daß zwar viele Frauen eine gewisse Abneigung gegen den Verkehr bekunden, daß aber dabei wahrscheinlich

«Ungeschicklichkeit des Mannes» schuld sei, «der seine Kräfte verbraucht hat, ehe beim Weibe der Augenblick höchster Wollust gekommen ist». Allerdings fügt er hinzu, daß sich dies «schwer feststellen» lasse.[62]

Andere Beobachter der Sexualität im 19. Jahrhundert sahen das anders. Der Zyniker, der Idealist und der Wissenschaftler konnten sich auf die Aussage einigen, daß die Frau den Geschlechtsverkehr ebenso begehre wie der Mann. Französische Theoretiker der Liebe wie Stendhal oder Balzac hielten das gewiß für selbstverständlich. Freimütige Ankläger oder Verteidiger von Frauen, die wegen eines «Verbrechens aus Liebe» vor Gericht standen – wegen des Mordes an einem störenden Gatten oder an einem erkaltenden Geliebten –, plauderten in aller Öffentlichkeit aus, was viele insgeheim glaubten: daß die Frau bei einer Liebesaffäre oft die Initiative ergreife und daß sie regelmäßige Dosen sexueller Wonne brauche, um bei Verstand zu bleiben. «Gewisser Freuden beraubt», schrieb einer dieser Verteidiger 1882 über seine Klientin, wird die Frau leiden, und «der Geist wird in Mitleidenschaft gezogen, wenn die Sinne nicht befriedigt sind.»[63] Zahlreiche Ärzte stützten bedenkenlos diese Auffassung, und nicht nur bei Mörderinnen. 1855 vertrat Dr. Félix Roubaux, Fachmann für französische Mineralwässer und eine Art Medizinhistoriker, in seiner umfangreichen Abhandlung über Impotenz und Frigidität den Standpunkt: «Beim normalen Koitus ist die Rolle der Frau keine ausschließlich passive.» Und er verteidigte energisch das Recht der Frau auf sexuelles Begehren und «die Freuden der Venus».

Oft genug hüllte sich diese Verteidigung weiblicher Erotik in eine hochgestochene Rhetorik. In seiner Abhandlung über den Geschlechtstrieb räumte der bekannte Geburtshelfer Dr. James Foster Scott zwar ein, daß die Frau über erotisches Begehren verfüge, stellte dieses jedoch in den Dienst höherer Pflichten: «Ein reines, unbeflecktes Geschlechtsempfinden» ist ein «Grundgesetz in der Natur der Weibes, denn Liebe ist sein Element; und ihr Geschlechtsempfinden ist keineswegs etwas Belangloses, sondern normalerweise eine unbeirrbare Sehnsucht nach ehrbarer Mutterschaft, welcher Trieb unendlich viel höher im Range steht als die sinnliche Leidenschaft des Libertins und Verführers.» Mit einer unbefangenen – und für das 19. Jahrhundert keineswegs ungewöhnlichen – Umkehrung vertrat Scott den Standpunkt, daß die sexuellen Gelüste der Frau sie in Wirklichkeit über den Mann erheben; edler als der Mann, ist sie «die Mutter – die Erzeugerin – aller beseelter Wesen».[64] Für viele Menschen des bürgerlichen Jahrhunderts (freilich keineswegs für alle) war es *eine* Sache, die Wahrheit zu sehen, aber eine ganz andere, sie ohne moralische Schnörkel zu verkünden.

Männer von Welt waren auf dem Wege des Experiments zu denselben Schlüssen gelangt, neigten aber eher dazu, sie ohne Geschraubtheiten auszusprechen. «Mein Rat an einen Junggesellen», vertrauten die weltklugen und herzlosen Goncourts ihrem Tagebuch an, «dessen Gesicht jung geblieben, aber dessen Herz alt geworden ist, der sich aller törichten Illusionen entschlagen hat und gesonnen ist, die Frauen zu benutzen, nicht um seiner Lust zu frönen, sondern um seinen Weg zu machen: Er halte sich immer und ohne Scheu an die Frau von achtunddreißig, übervoll und gefolterten Bluts. Mit ihr kann er ohne Säumen alles tun und alles wagen; und sobald die Frau sein ist, besitzt er sie ganz: Er kann sie zum Instrument seines Ehrgeizes machen oder zum Werkzeug seiner Leidenschaft.» Das Bild, das die Goncourts zeichnen, ist ausgesprochen abstoßend. Es nimmt manche der eisigsten Erzählungen Maupassants vorweg: die keuchende, sexuell unerfüllte Frau, die nicht mehr jung ist – um die Mitte des 19. Jahrhunderts stand man mit 38 bereits an der Schwelle des Alters – und sich vor dem Zuchtbullen erniedrigt, der ihr regelmäßig Orgasmen verschafft. Aber bei aller Amoralität läßt doch dieser väterliche Rat zweier erfahrener Roués an den angehenden Roué keinen Zweifel daran, daß zumindest in den Kreisen der Goncourts die Frau als «animal sexuel» bekannt war – wenn auch als ein reichlich animalisches.

Die Gebrüder Goncourt wußten natürlich, wovon sie redeten. Mit chirurgischer Präzision und Distanziertheit registrierten sie die orgastischen Ausbrüche ihrer Mätressen: «Heute also das Murmeln, das Atmen und das *Grunzen* der Liebe. Es ist die Frau, die da spricht und stöhnt: ‹Das geht mir durch und durch... Oh! Bibi, ich komme... Mhhh...mhhh... mhhh... Tu's! Mhhh... mhhh... mhhh...› Hier ermattet die Frau vor Genuß; der Mann macht weiter. Die Frau: ‹Oh! Mein Bein tut weh!... Tu's!... Oh! Jetzt ist alles naß...›» Und wieder: «Studie der Liebe nach der Natur. Bettgeräusche. – ‹Hey! hey! hey!› Schnuffelndes Atmen. Mit schwacher Stimme: ‹Das kitzelt so schön... Stoß zu... Ah! oh!...› Die Bettstatt quietscht; der Atem wird schneller: ‹Jetzt möcht' ich mich auf dich setzen... Oh! mein Bibi... Oh! du gehst zu weit, mein Gott!... Ich hab' an meinem Hintern deinen Herzschlag gespürt...›»[65] Die Goncourts brauchten keine wissenschaftlichen Erhebungen, um zu wissen, daß die Frau zur sexuellen Erregung ebenso fähig ist wie der Mann.

Amiel pflichtete den Goncourts bei – natürlich in viel dezenterem Ton: «Grundsätzlich ist es für beide Geschlechter dasselbe», schreibt er. «In der beiderseitigen Anziehung *erstrebt jeder im anderen die Ergänzung seiner selbst.* Man könnte sogar sagen, daß selbst Don Juan nur eine einzige Frau suche; und daß das ganze Leben jeder Frau darin besteht, *einen* Mann zu suchen: *ihren* Mann.»[66] Mitunter war diese Versicherung von ziemlich windiger, wenn auch fachkundiger Provenienz. Irgendwann im Jahre 1865 erarbeitete der New Yorker Phrenologe John Bartlett ein Charakterprofil für Joseph B. Lyman. Zweifellos kannte er Lymans Eitelkeit in bezug auf seine physische Leistungsfähigkeit und seine schriftstellerischen Ambitionen, und so vergaß er nicht, Lymans «ausdauerndes Vermögen zu einer langen Jagd» zu erwähnen, und beschrieb Lymans «Tierwesen» als «zum Teil das des Adlers u. zum Teil das des Pferdes». Lyman, versicherte er, sei bestimmt «als Schriftsteller ein Naturtalent – die Feder ist ihm so natürlich wie der Fang an der Klaue des Adlers.» Das war eine höchst ermutigende Einschätzung. Noch ermutigender waren Bartletts Bemerkungen zur erotischen Situation Lymans, die dem Gutachten beigeschlossen waren: «Ihr Prügel steht Ihnen entweder stramm, oder er ist schlaff – meist ist er schlaff, aber wenn er Ihnen steht, leistet er ganze Arbeit – so gut, daß keine Frau, die bei Verstand ist, auf Abwechslung sinnen würde.» Bartlett fügte hinzu: »Wenn Ihre Frau bei guter Gesundheit ist u. physisch mit Ihnen gleichziehen kann, können Sie die Dinge ihren Gang gehen lassen; aber eine ausgewachsene Kavallerie-Attacke kostet Sie ebensoviel Kraft wie zwei oder drei Beiträge in Ihren Kolumnen.« Und er schlug vor: «Eine Breitseite sollten Sie nicht öfter als einmal die Woche abfeuern. Das wird *ihr* guttun u. *Ihnen* nicht schaden. Wenn Ihr Leben kraftstrotzender oder epikuräischer wäre, könnten Sie sich dem Genuß großzügiger widmen. Sie wollen doch, daß in puncto Bett alles seine Richtigkeit habe, und es lohnt sich, dafür zu sorgen.» Besondere Mühe gab sich Bartlett damit, Lyman darüber aufzuklären, daß auch seine Frau an seiner sexuellen Leistungsfähigkeit interessiert sei. «Ihre Frau», meinte er abschließend, «hat keinen Anlaß, eifersüchtig auf Sie zu sein. Sie sind ein Gentleman und Sie wollen keine Mahlzeit, die nicht richtig gewürzt ist u. nicht in der passenden Schüssel serviert wird. Wenn Sie es einmal mit einer Frau machen, werden Sie es sehr oft mit ihr machen, aus zwei Gründen: Erstens, weil Sie keine Abwechslung wünschen, und zweitens, weil auch die Frau durch Abwechslung schlechterdings nichts gewinnen könnte.»[67]

Es ließe sich viel zu dieser Mini-Diagnose sagen, die augenscheinlich in ziemlicher Hast aufs Papier geworfen und als «obszön» etikettiert wurde. Die drastische Sprache Bartletts, seine militärischen Metaphern und die Derbheit seines Rates, wie man eine Frau befriedigt, lassen auf eine gewisse Kumpanei zwischen Fachmann und Ratsuchendem schließen oder auf jene Art von Rauhbeinigkeit, wie sie für das Männergespräch über die Frau charakteristisch ist. Wir können nicht wissen, was Laura

Lyman dazu gesagt haben würde, wenn man sie mit einer «passenden Schüssel» verglich, auch wenn sie, soweit wir wissen, das Sexualleben mit ihrem Mann aufs höchste genoß. Worauf es hier ankommt, ist jedoch, daß Bartlett wie selbstverständlich auf die weibliche Sinnlichkeit zählte, die offenbar keiner Diskussion, geschweige denn eines Beweises bedurfte. Wenn er Lymans sexuelle Fähigkeiten als so tüchtig und gut hinstellte, daß «keine Frau, die bei Verstand ist, auf Abwechslung sinnen würde», so wollte er damit sagen, daß Frauen, die bei Verstand sind, den Geschlechtsverkehr genauso genießen wie Männer. Wenn er postulierte «falls Ihre Frau bei guter Gesundheit ist u. physisch mit Ihnen gleichziehen kann», brachte er sehr richtig zu Ausdruck, daß die sexuellen Gelüste der Frauen oft aus physischen wie aus psychischen Gründen differieren; und wenn er der Ansicht war, Lyman könnte dem sexuellen Genuß nur dann öfter als einmal pro Woche frönen, wenn sein Leben «kraftstrotzender oder epikuräischer» wäre, so brachte er, nicht minder richtig, zum Ausdruck, daß auch die Gelüste des Mannes nach den Umständen variieren.

Das Material, das die breite Öffentlichkeit erreichte, sei es in Form leichtgewichtiger Popularisierungen oder in Gestalt sorgfältig recherchierter Abhandlungen, bewegte sich häufig auf dieser den liberalen Erwartungen entsprechenden Linie. Gustave Droz, ein ungemein produktiver Pariser Journalist, formulierte das Plädoyer für die leidenschaftliche Frau in seinem Buch *Monsieur, madame et bébé*, das 1866 erschien und binnen achtzehn Jahren 121 Auflagen erlebte. Das Buch besteht aus mehreren Essays von gezwungener Zwanglosigkeit, die thematisch von der Brautwerbung über die Heirat bis zur Elternschaft reichen und weder den lüsternen Junggesellen noch die sich in alles einmischende Mutter noch die hold errötende Braut auslassen. Der Tonfall des Autors wirkt heute unerträglich neckisch, war aber bewußt gewählt: Auf diese Art und Weise hoffte Droz die prüden gesellschaftlichen Ideale vom Sockel zu stoßen, die zu seiner Zeit die Frauen vor der Ehe zurückschrecken ließen. Wenn die Trauung vorüber ist, flüstert die Brautmutter «ihrer Tochter ein paar Worte ins Ohr, spricht zu ihr von Opfer, von der Zukunft, von Notwendigkeit, von Gehorsam...». Kein Wunder, daß die erste Nacht eine Serie von schüchternen Annäherungsversuchen des Mannes und nicht minder schüchternen Ermutigungen von seiten der Frau ist, bis diese den armen schlotternden Knaben endlich in ihr Bett läßt, wo er sie – küssen darf. Endlich gesteht sie, daß sie ihn liebt, «aber so sanft und so leise, daß sie zu träumen scheint». Trotzdem geht alles gut: daß das erotische Glück in der Ehe etwas Natürliches sei, war ja gerade die Botschaft von Droz. «Mein Gott, wie oft haben wir nicht gelacht, als wir dieser nun so ferngerückten Erinnerungen gedachten!»[68] Die Sexualität von Madame mußte nur geweckt werden, um jener von Monsieur auf halbem Wege begegnen zu können...

Es gab gewichtige, oder doch plausible, Stimmen in der französischen Ärzteschaft, die wie Droz der Überzeugung waren, daß in einer glücklichen Ehe das sinnliche Glück für beide Partner nicht zu kurz kommen dürfe. Am bekanntesten war Dr. Auguste Debay, ein pensionierter Heereschirurg, der mit Büchern über die unterschiedlichsten Themen, von der Hygiene des Badens bis zu den Geheimnissen des Magnetismus, ein breites Publikum ansprach. Sein Lieblingsgebiet blieb allerdings das, was er seine «Studien über Liebe, Glück und Treue», über «Eifersucht, Ehebruch, Scheidung und Zölibat» nannte. Seine *Hygiène et physiologie du mariage*, 1848 erschienen, konnte sich, was Verkaufszahlen und wohl auch Einfluß betraf, neben der Erfolgsschriftstellerei eines Droz sehen lassen; das Buch erzielte bis 1881 nicht weniger als 125 Auflagen und fand auch danach immer noch neue Leser. Eloquent zog Debay gegen die sexuelle Enthaltsamkeit zu Felde, deren Folgen, zumal für Frauen, schlechterdings katastrophal seien: «Der Zölibat übt einen so verderblichen Einfluß auf die geistigen Fähigkeiten der Frau aus, daß in sämtlichen Irrenanstalten die Anzahl der Mädchen und unverheirateten Frauen in keinem Verhältnis zu ihrem Anteil an der Gesamtbevölkerung steht»; auch stellte er fest: «Abscheuliche Neurosen suchen die Mehrzahl jener Mädchen heim, die sich ungeachtet ihres glühenden Temperaments der Keuschheit weihen.» Ein solches Geschöpf wird blaß und bleich und kümmert dahin; gebt ihr einen Mann, und ihre Wangen werden wieder erblühen.[69] Trotz aller medizinischen Fachkenntnis, mit der er nicht hinter dem Berge hielt, verachtete Debay nicht die Hausmittel des Volkes.

So erscheint die Ehe in seinem Buch als wahrer Segen für beide Geschlechter – körperlich wie geistig. Das «Teilen von Freud und Leid», die gegenseitige liebevolle Hilfe, die zarten Liebkosungen und süßen Worte des Trostes machen die Ehe zu einer der seltenen Kraftquellen in einer egoistischen Welt. Und zu diesen gemeinsamen Aktivitäten gehört für Debay unbedingt auch der Geschlechtsverkehr: Die Ehe ist «jener glückliche Umgang von Leib und Seele, der dem Paar die Last des Lebens zu tragen hilft». Die vieldiskutierte Frage, ob Männer oder Frauen im Bett den stärkeren Genuß empfinden, ist müßig, da sie «durch die physiologischen Experimente» moderner Forscher bereits beantwortet ist. Die Wahrheit ist, daß diese Freuden variieren, und zwar aus mancherlei Gründen. «Phantasie und genitale Sensibilität beeinflussen einander wechselweise. Menschen mit erotischer Phantasie wie auch solche mit genitaler Überaktivität empfinden sehr häufig geschlechtliche Wünsche, die sie ständig zu befriedigen suchen. Dieser Kategorie von Menschen begegnet man in der Stadt und bei den Müßigen»[70] – man könnte sagen: bei den Bürgern, zumal bei den wohlhabenden. Debay gab eine herrschende Auffassung seiner Zeit wieder, wenn für ihn die Sexualität auf dem Lande aus Brutalität des Mannes und mehr oder weniger deutlicher Gleichgültigkeit der Frau bestand. Die mittleren Schichten, so gab er zu verstehen, gebildet, sensibel, zur Geduld erzogen, führen ein erfülltes, im wahrsten Sinne des Wortes menschlicheres Sexualleben.

Im weiteren Verlauf seines Entwurfs einer kultivierten Sexualität zählt Debay die vielfältigen Spielarten genitaler Empfindungen mit geradezu wollüstiger Präzision auf. Ist der Geschlechtsverkehr kurz, zeigt die Frau sich «beim Akt passiv». Anders hingegen, wenn der Verkehr in die Länge gezogen wird: «Die Reizung der Labia minora, das Kitzeln der Klitoris, die Empfindung des sanften Reibens in der Vagina treiben die Erregung ihres gesamten Genitalapparates zu höchster Höhe.» Der wollüstige Hochgenuß läßt denn auch mit Sicherheit nicht lange auf sich warten. Das «Sexualsystem» der Frau ist «ausgedehnter» als das des Mannes; ihre Phantasie ist lebhafter, ihre Sensibilität größer. Daher «erbebt und erschauert sie unter der Liebesumarmung und kostet das Wonnegefühl so lange aus, wie die sexuelle Erregung dauert.» Die Erregung des Mannes mag stärker sein, ist aber kürzer. Außerdem ist der Mann nach dem Verkehr erschöpfter als die Frau und einer Art von «momentaner Impotenz» unterworfen; selbst im besten Fall kann er den Akt nicht öfter als fünf- oder sechsmal in sieben oder acht Stunden ausführen – eine athletische Leistung, die Debay anscheinend weder übertrieben noch außergewöhnlich fand. Dagegen ist die Frau jederzeit und in kürzester Frist zum Verkehr bereit. Vieles hängt dabei vom Geschick und der Sensibilität ihres Liebhabers ab: «Die Frau widersteht dem liebenden Ringen länger als der Mann, und es ist immer töricht oder unklug, wenn dieser auf physische Weise das Gegenteil demonstrieren will.» Debay sperrt sich denn auch gegen manche Sexualpraktiken, weil sie lieblos gegen die Frau und obendrein unnatürlich seien: «Sich einer menstruierenden Frau zu nähern» ist abstoßend; Männer, die solches tun, verraten «eine verwerfliche Lüsternheit und einen verdorbenen Geschmack».[71] Es gab bestimmte Weisen der sexuellen Erfüllung, die der sonst so liberale und unbefangene Debay nicht akzeptabel fand.

Debay war kaum das, was man einen Revolutionär nennt. Er riet den Frauen, sexuelle Erregung vorzutäuschen, die sie nicht empfanden, zumal den gleichzeitigen Orgasmus: «Der Mann liebt es, sein Glück zu teilen.» Gewiß, der Mann kann im Bett ein Tier sein, aber, klärte Debay seine Leserinnen auf: «Ihr könnt mit euren Liebkosungen die Glutschauer seines sexuellen Fiebers kühlen.» Es paßt zum Gesamtbild, daß Debay die Missionarsposition als die einzig «normale» für den Verkehr hervorhebt; die Rittlingsposition der Frau auf dem Mann mag ein wollüstiges Erlebnis verschaffen, aber sie stellt eine Umkehrung der natürlichen Ordnung dar. Trotz seines suggestiven Tonfalls und seiner Pose der Selbstsicherheit war Debay ein teilweise ratloser Ratgeber; die Familienhierarchie, der er seine Reverenz erwies, vertrug sich schlecht mit seiner Verteidigung des erotischen Lustgewinns für beide Geschlechter. Letzten Endes gehörte auch für ihn der Mann nach oben. Dagegen unterstreichen die gut 22 Seiten, auf denen Debay über Aphrodisiaka spricht, daß es ihm ernst ist mit seinem Eintreten für die Sinnlichkeit und mit seiner Überzeugung, daß die Frau ein erotisches Wesen aus eigenem Recht ist und weder das passive Opfer des lüsternen Mannes noch ein bloßes biologisches Werkzeug zur Perpetuierung der Rasse.[72] Es verrät viel über Debays Kultur – eine gebildete, von der moralischen Autorität der Religion weitgehend befreite und französische Kultur –, daß sein Buch sich einer so ungeheuren und anhaltenden Popularität erfreute.

Anderswo, in Deutschland oder England, führte man diese unverkrampften Ansichten über sexuelles Verhalten auf die sprichwörtliche französische Unmoral zurück; aber man fand überall in der westlichen Welt auch Sexualwissenschaftler, die denselben Standpunkt wie Debay vertraten und der Meinung waren, daß kein verheirateter Mann es nötig habe, seine sexuelle Erfüllung außerhalb des Ehebettes zu suchen. Dr. Anton Nyström, ein angesehener schwedischer Arzt, der auch in Kulturgeschichte und Kulturphilosophie dilettierte und dessen Schriften viel übersetzt wurden, behauptete: «Was den Menschen zum anderen Geschlecht hinzieht, ist, bei der Frau ebenso wie beim Manne, ohne Frage der Geschlechtstrieb und nicht der problematische Wunsch nach Fortpflanzung. Der Geschlechtstrieb gehört genauso zur weiblichen Organisation wie zu der des Mannes, selbst wenn er durch asketische Grundsätze und gesellschaftliche Umstände weitgehend unterdrückt wird.» Nyström war einer der wenigen ärztlichen Kapazitäten seiner Zeit, die unterschieden zwischen der ursprünglichen Natur der Frau und ihrer sozialen Lage. Da sowohl Enthaltsamkeit als auch Unterwürfigkeit in der Gesellschaft als Wesensmerkmale der Frau angesehen wurden, «haben viele Leute behauptet, daß der Geschlechtstrieb bei der Frau überhaupt keine nennenswerte Rolle spiele und, sofern er bei einzelnen Individuen dennoch stark ausgeprägt ist, ein Zeichen sittlicher Verkommenheit oder unanständiger Wollust sei.» Wie auch andere Kritiker der herrschenden Vorstellungen von weiblicher Sexualität war Nyström geneigt, für solche krassen Mißverständnisse die Religion verantwortlich zu machen: «Die herrschende Sexualethik der christlichen Länder hat die Frau gezwungen, ihren Geschlechtstrieb zu unterdrücken.» Und im Gegensatz zu den meisten anderen Autoren, die über dieses Thema schrieben, befragte Nyström auch Frauen nach ihrer Ansicht über weibliche Sexualität, «viele von ihnen gebildet und kultiviert», so etwa die deutsche Pazifistin und Sexualreformerin Helene Stöcker. Kein Wunder, daß ihre «freimütigen und wohlfundierten Artikel» für ihn höchst nützliche Dokumente waren: In ihnen «wird dargelegt, daß für die Frau Geschlechtstrieb und Liebesverlangen ebenso entscheidend sind wie für den Mann, während Mutterschaft von sekundärer Bedeutung ist.» Beide Aussagen hätte Mabel Loomis Todd mit Begeisterung unterschreiben können. Die sehr knapp gehaltenen Fallgeschichten, die Nyström aus seiner eigenen medizinischen Praxis beisteuerte, bestätigten, was diese «gebildeten und kultivierten» Frauen bereits hatten drucken lassen: Sexuelle Abstinenz, in die er auch die Masturbation einbezog, führe zu Schlaflosigkeit, Kopfweh, Halluzinationen; darüber hinaus habe der Geschlechtstrieb die Eigenschaft, die formidabelsten inneren Schranken zu überwinden.[73] Droz und Debay hatten bemerkenswerte Verbündete.

Doch obwohl das Fähnlein dieser Aufrechten weder ängstlich noch isoliert noch überkandidelt war, geriet es mehrere Jahrzehnte lang zahlenmäßig immer mehr ins Hintertreffen, und immer lauter machten sich griesgrämige Stimmen geltend, die der gesunden und anständigen Frau jegliche natürlichen erotischen Neigungen absprachen. Die Kampflinie der sich befehdenden Parteien verlief quer durch die Zeiten und die Länder; Bloch selbst zitiert mindestens ein halbes Dutzend Fachleute – meistens aus jüngerer Zeit und meistens aus Deutschland –, die sich grundsätzlich uneinig waren. Auch einen nationalen Konsens gab es nicht: Italiener und Franzosen, Deutsche, Engländer und Amerikaner waren in dieser Frage gespalten. Es kam auch nie ein Konsens zustande; die Verfechter der sexuellen Reinheit, für die die natürliche Frau in der sexuellen Beziehung stets ausweichend und passiv war, scheinen mit fortschreitendem Jahrhundert immer eifriger geworden zu sein. Zu einer Monopolstellung auf diesem Gebiet brachten sie es freilich nicht. Aber auch die hervorragenden Fachleute konnten sich nicht einigen; zu Anfang und gegen Ende des vorigen Jahrhunderts und dann wieder in unserem Jahrhundert diagnostizierten manche die Frau als ebenso leidenschaftlich wie den Mann, während andere auf ihrer natürlichen Frigidität beharrten.

Der wohl bekannteste – und jedenfalls literarischste – Kritiker der lange Zeit herrschenden Auffassung, die Frau sei ein leidenschaftliches Wesen, war Dr. William Acton; sein Evangelium von der sexuellen

Empfindungslosigkeit der Frau wurde seinerzeit beifällig aufgenommen und gewann internationale Verbreitung. Wenn Acton eine Stärke hatte, dann die, kein Blatt vor den Mund zu nehmen: «Die Mehrheit der Frauen wird (zu ihrem Glück) von sexuellen Gefühlen irgendwelcher Art nicht besonders geplagt. Was Männer gewohnheitsmäßig sind, sind Frauen nur ausnahmsweise.« Und er setzte hinzu, daß derlei Ausnahmefrauen im Grunde Verirrungen der Schöpfung seien, Nymphomaninnen und sonstige potentielle oder wirkliche Insassen von Irrenanstalten. Interessanterweise erwartete Acton, daß diese kardinale Lebenstatsache den Mann nicht etwa bedrücke, sondern ihn zuversichtlich stimme: «Kein nervöser oder schwächlicher Jüngling braucht sich also durch eine übertriebene Vorstellung von den auf ihn wartenden Pflichten von der Ehe abschrekken zu lassen. Die verheiratete Frau wünscht nicht, auf eine Ebene mit einer Mätresse gestellt zu werden.» Ihre natürliche Kälte sollte geeignet sein, seine Befürchtungen zu zerstreuen. «In der Mehrzahl der Fälle», betont Acton, «wird die sittsame englische Frau, die soeben die Ängste und Strapazen der Hochzeitszeremonie und der mit ihr verbundenen Abschiede durchgemacht hat und sich in der so neuen, so bangen und scheinbar so verlorenen Lage der frisch vermählten Frau befindet, im allgemeinen nur zu glücklich sein, wenn ihr in den ersten paar Tagen das erspart bleibt, was in den meisten Fällen, zumindest für sie selbst, eine höchst schmerzliche und kummervolle Klimax ihrer sonstigen Gemütsbewegungen ist.» Sie hatte für Acton zu viel von einem Engel, um als «Kurtisane» behandelt zu werden.[74]

Für jene, die im Geschäft der religiösen Ermahnung tätig waren, kamen Actons Kundgaben wie gerufen. Aber auch viele Mediziner, oft mit jahrzehntelanger praktischer Erfahrung, stellten sich hinter seine markig-dogmatischen Schlußfolgerungen. Mitte der 1880er Jahre war es Dr. Richard Freiherr von Krafft-Ebing, der ihnen seine gewichtige Autorität lieh, und zwar mit seiner vielgelesenen und mehrfach überarbeiteten *Psychopathia Sexualis*. Er räumte ein, daß hohe Kultur auf einem erotischen Fundament ruhe: «Was wäre die bildende Kunst und die Poesie ohne sexuelle Grundlage!» Doch den Frauen billigte er dergleichen nicht zu. Noch 1894, in der neunten Auflage seines Klassikers, behauptet er, daß «ohne Zweifel» der Mann «ein lebhafteres geschlechtliches Bedürfnis als das Weib» habe. «Folge leistend einem mächtigen Naturtrieb, begehrt er von einem gewissen Alter an ein Weib. Er liebt sinnlich.» Bei der Frau ist das anders: Wenn das Weib «geistig normal entwickelt und wohlerzogen» ist, «so ist sein sinnliches Verlangen ein geringes. Wäre dem nicht so, so müßte die ganze Welt ein Bordell und Ehe und Familie undenkbar sein. Jedenfalls sind der Mann, welcher das

Weib flieht, und das Weib, welches dem Geschlechtsgenuß nachgeht, abnorme Erscheinungen.» Frauen sehnen sich zwar stärker als Männer nach Liebe, aber dieses Bedürfnis ist bei ihnen eher vergeistigter als erotischer Natur. In einer «medicinisch-psychologischen Studie» über die sexuelle Perversion, die erstmals 1890 erschien, bekräftigte Krafft-Ebing, was er schon in seinem Meisterwerk verkündet hatte: Die Frau ist von Natur aus passiv, ihre fügsame Unterordnung unter das andere Geschlecht eine physiologische Erscheinung. Ihr Los ist ein biologisches und zugleich soziales: Das Weib ist passiv sowohl beim Prozeß der Fortpflanzung als auch im Rahmen der gesellschaftlichen Bedingungen, die, laut Krafft-Ebing, «immer» bestanden haben.[75] Nach dieser Version könnte sogar der revolutionärste Umsturz der Gesellschaftsordnung niemals die Fesseln beseitigen, die die Natur selbst den erotischen Wünschen der Frau angelegt hat.

Diese Auffassung der Dinge wurde die vorherrschende, wenngleich, wie gesagt, nicht die alleinige. In seinem maßgeblichen Lehrbuch *The Human Body*, das erstmals 1881 herauskam, beruft sich der Biologe und Physiologe H. Newell Martin auf einen kenntnisreichen Arzt: Nicht bloß sei der Geschlechtsakt bestenfalls «eine Plage für die Mehrheit jener Frauen, die den genußsüchtigsten Schichten der Gesellschaft angehören», sondern sehr viele Frauen litten bei diesem vermeintlichen Vergnügen in Wirklichkeit akute Schmerzen und würden oft gesundheitlich zusammenbrechen. Martin teilte offenbar die von Acton mehrere Jahrzehnte zuvor formulierte Überzeugung, daß Frauen den Verkehr nur über sich ergehen lassen, um ihren Männern zu Willen zu sein. «Eine liebende Frau, die ihr höchstes Glück darin findet, für jene zu leiden, die ihr teuer sind, wird es ihren Gatten nicht merken lassen, solange sie es irgend ertragen kann.»[76]

Andere gaben sich zwar weniger doktrinär, waren sich aber ihrer Sache kaum weniger sicher. Mitte der 1850er Jahre wetterte der amerikanische Bildungsreformer und zugelassene Arzt William A. Alcott heftig gegen unzüchtige Schriften, weil sie den «durchaus irrigen Eindruck» erweckten, die Frau sei «von Natur aus sinnlich, wie das andere Geschlecht». Und er stellte die rhetorische Frage, ob es eine schlimmere Verleumdung geben könne, als zu unterstellen, die Frau sei «konstitutionell oder aus natürlicher Neigung unrein». Alcott gab zu, daß es einige «schamlose Frauen» gebe; die meisten jedoch leben und weben in einer «Sphäre von nahezu engelsgleicher Vortrefflichkeit». Einige Jahre zuvor hatte der englische Publizist W.R. Greg in seinem berühmten Artikel über Prostitution in der *Westminster Review* die Frauen in denselben exaltierten Himmel gehoben: «Das *Begehren* des Weibes führt kaum jemals zu seinem Fall.» Mit Ausnahme der niedrigeren Schichten, die ständig Verlockungen und Versuchungen ausgesetzt sind, «existiert das Begehren in klar umrissener, bewußter Gestalt» bei den Frauen «so gut wie gar nicht, bis sie gefallen *sind*.» Während beim Mann «das geschlechtliche Begehren im allgemeinen wesenseigentümlich und spontan ist und dem Zustand der Pubertät angehört», ist das Begehren bei der Frau «unerweckt und nicht vorhanden, bis es erregt wird». Und so kommt es, daß «Frauen, deren Stellung und Erziehung sie gegen alle aufreizenden Dinge abgeschirmt haben, unerschütterlich durch das Leben gehen, ohne um die Einflüsterungen der Sinne zu wissen. Wie schön für sie, daß es so ist!»[77]

Greg tastete sich Schritt für Schritt zu einem erstaunlichen Kompromiß vor: Den Frauen sind zwar, ebenso wie den Männern, geschlechtliche Triebe eingepflanzt; doch während der Mann diese mit Macht in sich verspürt und ihnen hungrig nachgibt, empfindet das Weib sie nur dumpf und lebt sie möglicherweise niemals aus, falls sie nicht zur Lüsternheit verführt wird. Viele, die über Sexualität und Ehe schrieben, bezogen denn auch, was die erotische Verfassung der Frau betraf, eine mittlere Position: Der Mann muß der aktive Initiator des Geschlechtsverkehrs sein, während die Frau ein geheimnisvolles Wesen bleibt; aber auch die Frau kennt sexuelle Gefühle. So vertritt Smith H. Platt in seinem von Bibelzitaten strotzenden Traktätchen *Queenly Womanhood* den Standpunkt, daß zwar der «offenkundigste» Zweck des Geschlechtstriebes die Erhaltung der menschlichen Art sei; doch gäbe es «gewichtige Gründe für die Annahme, daß er noch zu einem anderen Zwecke dienlich ist», nämlich «der Steigerung oder Inbrunst der natürlichen Liebesgefühle». Diese werden von beiden Geschlechtern geteilt. «Dieser Schluß», so meint Platt, «wird durch die ansonsten unerklärliche Häufigkeit und Beharrlichkeit des Geschlechtswunsches gestützt»; freilich beeilt er sich, in die sichere Bahn des konventionellen Denkens zurückzulenken, indem er hinzusetzt: «zumal bei den männlichen Vertretern des Menschengeschlechts.» Platt macht es den Frauen zur Pflicht, ihre Gesundheit den sexuellen Bedürfnissen des Mannes aufzuopfern, «selbst wenn dieses Opfer als eine Art von Befleckung *erscheint*, das dem Zartgefühl des weiblichen Wesens verhaßt ist». Gerechtigkeitshalber fügt er hinzu: «Kein wahrer Gatte wird ein solches, *ihm* gebrachtes Opfer bemerken, ohne daß in ihm die edelsten Triebe seines Mannestums in ihrer tiefsten Tiefe erschüttert werden« und er sich Zurückhaltung auferlegt. Er wird daher «so weit wie nur irgend möglich die unumgängliche Plage gering halten sowie das, was ihn unvermeidlich dünkt, um seine Liebe und Zärtlichkeit für diese hochherzige Frau zu vertiefen, die sich ihm nicht nur hingegeben, sondern *sich für ihn gegeben* hat.»[78] Als Zugeständnis an feministische Empfindlichkeiten mag das nicht allzu viel gewesen sein, aber es war das Äußerste, wozu sich eine massive Phalanx von Männern, die über Sexualität schrieb, Ende des 19. Jahrhunderts aufraffen konnte.

Fromme weibliche Publizisten standen ihrerseits der Frauenbewegung nicht weniger kritisch gegenüber als die meisten patriarchalischen Männer, verfielen aber mitunter in eine Art von defensivem Feminismus: Sie pflegten zu betonen, daß es in dieser hochentwickelten und bedauerlich dekadenten Zivilisation die vornehmste Pflicht des Weibes sei, den Mann aus dem sinnlichen Sumpf herauszuziehen, dem er durch seine Aktivitäten in der Welt dort draußen immer wieder ausgesetzt war und der sein Seelenheil gefährdete. Mrs. Sarah Stickney Ellis, die in ihren einflußreichen Büchern unermüdlich predigte, daß die Frau sich selbst und ihr Leben für andere zu opfern habe, setzt in *The Women of England* auseinander, daß Frauen aus einer ganzen Reihe von Gründen nach höherer Bildung streben: um «materielle Dinge mit den Attributen des Geistes zu adeln», um «unseren familiären und notwendigen Geschäften Interesse zu verleihen», aber «vor allem, damit wir daran mitwirken können, den Charakter der englischen *Männer* aus jenem rein animalischen, oder vielmehr rein mechanischen Zustand zu erlösen, in den zu verfallen sie nach Art und Dringlichkeit ihrer Geschäfte in Gefahr sind.» Das war sittsam und deutlich genug: Es lag Mrs. Ellis fern, der gebildeten Frau die Erlösung ihres Mannes von seiner animalischen Charakterbeschaffenheit dadurch zuzumuten, daß sie sich in die Geheimnisse dieser animalischen Leidenschaften einweihen ließ. In Traktaten wie den ihren mischt sich in das Mahnend-Lehrhafte immer allerhand Vernünftiges; die Reinheits-Literatur ist nicht so prüde oder eng, wie man sie geschildert hat. Aber das Ideal der Häuslichkeit schlummert meistens unter dünner Decke, und solche Literatur gehört – mehr oder weniger manifest – in die Rubrik «Wünsche».

In der Tat brachte es die Besserungsliteratur jener Zeit – ein ungeheurer und unendlicher Schwall von klerikalen und pädagogischen Ergüssen – nicht fertig, die Frauen in Ruhe zu lassen. Von den erwähnten Ausnahmen abgesehen, verunglimpfte oder verharmloste sie die weibliche Sinnlichkeit oder leugnete sie schlankweg ab. Die gezogenen Schlüsse wurden ebenso kraß von der Furcht vor den Fakten diktiert wie vom Trachten nach Erbaulichkeit oder der Lust am Skandalösen. Bei vielen Autoren ist es unmöglich, diese Motive auseinanderzuhalten, und zwar hauptsächlich deshalb, weil sich hinter erklärten Prinzipien unbewußte Konflikte verbergen. Die nachdrückliche Forderung, daß der Mann oben sein müsse, die, wie wir gesehen haben, sogar durch manche Bücher zum Lobe der Sexualität geistert, enthüllt indirekt die verbreitete Angst des Mannes vor der Gefahr, sich unversehens unten wiederzufinden. Das Moralisieren über Koitusstellungen symbolisierte andere, urtümlichere Sorgen.

Im großen und ganzen verfolgten die Ehehandbücher, oberflächlich betrachtet, Absichten, die naiv waren; sie reichten handliche, völlig unbewiesene Volksweisheiten über die Beziehungen zwischen den Geschlechtern weiter, indem sie schamlos voneinander abschrieben, um desto besser die Zuchtlosigkeit des Weibes, die Brutalität des Mannes und die allgemeine Verkommenheit der Zeitläufte anprangern zu können. Fast möchte man vermuten, daß diese Moralisten eine verdorbene Gesellschaft brauchten: eine weniger verruchte, weniger der erotischen Ausschweifung preisgegebene hätte sie brotlos gemacht. In Wirklichkeit waren jedoch die meisten Besserungstraktate von unverhohlener Religiosität der Gesinnung und des Tones, und es waren keineswegs nur die Evangelischen, die nicht müde wurden, jene frommen Sprüche zu wiederholen, die die Frauen «Gefäße des Zorns» nannten und sie ermahnten, im Gehorsam des Herrn ihrer Bestimmung zu leben – zu Hause, im Kreise der Kinder und uneingedenk ihrer Sexualität. August Bebel entrichtet solchen zäh verteidigten christlichen Anschauungen in seiner berühmten Streitschrift *Die Frau und der Sozialismus* gequälten Tribut; er zitiert den hl. Paulus mit einigen seiner notorischen Aussprüche à la «die Frau sei dem Manne untertan» sowie einige der rabiatesten Frauenfeinde unter den Kirchenvätern mit Auslassungen über die heillose Sündhaftigkeit des weiblichen Geschlechts. In den 1880er Jahren, als Bebel dieses wirkungsvolle Stück sozialistischer Propaganda verfaßte, das zur Gleichberechtigung der Frau auf allen Gebieten, einschließlich des erotischen, aufrief, war die für das 19. Jahrhundert bezeichnende Vorstellung von der erotischen Empfindungslosigkeit der Frau noch sehr lebendig.

Die medizinische Literatur ist, wie wir gesehen haben, nicht weniger problematisch, als es die von Pastoren oder Schulmännern kompilierten Handbücher sind. Sie ist weniger berechenbar und wirkte auf das Publikum der damaligen Zeit zweifellos autoritativer als die klerikalen oder pädagogischen Konkurrenzprodukte. Dr. Eugène Becklard – um ein frühes Beispiel zu wählen – meint in einem 1838 erschienenen Traktat über sexuelle Physiologie, Frauen könnten, genau wie Männer, von Fall zu Fall «sinnlich» sein oder nicht. Wenn er sagt: «Die Gesetze Hymens beschneiden nicht, sondern begünstigen sexuelle Freuden», so sind gleichermaßen die Freuden des Mannes wie dic der Frau gemeint. Diese unparteiische Haltung hindert Dr. Becklard aber nicht an der Auffassung, daß «das weibliche Geschlecht», das «von Natur aus eingeweiht in die Künste der Liebe» ist, gleichzeitig «das passive Prinzip» ist, «dem in Dingen des Liebeswerbens kaum etwas anderes zu tun bleibt, als auf das Tätigwerden eines anderen zu reagieren».[80] In seinem kleinen Buch, einem frühen, aber charakteristischen Beispiel für die moderne Gattung, greifen natürliche Neigung und gesellschaftlicher Zwang ineinander – eine Anschauung, die wie bei W.R. Greg einen Kompromiß in der beunruhigenden Frage der Sexualität der Frau möglich erscheinen läßt: Man könnte sich denken, daß sie der Frau angeboren ist, und zwar in derselben Stärke wie beim Mann, aber aus guten Gründen Beschränkungen durch die Gesellschaft unterliegt, die den Frauen im Interesse der familiären Harmonie die Rolle der Schüchternheit und Empfänglichkeit auferlegen.

Es war nicht die Art von Kompromiß, der ein Krafft-Ebing zugestimmt hätte, aber offenbar schien es eine tragfähige Strategie sowohl für Moralisten als auch für Mediziner zu sein, die die Selbstsüchtigkeit und Vertiertheit des Ehegatten beklagten, ohne sich deshalb schon für die Gleichstellung der Geschlechter erwärmen zu können. Eine der Ärztinnen, die diese mittlere Position annehmbar fanden, war Dr. Elizabeth Blackwell. Sie wurde bekannt als Vorkämpferin der medizinischen Aufklärung und war die erste Frau, die in den USA ihren Doktor in Medizin machte. Zwar war sie eine Rebellin, doch wurden ihrer rebellischen Gesinnung von ihren religiösen Überzeugungen enge Grenzen gezogen; sie bezeichnete sich selber gern als «christliche Physiologin», und ihre Schriften über die Ehe spiegeln ihre beiden vornehmsten Themen wider: die Frau und Gott. In ihrem *Counsel to Parents* vertritt sie mit strengem Ernst die These, daß eine hochentwickelte christliche Zivilisation mit Recht darauf besteht, «der Hingabe an den natürlichen Trieb eine *gewisse* Grenze zu setzen», was «bei beiden Geschlechtern nötig ist». Doch dient dies eher dazu, einem möglichen Übermaß zu steuern, als einer angeborenen Verworfenheit zu begegnen. «Die körperliche Leidenschaft ist an und für sich nichts Böses; im Gegenteil, sie ist ein wesentlicher Bestandteil unserer Natur. Sie ist ein göttliches Geschenk, das wie jede andere *menschliche* Anlage die Möglichkeit des Wachsens und des Reifens in sich birgt.» In *The Human Element in Sex* warnte Dr. Blackwell vor den vielfältigen Erniedrigungen, zu denen die moderne Gesellschaft den Geschlechtstrieb verleite, und betont erneut: «Die körperliche Lust, welche die Liebkosungen der Liebe begleitet, ist ein großes Geschenk an das Menschengeschlecht, das ihm eine wohltätige Schöpfer-Kraft gemacht hat.» Fest steht: «Der Geschlechtsakt selbst, recht verstanden in seinem vielschichtigen Charakter, ist keineswegs etwas notwendig Böses, sondern in Wirklichkeit ein von Gott geschaffener und vollkommen gerechter Akt der Erfüllung unseres gegenwärtigen Lebens.» Indem sie ihn unterhalb der geistigen Genüsse ansiedelte und mit Warnschildern gegen Mißbräuche umstellte, geriet Dr. Blackwell bezüglich des Geschlechtsverkehrs zwar nicht gerade ins Schwärmen, aber eben diese Zurückhaltung wird ihren Eindruck auf «anständige» Leserinnen nicht verfehlt haben – Leserinnen, die den Befragten des «Mosher Survey» geähnelt haben dürften. Durch die Betonung des «seelischen Elements» sah sie, wie so viele andere, in der ehelichen Liebe ein Amalgam aus Zärtlichkeit und Begehren. «Das schwere, vielschichtige Leid zahlreicher Witwen, die eine starke Bindung an ihren verstorbenen Partner hatten», schreibt sie mitfühlend, «ist dem Arzt wohlbekannt; was diese Frauen empfinden, ist nicht nur ein seelischer Verlust, sondern auch eine ungeheure physische Deprivation.»[82] Das Ausmaß dieser physischen Deprivation war in den Augen der christlichen Physiologin ein Beweis für die angeborene sexuelle Empfindungsfähigkeit der Frau.

Einige wenige Autoren besaßen genügend Geist, um zu erahnen (oder doch eine gewisse undeutliche Bereitschaft, zu zeigen), welche ungemein widerspruchsvollen Rätsel die weibliche Sexualität der bürgerlichen Gesellschaft des 19. Jahrhunderts aufgab – befangen, wie sie war, auf das Wahren des äußeren Anscheins bedacht, veränderungswütig und veränderungsmüde zugleich. Der allgemein geachtete amerikanische Arzt George H. Napheys, der 1876 mit Anfang dreißig starb, ist ein gutes Beispiel. Seine Sexualpolitik war ausgesprochen progressiv; er konnte (wie vor ihm schon Defoe und Diderot) die These vertreten, daß die manifeste «Unterlegenheit» der Frau gegenüber dem Mann von ihrer Rolle bei der Fortpflanzung des Menschen bedingt war und daß jene «Fähigkeiten der Frau, in denen sie dem Manne überlegen ist, von der animalischen Vitalität und der Selbstsucht des Mannes überschattet und unterdrückt worden sind». Sobald man der Frau Zeit und Gelegenheit gibt, ihre Kräfte zu entfalten, wird diese Unterlegenheit verschwinden. Auch war für Napheys Frigidität keine Tugend. «Es ist eine falsche Vorstellung und widerspricht der Natur», schreibt er, «daß diese Leidenschaft in einer Frau eine Herabwürdigung ihres Geschlechts sein soll. Die Wissenschaft der Physiologie verweist ganz klar auf deren Schicklichkeit und Würde.» Jene Ehefrauen, die mit «ihrem Ekel oder ihrem Widerwillen gegen die ehelichen Pflichten» prahlen, mit «ihrer Kälte» und der «Gemütsruhe ihrer Sinne», begreifen diese Erscheinungen nicht als die «Defekte», die sie in Wirklichkeit sind. Frauen, die es fertigbringen, «sich dem Wirken dieses geheimnisvollen Gesetzes mit Befriedigung und ohne zu leiden zu entziehen, beweisen eben dadurch, daß ihre Organisation unvollständig ist.»[83]

Doch Napheys, der umsichtige, ritterliche Frauenarzt, wußte zwar, was er im Interesse der Frauen wollte, aber er wußte nicht besonders genau, was die Frauen tatsächlich erlebten. «Die übergroße Mehrheit der Frauen», schreibt er unter Berufung auf irgendeine ungenannte medizinische Autorität, hat ein «mäßiges» Geschlechtsverlangen. Er ließ sogar im Druck die Sätze erscheinen: «Nur in den seltensten Fällen erleben Frauen den zehnten Teil jenes sexuellen Gefühls, das den meisten Männern bestens bekannt ist. Viele von ihnen sind ganz und gar frigide, und nicht einmal in der Ehe verspüren sie jemals ein wirkliches geschlechtliches Begehren.» Die gegenteilige Auffassung, daß nämlich Frauen «Wesen mit gleichen Leidenschaften wie wir selbst» seien, ist eine entschieden «pöbelhafte Meinung».[84] Es bedarf schon eines gewieften Kasuisten, um beide Konjekturen miteinander in Einklang zu bringen.

Andererseits würde es freilich sämtliche Künste dieses Kasuisten überfordern, wollte er klug werden aus der 1904 erschienenen, gravitätisch-peniblen Abhandlung Dr. Otto Adlers über die «mangelhafte Geschlechtsempfindung des Weibes». Dieses außergewöhnliche Werk liefert eher einen Zugang zur Mentalität der Ärzte im 19. Jahrhundert als zur Sexualität der Frauen im 19. Jahrhundert. Eine der von Adler herangezogenen Autoritäten war J. Matthews Duncan, der ja, wie erinnerlich, unumwunden festgestellt hatte, daß die Sinnlichkeit der Frauen völlig normal sei und daß hierüber Einigkeit unter den Ärzten bestehe. Bei der Zusammenfassung seiner Schlußfolgerungen über die Lustempfindung der Frau beruft sich Adler nun auf seine Berufserfahrung sowie auf andere Gynäkologen: «Fast alle Autoren sind darin einig», schreibt Adler und scheint dabei zu vergessen, daß nach Dr. Duncan fast alle Autoren sich über das Gegenteil einig waren, *«daß der Geschlechtstrieb (Verlangen, Drang, Libido) des Weibes sowohl in seinem ersten spontanen Entstehen, wie in seinen späteren Äußerungen wesentlich geringer ist als derjenige des Mannes»;* vielfach müsse die weibliche Libido «erst in geeigneter Weise geweckt werden», und oftmals entstehe sie «überhaupt nicht». Er appelliert an Männer mit Erfahrung: Wie oft beklagt sich der Gatte nicht über seine frigide Frau! Die unregelmäßigen, wenn auch verbreiteten Erlebnisse der Männer mit liebesbereiten Prostituierten vermochten Adlers Vertrauen in seine Schlüsse ebensowenig zu erschüttern wie das Fehlen zuverlässiger Statistiken. Bei der ihm bekannten Unzuverlässigkeit der Gewährsleute schätzte er kühn, daß die Anaesthesia sexualis «sicherlich nicht unter 10%» betrage, hielt es aber für wahrscheinlich, daß die Zahlen noch bedeutend höher lagen: «20, 30 ja vielleicht gar bis

40%!» Diese letzte Zahl hat es Adler am meisten angetan, und sie ist es, die er als wahrscheinlich zutreffend ausgibt.[85]

Wenn jedoch mindestens drei von fünf Frauen zum sexuellen Genuß «geweckt» worden sind und wenn von diesen wiederum eine ganze Reihe den Orgasmus erleben, kann die Hauptursache der Frigidität keine biologische und der weibliche Geschlechtstrieb nicht «mangelhaft» sein. Selbst wenn man Adler seine so schlecht fundierten und im Interesse seiner Argumentation stark übertriebenen Schätzungen durchgehen läßt, ist auch nach seiner eigenen Darstellung die leidenschaftliche bürgerliche Ehe alles andere als die Ausnahme von einer deprimierenden Regel. Gerade die Fälle, die Adler zur Absicherung seiner Theorie anführt, demolieren sie restlos; die meisten seiner Patientinnen waren potentielle Schwestern Mabel Loomis Todds. Unter fünfzehn einschlägigen Beispielen verzeichnen mindestens zehn ein starkes sexuelles Interesse: entweder Orgasmen, die durch Masturbation erreicht wurden, oder ein unerfülltes, aber dennoch verzehrendes Geschlechtsverlangen. Zwei von Adlers Patientinnen stellten ihre Erregbarkeit sogar in seinem Konsultationszimmer unter Beweis, davon die eine bis zum Orgasmus, der sich einstellte, als Adler ihre Geschlechtsorgane untersuchte und dabei die Klitoris berührte. Diese angeblich empfindungslosen Frauen ähneln den Patientinnen, von denen auch andere Ärzte des 19. Jahrhunderts berichten: Frauen, die darauf aus waren, ihre Genitalien mit Hilfe des Sperr-Spekulums untersuchen zu lassen, weil sie dadurch sexuell erregt wurden. Die meisten anderen Patientinnen Adlers unterdrückten bewußt – oder verdrängten unbewußt – ihre erotischen Empfindungen, sei es aus Prüderie oder aus Angst: Die eine befürchtete, mit ihrer sexuellen Erregung ihrem herzkranken Manne zu schaden; eine andere, Witwe mit acht Kindern, behalf sich mit Masturbation, nachdem ihre glückliche Ehe zu Ende war, und stellte zu ihrem Erstaunen fest, daß ihre bewußte Verführung eines Achtzehnjährigen ihr keinen sexuellen Genuß verschafft hatte. In diesen Fallgeschichten wimmelt es von hysterischen Konversionssymptomen, die nicht auf irgendeine elementare Unzulänglichkeit der sexuellen Ausstattung schließen lassen, sondern entweder auf das neurotische Unvermögen, die Quellen erotischer Lust zu erschließen, oder aber auf eine von gedankenlosen, egoistischen oder impotenten Liebhabern gekränkte Libido. In einem Buch, das den Nachweis der «mangelhaften Geschlechtsempfindung des Weibes» erbringen soll, bietet Adler statt dessen eindrucksvolle Belege für das Überwiegen ehelicher Fehlanpassungen und neu erwachter infantiler Neurosen: sexuelle Kindheitskonflikte, die im Laufe der Jahre in den Untergrund gedrängt wurden, ungelöst blieben und im frühen Erwachsenenalter wieder ins

Bewußtsein gelangen. Wie immer die präzise Diagnose für die Patientinnen Adlers lauten mag, jede von ihnen ist bis zum Bersten erfüllt von unbefriedigter Geschlechtslust.

Eine von Adlers Patientinnen, «Fall XIV», ist außerordentlich aufschlußreich. Sie veranschaulicht einmal mehr die Kluft zwischen dem Erlebten und dem Ausgesprochenen, die auch den größten Teil der respektablen Gesellschaft kennzeichnete. Dieses Auseinanderklaffen offenbart sexuelle Leidenschaften, die die bürgerliche Kultur aus dem Bewußtsein und der sprachlichen Formulierung ausblendete. Fall XIV ist deshalb besonders kraß, weil hier sowohl die Patientin als auch der Arzt sich als unfähig erweisen, unausweichliche Schlüsse aus eindeutigen Anhaltspunkten zu ziehen. Fall XIV war eine Frau von 31 Jahren, die schon vor ihrer Pubertät gelernt hatte, zu masturbieren, was bei ihr zur «vollen Befriedigung» führte und «stets mit Naßwerden verbunden war». Auch als erwachsene Frau fuhr sie fort, sich sexuelle Erfüllung zu verschaffen, indem sie masturbierte oder sich masturbieren ließ. Die erste ernsthafte Liebesaffäre hatte sie mit 22, mit «einem gebildeten Manne, einem höheren Offizier, den sie aufrichtig liebte»; der Verkehr mit ihm vollzog sich jedoch, wie sie Adler anvertraute, *«ohne jegliches Gefühl»*. Und zu ihrer *«größten Verwunderung stellte sich ein solches auch bei ferneren Versuchen nicht ein, obgleich die Patientin in hohem Grade erregt war und die Umarmungen und Liebkosungen des Mannes leidenschaftlich begehrte.»* Seither überschattete dieser Mangel an Gefühl ihre Liebesbeziehungen, obwohl sie danach noch mit zehn verschiedenen Männern intim wurde. «Sie wird stets durch die Liebkosungen des Mannes stark erregt, besonders wenn derselbe sie küßt und ihre Brüste streichelt. Sie fühlt dann sofort eine Nässe auf den Genitalien, erlangt aber Befriedigung nur, wenn die bewußte Stelle der Vulva manuell entweder von ihr selbst oder dem Liebhaber gereizt wird. In coitu normali hat sie nicht die leiseste Wollustempfindung, auch nicht bei protahierten Versuchen.» Anfangs sehr unglücklich, hatte sie sich nach und nach mit ihrer Frigidität abgefunden, zumal sie eine ganze Reihe anderer Frauen kennengelernt hatte, die sich resignierend in dasselbe Schicksal fügten.[86]

Aber was für ein Schicksal war das denn? Fall XIV ist nicht eine Frau «ohne jegliches Gefühl», sondern eine, deren starke Sexualität besonderer Bedingungen bedurfte, um sich ganz erfüllen zu können. Welche psychologische Vorgeschichte die Patientin auch gehabt haben mag – und Adler war nicht der Arzt dazu, sie aus ihr herauszuholen –, es gibt weder in ihrem Fall noch in irgendeinem der anderen Fälle, die er anführt, den geringsten Anhaltspunkt für seinen Schluß, die weibliche Sexualität sei von Natur aus der des Mannes «unterlegen». Mit seiner unbekümmerten Mißachtung des Tatsachenmaterials war Otto Adler ein würdiger Nachfahr jenes William Acton, der einige Jahrzehnte zuvor behauptet hatte: «Die besten Mütter, Gattinnen und Hausfrauen wissen wenig oder gar nichts von geschlechtlichen Genüssen. Die Liebe zum Heim, zu den Kindern und die häuslichen Pflichten sind die einzigen Leidenschaften, die sie empfinden.» Nun gab es im 19. Jahrhundert tatsächlich viele Frauen der Mittelschicht, die nichts anderes als die häuslichen Leidenschaften zu spüren bekamen, die Acton aufzählt; doch faßten sie das als Anzeichen dafür auf, daß mit ihnen irgend etwas ernsthaft nicht in Ordnung war. Andernfalls hätten sie wohl kaum Dr. Acton, Dr. Adler und andere ihresgleichen aufgesucht, außer vielleicht bei Infektionen. Es ist fraglich, ob solche Ärzte mit solchen vorgefaßten Meinungen die Leiden ihrer Patientinnen linderten. Soweit Acton sehen konnte, duldete eine verheiratete Frau den Verkehr nur deshalb, weil ihr Mann ein verbrieftes Recht darauf hatte und weil nicht zu übersehen war, wieviel Vergnügen sie ihm damit bereitete. «In der Regel begehrt eine Frau nur selten für sich selbst eine sexuelle Befriedigung», schreibt Acton, «und würde, wenn es nicht um die Freuden der Mutterschaft ginge, recht gern von den Liebesbezeugungen des Mannes verschont bleiben.»[87] In Wirklichkeit war es wahrscheinlich ganz anders: Wenn ein bürgerliches Paar des 19. Jahrhunderts sexuell nicht übereinstimmte, wird sich die Frau nicht weniger, sondern mehr – oder andere – Liebesbeweise des Mannes gewünscht haben, zumal wenn die Zeit der Kinderaufzucht bereits vorüber war und Vorsichtsmaßregeln gegen eine unerwünschte Empfängnis zur häuslichen Routine gehörten. Es gab viele Gründe, warum verheiratete Frauen im 19. Jahrhundert darauf verzichteten, wegen sexueller Probleme einen Gynäkologen aufzusuchen. Wenn sie aber beteuerten, es gehe ihnen gut und sie seien gesund, muß man das nicht unbedingt auf ihre Schüchternheit oder ihre Unwissenheit, auf ihre geringen Erwartungen oder auf das resignierte Sichabfinden mit ihrer sexuellen Sklaverei zurückführen. Sie waren so wenig schüchtern wie schon lange nicht mehr, und ihre Erwartungen waren so hoch wie schon lange nicht mehr. Immer weniger Frauen waren Sklaven. Ihre Beteuerungen, erotisch befriedigt zu sein, waren realistische, zum Teil sogar akkurate Berichte.

Die medizinischen Publikationen zu diesem Thema wurden im Laufe des Jahrhunderts immer gewichtiger und zahlreicher und fuhren immer öfter das schwere Geschütz der «Objektivität» auf; die Streitschrift mauserte sich zur Abhandlung. Von Skandinavien bis nach Großbritannien, von den deutschen Ländern bis in die USA gab es seit den 1820er Jahren Ärzte, die eine wahre Sturzflut von Ratgebern für die Jugend, für

Heiratswillige und über Hauswirtschaft produzierten. Es waren Bücher, die in der Regel kurz waren, die schnell geschrieben, schnell übersetzt und ebenso schnell überarbeitet wurden, so daß der gutgläubige Leser sich mit einem Erfolgsbuch konfrontiert sah: einer zweiten, einer achten Auflage. In diesen Erzeugnissen mißbrauchten Ärzte – und häufig auch deren Imitatoren, die Männer des geistlichen Standes – ihren Titel und akademischen Grad dazu, um volkstümlichen Aberglauben unter die Leute zu bringen – Rothaarige sind sinnlicher als Brünette u. dgl. – oder aber, um kluge Aussprüche altbewährter Autoritäten wie Montaigne aufzuwärmen. Nach der Jahrhundertmitte standen Bücher dieser Art zwar weiterhin in Blüte, doch wandten sich Werke zum Thema Sexualität, deren Autoren Ärzte waren, nun eher an andere Ärzte als an das allgemeine Publikum. Diese Bände waren gespickt mit Schaubildern, eindeutigen Zeichnungen und klinischen Vignetten über leidende Patient(inn)en; wenn es darum ging, auf Abarten des Geschlechtsverkehrs einzugehen, besonders auf dessen «perverse» Varianten, pflegten sie sich züchtig in das reichlich durchsichtige, leicht zu durchdringende Dunkel des Lateinischen zu hüllen. Für gewöhnlich gingen sie an ihre nicht leichte Aufgabe mit großem Wissen und, seltener, mit einem Quentchen gesunden Menschenverstandes heran. Dr. George M. Beard, der berühmte amerikanische Arzt, der den Begriff «Neurasthenie» prägte, konnte mitten in einer Diatribe gegen Coitus interruptus, Kondome und sonstige «unnatürliche Methoden des Verkehrs» einhalten und den «normalen Geschlechtsverkehr, sofern er nicht exzessiv geübt wird», als «Sedativum und Tonikum» bezeichnen. «Er fördert den Schlaf, beruhigt und stärkt das Nevensystem und unterstützt die Verdauung und alle anderen Funktionen.» Beard wollte mit seinen Definitionen nicht unflexibel sein. Er war zwar der Überzeugung, daß die meisten Ehepaare ihrem Geschlechtsverlangen zu hemmungslos nachgaben, räumte aber ein, daß «exzessiver Verkehr ein relativer Begriff» sei.[88] Härte und Tadelsucht waren nicht Beards Stärke.

Letzten Endes waren aber nur die wenigsten jener Ärzte, die sich zu diesem heiklen Thema äußerten, wirklich unbefangen oder auch nur besonders scharfsichtig. Ihre Bücher waren mehr von ungeprüften Meinungen und unbewußten Befürchtungen diktiert als von medizinischen Beobachtungen. Die medizinische Literatur des bürgerlichen Jahrhunderts, bis 1914 und noch darüber hinaus, läuft den freimütigen Offenbarungen von Freude an der Sexualität zuwider, die aus Tagebüchern, Romanen und Umfragen spricht und die von der psychoanalytischen Forschung erhärtet werden kann. Die handfesten Widersprüche, in die sich ein Facharzt wie Otto Adler trotz all seiner klinischen Erfahrung und seiner ganzen Fallgeschichten verwickelt, oder die unschlüssigen Mutmaßungen eines George Napheys wecken jedenfalls kein besonderes Vertrauen in die Fähigkeit dieser Männer, rationale Schlüsse aus jenen Bekenntnissen und Geständnissen zu ziehen, zu denen sie einen einzigartig privilegierten Zugang hatten.

Gegen Ende des 19. Jahrhunderts war die Kontroverse um die weibliche Sexualität, die die umfassende Frage nach den ehelichen Beziehungen des Bürgertums eher verstellte als erhellte, restlos unproduktiv geworden. Behauptung stand gegen Behauptung; alle Seiten wärmten abgestandene Argumente auf und verkauften sie als ursprüngliche Einsicht. Nur wer von vornherein bereit war, sich überzeugen zu lassen, konnte mit so schmalem Material abgespeist werden. Aber abgesehen davon, daß der ganze Disput seinem intellektuellen Bankrott entgegenging, wirkte er allmählich auch immer weltfremder und abstrakter: Die wirkliche Welt ließ die Disputanten hinter sich zurück. Die moderne Frau war dabei, konkrete und dringende Fragen an Staatsmänner, Pädagogen und Ärzte zu richten; sie drang auf Zugang zu allgemeinbildenden Schulen und zum akademischen Studium, auf Gleichbehandlung im Eigentums- und Scheidungsrecht und auf die Wahlberechtigung. Die Frauenbewegung ließ das große Problem der Sexualität zwar im großen und ganzen dezent auf sich beruhen, aber sie konnte die erotische Sphäre schwerlich ignorieren; zu offensichtlich hing der Kampf um Empfängnisverhütung und Abtreibung einerseits mit der Sexualität der Frau und andererseits mit der rechtlichen und wirtschaftlichen Emanzipation der Frau zusammen. Es war die endlose Reihe immer neuer Kinder, mit der so viele Männer ihre Frauen offenbar zu «segnen» gedachten, und das Fortwirken alter Strukturen des häuslichen Patriarchats, was so viele Frauen der Mittelschicht durch Haushalt und Kinder aufrieb, ihnen die geistige Fortentwicklung oder die Verwirklichung ihrer Talente verwehrte und sie zu vorzeitigem Altern verdammte. In dieser Atmosphäre, die geladen war mit Problemen von unabsehbarer Tragweite, mußten die gebetsmühlenartig wiederholten Argumente über die natürlichen erotischen Neigungen der Frau ärgerlich und überflüssig zugleich erscheinen.

Es bedurfte dringend eines ganz neuen Anfangs, und es war Sigmund Freud, der ihn um die Jahrhundertwende machte, indem er völlig neue Forschungsmethoden entwickelte und auf die Weisheit der Antike zurückgriff. Seit seinen ersten psychoanalytischen Arbeiten hatte er die angeborene Fähigkeit der Frau zu sexueller Erregung und voller geschlechtlicher Befriedigung postuliert; schon 1895 veröffentlichte er einen Zeitschriftenbeitrag über die Angstneurose, in dem er eindeutig von der «*artifiziellen* Verzögerung und Verkümmerung des weiblichen Geschlechtstriebes» sprach.[89] In seinem ersten Meisterwerk, der vor 1900 entstandenen *Traumdeutung*, skizzierte er seine revolutionären Ideen über menschliche Sexualität; fünf Jahre später, in der ersten Fassung der *Drei Abhandlungen zur Sexualtheorie*, arbeitete er diese Theorie weiter aus und wies auf Möglichkeiten hin, sie in eine allgemeine Darstellung der seelischen Entwicklung zu integrieren. Bevor noch der Erste Weltkrieg ausbrach, hatte Freud mit seinen psychoanalytischen Ideen die Sexual-Kontroversen des 19. Jahrhunderts gegenstandslos gemacht.

Die Zeit war zugleich reif und nicht reif für Freud. Sie war insofern reif für ihn, als die Munition, die er bei seiner Revolution benutzen sollte, schon weithin bereit lag – rudimentär, oft halb verstanden versteckte sie sich in medizinischen Monographien oder von keiner Faktenkenntnis getrübten philosophischen Spekulationen. Einige unerschrockene Sexualwissenschaftler, unter ihnen der unverbesserliche Romantiker Havelock Ellis, propagierten waghalsig positive Vorstellungen über Sexualität, auch weibliche Sexualität. Das unzugängliche Unbewußte, die Gewalt erotischer Impulse, ja sogar der infantile Ursprung der sexuellen Triebe: das alles hatte eine Vorgeschichte schon vor der Psychoanalyse. Aber in den meisten Hinsichten war die Zeit nicht reif für Freud: Es ist bezeichnend, daß Iwan Bloch die Kontroverse um die erotische Ausstattung der Frau noch im Jahre 1906 als «ungelöst» bezeichnen konnte. Und Ärzte und Pädagogen fuhren fort, miteinander um den möglichen Schaden zu streiten, den eine höhere Schulbildung an dem anfälligen Körper heranwachsender Mädchen anrichten könnte, und – offenbar ohne Angst, an Langeweile zu sterben – die uralte Frage nach der Sinnlichkeit der Frau abzuhandeln.[90] Beim Lesen dieser Kontroversen ermißt man die ganze Originalität Sigmund Freuds.

Fast ausnahmslos hatten es die Vorläufer Freuds versäumt, den Konsequenzen aus jenen sexuellen Informationen nachzugehen, die zu sammeln sie so reichlich Gelegenheit hatten; ihnen war als entwicklungsgeschichtlich und universell erschienen, was in Wirklichkeit erworben und lokal war. Nicht einmal die beachtliche Minderheit jener Fachärzte, die einen starken erotischen Trieb bei der Frau gespürt hatten, gingen über das Anekdotische hinaus; wenn sie recht hatten, wo sie recht hatten, dann hatten sie weitgehend aus Zufall recht. Freundlich, klug und aufmerksam, wie Ärzte oft sind, erfuhren viele von ihnen von ihren Patientinnen, was sie schon aus anderen Gründen zu wissen glaubten. «Der Fehler in der Beurteilung, der häufig gemacht wird», schrieb eine unerschrockene Frau 1889 an eine Londoner Zeitung, «ist die Annahme, daß Frauen für die große Leidenschaft weniger empfänglich seien als

Männer.»[91] Zu viele Männer, auch solche in Machtstellungen, konnten einfach nicht zuhören. Freud hingegen war einer der großen Zuhörer der Geschichte. Träume, Fehlleistungen, Gesten, Symptome, Schweigen dienten ihm als unabsichtliche, aber, einmal erkannt, als aufschlußreiche Führer in die verborgenen Winkel des Innenlebens, wohin die sexuellen Begierden sich geflüchtet hatten. Er sah, was früheren gelehrten Beobachtern der Sexualität entgangen war: Jene Gefühle und Erfahrungen, an die seine Patientinnen sich nicht mehr erinnern konnten, bildeten nicht die trivialsten, sondern die bedeutsamsten Vorkommnisse in ihrer erotischen Geschichte. Entschiedenes Auftreten oder geräuschvoll ausposaunte Überzeugungen waren für Freud der verzerrte Ausdruck von Wünschen, die das genaue Gegenteil ihrer sichtbaren Manifestation sein konnten und oft auch waren. So wurde es Freud möglich, die Frigidität einer Patientin nicht als Bestätigung eines angeborenen Mangels zu diagnostizieren, sondern als die Verdichtung eines Konflikts, in dessen Zentrum sexuelle Leidenschaft stand. Die Freiheit der Deutung, die seine Entschlüsselung seelischer Botschaften Heilern und Forschern zugestand, ja im Grunde aufzwang, bot die historische Chance, erotische Erfahrung in ihrer ganzen Komplexität zu lesen, vollständiger, als sie jemals zuvor gelesen worden war.

Eine bedeutsame Konsequenz des Wirkens Freuds war also die Entdeckung, oder besser gesagt: Wiederentdeckung der weiblichen Sinnlichkeit hinter dem zeitgenössischen, kulturell bedingten Schleier von Scham, Heimlichkeit und lähmender Frigidität. Trotzdem war Freud noch weit davon entfernt, die Kontroverse um «das Weib» zu lösen. Die Frage sollte ihn sein ganzes Leben lang beschäftigen; schon 1905 vermerkt er mit sichtlichem Bedauern, daß das Liebesleben der Frau «in ein noch undurchdringliches Dunkel gehüllt» sei, nicht zuletzt wegen der Unaufrichtigkeit der Frau; und noch 1932 sieht er sich zu dem Eingeständnis genötigt, daß «auch die Psychologie das Rätsel der Weiblichkeit nicht lösen wird».[92] Zu diesem Zeitpunkt hatte er seine kategorische Auffassung aus den Vorkriegsjahren, daß die Geschlechtsentwicklung beim Knaben und beim Mädchen parallel verliefen, differenziert. Aber von Anbeginn bis zuletzt empfand Freud die Verwirrung und die impliziten Werturteile, die sich hinter Begriffen wie «männlich» und «weiblich» und hinter der üblichen Gleichsetzung des ersteren mit Aktivität und des letzteren mit Passivität verbargen.

So inkonsequent und befremdlich konventionell Freuds Vorstellungen über weibliche Sexualität mitunter waren, er hielt doch unerschütterlich an der Überzeugung fest, daß ungeachtet aller etwaigen Unterschiede zwischen den Geschlechtern, die weitere biologische und psychoanalytische Forschungen zutage fördern mochten, das entscheidende Faktum der weiblichen Sexualität rational nicht zu bestreiten war. Und was immer zeitgenössische Psychologen und spätere Sozialhistoriker mit Freuds Theorien über infantile Sexualität und die Stufen der kindlichen Entwicklung angestellt haben mögen, diese Theorien erlaubten es ihm, die Untersuchung «anständiger» Sexualität mit ihren bescheidenen Erfolgen und rührenden Fehlschlägen in die Untersuchung der ihr benachbarten Neurosen und Perversionen zu integrieren. Sie erlaubten ihm ferner, fruchtbare Spekulationen über die unbewußten sexuellen Grundlagen von Kunst, Literatur, Politik und Religion anzustellen. Freud gab der Erotik des Erwachsenen ihre Geschichte. Und seine Ideen zum Geschlechtstrieb legten die Erklärung für eine Unzahl von Erscheinungen nahe, die zwar in keiner Weise eine Spezialität des Bürgertums im 19. Jahrhundert waren, es aber schließlich doch charakterisierten, zumindest in den Augen seiner Kritiker: der Engel im Haus, der Kult der Mutter, die Idealisierung des Vaters, die bürgerliche Sehnsucht nach Privatheit, der Versuch, Shakespeare und die Bibel zu reinigen. Freud lieferte sogar das Material, um die zur Stigmatisierung des Bürgertums des 19. Jahrhunderts fabrizierten Mythen zu erklären.

Darüber hinaus bot Freuds Entdeckung des Unbewußten und seiner Funktionsweise einen soliden Ausgangspunkt, um die emotionalen Investitionen des Mannes in die problematische Sexualität der Frau zu analysieren. Denn die psychoanalytische Erforschung männlicher – und weiblicher – Abwehrstrategien stieß endlich bis zu den dynamischen Quellen jener Investition vor, die mitten in den dramatischen Umwälzungen jener Zeit nur um so riskanter war und um so einfallsreicher getarnt wurde. Jedes noch so sarkastische, noch so technische Argument, das die Dürftigkeit oder Nichtexistenz der weiblichen Sexualität behauptete, wurzelte eher in verbreiteten Wünschen und Ängsten als in biologischen oder physiologischen Fakten. Hinter dem dröhnenden Anspruch der Männer auf ein Monopol in Sachen Sinnlichkeit oder zumindest auf ihre unbestrittene Überlegenheit auf diesem Gebiet lauerte eine lebenslange, unausrottbare Angst: die Furcht des Mannes vor dem «Weib».

Diese Furcht verdient und erhält ein eigenes Kapitel. An dieser Stelle möchte ich nur festhalten, daß bei allem, was Freud geleistet hat, um den Disput um die weibliche Sexualität begreiflich zu machen, sein eigener Beitrag dazu etwas Paradoxes hat. Er kannte weitgehend die Lösung, perpetuierte aber zugleich einen Teil des Problems. Freud war schließlich nicht bloß der Erschütterer seiner Kultur; er war auch das Kind dieser Kultur. Nachdem sich ihm jahraus, jahrein neue, unvermutete Quellen des sexuellen Elends auftaten, schien es ihm plausibel zu sein, daß die archaische, endemische Furcht des Mannes vor der Frau, gepaart mit anderen, nicht weniger verheerenden Befürchtungen, zwangsläufig das erotische Vergnügen in der Ehe vergifte. Und da er in seinem Konsultationszimmer nur die unglücklichen Opfer von sexuellen Fehlanpassungen zu Gesicht bekam, war er geneigt, die Chancen für erotisches Glück, die die bürgerliche Welt beiden, Frauen wie Männern, bereithielt, zu unterschätzen. Manche Antworten auf den Fragebogen Clelia Moshers und viele Einträge im Tagebuch Mabel Todds hätten ihn sehr verblüfft. Darum sind sie aber nicht weniger reale, nicht weniger entschiedene Bestandteile der bürgerlichen Kultur.

III. Die offensive Frau, der defensive Mann

Die Furcht des Mannes vor der Frau ist zwar so alt wie die Zeit selbst, aber erst im bürgerlichen Jahrhundert wurde sie zu einem beherrschenden Thema der populären Romanliteratur und des medizinischen Schrifttums. Sie beschäftigte Journalisten, Priester und Politiker; sie durchdrang noch die Träume der Männer und lieferte ihnen Stoff für Bilder und Gedichte. Die immer unbefangenere Zurschaustellung weiblicher Stärke und Macht wirkte als öffentliches Gegenstück zu jener häuslichen Gewalt, auf die in der zweiten Hälfte des 19. Jahrhunderts die Männer immer ängstlicher pochten. Beides lieferte ihnen treffliche Argumente gegen die Empanzipation der Frau. Für die meisten in ihrer Herrschaftsposition schwelgenden Männer war die Frau, die ihren angestammten Wirkungskreis verließ, nicht nur eine Art Mißgeburt, ein Mannweib, sie warf auch unbehagliche Fragen nach der Rolle des Mannes selber auf.

Die Abwehrhaltung der Männer im bürgerlichen Jahrhundert war deshalb so pointiert, weil der allenthalben zu beobachtende Vormarsch der Frauen nichts anderes als der Versuch war, verlorenes Terrain zurückzugewinnen. In früheren Jahrhunderten hatten Frauen bei der Leitung kleiner Familien- oder Handwerksbetriebe mitgewirkt und als Hebammen eine sozial sehr sichtbare Rolle gespielt. Dann setzten sich langsam, aber sicher die modernen akademischen Berufe sowie Fabrikation und Handel in großem Stil durch; hier hatten Frauen nichts mehr zu bestellen. Und endlich erlaubte es der allgemeine steigende Wohlstand vielen Ehepaaren gerade aus den «besseren Kreisen» der Gesellschaft, der Frau den Zwang zur Berufstätigkeit zu ersparen. Harriot Hunt, die erste erfolgreiche Ärztin der USA, meinte, als sie sich um die Jahrhundertmitte an das Boston vor 1800 zurückerinnerte: «Das war die Zeit, in der Frauen noch nicht scheel angesehen wurden, bloß weil sie sich für den Staatshaushalt genauso sehr interessierten wie für ihren eigenen.»[1] Durch Bevormundung und sogar Verleumdung der Frauen versuchten die Männer, nicht nur ihren uralten Besitzstand zu wahren, sondern auch das jüngst Errungene zu behaupten.

Eine Lieblingswaffe männlicher Selbstverteidigung war das offenbar unausrottbare Klischee von den Frauen als dem «rätselhaften Geschlecht». Wie andere moderne Gemeinplätze stammte auch dieser aus der Antike. Im Laufe der Jahrhunderte war er durch eben jene Charakterzüge scheinbar bestätigt worden, die die Männer den Frauen überhaupt erst anerzogen hatten, um das weibliche Geschlecht hernach für «unbegreiflich» zu erklären. Der weibliche Hang zum Erröten und das kokette Wesen, die verschämte Art und die sprichwörtliche Unbeständigkeit in der Liebe wurden als zusätzlicher Beweis für ihre Rätselhaftigkeit herangezogen. In der Aufklärung des 18. Jahrhunderts, die sich ja dem Ergründen von Geheimnissen verschrieben hatte, wurde das «Rätsel Weib» zum Gegenstand humanistischer, geradezu wissenschaftlicher Spekulation. Aber selbst David Hume, der geistig aufgeschlossenste Skeptiker seiner Zeit, hielt es für notwendig, die Frau zu einem «kaum zu verstehenden» Gegenstand zu erklären. Das Thema war ergiebig genug, um unversehrt ins 19. Jahrhundert zu gelangen. Die Männer schrieben der Frau verwirrende, widersprüchliche Merkmale zu und fanden zu ihrem eigenen Erstaunen, daß die Frau gleichzeitig schüchtern und bedrohlich, begehrenswert und furchteinflößend war. Während die Rollen, die man der Frau von jeher zugeschrieben hatte, immer problematischer wurden, produzierten die Männer des 19. Jahrhunderts derlei Projektionen hemmungsloser und verbissener denn je. 1905 erntete Franz Lehár stürmischen Beifall für einen zündenden neuen Schlager in der *Lustigen Witwe*: «Ja, das Studium der Weiber ist schwer!» Dem konnten die meisten Männer im Premierenpublikum nur beipflichten.

So sind also Amiels Grübeleien in seinem Tagebuch typisch für seine Zeit und seine Schicht. «Seit dem Apfel im Paradies», schreibt er 1849, nachdem er die Erinnerungen Casanovas gelesen hat, «bleibt die Frau zu allen Zeiten des Mannes Rätsel und seine Versuchung, seine Hölle und sein Himmel, sein Traum und sein Alptraum, sein Honig und seine Galle, sein Zorn und seine Seligkeit.» Anfang des folgenden Jahres führte er ein langes, anregendes Gespräch mit einer jungen Dame aus seiner Bekanntschaft, bei dem er unter anderem über «die Natur des Weibes und die Ohnmacht objektiver Analyse vor den Frauen» dozierte und nicht davon abzubringen war, daß das Schicksal jeder Frau ein Geheimnis in sich berge. Alexandre Dumas der Jüngere, der Dramatiker und Moralist, ventilierte denselben Gedanken noch viel Unheil verkündender und im Druck: In einer polemischen Streitschrift über weibliche Treulosigkeit nennt er die Frau «jenes bezaubernde, furchtbare X, das *Weib*». Kollektiv wie individuell schienen ihm die Männer vom Weibe umgetrieben zu werden. «Wir werden stets von ihr geboren, oftmals sterben wir an ihr; denn wenn sie heute dem Säugling das Leben schenkt, so holt sie es sich morgen vom Manne zurück, so gut sie kann.» Der amerikanische Arzt Nicholas Francis Cooke kam in seiner 1870 anonym erschienenen Schrift *Satan in Society*, einer langatmigen Abhandlung über Masturbation, Ehe und Religion, zu dem Schluß: «Die Gemütsbeschaffenheit der Frau läßt sie höchst Ungereimtes und Inkonsequentes begehen. Extrem im Guten, ist sie genauso extrem im Bösen. Sie ist unbeständig und wankelmütig; sie ‹will› und sie ‹will nicht›.» Mehr noch: «Sie steckt voller Widersprüche und Rätsel.» Nicht einmal Sigmund Freud war ganz immun gegen den Zauber dieses alten Themas. Noch 1926, nach drei Jahrzehnten psychoanalytischer Praxis und unzähligen Beobachtungen an Frauen, konnte er vom «Geschlechtsleben des erwachsenen Weibes» als einem «dark continent» sprechen.[2] Was Wunder, daß es anderen Männern schwerfiel, die Frau zu verstehen!

Das «rätselhafte Geschlecht», wie es sich der Mann in der Kunst und in der Literatur, in der Gesellschaft und im Bett zurechtlegte, bestätigt meine Definition von Erfahrung: Sie ist die Begegnung einer Seele mit der Welt, ein Ringen zwischen bewußten Wahrnehmungen und unbewußten Nöten. Denn die sich verändernde Situation der Frau stellte die meisten Männer (und übrigens auch die meisten Frauen) der Mittelschicht vor die Aufgabe, Einstellungen zu klären, Vorurteile zu überprüfen und Entscheidungen zu treffen. Was zur Disposition stand, war nichts weniger als das Selbstverständnis des Mannes.

1. Die Frauen auf dem Vormarsch

Die Gesetze und sozialen Gewohnheiten, die im 19. Jahrhundert den Verkehr zwischen den Geschlechtern regelten, bezeugten und verstärkten die in der bürgerlichen Kultur herrschende Unsicherheit und Irritation. Den immer eindringlicheren Aufrufen zur Reform entsprach ein immer energischerer Widerstand. Mochte auch die Biologie den Frauen noch so übel mitspielen, was ihre Gesundheit, Bedürfnisse und Wünsche betraf: Es zeigte sich, daß die Konsequenzen, die sich hieraus ergaben, alles andere als zwangsläufig waren; den Strapazen der Schwangerschaft und des Kindbetts, den beschränkten Berufsaussichten u.a.m. war wenigstens teilweise durch überlegten Einsatz der Technik, unauffällige Sabotage und verständnisvolle Ehemänner beizukommen. Jules Michelet in seiner melodramatischen, leicht hysterischen Art stellte die weiblichen Vertreter der Spezies Mensch als des Lebens Verwundete dar; «*die Frau*», schreibt er mit Emphase in seinem viel gelesenen Buch über die Liebe, «*trägt die Last eines großen Verhängnisses*». Sie beweist ihre Wunde während der Menstruation, bewährt sie bei der Geburt. «Die Natur begünstigt den Mann.» Die periodische Blutung der Frau war ihm Anlaß genug, auszurufen: «Wie streng verfährt die Natur mit dem Weibe!»[3] Immerhin wurde sie mit fortschreitendem Jahrhundert etwas weniger streng; die Bürde, die die Frau zu tragen hatte, erwies sich immer weniger als ein verhängtes Geschick denn als ein seit langer Zeit bestehendes Vorurteil: von den Männern proklamiert und zu ihrem eigenen Vorteil ausgebeutet. Die altbewährten Sitten und Gebräuche bürgerlicher Kultur erwiesen sich denn auch, trotz ihrer noch ungebrochenen Lebenskraft, als nicht unsterblich. Vorstellungen, Ideale, Beziehungen, die sich seit unvordenklichen Zeiten nicht verändert hatten, gerieten auf einmal unter Beschuß und schienen verbesserungsfähig.

Aber jeder Fortschritt – im Haushalt, im Recht, in der Schule, am Arbeitsplatz – mußte teuer erkauft werden, und je verbesserbarer das Los der Frauen nach Meinung eifriger Reformer zu sein schien, desto ungeduldiger wurden viele von ihnen. Der Kampf um die Rechte der Frauen geriet zu einem Feldzug gegen die ihnen angetanen «Unrechte».[4] Diese Unrechte waren eklatant und zahlreich. Der Katalog der Mißstände, unter welchen die Frauen im 19. Jahrhundert zu leiden hatten, liegt uns heute wohldokumentiert und vollständig vor. Er registriert sowohl die sehr handgreiflichen Klagen der Frau als auch ihre subtileren Leiden und verweist damit auf Unzufriedenheit, die Spannungen erzeugte, ja zeitweise zum offenen Krieg zwischen Mann und Frau führte. Dieser Krieg der Geschlechter wurde damals viel diskutiert: in der populären Presse wie in der Romanliteratur, auf dem Theater wie in der Malerei. Seine ganze Bedeutung für das bürgerliche Leben bleibt freilich etwas weithin Rätselhaftes; denn oft versteckten sich die Gefühle in intimen Briefwechseln oder privaten Notizen.

Im Jahre 1880 führte eine Hausfrau aus Hallam (Connecticut) ein knappes, aber aufschlußreiches Merkbuch. Wir wissen, daß sie damals dreiunddreißig war. Weitere Angaben über ihr Leben sind nicht überliefert; wir kennen weder frühere noch spätere Tagebücher von ihr, keine Briefe, ja nicht einmal ihren Namen. Aber ihre wortkargen Klagen über ihre Situation, durchsetzt mit den üblichen Anmerkungen über Wetter, Ausgaben und Gesundheit, sind von einer gewissen bissigen Poesie. Gelangweilt, frustriert und ungemein zornig, verdichtet diese Frau ihren Unmut zu einigen geglückten, wenngleich unglücklichen Wendungen. Am 28. März ist sie «nicht in die Kirche gegangen». «Unerfreuliches Ostern», notiert sie sich. Sonntags blieb sie oft zu Hause; wenn sie doch einmal den Gottesdienst besuchte, konnte sie sich davon sehr abgestoßen fühlen: «Abends in die Baptistenkirche gegangen», schreibt sie am 20. Juni. «Mr. Knapp geiferte.» Mit dem Hausputz gab sie sich immer furchtbar viel Mühe. «Nach und nach», schreibt sie am 27. April, «schrumpfen die

Berge zu Maulwurfshügeln.» Am nächsten Tag heißt es über die Küche: «Jetzt ist ‹das Gröbste geschafft›.» Der platte Seufzer der Erleichterung wirkt wie ein sarkastischer Kommentar zu ihrer häuslichen Sisyphusarbeit. Kein Wunder, daß sie manchmal, wie etwa am 12. September, kurz und bündig vermerkt: «Eintöniger Tag», ebenso am 19. September, einem Sonntag, an dem sie wieder einmal nicht in die Kirche gegangen war: «Eintöniger Tag.»

Es war die Eintönigkeit der endlosen häuslichen Knechtsarbeit, nicht die Monotonie leerer Stunden, die totgeschlagen werden wollten. «Heute viel geschuftet», schreibt sie am 13. November, «aber das bin ich ja gewohnt.» Selbst Krankheit war ein Luxus, den sie sich eigentlich nicht leisten konnte: «Heute reif fürs Bett», notiert sie am 8. Oktober. «Aber wenn ich mich hinlege, muß ich mich danach nur um so mehr abplacken; also was soll's.» Wenn Krankheit sie zum Nichtstun zwang, reagierte sie halb apologetisch, halb trotzig: «Konnte heute beim besten Willen nichts tun», schreibt sie am 15. Juni. «Auch die eisernste Gesundheit rostet mal.» In diesen deftigen Einträgen – oft resigniert, manchmal sardonisch – klingt eine leise Aufsässigkeit an. Hier und da findet ihre Unzufriedenheit den lauten Ton des Protests: «Hauswirtschaftstag», notiert sie sich am 18. Juni. «Die Galionsfigur sah zu, während die Sklaven sich abrakkern durften.» Die Unterstützung durch hilfsbereite Verwandte war willkommen, änderte aber nichts an ihrer Wut: «Erfreulich» – das war am 6. September. Aber erfreulich war nur das Wetter. «Tante Sophia kam und half mir am Waschzuber. Sehr romantisches Dasein.» Welche Phantasien von Freiheit, Müßiggang und Reisen diese Frau gegen die reizlose Routine ihres ebenso anstrengenden wie geistlosen Lebens mobilisierte! «Ein Tag wie alle Tage», notierte sie sich am 5. Mai. «Ich glaube, ich werde noch verrückt, wenn es nicht eines Tages anders wird.» Der 12. Juni war wieder so ein «Tag wie alle Tage» – einer, «an dem man sich nach der ewigen Ruhe sehnt», wie sie deprimiert gesteht. Sie hatte das Gefühl, daß ihre geistigen Kräfte verkümmerten: «Angenehm. In meiner Zelle angekettet», schreibt sie am 10. August. «Mrs. Snuff, alias Parmelee, besuchte ihre Con-Idiotin.» Ihr Leben erschien ihr als endloser grauer Korridor mit immer neuen Pflichten. «Werde ich diese tristen Tage jemals vergessen?» fragt sie rhetorisch am 10. September, und am nächsten Tag: «Klar und kühl. Das perfekte Wetter. Aber ach! Was für elende, leidige Tage sind mir bestimmt.»[5] Solche Tage waren freilich damals Tausenden von Frauen aus der Mittelschicht bestimmt. Diese Art Leben war, wie die englische Journalistin Mrs. E. Lynn Linton ihrer Schwester berichtete, «entsetzlich vollgepackt und zugleich völlig farblos und uninteressant». Zweifellos war vielen Frauen gerade diese Routine willkommen. Aber viele andere zogen aus der öden Plackerei ihres Lebens ganz andere Schlüsse. Es gefiel ihnen nicht, und sie sagten das auch – desto lauter, je älter das Jahrhundert wurde. Sie mußten es oft und energisch sagen, bevor sich irgend etwas änderte.

Im bürgerlichen Jahrhundert blieb die Frau überall in der westlichen Welt praktisch das bewegliche Eigentum ihres Vaters und später ihres Ehegatten. Mehr oder weniger unumschränkt wurde mit dem doppelten Maß des Mannes gemessen. Im Jahre 1869, als John Stuart Mill *The Subjection of Women*, dieses entscheidende Dokument in der Geschichte des Feminismus, herausbrachte, war ein modernes Ehescheidungsrecht in England erst seit einem Dutzend Jahren in Kraft, und seine Bestimmungen behandelten Mann und Frau mit charakteristischer Ungleichheit. Der «Matrimonial Causes Act» von 1857 gab dem Mann, der seine Frau loswerden wollte, das Recht, die Scheidung einzureichen, wenn sie Ehebruch beging; die Frau mußte demgegenüber außer dem Ehebruch noch irgendeine weitere gravierende Verfehlung ihres Partners, wie Grausamkeit, Vergewaltigung oder Sodomie, geltend machen. Wie die Prostituierten Englands, die die Schmach einer medizinischen Untersuchung über sich ergehen lassen mußten, während ihre Freier von der Polizei nicht behelligt wurden, ließ man die verheirateten Frauen Englands spüren, daß sie dem Manne im Scheidungsverfahren wie überall sonst unterlegen waren.

Zwar gab es Länder wie Schottland und Schweden, in denen das Eherecht die Partner als mehr oder minder gleichberechtigt anerkannte. Trotzdem waren die englischen Gesetze, mochten sie noch so konservativ sein, für die damalige Zeit (um 1860) relativ liberal. In Frankreich hatte das Recht auf Scheidung in den enthusiasmierten Jahren der Revolution eine kurzlebige Blüte erlebt; die Herrschaft Napoleons, in Sachen Familienrecht ansonsten ausgesprochen rückschrittlich, hatte diese Regelung beibehalten. Dann wurde 1816, mit der Rückkehr der Bourbonen, das Recht auf Scheidung prompt abgeschafft und erst 1884 wieder eingeführt. Aber selbst dann noch beherrschte, in Frankreich wie in England und in anderen Ländern, das Dogma vom Supremat des Mannes die Gesetzgebung und die Alltagspraxis. In Amtsstuben und am Bankschalter fühlte man sich bemüßigt, der Frau mit Anmaßung gegenüberzutreten, während einige mitfühlende Männer den zaghaften Versuch unternahmen, jene Regeln und gesellschaftlichen Gewohnheiten zu unterlaufen, die darauf abzielten, die Frauen zu infantilisieren. Fast ausnahmslos stand die Frau unter dem Zeichen des von Markus überlieferten Jesuswortes, daß in der Ehe das Paar «ein Fleisch» werden solle; wenn

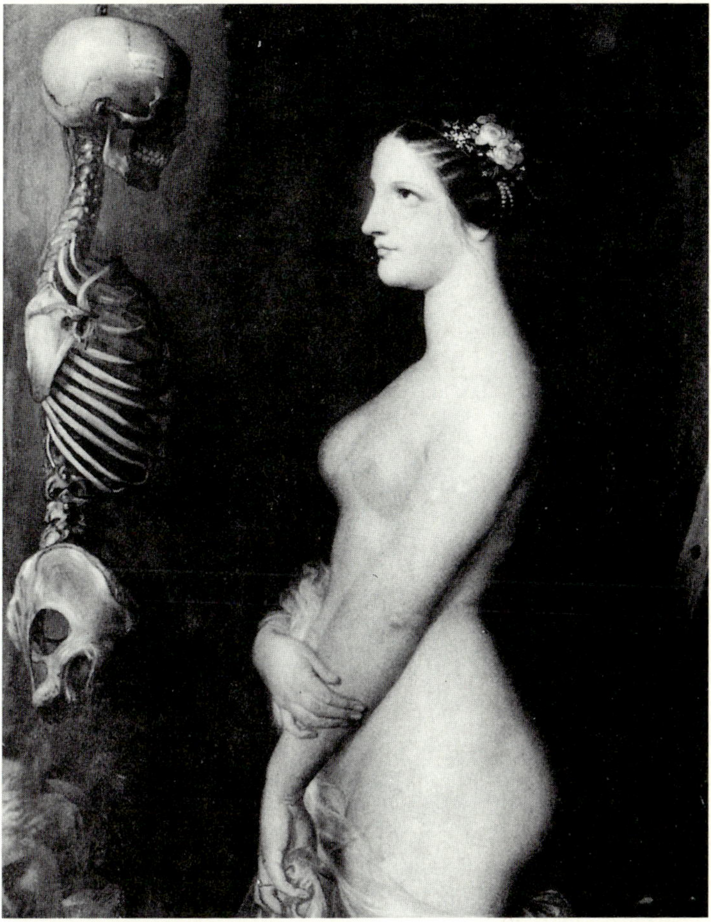

1. Antoine Wiertz, *La Belle Rosina* (1847). Dieses Bild des 1865 verstorbenen Meisters ist für die vorliegende Studie von einzigartiger Aussagekraft. Indem Wiertz eine junge, nackte Frau sinnend vor ein Skelett ihrer Größe stellt, konfrontiert er die beiden elementaren Kräfte der Liebe und der Aggression, des Eros und des Todes miteinander, die nach Freud unablässig um die Herrschaft über die menschliche Seele ringen. Er gestaltet ein Lieblingsthema des Mittelalters und der Frühmoderne auf eine für das 19. Jahrhundert typische Weise und unterstreicht so die Zeitlosigkeit symbolischer Ausdrucksformen. Dadurch, daß er ein sehr nacktes Modell benutzt, um sein *memento mori* dramatisch zu überhöhen, liefert er ein anschauliches Beispiel für das, was ich die «Doktrin der Distanz» nenne: Sie bot den Künstlern zur Zeit Victorias die Möglichkeit, attraktive Akte zu gestalten, ohne die diskreten und ehrbaren Bürger zu beleidigen.

2

2. Mabel Loomis Todd in Amherst (Massachusetts), Februar 1882; sie ist fünfundzwanzig Jahre alt. Ihre schlanke Gestalt und die magnetischen Augen sprechen für sich selbst.

Die Männer im Leben der Mabel Loomis Todd:
3. Eben J. Loomis, ihr Vater; ihm blieb sie ein Leben lang treu. 1895.
4. David Peck Todd, ihr Gatte, der ihr ebensowenig treu blieb wie sie ihm. Um 1890.
5. William Austin Dickinson, ihr Geliebter – der bestaussehende Mann, dem sie je begegnete. Um 1890.

3

4

5

6. Sir John Tenniel, *Women's Emancipation* [Die Emanzipation der Frau], *Punch* 1851.

7. Honoré Daumier, *«Verzeihen Sie, mein Herr, wenn ich Sie kurz störe»*, 1844.

8. *Moderne Treibhauspflanzen, Fliegende Blätter* 1845. Durch die ganze Haltung und die Zigarre offensichtlich eine Anspielung auf George Sand.
9. *Die Dichterin, Fliegende Blätter* 1846.

10. *Die Frau Professorin, Fliegende Blätter* 1846. Aus einer Serie von Karikaturen über Berufe, in denen sich die Männer um die Mitte des Jahrhunderts beim besten Willen keine Frauen vorstellen konnten.

11. Edward L. Sambourne, *The Angel in «The House»; Or, The Result of Female Suffrage, Punch* 1884. Der Titel ist eine Anspielung auf ein bekanntes Gedicht Coventry Patmores zum Lobe der ehelichen Liebe.

12. Aus Heinrich Hoffmanns *Struwwelpeter*, 1844/45. In psychoanalytische Sprache übersetzt, lehren diese Bilder, daß Masturbation zur Kastration führt.

12

13

14

15

15. Dante Gabriel Rossetti, *Pandora,* 1879.

13. *Phyllis reitet auf Aristoteles,* bronzenes Aquamanile, vor 1300. Künstlerische Darstellung der Unterdrückung des Mannes durch die Frau; dieses Thema war in der mittelalterlichen und frühmodernen Kunst beliebt.
14. Dante Gabriel Rossetti, *Venus Verticordia,* 1864. Selbst für das sinnliche Œuvre Rossettis ein ungewöhnlich sinnliches Bild des Weibes, mit dem verführerischen Apfel und der strahlend nackten Brust, auf die der Pfeil des Eros gerichtet ist.

16. Franz von Stuck, *Die Sünde,* 1893. Die phallische Schlange, die sich um Evas lasziven Körper windet und den Betrachter, gemeinsam mit ihrem Opfer, anstarrt, unterstreicht die erotische Botschaft des Bildes.

17. Max Liebermann, *Samson und Delilah,* 1902. Eine glänzende, sehr freimütige moderne Darstellung dieses biblischen Themas.

18. Edvard Munch, *Harpyie,* 1894. Die intensive, neurotische Darstellung der Frau als Zerstörerin war ein zwanghaft wiederkehrendes Leitmotiv im Œuvre Edvard Munchs.

17

18

19

20

19. Edvard Munch, *Vampyr,* 1895.
20. Edvard Munch, *Der Tod Marats,* ca. 1905–1907. Man muß das Original sehen, um die Gewalttätigkeit der blutigen Szene ermessen zu können.
21. Franz von Stuck, *Der Kuß der Sphinx,* 1895.
22. Edvard Munch, *Sphinx,* ca. 1927. Wohl das zerquälteste von Munchs vielen Selbstporträts, das auf einen schreckenerregenden sexuellen Zwiespalt deutet.

21

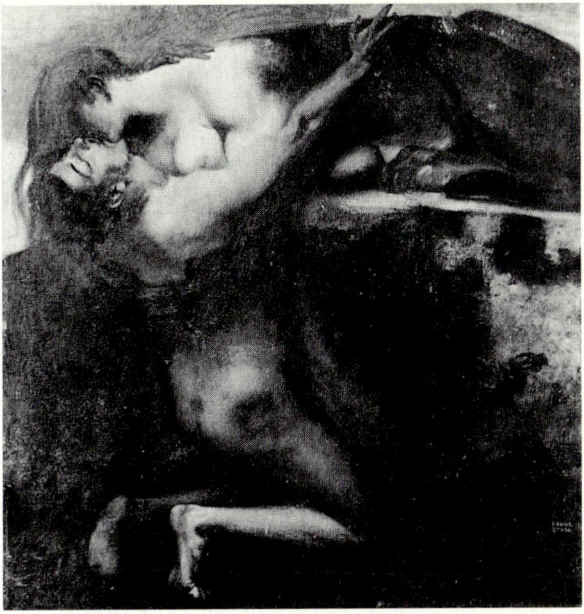

22

23. Edvard Munch, *Salome II*, 1905.

24. Gustave Moreau, *Ödipus und die Sphinx*, 1864. Dieses Bild, ein eindrucksvoller Erfolg auf dem Salon von 1864, basiert wahrscheinlich auf dem im Text untersuchten Gedicht Heinrich Heines, das Gérard de Nerval ins Französische übertragen hatte.

25. Aubrey Beardsley, *The Climax*, 1894. Illustration zu Oscar Wildes *Salome*.

26. Aubrey Beardsley, *The Battle of the Beaux and Belles*, 1895/96. Entwurf einer Illustration zu Alexander Popes *Rape of the Lock*.

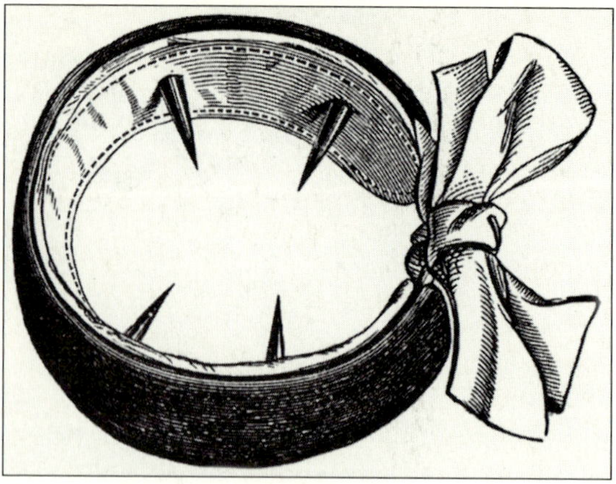

27. Penisring mit vier Stacheln, aus J. L. Milton, *Pathology and Treatment of Spermatorrhoea* (London 1887). Kein Kommentar.

Appareils contre l'onanisme.

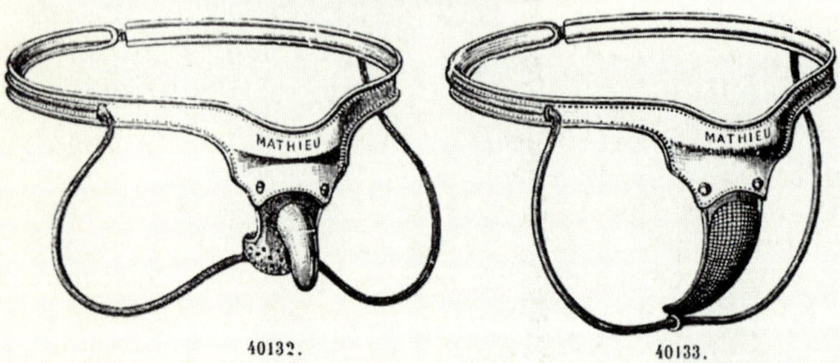

40132. 40133.

		Godet argent.		Godet métal argenté.	
40132.	Ceinture contre l'onanisme, pour garçon....	depuis	120 »	depuis	90
40133.	— — — — fillette......	—	120 »	—	90

Ces appareils se font également en forme de caleçons hermétiquement fermés.

40134.	Moufles en métal formant râpe, pour les mains....................	depuis	30
40135.	Entraves pour les bras..	—	50
40136.	— — — jambes..	—	60

28. Apparate zur Verhütung der Onanie, aus einem Katalog der Maison Mathieu, 1904.

der Mann die Erklärung abgab «Meine Frau und ich sind eins», pflegten die Frauen im 19. Jahrhundert zu sagen «und ich bin er». In England war diese Anschauung fest im Gewohnheitsrecht verankert, das allenthalben gute Argumente bot, warum Frauen keine eigene Erbschaft verwalten, nicht in eigener Sache vor Gericht auftreten, kein eigenes Bankkonto eröffnen und nicht auf eigene Verantwortung Schulden machen konnten. Der schändlichste, faulste, brutalste Ehemann konnte das Sorgerecht für die Kinder erhalten, was dem jeweiligen Fall ebenso wie dem gesunden Menschenverstand hohnsprach. «Verbrecher, Idioten, Frauen, Unmündige: Ist diese Klassifizierung plausibel?» Diese rhetorische Frage stellte 1868 die einflußreiche englische Feministin Frances Power Cobbe und illustrierte mit diesem Katalog noch einmal drastisch damals bestehendes englisches Recht und englische Praxis.[7]

So lagen die Dinge, als Mill im Jahr darauf *The Subjection of Women* veröffentlichte. «Die Ehefrau», schreibt er, «ist in Tat und Wahrheit die Leibeigene ihres Mannes: was ihre juristischen Obliegenheiten betrifft, nicht weniger als der Sklave, den man für gewöhnlich so bezeichnet.» Dann zählt er jedes einzelne Glied in der Kette auf, an der die Engländerin liegt: «Sie gelobt ihm am Altar lebenslangen Gehorsam und wird vom Gesetz zeit ihres Lebens hierauf festgelegt.» Sie kann «nichts ohne seine zumindest stillschweigende Einwilligung tun. Sie kann Besitz nur für ihn erwerben; in dem Augenblick, in dem der Besitz ihr Eigentum wird, und sei es durch Erbschaft, wird er *ipso facto* Eigentum des Mannes.» Selbst die rechtliche Möglichkeit des Ehevertrags, die allein den Begüterten offenstand, erwies sich als nur bedingt tauglich, das Geld der Frau vor der Verschwendungssucht ihres Gatten zu schützen. Außerdem «gibt es in der weit überwiegenden Mehrzahl der Fälle keinen Ehevertrag: und die Vereinnahmung aller Rechte, allen Eigentums sowie aller Handlungsfreiheit der Frau durch ihren Mann ist vollständig.» Mill erinnerte seine Leser daran, daß die juristische Definition des Ehepaares – «vor dem Recht *eine* Person» – nur eines bedeutete: «Alles, was ihr gehört, ist sein.» Der «entsprechende Schluß wird niemals gezogen, daß alles, was ihm gehört, ihres ist.» Und war schon die «Degradierung» der Frau als Gattin empörend, so war die Degradierung der Frau als Mutter noch übler: «Die Kinder gehören kraft Gesetzes dem Mann. Er allein hat von Gesetzes wegen alle Rechte über sie.» Mit einem Wort, die englische Frau ist nicht mehr als «der persönliche Leibsklave eines Tyrannen», ein Packesel aus freien Stücken, ein bemitleidenswertes Opfer.[8]

Mill hatte seine Anklage überlegt aufgebaut und zurückhaltend vorgetragen. Aber ironischerweise wurde sie schon im Jahr nach ihrer Publikation durch die Verabschiedung des «Married Women's Property Act» teilweise entkräftet. Und in den folgenden Jahren trugen eine Reihe von Gesetzen, wie die ergänzenden «Married Women's Property Acts» von 1882 und 1893, der «Guardianship of Infants Act» von 1886 und andere mehr, dazu bei, Englands altehrwürdiges patriarchalisches System zu demolieren. Einflußreiche Männer, die keineswegs alle Feministen waren, fanden die bestehenden Gesetze über Ehe, Erbschaft und finanzielle Geschäfte der Frau in höchstem Maße unbillig und machten sich daran, die aus ihnen resultierenden Ungerechtigkeiten zu beseitigen. Und auch die Frauenbewegung, die seit den 1850er Jahren wirklich international war, konnte hier und da eindrucksvolle Erfolge verbuchen, so etwa in Schweden, wo seit 1845 eine Reihe von Gesetzen erlassen wurden, die den Frauen das Recht auf eigenen Besitz und die volle Rechtsfähigkeit zugestanden.[9] Andererseits behandelte, wie gesagt, der *Code civil* in Frankreich die Frauen als Unmündige und hinderte sie daran, über ihr Eigentum zu verfügen oder in der Ehe – bzw., nach der Revision des *Code civil* von 1884, nach der Scheidung – das Erziehungsrecht über ihre Kinder auszuüben. Wenn zornige Reformer die französische Frau als «ein juristisch nicht existentes Wesen» bezeichneten, so war und blieb das, steng genommen, richtig.

Nicht anders im neuen Deutschen Reich. Noch 1907 konnte Marianne Weber bei der Beurteilung der rechtlichen Stellung der Frau feststellen: «Im Eherecht unseres deutschen bürgerlichen Gesetzbuches ringen das patriarchalische und das individualistische Eheideal um die Herrschaft.»[10] Wie Helene Lange, die tatkräftige Vorkämpferin für die Rechte der Frau zumal im Lehrberuf, sich erinnert, wurde die deutsche Ausgabe von Mills *Subjection of Women* (in der Übersetzung Sigmund Freuds) noch 1880 «von der Presse entweder völlig ignoriert oder kurz und höhnisch abgefertigt».[11] Selbst der Übersetzer bewies noch keineswegs jene geistige Unabhängigkeit, mit der er später die Wahrnehmung der Frau durch den Mann komplizieren sollte, sondern erzählte seiner Braut, es fehle Mill «der Sinn für das Absurde»; wenn er behaupte, die Frau könne in der Ehe so viel erwerben wie der Mann, so übersehe er, daß die Frau mit dem «Zusammenhalten des Hauses» und der Pflege und Erziehung der Kinder völlig ausgelastet sei. «Daran hatte er einfach nicht gedacht, wie überhaupt an alle mit dem Geschlechtlichen in Zusammenhang stehenden Beziehungen.» Wenn Mill die Frauen für genauso unterdrückt halte wie die Neger, so hätte «jedes Mädchen, wenn auch ohne Stimmrecht und richterliche Befähigung, dem ein Mann die Hand küßt, um deren Liebe er alles wagt», ihn zurechtweisen können. Den Gedanken, die Frauen genauso in den Kampf ums Dasein zu schicken, findet Freud «gar zu lebensunfähig». Er räumt zwar ein, daß «Gesetzgebung und Erziehung» den Frauen vieles schuldeten, was sie ihnen vorenthalten hätten, doch bleibt es für ihn dabei, «daß die Natur... die Frau durch Schönheit, Liebreiz und Güte zu etwas anderem bestimmt».[12] Martha Bernays' Antwort auf diese konventionellen Auffassungen ist zwar nicht zugänglich, doch besteht kein Grund zu der Annahme, daß sie ablehnend ausgefallen wäre: Die Frauen des 19. Jahrhunderts waren ebenso schwer, wenn nicht schwerer ins Lager der Feministinnen zu ziehen wie die Männer.

Daß die Aussichten deutscher Feministinnen in der Tat nicht rosig waren, geht aus den zornigen Randbemerkungen hervor, die Marie Calm, die Dichterin, Pädagogin und Aktivistin, zu einigen einschlägigen gesetzlichen Bestimmungen Preußens und Bayerns zu machen hatte. «Das ist in Preußen Gesetz», schreibt sie 1884: «Ohne Einwilligung des Vaters dürfen Kinder nicht heiraten. – § 45. (Auf die Mutter kommt es also nicht an, wenn es darum geht, die Tochter wegzugeben!) Durch die Heirat erlangt der Mann die Verfügungsgewalt über das Vermögen der Frau. – § 205. Alle Einkünfte, die die Frau während der Ehe erzielt, gehören dem Mann. – § 211. Mit dem Vermögen, das die Frau in die Ehe eingebracht hat, darf sie keine Schulden machen. – § 318 und 319. (Der Mann hat das Recht, alles zum Fenster hinauszuwerfen, während sie keinen Pfennig von dem ausgeben darf, was ihr einmal gehört hat!) Zum Thema Ehescheidung: Körperliche Mißhandlung kann ein Scheidungsgrund sein, sofern sie Gesundheit oder Leben der Frau gefährdet (!) – § 685.» Anschließend gab Calm noch ein paar Kostproben aus dem bayerischen Recht: «Durch die Eheschließung unterliegt die Frau der Autorität des Mannes, und das Gesetz erlaubt es ihm, sie in maßvoller Form (!) zu züchtigen. – § 2. Mit Ausnahme der Mutter und der Großmutter können Frauen nicht als Vormund eingesetzt werden. – § 90. (Ebensowenig wie Unmündige, Irre und Verschwender!)»[13] Solche demütigenden Klassifizierungen wurmten, und sie verletzten mehr als nur die Gefühle der Frau. Und es dauerte quälend langsam, bis sie verschwanden. 1911 meinte die *Encyclopaedia Britannica:* «Die Züchtigung der Frau durch den Mann, in früheren Zeiten wohl bis zu einem gewissen Grade erlaubt, würde heute zweifellos als Tätlichkeit angesehen werden.«[14] Es bedurfte mehrerer Generationen von Feministinnen und Feministen, zahlloser Aufsätze und Petitionen sowie zäher Aufklärungsarbeit in den Parlamenten und Gerichten, bis solche Revisionen Eingang in die Gesetzbücher – und in die Köpfe der Menschen fanden.

In den Augen der tatkräftigen, hartnäckigen, oft frustrierten Reformer kamen die Verbesserungen nur im Schneckentempo voran. Gegen Ende des 19. Jahrhunderts wurde der Ruf der organisierten Frauen nach einer Änderung der Gesetze und der Sitten lauter, ihre Stimmen schriller.

Doch erhöhte Publizität und vereinzelte Triumphe machten den Mund nur noch wäßriger, schürten die Ungeduld und ließen die Mächte des Widerstands als schlimmeres Ärgernis denn je erscheinen. 1890 verkündete Havelock Ellis in seinem ersten Buch *The New Spirit*, der Vormarsch der Wissenschaft, der Demokratie und der Frauen sei nicht mehr aufzuhalten. «Der Aufstieg der Frauen zu ihrem gerechten Anteil an der Macht ist sicher», meinte er hoffnungsfroh.[15] Altgediente, kampferprobte Feministen waren da nicht so sicher. Jedenfalls hatte sich in der Sache des Stimmrechts für die Frau – für viele Feministen der entscheidende Streitpunkt und eigentliche Testfall – auch nach fast einem halben Jahrhundert der Agitation nur wenig bewegt. 1890, im Jahr des Erscheinens von Ellis' *New Spirit*, war der neu entstandene amerikanische Bundesstaat Wyoming der erste, der den Frauen das Stimmrecht gewährte. Danach aber verlangsamte sich der Marsch der Frauen in die Politik zu einem Schlurfen. In einzelnen amerikanischen Staaten hatten die Frauen bereits seit einigen Jahrzehnten an den Schulwahlen mitgewirkt, während sie in England seit 1870 das Recht hatten, «school boards» [zwischen 1870 und 1902: ein Ausschuß von Privatleuten, die Elementarschulen auf lokaler Ebene, die «board schools», unterhielten] zu wählen und in sie gewählt zu werden. Es folgten gewisse lokale Wahlrechte. Auf einem anderen Blatt stand hingegen das Recht der Stimmabgabe bei Parlaments- bzw. Kongreßwahlen: In diesem zentralen Punkt versteifte sich der männliche Widerstand noch. 1893 gewährte Colorado den Frauen das Stimmrecht, 1896 folgten die Staaten Idaho und Utah, aber im Staate Washington dauerte es bis zum Jahre 1910. Inzwischen hielt das Frauenstimmrecht seinen Einzug in eine Handvoll entlegener, der europäischen Kultur fernstehender Länder: 1893 in Neuseeland, 1894 in Südaustralien. Die wichtigsten Länder der westlichen Welt ließen sich von diesem Beispiel offensichtlich nicht bewegen; hier bedurfte es verheerender Kriege und Revolutionen, unerfreulicher, teilweise blutiger Suffragettenkämpfe, endloser Diskussionen und Verschleppungstaktiken, bis man auch hier, meist in den zwanziger Jahren, ins Lager des allgemeinen Frauenstimmrechts einschwenkte. Frankreich hielt sogar bis 1944 aus. Der großartige Schlachtruf des 19. Jahrhunderts, «allgemeines Wahlrecht», beschränkte sich interessanterweise auf das Wahlrecht für den Mann. Sogar die radikalen niederländischen Polemiker, die in den 1880er Jahren das «Algemeen Stemrecht» oder «Algemeen Kiesrecht» forderten, berücksichtigten in ihrem Programm nicht die Frauen. Und selbst Mary A. Dodge, Lehrerin, Dichterin und Publizistin, die das den Frauen zugefügte Unrecht wortgewaltig aufdeckte, glaubte nicht an das Wahlrecht für Frauen.[16] Für die meisten Männer, aber auch für viele Frauen war der

Gedanke wirklich fast undenkbar, bei nationalen Wahlen das Wahlrecht auch auf Frauen auszudehnen.

Die ökonomischen Perspektiven der Frauen waren ein klein wenig rosiger. Die Idealvorstellung «gleicher Lohn für gleiche Arbeit» war noch ein ferner Traum; der Kampf der Frauen um den Zugang zu respektablen und einträglichen Berufen war zwar noch immer ungemein ermüdend, aber keine ganz hoffungslose Sache. Die Autobiographien von Ärztinnen und Juristinnen erzählen von Unerschrockenheit wie von Entmutigung. Der Triumph einer einzelnen Frau konnte zwar lange auf sich warten lassen, erregte aber dann ein öffentliches Aufsehen, das in keinem Verhältnis mehr zu seiner unmittelbaren Bedeutung stand: Eine Frau als Arzt, eine Frau als Jurist hatte eine Ausnahmestellung erreicht, die zwar leicht zu bewitzeln, aber unmöglich zu übersehen war.

In schlagendem, wiewohl durchaus begreiflichem Gegensatz hierzu schätzten die Frauen die Verborgenheit nur dann, wenn sie für Geld schrieben – die einzige Tätigkeit, mit der sie es zu einigem Ansehen gebracht hatten. In der Mehrzahl der Fälle traten weibliche Romanciers oder Journalisten mit einem männlichen Pseudonym an die Öffentlichkeit: Ernst Ahlgren in Schweden, George Sand und Daniel Stern in Frankreich, George Eliot und Currer Bell in England, ganz zu schweigen von dem mehrdeutigen A.M. Barnard in den USA und E. Marlitt in Deutschland. Theodore Stanton, der sich mit der Lage der Frau in Frankreich befaßte, machte 1884 die Beobachtung: «Einige der beliebtesten Beiträger in *Revue des Deux Mondes, Temps, Figaro* und anderen führenden Pariser Blättern sind Frauen, die ihre Erzählungen und Artikel mit einem männlichen Pseudonym oder einem Phantasienamen unterzeichnen.»[17] Es war, als könne man mit männlichen Namen die Wut der männlichen Autoren über das Eindringen solch unerwünschter Außenseiter beschwichtigen. Aber der Trick beschwichtigte niemanden; als Tarnung war er zu durchsichtig, und die Identität der Autorin verbarg er bestenfalls für ein Jahr. Und schließlich schützte er die Frau auch nicht vor dem neidischen, gereizten Protest der männlichen Konkurrenz.

Unterdessen erkannte das sich industrialisierende 19. Jahrhundert mit seiner wachsenden Bürokratisierung und seinen internationalen Handelsverflechtungen in zunehmendem Maße die Brauchbarkeit der Frau. Was junge Mädchen dazu brachte, sich in das Heer der kleinen Verkäuferinnen oder Büroangestellten einzureihen und mit schlecht bezahlten, prestigearmen Stellen vorliebzunehmen, war nicht Begeisterung für den Feminismus; es war die rationale, komplexe, moderne kapitalistische Wirtschaft. Aus den Töchtern von Handwerkern oder Krämern wurden Bürogehilfinnen, Schreibkräfte, Sekretärinnen. Junge Damen aus vornehmem Hause, jedoch verarmt und ohne Heiratschancen, nahmen oft eine Anstellung als Gouvernante an – ein Beruf, der so heikel war, so umgeben von der Aura krasser Ausbeutung, subtiler Grausamkeit und (womöglich) romantischer Liebe, daß die Romanschreiber um die Mitte des Jahrhunderts im Los der Gouvernante ein dankbares Thema gefunden hatten. Und den Lehrberuf zumindest in den Volksschulen rissen die Frauen, ob aus der Arbeiterklasse oder von bürgerlicher Herkunft, geradezu an sich.

Für den Lehrberuf waren Frauen natürlich geradezu prädestiniert. Nach der allenthalben sprunghaften Zunahme der Volks- und höheren Schulen, zumal nach den 1860er Jahren, war der Bedarf an Lehrkräften nicht mehr zu befriedigen, und die Frauen waren sogleich zur Stelle. Und was noch mehr ins Gewicht fiel: Die Frauen waren liebend gern bereit, sich mit einem niedrigeren Gehalt als die Männer abzufinden – eine unwiderstehliche Versuchung für die Arbeitgeber im Lehr- wie in anderen Berufen, ihre Vorurteile im Interesse des Profits zu überwinden. Als Lehrerin verstieß die Frau nicht gegen anerkannte Stereotypen über den «wahren Charakter» und die «eigentliche Aufgabe» der Frau: War sie zu Hause nicht die geborene Lehrerin; verlegte sie nicht jene Rolle nur ins Klassenzimmer, die sie bei der Kinderaufzucht schon immer gespielt hatte? Trotzdem war sie mit ihrem Los als Lehrerin schlimmer dran als in ihrem Beruf als Mutter. Beim Rückblick auf ihre eigene, bahnbrechende medizinische Karriere und auf die Strapazen, die das Berufsleben für andere Frauen mit sich brachte, meinte Dr. Harriot Hunt 1856: «Das elende Entgelt, das Lehrerinnen für gewöhnlich erhalten, tut ihrer Leistung entschieden Abbruch. Es untergräbt ihre Achtung vor dem, was sie tun», und «nimmt ihnen den Respekt vor sich selbst». Kein Wunder, daß sie in Vernunftehen fliehen: «ihre Leistungen unterbezahlt und unterschätzt, – ihre eigene Bedeutung gleich null, – ihre Selbstachtung dahin, – ihre Mühe unbedankt, – ihr Leben abscheulich, – sie selbst ein Handlanger – gepiesackt, getreten, geschmäht, gescholten, elend und kläglich» – es bleibt der Frau gar nichts anderes übrig als die Flucht «aus der täglichen Herzenspein in private Höflichkeit und öffentliche Achtung: durch die Ehe mit irgendeinem Trottel! Wer will es ihr verdenken?» – gewiß nicht Harriot Hunt.[18]

Das war zwar etwas dick aufgetragen, trifft aber für das 19. Jahrhundert manche trüben Aspekte im Leben von Frauen der Mittelschicht. Gleichwohl waren die Perspektiven nicht völlig trostlos; mochten die Frauen auch generell an den untersten Stufen der Lohn- und Autoritätsskala rangieren, so gelang es einigen doch, weiter emporzusteigen. Zolas geschickte, skrupellose Madame Aurélie, der gefürchtete, allgewaltige *chef du rayon*, der höchst energisch seine Abteilung im fiktiven Warenhaus «Au Bonheur des Dames» kontrolliert, war kein unwahrscheinlicher Charakter. Obwohl vielen Lesern die markige Prognose von Havelock Ellis, die Frauen würden schon bald zu ihrem «gerechten Anteil an der Macht» aufsteigen, um 1890 noch als reichlich naiv erschien, war sie doch plausibel genug.

Wie jedoch der Arztberuf bewies, blieben Frauen wie Madame Aurélie, die im Geschäftsleben ihren Mann standen, auch weiterhin die Ausnahme. Wenn Harriot Hunt 1856 die Prognose wagte: «In wenigen Jahren werden Männer und Frauen den Beruf des Arztes zu gleichen Teilen ausüben», so war hier der Wunsch der Vater des Gedankens. «Die öffentliche Meinung», glaubte sie, «wird rasch dafür Sorge tragen, daß dies geschieht.»[19] In Wirklichkeit dachte die öffentliche Meinung gar nicht daran, auch wenn sie immer schon etwas weiter war als die anspruchslosen und zaghaften Reformer aus dem medizinischen Establishment. Immerhin war die Öffentlichkeit aufgeschlossen genug, die Sache zu diskutieren. 1890 brachte die *Gartenlaube*, Deutschlands beliebteste Familienzeitschrift, die sich gelegentlich, auf harmlose Weise und mit krampfhaftem Frohsinn, für fortschrittliche Dinge einsetzte, einen Beitrag aus der Feder des Schweizer Arztes Professor Dr. Hermann von Meyer: Geduldig und besonnen widerlegte er die drei Standardargumente gegen Frauen als Ärzte – ihre angebliche körperliche Schwäche, ihre geistige Unzulänglichkeit und ihre emotionale Empfindlichkeit – und trat für die vorbehaltlose Zulassung von Frauen zur medizinischen Ausbildung und ärztlichen Berufstätigkeit ein.[20] Die meisten seiner Kollegen waren anderer Meinung.

In der Tat bietet gerade die Medizin ein beredtes Beispiel für weibliche Entschlossenheit und männliche Abwehr. Der Arztberuf hätte für Frauen etwas Natürliches sein müssen, genauso natürlich wie das Unterrichten; denn auch im 19. Jahrhundert, wie zu allen Zeiten, waren Ehefrauen und Mütter die Hüterinnen der Gesundheit und die Krankenpfleger der Familie. Es hatte nichts Unpassendes, Unweibliches, das liebenswürdige Bild einer lindernden Hand, die Arznei verabreicht, die Stirne des Fiebernden kühlt und den Sterbenden tröstet. Darüber hinaus war die Vorstellung, daß Frauen es am besten verstanden, Frauen zu pflegen, ganz im Sinne jener Prüden und Zimperlichen, die befürchteten, ein männlicher Doktor könne das Schamgefühl seiner Patientinnen verletzen. Doch obwohl es den Frauen um die Jahrhundertmitte gelungen war, sich den Weg in die medizinischen Ausbildungsstätten zu erkämpfen, blieb die Zahl der weiblichen Ärzte klein und ihr Einfluß auf die Zunft sehr begrenzt. 1883 konnten die Niederlande stolz auf Dr. Aletta Jacobs verweisen, die speziell als Frauen- und Kinderärztin wirkte; sie behauptete, sich von ihren männlichen Kollegen völlig akzeptiert zu fühlen, und hoffte, durch ihr Vorbild künftigen Ärztinnen Mut zu machen. Trotzdem war sie mehrere Jahre lang buchstäblich ein Unikum.[21] Anfang der achtziger Jahre gab es überhaupt keine weiblichen Ärzte in Norwegen oder Österreich-Ungarn, eine Handvoll von ihnen in Italien und bestenfalls ein Dutzend in Frankreich. Bis 1900 war die Zahl der Ärztinnen in Frankreich auf 95 gestiegen, was immer noch einem verschwindend geringen Prozentsatz der gesamten Ärzteschaft entsprach. Es blieb England und den USA vorbehalten, bei der Zulassung von Frauen nicht nur zur medizinischen Ausbildung, sondern auch zur ärztlichen Berufstätigkeit die Führungsrolle zu übernehmen. Doch verhielt sich das medizinische Establishment dieser beiden Länder zaghaft genug. Die Herren kompromittierten ihre gelegentlichen Gesten guten Willens durch Haarspaltereien um die Qualifikation von Frauen und durch deren Ausschluß von Berufsverbänden, Krankenhausstellen und internationalen Kongressen. 1882 waren im englischen Ärzteregister nur 26 Frauen eingetragen. Achtzehn Jahre später hatte sich diese Zahl verzehnfacht und belief sich nun auf rührende 258. In den USA, wohin die Feministinnen bewundernde Blicke richteten, war die Sitution nur minimal günstiger. 1880 gab es im ganzen Land 2432 Ärztinnen, das waren 2,8% aller Ärzte; zwanzig Jahre später war diese Zahl auf 7387 bzw. 5,6% geklettert.[22] Die Tendenz war steigend, aber der Anteil der Frauen blieb unerheblich.

Wie so oft bei Zahlen, lassen auch diese Angaben nichts erahnen von der Herzensqual der hoffnungsvollen Ärztin, von ihrem Durchhaltevermögen angesichts demütigender Zurückweisung und organisierter Schikane. Die Heldinnen im Kampf um die Zulassung zur medizinischen Ausbildung und zur ärztlichen Berufstätigkeit – Harriot Hunt, Marie Zakrzewska, Elizabeth Blackwell – mußten eine Hartnäckigkeit, ein Selbstvertrauen, eine listige Geduld an den Tag legen, die ihre Kontrahenten natürlich unverzüglich für unweiblich erklärten und als weiteren Grund dafür ausgaben, den Frauen die Chance einer höheren Bildung, geschweige denn einer Berufsausbildung zu verwehren.

Als Schlüsselproblem für die Sache der Frau erwies sich Ende des 19. Jahrhunderts generell der Zugang zum akademischen Studium, mehr noch als das Stimmrecht. Dieses Problem war es, um das die leidenschaftlichsten Dispute entbrannten. Die Fakten sind schnell erzählt: Amerikanische Pädagogen konzedierten als erste, daß die Frauen über jene Art von Intelligenz und körperlichem Durchhaltevermögen verfügten, um von einer höheren Schulbildung profitieren zu können. Das Oberlin

College ließ vom Tage seiner Gründung im Jahre 1833 auch Frauen zu, und die ersten Studentinnen, die den regulären Studiengang absolviert hatten, machten 1841 ihren akademischen Abschluß. Dies erschien als bedeutsamer Meilenstein auf einem Weg, der dem «rätselhaften Geschlecht» Bildungschancen eröffnete, welche bis dahin ausschließlich den Männern vorbehalten gewesen waren. Aber das Oberlin College erstrebte, zumindest in den ersten vier Jahren, keine völlige Chancengleichheit: Seine Gründer standen dem von ihnen so genannten «verkannten und vernachlässigten» Geschlecht zwar offenkundig wohlwollend gegenüber, hielten aber, mit dem Rest der Gesellschaft, an der Überzeugung fest, daß die Hauptaufgabe einer achtbaren Frau das blieb, was sie immer gewesen war – die der Hausfrau. Allerdings folgte für sie daraus nicht, daß eine Ehefrau und Mutter oberflächlich und ungebildet zu sein habe.

Diese relativ bescheidenen Aspirationen für junge Frauen bildeten sich erst im Laufe der Zeit heraus. So wie die Bildungseinrichtungen nicht spurlos an der Gesellschaft vorübergingen, so verwandelte die Gesellschaft ihrerseits diese Einrichtungen. Mount Holyoke öffnete 1837 seine Pforten als «Seminar» [Privatschule für junge Frauen], nachdem eine Vorkämpferin der amerikanischen Frauenbildung, Mary Lyon, dafür unermüdliche Überzeugungsarbeit geleistet und finanzielle Mittel aufgetrieben hatte. Nach einigen Jahrzehnten war aus dem Institut ein auf sich selber stolzes, ausgewachsenes College geworden. Unterdessen öffnete das Iowa State College 1858 seine Pforten für Frauen; andere Landesuniversitäten folgten Iowas Beispiel. Cornell richtete 1874, sechs Jahre nach seiner Gründung, eine spezielle Abteilung für Frauen ein, Sage College. Einige Jahre lang war es für junge Frauen eine harte Prüfung, in Cornell mitzuhalten, wo viel Selbstvertrauen und noch mehr Selbstzucht verlangt wurden; die Frauen galten nur als «Annex» der Männer, und die Frauenabteilung in Harvard trug denn auch jahrelang diesen diskriminierenden Namen. Doch insgesamt war der Gewinn für die Frauen keineswegs gering. Die Schätzungen für die 1890er Jahre variieren beträchtlich, von 20000 bis 50000; 1893 zählte Lida Rose McCabe 36329 Frauen als Studentinnen an «allen Einrichtungen der USA, die Frauen eine höhere Bildung bieten», eine eindrucksvolle Zahl, die zweifellos auch die Lehrerinnenseminare umfaßte.[23] Die Diskriminierung der Frauen hatte zwar nicht aufgehört, aber eine erste Tür, die zu fortgeschrittener Bildung, war aufgestoßen worden.

Sie war auch in Europa aufgestoßen worden. In England hatten seit den 1850er Jahren eine Reihe von Tagesschulen für höhere Töchter, wie etwa das 1858 von Dorothea Beale gegründete Cheltenham Ladies' College, sowie die in manchen Städten existierende Einrichtung von «extramural lectures» [Vorlesungen außerhalb des Universitätsgebäudes] unentbehrliche Vorarbeit für die Sache der höheren Bildung der Frau geleistet. Seit den siebziger Jahren nahmen Englands alte Gründungen probeweise und zögernd auch weibliche Studenten auf: Girton College und Newnham College in Cambridge und Lady Margaret Hall und Somerville College in Oxford. Allerdings gewährten sie ihnen keinen akademischen Abschluß. Die Universität London hatte ihre Pforten seit 1878 für Frauen geöffnet, und drei Jahre später ließ Cambridge Frauen auch zu Prüfungen zu. Frankreich lag nicht weit zurück. In einem Fall von typisch französischer Zentralisierung eröffneten 1879 sämtliche *départements* Ausbildungsanstalten für Lehrerinnen. Diese neuen Einrichtungen schrieben im wesentlichen nur ein altes Ideal fest, freilich nicht ohne es zu verbessern – die Frau als Unterrichtende. Aber im folgenden Jahr ließ sogar die erlauchte Sorbonne Frauen zu den Vorlesungen zu. Eine weitere Festung war gefallen. Anderswo dauerte es länger, bis männliche Bastionen kapitulierten: Deutsche Universitäten ließen Frauen erst lange nach 1900 zum Vollstudium zu.

Es ist aufschlußreich, aber nicht verwunderlich, daß die meisten Studentinnen in Europa, namentlich an deutschen Universitäten, aus dem Ausland kamen: Amerikanerinnen auf der Suche nach dem, was ihre Heimat ihnen nur zögernd bieten mochte; Russinnen, die eine Plattform zumal für ihre politischen Aktivitäten brauchten. Daß weibliche Außenseiter neben Männern in ein und derselben Vorlesung saßen, schien für das rein männliche Universitätsestablishment akzeptabler zu sein, als die eigene Schwester oder die Schwester eines Freundes vor sich zu haben. Wie in der Kunst, so war es auch in der höheren Bildung: das Exotische ließ erträglich erscheinen, was im Vertraut-Familiären unannehmbar gewesen wäre.

Ausnahmen bestätigen nicht die Regel. Aber das Ausnahmeindividuum, das an die Grenzen des Möglichen gestoßen ist und vielleicht deren Verlauf verändert hat, verdeutlicht die Mühsal und die Skrupel der gewöhnlichen Sterblichen sowie das Terrain des Fortschritts, das diese nur in ihrer Phantasie betreten. In dieser Hinsicht ist die spektakuläre Karriere von M. Carey Thomas ein dramatisches Beispiel für das Ringen der Frauen im 19. Jahrhundert um Selbstachtung, Unabhängigkeit und Eigenständigkeit.

Da sie Amerikanerin war, ist Carey Thomas auch ein dramatisches Beispiel für jenen bemerkenswerten «Fahrplan», dem die Herausbildung bürgerlicher Kultur im 19. Jahrhundert folgte, d.h. für die Führungsrolle der US-amerikanischen Mittelschichten auf dem Weg in eine Zukunft, die auch den Europäern bevorstand. «Europa ist dabei, sich zu amerikanisieren» – mit dieser Feststellung eröffnete C. de Varigny 1889 in der *Revue des Deux Mondes* zwei Aufsätze über «Die Frau in den Vereinigten Staaten». «Jede Rasse», so schreibt Varigny, «hat einen besonderen Begriff der Frau entwickelt.» Für den Franzosen «personifiziert die Frau das Ideal»; für den Spanier «ist sie noch immer die Madonna in einer Kirche»; für den Italiener «die Blume in einem Garten»; für den Türken «ein Werkzeug des Glücks»; für den Engländer «die Mutter seiner Kinder und Verwalterin des Haushalts».[24] Der Amerikaner aber, der seiner Tochter Bildung angedeihen läßt und ihr den Weg zur Gleichberechtigung weist, hat sie kokett und stark gemacht. Frauen wie M. Carey Thomas, gewiß weniger kokett denn stark, galten den Europäern also als faszinierende Vorboten einer kommenden Entwicklung.

M. Carey Thomas demonstriert aber noch etwas anderes, nämlich den psychologischen Vorteil der Aktivität gegenüber der Passivität. Intelligenter, entschlossener und vom Glück begünstigter als die meisten – ihr Vater und noch mehr die Mutter befürworteten die Hochschulbildung für Frauen –, gelangen ihr Erfolge, die niemand außer ihr selber für möglich gehalten hätte. Als sie 1898, an ihrem einundvierzigsten Geburtstag, auf ihren Lebensweg zurückblickte – damals stand sie bereits seit vier Jahren an der Spitze des Bryn Mawr College –, erzählte sie einer engen Freundin nicht ohne Bitterkeit, sie wolle es «zu mehr bringen».[25] Das gelang ihr zwar letztlich nicht, aber sie machte aus dem College, an dessen Spitze sie achtundzwanzig Jahre lang stand, diejenige Schule in den USA, in die am schwersten hineinzukommen und in der am schwersten zu graduieren war; mit einer großartig verächtlichen Geste lehnte sie eine eigens ihrem Campus zugedachte Gruppe der Vereinigung «Phi Beta Kappa» ab; *jeder*, der Bryn Mawr absolviert habe, müsse gut genug sein, sich dieses begehrte Symbol wissenschaftlicher Auszeichnung selbst zu erwerben.[26] Die Männer durften hieraus den Schluß ziehen, daß Frauen nach Meinung von Carey Thomas den Männern keineswegs unterlegen, sondern ihnen vielmehr überlegen waren. Die kaum verhohlene Empörung über die Kränkungen, welche die Frauen seit langem von der Hand der Männer erdulden mußten, hätte nicht prachtvoller sublimiert werden können. Vortrefflichkeit war die beste Rache.

1857 in Baltimore als Tochter gebildeter Quäker geboren, mußte Carey Thomas als ältestes Kind die lautstarke Rivalität von neun Brüdern und Schwestern ertragen. Später leitete sie aus dem Neid auf die Geschwister ein malthusianisches Prinzip ab: «Wenn die Leute wüßten», schrieb sie 1877, fast einundzwanzigjährig, in ihr Tagebuch, «daß es kein größeres Verbrechen gibt, als mehr Kinder in die Welt zu setzen, als man ausbilden und ordentlich aufziehen kann, dann wäre es sicherlich besser.» Von Freud haben wir gelernt, daß der Durst nach Erkenntnis sich zum Teil von dem Wunsch des Kindes herleitet, herauszufinden, woher die kleinen Babies kommen; darin spiegelt sich die nagende Sorge, ob nicht jetzt, nach der Geburt des Rivalen, die elterliche Liebe von dem Älteren abgezogen und dem Neugeborenen zugewendet wird. Gewiß gab Careys fruchtbare Mutter den diesbezüglichen Phantasien ihrer Tochter immer neue Nahrung. Von klein auf war Carey aufgeweckt, lebhaft und herrschsüchtig. Sie beharrte auf ihren Rechten, weil sie oft bedroht waren. Ihr bewußter Lebensplan war, niemals klein beigeben zu müssen. «Ein Mädchen sollte das tun, was sie will, genauso wie ein Junge», schrieb sie 1871, kaum vierzehnjährig, in ihr Tagebuch. «Wenn ich erwachsen bin – nun, wir werden ja sehen.» Sie wollte vor allem aktiv sein: «Mein Gott, ich habe fest vor, nächstes Jahr meine klassischen Fächer und Mathematik zu büffeln», schrieb sie etwas später im selben Jahr, «denn ich will endlich in Vassar fertig werden und nach Philadelphia kommen und auf den Arztberuf studieren. Ich kann es nicht haben, von irgend jemandem abhängig zu sein, selbst nicht von Mutter und Vater, und ich möchte irgend etwas anderes tun als bloß essen, lesen und mich um Kleider kümmern.»[27]

Das bedeutete, wie sie früh erkannte: lernen, lernen und nochmals lernen. «Ich bin kein Lausbub, aber ich bin auch nicht *ladylike*, und ich bin in allem unausstehlich, und ich will etwas Aufregendes, und ich will nach Vassar», anstatt an irgendein Seminar für vornehme Damen. Da war sie noch vierzehn, noch zu Hause. «Ich bin *absolut entschlossen*, eine gute Schulbildung zu bekommen.»[28] Eine Lehrerin, die ihre Sehnsucht verstand, weibliche Fähigkeiten zu beweisen, redete ihr Vassar aus – das war schließlich bloß ein Mädchencollege – und schlug statt dessen Cornell vor. So ging sie ans Sage College und graduierte nach zwei Jahren. Ihre Entschlossenheit, die Talente wenigstens *einer* Frau unter Beweis zu stellen, trieb sie voran.

Doch dann kam der erste schwere Rückschlag. Schon als vierzehnjähriges Schulmädchen hatte sie eifrig feministische Vorträge besucht und voller Ungeduld zugehört, wie Männer in herablassendem Ton vom «heiligen Schrein des Weibtums» redeten. Eines Abends hatte sie Anna Dickinson sprechen hören, eine eloquente Kämpferin für die Rechte der Frau, und beifällig ihrem Gleichnis von dem Bruder und der Schwester gelauscht, die beide in gleichem Maße, wie sie mit ihrer eigenständigen Orthographie schreibt, mit «Schenie und Tallent» begabt waren. Der Bruder, der in die Welt hinaus ziehen wollte, um «sein Teil zur Hebung des Menschengeschlechts beizutragen», erhielt den tränenreichen Segen der Eltern. Die Schwester aber, obgleich genauso begabt wie er, durfte ihre Ambitionen nicht verwirklichen: «Sie sperrten sie in ihre Kammer, verriegelten die Tür, steckten den Schlüssel in die Tasche und glaubten, ihre Pflicht getan zu haben.» Carey Thomas, die junge Feministin, war außer sich vor Empörung: «Ach Gott, wie furchtbar, wie *schrecklich* ungerecht.» Zu allem Überfluß wurde sie danach von einem Freund ihres Vaters, einem Dr. Morris, nach Hause begleitet, der sich über den wahren Platz der Frau ausließ. Und der war natürlich das Heim: «Eine Frau mag noch so großartige Talente haben, sie kann sie nicht besser verwerten, als indem sie Ehefrau und Mutter wird.» Entrüstet notiert sie, daß Dr. Morris dann «irgendwelches hochtrabende Zeug faselte von der Stärke der weiblichen Hingabe, ohne daran zu denken, daß gar nicht alle Frauen Ehefrauen und Mütter sind, und mir scheint, sie sollen die Hände in den Schoß legen und Däumchen drehen, bis ein geeigneter *Bräutigam* kommt.» Das war entschieden zu viel: «Pah! Larifari, Blödsinn!»[29]

Mit diesem Larifari und Blödsinn bekam es Carey Thomas immer wieder zu tun. Nicht lange nach dem Dickinson-Vortrag mußte sie einem «Engländer Joseph Beck» während des Mittagessens im Hause ihrer Eltern zuhören. «Er glaubt nicht an die Bildung der Frauen. Auch Vetter Frank King nicht. Meine Güte, was sie für eine Diskussion hatten» – sie selbst saß offenbar daneben und behielt ihre Meinung für sich –: «Sie sagten, sie sähen nicht ein, warum eine Frau Latein oder Griechisch lernen soll, für ihren Gatten würde sie dadurch nicht vergnüglicher. Eine Frau hätte genügend andere Dinge zu tun, nähen, kochen, Kinder hüten, Kleider, flirten.» Die Ehe war nach Ansicht der kleinen Gesellschaft – ihre Mutter bildete eine bemerkenswerte Ausnahme – «der *größte Zustand irdischer Glückseeligkeit*». In ihm könne die Frau «ihrer Pflicht nachkommen, den Herrn Gemahl zu zerstreuen und nichts zu lernen; niemals ihre geistigen Kräfte zu erproben, damit Er das *großartige* Vergnügen hat, mehr zu wissen als seine Frau.» Die sardonischen Unterstreichungen verraten die tiefe Verärgerung der Tagebuchschreiberin. Und die Glossen, die sie nur ihrem Tagebuch anvertraut, verraten auch ihren Scharfblick. Sie wollte sich nicht von dem «üblichen Gefasel» beeindrucken lassen, daß die Frau «zu *hoch* stehe, zu *erhaben* sei, um irgend etwas anderes zu tun als in völliger Unwissenheit und mit gefalteten Händen dazusitzen und die Männer an ihrem Heiligtum beten zu lassen.» Solches Gefasel kann, recht verstanden, nur bedeuten, daß die Frauen «*reine Puppen* für die Männer sein sollen, mit denen man sich vergnügt, die man herzt und kost und vielleicht liebt, aber bei denen man nicht daran denkt, sich mit ihnen von gleich zu gleich zu gesellen.» Es war zum Verrücktwerden: «Ich war völlig außer mir.»[30] Die einzig angemessene Reaktion bestand, wie sie schon damals wußte, darin, das herrschende Vorurteil zu widerlegen.

Als Carey Thomas sich jedoch Ende 1877 an der Johns Hopkins University einschrieb, um in klassischer Philologie zu promovieren, mußte sie feststellen, daß sie dort nur unter bestimmten, lästigen Bedingungen studieren konnte: Sie erhielt zwar eine Lektüreliste und durfte einige Vorlesungen besuchen, mußte aber, was die eigentliche Arbeit betraf, bei den verschiedenen Professoren Einzelunterricht nehmen. Die Seminare blieben ihr verschlossen. Nach einem Jahr schrieb sie einen gesetzten Brief an die Universitätsleitung, verließ Johns Hopkins und ging nach Leipzig, um dort weiterzustudieren. Die deutschen Universitäten bewegten sich gerade erst millimeterweise auf das Frauenstudium zu: Wie Andrew Dickson White, Präsident der Cornell University und amerikanischer Gesandter in Berlin, dem Vater von Carey Thomas erzählte, besuchten zwar in Deutschland einige wenige Frauen einige wenige Seminare. «Es würde aber großes Aufsehen erregen, wenn sich im Auditorium irgendeiner großen Universität eine Dame zeigen würde.» In Berlin war praktisch nicht unterzukommen.[31] In Leipzig gab es dagegen bereits eine amerikanische Studentin, und einige der dortigen Professoren machten einen aufgeschlossenen Eindruck. So ging sie denn nach Leipzig, begleitet von ihrer Freundin Mamie Gwinn, und studierte dort mehr als zwei Jahre lang.

Ihr Aufenthalt war angenehm, ihre soziale Stellung jedoch problematisch. Manche Professoren und deren Gattinnen zeigten sich gastfreundlich; die Studenten waren oft peinlich berührt, aber selten flegelhaft.[32] Eine gewisse Gefahr ging von russischen Studentinnen aus, die, wie sie nach Hause berichtete, «als Geißel Gottes» betrachtet wurden. Die deutschen Universitäten «leben in Angst und Schrecken – die große Opposition gegen Frauen beruft sich auf den Terror, den die Russinnen mit ihrer Anarchie in Zürich verbreitet haben, bis sie ausgewiesen wurden. Um die ganze Universität Leipzig für Frauen zu schließen, würde es, glaube ich, genügen, daß sich eine einzige Russin dort einschreiben wollte.» Es ging das Gerücht, daß mittlerweile nicht weniger als sechs Russinnen in Leipzig studierten und Propaganda für den Sozialismus machten. Das war nachweislich Unsinn: «Natürlich war es eine Verleumdung, da sich nicht eine einzige Russin an der Universität befindet.»[33]

Sie hätte Leipzig nicht verlassen brauchen, zog es aber vor, in Zürich zu promovieren. Derartige akademische Bildungsreisen waren für Europa etwas völlig Normales, im Gegensatz zu den USA. Nach Zürich ging sie hauptsächlich, um ihre Doktorarbeit zu schreiben und das Rigorosum in Philologie zu machen; sie war gezwungen, sich in neue Themen einzuarbeiten und neue Bekanntschaften zu schließen. So fühlte sie sich erschöpft, aber einigermaßen zuversichtlich. «Auf meinen Dr. phil. würde ich um nichts in der Welt verzichten», schrieb sie 1882 an ihre Mutter, die sie immer wieder ermutigt hatte. Die letzten schriftlichen und mündlichen Prüfungen waren eine mühselige und langwierige Sache, aber sie glaubte doch mindestens an ein «cum laude» und konnte sich sogar ein «magna cum laude» vorstellen. Aber nachdem das schwierige Rigorosum vorüber vor, gratulierte ihr der Dekan zur höchsten akademischen Ehre dieser Universität, dem «SUMMA cum laude».[34] Keine einzige Frau und nur sehr wenige Männer hatten das vor ihr erreicht. Nur wenig später, während eines Ausflugs nach La Spezia, gestand sie, was ihr eigentlicher Ehrgeiz war: «Ich fände es herrlich, Präsidentin von Bryn Mawr zu werden.»[35] Zwölf Jahre später war sie es. Ihre Karriere war ein Triumph des Willens und der Intelligenz über die wenig verheißungsvolle Realität. Aber wieviele Frauen hatten schon Carey Thomas' Energie, ihre Intelligenz, ihre Zielstrebigkeit – und ihre Helfer?

2. Der Mann in Gefahr

Der erste organisierte Versuch, die Frauen aus dem Käfig ihrer Abhängigkeit zu befreien, war bezeichnenderweise die späte Reaktion auf eine verletzende Kränkung. Während uneinsichtige Zeitgenossen in der Frauenbewegung nichts anderes sehen wollten als eine Kette von Aggressionen, war sie in Wirklichkeit die Antwort auf immer neue Beleidigungen und Frustrationen. 1840 hatte man Elizabeth Cady Stanton, Lucretia Mott und anderen weiblichen Delegierten zur «World Anti-Slavery Convention» in London Sitz und Stimme am Beratungstisch versagt und sie gezwungen, den Verhandlungen von der Zuschauertribüne aus zu folgen. Es gab schon damals Männer, die es ungereimt fanden, wenn Reformer, die angeblich ausgezogen waren, das Unrecht der Benachteiligung zu bekämpfen, nun ihrerseits Frauen diskriminierten: So nahm beispielsweise William Lloyd Garrison bei den Damen auf der Galerie Platz. Es war eine historische, aber keineswegs vereinzelte Geste; die Frauenbewegung wurde gefördert von loyalen Befürwortern aus dem männlichen Lager, von konsequenten Liberalen, von Freimaurern, die ihre Lehre ernst nahmen, und von leidenschaftlichen Saint-Simonisten. Dr. George R. Drysdale, der wackere englische Propagandist der Geburtenkontrolle, forderte um die Mitte des Jahrhunderts in seinem Tagebuch «Gerechtigkeit für die Frauen». Ein Vierteljahrhundert später war es

Josef Breuer, der Mitentdecker der Psychoanalyse, der seine epochemachende Patientin «Anna O.» für genauso intelligent und aufgeweckt hielt wie jeden Mann; was sie brauchte, leicht verdauen konnte, aber niemals bekommen hatte, war handfeste geistige Kost.[37] Nicht alle Männer empfanden den Feminismus als Bedrohung ihrer selbst.

Stanton und Mott verurteilten, genau wie Garrison, aber natürlich aus größerer persönlicher Betroffenheit, die umstrittene Entscheidung der Sklaverei-Gegner, Frauen von der Tagung auszuschließen; sie fanden sie nicht nur empörend, sondern auch unlogisch. Doch sollten noch acht Jahre vergehen, ehe sie Konsequenzen zogen und handelten. Für Juli 1848 berief Elizabeth Cady Stanton eine Konferenz nach Seneca Falls (New York) ein, die über das Unrecht an den Frauen und die Rechte der Frau beraten und vielleicht Maßnahmen beschließen sollte. Schon vorher hatte es Streitschriften für die Forderungen der Frau und auch eine gewisse Anerkennung ihrer Verdienste gegeben. Die beiden Klassiker des modernen Feminismus, Mary Wollstonecrafts *Vindication of the Right of Women* und Olympe de Gouges *Les Droits de la femme*, gehen auf die Jahre des Umbruchs am Ausgang des 18. Jahrhunderts zurück. Um 1810 gab es in Berlin einige literarische Salons, in deren Mittelpunkt kluge, emanzipierte Jüdinnen wie Dorothea Veit, Henriette Herz oder Rahel von Varnhagen standen. Ende der 1830er Jahre waren es die unerschrockenen amerikanischen Schwestern Grimké, die feministische Vorträge hielten und feministische Streitschriften schrieben, was 1837 zu einem Hirtenbrief des «Council of Congregationalist Ministers of Massachusetts» führte, in welchem die Grimkés für ihre Einmischung in aktuelle Tagesangelegenheiten gerügt wurden. In Frankreich gab es um die Mitte der 1830er Jahre eine Reihe kurzlebiger, aber interessanter Frauenzeitschriften wie *La Femme Nouvelle* oder *La Gazette des Femmes.* Und die dramatische George Sand – für andere Frauen trotz ihrer Unkonventionalität ein höchst problematisches Vorbild – trug ihre Liebesaffären, ihr männliches Gehabe, ihre Zigarren und ihre aufgeklärten Anschauungen schon lange vor 1848 zur Schau. Im Jahr von Seneca Falls gründete F.D. Maurice das Queens College in London. Seine Aufgabe sollte es sein, angehenden Gouvernanten eine gewisse berufliche Ausbildung zu bieten; ihnen nicht nur Kenntnisse zu vermitteln, die sie an ihre Schutzbefohlenen weiterreichen konnten, sondern ihnen auch ein «zutreffendes Verständnis der Grundlagen» mitzugeben.[38] Als Elizabeth Cady Stanton und Lucretia Mott ihr kleines Häuflein von Feministinnen zusammentrommelten, konnten sie also auf kleine Nester des Protests und auf reiche, wenngleich weitgehend unerschlossene Begabungsreserven zählen.

Die Versammlung in Seneca Falls verabschiedete eine schwungvolle «Declaration of Sentiments and Resolutions», die ausdrücklich nach dem Vorbild der amerikanischen Unabhängigkeitserklärung abgefaßt war. Sie war ordentlich, logisch, bescheiden, ganz wie die Konferenz, die sie vorgelegt hatte: Die Entschließung, die das Wahlrecht für Frauen forderte, erschien den Anwesenden als so kühn, daß sie fast nicht eingebracht und, einmal eingebracht, fast nicht angenommen worden wäre. Bezeichnenderweise spielten Männer bei den Verhandlungen eine wesentliche Rolle: James Mott, Lucretias Mann, hatte den Vorsitz inne, während der schwarze Abolitionist Frederick Douglass die Versammlung beschwor, das Stimmrecht für Frauen zu fordern. Bei aller Zaghaftigkeit war dieser Kongreß also die Geburtsstunde der organisierten Frauenbewegung. Feministinnen in anderen Ländern ließen sich von dem in Amerika gemachten Anfang ermutigen, Manifeste zu verfassen, Forderungen zu formulieren und Verbände auf die Beine zu stellen.

War der Tagungsverlauf in Seneca Falls bewußt von Zurückhaltung bestimmt gewesen, so war die Reaktion des gegnerischen Lagers von einer wütenden Irrationalität. Eloquente Redner und Leitartikler rissen über die Feministinnen, ob männlich oder weiblich, ihre Witze und zweifelten an ihrer sexuellen Kompetenz. Ein gewisser Mr. Mandeville, protestantischer Pfarrer in Albany, wetterte 1852 gegen einen Feministenkongreß in Rochester und charakterisierte dessen weibliche Aktivisten als «hybride Spezies, halb Mann, halb Weib und keinem Geschlecht ganz zugehörig». Im Jahr darauf, wiederum in Rochester, ergriff ein Professor Davis das Wort, nachdem Susan B. Anthony vor einem Lehrerkongreß gesprochen hatte, und erklärte feierlich: «Zur Frau muß man aufschauen können.» Ebenfalls 1853 spuckte der *New York Herald* Gift und Galle gegen «geschlechtslose Frauen» und unterstellte, sie wären bloß deshalb Aktivistinnen geworden, weil sie zu häßlich seien, um einen Mann zu finden: «Diesen Frauen mangelt es völlig an persönlichen Reizen. In der Regel sind es hagere, altjüngferliche Damen, oder Frauen, denen es nicht geglückt ist, sich die Hosen und die Rechte ihres unglücklichen Herrn und Gebieters anzueignen.»[39] Den männlichen Anhängern der Frauenbewegung erging es nicht besser. 1854 kennzeichnete das *Albany Register* zunächst weibliche Propagandisten als «geschlechtslose Frauen», die «die Religion zum Gespött machen», und knöpfte sich dann die Männer vor. Sie seien «willensschwach», «auf ehrliche oder unehrliche Weise» irregeführt und «hingen am Schürzenzipfel irgendeiner ‹willensstarken› Frau»; es waren Männer, die «ihre Haare glatt nach hinten kämmen und mit vor dem Bauch verschränkten Händen, mit sanfter Stimme und frommem Augenaufschlag ihr Sprüchlein sagen.» Schlimmer konnte es in einer achtbaren Zeitung des 19. Jahrhunderts kaum kommen; aber manchmal kam es doch schlimmer. Schon 1852 hatte der *New York Herald* über «männische Weiber» geklagt, sie seien «wie Hennen, die krähen wollen», während «die Mehrheit des männlichen Geschlechts», die die Feministenkongresse besuchten, «Pantoffelhelden» seien, die am besten «Schürzen tragen sollten».[40] Vielleicht der erste Erfolg der jungen Frauenbewegung war, daß mehr oder weniger offen über sexuelle Abweichungen gesprochen wurde – natürlich nur mehr oder weniger, und natürlich in boshaft-verleumderischer Absicht.

Diese Polemiker taten sich zweifellos viel auf ihren Witz zugute, doch hinter ihren aggressiven Späßen lauerte die Angst. 1866 berichtete das *Albany Evening Journal*, Senator Lane von Kansas habe eine Petition von «einhundertvierundzwanzig schönen, klugen und gebildeten Damen aus Lawrence» vorgelegt. Gefordert wurde ein Verfassungszusatz, der die Vorenthaltung des Wahlrechts aufgrund des Geschlechts verbieten sollte. «Dieser Trick», kommentierte das Blatt mit plumpem Sarkasmus, «wird nicht verfangen. Wir verwetten unseren Kopf, daß die betreffenden Damen weder ‹schön› noch gebildet sind. Neun von zehn von ihnen sind ohne Zweifel *passé*. Sie haben eine Hakennase, Krähenfüße unter den eingefallenen Augen und einen angegrauten Schimmer im Haar. Sie sind Experten im Schnupftabak.» Sollte ein solches Wesen verehelicht sein, so erbot sich der Leitartikler «zu einem heftigen Seufzer des Mitleids mit jenem schwächeren Geschlecht, das als ihr Angetrauter amtet». Im selben Jahr mokierte sich die *New York Tribune* über eine Petition in Sachen Frauenstimmrecht von Frauen aus Neu-England, wobei sie dieselbe Sprache führte. «Das sichere Heilmittel gegen die Beschwerden der Damen aus Massachusetts ist eine Korbwiege und ein pausbäckiges Baby.»[41]

Mitunter ließen die Antifeministen die Maske des Humors auch fallen und demonstrierten die Furcht des Mannes vor der Frau in ihrer ganzen urtümlichen Gewalt. Stevenson Archer erklärte in einer Rede am 30. Mai 1872 vor dem Repräsentantenhaus, das Frauenwahlrecht könne nicht geduldet werden, «auch wenn es vom republikanischen Kandidaten für das Amt des Vizepräsidenten befürwortet wird». Die Frauenbewegung sei zur Gefahr geworden; «diese Neuerer» seien nicht länger «bloße weibliche Hanswurste». «Ein gewaltiges Heer ist gegen uns im Anmarsch – Hunderttausende ‹Sturmwinde im Unterrock› –, und wir müssen ihm fest entgegentreten, oder wir werden vom Sturm überwältigt werden.»[42] Die Frau, von Gott zur Sanftmut geschaffen, sei gewaltig und kämpferisch geworden, sie habe reißende Krallen bekommen und könne den Mann zu Boden stoßen. Der im Mann des 19. Jahrhunderts steckende kleine Junge sah zu seiner mächtigen, unberechenbaren Mutter auf und fürchtete sich.

Eine derartige hitzige Hysterie war keineswegs auf die USA beschränkt. In Frankreich beklagten die Männer seit der Jahrhundertmitte die intellektuelle und politisch aktive Frau als geschlechtsloses, unnatürliches Wesen. Während saint-simonistische Publizisten von dem Tage träumten, an dem die Frauen die Gleichstellung mit dem Mann erreicht hätten, malten in Panik geratene Soziologen und Historiker, Cartoonisten und Romanciers die Frau als blutdürstiges Wesen, das die aufgepeitschten Massen zu unmenschlichen Taten anstachelte. Sogar zur Kastration: Die berühmt-berüchtigte Szene in Zolas *Germinal*, wo aufgebrachte Bergarbeiterfrauen einem wucherisch-lüsternen Krämer den Penis abschneiden, dramatisierte nur, was viele fürchteten. Dasselbe gilt für die vielen verführerischen *femmes fatales*, mit denen Zola seit den späten 1860er Jahren seine Romane ausstaffierte. Sie schenkten flüchtiges erotisches Glück – und vernichteten für immer. Aber selbst Zola in seiner frauenfeindlichsten Stimmung war nichts gegen die schnöselhafte Herablassung – oder die Furcht? – seiner Freunde, der Brüder Goncourt. Sie vertraten die Überzeugung: «Die Frauen haben niemals irgend etwas Bemerkenswertes geleistet, außer daß sie mit vielen Männern geschlafen und ihnen das geistige Mark ausgesogen haben: Madame Sand, Madame de Staël.» Für sie gab es «kein einziges tugendhaftes Weib, dessen Intelligenz auch nur zwei Sous wert wäre. Eine Jungfrau hat noch nie etwas hervorgebracht.»[43] Die Frau ein Vampir, der Mann ihr Opfer: das war zwar nicht gerade die herrschende Meinung, aber doch eine verbreitete Empfindung der französischen Männer im 19. Jahrhundert.

Kaum weniger drastisch als die Goncourts, machte Daumier wuschelköpfige, prätentiöse Romanschriftstellerinnen und grimmig dreinblikkende Sozialistinnen zur bequemen Zielscheibe seines Spottes. Und noch 1896, als die feministischen Forderungen schon weithin Gemeingut der Gebildeten in Frankreich geworden waren, konnte Dr. Edouard Toulouse in einem Buch über die Ursachen der Geisteskrankheiten behaupten, er vermöge «degenerierte Frauen» an «ihrer tiefen Stimme, ihrem behaarten Körper und ihren kleinen Brüsten» zu erkennen.[44] In jenem halben Jahrhundert wurde *la femme-homme* zum Schreckgespenst verängstigter Männer: Sie war der schlimmste Feind der Familie, der Ruin des männlichen Selbstvertrauens, der Untergang für die wahre Berufung der Frau. «Die politische Emanzipation der Frauen braucht nicht einmal in vollem Umfange durchgesetzt zu sein», meint Graf Agénor de Gasparin in dem Kapitel «La Femme-homme» seines Buches *L'Ennemi de la famille*, «um großen Schaden anzurichten. Schon der Gedanke als solcher reicht hin, die Familie zu entzweien.»[45] Er frevelte gegen die Erfahrung, die Natur und die christlichen Lehren, und er verkannte den unsichtbaren häuslichen Einfluß des Weibes.

In England pflichtete man dem bei. Es war schwerlich vonnöten, das Schlagwort von der männlichen Frau aus den USA oder aus Frankreich zu importieren; es gedieh auch auf heimischem Boden vortrefflich. «Das einzige, was die Männer nicht mögen, ist das Mannweib», verkündete Montagu Burrows, Chichele Professor für Moderne Geschichte in Oxford, 1869 in der *Quarterly Review.* Ein Musterbeispiel für dieses Zwitterwesen war in seinen Augen «die akademische Frau». «Dabei unterscheide man sorgfältig zwischen dem männlichen und dem weiblichen Typus. Für jene jungen Damen, denen es nicht vergönnt ist, sich ‹höhere Bildung› durch Eltern, Brüder, Freunde und Bücher im häuslichen Kreise oder durch den Besuch öffentlicher Vorträge anzueignen, mag es als Abhilfe die gebildeten Erzieherinnen geben; aber wir wollen um Gottes willen nicht die ‹akademische Frau› als den modernen Typus etablieren.» Die rhetorische Floskel «um Gottes willen» verrät die Furcht hinter der forschen Pose. Die Frauen sollten vielmehr «unsere ‹goldene Jugend› in den Stand der Ehe locken: nicht durch Schliche und Kniffe und kupplerischen Krieg, sondern durch den Beweis eines wahren, sittsamen, zurückhaltenden, tüchtigen weiblichen Charakters.»[46] Burrows brauchte nicht zu erwähnen, daß eben dies die Eigenschaften waren, die dem Mannweib fehlten.

Die Zeitschrift *Punch* mochte bei einem ebenso exponierten wie bequemen Angriffsziel nicht zurückstehen und führte jahrelang einen unermüdlich-ermüdenden Feldzug gegen «Bloomerism» und «Frauen mit Haaren auf den Zähnen»; was boshafte Sticheleien betraf, stand *Punch* seinen Vorbildern wie der *New York Tribune* in nichts nach. So parodiert *Punch* die Rede einer politischen Aktivistin an Wählerinnen ihres Stimmbezirks, wobei die unwahrscheinliche Kandidatin für eine Reihe banaler «fraulicher» Themen eintritt. Bei ihrer Selbstbeschreibung hebt sie ihre ebenmäßigen Züge und die guten Zähne hervor: «Meine Haarfarbe ist ein dunkles Kastanienbraun; mein Schnurrbart ist etwas heller.»[47] Auch dem stumpfsinnigsten Leser konnte kaum entgehen, was diese grobschlächtige Karikatur hinterhältig unterstellte. Aber gerade indem sie um die Palme der Geschmacklosigkeit rang, bezeugte diese Kampagne, welche Angst der Mann im 19. Jahrhundert vor Frauen «mit Haaren auf den Zähnen» hatte.

Während *Punch* sich immerhin dazu herbeiließ, das Recht junger Mädchen auf höhere Schulbildung anzuerkennen, war für das Blatt die Grenze dort erreicht, wo es um das Stimmrecht für Frauen, ja womöglich um ihren Einzug ins Parlament ging. Die Cartoonisten des Blattes vergnügten und schreckten ihre Leser mit Darstellungen von greulichen Weibern, die vor dem Unterhaus dozierten.[48]

Der Eindruck, daß das Mannestum in Gefahr sei, verstärkte sich in dem Maße, in dem die Kampagne für die Rechte der Frau an Stoßkraft gewann. 1882 veröffentlichte der Essayist, Gesellschaftskritiker und Romancier Sir Walter Besant eine durchsichtige Fabel, *The Revolt of Man*, in der die Emanzipation der Frau zu ihrem logischen (bzw. unlogischen) Ende geführt wurde. In dem von Besant geschilderten England der nahen Zukunft ist die traditionelle Rollenverteilung völlig auf den Kopf gestellt worden – allein die Frauen genießen das Privileg einer höheren Schulbildung, des Wahlrechts und öffentlicher Ämter, während die Männer zu knechtischer Abhängigkeit und erniedrigender Häuslichkeit verurteilt sind. Doch zuletzt überwindet die Liebe dieses Anti-Utopia. Eine schöne junge Frau, Mitglied des Kabinetts, heiratet ihren rebellischen, selbstbewußten Liebhaber; die unnatürliche Umkehr aller Dinge wird aufgehoben, die natürliche Ordnung wiederhergestellt. Es gab nur wenige Ausnahmen unter den Gesellschaftskritikern, namentlich George Bernard Shaw, die in der Frau ein Meisterstück der Natur zu bewundern vermochten, welcher der Mann nur helfen mußte, ihre biologische Bestimmung zu verwirklichen, und die zugleich beifällig erkannten, wieviel Kraft sich hinter der spröden Fassade und den beengenden Röcken der Frau verbarg.[49] Und selbstverständlich gab es englische Juristen und Pädagogen, die die Benachteiligung der Frau in allen Bereichen abstoßend und ungerecht fanden. Die meisten Publizisten empfanden freilich wie Sir Walter Besant: sie waren beunruhigt über den Vormarsch der Frauen und fürchteten sich.

Die Reaktion des deutschen Antifeminismus entsprach weitgehend derjenigen in anderen Ländern. Die Frauenbewegung rührte an einen wunden Punkt, und ihre zahmsten Aktionen konnten wütende Reaktionen auslösen. In Deutschland entstand der Feminismus später und erregte weit weniger Ärgernis, war viel konventioneller als in den USA oder in England. Und trotzdem ging der deutsche Mann mit nervöser Hast in Verteidigungsstellung, noch ehe er angegriffen worden war. Die bevorzugten Waffen waren, wie anderswo, Predigten, Leitartikel und einfältige Witzzeichnungen. Die *Fliegenden Blätter* brachten allein im ersten Jahr ihres Erscheinens, 1848, vier Karikaturen, auf denen die moderne aktive Frau lächerlich gemacht wurde. Diese in München erscheinende satirische Zeitschrift trat schon bald einen Siegeszug durch die deutschen Staaten an, in denen man nach einem bescheidenen Quentchen respektlosen Humors förmlich lechzte. Ein Publikumsliebling waren ihre «Modernen Treibhauspflanzen». Auf diesen ebenso boshaften wie unschuldigen Bildchen sah man emanzipierte Frauen aus Blumentöpfen hervorwachsen; in der Hand hielten sie eine Schreibfeder oder anderweitige «männerhafte» Attribute, die sie, wie der Betrachter annehmen mußte, den Männern weggenommen hatten. Die giftigste dieser gekonnten Zeichnungen zeigt eine grimmig dreinblickende, schlecht frisierte Frau mit Offiziersstöckchen in der einen und Zigarre in der anderen Hand. Bald darauf erneuerten die *Fliegenden Blätter* den Angriff mit einer Serie von Zeichnungen unter dem knappen Titel «Emanzipierte Frauen». Neben anderen Anomalien der jüngsten Zeit sah man da beispielsweise an einem Katheder eine altmodisch gekleidete Frau, die vor einer Reihe von männlichen Studenten eine Vorlesung hält: die «Frau Professor». Die wohl pointierteste Karikatur gilt der «Dichterin», einem wenig attraktiven, zerzausten Wesen mit einem Zwicker auf der Nase und einem Gänsekiel zwischen den Zähnen; im Hintergrund steht, den Einkaufskorb unter dem Arm, ergeben ihr Mann, der soeben vom Markt zurückgekommen ist und von zwei ungepflegten Kindern begrüßt wird.[50]

Ein Kommentar dazu wurde nicht gegeben, war aber auch nicht notwendig. Schließlich hatten die antifeministischen Zeichner in Deutschland weitgehend die öffentliche Meinung hinter sich. Als Otto von Leixner, damals noch ein junger Student, erfuhr, daß seine Gedichte manchen Frauen gefielen, notierte er sich, undankbar und spöttisch, in sein Tagebuch: «Aber mein Gott, das Lob aus Frauenmund ist für mich selten von besonderem Werth gewesen, obwohl ich anerkennen muß, daß oft Mädchen in manchem meiner Verse Schönheiten fanden, die Männer gar nicht oder kaum bemerkten.» Und als er ein lebhaftes siebzehnjähriges Mädchen namens Toni kennenlernte, die ihn durch ihre Gedankentiefe, ihren originellen Geist und ihre atheistischen Überzeugungen beeindruckte, wußte er zu ihrem Lobe nur ihren «fast männlichen Charakter» anzuführen. Doch war er, wie andere Deutsche auch, weit davon entfernt, die überlegenen Kräfte der Frau zu leugnen: «Weiberthränen», schrieb er sich 1877 in sein Merkbuch, «sind meist stärker als Mannesworte.» Wilhelm Heinrich Riehl widmete ein ganzes Kapitel seines vielgelesenen Buches *Die Familie* dem, was er mit pointierter Bosheit «Emanzipation von den Frauen» nannte. Gerade in Zeiten des kulturellen Niedergangs, der übertriebenen Verfeinerung, des politischen Stillstands und der nervenaufreibenden Nervosität, so meinte Riehl, verließen die Frauen den geweihten Bezirk der Familie, um sich in die Öffentlichkeit zu stürzen und als bewunderte Dilettantinnen mit Angelegenheiten zu tändeln, die dem Herrn der Schöpfung vorbehalten seien. Die Deutschen, so wußte Riehl stolz zu verkünden, seien die ersten gewesen, die die tiefgreifenden Unterschiede zwischen Mann und Frau erkannt hätten – nicht, um die Frau zu versklaven, sondern um ihrem wahren Wert Gerechtigkeit widerfahren zu lassen: der Begabung zum häuslichen Regiment. Riehl schrieb sein Buch, um diesen Zustand glücklicher Häuslichkeit wiederherzustellen, in einer Zeit, die aus den Fugen war, angekränkelt von verweichlichten Männern und feministischen Frauen.

In dieser Atmosphäre stieß jeder Versuch, das berufliche Vorwärtskommen der Frau zu fördern, auf milden oder auch wütenden Spott. 1878 machte sich Wilhelm Raabe, der Meister der deutschen Novelle, über die Idee einer Schriftstellervereinigung lustig, der auch Schriftstellerinnen angehören sollten; ihn berührte das, wie er an seinen Freund Ernst Eckstein schrieb, «wirklich etwas drollig. Es klingt etwas wie eine gewisse Angst vor den guten Weiberchen durch ...»[52] Dr. Max Runge, Professor für Geburtshilfe und Gynäkologie an der Universität Göttingen, sprach für eine breite Mehrheit der öffentlichen Meinung Deutschlands, wenn er in einer im Druck erschienenen Vorlesung über das Wesen der Frau wieder einmal aussprach, was andere vor ihm schon so oft ausgesprochen hatten: «Sehen wir es somit als feststehend an, dass der Beruf des Weibes es ist, Gattin und Mutter zu sein, und alles Uebrige mehr oder minder ausserhalb von ihr liegt...»[53] Wenn es deutsche Feministen gab – und es *gab* deutsche Feministen –, die das nicht als «feststehend» ansahen, so mußten sie offenbar exzentrisch oder radikal sein. Noch 1912 empfanden es deutsche Antifeministen nicht als verlorene Liebesmüh, eine Gesellschaft zur Verhinderung der Frauenemanzipation zu gründen.[54]

Die Furcht des 19. Jahrhunderts vor «dem Weib» war also ein internationales und sehr emotionsgeladenes Problem. Selbst eine Mörderin gab Anlaß zu besorgter Selbsterforschung. Als sich 1865 die junge Constance Kent vor Gericht verantworten mußte, weil sie ihrem kleinen Halbbruder die Kehle durchgeschnitten hatte, fühlte sich eine Zeitung zu dem Kommentar bemüßigt: «Das war ein lüsterner Mord, nicht der Mord von der Hand eines Mannes; ihm eignet jene exquisite Grausamkeit, deren sich, wie wir glauben, kein Mann, und sei er noch so verworfen, würde schuldig machen können.» Denn eine Frau, in der die schlimmsten Leidenschaften über die besten gesiegt haben, ist «morbid, grausam, verschlagen«.[55] Viele Menschen hätten Rudyard Kipling beigepflichtet: «Das Weibliche der Rasse ist tödlicher als der Mann.»

Dieser vorherrschende Eindruck, daß das Mannestum in Gefahr sei, ist natürlich das Gegenstück zu der notorischen Fiktion des 19. Jahrhunderts von der fehlenden Geschlechtslust der Frau. Diese Fiktion stellt sich nun als eine Reaktionsbildung dar, die ebenso mächtig war, wie sie unbewußt blieb. Reaktionsbildungen gehören in das Arsenal der psychologischen Abwehrmechanismen, die Freud als erster entdeckte und beschrieb. Es sind Manöver, durch welche unzulässige oder erschreckende Gedanken in ihr Gegenteil verkehrt werden: Aus Sadismus wird Pazifismus, aus der Furcht vor Effeminierung ostentative Härte. Die Ableugnung weiblicher Sexualität erweist sich als angsterfüllte «self-fulfilling prophecy». Zu leugnen, daß es in der Frau angeborene erotische Wünsche gab, hieß, die sexuelle Adäquatheit des Mannes zu sichern. Egal, wie er sich anstellte: für die Frau war er gut genug. Nach mehr würde sie nicht verlangen. Oder? Dr. Actons ermutigende Aufklärung schüchterner Männer über die Art der Annäherung an ihre jungen und vielleicht allzu anspruchsvollen Bräute ist daher ein unschätzbarer Hinweis auf eine in seiner Kultur herrschende, quälende Sorge des Mannes. Und wenn sich bewahrheiten sollte, daß die erotischen Triebe der Frau lediglich ungeweckt waren, dann war es wohl um so besser, nicht an sie zu rühren. Denn was mochte die Frau dem Manne nicht antun, wenn sie einmal in Fahrt war? Für viele Männer, die sich diese Phantasie nicht auszumalen wagten und ihre nicht überwundene kindliche Furcht vor der mütterlichen Vergeltung generell auf alle Frauen übertrugen, war denn auch der Feminismus in allen seinen Formen nichts Geringeres als eine Kastrationsdrohung.

3. Das männermordende Geschlecht

Das Thema Kastration lag im 19. Jahrhundert in der Luft, von früh bis spät. Nicht selten diente die Entmannung als überraschende Metapher. Amiel definiert einmal die depressive Stimmung des *spleen* als *«das Gegenstück zur Kastration»*. Und 1887 erzählte der schwedische Kritiker Oscar Levertin dem dänischen Dramatiker und Politiker Edvard Brandes, in Schweden wüchsen sich eine prüde Zensur und Boykotte zur Gefahr für die Literatur aus: «Der schwarze Tod einer kastrierenden Moral fegt über dieses Land.» Diese Moral machte auch vor den Kindern nicht halt. 1845 schrieb und malte der deutsche Arzt Dr. Heinrich Hoffmann ein kleines Bilderbuch für seine Kinder, den *Struwwelpeter*, der sogleich ungeheuer populär wurde und von seiner Beliebtheit bis heute nichts eingebüßt hat. Hoffmann schmückte seine lakonischen Fabeln, die lustig und witzig sein sollten, mit kunstlosen, platt-eindeutigen Bildern. Das Publikum teilte Hoffmanns positives Urteil über sein Werk. Aber im Grunde sind seine Ermahnungen an die Kinder, nicht mit dem Feuer zu spielen, brav ihre Suppe zu essen und nicht bei schlechtem Wetter ins Freie zu gehen, wenn folgsame kleine Buben und Mädchen in der warmen Stube bleiben, von einer unerhörten Grausamkeit. Die berühmte Titelfigur, der Struwwelpeter mit den unordentlichen Haaren und den unwahrscheinlich langen Fingernägeln, wird nur bespöttelt. Aber der Suppenkaspar, der seine Suppe nicht essen will, muß verhungern, das Mädchen, das mit dem Feuer spielt, verbrennt, und Konrad, der Daumenlutscher, trägt eine irreparable Verletzung davon: Als Konrad es nicht fertigbringt, auf die ernsten Vorhaltungen der Mutter zu hören und das Lutschen am Daumen zu unterlassen, «kommt der Schneider mit der Scher» – dem kindlichen Inbegriff eines Erwachsenenwerkzeugs – und schneidet den Daumen an der Wurzel ab. In einer lehrhaften Geschichte für Knaben erschien dem Dr. Hoffmann die Verstümmelung als eine völlig angemessene Strafe. Der Umstand, daß es komisch sein sollte und daß die Leser sich nicht entsetzt abwandten, bedeutet noch lange nicht, daß der Einfall als solcher nicht schlimm, ja im Grunde erschreckend gewesen war: Weder Masturbation noch Kastration, in welcher Verkleidung auch immer, sind etwas Komisches.

Wird im *Struwwelpeter* die Kastration im wesentlichen vom Manne vorgenommen, so zeigt andere Literatur oft die Frau am Werk. Am 14. Juli 1883, dem Tag der Bastille, trägt Edmond de Goncourt folgenden Traum in sein Tagebuch ein: «Letzte Nacht träumte mir, ich sei auf einer Gesellschaft; ich trug ein weißes Halstuch. Auf dieser Gesellschaft sah ich eine Frau eintreten, in der ich eine Schauspielerin aus einem Boulevardtheater erkannte, doch konnte ich dem Gesicht keinen Namen zuordnen. Sie war in einen Schal gehüllt, und mir fiel nur auf, daß sie völlig nackt war, als sie auf den Tisch sprang, an dem zwei oder drei Mädchen ihren Tee nahmen. Dann begann sie zu tanzen, und beim Tanz vollführte sie Schritte, die ihre Schamteile entblößten: Sie waren mit den schrecklichsten Kinnladen ausgestattet, die man sich denken kann; sie klappten ständig auf und zu und zeigten zwei Reihen von Zähnen. Der Anblick hatte keine erotische Wirkung auf mich, nur daß er mich mit entsetzlicher Eifersucht erfüllte und mir das wütende Verlangen eingab, mich selber in den Besitz dieser Zähne zu bringen – jetzt, wo ich alle meine echten zu verlieren beginne. Wo zum Teufel solch ein abwegiger Traum wohl herkommen mag? Mit der Erstürmung der Bastille hat er jedenfalls nichts zu tun.»[57]

Wie alle Träume, ist auch dieser ein privilegiertes persönliches Dokument. Edmond de Goncourt war ein Kenner der Kunst, der Gesellschaft und der Politik; sein Leben lang Junggeselle, hatte er in früheren Jahren Prostituierte aufgesucht und sich Mätressen gehalten, aber seine wirkliche Liebe galt seinem Bruder Jules, mit dem er buchstäblich ein Herz und eine Seele war. Gemeinsam verfaßten die beiden Brüder Bücher über die französische Gesellschaft des 18. Jahrhunderts, schockierende realistische Romane sowie ein vielzitiertes Tagebuch: eine indiskrete Bestandsaufnahme des gesellschaftlichen, politischen, künstlerischen und sexuellen Lebens jener Zeit. Einige Jahre lang scheinen die beiden sich auch in ein und dieselbe Mätresse geteilt zu haben – in gewisser Weise die stark verbesserte Neuauflage ihrer ersten Kindheitsliebe. Jules' Tod im Jahre 1870 war für seinen Bruder ein erschütterndes Erlebnis, das er, mit fesselnder Ausführlichkeit und allen klinischen Details, für alle Zeiten in seinem Tagebuch festhielt. Edmond schlug sich fortan alleine durch, verwundet, melancholisch, gehässiger denn je. Sensibel und scharfsichtig, neurotisch und in gewisser Weise stolz darauf, war Edmond de Goncourt mit seiner Zeit zerfallen: der Chronist einer vulgär gewordenen, von der Demokratie und den Juden bedrohten Welt. Der manifeste Traum zeigt ihn als verlassenen *bon vivant*, auf einer Gesellschaft, mit weißem Halstuch, allein.

Die latenten Traumgedanken verraten noch mehr. Goncourts Assoziationen und implizite Deutungen sind samt und sonders Verleugnungen, ziemlich forcierte Versuche, harmlose Erklärungen für ein bedrohliches Material zu finden. Die nackte Tänzerin auf dem Tisch erregt ihn *nicht* sexuell, von Zähnen hat er *nur* geträumt, weil sie ihn an den Verfall seiner eigenen Zähne erinnern. Diese Verleugnungen können nicht über die Kastrationsängste hinwegtäuschen, die hinter seiner Schreckensvision von der *vagina dentata* lauern, ganz zu schweigen von dem trübseligen Hinweis – «jetzt, wo ich alle meine echten zu verlieren beginne» – auf den Verlust seiner Potenz. Aber seine Furcht war das Kind eines Wunsches. Der Traum, so dürfen wir aus seinem Dementi schließen, hatte sehr viel mit dem «Tag der Bastille» zu tun. Goncourts Verleugnung war zweifellos überdeterminiert, aber seine Formulierung läßt vermuten, daß «14. Juli» der Tagesrest war, aus dem sich der Traum aufbaute. Der Feiertag zur Erinnerung an die Erstürmung der Bastille, dieses Inbegriffs väterlicher Gewalt, ist der bedeutsamste Tag im französischen Kalender, unabhängig von der politischen Linie des einzelnen Franzosen. Er versinnbildlicht die entscheidende Auflehnung gegen die Autorität, in der der Sohn symbolisch den Vater erschlägt. Aber dieser kühne ödipale Wunsch weckte in Goncourt offenbar eine tödliche Furcht vor Vergeltung, wobei die Kastrationsdrohung hier nicht vom Vater, sondern von der Mutter ausgeht, so daß der Wunsch selber vom Wünschenden kompromittiert wird: Der über den Vater triumphierende Knabe wird zuletzt immer vor der beißenden Mutter stehen.

Übrigens war dies nicht das erste Mal, daß das Tagebuch der Goncourts Kastrationsträume festhält. Im November 1855 hatte einer der Brüder – wohl mit Sicherheit Jules – von einer Frau in einem steinernen Käfig, einer Art Bärenzwinger, geträumt. «Ich ging hinein», und «kaum war ich im Inneren des Käfigs, als mich ein Zimmermädchen packte, meine Nase zwischen zwei Finger quetschte wie ein Friseur und mir mit der anderen Hand irgend etwas aus Papier in den Mund schob. Mir kam der Gedanke, daß sie das tat, damit ich den Gestank nicht riechen sollte, der von dem Platz und von der Frau ausging.» Aber trotz seiner Abneigung gegen stinkende Frauen bewies der träumende Jules seine guten Manieren, erklärte der eingekerkerten Dame, er sei gekommen, um ihr seine Aufwartung zu machen, und unternahm mit ihr einen Spaziergang durch den Garten. Die Aggression des Weibes gegen seinen Körper ist unverkennbar; ebenso des Mannes Haß auf das schwache Geschlecht. Ein Jahr später verzeichnet das Tagebuch das Fragment eines Traumes, der zwar weniger enthüllend war, aber zum Gesamtbild paßte: «Im Traum ein Mann, dessen Nase zu Boden fällt und als Fidibus zum Anzünden von Zigarren dient.»[58] Kein Wunder, daß die Brüder Goncourt die alles vereinnahmende Protagonistin ihres Romans *Manette Salomon* ersinnen konnten – noch dazu eine attraktive, habgierige Jüdin. Kein Wunder auch, daß die beiden niemals geheiratet haben.

Viele Formen hat die Furcht vor der Frau in der Geschichte angenommen. Sie wurde verdrängt, bemäntelt, sublimiert oder offen zur Schau gestellt, aber so oder so scheint sie so alt zu sein wie die Zivilisation selbst. Historiker und Anthropologen haben sie in antiken Mythen wie in primitiven Volkssagen nachgewiesen. Der Traum Edmond de Goncourts von der mit Zähnen bewaffneten Vagina faßt eine pittoreske, wenngleich kaum erfreuliche Tradition zusammen – die Tradition des todbringenden Genitals –, von der alle Jahrhunderte und Kulturen berichten. Mörderische Weiber tauchen in der griechischen Mythologie wie in der mittelhochdeutschen Epik und der Folklore der Trobriand Islanders auf. Die Furcht vor der Frau scheint demnach zeitlich und räumlich allgegenwärtig zu sein. Sie rührt her von der frühen, totalen Abhängigkeit des Mannes von der Mutter und seiner sehnsüchtigen, unerfüllten Liebe zu ihr, von seiner Wehrlosigkeit nach der Ermattung des Geschlechtsverkehrs und dem Bedrohlichen, Unheildrohenden der weiblichen Geschlechtsteile. Dem Knaben, der wahrscheinlich in der Frau einen kastrierten Mann erblickt, kommt das Fehlen ihres Penis wie eine Bedrohung seines eigenen vor. Die Medusa und alle jene Gefährdungen der männlichen Virilität, für die sie steht, sind eine sehr alte Geschichte.

Es gab Jahrhunderte, in denen dieses kitzlige Thema für Maler und Dichter nicht von Interesse war. Als es aber einmal ihre Aufmerksamkeit erregt hatte, konnte es unheimlichen Ausdruck finden. Die Versucherin Eva war seit langem ein Hauptthema der homiletischen und seelsorgerlichen Literatur gewesen; Phyllis, die herrisch auf ihrem Aristoteles ritt, und Delila, die mitleidlos Samsons Haare abschnitt, tauchte gelegentlich in der spätmittelalterlichen und frühmodernen Kunst auf; im 18. Jahrhundert malte Giovanni Battista Tiepolo die verführerische, mordgierige Kleopatra, wie sie gutgelaunt und barbusig mit Antonius zu Tische sitzt. Schon vor 1800 hatte Choderlos de Laclos in seinen brillanten *Liaisons dangereuses* die prachtvolle Madame de Merteuil erfunden, die ihre Klugheit, ihre Reize und ihre Verführungskünste einsetzt, um sich an einer grausamen Männerwelt zu rächen, indem sie jeden, der ihr zu nahe kommt, zugrunde richtet. Das 19. Jahrhundert reduzierte diese Frau auf einen Typus, der in unterschiedlichen, aber nahezu austauschbaren Gestalten verkörpert wurde. Maler, Lyriker und Romanciers besannen sich auf gefährliche Frauen aus ferner Vorzeit, aus frommen Legenden und historischen Sagen, oder sie erfanden sich ihre eigenen *femmes fatales*: Keats seine *Belle dame sans merci*; Swinburne die «Lady of Pain», Dolores. Die gefährliche Frau wurde im 19. Jahrhundert nachgerade zu einem der Leitthemen der künstlerischen Einbildungskraft.

Vorangegangen war ein anderer Ausdruck romantischen Unbehagens: der gefährliche Mann. Bis zur Jahrhundertmitte hatten dämonische, destruktive Männer wie Byron die Bühne beherrscht; dann kamen die dämonischen, destruktiven Frauen.[59] Die zeitliche Scheidelinie ist keineswegs streng: Keats' bannende Traumvision von der gnadenlosen Schönen, die den einsamen, bleichen, passiven Gesellen in ihre Bande schlägt, Heinrich Heines verführerische Sirene, die Lorelei, und Prosper Mérimées diabolische Zigeunerin Carmen – jede von ihnen ein männermordendes Weib –, stammen aus den Jahren vor 1850. Aber was in der ersten Jahrhunderthälfte noch ein Rinnsal gewesen war, schwoll in der zweiten zu einer Flut an, wobei sich die personelle Besetzung äußerlich nicht änderte. Nach wie vor beherrschten das rachsüchtige Weib, die mordgierige Kurtisane, der unsterbliche Vampir die Phantasie des 19. Jahrhunderts. Dasselbe gilt für das kastrierende Geschlecht: Salome, die Johannes den Täufer köpft; Judith, die Holofernes in derselben, unwiderruflichen Weise bestraft; Delila, die, bedächtiger, aber nicht weniger wirkungsvoll, Simsons Haare abschneidet.

Der Tribut, den man der starken Frau zollte, ließ jedoch Raum für Ausweichend-Umschreibendes. Nicht alle sinnlichen Frauen, die in jenen Jahrzehnten gemalt oder gemeißelt wurden, trugen ein Messer in der

Hand. Trotzdem waren sie weniger oft unschuldig, als den Männern lieb sein konnte. Die Frauen, die Dante Gabriel Rossetti malte, sind fast immer dieselben, mochte er auch noch so viele Modelle beschäftigen. Vorgeblich aus diversen literarischen Quellen, weltlichen wie geistlichen, geschöpft, erzählen sie immer nur eine Geschichte: von der überwältigenden, entwaffnenden, verzehrenden Kraft des Weibes. Sie sind sehr groß, ein wenig füllig, mit langem, säulenförmigem Hals, gerundeten, schwellenden Lippen, wie von einer Biene gestochen, und mit einer gewaltigen Haarpracht gesegnet. Andere Maler, wie Edward Burne-Jones, traktieren dasselben Trauma, nur mit sanfteren Modellen. In einer Gruppe von vier Bildern wird Galatea bei Burne-Jones von einem nachdenklichen, eher adrogyn als viril wirkenden Pygmalion zum Leben erweckt; zuletzt kniet der Künstler anbetend vor seinem Geschöpf, das mühelos völlige Gewalt über seinen Schöpfer errungen hat.[60] Bei Walter Pater ist die von der Frau ausgehende Bedrohung direkter, obgleich noch immer in parfümierte Rhetorik getaucht. Bei der Analyse von «Leonardos Meisterwerk», der Mona Lisa, orakelt Pater über ihre archetypische Bedeutung; sie «drückt aus, was im Verlaufe von tausend Jahren die Männer zu ersehnen lernten».[61] Derartige Frauen verlocken den Mann zu leidenschaftlicher Qual und vielleicht zu einem frühen Tod. In *La Colère de Samson*, einem sehr persönlich gefärbten Stimmungsgedicht, kommt Alfred de Vigny zu dem leicht lustbetonten Schluß: «Mehr oder weniger ist das Weib immer DELILA.» Und Amiel ermahnt den Mann in seinem Tagebuch, seine Ohren vor dem betörenden Gesang zu verschließen, sein Herz zu bewahren: «Sei auf der Hut!»[62]

Als Illustration zu dieser Mahnung hätte Max Liebermanns 1902 entstandenes Gemälde *Simson und Delila* dienen können. Liebermann, damals der bei weitem bekannteste deutsche Maler, konnte im Kunst-Establishment des Deutschen Reiches als eine Art von Rebell gelten; schätzte er doch Manet und dessen lichterfüllten impressionistischen Bilder. Seine schlanke Delila reckt den Haarschopf ihres geschorenen Opfers mit deklamatorischer Triumphgeste empor; sie ist nackt wie er, der seinen Kopf in ihrem Schoß birgt. Liebermann, ein Jude, wählte den Augenblick, in dem die Philister triumphieren und die Israeliten besiegt sind. Die gewagte Verbindung von Geschlechtsakt und männlicher Verletzlichkeit ist niemals expressiver gezeigt worden als auf dieser frappierenden Komposition.

Diese Autoren und Maler sahen Delila in fast jedem Weibe. Bei Dostojewski ist das todbringende Weib eine manipulative, von widersprüchlichen Bedürfnissen und unerträglichen Leidenschaften gefolterte Jungfrau, die die Männer mit sich in den Abgrund reißt; bei Puschkin und Gautier erscheint Kleopatra als königliche Nymphomanin, die sich den Männern hingibt, um sie am Morgen nach der Liebesnacht zu vernichten.[63] In solcher Gesellschaft müssen Eva, die den Mann zur Sünde verführte, und Helena, deren Schönheit so vielen kraftvollen Helden das Leben kostete, vergleichsweise verblassen. Auch sie aber sind Werkzeuge der Bosheit: Franz von Stuck, um die Jahrhundertwende ein gefeierter deutscher Maler, malte immer wieder die Eva, mitsamt ihrem Sinnbild, der Schlange, und schrieb noch zur Sicherheit unter eines dieser Bilder, in Großbuchstaben: «DIE SUENDE».

Stuck beschränkte sich bei der Darstellung starker und verderblicher Frauen nicht auf die Gestalt der Eva. Er malte Judith und Salome; er malte Männer, die um ein feixendes Weib einen Kampf auf Leben und Tod austragen; er malte Orpheus nach der tödlichen Begegnung mit den Bacchantinnen. Viele dieser Frauen tragen, als Zeichen des Sieges, triumphierend die phallische Schlange um den Hals. Wenn Stuck auf einem Bild das schlechte Gewissen personifizieren will, läßt er einen kräftigen Mann in panischer Angst vor Furien davonrennen.

Edvard Munch, ein weit bedeutenderer Künstler, zeigt in seinen Werken eine ganz ähnliche Angst vor beißenden, reißenden, mörderischen Frauen. Er zeigt nicht nur Salomes und Sphingen, sondern auch Vampire bei ihrem blutsaugenden Geschäft, Madonnen, deren Blicke töten, Harpyien, die sich vom Mahl erheben. Wenn Munch die Eifersucht malt, ist es die Frau, die den Mann in Jammer und Verzweiflung treibt; wenn er die Anziehung der Geschlechter darstellt, ist es die Frau, die den Mann in das tödliche Netz ihrer Haare wickelt. Auf seinem brillanten Ölgemälde *Der Tod des Marat* sind die furchtbaren sexuellen Implikationen genauso mit Händen zu greifen, wie wenn Munch tatsächlich die Frau beim Mord nach der Liebesumarmung gezeigt hätte. Im Krieg der Geschlechter war für Munch, wie auch für Vigny, der Sieger unfehlbar die Frau.

Aubrey Beardsleys Frauen – seine Messalina, seine Helena, seine Venus – sind dazu bestimmt, den Mann, der ihnen in die Hände fällt, zu verunsichern und zu vernichten. Mit geradezu obszöner Direktheit betitelt Beardsley jene Zeichnung zu Oscar Wildes «Salome», auf der die Frau wollüstig den Kopf des Johannes hält, «The Climax». Es handelt sich, wie man sich denken kann, um *ihre* Klimax, schwerlich um seine. Und die Belinda auf Beardsleys Illustrationen zu Popes *Rape of the Lock* mag reizend in ihrem Zorn sein, aber sie überragt den Mann, während sie zum Angriff schreitet («To arms, to arms! the fierce virago cries»).

Ein todbringendes Weib der antiken Sage gab es, nämlich die Sphinx, über deren Schicksal der moderne Mann eine gewisse Genugtuung empfinden konnte. Jahrein jahraus hatte sie mutwillig die glücklosen Fragesteller getötet, bis Ödipus sie mit seiner überlegenen Intelligenz oder, einer anderen Version zufolge, durch seine unvergleichlichen männlichen Kräfte besiegt hatte. Gewiß, das Ende seines Lebens war bei weitem nicht mehr so glänzend wie der Beginn. Als der archetypische Knabe, der seine Mutter begehrt, hatte er – untypischerweise – diesen Wunsch in die Tat umgesetzt und mußte für diese unbewußte Freveltat büßen. Aber die symbolische Selbstentmannung minderte in keiner Weise seine Größe: Er blieb der sagenhafte Held, der das weibliche Ungeheuer, halb Frau, halb Tier, bezwungen hatte.

In dieser Weise malte Ingres den *Oedipus* für den Salon von 1827 – kraftvoll, stattlich und klug, ein prächtiger Körper, der die Unzahl von Aktbildern bereicherte, an denen sich die achtbare Gesellschaft des 19. Jahrhunderts ergötzen durfte.[64] Doch dann trat eine andere Version der schicksalhaften Begegnung zwischen Ödipus und der Sphinx auf den Plan, und zwar in einem merkwürdigen und schönen Gedicht Heinrich Heines. Der Dichter beschreibt, wie er durch den «alten Märchenwald» geht, im «wunderbaren Mondenglanz», beim Duft der Lindenblüte und zum Lied der Nachtigall, die «von Lieb und Liebesweh, / Von Tränen und von Lachen» singt: «Sie jubelt so traurig, sie schluchzet so froh, / Vergessene Träume erwachen.» Er kommt zu einem alten Schloß, hinter dessen «öden Mauern» der «stille Tod» zu wohnen scheint. Vor dem Tor liegt eine marmorne Sphinx, ein «Zwitter von Schrecken und Lüsten», den Blick voll «wildem Begehren». Die Nachtigall singt wieder so süß – ohne sie wäre der Dichter wohl nur sinnend weitergegangen –, und er küßt «das holde Gesicht». Da wird das Marmorbild lebendig: Es trinkt ihm küssend «fast den Odem aus» und umschlingt ihn «wollustheischend», aber zugleich seinen «armen Leib / Mit den Löwentatzen zerfleischend»:

Entzückende Marter und wonniges Weh!
Der Schmerz wie die Lust unermeßlich!
Derweilen des Mundes Kuß mich beglückt,
Verwunden die Tatzen mich gräßlich.

Und wieder kommt die Nachtigall und sucht das Rätsel dieser Sphinx, das romantische Rätsel um die tödliche Ambivalenz der Liebe zu lösen. Sie fragt nach dem Sinn solcher Liebe, die «Seligkeiten» mit «Todesqual» vermischt. Heines lyrisches Ich löst den Konflikt zwischen Begehren und Abwehren nicht durch männliches Tun, sondern durch passives Erdulden, durch Kapitulation vor der zerfleischenden, männermordenden Frau.[65]

Heine erdachte diese moderne Sphinx im Jahre 1839. Ein Vierteljahrhundert später schuf Gustave Moreau ein Gemälde, auf dem er das Opfer dieser Sphinx mit Ödipus gleichsetzte. Ödipus ist nicht als Schwächling gemalt; aber er tut auch nichts, sondern starrt nur der gräßlichen Statue ins Gesicht, die lebendig geworden ist, um ihn zu zerfleischen. Théophile Gautier bemerkte zu dem Bild: «Wir sind angenehm berührt, in Ödipus ein wenig von Hamlet zu finden.» Ödipus hatte sich für sein Handeln bestraft, Hamlet für sein bloßes Wünschen; wenn die Literatur und die Kunst des 19. Jahrhunderts die Furcht des Mannes vor der Frau schilderten, dann war mehr von Hamlet als von Ödipus darin.

Die Sphingen, die Franz von Stuck gemalt hat, stehen der Vision Moreaus weit näher als derjenigen Ingres'. Und Edvard Munch spielte das Thema in einem bitteren Selbstbildnis zweideutiger durch als alle seine Vorgänger. Die männertötende Sphinx, mit kraftvollen Armen und großen, schweren Brüsten, ist Munch selber – Mörder zugleich und Opfer, an seiner Identität ebenso zweifelnd wie an seinen selbstzerstörerischen Neigungen.

Man ist versucht, eine solche bittere Selbstentblößung als Zeugnis rein privater Probleme abzutun. Munch litt, ähnlich wie Moreau und Beardsley, an schweren Persönlichkeitsstörungen; seine Beziehungen zu Frauen waren im großen und ganzen unbefriedigend, häufig sogar pathologisch. Jene Vorwürfe, die man gerne den Männern unter den Feministen machte – daß sie eine übertriebene Bindung an die Mutter aufwiesen und eine tödliche Angst vor Frauen hätten –, scheinen viel eher eine zutreffende Diagnose für diese künstlerischen Neuerer zu sein. Wenn man sieht, wie sie dem Bürgertum trotzen, anstatt es zu repräsentieren, und an ihre verstörenden Themen und unkonventionellen Techniken denkt, könnte man scheinbar mit Recht den Standpunkt vertreten, diese Künstler sprächen nur für sich selbst.

Das ist zweifellos für die meisten Historiker unserer Zeit ein verlokkender Standpunkt; haben sie doch die traditionellen Hierarchien geschichtlicher Bedeutung umgekehrt und sind der Überzeugung, daß der große Künstler oder der erstklassige Romancier ein weniger verläßlicher Kulturzeuge ist als sein mittelmäßiger Kollege. Nun ist sicherlich richtig, daß unbedeutende Maler oder Volksschriftsteller verbreitete Wahrnehmungen relativ unverzerrt wiedergeben und sich von den unsublimierten Wünschen und Ängsten in ihrer Kultur nicht sehr weit entfernen. Aber der große Maler oder Dichter, mag er auch noch so isoliert sein vom *profanum vulgus*, das er zu verachten vorgibt, sieht häufig schärfer, empfindet genauer und enthüllt präziser als seine minder begabten Zeitgenossen aktuelle Strömungen samt ihren unbewußten Dimensionen.

Immerhin ist es *eine* Sache, zu behaupten, daß Heine, Moreau und Munch in ihrer Darstellung der Frau für andere sprechen, aber eine ganz andere, herauszufinden, was sie meinen. Soviel ist sicher: Kein anderes Jahrhundert hat die Frau so konsequent, so programmatisch und so nackt wie das neunzehnte als Vampir, als Kastriererin, als Mörderin geschildert. Und die bekannte Dialektik von *actio* und *reactio* war fraglos kennzeichnend für die Zeit: An der Aktivität der Feministen kristallisierten sich die Ängste der Männer, so wie umgekehrt die männlichen Ängste richtungweisend für die Aktivität der Feministen waren.

Und doch ist diese Erklärung, mag sie auch vertretbar sein, unvollständig und reduktionistisch. Die Einstellung des 19. Jahrhunderts zu der auf ihre Rechte pochenden Frau war stark unterschiedlich. Es war keineswegs so, daß alle antifeministischen Männer ihre Zuflucht zu unverkennbar von Angst diktierten Verleumdungen genommen hätten; viele von ihnen mochten zwar der neuen Frau kritisch gegenüberstehen, hatten aber keine besondere Angst vor ihr. Außerdem waren ja keineswegs alle Männer Antifeministen; manche fanden an aggressiven Frauen nichts auszusetzen, und ihre Unterstützung der feministischen Sache schien auch nicht von Schüchternheit vor dem furiosen Weib diktiert. Endlich waren nicht alle Antifeministen Männer, und der weibliche Widerstand gegen die Frauenbewegung bestätigt einmal mehr den Schluß, daß dieser Widerstand nicht allein der Furcht vor der kastrierenden Frau entsprungen sein kann. In allen drei Lagern mag latente Angst eine Rolle gespielt haben, aber ihre Manifestationen waren weit subtiler, als die bösen Späße über krähende Hühner und eierlegende Hähne glauben lassen mögen. Brian Harrison hat in seinem Standardwerk über den Kampf gegen das Frauenstimmrecht in England nachgewiesen, daß die hartnäckigsten und stimmgewaltigsten «Antis» oftmals keine Frauenfeinde waren. Nur wenige von ihnen beriefen sich auf Thomas Carlyles grobschlächtiges Diktum *«keine Frau hat das geringste Recht, sich über welche Behandlung auch immer zu beschweren»*, vielmehr habe die Frau «geduldig alles Elend über sich ergehen zu lassen».[66] Im Gegenteil, sie machten sich für die Rechte und Chancen von Frauen auf dem Gebiet des Bildungswesens, der Ehe und sogar der akademischen Berufe stark.

Mehr noch, viele «Antis» lehnten das Frauenwahlrecht mit dem recht sachlich klingenden, religiösen oder wissenschaftlichen Argument ab, daß im – göttlichen oder natürlichen – Schöpfungsplan eine Arbeitsteilung zwischen den Geschlechtern vorgesehen sei, die verletzt würde, sobald man Frauen den Einzug in die Politik erlaube. Diese einfache und, oberflächlich betrachtet, nicht einmal abwegige Argumentation war ebenso international verbreitet wie die von Angst eingegebene Behauptung, Rechte für die Frauen seien gleichbedeutend mit Entmannung des Mannes. Diese «Antis» gaben in verbindlichen Worten zu bedenken, daß in bestimmten Lebensbereichen der Mann führend sei, in anderen die Frau. Die Frauen hielten bereits das Szepter des häuslichen Regiments in der einen Hand; mußten sie in der anderen auch noch den Wahlschein halten? Diese Argumentation war damals nicht so leicht von der Hand zu weisen, wie es dem heutigen Leser scheinen möchte; sie war mehr als ein unbewußter Abwehrmechanismus oder eine bewußte ideologische Verdrehung. Immerhin waren sich die religiöse Lehre und die wissenschaftliche Erkenntnis – so, wie man sie in dieser Diskussion heranzog – in diesem Punkt mehr oder weniger einig. «Fortschritt», so faßte die *Anti-Suffrage Review* die Sache noch 1913 prägnant zusammen, «beinhaltet Spezialisierung, nicht Verdoppelung».[67]

Gewiß ist es nicht verkehrt, auch hinter solchen abgewogenen Erklärungen verborgene Ängste zu vermuten. Furcht spielte zweifellos eine gewisse Rolle. Die führenden Anti-Feministen lebten in dem, was Harrison «Clubland» genannt hat: in den privilegierten Enklaven von Colleges für Männer, Vergnügungen für Männer, Berufsverbänden für Männer, deren altehrwürdiges Symbol allemal der Club war. Der Gedanke schmerzte sie, in diese Bubenwelt weibliche Wesen eindringen zu lassen, die man bisher mit so viel Erfolg ferngehalten hatte. Sport, Armee, Staatsdienst, die höheren Ebenen von Handel und Industrie sowie alle anderen rein männlichen Reservate wie Universität oder die freien Berufe perpetuierten diese jungenhafte Absonderung. Aber die Befürchtungen im «Clubland» waren in mancher wesentlichen Hinsicht gerade das Gegenteil jener Befürchtungen, die sich unbeabsichtigt in den weiter oben besprochenen Leitartikeln und Bildern aussprachen. Es ging nicht um die Furcht vor der Kastration, sondern um die Furcht, erwachsen zu werden und auf dauerhafte adoleszente Bindungen mit ihrer unterschwellig homoerotischen Komponente verzichten zu müssen. Das Pochen auf das Monopol des Mannes in der Welt des Berufes und der Politik war nicht immer ein Symptom für männliche Minderwertigkeitsgefühle. Wer sich gegen die Emanzipation der Frauen wandte, verdiente immerhin Respekt, weil die Sache kompliziert war und er sich auf ein breites Spektrum von Gewohnheiten, Befürchtungen und Erwartungen berufen konnte.

Die Sache wurde noch komplizierter dadurch, daß es gebildete und offenherzige Frauen gab, die die Auffassung der Antifeministen teilten und die Fortdauer der juristischen Abhängigkeit und beruflichen Benachteiligung der Frau als etwas Natürliches, ja Erstrebenswertes unterstützten. Manche dieser Frauen unterzeichneten Petitionen gegen das Frauenstimmrecht, andere warfen ihren «maskulinen» Schwestern vor, die Universitäten oder den Ärzte- und Juristenstand zerschlagen zu wollen, wieder andere schrieben Stücke gegen die Blaustrümpfe ihrer Zeit. 1889 brachte die weithin unbekannte Dramatikerin Anna P. See eine dürftige zweiaktige Farce mit dem Titel *When Women Vote* heraus, in der die Protagonistin, eine militante Suffragette, über der Begeisterung für ihre «Sache» alle ihre Pflichten vergißt, sogar die gegen ihren «armen, invaliden Gatten». Indes wollte Anna See neben dem Didaktischen auch den Humor in seine Rechte treten lassen, und so fabrizierte sie ein überstürztes Happy-end, bei dem die verirrte Suffragette geläutert in den Kreis ihrer häuslichen Pflichten zurückkehrt.[68] Gewichtiger ist ein anderes Dokument aus demselben Jahr. Im Juni 1889 veröffentlichte die einflußreiche englische Zeitschrift *The Nineteenth Century* einen «Aufruf gegen das Frauenwahlrecht», den die Herausgeber unterstützten und der von 104 Frauen unterzeichnet war. Manche von ihnen waren durch eigene Leistungen hervorgetreten, so etwa die Romanschriftstellerin Mrs. Humphry Ward, andere trugen den Namen eines berühmten Gatten, wie Mrs. Matthew Arnold und Mrs. H.H. Asquith. In dem Aufruf wurden die «wahre Würde» und «die besondere Sendung» der Frau beschworen, die am schönsten fern der schmutzigen Kämpfe des öffentlichen Lebens erblühten; vom Geschäft der Politik würden die besonderen Tugenden der Frau, «Mitgefühl und Uneigennützigkeit», tödlich verwüstet werden.[69] Manche Unterzeichnerinnen des Dokuments gerieten in einen inneren Konflikt: Die brillante junge Sozialforscherin Beatrice Potter, die nachmalige Beatrice Webb, bedauerte später ihren «falschen Schritt». Konservativ erzogen, antidemokratisch empfindend, verdorben durch ihres Vaters «Überbewertung» der Frau, abgestoßen von «der Scheuklappenmentalität und dem gereizten Ton mancher Vorkämpferinnen des Frauenwahlrechts», war es ihr nicht schwergefallen, sich auf die Seite von Mrs. Ward zu schlagen. Noch etwas kam dazu: «Letztlich lag meinem Antifeminismus der Umstand zugrunde, daß ich persönlich niemals die Benachteiligungen empfunden hatte, die sich angeblich aus meinem Geschlecht ergeben sollten.»[70] Ein bedeutsames Bekenntnis! Wenn sich eine so ehrgeizige und beherrschte junge Frau wie Beatrice Potter mit dem Betätigungsfeld begnügen konnte, das die Welt ihr gewährte, dann war anzunehmen, daß andere, konventionellere Frauen erst recht keinen Grund sahen, gegen ihre Unterdrückung zu protestieren und für die Verbesserung ihrer Lage zu kämpfen.

Nachdem ihnen eingebläut worden war, daß die Schwäche der Frau ihre Stärke sei, gaben sie sich (scheinbar) damit zufrieden, ihre sexuellen Reize zu heben und ihre hausfraulichen Fertigkeiten zu vervollkommnen. Wenn sie überhaupt protestierten, dann in der verzweifelten Privatheit ihres Tagebuchs, wie jene anonyme Hausfrau aus Hallam (Connecticut), die ihr «romantisches Dasein» am Waschtrog verfluchte. Zu einem guten Teil war diese Resignation bzw. der regelrechte Antifeminismus der Frauen natürlich ein Abwehrmechanismus – jenes Strategem, das Anna Freud «Identifikation mit dem Aggressor» genannt hat.[71] Solche Identifikationen konnten zu einer beträchtlichen Reduktion oder sogar zur Beseitigung jener inneren Belastung führen, die eine Frau empfand, sobald ihr klar wurde, daß sie einer Minderheit angehörte und daß sie überlieferte Werte ablehnte, die sie von klein auf zu akzeptieren gelernt hatte. Die Unkenntnis ihrer größeren Möglichkeiten hatte ebenso wie die Identifikation mit dem Aggressor den Erfolg, die Barrieren auf dem Weg zur rechtlichen Emanzipation der Frau und zu ihrer ökonomischen Unabhängigkeit zu verstärken. Und so entdeckten die Feministinnen, daß sie nicht nur die Befürchtungen der Männer zu zerstreuen, sondern zuerst einmal auch das Gefühl des Unbehagens bei den Frauen zu wecken hatten.[72]

Auf jeden Fall liefen nicht alle weiblichen Kritiker der «modernen Frau» ohne weiteres zum Feind über; eine ganze Reihe von ihnen wußte die verschiedenen Positionen sehr wohl zu unterscheiden. Ein Musterbeispiel ist Eliza Lynn Linton, die vermutlich meistzitierte Gegnerin der emanzipierten Frau gegen Ende des 19. Jahrhunderts. Eigentlich hätte ihr Lebensweg sie zur selbstverständlichen Vertreterin des aggressivsten Feminismus machen müssen. Als Tochter eines mittellosen, verschlossenen Landpfarrers floh sie als junge Frau nach London, um dort als Schriftstellerin ihr Glück zu machen. Sie schrieb einfallsreich und eifrig für Tageszeitungen, aber auch für angesehene Wochenzeitschriften wie die *Saturday Review*. Antiklerikal und antichristlich gesinnt, erklärte Agnostikerin, aktive Philosemitin und weit gereist, war sie die Verkörperung der selbständigen Frau. Ihre Ehe mit dem verwitweten W. J. Linton, einem angesehenen Kupferstecher, scheiterte. Nachdem er sie verlassen hatte, erging sie sich diskret in zärtlich-gefühlvollen Freundschaften mit Frauen. Das Mitleid mit dem unterdrückten Weib prägt ihre Schriften: «Das verlassenste Geschöpf auf Erden», schreibt sie in einem ihrer Romane, «ist eine verheiratete Frau, deren Mann aufgehört hat, ihre Stütze zu sein.» In einigen frühen Essays für Dickens' *Household Words*, wie etwa in den «Rights and Wrongs of Women», erkennt sie an, daß «Frauen schweres juristisches und soziales Unrecht geschieht». Mit hirnlosen Püppchen wollte sie nichts zu schaffen haben; sie zog gegen den Kult der weiblichen Untüchtigkeit zu Felde und verlangte, daß die Frau ihren eigenen Besitz vor dem Zugriff des Mannes sichern, daß sie eine gute Ausbildung mitbekommen und daß ihr im Falle einer Scheidung das Sorgerecht für die Kinder zugesprochen werden solle.[73]

Bezeichnenderweise verdankte Linton ihre Berühmtheit jedoch nicht diesen recht naheliegenden Klagen und Reformwünschen, sondern ihren außerordentlich farbigen, mit Invektiven durchsetzten Anklagen gegen das Unrecht, das der Frau von *Frauen* zugefügt wird. Der Essay, mit dem sie berühmt wurde – auch wenn es eine Zeitlang ein anonymer Ruhm blieb – war «The Girl of the Period»; er erschien im März 1868 in der *Saturday Review*. Er wurde bejubelt, parodiert und karikiert, nachgedruckt und endlos diskutiert, und Linton war Opportunistin genug, um sich einen Profit nicht entgehen zu lassen, der förmlich auf der Straße lag: Sie sandte diesem ersten Essay noch eine ganze Reihe weiterer hinterher, in denen sie die ursprüngliche Attacke nur sehr leicht variierte. Der erstaunliche Erfolg der «Frau von heute» erlaubt einmal mehr einen Einblick in die geplagte Seele des Bürgertums jener Zeit. Denn schließlich ist der Artikel kaum mehr als eine unoriginelle Schmähschrift gegen die «aufgeklärte» junge Frau, die jene liebenswerten, altmodischen Ideale eines weiblichen Weibtums aufgegeben hat, welche seit jeher die Engländerin ausgezeichnet haben: «etwas freimütiger als die Französin, vertrauenswürdiger als die Italienerin; so unerschrocken wie die Amerikanerin, dabei aber kultivierter; so häuslich wie die Deutsche, doch graziöser.» Die teuren Ideale der weiblichen Vertrauenswürdigkeit und Häuslichkeit waren nunmehr, nach Lintons Meinung, in ernsthafter Gefahr: «Die Frau von heute ist eine Person, die ihre Haare färbt und sich das Gesicht bemalt; das sind die ersten Glaubensartikel ihrer Privatreligion. Die einzige Vorstellung, die sie vom Leben hat, ist: es soll eine Menge Spaß machen und luxuriös sein. An ihre Garderobe verschwendet sie alle geistigen Kräfte, die sie besitzt.» Die Frau von heute ist eitel, frivol, eine Sklavin der Mode, weder besonders anständig noch besonders reinlich. Sie platzt regelrecht vor Neid auf die aufgedonnerten «Königinnen der Halbwelt». Ein solches Geschöpf, so jung und schon so verdorben, hat mit Gatten- oder Kinderliebe nichts im Sinn. Ihr Gatte ist das unglückliche Opfer dieser modernen Monstrosität: «Geheiratet hat sie nicht ihn, sondern sein Haus, seine Kutsche, sein Bankkonto, seinen Titel.» Mit einem Wort, sie rechtfertigt voll und ganz die Furcht des Mannes vor der Frau.[74] Lintons Mittelschicht-Leser müssen sich ihrer selbst sehr unsicher gewesen sein, daß sie «Die Frau von heute» so ernst nahmen. Aber sie lebten ja auch in einer Zeit, die so aus dem Gleichgewicht war, daß es nicht schwerfiel, praktisch alles zu glauben.

Aber es ist unübersehbar: E. Lynn Lintons leichtsinnige und empörende junge Engländerin hat viel Gemeinsames mit Munchs mörderischer

Charlotte Corday oder Beardsleys wollüstiger Salome. Der Antifeminismus, ich wiederhole es, war nicht allein ein Symptom von Kastrationsängsten. Er beruhte ebensosehr auf Unkenntnis wie auf unangebrachter Ritterlichkeit und nicht zuletzt auf einem ängstlichen Festhalten an der Tradition – also auf anderen Arten der Furcht. Er bestand, mit einem Wort, in Versuchen der Anpassung an sich verändernde Anforderungen. Die Sphingen Stucks und die Mannweiber in *Punch*, die Delilas Gautiers und die Drachen in den *Fliegenden Blättern* bewohnten sehr verschiedene ästhetische Universa, aber sie gehörten in ein und dieselbe psychologische Welt.

4. Das Geschlecht in Körper und Geist

Für nervöse Männer, denen es nicht gegeben war, ihre Furcht vor der Frau auf die Leinwand zu bannen oder in Verse zu gießen, bot das prosaischere, aber vielumstrittene Feld der höheren Schulbildung für Frauen reichlich Gelegenheit, sich Luft zu machen. Carey Thomas war nicht die einzige, die überheblich taktlose bis schroff ablehnende Argumente gegen das Frauenstudium zu hören bekam: die Frauen würden es nicht brauchen; sie konnten es nicht verwenden; sie würden es nicht überleben. Gewiß, es gab auch ein paar abweichende Stimmen in diesem Chor. 1865 erklärte Joseph Payne, ein hervorragender englischer Pädagoge und aktiver Verfechter der Frauenbildung, auf der Jahresversammlung der «National Association for the Promotion of Social Science»: «Der Geist hat kein Geschlecht.»[75] Payne war ein angesehener Publizist und wurde bald darauf Englands erster Pädagogikprofessor. Aber seine Ansichten waren die einer verschwindenden Minderheit. Viele Männer, auch viele Frauen, wandten sich vehement gegen die «Entsexualisierung» des Weibes durch höhere Schulbildung. 1874 versuchte der hervorragende Facharzt für Geisteskrankheiten Dr. Henry Maudsley in seinem umstrittenen Traktat *Sex in Mind and in Education* den expliziten Nachweis zu führen, daß der Geist sehr wohl ein Geschlecht habe: «Es gibt das Geschlecht im Geist ebenso, wie es das Geschlecht im Körper gibt.» Daraus zog Maudsley den Schluß: «Wenn der Geist die beste Bildung empfangen soll, deren er fähig ist, dann muß auf die geistigen Eigenschaften Bedacht genommen werden, die den Unterschieden des Geschlechts entsprechen.»[76] Man mußte nur noch feststellen, welches diese Unterschiede waren und was aus ihnen folgte.

Maudsley hatte die Begabung, Trends aufzuspüren und Modethemen zu bemerken. Die scharfe Diskussion war von Dr. Edward H. Clarke ausgelöst worden, auf den sich Dr. Maudsley immer wieder berief und vor dem er beträchtlichen Respekt bekundete. Clarke, der schon seit längerem laut über die Befähigung des Weibes zum Medizinstudium nachgedacht hatte, faßte 1873 seine diesbezüglichen Überlegungen in einem kleinen Buch mit dem Titel *Sex in Education* zusammen, dessen Untertitel ohne jede Ironie lautete: *A Fair Chance for the Girls*. Hatte Clarke früher die Prognose gewagt, daß Frauen zu gegebener Zeit einmal achtbare Ärztinnen werden könnten, so fällte er nun bezüglich der Auswirkungen höherer Schulbildung auf junge Frauen ein Urteil, wie man es vernichtender wohl im ganzen 19. Jahrhundert nicht vernommen hat. Zum Bekanntenkreis Clarkes gehörte die Bostoner Ärztin Marie Zakrzewska; einige Jahre zuvor hatte der lärmende Antifeminismus der Medizinstudenten in Philadelphia seinen Unmut erregt. Nun aber, nach reiflicher Überlegung, gewannen seine Befürchtungen als Mann die Oberhand über seine Beobachtungen als Arzt. Die Frau den Strapazen der höheren Bildung auszusetzen, bedeute, ihre Gesundheit zu untergraben, namentlich aber ihre Fähigkeit zur Fortpflanzung der Art. «Wenn diese Dinge für das nächste halbe Jahrhundert ihren Fortgang nehmen», schloß er düster, «so braucht man kein Prophet sein, um vorauszusagen, daß wir uns die Frauen, welche in unserem Gemeinwesen die Mütter sein sollen, von jenseits des Atlantiks werden holen müssen.»[77] Wie jene kopflosen Gegner der Kleinfamilie, die rund zehn Jahre später auf den Plan treten sollten, sah Dr. Clarke bereits den kollektiven Selbstmord des Menschengeschlechts voraus – diesmal nicht durch die Geburtenkontrolle, sondern durch die Frauenbildung.

Jene schlimme physiologische Erschütterung nun, welche nach Auffassung Clarkes die Frau zu etwas Besonderem machte und sie unwiderruflich stigmatisierte, war der Eintritt der monatlichen Regelblutung. Beklagenswerterweise seien die Jahre der Pubertät eben jene Jahre, in denen man die jungen Frauen den Belastungen eines intensiven Unterrichts unterwarf, und viele Mädchen würden sich niemals mehr von der irrationalen Überarbeitung erholen, die übel beratene Pädagogen ihnen zugemutet hätten. In einem langen, ausgiebig dokumentierten Kapitel «vornehmlich klinischer Art» untermauerte Clarke seine Kassandrarufe mit einem halben Dutzend gräßlicher Fallgeschichten von jungen Frauen, die sich bester Gesundheit erfreut hatten, bis sie sich den Strapazen übertriebenen Lernens und Studierens ausgesetzt hatten und zuletzt in seinem Konsultationszimmer gelandet waren: mit «hartnäckigen Verdauungsstörungen, Neuralgie und Dysmenorrhoe», ganz zu schweigen von schlimmeren Beschwerden wie (natürlich) schwerer Nervosität und Hysterie.[78]

Derjenige Fall bei Clarke, welcher das größte Aufsehen erregte, war der von Miss D., die mit vierzehn Jahren in das Vassar College eingetreten war: gesund und munter, mit Rosen auf den Wangen. Mit fünfzehn begann sie zu menstruieren, bemerkte zunächst jedoch nichts weiter Ungewöhnliches. Sie ließ sich vom äußeren Schein täuschen und setzte ihr schwieriges Studienprogramm fort, wie wenn nichts geschehen wäre. «Sie lernte, rezitierte, stand an der Tafel, machte Wanderungen und nahm am Sport teil, von Anfang bis Ende des Trimesters, genau wie ein Junge.» Dann bekam sie während des Turnens Ohnmachtsanfälle und litt unter schmerzhaften, unregelmäßigen Monatsblutungen. Als sie mit annehmbaren Noten graduierte, war ihre Gesundheit angeschlagen. Schlimmer noch: Der Schaden, den das Vassar College ihr zugefügt hatte, verschlimmerte sich; Miss D. wurde immer hinfälliger. Ihre Periode entwickelte sich Monat für Monat zu einer zwei- bis dreitägigen Pein; sie wurde «blaß, hysterisch, im üblichen Sinne nervös und klagte fast ständig über Kopfschmerzen». Nachdem sie vergeblich verschiedene Ärzte konsultiert hatte, kam sie zu Dr. Clarke, der die Wurzel des Übels mit Leichtigkeit diagnostizierte. «Bereits der äußere Befund sprach für einen Stillstand in der Entwicklung ihres Fortpflanzungsapparates», ein Befund, den die Untersuchung der Brüste lieferte, «wo die Putzmacherin jene Organe hatte schwellen lassen, welche von Natur aus hätten reifen müssen.» Dr. Clarke tat sich offenbar viel auf seine unverblümte Redeweise zugute; wie seine Kritiker ihm hämisch ankreideten, schien er jedoch nicht zu wissen, daß Putzmacherinnen nicht für den Busen der Frau, sondern für den Kopf zuständig sind.

Jedenfalls war für Clarke sonnenklar, welche Lehren aus dem Fall Miss D. zu ziehen waren. Zweifellos hatte das Vassar College schwere Schuld auf sich geladen. «Dem College-Reglement unterworfen, arbeitete sie vier Jahre lang auf ihren BA hin», nach einem Lehrplan, der sich völlig «außer Harmonie mit der rhythmischen Periodizität des weiblichen Organismus befand». Im Sinne jenes quantitativen Denkens, dem das 19. Jahrhundert verhaftet war, vertrat Clarke den Standpunkt, daß die in Miss D. wirkende «Lebens- und Schaffenskraft» sich in ihr Hirn verlagert habe anstatt in «die Eierstöcke und deren Hilfsorgane». Die grauenhaften Folgen waren abzusehen: «Ihre Eltern wunderten sich über ihre schlechte Gesundheit; und sie selber lieferte eine neue Strophe zu dem alten Lied von der Anfälligkeit amerikanischer Mädchen.»[79] Die Schlußfolgerung drängte sich förmlich auf: Das moderne Ideal der von Clarke so genannten «identischen Koedukation» war absolut verfehlt – eine törichte Verletzung jener Gesetze, welche die körperliche Entwicklung des Menschen regieren.

Dr. Clarkes kleine Abhandlung schlug ein wie eine Bombe. Seine verbindlich formulierte Polemik, gespickt wie sie war mit Fallgeschichten und physiologischen Exkursen, war in einem denkbar ungünstigen Augenblick erschienen. Die höhere Schulbildung für Frauen steckte noch im Experimentierstadium; niemand wußte genau, ob die Gesundheit der Frauen diesen Belastungen wirklich gewachsen war. Schließlich hatte die labile Gesundheit amerikanischer Mädchen und Frauen schon seit einigen Jahren Anlaß zu besorgten Kommentaren von Ärzten wie von Laien gegeben. *Sex in Education* war infolgedessen geeignet, die Zuversicht der Feministen zu erschüttern. «Mit zitterndem Herzen», erinnerte sich Carey Thomas, «gab ich meiner Mutter das Buch zu lesen und war hocherfreut, als sie nach der Lektüre meinte, weder sie noch irgendeine der Frauen aus ihrem Bekanntenkreis hätten jemals derartige Mädchen oder Frauen zu Gesicht bekommen, wie Dr. Clarke sie beschrieb; so könnten wir genausogut einfach so tun, als ob es sie gar nicht gäbe.»[80] Trotzdem war es unmöglich, Clarke zu ignorieren. Er war ein prominenter Bostoner Arzt; zeitweise war er an maßgeblicher Stelle in der Universitätsverwaltung von Harvard tätig gewesen. Kein Wunder also, daß seine Kritiker, so sehr sie sich über ihn ärgerten, ihn mit Samthandschuhen anfaßten, seinen «flüssigen, beschwingten» Stil lobten und seinen Rang anerkannten.[81] Immerhin war er weder ein Quacksalber noch ein Spinner, und seine Verbindungen zur Universität Harvard waren untadelig.

Trotzdem waren Clarkes Kritiker empört, und der unverkennbare Erfolg seines Buches verdroß sie noch mehr. 1874, ein Jahr nach der Erstveröffentlichung, erschien *Sex in Education* in elfter Auflage, und negative Besprechungen schienen dem Absatz des Buches nur förderlich zu sein. Schlimmer noch, auch Dr. Marie Zakrzewska schien sich auf die Seite Clarkes und seiner Polemik geschlagen zu haben: «Ich teile im wesentlichen dieselben Ansichten», wurde sie zitiert, «und habe in meiner mehr als zwanzigjährigen Praxis meinen Patientinnen dieselben gesundheitlichen Grundsätze vermittelt.»[82] Dr. Clarke war entzückt und stürzte sich 1874 neuerlich in den Kampf zugunsten des kränklichen, unter der Bildungslast zusammenbrechenden amerikanischen Mädchens. Sein neues Buch hieß *The Building of a Brain* und wiederholte im wesentlichen das, was er ein Jahr zuvor gefordert hatte, also eine besondere, und das hieß: schlechtere Erziehung für Mädchen, auf daß diese nicht als unfruchtbare Krüppel ihre Tage beschlössen. Clarke zitierte Dr. Maudsleys Äußerung über das Geschlecht des Geistes und rückte sie ein wenig zurecht: «Da es das Geschlecht im Körper gibt, muß es auch das Geschlecht im Geist geben, und also auch das Geschlecht im Bildungswesen.»[83] Das gebildete Publikum war zum großen Teil auf seiner Seite. Mochten die Radikalen rasen; das Establishment war bereit, auf ihn zu hören.

Zum Glück waren Clarkes Widersacher jedoch keineswegs jene utopischen, geschlechtslosen, altjüngferlichen Feministinnen, als welche die zeitgenössische Karikatur sie hinzustellen liebte. Es gab namhafte Geister unter ihnen, angesehene Redner und vor allem hervorragende Pädagogen. Zu diesen zählten George F. Comfort, der Dekan des College of Fine Arts der Universität Syracuse (New York), und seine Frau Dr. Anna Manning Comfort. Die beiden schrieben ein Buch *Woman's Education and Woman's Health;* darin bestritten sie Dr. Clarkes Fakten, bemängelten Dr. Clarkes Logik und verurteilten Dr. Clarkes Geschmack. Sie stellten fest, daß die Rezensionen des Buches häufig unkritisch gewesen seien, und bedauerten, daß eine ganze Reihe von Eltern bereits «aus Furcht vor den von Dr. C. vorausgesagten unheilvollen Folgen ihre Töchter von der Schule genommen» hätten.[84] So habe *Sex in Education* schon binnen eines Jahres – die Comforts schrieben ihr Buch 1874 – Wirkungen gezeitigt.

Das sei außerordentlich bedauerlich; denn wenn man sich der Argumentation Clarkes konsequent anschließe, «könnte sich die durchschnittliche Amerikanerin niemals über das Bildnungsniveau einer Bäuerin in Deutschland erheben». In Wirklichkeit hätten aber Tausende von jungen Frauen den strapaziösesten Bildungsweg hinter sich gebracht, ohne auch nur eines der von Dr. Clarke so liebevoll ausgepinselten Symptome aufzuweisen. Seine Physiologie, zumal seine Analyse des Menstruationszyklus, sei oft ausgesprochen oberflächlich. Auf rund zwanzig Seiten gingen die Comforts auf die Menstruation ein und gelangten zu dem Schluß, daß es im wesentlichen darauf ankomme, die Mädchen über deren Bedeutung, die mit ihr verbundenen Beschwerden und den richtigen Umgang mit ihr aufzuklären. Alles, was not tue, sei etwas Vernunft und verstärkte sportliche Betätigung. Dr. Clarkes Prognose, Mädchen mit höherer Schulbildung würden sich zu unweiblichen, streit- und herrschsüchtigen Amazonen entwickeln, fanden die Comforts ebenso beleidigend wie absurd. Was Clarke betreibe, sei eine unehrliche, plumpe Panikmache. Was die höhere Schulbildung für Frauen anging, gab es für die Comforts keinen Zweifel: Sie werde tendenziell der körperlichen Gesundheit des weiblichen Geschlechts, «und damit der Gesundheit des gesamten Menschengeschlechts», förderlich sein.[85] Die Comforts waren ein eindrucksvolles Gespann, und sie hatten recht gegen Clarke. Aber die Clarkes ihrer Zeit gingen unverdrossen ihren Weg weiter.

Eine andere, ebenfalls 1874 erschienene Abrechnung mit *Sex in Education*, herausgegeben von Julia Ward Howe, war vielleicht noch wirksamer. Julia Ward Howe war die ideale Herausgeberin einer solchen Gegenoffensive: Abolitionistin, Philanthropin, Feministin, Pazifistin und, was das Beste war, Verfasserin der «Battle Hymn of the Republic» – eine nationale Berühmtheit also, deren Stimme Gewicht hatte. Die Autoritäten, die in ihrer kleinen, empörten Sammlung zu Wort kamen, waren pädagogische Fachleute, während Dr. Clarke auf diesem Gebiet letztlich nur ein Amateur war. Und sie waren einhellig der Meinung, daß die ihnen bekannten «Fakten und Erfahrungen» völlig andere Schlußfolgerungen nahelegten, als er sie gezogen hatte. Sie waren sich auch darin einig, daß Clarke weder ein objektiver noch ein einfühlsamer Richter war. Alle Mitarbeiter des Sammelbandes wünschten, «er hätte seine Sexualsymphonie nicht so grell, so laut und so in aller Öffentlichkeit intoniert».[86]

In ihrem eigenen Beitrag wurde Howe sarkastisch, und zwar auf Kosten Clarkes: Was er den Auswirkungen schulischer Überlastung zugeschrieben hatte, habe andere Ursachen; was er an Mädchen zu entdecken glaubte, gelte auch für Jungen; was ihn an amerikanischen Frauen störte, sei an europäischen Frauen nicht minder sichtbar. Mehr als ein Autor befaßte sich mit Miss D., der unglücklichen hysterischen Patientin vom Vassar College. Die Bostoner Feministin Caroline H. Dall stellte die rhetorische Frage: «Wenn er eine hysterische Patientin hatte, die zufällig eine Schülerin des Vassar College gewesen war, warum hat er ihren Aussagen überhaupt ungeprüft Glauben geschenkt?» Dall, die die College-Ärztin befragt hatte, teilte mit, daß die Mädchen im Vassar College für ihre ausgezeichnete Gesundheit bekannt seien. Außerdem sei es schlicht unwahr, daß, wie Clarke behauptet hatte, in diesem College Mädchen mit 14 Jahren zugelassen würden; in diesem Alter dürften sie nicht einmal die Vorbereitungskurse besuchen. Ebenso sei unwahr, daß, wie Clarke behauptet hatte, die Mädchen im Vassar College keine Rücksicht auf ihre Periode nähmen. Sie erhielten vielmehr sorgfältige Verhaltensmaßregeln, und es werde ihnen «ausdrücklich verboten, am Turnunterricht teilzunehmen». Howe publizierte an dieser Stelle einen Offenen Brief an Dr. Clarke aus der Feder Alida C. Averys, der zuständigen Ärztin des Vassar College. Sie wandte sich mit Nachdruck gegen die Fallgeschichte der Miss D. und unterstützte Dall in jedem einzelnen Punkt.[87]

Daß Clarke seine Miss D. erfunden habe, warf kein Kritiker ihm vor – alle taten großzügigerweise so, als habe er sich von einer wirklichen Patientin täuschen lassen. Wahrscheinlich hatten sie damit auch recht: Dr. Clarke war nicht der letzte Arzt, der den Phantasien einer Hysterikerin aufsaß. *Sex in Education*, in der Logik anfechtbar, im Faktischen unzuverlässig und in den Schlußfolgerungen verfehlt, war – darüber waren sich alle Autoren Howes einig – nichts anderes als der nur allzu geglückte Ausdruck eines verbreiteten Aberglaubens. Dr. Mary Putnam Jacobi, die 1874 und dann noch einmal drei Jahre später das Wort ergriff, wies ausführlich nach, daß Dr. Clarke bei seiner ganzen Argumentation einem Irrtum unterlag: Die Menstruation bedeutete keineswegs eine ernsthafte Beeinträchtigung der weiblichen Lernfähigkeit.[88] Diese feministische Polemik kam zwar nicht ohne ein gewisses Maß an Verleugnung aus; denn die Tage der Periode können sehr wohl unerfreulich, schwächend und schmerzhaft sein. Aber was die generellen Schlußfolgerungen betraf, so hatte diese Literatur die Fakten für sich. Das Argument, die Monatsblutung mache die Frau zu einem körperlichen und geistigen Krüppel, war ein Aberglaube, dessen Kern lediglich die Angst der Männer war.

Trotzdem: Der Aberglaube blieb, und die Angst wurde stärker. Die höheren Schulen für Frauen wurden besser, die Frauen-Colleges konnten sich mit denen für Männer messen, mehr und mehr Universitäten ließen mehr und mehr Frauen zu. Charles F. Thwing, Präsident des Frauen-College an der Western Reserve University, erklärte 1894 rundheraus: «Die alte, überlebte Streitfrage..., ob Frauen ausreichende Geistesgaben besitzen, um von einer College-Ausbildung profitieren zu können, ist erledigt.»[89] Das war ein übertriebener Optimismus. Die Frage war in den USA nicht restlos erledigt, sie belastete das höhere Schulwesen in England, und sie war auf dem europäischen Festland noch höchst akut. 1890 errang eine brillante Newnham-Studentin, Philippa Garrett Fawcett, die Tochter einer führenden englischen Feministin, den ersten Platz in der Cambridger Mathematikprüfung, doch da sie rein formal nicht in Cambridge studierte, mußte man ihr den begehrten Titel des «Senior Wrangler» [Auszeichnung für den Studenten mit der besten Abschlußprüfung in Mathematik an der Universität Cambridge] verweigern. In einer charakteristischen Mischung aus Fairneß und Unlogik ließ man die junge Frau statt dessen *vor* dem «Senior Wrangler» rangieren. Als die Bildungsreformerin Frances Mary Buss von diesem zweifelhaften Triumph hörte, verkündete sie freudig ihren Studentinnen: «Gott sei Dank, im Bildungswesen haben wir das Geschlecht abgeschafft!» Nun, noch war es nicht so weit, nicht ganz – nicht bevor alle Philippa Garrett Fawcetts der westlichen Welt «Senior Wranglers» werden konnten und nicht bevor sich die öffentliche Meinung Frankreichs gegen Jules Rochard gestellt hatte, der 1888 apodiktisch erklärte: «Die Frauen verfügen heute in der Gesellschaft über jenes Maß an Einfluß, das ihnen zukommt.«[91]

Keineswegs abgeschafft war das Geschlecht jedenfalls im deutschen

Bildungswesen, und Deutschland war im ausgehenden 19. Jahrhundert von besonderem Interesse. Kein anderes Land zog so viele lernbegierige ausländische Studenten an, kein anderes Land war so ungeheuer stolz auf seine Universitäten wie das wilhelminische Kaiserreich. Nach einem Handbuch, das 1896 unter den Auspizien des Bryn Mawr College zusammengestellt wurde, ließ man in Deutschland Frauen «in der Regel nur als Hörerinnen der Philosophischen Fakultät» zu, doch besuchten Frauen «auch Vorlesungen der juristischen und der medizinischen Fakultät». Isabel Maddison, die Bearbeiterin des Handbuchs, wies darauf hin, daß auf jenen Frauen, die sich um einen Platz an einer deutschen Universität bewarben, ein enormer moralischer Druck laste. «Jede Frau, die um die Genehmigung zum Besuch von Vorlesungen nachsucht, sollte sich der großen Verantwortung bewußt sein, die sie dadurch auf sich nimmt, daß sie sozusagen zum Testfall wird, an welchem andere, ähnlich gelagerte Fälle in Zukunft gemessen werden.» Der ängstliche Wunsch, ihre Sache besser zu machen als die Männer, war ein weiterer Druck, den die Realitäten des 19. Jahrhunderts für studierwillige Frauen mit sich brachten.

Die öffentliche Meinung in Deutschland war jedoch noch schwankend. «Die ganze Frage der Zulassung von Frauen zu den Universitäten», bemerkte Maddison, «hat in Deutschland eine große Diskussion ausgelöst und ist noch keineswegs entschieden.»[92] Das traf den Nagel auf den Kopf. 1897 veranstaltete der Berliner Journalist Arthur Kirchhoff eine Umfrage über die Frauenbildung. Den Anstoß für diese Sammlung gaben ihm Zeitungsberichte vom November 1896, denen zufolge zwei Berliner Professoren, der Historiker Heinrich von Treitschke und der Literarhistoriker Erich Schmidt, weibliche Zuhörer aus dem Auditorium gewiesen haben sollten. Beide Männer bestritten dies später. Jedenfalls nahm Kirchhoff den Vorfall zum Anlaß, zahlreiche Universitätsprofessoren und Leiter von Museen und wissenschaftlichen Institutionen um Gutachten über die «Befähigung der Frau zum wissenschaftlichen Studium und Berufe» zu bitten.

Es ist schwer, die 120 verwertbaren Antworten, die Kirchhoff abdruckt, zu interpretieren. Kirchhoff selbst hielt die Umfrageergebnisse insofern für überraschend, als die Zahl der Professoren, die für die Zulassung von Frauen zu den Universitäten eintraten, in den letzten Jahren auffallend gestiegen sei. Er fühlte sich zu der Schlußfolgerung berechtigt, daß deren Gegner mittlerweile deutlich in der Minderzahl waren. Dies dürfte zutreffen, auch wenn ein solcher Schluß in Ermangelung vergleichbarer Umfragen aus früheren Jahrzehnten Spekulation bleiben mußte. Aber die Antworten, die Kirchhoff bekam, gaben doch weit mehr Rätsel auf, als ihr Herausgeber zugestehen mochte; viele von ihnen sind wolkig und vage und ergehen sich in allerhand Wenns und Abers. Dreizehn Antworten stammten von Literaten, die sich fast ausnahmslos auf die Seite der Zukunft stellten. Nicht weniger als zehn von ihnen traten vorbehaltlos für die Zulassung von Frauen zum Studium ein. Einer oder zwei teilten den in England und den USA verbreiteten Optimismus und fragten sich, wieso irgend jemand dieses Problem noch für ungelöst halten könne. Der konservativ-religiöse Romancier Dagobert von Gerhardt-Amyntor schrieb, es hieße, Eulen nach Athen tragen, wollte man heute «die Befähigung und auch sittliche Berechtigung» der Frauen «zum akademischen Studium erst noch nachweisen». Und Ludwig Fulda, der realistische Dramatiker und Molière-Übersetzer, zeigte sich geradezu pikiert über diese Frage: «Wie überhaupt noch ein moderner Mensch, der diesen Namen verdient, die Berechtigung und Befähigung der Frau zum akademischen Studium bestreiten kann, das ist mir ganz unverständlich.»[93] Andere Romanciers und Lyriker waren nicht weniger befremdet.

Die 107 Universitätsprofessoren und Institutsleiter jedoch, die den größten Teil von Kirchhoffs Stichprobe ausmachten, fanden seine Frage alles andere als unverständlich. Fünfunddreißig von ihnen waren der festen Meinung, daß Frauen an allen Universitäten gleichberechtigt neben den Männern stehen sollten; sechsunddreißig waren sich ebenso sicher, daß sie es nicht sollten; sechsunddreißig waren für die Zulassung der Frauen, aber mit Einschränkungen, bzw. für ihre Nichtzulassung, aber mit Ausnahmen. Diese mittlere Gruppe ist es, die sich am hartnäckigsten einer Quantifizierung widersetzt. Manche Professoren waren dafür, daß man zwar einige wenige, brillante Frauen studieren lassen sollte, doch dürften diese keine Schrittmacherfunktion für ihre Geschlechtsgenossinnen haben. Andere glaubten, daß für Frauen nur ganz bestimmte Fächer in Frage kämen – nicht Medizin, aber Zahnmedizin; nicht Chirurgie, aber innere Medizin; nicht Theologie, aber Literatur. Wieder andere meinten, die Frauen könnten sich dem Studium gewachsen zeigen, wenn sie an den höheren Schulen in geeigneter Weise vorbereitet würden. Und einige äußerten, daß zwar die Frauen gewiß körperlich und geistig ein Anrecht auf höhere Bildung hätten, daß es aber grausam sei, ihnen diese zu bieten, da sie nach Beendigung ihres Studiums ja doch keine angemessene Beschäftigung finden würden. Was alle diese Antworten auszeichnet, ist der Ton der Herablassung. Die Frauen erscheinen als immer strebend bemüht, sie stellen ununterbrochen ernste Fragen, aber letztlich fehlt ihnen doch die Begabung oder der innere Antrieb zu jener herausragenden Leistung, welche allein künftige Größe verbürgt.

Die Antworten wie die Antwortgeber deckten ein breites Spektrum ab; manche waren alt, sogar sehr alt. Der Göttinger Philologe Professor Dr. Ferdinand Wüstenfeld tat kund, daß er sich «im bald vollendeten 88. Lebensjahre» beim Schreiben fremder Hilfe bedienen müsse, daß er aber «der Zulassung von weiblichen Personen zu akademischen Studien... entschieden entgegenstimme». Der gefeierte Rechtshistoriker Otto von Gierke legte in seiner ausführlichen Stellungnahme dar, daß er nichts dagegen einzuwenden habe, «wenn einzelne Damen die juristischen Vorlesungen besuchen»; er wolle ihnen «auch gerne dazu verhelfen, sich mit der juristischen Doktorwürde zu schmücken» – was nicht gerade ermutigend klang. In erster Linie kam es ihm jedoch darauf an, daß die Frauen, auch wenn sie studierten, den ihnen vom Schicksal zugedachten Platz als Hausfrau und Mutter nicht verließen und daß – hier bricht endlich eine Ur-Angst durch – «unsere Männer Männer bleiben!»[94]

Andere Professoren äußerten sich kaum weniger dogmatisch. Die Stellungnahme des großen Göttinger Altphilologen Ulrich von Wilamowitz-Moellendorf begann (vom feministischen Standpunkt aus) wenig verheißungsvoll: «Der Unterschied der Geschlechter ist tyrannischen Weltverbesserern schon oft unbequem geworden»; aber «die Natur läßt ihrer nicht spotten». Es finde den «Beifall der meisten Universitätslehrer», daß die Universität den deutschen Damen und ihren «Emanzipationsgelüsten» zur Zeit noch verschlossen sei. Er gab jedoch zu, daß einige Frauen bereits den praktischen Nachweis ihrer Eignung zum akademischen Studium erbracht hätten, und hielt die moderne Gesellschaft für verpflichtet, die höhere Schulbildung solcher Frauen zu fördern.[95] Wie viele andere in Kirchhoffs Umfrage, fürchtete Wilamowitz eine Überschwemmung der deutschen Universitäten durch Frauen, er verurteilte die politischen Machenschaften ausländischer Agitatoren, trat aber auch für eine bessere Schulbildung der Mädchen ein und erkannte die Notwendigkeit von Ausnahmeregelungen.

Einige Professoren hielten mit ihrer Unterstützung der akademischen Gleichberechtigung nicht hinter dem Berge. Der Berliner Theologe Hermann Freiherr von Soden ließ folgenden Satz in Fettdruck bringen: «Ist das, was wir alle als Hauptaufgabe der Frau ansehen, so wenig tief in ihrer Natur begründet, daß sie durch wissenschaftliches Studium und öffentliche Berufsthätigkeit den Sinn dafür verlieren könnte, – so wäre es nur doppelt eine Gewaltthätigkeit, wollte man sie auf jene Aufgabe beschränken.» Und der Heidelberger Chirurg Professor Czerny äußerte: «Daß Frauen zum akademischen Studium befähigt sind, haben sie schon durch zahlreiche Beispiele bewiesen, und haben dadurch auch meines Erachtens die Berechtigung zu diesem Studium nachgewiesen.» Aber der dominierende Ton war doch der des Zweifels, der Skepsis, wo nicht gar der schroffen Ablehnung. Professor Dr. med. Ernst von Bergmann, Direktor des Klinischen Instituts für Chirurgie an der kgl. Charité in Berlin, steuerte zu Kirchhoffs Umfrage einen einzigen (auch noch fehlerhaft formulierten) Satz bei: «Ich halte die Frauen zum akademischen Studium und zur Ausübung der durch dieses Studium bedingten Berufszweige, für in körperlicher wie geistiger Beziehung für [sic!] völlig ungeeignet.» Viele Antwortgeber glaubten mit Professor Dr. med. Franz Riegel von der Universität Gießen, daß öffentliche Berufstätigkeiten der Frau, etwa als Ärztin, «mit der Rolle des Weibes, der Gattin und Mutter niemals vereinbar sind». Ein anderer Professor, Dr. med. Georg Lewin, Direktor der Klinik für Syphilis an der Berliner Charité, paraphrasierte den «Faust», wenn er meinte: «Die echte Weiblichkeit, die uns nicht allein ‹hinanzieht›, sondern vor allem zur Liebe, i.e. zur Heirat bewegt, wird, wenn sie nicht durch jenes anstrengende konkrete Studium ganz zu Grunde geht, doch beschädigt.» Der häusliche Herd stand über allem.

Die Ähnlichkeit der Formulierung unterstreicht, wie wichtig sie diesen Männern war – diesen erfolgreichen und oft redefreudigen Hütern ihres Berufsstandes. Wenn ein Mädchen den häuslichen Herd zeitweilig oder für immer verließ, verstieß sie gegen die Gesellschafts- und die Weltordnung – beides war für die meisten Befragten ein und dasselbe. Ich halte es für bedeutsam, daß nur die wenigsten der von Kirchhoff Befragten auf das zu sprechen kamen, was sie im Sinn gehabt haben müssen: die Auswirkung der Menstruation auf Studium und Berufstätigkeit der Frau. Die wenigen, die es wagten, auf die «gewissen Tage» zu sprechen zu kommen, fügten ausdrücklich hinzu, daß die Periode keine Beeinträchtigung der körperlichen oder geistigen Leistungsfähigkeit darstelle. Die anderen, die das tabuisierende Redeverbot in bezug auf die Menstruation ernst nahmen, huldigten offenbar dem uralten Aberglauben, daß die Periode der Frau eine Art von Stigma sei, welches die Frau untauglich für die Männerwelt mache. Und so erfreute sich die versöhnliche Überlegung, daß eine gebildete Frau auch eine interessantere Gattin und eine bessere Mutter wäre, keiner besonderen Beliebtheit.[97]

So also sah der Grundkonsens aus, um den herum sich eine massive Mehrheit bilden konnte: Die Trennung der Geschlechter, wie sie in der unterschiedlichen Schulausbildung und den separaten Wirkungskreisen von Mann und Frau zum Ausdruck kam, spiegelte die Bedürfnisse der Gesellschaft und die Gesetze der Natur wider. Max Planck, schon bald einer der führenden Physiker der Welt und damals Direktor des Instituts für Theoretische Physik an der Universität Berlin, sprach diesen Konsens in seiner Stellungnahme offen aus und redete wie der durchschnittliche

Akademiker seiner Zeit und seines Landes. Es sei nur recht und billig, der seltenen, bemerkenswerten Frau, die ihre wissenschaftliche Begabung nachgewiesen habe, einen Platz an den höheren Bildungsstätten einzuräumen. Aber man könne nicht oft genug wiederholen, daß die Natur selbst dem Weibe den Beruf zur Mutter und Hausfrau zugedacht habe, und ihren Gesetzen könne man nur um einen unerhört hohen Preis sich entziehen oder zuwiderhandeln.[98] Plancks Rhetorik und die ganze Umfrage Kirchhoffs beweisen einmal mehr, mit welchem Geschick wortgewandte Männer ihre primitivsten Ängste zu verbergen wußten. In dem peinvollen, ergebnislosen Streit um den wahren Platz des «Weibes» verschmolz die Furcht vor der Frau mit der Furcht vor Veränderung.

IV. Die Last der Realität

Nicht nur unter dem Einfluß unbewußter Sehnsüchte und Ängste entwickelten sich die charakteristischen Einstellungen des 19. Jahrhunderts. Auch Ansprüche und Belastungen aus der Welt der Wirtschaft und der Medizin trugen das ihre zur Gestaltung der bürgerlichen Erfahrungswelt bei. Diese Welt aber erwies sich als ein festgefügter, beengender Rahmen für das Erlebnis der Sinnlichkeit. Sie kanalisierte die sexuellen Gefühle und Handlungen und erlegte ihnen gleichzeitig Beschränkungen auf. Zu diesen öffentlich sichtbaren und wirkungsmächtigen Realitäten gehörte beispielsweise der Kampf der Frau. Weniger sichtbar, aber vielleicht noch wirkungsmächtiger waren jene Realitäten, die unmittelbar mit dem Vollzug der Erotik zusammenhingen: die Strapazen der Schwangerschaft, die Gefahren des Kindbettes, das Vorhandensein von modernen Methoden der Empfängnisverhütung. Mit einem Wort: das Ich – jener der äußeren Wirklichkeit zugewandte Teil der Seele – wurde überschwemmt von einer nicht mehr zu verarbeitenden Fülle von Daten und Fakten.

Das Ich befindet sich auf einer unablässigen, eifernden Suche nach Welt. Es gleicht einem Schiff, das genötigt ist, zwischen Leuchtfeuern zu navigieren, welche widersprüchliche und unvollständige Signale aussenden: Mannigfachem Druck aus seinem Inneren ausgesetzt, versucht das Ich, seinen Empfindungen und Wahrnehmungen soviel Information wie möglich abzugewinnen. Es trachtet nach Abwehr von Gefahren und nach der Wiederholung lustvoller Erlebnisse. Das Ich organisiert die Fähigkeiten des Individuums zum Reagieren sowie seine Auseinandersetzung mit Menschen und Dingen. Seine Urteile und Einschätzungen sind niemals über jeden Verdacht erhaben; sie werden zwangsläufig durch Konflikte und Traumata verzerrt. So findet die Außenwelt niemals unbeschädigt ihren Weg in die Seele; die vielen Eindrücke, mit denen das Individuum arbeiten muß, sind ebensoviele seelische Vorstellungsbilder des wirklichen Dinges. Doch das Ich, seinem Hunger nach Erfahrung gehorchend, fährt unverdrossen fort, zu bestimmen, was ist und was sein kann.

Die Psychoanalytiker haben herzlich wenig für Interpretationen der Erfahrung übrig, die auch äußeren Einflüssen Bedeutung beimessen. Das ist verständlich. Man scheint damit den ersten, unwiderruflichen Schritt auf dem Wege zu Sozialpsychiatrien à la Erich Fromm zu tun – zu Systemen, die der Gesellschaft die Hauptverantwortung für die Bildung des menschlichen Charakters zuschieben und jene instinktmäßigen Triebe – Sexualität und Aggression –, auf denen Freud seine Psychologie aufbaute, im wesentlichen ausklammern. Doch ist der Historiker nicht gezwungen, sich vor eine solche Alternative stellen zu lassen. Freud selber hat niemals daran gezweifelt, daß objektive Realitäten an der Konstituierung der menschlichen Erfahrung maßgeblich beteiligt sind. Die Liebe – so sagte er gegen Ende seines Lebens – sucht ihre Objekte; desgleichen der Haß. Und diese Objekte sind draußen, nicht drinnen. Die Psychoanalytiker behaupten gerne, das Ich sei der Feind der Triebe. Und unter dem Blickwinkel der jeden Widerstand hinwegfegenden Instinkte scheint dem auch so zu sein: Sie trachten einzig und allein nach ihrer sofortigen Befriedigung und sehen in jedem Versuch, diese aufzuschieben oder zu modifizieren, einen feindseligen Akt. Aus der umfassenden Sicht des Menschen jedoch ist das Ich der wahre Freund der Triebe: der große Vermittler und Kompromißler, der das Individuum dazu bewegt, auf einen geringeren und riskanteren Lustgewinn heute zu verzichten, wenn es dafür morgen auf einen größeren und gefahrloseren rechnen kann. Die eigentliche Aufgabe des Ichs ist der Ausgleich mit der Welt.

Die eine scheinbare Ausnahme von der Regel, daß die Seele unablässig mit der Welt befaßt ist: die selige Selbst- und Weltvergessenheit der Liebenden, ist in Wirklichkeit gar keine Ausnahme. Liebende scheinen nichts und niemanden zu brauchen; sie leben in ihrem eigenen Reich. Aber was sie erleben, ist ein herausgehobener Augenblick im menschlichen Dasein – zerbrechlich und vergänglich und keineswegs unerreichbar für den lastenden Druck der Realität. Die von den Liebenden geübten Rituale der Huldigung und der Ekstase verdanken ihre Form und ihren Sinn der umgebenden, größeren Welt.

1. Zwischen Leben und Tod

In einem Brief aus Cincinnati, datiert vom 27. April 1885 «aus meinem Bett», teilt Eleanor Rogers ihrer Schwester Susan Wright in New Haven unter dem Siegel der Verschwiegenheit mit, daß sie gerade eine höchst schmerzhafte Fehlgeburt gehabt habe. «PRIVAT», schreibt sie über den Briefkopf. *«Nach dem Lesen zu verbrennen»*, fügt sie hinzu; und quer über die erste Seite schreibt sie noch einmal eindringlich: «Vergiß nicht, Du darfst niemandem etwas verraten und mußt diesen Brief UNVERZÜGLICH vernichten!» Selten hat das leidenschaftliche Verlangen nach Privatheit so heftigen Ausdruck gefunden wie hier.

Mit ihrem Brief erfüllte Eleanor Rogers nur widerstrebend das «Versprechen», ihrer Schwester mitzuteilen, «wie die Sache mit mir ausgegangen ist». Sie war «in Schmerz und Qual» ausgegangen. «Wenn der Körper beim Kinderkriegen noch mehr auszuhalten hat als ich bei meiner Fehlgeburt, dann bewahre mich der Himmel davor, Kinder zu bekommen!» Es war Mittwoch, vier Tage nach der Katastrophe. Ihre Leidenszeit hatte am vorangegangenen Freitag begonnen, als sie sich zu Bett gelegt hatte, «mit ständig zunehmendem Schmerz und Elend, bis zwischen acht und neun alles abging. Niemand war bei mir, und so konnte ich nach Herzenslust brüllen.» Das «Mädchen» hatte Ausgang, ihr Gatte Will kam erst gegen 10:30 Uhr aus der Stadt zurück und holte umgehend den Arzt, der erst gegen 1 Uhr eintraf. «Er mußte die Nachgeburt entfernen – nicht gerade die schmerzloseste Operation.» Dann schlug sie wieder den Ton der Empörung an: «Bei Gott, welche Frau würde heiraten, wenn sie wüßte, was sie erwartet! Ich habe gute Lust zu einem Kreuzzug, um die Mädchen vor dem Heiraten zu warnen.» Nachdem sie die Krankenschwesterdienste und das «beispielhafte Verhalten» ihres Mannes gelobt hat, wendet sich sich kurz anderen Familienneuigkeiten zu, um dann noch einmal ihren Gefühlen Luft zu machen: «Gut, es freut mich, daß Alice [ihre Schwester Alice Belknap] einen Buben hat, wenn *sie* sich darüber freut. Aber es ist eine Freude, bei der es mir kalt den Rücken hinunterläuft und ich im stillen ein Gebet zum Himmel sende, er möge *mir* eine solche Freude ersparen, wenn ich sie mit solchen Schmerzen erkaufen muß. Du wirst mich jetzt für völlig übergeschnappt halten – vielleicht bin ich es auch.» Sie hatte die Hausangestellte überredet, ihr Bleistift und Papier ans Bett zu bringen, obwohl der Arzt ihr jegliche Anstrengung verboten hatte und sie damit rechnen mußte, von ihrem Mann ausgeschimpft zu werden, sobald er nach Hause kam; «aber wenigstens bekommst Du Deinen Brief, und ich habe mein Versprechen gehalten.»[1]

Es war ein Versprechen, das Eleanor Rogers wohl keinem anderen Menschen gegeben hätte als ihrer «lieben Sue», der ältesten der Silliman-Schwestern, die bei allen Familienmitgliedern eine besondere Vertrauensstellung genoß. Einen Monat später ging es Eleanor Rogers noch immer nicht gut. «Mein Innenleben gefällt mir überhaupt nicht. Kaum, daß ich einmal zwei Tage ohne Ausfluß bin... Will geriet so in Sorge, daß er Dr. M. aufsuchte. Der verschrieb mir zweimal täglich eine Spritze, aber bisher merke ich keinen Erfolg.» In ihrer Not vermißte – und brauchte – sie ihre Schwester mehr denn je: «Zu Dir habe ich mehr Vertrauen als zu fünfzig Ärzten; sag' mir, was ich tun soll, und ich werde es tun.» Doch alles dies war wieder streng vertraulich: «Bitte verbrenn' diese Zeilen, Du bist mein Sicherheitsventil, aber ich will nicht, daß solche Mitteilungen wie diese hier erhalten bleiben.»[2]

Nun, zum Glück für den Historiker *blieben* diese Mitteilungen erhalten. Sie vibrieren förmlich von Eleanor Rogers' Erregung über ihr eigenes, ungewohntes Mitteilungsbedürfnis und über ihren zaghaften Mut. Sie will zu einem Kreuzzug gegen das Heiraten aufrufen, aber gleichzeitig rühmt sie die zärtliche Sorge ihres Gatten um sie. Sie kann sich von der eigenen Plage nicht recht lösen. Trotz der Freude über den Sohn ihrer Schwester laufen ihr kalte Schauer über den Rücken, und sie betet um Schmerzfreiheit. Sie bekommt Angst vor der eigenen Courage: «Du wirst mich jetzt für völlig übergeschnappt halten – vielleicht bin ich es auch.» Doch bei aller Unschlüssigkeit und Selbstkritik ist ihre von Ambivalenz gekennzeichnete Botschaft klar: Die offenkundige Zuneigung zu ihrem Mann – der immerhin der Urheber ihres Leidensweges war – steht außer Zweifel. Aber ebenso außer Zweifel steht ihre Auflehnung gegen die Folgen, die der Geschlechtstrieb zeitigt. Sie liebt ihren Will, aber sie haßt, was er ihr angetan hat. Nichts anderem als dem Geschlechtsverkehr will ihr Kreuzzug gegen die Ehe Einhalt gebieten. Die Gefahren der Schwangerschaft ließen die Freuden der Sexualität als zweifelhaft erscheinen.

In einer Hinsicht hatte Eleanor Rogers natürlich Glück: Sie überlebte ihr Martyrium. Andere Frauen fanden damals in Erfüllung ihrer ehelichen Pflicht zu Tausenden den Tod; zahllose Briefe, Biographien und Familienbibeln bestätigen dies.[3] Oft siechten diese Opfer der Sexualität noch eine Zeitlang dahin: Gustave Flauberts Lieblingsschwester Caroline starb im März 1846, zwei Monate nach der Geburt ihres einzigen Kindes und nach langem, qualvollem Leiden. Meist aber ging es rasch zu Ende. Die Ahnentafel in der prachtvollen Bibel der Chaunceys registriert in dürren Worten die Geschichte einer ganzen Familie. «Nathaniel Chauncey aus Philadelphia und Elizabeth Sewall Salisbury aus Boston» heirateten, wie die Familienbibel vermerkt, am 8. Juni 1836. Im Jahr darauf hatten die Chaunceys einen totgeborenen Sohn, was die Ahnentafel in distanzierendem Latein registriert: «Filius *mortuus* Nathanaelis et Elizabethae Sewall Chauncey natus est 17. Jun. 1837.» Danach stellten sich in rascher Folge zwei Söhne ein, der eine im August 1838, der andere im August 1840. Unverzügliche neue Schwängerung sollte den Tod überlisten.

Aber der Tod ließ sich nicht überlisten. Am 19. Mai 1850, zehn Jahre nach der Geburt ihres zweiten am Leben gebliebenen Sohnes, brachte die damals bald 43jährige Elizabeth Chauncey einen weiteren Sohn zur Welt. Die Ahnentafel vermeldet am folgenden Tag: «Francis Gardner Chauncey, Sohn von Nathaniel und Elizabeth Sewall Chauncey, gestorben am 20. Mai 1850, zehn Minuten vor 7 Uhr abends.» Der nächste Eintrag vollendet die tragische Geschichte: «Elizabeth Sewall Chauncey verstarb am Mittwoch, dem 22. Mai 1850, fünf Minuten vor 5 Uhr abends. Ihre sterblichen Überreste sowie jene ihres neugeborenen Sohnes wurden am Freitag, dem 24., u. Samstag, dem 25., nach Newton Corner überführt und am Sonntag, dem 26. Mai 1850, in Mount Auburn zur letzten Ruhe gebettet.» Die wohlgesetzten Worte und die disziplinierte Sprache dieser Einträge, samt ihrer frommen Ergebung in den göttlichen Ratschluß, können nicht über die Verwüstungen hinwegtäuschen, die das Zerstörungswerk der Sinnlichkeit in der Familie Chauncey angerichtet hatte.[4]

Solche Elizabeth Chaunceys gab es zur damaligen Zeit Tausende und Abertausende; die Vergeudung an menschlicher Lebensfülle, an blühenden jungen Frauen, war ungeheuer. Isabella Beeton, eine tatkräftige Journalistin, die in England durch ihren beliebten Ratgeber für junge Hausfrauen bekannt wurde, verlor ihr erstes Kind, als es drei Monate, und ihr zweites, als es drei Jahre alt war; sie selber starb, 28jährig, im Jahre 1865 am Kindbettfieber, bei der Geburt ihres vierten Kindes.[5] Während des ganzen 19. Jahrhunderts war der Ablauf der Schwangerschaft und der Geburt nach wie vor von großen, oft schier unerträglichen Schmerzen begleitet; die Mutter wie das Kind schwebten stets in Todesgefahr. Zwar kannte man seit 1847 die schmerzlindernde Wirkung des Chloroforms während der Wehen und bei der Entbindung, und keine Geringere als Königin Victoria machte sich bereits 1853 diese segensreiche Entdeckung zunutze. Die Autorität der Königin und ihrer Vorreiterrolle wurde nicht angetastet; aber der Widerstand gegen die Verwendung von Chloroform – wie auch gegen andere menschenfreundliche Methoden – war hartnäckig. Eine Zeitlang wurden Ärzte wie Laien durch eine Fülle von medizinischen, theologischen und ethischen Bedenken verunsichert. Chloroform – so hieß es – könne tödlich wirken; in der Tat hatte es, infolge der Ungeschicklichkeit der behandelnden Ärzte, schon einige Todesfälle gegeben. Und immer wieder wurde Gottes Fluch über die ungehorsame Eva beschworen: «Mit Schmerzen sollst du Kinder gebären.»[6] Robert Barnes, der über Geburtshilfe las, schrieb 1850 im *Lancet*: «Es wäre ein empörender Verstoß gegen die elementarsten Gesetze der Anpassung, wenn man glauben wollte, ein wohltätiger Schöpfer habe ohne einen weisen und notwendigen Zweck den Vorgang des Gebärens mit Schmerzen verbunden.» Besonders die mittleren Schichten der Gesellschaft hatten für solche frommen Erwägungen ein offenes Ohr. Und es dauerte nicht lange, bis der Wunsch nach Erleichterung der Schmerzen die Oberhand gewann. Als Mrs. Sophia Gray, die Schwiegermutter John

Ruskins, im März 1855 einen Jungen gebar – sie war damals fast 47 –, pries sie gegenüber ihrer Tochter «dieses herrliche Mittel Chloroform», das ihr «zwei Stunden lang jede Schmerzempfindung» genommen habe.[7]

Der Feldzug gegen das Chloroform – geführt von jenen, die die Schmerzen der Mutterschaft für etwas Natürliches und theologisch Richtiges hielten – wirft Licht in die verborgenen Winkel des erotischen Lebens. Die Männer rationalisierten ihre unterschwellige Lust an der Qual der Frauen mit dem Argument, diese Schmerzen würden die Wehen beschleunigen; und überhaupt: hatten sie nicht von jeher die Niederkunft begleitet? Solche Abwehrhaltungen verweisen auf das, was das späte 19. Jahrhundert als einen gewissen untergründigen Sadismus zu entlarven lernte. Auch verrieten sie eine bestimmte Furcht vor der Sinnlichkeit. Einige Geburtshelfer berichteten, daß Frauen unter der Chloroformmaske lüsterne und lästerliche Reden führten, und andere Heilkundige bestätigten dies. Tyler Smith wollte beobachtet haben, daß Chloroform den Schmerz in sein Gegenteil verwandle und «die Erregung der Geschlechtsleidenschaft» bewirke. Die Geschichte gewann durch ihre ständige Wiederholung sogar eine gewisse Glaubwürdigkeit, doch sahen sich ihre Vertreter auch Gegenangriffen ausgesetzt. Der große schottische Chirurg James Simpson, einer der Entdecker und eifrigsten Fürsprecher des Chloroforms, bemerkte 1848 schneidend, diejenigen, welche diese schmutzige Legende «ausschlachteten und sich an ihr weideten», würden lediglich – offenbar unbewußt – verraten, daß sie die eigene Sinnlichkeit der strengsten inneren Zensur unterwarfen. Simpsons schottischer Landsmann James Syme, ebenfalls ein gefeierter Chirurg, bestätigte sein Verdikt: Diese Geschichten seien «das Ergebnis von Eindrücken, die sich in den Köpfen der Ärzte, nicht in den Köpfen der Chloroformierten gebildet» hätten.[8] Das sind vehemente und keineswegs objektiv-distanzierte Reaktionen, aber sie bringen auf scharfsinnige Weise Wahrnehmungen über Schwangerschaft mit dem Reich der Sexualität in Verbindung: Ein halbes Jahrhundert vor Freud sind sie dem psychologischen Abwehrmechanismus der Projektion auf der Spur.

Die beherzte, offene Sprache Simpsons und Symes sowie die unbestreitbar wohltätige Wirkung des Chloroforms entschieden den Tag. Angst und Schrecken – ob wirklich oder vorgestellt – wurden den Frauen in der zweiten Hälfte des 19. Jahrhunderts teilweise genommen. Aber das viel unheilvollere Gespenst des Todes ging weiterhin um. Über ihre gemeinsame Freundin Elizabeth Cady Stanton schreibt Martha C. Wright im März 1859 an Susan B. Anthony: «Mrs. Stanton hat einen weiteren Sohn. Ich bin froh, daß sie diese Prüfung heil überstanden hat.»[9] Das Kindergebären blieb eine Prüfung, und zwar eine gefährliche.

Die einschlägigen Statistiken für die westliche Welt sind aus heutiger Sicht erschreckend, auch wenn man seinerzeit, in den frühen Tagen der Königin Victoria, ihre ganze Tragweite erst undeutlich ahnte. Als 1841 der Basler Professor Dr. Christoph Bernoulli eine der ersten nach modernen statistischen Gesichtspunkten durchgeführten demographischen Studien veröffentlichte, beklagte er noch die allgemeine Unwissenheit: «Auch fehlt es bereits nicht an numerischen Angaben; aus den meisten Untersuchungen sind bis jetzt aber nur unsichere und kaum vergleichbare Resultate gewonnen worden...» Er zitierte eine Reihe von Autoritäten über Säuglingssterblichkeit; die Schätzungen gingen erheblich auseinander, waren aber auch im günstigsten Falle betrüblich. Die neue Wissenschaft der «Populationistik» bestätigte, was die tägliche Erfahrung lehrte, «daß ein großer Theil der Werdenden sehr bald, und meist in den allerersten Lebensjahren schon wieder wegstirbt». Mit einiger Sicherheit konnte Bernoulli auch die Feststellung treffen, daß zwischen Säuglingssterblichkeit und sozialer Schicht bzw. Einkommensverhältnissen ein direktes, wenn auch nicht starres Verhältnis bestand; im damaligen Paris starben seinen Erhebungen zufolge prozentual doppelt so viele Kinder von armen Eltern als Kinder von Bessergestellten. Vom Nachwuchs armer Eltern waren wiederum Findelkinder am gefährdetsten.[10] Was ein kluger Säugling war, suchte sich Eltern aus, die verheiratet waren und ihr gutes Auskommen hatten; selbst dann waren seine Chancen, das Erwachsenenalter zu erreichen, noch alles andere als gut.

In jenen Jahren, in denen Bernoulli das Material zu seiner Untersuchung zusammentrug, verbreitete sich in zahlreichen Ländern wie eine wohltätige Epidemie die Sucht, präzise Informationen über die Gesellschaft zu sammeln. Die Grundlagen für eine Reform im medizinischen und sanitären Bereich legten Adolphe Quetelet in Belgien und William Farr in England. Sie begründeten die quantitative Untersuchung gesellschaftlicher Phänomene, indem sie ihr Zahlenmaterial im Interesse aussagekräftiger Vergleiche interpretierten. Aus diesem Grunde teilte beispielsweise Farr das englische Königreich in gesunde und ungesunde Bezirke: Er wollte herausfinden, unter welcher Geißel die letzteren litten und wie man ihre Sterblichkeitsstatistik auf das weniger erschütternde Niveau der ersteren herabbringen konnte. Bei der Besprechung der Kindersterblichkeit im Jahrzehnt nach 1860 äußerte sich Farr mit einer Mischung aus empörtem Mitgefühl und utilitaristischer Berechnung: «Es zeigt sich, daß von 10000 Lebendgeborenen in Liverpool 5396 fünf Jahre leben – eine Zahl, die in den gesunden Bezirken von 6544 Geburten jährlich erbracht werden könnte. Dieses Zeugen von Kindern, die so bald wieder verderben – die Leiden der kleinen Opfer – die Sorgen und der

Aufwand der Eltern – sind ebenso beklagenswert, wie sie eine Vergeudung sind.» Aber Aufwand und Vergeudung, so ärgerlich sie sein mochten, verblaßten in den Augen dieses menschlich fühlenden Demographen vor dem Jammer einer Mutter: «Immer, wenn die Mutter ihr Baby betrachtet, kann sie nicht anders als an seinen Tod denken.» Es mußte etwas geschehen.

Es geschah auch etwas, aber einige Jahrzehnte lang ohne sichtbaren Erfolg. «Die hohe Säuglingssterblichkeit», meinte Farr Mitte der 1870er Jahre, «gibt den Medizinstatistikern weiterhin Anlaß zu ernster Sorge.» Nach Farr starben 1875 in England von 1000 Säuglingen unter einem Jahr 158; «das sind 4 pro 1000 mehr als im Durchschnitt der zehn Jahre 1861 bis 1870. Hieraus folgt, daß die Sterblichkeit bei Säuglingen zunimmt.» Die Sterblichkeitsraten schwankten beträchtlich und gaben mancherlei Rätsel auf. In Liverpool lag zwischen 1873 und 1875 die Säuglingssterblichkeit bei 218,9 pro 1000. Portsmouth hatte mit 145,9 pro 1000 die günstigste Statistik Englands. Schottland aber, das seit jeher für seine ärztliche Kunst bekannt war, konnte stolz auf eine Sterblichkeitsrate von «nur» 125,7 pro 1000 verweisen. Zu den Variablen, mit denen Farr und seine Kollegen eine hohe Säuglingssterblichkeit erklären zu können hofften, gehörten «Genuß von Opiaten, Frühehen, Debilität der Mutter», ganz zu schweigen von «unzulänglichen sanitären Verhältnissen».[11] Aber auch der Verzicht auf Drogen, späte Heirat, gesunde Mütter und eine Verbesserung der sanitären Verhältnisse trugen kaum dazu bei, die Säuglingssterblichkeit zu verringern. Und die Frauen wußten – oder ahnten – das natürlich auch.

Vergleiche mit anderen Ländern waren genauso vieldeutig und ebensowenig ergiebig. In Schweden war in den 1860er Jahren die Säuglingssterblichkeitsrate beneidenswert niedrig, noch niedriger als in Schottland: Hier starben elf von hundert Babies. In Preußen, Frankreich und Spanien war die Sterblichkeitsrate im selben Zeitraum doppelt so hoch. Und diese traurigen Zahlen verrieten noch nicht einmal die ganze Wahrheit. Da Tausende von Todesfällen bei Säuglingen nicht gemeldet wurden, lagen die wahren Zahlen beträchtlich höher. Und selbst ein Land wie England, das sich auf seine wissenschaftlichen Errungenschaften soviel zugute tat, vermochte es bis zum Ende der Regierungszeit Königin Victorias nicht, die Säuglingssterblichkeit signifikant zu verringern. Erst nach 1900 begann sie zurückzugehen, und erst nach 1910 erreichte sie jenes niedrige Niveau, das Schweden schon ein halbes Jahrhundert zuvor gehabt hatte.

Die Gefährdungen des Säuglingsalters überstanden zu haben, war zwar keine Kleinigkeit, bürgte aber noch nicht für ein langes Leben. Im 19.

Jahrhundert starben ebensoviele Kinder im Alter zwischen 1 und 5 Jahren, wie im ersten Lebensjahr umkamen. Und auch mit 5 war das Kind noch nicht endgültig in Sicherheit. Die Ärzte standen den Kinderkrankheiten weitgehend hilflos gegenüber und mußten auf ihr Glück – sie nannten es «die Natur» – vertrauen, um ihre kleinen Schützlinge durchzubringen. 1847 starben in einem Zeitraum von wenigen Wochen drei jüngere Schwestern Effie Grays, der Frau von John Ruskin, an Scharlach; 1852 steckten sich einige weitere ihrer jüngeren Geschwister an, überlebten aber. Von den insgesamt 15 Kindern der Grays wurden nur acht älter als sieben. Solche erschreckenden Zahlen waren keineswegs eine Ausnahme. Nicht besser als den Grays erging es etwa den Eltern Michael Zeno Diemers, eines kleineren deutschen Malers und Komponistens. Sie heirateten 1861 und hatten sieben Kinder: die ersten beiden, zwei Mädchen, starben nach wenigen Monaten; zwei ihrer Buben erlagen der Diphtherie, der eine mit drei, der andere mit neun Jahren. Mitunter trugen die Eltern einen solchen Verlust ungerührt – oder besser gesagt: in einer Art Benommenheit. Walt Whitman berichtet in seiner stark autobiographisch gefärbten Erzählung «My Boys and Girls» von einem Kind, das im Säuglingsalter gestorben war, und sagt dazu: «Es war dies keine traurige Sache – wir haben nicht geweint, und das Herz war uns nicht schwer.»[12]

Dieser forsche Ton zeugt nicht von Frivolität, sondern von Selbstbeherrschung; er soll das unterdrückte Leid betäuben. Als Georg Brandes, dieser welterfahrene Frauenheld, seine vergötterte zehnjährige Tochter verlor, fühlte er sich von dem unersetzlichen Verlust monatelang wie vernichtet.[13] Whitman zum Trotz war der Tod eines Kindes für die meisten Bürger eben doch eine traurige Sache; sie weinten, das Herz war ihnen schwer – und weinend ängstigten sie sich um die anderen Kinder. Im Frühjahr 1854 machte John Leech, der englische Illustrator und Cartoonist, zusammen mit seiner Familie einen Besuch bei John Everett Millais. «Leech ist da, samt Frau, Schwester, Baby, Kinderfrau und Mädchen», berichtete Millais in einem Brief. «Das Kind nimmt die fünf Leutchen praktisch den ganzen Tag in Anspruch. Ihr erstes haben sie verloren, und jetzt haben sie furchtbare Angst um dieses zweite und einzige, ein hübsches Mädchen mit blauen Augen, fünf Monate alt.»[14] Die Leech hatten Glück: Ihr Mädchen blieb am Leben, und im folgenden Jahr legten sie sich ein weiteres Unterpfand des Glückes in Gestalt eines Jungen zu.

Die Säuglingssterblichkeit hing natürlich auch mit der Schichtenzugehörigkeit zusammen, aber nicht in dem Maße, daß das Bürgertum von ihr völlig verschont geblieben wäre. Die Statistiker bestätigten weithin, was auf der Hand lag: Den Armen, denen es an angemessener Ernährung,

Kleidung und Unterkunft fehlte und die von den öffentlichen Einrichtungen mit erbitternder Gleichgültigkeit behandelt wurden, starben doppelt so viele Säuglinge weg wie den Wohlhabenden – häufig noch mehr. In der englischen Stadt Preston (Lancashire) verloren die «oberen Schichten» rund 18 von 100 Kindern unter 5; in den «mittleren Schichten» waren es doppelt so viele – 36 – und bei den Armen sogar noch einmal fast doppelt so viele: weit über 60.[15] Im 19. Jahrhundert schätzten sich Familien der Mittelschicht glücklich, wenn sie von fünf Kindern nicht mehr als eines verloren.

Falls eine Frau durch die ärztlichen Eingriffe nicht bleibende Schäden davongetragen hatte – was keineswegs selten vorkam –, war der Verlust eines Säuglings, gefühllos ausgedrückt, ein reparabler Verlust. Auch die Ehefrau war eine erneuerbare Ressource. Es gab im 19. Jahrhundert viele Witwer, die ihre im Kindbett gestorbene Frau aufrichtig betrauerten, aber nicht zögerten, noch einmal zu heiraten – häufig eine Jüngere. Franz Josef Lenbach – Baumeister in einer kleinen bayerischen Stadt und Vater des gesuchtesten und höchstbezahlten Porträtmalers des Deutschen Reiches, Franz von Lenbach – bekam von seiner ersten Frau in neun Jahren acht Kinder. Das letzte, das bald verstarb, nahm die Mutter mit ins Grab: Seit Ende 1830 schwer krank, starb Frau Lenbach im November 1832: Sechs Wochen später nahm sich Lenbach eine andere Frau, mit der er im Verlauf von zehn Jahren acht weitere Kinder hatte und die, ähnlich der ersten, ein Jahr nach der Geburt ihres jüngsten Kindes starb.[16]

Die statistischen Angaben sind schwer zu interpretieren; denn fast überall waren sie ungenau oder unzuverlässig. Habgierige Ärzte, die sich weigerten, mittellose Patientinnen zu behandeln, oder unfähige Ärzte, die bei einer schwierigen Geburt den Kopf verloren, wurden von amtlichen Leichenbeschauern und Berufskollegen gedeckt. Die Entbindungsanstalten wahrten ihren Ruf, indem sie ihre Patientinnen an allen möglichen Todesursachen gestorben sein ließen – das reichte von Unwissenheit, Unreinlichkeit oder Nachlässigkeit bis zu irgendwelchen nicht näher spezifizierten Krankheiten, die mit der Schwangerschaft nichts zu tun hatten. Die Hebammen waren zwar oft erfahren und geschickt, aber viele von ihnen waren unzureichend ausgebildet, ja sogar betrunken, und wurden ungenügend kontrolliert. Auch blieben ärztliche Diagnosen bis zum Ende des Jahrhunderts verschwommen und im allgemeinen unfundiert. Alle diese Faktoren wirkten zusammen, um die Erforschung der Säuglingssterblichkeit zu einem mehr oder weniger unerquicklichen Ratespiel werden zu lassen. Aber immerhin: Einige Zahlen waren doch verfügbar, und sie enthüllten einige alarmierende Tatsachen. In Preußen mußte, wie Bernoulli aus dem ihm vorliegenden Zahlenmaterial errechnete, zwischen 1820 und 1834 «von 108 Niederkommenden 1 gestorben seyn». Im Schweizer Kanton St. Gallen starb in den Jahren 1830 bis 1837 sogar von nur 88 Wöchnerinnen eine. In Württemberg hingegen war das Zahlenverhältnis deutlich besser, nämlich 175 zu 1. Diese Statistiken gaben nicht nur Bernoulli Rätsel auf. Er gab zu bedenken, «daß manche Frau erst lange nach einer Niederkunft und doch in Folge derselben stirbt», und nahm daher an, «daß von 100 Geb.[urten] wenigstens 1 den Tod der Mutter verursache.» Für England lautete 1870 das entsprechende Zahlenverhältnis 1:204; in den 1880er Jahren war es nur unwesentlich besser 1:211.[17]

Wie bei der Säuglingssterblichkeit, erwiesen sich auch bei der Müttersterblichkeit vergleichende Untersuchungen als interessant. Die berühmteste dieser Untersuchungen wurde um 1840 in der Wiener Gebäranstalt vorgenommen. Hier sammelte Dr. Ignaz Semmelweis seine Fakten; hier entwickelte er jene Hypothese, die zu der (damals) umstrittenen Entdekkung der Antisepsis führen sollte. Zwischen 1841 und 1846 kamen auf die 37833 in der Wiener Gebäranstalt behandelten Frauen 2680 Todesfälle – ein Blutzoll von 7 Prozent. In der berüchtigten Station 1 des Krankenhauses, wo die Patientinnen in unerklärlich großer Zahl starben, lag der Durchschnitt bei 10 Prozent; in besonders katastrophalen Monaten stieg er auf 14, ja sogar auf 18 Prozent an.[18]

Der Blutzoll, der in Entbindungsanstalten entrichtet wurde, erlaubt Rückschlüsse auf die Klassenbedingtheit der Todesfälle unter schwangeren Frauen. In mancherlei Hinsicht waren Frauen der Mittelschicht natürlich weit besser dran als solche aus der Arbeiterklasse oder aus dem Bauernstand. Sie brauchten nicht ins Krankenhaus zu gehen, um zu entbinden, ihre Ernährung war gesund, ihre Zimmer verhältnismäßig sauber, die ärztliche Versorgung für damalige Verhältnisse recht ordentlich. Ironischerweise waren es aber gerade die von Modeärzten bevorzugten modernen Techniken oder neue und noch nicht recht beherrschte Instrumente, die die Damen aus dem Bürgertum der Gefahr von Infektionen und anderen Unglücksfällen aussetzten, mit denen Frauen aus der Arbeiterklasse schon aus finanziellen Gründen gar nicht in Berührung kamen.[19] So war jede Schwangerschaft, jede noch so sehnlich erwartete Geburt auch in den begüterten Kreisen mit Angst verbunden.

Am 20. Dezember 1852 registriert Hannah Smith, die Tante von M. Carey Thomas, ihre zweite Schwangerschaft mit Bestürzung und nicht ohne Empörung: «Ich bin derzeit sehr unglücklich. Jene weibliche Prüfung, die mir so ungemein schwer wird, ist wieder über mich gekommen. Wenn meine kleine Ellie 2 Jahre alt ist, wird sie ein Schwesterchen oder ein Brüderchen haben.» An Abtreibung war selbstverständlich nicht zu denken. Zwar müssen die Smiths über Geburtenkontrolle gesprochen haben, und Mr. Smith hatte sich verpflichtet, seiner Frau eine Schwängerung zu ersparen – aber umsonst. «Das ist das Ende aller meiner Hoffnungen, meiner freudigen Erwartungen, meines wiedererwachten jugendlichen Frohsinns. Nun, das ist das Los des Weibes, und ich muß sehen, daß ich mich darein schicke und es geduldig und klaglos ertrage und meine Familie nicht damit belaste. Aber wie schwer das ist!» Ihre Nichte las Ende 1878 voller Faszination diese Zeilen und übertrug sie in ihr Merkbuch. Klagen wie diese, ebenso tapfer wie ohnmächtig, vermochten Carey Thomas nur in ihrem Entschluß zu bestärken, sich ganz auf ihre berufliche Laufbahn zu konzentrieren und niemals zu heiraten – sich, mit einem Wort, niemals der Tortur des Kindergebärens auszusetzen.[20]

Hannah Smith sprach für eine größere Zahl von anständigen Frauen, als sie vielleicht geglaubt hätte. Da war Eleanor Rogers nach ihrer Fehlgeburt und ihrem unerschrockenen Eine-Frau-Kreuzzug gegen die Ehe. Da war Mabel Loomis Todd, die monatelang leugnete, schwanger zu sein. Und da war auch Elizabeth Dwight Cabot aus Massachusetts. Sie hatte 1857 geheiratet und, nach einer Hochzeitsreise nach Europa, ein normales Familienleben zu führen begonnen. Als sie Ende 1858 zum erstenmal schwanger wurde, schrieb sie einen vertraulichen Brief an ihre Schwester, in dem sie über ihren neuen Zustand reflektierte. Sie gestand, daß ihre Moral ausgezeichnet sei, schalt sich aber sogleich selber für ihre «Leichtfertigkeit». Schließlich verlange die Situation, die sich ja auch gefährlich zuspitzen könne, von ihr Ernst und Würde. Und so entschloß sie sich, wenn schon nicht ihre Gefühle, so doch ihr Verhalten den Erwartungen der Gesellschaft anzupassen. «Ich hab mein Testament gemacht und meine paar Habseligkeiten verteilt und will, soweit möglich, nichts unerledigt zurücklassen.»[21] Die Schuldgefühle ob ihrer «Leichtfertigkeit» mobilisierten das Gefühl der Verantwortlichkeit gegenüber einer Welt, aus der sie vielleicht schon bald – allzu bald – abberufen wurde.

Aber nachdem sie getan hatte, was getan werden mußte, fühlte sich Elizabeth Cabot doch zu dem Geständnis genötigt, daß ihre Schwangerschaft sie in Hochstimmung versetze. Und es gab in der Tat gute Gründe – biologische wie kulturelle – dafür, daß die Schwangerschaft ihr, wie Tausenden anderer junger Frauen, tiefe Befriedigung verschaffte. Waren die Mißhelligkeiten der ersten Schwangerschaftsmonate einmal überstanden, sorgten der vermehrte Hormonausstoß und der verbesserte Stoffwechsel normalerweise für ein Gefühl erhöhten Wohlbefindens und besonderer Leistungsfähigkeit. 1823 schrieb George Sand einen Brief an ihre alte Freundin Emilie de Wismes, in dem sie diesen Zustand gesteigerten Glücksgefühls analysierte. Sie hatte einen kleinen Unfall erlitten und mußte Bettruhe halten, aber sie versicherte ihrer Freundin, daß ihre Schmerzen durchaus erträglich seien. «Im Gegenteil, es gibt kein süßeres Leiden als jenes, welches dir anzeigt, daß du in der Hoffnung bist.» Freimütig fügte sie hinzu: «Der Umstand und die Beschwerden, die dir das verursacht, sind allerdings sehr real.» Aber während Ärzte, Pflegerinnen und Apotheker ihr Angst machten, war sie zuversichtlich, daß diese Beschwerden vorübergehen, ihr Glücksgefühl aber bleiben werde. «Ich glaube, die kleinen Liebesbeweise meines Kleinen werden mich alles das bald vergessen lassen. Du kannst Dir nicht vorstellen, welche Wonne es in dieser Wartezeit ist, im Bauch das eigene Kind strampeln zu fühlen!» An den Anfang dieses frohgemuten Berichts über ihre Schwangerschaft hatte George Sand ein – ziemlich lauwarmes – Lob der Ehe gestellt: «Ich will Dir keine Predigt halten, um Dir die Ehe schmackhaft zu machen; darauf wirst Du von selber kommen, wie andere auch darauf gekommen sind. Außerdem ist Deine gegenwärtige Lage so rundum erfreulich, daß ich keinen Grund für Dich sehe, sie so schnell wie möglich ändern zu wollen. Ich will Dich nur über *die mit meinem Zustand verbundenen Schmerzen* beruhigen.»[22] Gewiß gab es noch viele andere Frauen wie George Sand – auch solche, die ängstlicher waren als sie –, für die das «süße Leiden» der Schwangerschaft der Mühe wert war; und als gegen Ende des 19. Jahrhunderts der Schmerz sich verringerte, senkte sich die Waagschale noch mehr zugunsten der Wonne.

Schwangerschaften waren selbstverständlich niemals bloß eine Sache der inneren Säfte gewesen; sie wurden dies auch im 19. Jahrhundert nicht. Soziale Notwendigkeiten, wirtschaftliche Zwänge, Familienstolz erlaubten – und erzwangen – ein nur begrenztes Spektrum zulässiger Gefühle; nur die entschlossensten und unabhängigsten Frauen konnten gegen ihre Schwängerung protestieren. Die Ehemänner wollten einen Erben zeugen und ihre Potenz beweisen; Nachwuchs war nützliches Kapital bei Familienbündnissen. Es war eine von niemandem bezweifelte Wahrheit, daß Fruchtbarkeit Segen war, Unfruchtbarkeit Fluch.

Zudem wurden die vorgeschriebenen Gefühle über Schwangerschaft von sentimentalen oder quasi-theologischen Floskeln gefärbt, die bei Andachten oder Familienfesten und in populären Romanen unermüdlich wiederholt wurden. Es gab viel frömmelndes Gerede über die Heiligkeit des Mutterglücks und über das «Wunder» der Geburt – zumeist aus dem Munde der Männer. In dem kleinen Buch *The Marriage Gift* war es der Presbyterianerpastor James Petrie aus Phillipsburg (New Jersey), der die altbekannte Leier drehte: «Ich spreche nicht von jener Freude, welche hervorgerufen wird durch die Geburt des Erstgeborenen, und auch nicht von den besonderen Gefühlen, die da verbunden sind mit dem Namen ‹Vater› und ‹Mutter›; solches sind Geheimnisse, die allein denjenigen bekannt sind, welche sie erfahren haben. Selbst die Mutter vergißt ihre Qualen schon bald über der Freude, daß ein Mensch hineingeboren ward in diese Welt.» Der Herr hat's gegeben; das sollte genügen, um allen Schmerz zu tilgen.

Selbst Havelock Ellis – nach eigenem Urteil ein ernsthafter, der Wahrheit verpflichteter Erforscher des Geschlechtslebens – vermochte sich diesem Stil nicht ganz zu entziehen. Gegen Ende seines Essays «The Psychic State in Pregnancy» verwies er auf ungelöste Fragen im Umkreis jenes Zustandes, den die medizinische Wissenschaft noch unbeachtet gelassen hatte, und feierte das, was er beharrlich «das Geheimnis der Schwangerschaft» nannte. Bei der Besinnung auf dieses Geheimnis verfiel auch er in jenen frömmelnden Ton, den seine Zeit so schätzte: «Wir erheben uns hiermit in eine Region, wo unser höchster Wissensstolz uns nur zu demütiger Anbetung führt; denn wir gewinnen Einblick in einen Vorgang, bei welchem die Wirkungsweisen der Natur ganz und gar eins werden mit dem göttlichen Amt der Schöpfung.»[24] Wenn selbst ein Havelock Ellis dieserart über die Stränge schlug, war es keinem konventionellen Publizisten oder Prediger zu verdenken, wenn auch er sich zu solch hysterischen Hyperbeln hinreißen ließ.

Was nicht heißen soll, daß das in schwangeren Frauen sich ausbreitende Glücksgefühl nichts anderes gewesen wäre als die gehorsame Reproduktion von herrschenden gesellschaftlichen Mythen. Auch konnte der Wunsch nach einem Kind die erstaunlichsten Frauen überfallen, und im erstaunlichsten Augenblick. Als Rosa Luxemburg, diese kluge Theoretikerin und Aktivistin, im März 1899 ihrem Geliebten Leo Jogiches für ein treffend gewähltes Geburtstagsgeschenk dankte, überließ sie sich zeitweilig dem Traum vom häuslichen Glück. Jogiches hatte ihr die Werke des deutschen Nationalökonomen Karl Johann Rodbertus geschickt, worüber sie sich ungemein gefreut hatte: «... Du kannst Dir vorstellen, wie sehr ich mich über Deine Wahl freue. Rodbertus ist doch mein liebster nationalökonomischer Schriftsteller, und ich kann ihn aus reinem geistigen Vergnügen hundertmal lesen.» Aber Rosa Luxemburg hatte auch eine mütterliche, fast möchte man sagen: bürgerliche Seite. Indem sie ihrer Freude über den langen Brief des «lieben Leo» Ausdruck gab, begann sie, über eine mögliche gemeinsame Häuslichkeit nachzudenken: «... Unsere eigene kleine Wohnung, unsere eigenen Möbelchen, eine eigene Bibliothek, ruhige und regelmäßige Arbeit, gemeinsame Spaziergänge, von Zeit zu Zeit ein Opernbesuch... Und vielleicht noch so ein kleines, ganz kleines Baby? Wird das nie erlaubt sein? Nie?! Liebster, weißt Du, was mir gestern bei einem Spaziergang im Tiergarten einfiel?», fragt sie und beantwortet ihre eigene Frage: «Ein kleines Kind, drei oder vier Jahre alt, in einem schönen Kleidchen, mit blonden Haaren, starrte mich an, und plötzlich fühlte ich einen übermächtigen Drang, es zu rauben und mit ihm nach Hause zu rennen. O Liebster, werde ich nie mein eigenes Baby haben?»[25] Wenn selbst eine so kompromißlose Intellektuelle und engagierte Revolutionärin wie Rosa Luxemburg sich nach einem Baby sehnen konnte, dann hatte die Rede vom «unwiderstehlichen Mutterinstinkt» zumindest einen Anschein von Berechtigung.

Ein Kind bekommen, zumal wenn es das erste ist, heißt, in der emotionalen Entwicklung einen Schritt nach vorne tun. Die Schwangerschaft bewirkt bei der Frau eine weitreichende Umorientierung ihrer Bindung an die Mutter und an den Ehemann, ein Wiederaufleben früherer, lange verdrängter Gefühle in neuem Rahmen und mit neuen Konsequenzen. Die Schwangerschaft ist das, was die Psychoanalyse eine «normale Krise» nennt. Sie führt unter den richtigen Umständen zu einer erhöhten Welt- und Selbst-Beherrschung und – über den Umweg einer zeitweilig erhöhten Abhängigkeit – zur Autonomie des Erwachsenen.[26] Sinn der Schwangerschaft ist die Erfüllung des in der biologischen Ausstattung und den seelischen Möglichkeiten der Frau angelegten Versprechens.

Dieses Versprechen mag jenen Frauen des 19. Jahrhunderts hohl geklungen haben, die zu arm waren, um noch ein weiteres Kind zu nähren und zu kleiden, oder von früheren Geburten zu ausgezehrt, um über neue Ansprüche an ihren Körper beglückt zu sein. Aber für Frauen, die sich den erzwungenen Müßiggang leisten konnten, die sich darauf verließen, von fürsorglichen Ehemännern und emsigen Müttern umsorgt zu werden, und die wußten, daß man ihnen auch nach der Geburt eine Zeitlang Ruhe gönnen würde – für diese Frauen war die Aussicht auf Schwangerschaft etwas Verlockendes. Dagegen stand für die Frau, die guter Hoffnung war, vor allem die durchaus begründete Furcht, ihr Kind zu verlieren, ja womöglich selber zu sterben. Das war ein angsterregendes Bedenken, das wohl erwogen sein wollte; aber im Widerstreit der Gefühle siegte normalerweise die Hoffnung über die Furcht. Und über ihre Geschlechtsbegierde konnten sich weder der Mann noch die Frau ohne weiteres hinwegsetzen.

Bei einer berühmten Gelegenheit – sie ist aus der Geschichte der Psychoanalyse bekannt – ist Schwangerschaft zum Zeichen von Liebe geworden: Es handelt sich um Josef Breuers Fall der Anna O., jener schweren Hysterikerin, die er von 1880 bis 1882 behandelte und die zur Stammutter aller weiteren psychoanalytischen Fälle wurde. Bei Anna O. war diese erotische Bindung einseitig, ein reines Phantasieprodukt; das Zeichen der Liebe war sozusagen gefälscht. Als ihr Vater, den sie hingebungsvoll gepflegt hatte, nach langer Krankheit gestorben war, stellten sich bei der damals 21jährigen Anna O. hysterische Lähmungen ein, sie war unfähig, in ihrer Muttersprache zu sprechen, verlor in bestimmten Teilen des Körpers die Empfindungsfähigkeit und wirkte oft wie delirierend, ja geistig verwirrt. In langen Monaten sorgfältigen Zuhörens und intensiver hypnotischer Sitzungen brachte Breuer seine Patientin dazu, über ihre Symptome zu sprechen, sich deren Ursprung ins Gedächtnis zurückzurufen und ihrer Symbolik nachzuspüren; so gewann er Anna O. allmählich dem normalen Leben zurück. Doch im Verlauf der langen Behandlung bewirkte Breuer unbewußt, daß Anna O. sich in ihn verliebte. Und Breuer seinerseits fühlte sich zu ihr hingezogen, und sei es nur aus Faszination über diese höchst ungewöhnliche Patientin. Diese Faszination entging auch Breuers Ehefrau nicht, die sich ungehalten zeigte. In plötzlicher Erkenntnis der häuslichen Komplikationen brach Breuer die Behandlung abrupt ab und sagte Anna O. Lebewohl. In der folgenden Nacht wurde er an ihr Krankenbett gerufen: Die Besserung in ihrem Zustand war dahin, und sie befand sich mitten in einer hysterischen Geburt. Seit Monaten hatte sie eine imaginäre Schwangerschaft entwickelt, die, als der «Geliebte» sie verließ, zu einer ebenso imaginären Entbindung führte. Für Anna O. war die Schwangerschaft sowohl ein heimlicher Triumph als auch eine verzweifelte Aufforderung.[27] Daß sie ein reines Phantasieprodukt war, unterstreicht nur ihren symbolischen Sinn; es verweist auf die umfassendere Bedeutung jeder Schwangerschaft für die Ökonomie der Liebe.

2. Gewissen und Kontrolle

Die Aussicht auf Mutterschaft glich also weithin dem Himmel über England: mitunter herrlich, mitunter düster drohend, für gewöhnlich beides zugleich und jedenfalls ständig wechselnd. Schwangere Frauen, die nichts anderes als ein Kind zur Welt bringen wollten, waren nicht frei von Besorgnis; aber dieselben schwangeren Frauen erlebten auch Augenblicke voller Tatkraft und Glücksgefühl. Die Gesellschaft vertrat natürlich beredt und hartnäckig die Seite der Mutterschaft. Bis weit in die Regierungszeit Victorias hinein reagierten die meisten bürgerlichen Ehepaare auf häufige Schwangerschaften mit ausgesprochener Passivität; sie nahmen alle Risiken und Gefahren in Kauf, auch wenn diese sich nachweislich erhöhten, sobald die Mutter noch mit Ende 30 oder Anfang 40 Kinder bekam. Nur allmählich überwanden die Menschen diese Passivität. Die Frauen entwickelten Phantasien, in denen sie von zu Hause fortgingen und ihre Männer zur Enthaltsamkeit oder wenigstens zur Erprobung von Möglichkeiten der Empfängnisverhütung zwangen.

Zwar sind die einschlägigen Dokumente von notorischer Dürftigkeit, aber es kam – sehr vereinzelt – doch schon einmal vor, daß bürgerliche Frauen dem Gatten das Schlafzimmer sperrten, daß bürgerliche Männer die Gattin vor unerwünschter Schwangerschaft zu schützen suchten oder daß beide verschämt darüber diskutierten, wie man den Nachwuchs begrenzen könne. Im Laufe des Jahrhunderts wurden solche Diskussionen immer häufiger und weniger verschämt geführt. Rigoristen hielten freilich daran fest, den eigentlichen Seinsgrund der Frau in der Mutterschaft zu sehen. Mindestens bis zur Jahrhundertmitte wollte es dem bürgerlichen Gewissen nur schwer eingehen, daß das ständige Gebären von Kindern vielleicht doch nicht die höchste Pflicht der Frau war. Bevor diese Art der Passivität in Frage gestellt wurde, war für das kulturelle Über-Ich des Bürgertums auch das fromme Sichfügen in die Ratschlüsse der Vorsehung kennzeichnend. Gleichwohl faßte der Bürger – bei aller Schicksalsergebenheit – den Tod eines Kindes oder der Gattin nach wie vor als eine Tragödie auf. Die bürgerliche Fähigkeit zu trauern nutzte sich durch die Häufigkeit ihres Anlasses nicht ab. Und während viele demütig den Namen des Herrn lobten, der es gegeben und der es genommen hatte, begannen einige, sich über das paradoxe Resultat des Geschlechtsbegehrens zu wundern – über dieses Werkzeug des Lebens, das zum Werkzeug des Todes wurde.

Inzwischen half die stoische Haltung des Christentums Tausenden von Familien, den Verlust ihrer Lieben zu ertragen. Die tröstlichen Phantasien, die der Glaube an die Unsterblichkeit und das Vertrauen auf einen wohltätigen Gott erzeugen konnten, sprechen aus zahllosen Briefen des bürgerlichen Jahrhunderts. Im Juli 1849 sandte Mary Ann Gibbs, aus einer wohlhabenden und gebildeten Familie Connecticuts stammend, ihrem Bruder Horatio Van Cleve einen Brief mit bezeichnenden Reflektionen über den Tod ihrer Schwester, der «lieben Maggie». Sie erinnerte sich an das entzückende kleine Mädchen, das sie gewesen war, «von arglosem und gewinnendem Wesen», und an die erwachsene Frau, «liebenswürdig, klug und gottesfürchtig» und doch «an sich arbeitend bis zuletzt». Sie war einen Monat nach der Geburt eines Kindes gestorben, das nur zwei Stunden gelebt hatte; «ein hübsches kleines Baby», zu früh geboren, «überaus klein, aber vollkommen wohlgestaltet», «niedlich und unschuldig». Dieser Verlust «eines herzigen Kindleins» sei es gewesen, der sie «zu ihrem Erlöser geführt» habe; denn seit diesem Verlust habe Margaret «eine neue, starke Hinwendung zum Himmel» gefühlt. Sie sei zu ihrer Schwester auf Besuch gekommen, weil sie gehofft habe, in der gesunden Landluft Stärkung zu finden und «mit Gottes Billigung angenehmen Umgang mit ein paar Freunden hier zu haben». Sie sei aber «außerordentlich schwach» gewesen, obgleich anscheinend nicht unglücklich, und habe die meiste Zeit geschwiegen. «Es war sehr anstrengend für sie selbst und für uns alle, daß sie so selten ihren Gefühlen Ausdruck geben konnte oder uns die unseren ausdrücken ließ.» Doch war sie völlig und sichtbar in Gott vergnügt: «Gelegentlich äußerte sie Freude über ihren Seelenfrieden und Ergebung in die göttlichen Fügungen, was uns in dieser Anfechtung getröstet und gestärkt hat. Sie empfand die Gegenwart ihres Erlösers und daß Gott alle Dinge zum besten gewendet habe.» Doch dann starb sie und überließ es den trauernden Hinterbliebenen, ihrerseits Ergebung in Gottes Willen zu zeigen: «Und nun ist sie von uns gegangen, um allezeit bei jenen zu wohnen, die ihr vorangegangen sind, in der Gegenwart ihres Gottes.»[28]

Es ist dies ein rührendes Zeugnis, und nur ein Positivist würde es für unterwürfig, ja ein wenig masochistisch halten. Es gab viele andere von ähnlicher Art. Anfang Februar 1865 erkrankte Hattie, das dritte Kind von Joseph und Laura Lyman. Am 12. Februar malte sich Joseph Lyman, aus New York an seine Frau schreibend, noch ein idyllisches Bild von seinem Mädchen: «Du hast Hattie gefüttert u. gewickelt, und sie tröstet sich über ihre Baby-Kümmernisse mit dem Schnuller oder durch Schlafen hinweg.» Aber die Baby-Kümmernisse wurden bald sehr schlimm. Zwei Tage später unterrichtete Laura Lyman ihren Mann von Hatties Erkrankung: «Sie lebt noch u. wird sich wohl wieder erholen. Immer wieder glaubte ich, nun habe ihre Seele den Leib verlassen, und unterwarf mich dem Willen Gottes – so schwer es mir auch wurde, meinen kleinen Liebling aufzugeben –. Es mochte das Beste für sie sein, wenn sie jetzt von uns ging, u. gegen den Willen Gottes hätte ich sie nicht halten mögen.» Am nächsten Tag, dem 15. Februar, griff Joseph Lyman in einem Brief an sein «liebes geplagtes Weib» diesen frommen Tonfall auf: «Dein Brief hat mich traurig u. besorgt gestimmt.» Er überlegte, ob er zu ihr kommen solle, verwarf aber den Gedanken: «Inzwischen geht es ihr schon besser oder – *besser*!» Selbst für dieses frohgemute, sinnliche Paar war also das Leben der Seligen im Himmel dem angsterfüllten Dasein auf Erden bei weitem vorzuziehen. Nur wenige Stunden, nachdem Lyman diesen Brief geschrieben hatte, starb das Kind nach stundenlangen Krämpfen. In seinem Merkbuch notierte Joseph Lyman später, nicht ohne Sinn für Ironie: «8 Uhr. Mein kleines Mädchen gestorben. Schrieb gerade etwas für die [New York] Times.»[29]

Am nächsten Tag schrieb Laura Lyman ausführlicher: «Wir dachten, es gehe ihr besser, und ich hielt Wache an ihrem Bettchen und nährte die Flamme ihres kleinen Lebens – aber die Krankheit hatte sie schon zu sehr mitgenommen. ... Vergangene Nacht um halb neun hauchte sie ihren Atem aus.» Und wie um ihre Sorge und unermüdliche Wachsamkeit zu betonen, fügte sie hinzu: «Alles, was ärztliche Kunst, alles, was Krankenpflege vermochten, um ihr Leben zu verlängern, wurde getan – aber ‹berührt vom Finger Gottes, schlief sie ein›.»[30] Dieser freundliche Euphemismus linderte freilich nicht Laura Lymans Schmerz.

Der anschließende Briefwechsel zwischen den Lymans war denn auch ein Ringen mit diesem Ereignis – der Versuch, ihm einen Sinn abzugewinnen und sich darüber zu trösten. Am 17. Februar, dem Tag, an dem Joseph Lyman die traurige Nachricht erhielt, schrieb er an seine Frau: «Philosophie ist gut und schön; das ist der Gang der menschlichen Dinge. Ich müßte nur hinübergehen in die Bibliothek u. die schlimmen Statistiken heraussuchen, die mir beweisen, daß Millionen von Eltern von ähnlichen Schmerzen durchbohrt werden. Homer mag sagen: ‹Ich werde dies tragen, wie ich alles getragen habe, seit die Götter mich mit dem Leben geschlagen haben.› Höhere u. tiefere Tröstungen gibt uns die Religion. Unser Mädchen ist vor uns gegangen; sie ist verwandelt.» Aber auch wenn er es nicht aussprach: weder Religion noch Philosophie rührten an den Kern des Verlustes: «Trotzdem bleibt die traurige Tatsache bestehen, daß unser Kindchen, unser Fleisch und Blut, nun tot u. kalt in der hartgefrorenen Erde liegt, und der Gedanke daran bohrt sich wie ein Messer ins Herz, u. die Seele heult auf in Schmerz und Gram.»[31]

Die beiden kleinen Söhne der Lymans wurden sogleich in die Gemeinsamkeit des Trauerns einbezogen. An «Allie» schrieb Joseph Lyman: «Ich bin sehr traurig, daß Hattie gestorben ist. Aber sie wird ein lichter Engel droben im Himmel sein. Gott hat ihr einen Engel zur Mutter gegeben.» und an «Cha» schrieb er am selben Tag und im selben Stil: «Hattie ist in den Himmel gekommen. Ein Engel hat sie geholt, u. sie wird auch ein Engel werden.»[32] Es dauerte seine Zeit, bis die großen und die kleinen Lymans in ihren Alltag zurückgefunden hatten.

Kinder wurden schon früh in dieser Art von Resignation erzogen. Sie konnten nicht früh genug lernen, daß, wie Alice Belknap im Juni 1884 an ihre Schwester Susan Wright schrieb, «die Wege des Herrn nicht unsere Wege sind». Als M. Carey Thomas acht Jahre alt und noch zu klein war, um selber Tagebuch zu führen, diktierte sie ihrer Mutter einige Gedanken über vorzeitigen Tod – offenkundiges Echo elterlicher Belehrung. Am 5.

März 1865 gab sie zu Protokoll: «Heute morgen habe ich zum erstenmal mein goldiges Brüderchen gesehen.» Aber am 6. September gab es Trauriges zu notieren: «Der kleine Jamie ist gestorben – das süßeste und liebste Baby, das man sich denken konnte.» Am folgenden Tag offenbarte sie ihre wahren Gefühle: «Ich konnte nicht mit ansehen, wie sie meinen Bruder, meinen kleinen Liebling, in den dunklen Sarg sperrten und in der Erde versenkten. Ich hätte am liebsten laut aufgeschrien, als sie es taten, aber ich dachte daran, wie er nun so glücklich ist und daß ich ihn im Himmel wiedersehen werde.»[33]

Der junge Edward Tallmadge Root – in Ohio als Sohn eines protestantischen Geistlichen zur Welt gekommen und später selbst ein hervorragender Prediger – läßt in seinem Tagebuch erkennen, daß die Kinder derartige Lektionen gründlich und gut zu lernen pflegten. Im März 1881, kurz bevor er sechzehn wurde, starb sein jüngerer Bruder Willie. «Morgen früh um sieben», notierte er sich am 18. März, «werde ich (sofern ich es erlebe) 16 Jahre alt. Wie schnell ich zum Mann heranreife! Aber es wird für uns alle ein sehr, sehr trauriger Geburtstag sein; denn die Freude und der Sonnenschein unserer Familie, mein lieber Bruder Willie, ist nun im Himmel; und wir sind so allein.» Willie fehlte ihm schrecklich. «Keine weichen Arme werden sich mehr des Nachts um mich schlingen, keine liebe Stimme mehr flüstern: ‹Erzähl' mir was!› Kein Bruder mehr, der mir zum Geburtstag gratuliert oder uns mit seinen fröhlichen Sprüchen zum Lachen bringt. Ach Willie, Willie: wie soll ich ohne dich leben?» Trotz dieses elegischen Tons war Edward Root kühler Beobachter genug, um den Verlauf der tödlichen Krankheit seines Bruders in allen Einzelheiten festzuhalten. Einige Wochen, nachdem Edward selbst von Scharlach und «Wassersucht» genesen war, «erwischte es Willie. Das war am Freitag. Am Dienstag ergriff es das Gehirn, und drei Tage lang war er nicht bei Sinnen. Er erholte sich schließlich, aber dann zog die Krankheit ins rechte Bein und danach in die Lungen.» Zuletzt war Willie nicht mehr bei Bewußtsein. «Sein Atem war kürzer geworden, als ich ihn das letzte Mal küßte. Er erkannte mich nicht. Seine Augen stierten mich an – Viertel nach 10 schloß er die Augen, drehte den Kopf zur Seite und schlief ein.»

Er mußte seine ganze Frömmigkeit aufbieten, um über das traurige Ereignis hinwegzukommen. «In Jesu Schlaf ist er verschieden», notierte er sich, «dort drüben findet er den Frieden.» Das «zerschmetterte Schifflein» sei «in den Hafen eingelaufen». Die Worte waren geborgt; aber die Gefühle waren echt. In den folgenden Wochen vertraute Edward Root seinem Tagebuch an, wie heftig er um seinen «herzliebsten Bruder» trauerte. Er tröstete sich mit dem Gedanken: «Der Meister hat seiner bedurft und ihn zu sich geholt. O Herr, hilf, daß wir sagen ‹Dein Wille geschehe›!» Es fiel nicht leicht, das zu sagen – selbst dem Sohne eines Geistlichen nicht. «Lieber Willie, deine Lebensreise war kurz und glücklich; wieviel Sorge und Leid ist dir erspart geblieben!»[34] Die jungen Menschen des bürgerlichen Jahrhunderts waren mitunter über ihre Jahre hinaus alt. Sie trugen die schwere Last des Gewissens.

Das vielleicht unerbittlichste Gewissen seiner Zeit besaß William Ewart Gladstone. Auf höchst natürliche Weise war er zu seinem strafsüchtigen, evangelikalen Über-Ich gekommen: durch Identifikation mit seiner stark religiösen, peinlich peniblen Mutter, die das Klima der Familie Gladstone bestimmte, während ihr Gatte seinen kaufmännischen und politischen Geschäften nachging. Mrs. Gladstone – eine unverbesserliche Hypochonderin und Nörglerin – nährte in ihren Kindern, zumal in William, das Bedürfnis nach häufigem Gebet und unablässiger Selbsterniedrigung vor dem Herrn, ein lebendiges Sündenbewußtsein und die Hingabe an das spirituelle Ringen mit Gott als dem Ansporn zu nützlichem, christlichem Wirken im Geist der Nächstenliebe. Für William Gladstone und seine Frau Catherine war Gott lebendigste Gegenwart, und Seine Gnade wie Sein Zorn begleiteten insbesondere Catherine Gladstones häufige Schwangerschaften. Die Gladstones ließen sich von zwei strikten Forderungen leiten – oder besser gesagt: terrorisieren –, die sie an sich selber stellten: gläubige Unterwerfung unter die Ratschlüsse der Vorsehung und unermüdliche Pflichterfüllung in der Arbeit. Der Gott der Gladstones war wie ein strenger, launischer, nicht selten grausamer, aber angebeteter Vater, der nichts Unrechtes tun konnte: Er maß den Menschen Freuden und Leiden, Tod und Leben zu und mußte eifrig für alles gepriesen werden, was Er in Seiner Weisheit beschlossen hatte.

Das erste Kind der Gladstones, Willy, wurde am 3. Juni 1840 geboren, und sein Vater war während der ganzen Geburt zugegen. Als die Wehen seiner Frau heftiger wurden, drängte sich ihm ein Gebet auf: «Gott sei Lob u. Dank für die vielfältige Gnade, die Er ihr erwiesen, und für die Stärke, die Er ihr geschenkt hat.» Der Anblick der gebärenden Frau versetzte ihn in Erstaunen: «Das ist für mich ein neues Bild, eine neue Lehre aus dem Menschenleben. Ich habe C. heute dulden sehen – der Schmerz war geringer, als es sonst beim ersten Kind zu sein pflegt, sagt Dr. Locock, aber er war doch sechsmal stärker, als ich selber jemals auszuhalten hatte.» Natürlich fiel ihm sogleich der unvermeidliche Bibelvers ein: «‹Mit Schmerzen sollst du Kinder gebären› – das ist der besondere Fluch des Weibes, der Ausdruck des Göttlichen Strafgerichts über sie in Adam; aber ‹selig wird sie werden durch Kindergebären› – das ist ihre besondere Verheißung in Christus.» Das Urschauspiel, dem er beiwohnte, gab Gladstone Gelegenheit, über Ursachen und Wirkungen nachzudenken. Wie er grübelnd herausfand, war die Frau in besonderem Maße privilegiert; genoß sie doch «den Segen, daß sie, als Glied Christi, in diesen Schmerzen gewisse, ihr allein vorbehaltene Läuterungsmöglichkeiten erblicken kann, sofern sie diese willig annimmt.»

Endlich, «um 11¼, war alles glücklich überstanden und ein kräftiger Junge geboren. Catherines Erleichterung u. Entzücken waren grenzenlos.» Mit sichtlichem Stolz notierte er, daß sie «ungemein tapfer u. stark» gewesen sei, obwohl die beiden anwesenden Freundinnen und Dr. Locock sie ermutigt hatten, zu schreien. Nicht minder stolz fügte er hinzu, der «erste Wunsch» seiner Frau nach der Entbindung sei gewesen, «ich solle ein Gebet sprechen». Der Tagebucheintrag des folgenden Tages verrät seine ungeheure Erleichterung, enthält aber auch ein aufschlußreiches Geständnis. «Heute ist alles froh u. guter Dinge. Das Kind gesund u. munter, ruhig u. (laut Amme) von heiterem Temperament; Catherine in denkbar bester körperlicher Verfassung: sie geht völlig auf im durchdringenden Gefühl mütterlicher Liebe u. Wonne; es ist unbeschreiblich. – Aber sie gibt zu, daß die Schmerzen grauenhaft waren.»[35] Nun, sie waren grauenhaft gewesen; aber um jenes durchdringenden Gefühls mütterlicher Liebe willen waren sie erträglich, ja geradezu willkommen.

Gladstones Überzeugung, daß das Weib, welches seine Schmerzen bewußt will, in den Augen Gottes ein auserwähltes Geschöpf sei, klingt nach Sophisterei; seine Frau akzeptierte sie jedoch als unwiderlegliche Wahrheit. Ihr Gefühl mütterlicher Pflichterfüllung trat noch stärker bei ihrem zweiten Kind zutage, der gut zwei Jahre später geborenen Agnes. Die Wehen begannen nachmittags um drei, «verstärkten sich bis 6½, kamen dann immer schneller, anderthalb Stunden lang sehr heftig, und um 8 war ein Mädchen geboren. Sie war noch größer als damals Willy.» Catherine ertrug alles mit größter Standhaftigkeit. «Ich bemerkte unwillkürlich, wie ausnehmend schön sie war, während sie diese schwere, aber von Bitterkeit freie Qual durchmachte» – frei von Bitterkeit also gegen ihren Gatten oder gegen die Sexualität überhaupt. «Gleich nach der Geburt war es ihr Wunsch, daß wir gemeinsam dem Herrn unsere Gebete und Danksagungen darbrachten. Nicht nur sind die äußeren Umstände so günstig wie nur irgend möglich; Catherine besitzt auch die höhere Gabe, in dieser Angst und Qual, der Bürde ihres Weibtums, eine Kasteiung zu sehen, um ihrem Herrgott ähnlicher zu werden. So empfand sie auch stark, daß sie reich belohnt worden war; denn sie sagte schon nach einer Stunde, für eine weitere solche Tochter wollte sie gern alles noch einmal durchmachen.» Sie machte wirklich alles wieder durch

– nicht nur einmal, sondern sechsmal, für Söhne und Töchter. Catherine Gladstone trug die Bürde ihres Weibtums mit freudiger Ergebung.

War die Geburt für Gladstone in ehrfürchtiges Geheimnis gehüllt, so forderte der Tod seine ganze kindliche Unterwerfung unter den Willen des himmlischen Vaters. Als seine Schwägerin Lavinia Glynne einen Knaben gebar, nur um ihn noch an seinem ersten Lebenstag wieder zu verlieren, bot Gladstone alle seine christlichen Überzeugungen auf, um diese Tragödie zu verarbeiten: «Der Junge war noch nicht getauft; doch Er, der Mitleid hatte mit Ninive um der mehr als zwölf Myriaden Menschen willen, die nicht zu unterscheiden wußten zwischen rechts und links: Ihm traue ich und bete zu Ihm, daß Er Erbarmen haben wird mit diesem unschuldigen Säugling.» Etwas über zwei Jahre später, als Lavinia Glynne selbst im Kindbett starb, notierte er gewissenhaft die «traurige Mitteilung», die ihre Brüder ihm gemacht hatten, und bemerkte dazu, mit der reinsten Bewunderung, deren er fähig war: «Lavinia war eine einzigartig reine und milde Seele, dabei aber vollkommen gereift: in ihr verband sich das Kindliche mit dem Weiblichen. Nun ist es gut mit ihr: Die Erde hat verloren, das Paradies hat gewonnen.»[37] Dieser Trost besänftigte Gladstone; denn er nahm ihn wörtlich.

Auch als einmal die Zeit kam, da Gladstone den Todeskampf seines eigenen Kindes mitansehen mußte, verließ ihn die fromme Rhetorik nicht; aber seine herzbewegenden Tagebucheinträge zeigen dennoch, daß es ihm immer schwerer wurde, mit der gewohnten milden Ergebung dem Willen Gottes treu zu bleiben. Frömmigkeit kanalisierte zwar die Trauer, aber sie konnte sie weder verringern noch gar ihre Notwendigkeit aufheben. Jessy Gladstone starb, noch nicht einmal fünf Jahre alt, im April 1850 an Meningitis. Das Martyrium des Mädchens dauerte fast zwei Wochen – auf trügerische Perioden der Besserung folgten Zeiten, in denen sie weinend und schreiend im Arm der Eltern lag. Am 31. März, dem Ostersonntag, hatte «Jessy gottlob eine bessere Nacht, dank C.s liebevoller, unermüdlicher Pflege». Auch am nächsten Tag ging es ihr besser. Am 2. April aber erschien es denkbar, daß sie sterben würde: «Und nun, o Vater: sind wir bereit, sie Dir zu übergeben? O, wieviel besser wird sie es dort haben als in dieser traurigen, bösen Welt. Sein Wille geschehe. Meine Catherine trägt es mit bewunderungswürdiger Fassung.» Von der Standhaftigkeit seiner Frau ließ Gladstone sich tragen. Am 3. April glaubte Dr. Locock, eine entscheidende Besserung konstatieren zu können. «Fassen wir unsere Seelen, mit der Gnade Gottes, in Geduld», notierte sich Gladstone, «bis Er Seinen Willen kundtut.» Am 8. April war jede Hoffnung dahin: «Als es gegen Abend ging, wurden alle Symptome schlimmer, und unsere Herzen wiederum schwer; doch niemand von uns ist, denke ich, von so blinder Selbstsucht erfüllt, daß er murrt, wenn der Herrgott eines unserer Kinder zu Sich emporheben will.» In den frühen Morgenstunden des 9. April ging es zu Ende: «Es ist vorüber, und alles ist gut. Das gesegnete Kind ward um zwei Uhr morgens abberufen und von seinem Erlöser gnädig heimgeholt in die Herde Seines Friedens.»

Gladstone beschloß, Jessy in seinem Tagebuch nicht mehr zu erwähnen; statt dessen wollte er «einige Erinnerungen aus ihrem kurzen Leben» sammeln. Das tat er auch; und doch – trotz seiner heroischen Anstrengung, sich selbst zu bezwingen – kündet sein Tagebuch auch weiter von dem Verlust, den Jessys Eltern erlitten hatten. Catherine Gladstone wachte nachts weinend auf und küßte zum letzten Mal «die erkalteten Züge unserer Jenny»; William Gladstone mußte drei Tage später, in selbstgewählter Einsamkeit, an sie denken: «Es war, als ob sie mir dauernd zuwinkte u. zu mir sagte ‹Komm, Papa, komm!›» Er konnte und wollte sie nicht vergessen. «Nachmitt. Blumen für Jessys Grab, das ich täglich besuche», lesen wir am 17. September, mehr als fünf Monate nach dem Tod des Mädchens.[38] Bei solchen tragischen Versuchungen fiel es selbst einem beschlagenen Christen wie Gladstone nicht leicht, jenen Gehorsam aufzubringen, den sein Glaube erheischte. Er wußte noch die rechten Worte zu sagen – die rechten Gefühle waren ihm fast abhanden gekommen.

Es hatte denn auch, drei Jahre zuvor, einen Augenblick gegeben, da Gladstone an die Grenzen seiner Glaubenskraft gelangt war. Im September 1847 war seine Tochter Agnes an Erysipel erkrankt. Innige Gebete bedeckten die Seiten seines Tagebuches; auch suchte er sich mit seiner gewohnten Ergebung, seiner gewohnten Philosophie zu wappnen. Die Krankheit hatte schon seine Mutter dahingerafft und bedrohte nun auch das Leben seines Kindes. Aber: «Wir fürchten nicht für sie. Sie erstrahlt in der Glorie einer christlichen Kindheit», womit er meinte, daß Agnes ein braves kleines Mädchen war; sie war «niemals auch nur eine halbe Minute lang ungezogen» gewesen. Dann aber brach es aus Gladstone heraus: «Ihre liebe, reine, sanfte Seele kennt gleichsam keinen anderen Wunsch, als bei ihrem Herrn zu sein; aber wir wollen das Lamm noch nicht in die Arme seines Hirten legen, auf daß sie zu einer größeren Fülle ihrer Gottesebenbildlichkeit erwachse.» Er tadelte sich selbst für diesen ernsten Wunsch. «Mein Herz ist verstockt u. ruhelos u. will mein Kind nicht hergeben, und es begehrt auf, auch wenn ich mit aller Inbrunst sage ‹Dein Wille geschehe, wie im Himmel, also auch auf Erden›. Es ist leicht gesagt: möge sie allezeit zum Ruhme Gottes leben –, aber es ist nicht so leicht, nur Ihn allein zum Richter zu machen über das, was Seinem

Ruhme dient.» Die Familie sprach Gebete und sang Kirchenlieder; der kleine Willy Gladstone, damals sieben Jahre alt, steuerte Gebete bei, die er sich selbst ausgedacht hatte. Catherine Gladstone, meinte ihr Gatte, sei «beherzter» als er selbst: «Alle sind gefaßt, nur ich nicht. Geredet und gegrübelt habe ich über die Vereinigung unseres Willens mit Gott; aber erreicht habe ich sie nicht.» Aber es gab noch die Bibel, um ihn zu trösten, zu erquicken und zu stärken: «Aus dem Schatz Seines heiligen Wortes kommt mir dennoch die Hilfe.»

Als die kleine Agnes allmählich genas – friedlich schlummernd unter dem wachsamen Blick ihrer Eltern –, konnte Gladstone ihre Gesundung nur als Zeichen göttlicher Gnade deuten. Doch seine fromme Dankbarkeit vermochte nicht, den schwelenden Konflikt zu verdecken; Gladstone schalt sich selbst für den ununterdrückbaren Wunsch, seine Tochter leben zu sehen und damit Gott die letzte Verfügungsgewalt über ihr Leben zu entwinden: «Er schlägt nicht mit Mutwillen die Menschenkinder und hat nicht Lust an ihrem Jammer», schrieb Gladstone. «Und durchs Meer geht sein Weg, u. sein Pfad durch große Gewässer, u. seine Fußtritte erkennt man nicht. Und Er wird uns wieder trösten für die Tage, in denen er uns heimgesucht hat, und für die Jahre, in denen wir Feindschaft litten. Und sein Mahl ist bereitet: aber manche Speise ist bitter.»[39] Gladstone konnte es sich kaum verzeihen, daß er einige der Lebensspeisen auch ohne göttliche Erlaubnis zu versüßen suchte.

Ein mögliches Rezept wäre natürlich die Empfängnisverhütung gewesen, die Gladstone und seiner Frau viel Herzeleid erspart hätte. Doch war es ein Rezept, gegen das Gladstone sich hartnäckig sperrte. Er mochte nicht einmal darüber reden. 1873, als seine Frau längst über das gebärfähige Alter hinaus war, fand unter allgemeiner Anteilnahme eine Gedenkfeier für den jüngst verstorbenen John Stuart Mill statt. Aber in die Anteilnahme mischte sich auch Ablehnung – als junger Mann war Mill ein energischer Befürworter der Geburtenkontrolle gewesen. Gladstone hegte zwar Sympathien für Mills Liberalismus, empfand jedoch die ganze Angelegenheit als «schmerzliche Kontroverse» – im Klartext also als Verlegenheit, über die am besten nicht gesprochen wurde.[40] Doch war es schon zu spät: jedermann sprach darüber. Freilich waren sich viele Bürger, die diese provozierende Frage diskutierten, über ihre Loyalitätspflichten – gegen sich selbst, ihre Familie, ihr Vaterland und ihren Gott – in keiner Weise im klaren. Für Familien, die sich an der Bibel zu orientieren pflegten, für Familien, die auf ihren Priester oder Pastor hörten, warf die Frage der Empfängnisverhütung keinerlei Schwierigkeiten auf – höchstens physische und psychologische: Gottes Gebot, der Leidenschaft der Wollust allein zu Fortpflanzungszwecken zu frönen, war unmißverständlich. Doch hatte diese Leidenschaft die Eigenart, ihre Befriedigung auch dann zu fordern, wenn sie nicht im Dienste der Mehrung des Menschengeschlechtes stand. Um die Jahrhundertmitte wurde in Rom manch unfrommes Verhalten der Frommen ruchbar: Jean-Baptiste Bouvier, der Bischof von Le Mans, berichtete 1849 Papst Pius IX.: «Praktisch alle jungen Paare wünschen keinen zahlreichen Nachwuchs mehr und vermögen es dennoch nicht, sich des ehelichen Aktes in Zucht und Sitte zu enthalten.» Vom Beichtvater befragt, «auf welche Art sie von den ehelichen Rechten Gebrauch machen», sind die Paare sichtlich schockiert, doch auch Verwarnungen fruchten nichts: «Weder enthalten sie sich des ehelichen Aktes, noch sind sie zur unbegrenzten Vermehrung der menschlichen Art zu bewegen.» Die Folgen sind erschreckend. «Von Groll gegen ihren Beichtvater erfüllt, verzichten sie auf das Sakrament der Buße und der Eucharistie und geben ihren Kindern, ihren Dienstboten und anderen christlichen Gläubigen ein schlechtes Beispiel.»[41] Kurzum, vor die Wahl gestellt, fromme Gottergebenheit oder Geburtenkontrolle zu üben, entschieden sich französische Katholiken, unter ihnen manches nüchterne bürgerliche Paar, immer häufiger für die Geburtenkontrolle.

Genauso hielten es allem Anschein nach amerikanische Protestanten. Um die Mitte des Jahrhunderts – zu eben der Zeit, da der Bischof von Le Mans das Umsichgreifen der Geburtenkontrolle in Frankreich beklagte – wurde es in den USA nachgerade modern, zum drastischen und gefährlichen Mittel der Abtreibung zu greifen, wenn die Empfängnisverhütung versagt hatte. Die hohe Zahl der Abtreibungen läßt auf eine noch höhere Zahl von versuchter Empfängnisverhütung schließen; denn viele, die bereit waren, Kondom oder Scheidenschwamm zu benutzen, waren nicht bereit, eine Abtreibung vornehmen zu lassen. Eine Reihe von Untersuchungen in den USA ergaben übereinstimmend, daß die Amerikanerinnen zum Mittel der Abtreibung nicht nur griffen, um die ungewollten Folgen eines Seitensprungs zu beseitigen, sondern auch, um die Größe ihrer Familie zu begrenzen. «Heute haben wir Frauen», entrüstete sich die «Medical Society» von Buffalo 1859, «jawohl, *gebildete und kultivierte Frauen*», die abtreiben ließen. 1872 kam ein Sonderausschuß der New York «Medico-Legal Society» zu dem Ergebnis, daß Abtreibungen vor allem von den Begüterten, «den sog. besseren Kreisen», vorgenommen würden. Die meisten der einschlägigen, in Fachzeitschriften veröffentlichten Fallgeschichten stammten von Ärzten oder Publizisten, die ihr Tun eher mit Beunruhigung als mit Stolz erfüllte. Doch 1889 sang ein Verfechter des legalisierten Schwangerschaftsabbruchs im *Medico-Legal Journal* das Loblied «der gebildeten, kultivierten Frauen dieses

Landes», die die Abtreibungsrate der USA in nie gekannte Höhen getrieben hätten.[42] Der Bostoner Arzt H.S. Pomeroy, ein vernünftiger und nicht unzugänglicher Mann, brachte die Sache 1888 auf folgenden Nenner: «Man darf nicht glauben, daß der Arzt die meisten Probleme mit jenen hätte, die den unteren Volksschichten angehören. Sie machen in dieser Hinsicht verhältnismäßig wenig Schwierigkeiten. Sie treten selten an den anständigen Arzt heran, und wenn sie es tun, sind sie leicht abzufertigen» – eine recht wegwerfende Art, die sexuellen Realitäten der damaligen Klassengesellschaft zu beschreiben. «Die eigentlichen Schwierigkeiten gehen von den sogenannten besseren Leuten aus, ja sogar von den Führern gesellschaftlicher und religiöser Bewegungen. Man weiß nie, wann diese Leute einen von uns – als ihren Hausarzt – beschwören, das zu tun, was vor dem Gesetz Gottes und der Menschen eine Sünde ist; und gesellen sich zu diesem inständigen Flehen noch die Tränen und Bitten einer charmanten Frau, so wird die Situation in höchstem Maße peinlich und unerfreulich.»[43]

Weder in Amerika noch anderswo war die Abtreibung ein Vorrecht der Mittelschicht; doch trieb die einschlägige, restriktive Gesetzgebung der 1860er Jahre den Preis für Abtreibungen in die Höhe, so daß sie zunehmend eine Domäne der Begüterten und Unbekümmerten wurden. Immer mehr bürgerliche Frauen nahmen ihr Schicksal in die eigene Hand. Trotzdem gab es überall in der westlichen Welt nach wie vor viele Familien – und nicht nur christliche –, die ihrer gottgewollten Pflicht genügten. Hatten um die Jahrhundertmitte die Gladstones acht Kinder in vierzehn Jahren in die Welt gesetzt, so brachten es vier Jahrzehnte später die Freuds auf sechs Kinder in acht Jahren. Freilich war zu diesem Zeitpunkt eine so große Kinderschar schon nicht mehr typisch für die gebildeten Mittelschichten. 1898 spricht Freud von den «malthusianischen Tendenzen, die Anzahl der Konzeptionen in der Ehe einzuschränken», und hat keinen Zweifel daran, «daß diese Vorsätze in unserem Mittelstande immer mehr an Ausbreitung gewinnen».[44] In dem großen Ringen zwischen Gewissen und Kontrolle trug die Kontrolle den Sieg davon und bereitete die Bahn für den Triumph des säkularen Willens über die religiöse Ergebung in Gottes Willen – zumal nach den 1860er und 1870er Jahren, als die Verhütungsmittel und -techniken zuverlässiger und billiger wurden und immer weniger Anstoß erregten.

3. Der Kampf um Malthus

Der Wandel in den Emotionen, die das Reizwort «Malthus» auslöste, ist eine aufschlußreiche Episode in der Geschichte des bürgerlichen Zeitalters. Malthus' glänzend und suggestiv geschriebener *Essay on the Principle of Population* [«Versuch über das Bevölkerungsgesetz»] erging sich in düsteren Prophezeiungen über die Zukunft der Menschheit, da die Produktion von Nahrungsmitteln nicht Schritt würde halten können mit dem Bevölkerungswachstum. Das Buch, 1798 erschienen und des öfteren überarbeitet und erweitert, gab den ersten Anstoß zur modernen Diskussion über Bevölkerungstheorie und damit über Geburtenkontrolle. Es ließ nur zwei Möglichkeiten zu, das Bevölkerungswachstum zu bremsen: durch positive Hemmungen, wie etwa Hungersnöte und Kriege, oder aber durch vorbeugende Hemmungen, wie etwa Abtreibung oder Säuglingsmord. In der zweiten Auflage seiner umstrittenen Attacke gegen das, was ihm als flacher Aufklärungsoptimismus erschienen war, nannte Malthus noch eine dritte, kaum weniger unbefriedigende Methode der Bevölkerungsregulierung: die «moralische Hemmung». Andere Methoden der Geburtenkontrolle verwarf Malthus als «unmoralisch». Immerhin gestattete die an sich unerquickliche und undurchführbare «moralische Hemmung» doch ein Mindestmaß an menschlicher Einwirkung auf naturgesetzliche Prozesse. Die Apologeten der Geburtenkontrolle, die seit den 1870er Jahren, ungeachtet der ablehnenden öffentlichen Meinung, überall in Europa «Malthusian Leagues» zu gründen begannen, modifizierten die Lehren ihres Meisters zu einem in sich stimmigen, sehr einfachen System der Familienplanung. Sie empfahlen die Frühehe und rieten zu Methoden der Geburtenkontrolle, die weniger frustrierend waren als die völlige Enthaltsamkeit. Die 1877 gegründete «Malthusian League of London» ermahnte in einer ihrer Broschüren die Leser: «Es liegt bei Euch, die Grenze für die Zahl der Kinder zu bestimmen, für deren Aufzucht ihr Euch vernünftiger- und redlicherweise verbürgen könnt.»[45] Auch die Schlagworte, die von Verfechterinnen der Geburtenkontrolle wie Annie Besant oder Margaret Sanger für die Sache geprägt wurden, bringen die erfreuliche Hoffnung zum Ausdruck, dem von der Biologie geforderten Tribut durch rationale, gewollte Planung zu begegnen. Von «*gewollter* Beschränkung der Kinderzahl» ist da die Rede und von «*freiwilliger* Mutterschaft», von «Geburten*kontrolle*«, «Familien*planung*» und «*willkürlicher Geburtenbeschränkung*», aber auch drastisch vom «*grêves des ventres*».[46]

Als die neo-malthusianische Propagandistin Marie Huot 1892 in Paris zu diesem «Streik der Bäuche» aufrief, standen moderne Techniken der Geburtenkontrolle bereits seit nahezu einem halben Jahrhundert zur Verfügung. 1839 gelang Charles Goodyear die Vulkanisation von Kautschuk, und 1844 erhielt er sein erstes Patent für eine Erfindung, die früheren, weniger glücklichen Tüftlern entgangen war. Das sind einschneidende Daten im Kalender der modernen Sexualität. 1850 hatten Goodyear und mit ihm rivalisierende Erfinder die ursprünglichen Verfahrensweisen soweit verbessert, daß ziemlich zuverlässige Kondome und Pessare in der ganzen westlichen Welt vertrieben werden konnten. Das Zeitalter des Gewissens sah sich allmählich konfrontiert mit dem Zeitalter der Kontrolle.

Bedenkt man den Widerstand gegen die Geburtenkontrolle, so siegte sie am Ende mit eindrucksvoller Schnelligkeit. Ihre Gegner griffen wahllos zu religiösen, soziologischen, politischen, biologischen und strategischen Argumenten, sie blieben hartnäckig und zäh und wurden um die Jahrhundertwende rabiater denn je zuvor. Doch mußten sie letztlich vor der plausiblen, unleugbaren Feststellung kapitulieren, daß die Beschränkung der Familiengröße in der Tat unschätzbare Vorteile bot – und zwar sowohl für die Eltern als auch für die gewollten Kinder. Der uralte Traum von der rational geplanten Häuslichkeit stand endlich vor seiner Verwirklichung.

Freilich nicht ohne Bedenklichkeiten, Ungewißheiten, Umwege. 1837 schrieb Catharine Beecher über ihre jüngere Schwester Harriet Beecher Stowe, Mutter zweier Kinder und schwanger mit dem dritten, das «arme Ding» halte sich «prachtvoll». Doch wunderte sie sich über die kühle Prognose der Schwester, weitere Kinder werde sie nicht bekommen. «*Sie weiß es einfach*. Wie sie es herausgefunden hat, entzieht sich meiner Kenntnis, aber sie ist sich ihrer Sache ziemlich sicher.»[47] Diese Sicherheit war, wie viele Ehepaare erfahren mußten, häufig trügerisch. Dickens berichtet von einem solchen Fall in der kurzen Familiengeschichte, die Eugene Wrayburn in *Our Mutual Friend* vor seinem Freund Mortimer Lightwood abhaspelt: Er hatte zwei ältere Brüder gehabt, beide mehr oder weniger erwartet und willkommen. Aber dann «erschien mein dritter Bruder – viel früher, als er es mit meiner Mutter ausgemacht hatte».[48] Und manche der neumodischen Hilfsmittel, die größere Zuverlässigkeit versprachen, waren vielen ein Greuel. Mary Hallock Foote berichtete in einem Brief aus San Francisco an ihre Freundin Helena Gilder von einer «sicheren Methode zur Begrenzung der Kinderzahl», von der sie durch eine lokale Schönheit erfahren habe. Sie fand es «heikel, darüber in einem Brief zu reden», und die Sache kam ihr «scheußlich» vor; aber, meinte sie philosophisch: «Alle Methoden sind scheußlich –

bis auf die eine, auf die man sich anscheinend nicht verlassen kann.» Mary Foote sprach «von einer Art Überzug», den man «bei manchen Drogisten» bekomme. Diese Dinger würden weder dem Mann noch der Frau schaden; «man nennt sie ‹cundums›, und sie sind entweder aus Gummi oder aus Leder».[49]

Diese verschämte Vertraulichkeit war besser als gar nichts. Aber sie verriet – und perpetuierte – eine gewisse Halbbildung in Sachen Sexualität, eine geheimnisträchtige Atmosphäre, die selbst die unerschrockensten Reformer nicht beseitigen konnten. Im Juli 1884 berichtete Alice Belknap ihrer ältesten Schwester Susan Wright, daß sie soeben eine Fehlgeburt gehabt habe – schlimmer als die vorangegangene. Ihr Arzt hatte deshalb darauf bestanden, daß sie «ein Jahr lang nicht wieder in diesen Zustand geraten» dürfe. «Sobald ich wieder gesund bin, will er mir Tips geben. Möchtest Du sie wissen?» Daß sie noch «Tips» brauchte, um ohne Verzicht auf den Geschlechtsverkehr eine unerwünschte Schwangerschaft zu verhüten, zeugt von ihrer sexuellen Unbedarftheit – im Jahre 1884. Und wie ihre teilnahmsvolle Anfrage erkennen läßt, muß sie Grund zu der Vermutung gehabt haben, daß ihre Schwester, Frau eines Chemieprofessors an der Yale University, in Sachen Empfängnisverhütung möglicherweise genauso unbedarft war wie sie selbst.[50] Doch war Alice Belknap kaum der Inbegriff der «affektierten viktorianischen Lady»; immerhin erklärte ihr Arzt sich bereit, sie in Techniken der Geburtenkontrolle einzuweihen, und sie selbst war nicht nur an diesen Kenntnissen interessiert, sondern auch gewillt, sie an ihre Schwester weiterzugeben.

Es gibt jedoch – versteckt in Tagebüchern und Bevölkerungsstatistiken – mancherlei Anhaltspunkte dafür, daß gewiß um 1885, wahrscheinlich aber schon einige Jahrzehnte früher die meisten bürgerlichen Paare die eine oder andere Form der Empfängnisverhütung kannten und z. T. auch praktizierten. Erwachsene Menschen in der westlichen Welt, die eheliche Strategien offen erörtern und sich kostspielige Techniken leisten konnten, bekamen, was sie brauchten, wenn sie es brauchten. Lester Ward und seine Frau Lizzie experimentierten mit einer Vielfalt von Methoden der Geburtenkontrolle; unter den 45 Frauen, die Clelia Duel Mosher um 1890 befragte, bekannten nicht weniger als 37, die eine oder andere Form der Geburtenkontrolle zu praktizieren, u. a. *coitus interruptus*, den Schwamm und das «cundum». Und David Todd überlegte und rechnete mit seiner Frau hin und her, wie man sie vor einer neuen Schwangerschaft bewahren könne. Am 11. November 1881, einen Tag nach ihrem fünfundzwanzigsten Geburtstag, erklärt Mabel Todd in ihrem Tagebuch: «Ich will *auf keinen Fall* ein weiteres Kind [nach Millicent], solange

David nicht mindestens drei- bis viertausend Dollar verdient.» Für viele Menschen hingen jetzt wirtschaftliche Fragen und Sexualität eng miteinander zusammen. Genau zwei Jahre später notiert sich Mabel Todd einigermaßen verdrossen, daß sie möglicherweise schwanger ist. «David u. ich warten u. warten. Ich fürchte, es war keine Absicht.»[51] Sie versprach, sich nicht zu beklagen, falls sie wieder ein Kind bekommen sollte, doch wurde dieser gute Vorsatz nicht ernstlich auf die Probe gestellt: das Ausbleiben ihrer Monatsblutung hatte eine andere, weniger folgenschwere Ursache.

Frankreich galt allgemein als das erste Land, in dem die Praxis der Geburtenkontrolle in den besseren Kreisen akzeptiert wurde, obgleich praktisch alle namhaften französischen Verfechter der Familienplanung ihre Streitschriften in England und den USA herausbrachten. Nach der zeitgenössischen Literatur zu urteilen, praktizierten die Franzosen Geburtenkontrolle, ohne darüber zu schreiben; Engländer und Amerikaner schrieben darüber, ohne sie zu praktizieren. In den letzten Jahrzehnten des 19. Jahrhunderts glich sich diese Anomalie aus: Großbritannien und die USA zogen, was den Rückgang der Geburtenrate zumindest bei der Mittelschicht betraf, mit Frankreich nahezu gleich. Die Propagandisten leisteten ganze Arbeit bei jenen, die nach Informationen über die Geburtenkontrolle verlangten. Und die Behörden – Hüter der Ordnung, der Enthaltsamkeit und der Großfamilie – arbeiteten unbewußt dem Feind in die Hände, indem sie die Verfechter der Geburtenkontrolle vor Gericht stellten und ihnen dadurch die Aufmerksamkeit eines Publikums verschafften, das bis dahin von ihren subversiven Lehren weithin unberührt geblieben war.

Die bei weitem berühmteste amtliche Fehlleistung dieser Art war der Bradlaugh-Besant-Prozeß. Charles Bradlaugh und Annie Besant wurden vor Gericht gestellt, weil sie den damals bereits 45 Jahre alten Traktat *Fruits of Philosophy* von Charles Knowlton neu verlegt und der Öffentlichkeit zugänglich gemacht hatten. Die Presse – gleichgültig, ob sie der Sache der Empfängnisverhütung wohlwollend oder ablehnend gegenüberstand – stürzte sich auf diesen Prozeß und trug damit dazu bei, den bis dahin eher tröpfelnden Verkauf besagter Schrift lawinenartig anschwellen zu lassen: «Aus einigen hundert Käufern im Laufe vieler Jahre», bemerkte säuerlich die Londoner *Daily News* im Juni 1877, «sind mehr als hunderttausend Käufer binnen weniger Wochen geworden.»[52] Das war nicht übertrieben: In den drei Jahren, die das Verfahren dauerte, hatten Bradlaugh und Besant an die 200000 Exemplare ihrer Neuauflage von Knowltons Broschüre abgesetzt, und jedes Exemplar konnte natürlich auf mehr als einen Leser rechnen. Diese kostenlose und unbezahlbare

Reklame für ein Handbuch der Geburtenkontrolle war eine so unglaubliche Torheit, daß man versucht ist, an – unabsichtliche – Absicht zu glauben: an einen unbewußten und doch irgendwie gewollten Akt der Selbstsabotage.

Das Hauptargument, das sich wie ein roter Faden durch Knowltons Broschüre, ja durch die ganze einschlägige Literatur hindurchzog, lautete, daß große Familien die Gefahr von bitterer Not und Armut heraufbeschwören. Aus utilitaristischen Gründen hatte Jeremey Bentham bereits 1797, vorsichtig verklausuliert, den Gebrauch des Scheidenschwammes empfohlen, um die Armen Englands zu entlasten. Und die zur Empfängnisverhütung aufrufenden Flugblätter, die Francis Place, der Schneidermeister, Autodidakt und politische Reformer, 1823 in London verteilte, sprachen von der «großen Zahl der Kinder» als einer «nie versagenden Quelle des Verdrusses und der Verlegenheit». An die Adresse der unteren Volksschichten gewandt, erinnerte Place daran, daß eine zu große Anzahl von Arbeitern nur den Effekt habe, die Löhne zu drücken, und daß bei verringertem Lohn «der Arbeiter seine Kinder nicht mehr so versorgen kann, wie alle guten und anständigen Menschen ihre Kinder versorgen möchten». Eine andere Schrift, die Place an *The Married of Both Sexes in Genteel Life* [«Die Verheirateten beiderlei Geschlechts in der vornehmen Gesellschaft»] richtete, verkündete dieselbe Botschaft: «In den mittleren Ständen unternimmt man ständig die ehrbarsten und rühmlichsten Versuche, das Ansehen der Familie zu erhalten; doch ein ständiges Anwachsen der Kinderzahl macht langsam, aber sicher jeden Versuch zunichte, den Niedergang zu verhüten, es lähmt jede Anstrengung, indem es sie hoffnungslos macht, und die Familie versinkt in Armut und Verzweiflung.»[53] Places radikaler Gesinnungsgenosse Richard Carlile übernahm derlei Überlegungen in seiner Zeitschrift *The Republican.*

Eine Wendung ins Dramatische erfuhr diese Argumentation einige Jahre später in Robert Dale Owens berühmtem Traktat *Moral Physiology.* Owen war ein malthusianischer Revisionist: Er teilte zwar den Pessimismus des Meisters im Hinblick auf die drohende Überbevölkerung, lehnte aber seine Gegenmaßnahmen als ungeeignet ab: «Die Bevölkerung *muß* – ungehemmt – über die Möglichkeiten der Erde und ihrer Erzeugnisse hinaus anwachsen. Gegenwärtig wird sie allein durch Laster und Elend gehemmt. Das einzige Hilfsmittel, das die Orthodoxie dem englischen Klerus vorzuschlagen gestattet, ist die Spätehe.» Doch stimmen nach Owen «die aufgeklärtesten Beobachter des Menschengeschlechts darin überein, daß nichts so positiv und unmittelbar zur Demoralisierung eines Volkes beiträgt, als wenn seine Jugend bis zu einem sehr fortgeschrittenen Alter davon Abstand nimmt, uneigennützige Beziehungen zum anderen Geschlechte zu pflegen. Die erschreckende Zunahme der Prostitution, die Zerstörung der Gesundheit, die Zerrüttung des moralischen Empfindens sind, für die breite Masse, die *sichere* Folge.» So kam Owen zu dem Schluß: *«Sofern nicht eine weniger asketische und praktikablere Art von ‹moralischer Hemmung› gefunden wird,* werden Laster und Elend *letzten Endes* das unausweichliche Los des Menschen auf Erden sein.» Diese düstere Aussicht blieb für die Verfechter der Geburtenkontrolle das Leitmotiv während des ganzen bürgerlichen Jahrhunderts und darüber hinaus. Zu dem Zeitpunkt, da die «Malthusian League» ihr *Malthusian Handbook* herausgab, hatte das Motto auf der Titelseite – «Ehepaare dazu zu bringen, ihre Familien im Rahmen des ihnen Möglichen zu halten»[54] – keinerlei Neuigkeitswert mehr.

Die Gründe, weshalb im letzten Viertel des 19. Jahrhunderts die Mittelschichten die Empfängnisverhütung entdeckten, sind nicht schwer zu finden und wurden schon damals sorgfältig untersucht. Der sich ausbreitende Wohlstand in den Mittelschichten ließ die Kleinfamilie als besonders attraktiv erscheinen; sie versprach bessere Schulbildung für die Kinder, bessere Kleidung und Wohnung, bessere berufliche und wirtschaftliche Aufstiegschancen. Den unteren Mittelschichten mußte Familienplanung nachgerade als unumgängliche Notwendigkeit erscheinen; jedes zusätzliche Kind bedeutete eine spürbare Verringerung des Lebensstandards. Der schwindende Einfluß der Religion, auch auf gläubige Menschen, entlastete teilweise von Schuldgefühlen im Zusammenhang mit der Verhütung einer Empfängnis oder – äußerstenfalls – einer Geburt. Die Verbreitung von Informationen über Geburtenkontrolle und deren laufend verbesserte Techniken ließ vielen Menschen diesen Weg zunächst als denkbar, dann als verlockend, endlich aber als unwiderstehlich erscheinen. Und das immer größer werdende Angebot an Methoden erlaubte es auch dem anspruchsvollsten Paar, diejenige Technik zu wählen, die ihm unter ästhetischen, medizinischen und sogar athletischen Gesichtspunkten am meisten zusagte.

Kautschukprodukte wie Kondom oder Diaphragma – für die ebenso intensiv Reklame gemacht wurde, wie sie bekämpft wurden – waren nur die spektakulärsten der modernen Hilfsmittel gegen die Fruchtbarkeit und schlugen nach und nach andere, altehrwürdige Methoden aus dem Felde. Francis Place hatte zum Schwamm und, ersatzweise, zum *coitus interruptus* geraten, wobei er den Schwamm entschieden bevorzugte, «da diese Methode allein vom Weibe abhängt».[55] Dagegen trat Robert Dale Owen in seiner *Moral Physiology* allein für den *coitus interruptus* ein. Damit stand er in einer langen Tradition. Diese Technik bedurfte keiner

Hilfsmittel, keiner Medizin, keines Eingreifens von außen und keiner besonderen Unterweisung und war daher im 19. Jahrhundert – wie in zahllosen Jahrhunderten zuvor – die beliebteste Methode der Empfängnisverhütung. «Von den Methoden der Konzeptionsverhütung, die in verschiedenen Ländern noch im Schwange sind», schreibt Owen, «besteht diejenige, welche von den gebildeten Schichten des europäischen Kontinents – von den Franzosen, den Italienern und meines Wissens auch von den Deutschen und den Spaniern – übernommen worden ist und heute allgemein praktiziert wird, im vollständigen Rückzug des Mannes unmittelbar vor der Emission.» Owen war überzeugt, daß diese Methode fehlerlos sei; «sie ist unter allen Umständen wirksam».[56]

Aber Owen irrte. Medizinische Erhebungen, vereinzelte private Anspielungen und der intensive Feldzug der römisch-katholischen Kirche gegen das, was ihre Moraltheologen «eheliche Onanie» zu nennen liebten, beweisen zwar die ungebrochene Beliebtheit des *coitus interruptus*. Aber seine bleibende Anziehungskraft verdankte er eher eingeschliffenen Gewohnheiten und Vorlieben als seiner erwiesenen Zuverlässigkeit; seine Wirksamkeit war vielmehr sehr begrenzt und lag noch unter derjenigen der Rhythmusmethode. Sie erforderte bestimmte physiologische Kenntnisse, eine gewisse Kooperation und vor allem – justament in dem Augenblick, da Rationalität am wenigsten gefragt war – eine Selbstbeherrschung und Selbstkontrolle, zu der nur wenige Männer fähig waren. Alles, was man realistischerweise für diese Methode vorbringen konnte, war, daß sie etwas weniger wirkungslos war als die postkoitale «Dusche». Diejenigen Paare, die bereit waren, moderne Kondome bzw. Diaphragmen zu verwenden, konnten vor einer unerwünschten Schwangerschaft sicherer sein, als wenn sie die Rückzugsmethode praktiziert hätten – bei weitem sicherer. Aber sie wußten es nicht.

Natürlich hatte Owen recht, wenn er sagte, daß der *coitus interruptus* leicht auszuführen sei. Das «Opfer» an Lust, das er mit sich brachte, hielt Owen für «gering», ja sogar «sehr gering», verglichen mit dem «dauerhaften Wohlergehen derjenigen, die uns am liebsten und nächsten sind». Das kleine Mehr an «körperlicher Lust», das jene empfänden, die den *coitus interruptus* ablehnten, durfte nach Owens Meinung nicht schwerer wiegen als «die Behaglichkeit und das Wohlbefinden – ja in manchen Fällen das *Leben* derjenigen, die wir zu lieben behaupten.» Owen – ein Kosmopolit, der aus England stammte und in den USA lebte – berief sich auf den «kultivierten jungen Franzosen», der «es eher gelassen hinnehmen würde, als Feigling beschimpft zu werden, als den Vorwurf anhören zu müssen, die Schwangerschaft einer Frau verursacht zu haben, die keine Schwangerschaft wollte», selbst wenn «die Ehegesetze ihm rechtmäßige Gewalt über ihren Körper gaben».[57] Das war für Owen das letzte Wort; an der Autorität der Franzosen in solchen Dingen bestand für ihn kein Zweifel.

Owens *Moral Physiology* erlebte mehr als ein Dutzend Auflagen – rechtmäßige und unrechtmäßige – in den Vereinigten Staaten und mindestens ebensoviele in Großbritannien; übertroffen wurde die Schrift nur von Dr. Charles Knowltons *Fruits of Philosophy; or, The Private Companion of Young Married People*, die 1832 erschien. Knowlton konnte sich mit der von Owen empfohlenen Methode nicht befreunden und befürwortete statt dessen die postkoitale «Dusche». Diese sei zuverlässig, erschwinglich und (wie er zwischen den Zeilen andeutete) sexuell am befriedigendsten. Der dazu benötigte Irrigator sei «einfach und billig» und könne «bei jedem Apotheker» erworben werden. Außerdem lege diese Methode die Empfängniskontrolle in die Hände der Frau, «wohin sie aus guten Gründen gehört».[58]

Der Meinungsstreit zwischen Owen und Knowlton beherrschte die Diskussion über Kontrazeption bis in die Tage Freuds hinein; das Aufkommen des billigen Kondoms und später des Diaphragmas beeinflußte ihn nicht wesentlich. Die Frage der Wirksamkeit fand natürlich die höchste Beachtung, und hier wurde die Öffentlichkeit durch die widersprüchlichen Informationen aus den verschiedenen Lagern der Befürworter einer Geburtenkontrolle verunsichert. Die ungeduldige Reaktion der einen Seite auf die Techniken der Gegenseite warf für das Publikum Fragen auf, auf die es keine definitiven Antworten gab. Zu der Verwirrung um die Zuverlässigkeit der einzelnen Techniken trat noch die keineswegs nebensächliche Frage des optimalen Lustgefühls. Die Verfechter der Scheidenspülung vertraten die Ansicht, ihre Methode sei dem *coitus interruptus* überlegen, weil sie nicht nur besseren Schutz nach dem Verkehr, sondern auch eine höhere Lustempfindung während des Verkehrs gewähre. Jene Priester und Ärzte, die jegliche Form der Geburtenkontrolle ablehnten, machten mit kaum verhohlener Genugtuung geltend, daß alle Methoden der Gesundheit schadeten. Der französische Arzt L.F.E. Bergeret stellte fest, die verschiedenen Methoden der «ehelichen Onanie» führten bei der Frau zu (akuter und chronischer) Metritis, Leukorrhoe, Menorrhagie, Hämatozele, fibrösen Tumoren, Polypen; zu Hyperästhesie, Koliken, Neurosen und Gebärmutterkrebs; zu Hysteralgie, Neuralgien, Hyperämie der Brust, Erkrankungen der Eierstöcke und Sterilität, von zufälligen Schwangerschaften gar nicht zu reden. Männer konnten sich gefaßt machen auf Urethritis, Prostataerkrankungen und selbstverständlich Impotenz; beide Geschlechter hatten durch Geburtenkontrolle Beschwerden des Nervensystems, des Blutkreislaufs, der Atmungsorgane und des Verdauungstrakts zu gewärtigen. Die Kontrazeption zerrüttete das Familienleben und korrumpierte die Gesellschaft.[59] Und Bergeret hatte Anhänger, so den englischen Geburtshelfer C.H.F. Routh, der Bergerets Liste unkritisch übernahm und sie obendrein um Suizidmanie und Nymphomanie erweiterte.[60]

Die Befürworter der Geburtenkontrolle waren natürlich viel weniger sensationslüstern. In den Anfängen seiner psychoanalytischen Spekulationen, um die Mitte der 1890er Jahre, schwebte Freud als Ideal «freier sexueller Verkehr der männlichen Jugend mit Mädchen freien Standes» vor; doch sei dieser Weg «nur zu betreten, wenn unschädliche Mittel da sind, die Konzeption zu verhüten». Leider waren für Freud die damals verfügbaren Methoden mit unerwünschten Nebenwirkungen behaftet. Diese «Noxen» – Hysterie und Angstneurose – führte er bemerkenswerterweise auf das Ausbleiben der sexuellen Befriedigung – beim Manne wie bei der Frau – zurück. Das war, wie ich wiederholen möchte, eine radikale Absage zwar nicht an die private Praxis des Bürgertums im 19. Jahrhundert, aber doch an die herrschende medizinische und theologische Ideologie. Freud behandelte Mann und Frau beim Geschlechtsverkehr als gleichberechtigte Partner: «Frauen, deren Männer *ejaculatio praecox* oder sehr herabgesetzte Potenz zeigen», werden an Angstanfällen erkranken, ebenso Frauen, «deren Männer den *coitus interruptus* oder *reservatus* üben». Allerdings gibt es Auswege. Es «bleibt die Frau von der Neurose verschont, wenn der mit *ejaculatio praecox* behaftete Mann den *congressus* unmittelbar darauf mit besserem Erfolge wiederholen kann.» Und ferner: «Der *congressus reservatus* mittels des Kondoms stellt für die Frau keine Schädlichkeit dar, wenn sie sehr rasch erregbar und der Mann sehr potent ist; im andern Fall steht diese Art des Präventivverkehrs den andern an Schädlichkeit nicht nach.» Was den *coitus interruptus* betrifft, so ist er laut Freud «fast regelmäßig eine Schädlichkeit». Allerdings ist er es für die Frau nur dann, «wenn der Mann ihn rücksichtslos übt, d.h. den Koitus unterbricht, sobald *er* der Ejakulation nahe ist, ohne sich um den Ablauf der Erregung der Frau zu kümmern.» Es gab auch eine Kehrseite der Medaille: «Wartet der Mann im Gegenteile die Befriedigung der *Frau* ab, so hat ein solcher Koitus für letztere die Bedeutung eines normalen; es erkrankt aber dann der Mann an Angstneurose.» Wie Freud klar erkannte, gingen Menschen, die Geburtenkontrolle praktizierten, neuartige psychologische Risiken ein. Wenn sie freilich befriedigend funktionierte, konnte Geburtenkontrolle das Leben verbessern und sogar – was immer die Priester sagen mochten – Leben retten.

Bevölkerungszahlen, wie sie in der ganzen westlichen Welt im Laufe des 19. Jahrhunderts mit zunehmender Genauigkeit erhoben wurden, bestätigen, daß die Geburtenkontrolle in der Tat sehr gut funktionierte.[62] Auch jene nagenden Ängste, welche die Gegner der Kontrazeption zur Schau trugen, lieferten zusätzliche Beweise für deren Wirksamkeit. Die Franzosen, die, wie erinnerlich, in der Empfängnisverhütung führend waren, gehörten auch zu den ersten, die ihre Folgen untersuchten und beklagten. In den 1870er Jahren wurde die Kampagne gegen die «Entvölkerung» immer dramatischer. Bereits 1849 hatte C. M. Raudot sein Buch *De la décadence de la France* auf den Ton wehmütiger Sehnsucht nach einem goldenen Zeitalter gestimmt, da die Familien noch fromm, einträchtig, zufrieden – und groß waren. Der Sozialwissenschaftler und Politiker Frédéric Le Play stellte seine gewaltige Autorität und seine enormen empirischen Forschungen in den Dienst derselben Sache, nämlich der Wiederherstellung der «gesunden» – und das bedeutete: der frommen und zahlreichen – Familie. In der Tat scheinen die Franzosen sehr viel stärker als andere die Größe ihrer Familien gesteuert zu haben. Seit den 1830er Jahren sank in Frankreich die Anzahl der Geborenen immer schneller unter die Anzahl der Sterbefälle; um die Jahrhundertmitte übertraf die Geburtenrate die Sterblichkeitsrate gerade um soviel, daß ein natürlicher Bevölkerungszuwachs von nicht einmal 5 Prozent die Folge war. Viele französische départements registrierten sogar auf längere Zeit ein Bevölkerungsdefizit. Wie der ausgezeichnete französische Wirtschaftshistoriker Emile Lavasseur später errechnete, hatten französische Ehepaare zwischen 1800 und 1805 durchschnittlich 4,3 legitime Kinder erzeugt; zwischen 1851 und 1855 fiel diese Zahl auf 3,1. Ende der 1880er Jahre sank sie auf 2,9 – knapp unter die magische Zahl von drei legitimen Kindern pro Familie.[63]

Den Hintergrund der leidigen Diskussion bildete natürlich der von den Franzosen verlorene Krieg von 1870/71. So stand das militärische Argument begreiflicherweise im Mittelpunkt vieler Jeremiaden. Ein typisches Beispiel ist das 1885 erschienene Buch *Affaiblissement de la natalité en France, ses causes et ses conséquences* des Marquis de Nadaillac. Sein Stilprinzip ist: Verzicht auf Rhetorik, lakonischer Aufruf zur Tat – *facta non verba*. Im Vorwort stellt Nadaillac sein Anliegen unverhohlen in den Dienst der nationalen Verteidigung, besser gesagt: der nationalen Rache. Er erklärt seine Absicht, die französische Geburtenrate zu vergleichen mit derjenigen anderer Länder – «heute unsere Rivalen, morgen vielleicht unsere Gegner»; auch hält er die Weiterverbreitung dieser Fakten im Volk für eine «nationale Pflicht». Was Nadaillac – und nicht nur ihm – Sorgen bereitete, war der Mangel an künftigen Soldaten für künftige Kriege: «Das Schicksal einer Nation hängt von ihrer militärischen Überlegenheit ab, diese Überlegenheit aber allzu oft nur von der Zahl der Männer, die sie ins Feld schicken kann.» Und zwar nicht nur ins Feld des kriegerischen Ringens: «Auch in den Schlachten der Industrie – nicht weniger erbittert, nicht weniger unerbittlich – muß man schnell produzieren, muß man viel produzieren, und die Anzahl an jungen und kraftvollen Armen wird den wirtschaftlichen Sieg erringen.»[64]

Die Aussicht auf einen derartigen Sieg erschien dem Marquis de Nadaillac als utopische Phantasie, wenn er die mangelnde Gebärfreudigkeit der französischen Ehepaare betrachtete. Er führte die bekannten Zahlen ins Treffen – 380 Geburten auf 10000 Einwohner im Jahre 1770, nur 245 Geburten 100 Jahre später – und fand den Vergleich mit anderen Ländern äußerst beunruhigend: in Rußland 507 Geburten auf 10000 Einwohner; in Ungarn 416; in Preußen 384; in England 337. Frankreich stand an letzter Stelle, noch hinter Belgien, dessen Bevölkerungsrückgang in den letzten Jahren gestoppt worden war. Dieses statistische Feuerwerk lieferte den trefflichen Hintergrund für den einzigen Bevölkerungsvergleich, der Nadaillac ernstlich interessierte: den mit Deutschland. Seine Geburtenrate erlaube Deutschland die Hegemonie über Europa – eine Gefahr, die man klugerweise nicht unterschätzen dürfe.

Nadaillac stimmte den Verfechtern der Geburtenkontrolle zu, was ihre Analyse der Ursachen für den Bevölkerungsrückgang betraf, teilte aber natürlich nicht ihre frohgemute Bewertung dieser Tatsache. Vielmehr suchte er die Gründe für die französische Bevölkerungskrise in einem Übermaß an Selbstsucht, in dem «egoistischen Wunsch» nach materiellen Gütern: «Unbescheidener Aufwand, fieberhafte Zerstreuung, Vergnügungssucht sowie das Bestreben, diesem alles nachzuordnen, endlich die Verachtung der Pflicht: Alles geht aus dieser einen Ursache hervor.» Diese Lust am Vergnügen – wozu auch die Geschlechtslust gehöre – werde erzeugt und aufs verderblichste geschürt durch die Aufreizung der Sinne, der der moderne Franzose allüberall ausgesetzt sei.

Nadaillac erwähnte naserümpfend «die gewagtesten Akte» in Kunstausstellungen, «anstößige Titel» in den Regalen des Buchhändlers, «noch anstößigere Stiche» als Auslagen in Schaufenstern, Theaterstücke, in denen «schuldhafte Leidenschaften» verherrlicht wurden, sowie die «verkommensten» Romane, voll der «gewagtesten Schilderungen», die sich zu Tausenden verkauften. Alles aber wirkte zusammen, um die Autorität in Staat und Familie zu untergraben, und war kaum dazu angetan, eine Atmosphäre zu schaffen, in der verheiratete Paare den Geschlechtsverkehr ausübten, um mehr Franzosen in die Welt zu setzen.[65]

Anfang der 1890er Jahre entwickelte der französische Demograph Arsène Dumont die Theorie der «sozialen Kapillarität», um das wahrnehmbare Absinken in der Größe der französischen Familie zu erklären.

Ehepaare, so meinte er, regulierten die Zahl ihrer Kinder nach Maßgabe ihrer sozialen Ambitionen, wobei sie diejenige gesellschaftliche Schicht nachahmten, in die sie aufzusteigen hofften. Weit mehr als die Furcht vor der Armut sei es die Aussicht auf soziales und wirtschaftliches Fortkommen, was als unwiderstehlicher Anreiz zur Geburtenkontrolle wirkte. Andere Demographen schlossen sich der anti-malthusianischen Sache an. Der ausgezeichnete Statistiker Jacques Bertillon wurde Präsident der «Alliance nationale pour l'accroissement de la population française» [Nationaler Bund zur Vermehrung des französischen Volkes], während andere die «Ligue contre le crime de l'abortion» [Liga gegen das Abtreibungsverbrechen] gründeten.

Das Bündnis jener Kräfte, die den Franzosen ihre gefährliche Genußsucht austreiben wollten, war denn auch einflußreich und breit gefächert. In vorderster Front standen natürlich katholische wie protestantische Theologen, die gegen den Neu-Malthusianismus und dessen Dezimierung des französischen Bürgertums wetterten. Moralisten verurteilten die Pflichtvergessenheit der Franzosen, die eine Folge ihrer Vergnügungssucht sei; Patrioten warnten vor deren Gefahren für Frankreichs militärische Stärke. Ärzte warteten mit besonderen Diagnosen auf: Dr. H. M. Gourrier von der Medizinischen Fakultät der Universität Paris vertrat 1871 in seinem Buch *L'avenir du mariage* den Standpunkt, daß Enthaltung vom Geschlechtsverkehr, *coitus interruptus* sowie mechanische Hilfsmittel sämtlich schädlich für den Mann wie für die Frau seien. Dergleichen sei nur dann vertretbar, wenn die Frau von sehr zarter Gesundheit sei oder wenn eine Schwangerschaft aus anderen, wirklich gewichtigen Gründen nicht ratsam erscheine. Ansonsten sei ungehinderter Verkehr das Wünschenswerteste – nicht nur um künftiger Geschlechter willen, sondern auch im Interesse der Beteiligten selbst. Das «lokale Bad durch den Samen» befeuchte die inneren Organe der Frau, was ihr sehr zum Vorteil gereiche. Außerdem sei «Mutterliebe» die lebenswichtigste Liebe, der «Wunsch nach Mutterschaft» das natürlichste aller Gefühle.[66]

Beim Thema Bevölkerungspolitik wurde jeder zum Fachmann. Émile Zola, der in den meisten seiner Romane die Sexualität als dunkel-dumpfe Leidenschaft behandelt hatte, wurde in späteren Jahren zum Apostel der Mutterschaft. Sie galt ihm als Tor zur Erlösung in dieser Welt. Der Literaturkritik sind die religiösen Adjektive nicht entgangen, mit denen Zola in seinen letzten Romanen den Liebesakt versah – wohlgemerkt: den durch die Zeugung eines Kindes geheiligten Liebesakt. Am 23. Mai 1896 griff er mit einem Beitrag im *Figaro* in die Diskussion ein. Unter dem Titel «Dépopulation» sprach er es offen aus: «Jede Liebe, die nicht ein Kind will, ist im Grunde nur Ausschweifung.» Einer seiner letzten, tendenziösesten und schwächsten Romane, *Fécondité*, übersetzt diese Maxime in eine fiktive Handlung. Das Schicksal, das die verschiedenen Familien des Romans ereilt, entspricht der These ihres Schöpfers. Ein böses Ende nimmt es mit jenen, die die Größe ihrer Nachkommenschaft bewußt begrenzen – sei es durch freiwillige Sterilisation, Abtreibung oder andere Mittel –: sie werden arm, wahnsinnig oder zu Mördern. Hingegen bevölkern die beiden Hauptpersonen die Erde mit zwölf Kindern, von denen fast alle ein gesundes und glückliches Erwachsenenalter erreichen.

Angesichts des allgemeinen Widerstandes sowie der Wachsamkeit des französischen Staates, der es sich angelegen sein ließ, neumalthusianische Publizisten strafrechtlich zu verfolgen, gingen die Verfechter der Geburtenkontrolle behutsam zu Werke. Die französische Geburtenrate stieg zwar nicht an, aber die Aktivitäten der *procréatomanes* trugen doch erheblich dazu bei, die Verbreitung kontrazeptiver Propaganda und Hilfsmittel zu behindern. Die Stimme der Religion, der Moral, der Sozialwissenschaft und des Patriotismus war laut und wirkte einschüchternd; trotzdem gewann das in der Stille wirkende Prinzip der Zweikinderfamilie weiter an Anhängern.

Angesichts der Schmach von 1870 war die Erregung der französischen «Fortpflanzungsfanatiker» leicht zu verstehen. Aber die Deutschen, die den Krieg gegen Frankreich gewonnen und auf diesem Sieg ein formidables Reich errichtet hatten, klangen kaum weniger besorgt. Die deutschen Klagen über drohende Entvölkerung begannen um 1870 mit einzelnen Beiträgen in Fachzeitschriften und schwollen um 1900 – der Zeit einer aggressiven deutschen Außen- und nicht minder aggressiven Flottenpolitik – zu einer veritablen Flut an. Sie waren ein verräterischer Beweis deutscher Ängste; denn sie waren ungenau, verworren und im wesentlichen unbegründet. Als der Theologe und Kirchengeschichtler Reinhold Seeberg 1913 seine «sozialethische» Studie über den Geburtenrückgang in Deutschland veröffentlichte, konnte er sich nicht allein auf amtliche Statistiken stützen – was er ausgiebig tat –, sondern außerdem auf Dutzende von Streitschriften und Abhandlungen, die alle eine «nationale Kalamität» prophezeiten und jene «unheimliche Erscheinung» registrierten, «die man ‹den Anfang vom Ende› nennen müßte». Seeberg zitierte beifällig Elias Schrenk und sein ebenfalls 1913 erschienenes «Notsignal für das deutsche Volk» – ein Signal, das in erster Linie zur Gründung eines «Deutschen Bundes für Volkserhaltung» aufrief. Und er bezog sich auf Felix Theilhabers minuziöse Untersuchung der Bevölkerungsentwicklung in Berlin, die gleichfalls 1913 herausgekommen war; in ihrem Titel – *Das Sterile Berlin*[67] – schlug Theilhaber jenen Ton düsterer Übertreibung an, den die Populationisten so liebten.

Der Tenor von Seebergs Ausführungen war, daß der Geburtenrückgang in Deutschland markant sei und anzudauern scheine; die Zahlen, die er bis in die 1860er Jahre zurückverfolgte, ließen eine Abwärtstendenz erkennen, welche jeden Deutschen mit Angst und Sorge erfüllen müssen – geradeso wie die «traurigen Zustände» in Frankreich das bittere Herzeleid aller Patrioten ausmachten. Zwar lagen die Deutschen noch immer vor den Franzosen: 1911 gab es in Frankreich weniger als 20 Lebendgeborene auf 1000 Einwohner, in Deutschland hingegen mehr als 31. Aber die Tendenz zur Entvölkerung Deutschlands war ein Weg, der ins Verderben führen mußte. «Es droht uns eine Lage, in der wir als Volk nicht mehr fortschreiten, sondern zurückgehen. Aber jedes Volk, über das dieses Geschick hereinbricht, ist schließlich hinsichtlich seiner politischen Stellung in der Welt zum Verfall verurteilt oder es ist genötigt, in immer größerem Umfang fremdes Blut in sich aufzunehmen.» Seeberg berief sich auf den «großen französischen Nationalökonomen Leroy-Beaulieu», der glaubte, voraussagen zu können, «daß binnen 6-8 Generationen die rein französische Bevölkerung aufgehört haben wird zu existieren und daß an ihre Stelle ein Gemisch von vlämischen Belgiern, Deutschen, Spaniern, Italienern und Polen getreten sein wird. Auch wir in Deutschland werden uns dann allmählich auf ein ähnliches Konglomerat aus fremden Völkerschaften, wie vor allem Slawen und wohl auch östlichen Juden, gefaßt machen müssen.» Das aber bedeute das Ende Deutschlands als «Weltmacht ersten Ranges». Und das alles, weil der «wachsende Wohlstand» den Wunsch erzeuge, an der Prosperität teilzuhaben; das «Zweikindersystem» erfreue sich ungeheurer Beliebtheit, ja es werde allmählich zum «Einkindersystem» umgebildet, dem sich hier und da bereits das «Keinkindersystem» anschließe. Die radikalen Lehren der Sozialdemokratie unterstützten noch den Geburtenrückgang, und endlich taten noch die Verlockungen der Großstadt das ihre. Am verheerendsten aber wirkte sich laut Seeberg der neue Geist aus, der die «breiten mittleren Schichten der Bevölkerung» erfaßt habe: der starke Individualismus und der «materialistische Naturalismus».[68]

So also sah die anti-malthusianische Literatur um die Jahrhundertwende aus: verbohrte, sittlich entrüstete Panikmache. Es gab zwar lokale Varianten, aber im Prinzip bildeten die Gegner der Kontrazeption eine große, internationale Familie. Der Kreuzzug gegen die Verbreitung von Informationen über Geburtenkontrolle dürfte seinen Höhepunkt in den USA erreicht haben, beherrschte aber auch die kulturelle Landschaft Europas. Eugenische Spekulationen stellte man namentlich in Großbritannien und Deutschland an; Vorschläge zur Bevölkerungskontrolle und «Rassenhebung» gab es auch in anderen Ländern. Was die extremsten Eugeniker wollten, ist schwer zu sagen: Sie wußten meistens nicht genau, ob es vordringlicher war, die Intelligenten und Reichen zur Vermehrung anzuspornen, oder aber die Geistesschwachen und die Mittellosen, die sich wie die Karnickel vermehrten, daran zu hindern, die Welt mit ihrer minderwertigen Brut zu überschwemmen und zu beherrschen. Verglichen mit ihren Hetzparolen waren die Publikationen der Neumalthusianer – bei aller Naivität und unvermeidlichen Gleichförmigkeit – von geradezu heiliger Nüchternheit. Die Statistiken, mit denen die Antimalthusianer förmlich um sich warfen, dienten dazu, sich gegen die Angst zu wappnen. Sie waren zwar schwer zu interpretieren, gaben aber wenig Anlaß zu rationaler Besorgnis. Doch entlasteten sie nicht von dem ohnmächtigen Gefühl, daß die Welt im Begriff war, außer Kontrolle zu geraten.

Die Publikationen über Geburtenkontrolle öffnen gleichsam ein Fenster auf die bürgerliche Sexualität des 19. Jahrhunderts und die sie reglementierende Kultur der Privatheit. Das gilt für tendenziöse Schriften ebenso wie für wissenschaftlich fundierte. Dogmatiker aller Couleur kannten zwar keinerlei bewußte Hemmungen in ihren Äußerungen; in ihrer Gesamtheit lesen sich ihre Schriften aber wie ein Kommentar zur verbreiteten Ratlosigkeit und Verlegenheit des Bürgertums im 19. Jahrhundert. Sie offenbaren den schwer zu lösenden Konflikt zwischen Eigeninteresse und Pflicht, Begehren und Abwehr. Die offiziell verordnete Position, wie Theologen, Demographen und Politiker sie vertraten, lief darauf hinaus, daß die traditionellen Werte in Gefahr seien, was vielen Bürgern auch einleuchtete. Daher ihr Konflikt. Es war nicht allein der religiöse oder politische Druck – nicht allein der von Priestern und Zensoren angedrohte Schrecken der Hölle bzw. der strafrechtlichen Vergeltung –, der braven Bürgern Gewissensbisse machte, wenn sie Kondome erwogen oder den *coitus interruptus* versuchten. Der Appell an den Patriotismus und die sentimentale Darstellung der glücklichen Großfamilie tönten dem Bürger vertraut ans Herz. Die bürgerliche Familie mit ihrer großen Kinderschar stand noch immer für Ideale, zu denen sich die anständigen Kreise stets bekannt hatten und die sie an ihre Nachkommen weitergaben. Für sie waren die Verfechter der Geburtenkontrolle böse Versucher und verantwortungslose Propagandisten, die sie zu hemmungslosem Hedonismus verführen wollten.

Die «Versucher» sahen das natürlich ganz anders. Sie fühlten sich gezwungen, zurückhaltender aufzutreten, als ihnen lieb war. Empfängnisverhütung war denn auch nicht der tägliche Gesprächsstoff zwischen Ehepartnern – selbst dann nicht, wenn sie allein waren. Es ist nicht verwunderlich, daß bürgerliche Briefe und Tagebücher gerade in bezug auf diesen Punkt normalerweise wenig ergiebig sind. Die Verfechter der Geburtenkontrolle fungierten gleichsam als Psychoanalytiker der bürgerlichen Gesellschaft, indem sie zeigten, daß das unkontrollierte Gebären von Kindern nur die irrationale Neuauflage eines uralten Aberglaubens war. In ihren Augen war die offizielle Position ein Abwehrmanöver. Sie wurde im Verlauf des Jahrhunderts immer unhaltbarer; denn sie propagierte Einstellungen als anständig, zu denen sich die meisten Bürger stillschweigend bekannten, die aber immer weniger Menschen als glaubwürdig erschienen.

Die Empfängnisverhütung war selbstverständlich nicht die Domäne der Mittelschichten; Prostituierte, Adlige und viele Bauern hatten sie seit unvordenklichen Zeiten praktiziert. Das Vorherrschen von Abtreibungen und Säuglingsmorden – deren Zahl nicht zu eruieren ist, da Kindestötung oft als Übergabe des Säuglings in ärztliche Behandlung getarnt wurde – legt freilich die Vermutung nahe, daß die von diesen Gruppen angewendeten Kontrazeptionstechniken häufig unzuverlässig waren. Immerhin waren Methoden der Geburtenkontrolle selbstverständlich auch in anderen Jahrhunderten als dem neunzehnten, in anderen Klassen als dem Bürgertum bekannt. Was die vom Bürgertum betriebene Geburtenkontrolle im 19. Jahrhundert auszeichnet, ist, daß breite Teile einer einflußreichen Schicht sie systematisch zum Zweck einer rationalen Familienplanung einsetzten. Diese «konzertierte Reaktion» macht die Geburtenkontrolle der Mittelschicht zu einem nicht wegzudenkenden Bestandteil bürgerlicher Sinnlichkeit im Zeitalter Victorias – Jahre, bevor man jemals etwas von Freud gehört hatte.

Der Klassencharakter der Geburtenkontrolle und die Weiterverbreitung der Kontrazeptionstechnik von den oberen in die unteren Ebenen der Gesellschaft waren für die Publizistik des 19. Jahrhunderts gesicherte Tatsachen. Bereits 1886 hatte der Marquis de Nadaillac behauptet, daß die mittleren Schichten der Bevölkerung den Wunsch nach Kinderlosigkeit von den reichen Schichten übernähmen. Sieben Jahre später schrieb Sigmund Freud an Wilhelm Fließ: «Die tieferen Volksschichten, die den Malthusianismus nicht kennen, drängen nach», um, wie Freud meinte, denselben «unheilbaren Neurosen» zu verfallen, die im Augenblick vor allem die Mittelschichten heimsuchten.[69] Seit den frühesten Tagen der Propaganda für die Geburtenkontrolle war zumindest den Propagandisten selbst klar, daß die unteren Volksschichten die Empfängnisverhütung noch dringender brauchten als das Bürgertum, sie jedoch erst nach diesem und durch dessen Beispiel übernehmen würden. Empfängnisverhütung erforderte Kenntnisse und Aufgeschlossenheit, und das Bürgertum zeigte sich in zunehmendem Maße bereit, jene zu erwerben und diese zu predigen.[70] Die ablehnende Haltung der Sozialisten in der Frage der Geburtenkontrolle unterstreicht den allgemeinen Eindruck, daß letztere überwiegend eine Sache der mittleren Schichten war. Die Marxisten – sogar die Frauen unter ihnen – standen der Kontrazeptionskampagne außerordentlich argwöhnisch gegenüber; sie erblickten in ihr lediglich einen neuen Trick der Bourgeoisie zur Verhinderung überfälliger gesellschaftlicher Reformen, ein im Grunde reaktionäres Vermächtnis des Individualismus. Es galt, möglichst viele Proletarier in die Welt zu setzen: nicht als Kanonenfutter der Kapitalisten, sondern als Soldaten der Revolution. Wie Rosa Luxemburg 1913 bemerkte, handelte es sich bei der «Empfehlung des Gebärstreiks als Waffe im Klassenkampf ... um den reaktionären Versuch, die Massen zu verdummen».[71]

So war Empfängnisverhütung in allen Erscheinungsformen unwiderruflich mit der bürgerlichen Kultur verquickt. Dennoch ist es schwer, ihre Auswirkungen auf die bürgerliche Sexualität des 19. Jahrhunderts einzuschätzen. Das Material ist lückenhaft, die Zusammenhänge können nur erahnt werden. Der gesunde Menschenverstand sagt uns aber, daß diese Zusammenhänge eng gewesen sein müssen. Sobald die Frau einmal die sehr berechtigte Furcht verloren hatte, sich mit jeder neuen Schwangerschaft der Gefahr eines tödlichen Kindbettfiebers auszusetzen, und sobald Mann und Frau gleichermaßen die kaum weniger traumatische Furcht vergessen konnten, infolge unerwünschter, aber nicht zu verhindernder Schwangerschaften an den Rand des Bettelstabes zu geraten, konnte man sich den sexuellen Freuden mit unvergleichlich größerer Ungezwungenheit hingeben als früher. Allein die Tatsache, daß Ehepaare ihr Geschlechtsleben von der Gottergebenheit auf rationale Familienplanung umstellten, muß ihrem Verkehr eine neue Intensität und Freiheit verliehen haben.

In der tiefsten Schicht inneren Erlebens war freilich die Sache nicht ganz so einfach. Gewiß brachte die Geburtenkontrolle unschätzbare Vorteile mit sich, die auch als solche empfunden wurden. Aber die Befreiung von gravierenden Ängsten im Zusammenhang mit der sexuellen Betätigung war nur um den Preis neuer, wenngleich weniger lähmender Ängste zu haben. Die Anwendung von Techniken und Mitteln der Geburtenkontrolle – ob Rückzug, Kondom oder was immer – war gleichbedeutend mit der Einübung von Impotenz und Sterilität. Der Umstand, daß diese Impotenz und diese Sterilität freiwillig und jederzeit aufhebbar waren, muß die mit ihnen verbundenen Ängste gelindert haben; aber im Innersten behielten sie doch etwas von ihrer bedrohlichen Kraft. Darüber hinaus waren Schutzmaßnahmen vor, während und nach dem Geschlechtsverkehr mit Einbußen an Lustempfindung verbunden, die, wie Freud richtig erkannte, neurotische Leiden hervorrufen konnten. Ein solcher Geschlechtsverkehr förderte also in mancher Hinsicht das Gefühl der Freiheit, doch in anderer Hinsicht hemmte er es auch. Er kompromittierte die spontane Befriedigung der Lust, indem er gegen den Mutwillen der Leidenschaft die Berechnung ins Spiel brachte; er verschaffte dem Ich Zutritt zu Bezirken, in denen bis dahin das Es mehr oder weniger unumschränkt geherrscht hatte, und gab dem Realitätsprinzip die Möglichkeit, dem Lustprinzip gleichsam ins Handwerk zu pfuschen.

Doch ungeachtet dieser Vorbehalte läßt das uns zugängliche Material aus dem 19. Jahrhundert in überzeugender Weise erkennen, daß die Empfängsnisverhütung ein positiver Beitrag zur sexuellen Befriedigung war, und zwar für beide Partner. Bezeichnenderweise verurteilten zeitgenössische Gegner denn auch die Geburtenkontrolle als ein Mittel hemmungsloser Ausschweifung, während umgekehrt ihre Befürworter den Aufruf Malthus' zu freiwilliger Enthaltsamkeit als Verkennung, ja als Beleidigung der Geschlechtsleidenschaft ablehnten. Darüber hinaus war die Planung der eigenen Familie und ihrer Größe geeignet, die zwischen Mann und Frau herrschenden Ungleichheiten abzubauen, wenn auch vielleicht nicht ganz zu beseitigen. Unbilligkeiten blieben bestehen; sie waren biologisch bedingt und wurden durch gesellschaftliche Konventionen noch verstärkt. Aber die Praxis der – in welcher Form auch immer ausgeübten – Empfängnisverhütung erforderte doch ein Mindestmaß an Kooperation zwischen den Liebenden.

Die Verfechter der Geburtenkontrolle im 19. Jahrhundert pflegten zu sagen, daß durch bestimmte Hilfsmittel – etwa das Kondom – die Entscheidung dem Mann überlassen bleibe, während andere – etwa die Dusche – die Dinge in die Hand der Frau legten. Aber das ist eine etwas mechanische Betrachtungsweise. Selbst wenn es der Mann war, der das Hilfsmittel benutzte oder sich vor der Ejakulation zurückzog, tat er das schwerlich allein aus purer Rücksichtnahme auf die Frau, sondern nachdem er zuvor dieses heikle Thema mit ihr erörtert hatte. Schon Ende des 18. Jahrhunderts hatten französische Beichtväter kritisiert, die Ehegatten nähmen allzuviel Rücksicht auf die zarte Beschaffenheit ihrer Frauen, indem sie ihnen die Plage des Kindergebärens ersparten, ohne auf die Freuden des Geschlechtsverkehrs zu verzichten.[72] Im 19. Jahrhundert waren es mitunter die Männer, die für das Ideal völliger sexueller Gleichheit in der Ehe eintraten, wobei sie offenkundig die rückhaltlose

Aussprache zwischen den Partnern im Auge hatten. In einer Reihe von fiktiven Briefen zum Ruhme der «Ehe-Liebe» betonte der amerikanische Reformer Henry C. Wright um die Mitte des Jahrhunderts mit Nachdruck: *«Die Frau muß entscheiden, wie oft und unter welchen Umständen»* sie ihrem Manne *«den leidenschaftlichen Ausdruck seiner Liebe»* gestatten will. Nur auf der Grundlage wirklichen gegenseitigen Respekts solle eine Ehe geschlossen und vollzogen werden. *«Als Recht beanspruchte* Hingabe ist eine Vergewaltigung jener Person, die der Ehemann vor Gott und den Menschen zu lieben, zu ehren und zu beschützen gelobt hat.» Wright gibt durch die Blume zu verstehen, daß ein solches freiwilliges Abstandnehmen von «erzwungener Mutterschaft» sogar einen stärkeren und längeren Geschlechtsgenuß für beide Partner erzeuge. «Du hast mit Recht gesagt», läßt er die Gattin zum Gatten sprechen, «daß die Frau selber jene Gegebenheiten steuern muß, bei denen ihr ganzes Sein einer so schweren Beanspruchung ausgesetzt wird. Das Vergnügen eines Augenblicks kann sie ein Jahr ihres Lebens kosten.» Der Liebende wende sich ab, «wenn sein allzu glühender Wunsch auf den Blick des Schmerzes oder der Verlegenheit trifft»; «unter allen Umständen lasse der Gatte diese Aufmerksamkeit und diese zärtliche Besorgnis walten». Dann «findet das Alter eine Liebe, die jung blieb. Dann wird Liebe die Erinnerung an das gegenwärtige Leben sein, so wie sie die freudige Erwartung des künftigen sein wird.»[73] Selbst einem radikalen Publizisten wie Wright erschien es unangebracht, den erotischen Gewinn der Geburtenkontrolle in allzu plastischen Farben zu schildern.

Henry C. Wright war Publizist, nicht Reporter, und sein Buch *Marriage and Parentage* ging weit über das hinaus, was um die Mitte des Jahrhunderts übliche Praxis war. Doch lassen die Bevölkerungszahlen erkennen, daß drei oder vier Jahrzehnte später seine Anschauungen Gemeingut geworden waren oder zumindest gefühlsmäßig akzeptiert werden konnten. Ein anonymer Verfechter der Geburtenkontrolle hatte eben dies bereits im Jahre 1855 prophezeit: Wenn die Frauen wüßten, daß sie die Anzahl ihrer Nachkommen regulieren könnten, «mit welcher Wonne würden sie sich der Liebesumarmung ergeben»! Dr. Elizabeth Blackwell, in gleichem Maße Christin wie Wissenschaftlerin, stimmte im großen und ganzen zu: «Bei gesunden, liebenden Frauen, die noch nicht durch die krankhaften Veränderungen beeinträchtigt sind, die nur allzu oft mit Geburten einhergehen, begleitet zunehmende körperliche Befriedigung den innigsten körperlichen Ausdruck der Liebe.»[74] Gewiß sind die Freuden des Geschlechtsverkehrs ohne Zeugung auch den Antworten auf Clelia Moshers Fragebogen zu entnehmen. Sicherheit machte sinnlich.

Anders können wir auch Mabel Todds erotische Autobiographie nicht lesen. Ihre Erinnerungen an den Tag, an dem sie entgegen ihrer Absicht schwanger wurde, sprechen für sich selbst. Wir wissen, als wie unfundiert ihre Theorie der Empfängnisverhütung sich erweisen sollte. Uns kommt es hier jedoch auf die damit verbundene Einstellung an. Biologie mochte Schicksal sein, aber die Todds – und viele andere Ehepaare – suchten Mittel und Wege, ihre striktesten Gebote zu umgehen und zugleich ihre köstlichsten Gaben zu genießen. Und wenn sie schon nicht zu umgehen waren, konnte man wenigstens träumen. Als Freud an seiner *Traumdeutung* schrieb, berichtete ihm ein Freund: «‹Ich soll dir von meiner Frau erzählen, daß sie gestern geträumt hat, sie hätte die Periode bekommen. Du wirst wissen, was das bedeutet.› Freilich weiß ich's», fährt Freud fort; «wenn die junge Frau geträumt hat, daß sie die Periode hat, so ist die Periode ausgeblieben. Ich kann mir's denken, daß sie gerne noch einige Zeit ihre Freiheit genossen hätte, ehe die Beschwerden der Mütterlichkeit beginnen. Es war eine geschickte Art, die Anzeige von ihrer ersten Gravidität zu machen.»[75] Es war auch, wie mir scheinen will, eine geschickte Art, die Anzeige von ihrem Wunsch nach weiterer sexueller Betätigung zu machen.

Diese Frau war nur eine von zahllosen Frauen des Bürgertums, für die die moralischen Konflikte des 19. Jahrhunderts nicht ohne weiteres zu lösen waren – nicht einmal durch die Kirchen, die selber keine überzeugenden Antworten besaßen. Besserer Lebensstandard, vermehrte Freizeit, höhere Lebenserwartung, verstärkte Sorge um die Zukunft der eigenen Kinder: dies alles ließ – zumal den Mittelschichten – den Neumalthusianismus attraktiver denn je erscheinen. Und die Technik, gepaart mit Information, machte ihn möglich. Immer mehr Bürger fanden daher im Laufe des Jahrhunderts Mittel und Wege, ihre Sinnlichkeit von manchem Druck der Realität zu entlasten. Gleichzeitig aber erinnerten schwer durchschaubare Realitäten physischer, wirtschaftlicher und kultureller Art nachdrücklich an die ihrer Entscheidungsfreiheit gezogenen Grenzen. Wie ihr Verhältnis zur Empfängnisverhütung bewies, lebten sie in einer Art von schwebendem Gleichgewicht zwischen unschuldigem Wissen und wissender Naivität. Sie wußten vieles, doch gab es auch vieles, was sie nicht wissen wollten.

V. Gelehrte Unwissenheit

1. Die Zeit der erkünstelten Unschuld

Die Menschen befinden sich in ihrem Leben mehr als einmal im Zustand der Unwissenheit. Wenn sie ins Dasein treten, sind sie ausgestattet mit einer Fülle seelischer und körperlicher Anlagen, die alle noch unverwirklicht sind – Möglichkeiten, die darauf warten, in Erfahrungen umgesetzt zu werden. Dann beginnt die Welt, ihnen Wissen und Kenntnisse einzuprägen. Die ersten Begegnungen des Säuglings mit der Welt sind die ersten Lektionen einer langen Sexualerziehung; die Brust der Mutter, ihre warme Umarmung, ihre begütigende Stimme, ihr unerklärliches, angsterregendes Fernsein sind bestimmende Vorbereitungen auf das Liebesleben des Erwachsenen.

Es sind bestimmende, aber größtenteils auch unbewußte Vorbereitungen. Wenn das Kind beginnt, innere Dränge von äußeren Eindrücken zu scheiden, Grenzen zwischen dem Ich und der Welt zu ziehen und sich auf die einsame Aufgabe des Umgangs mit den Eltern einzulassen, trägt es gleichsam das Rohmaterial zusammen, aus dem einmal seine erotischen Bedürfnisse zusammengesetzt sein werden. Dann kommt die ödipale Phase: die erste folgenreiche Krise in der Geschichte des kindlichen Liebens – für das Mädchen ebenso entscheidend wie für den Knaben. Diese instruktiven Frühphasen der menschlichen Entwicklung werden zwar für immer im Gedächtnis gespeichert, aber dennoch fast völlig vergessen; sobald das Kind den Ödipuskomplex durchgemacht hat, lernt es, vieles von dem zu verdrängen, was es gelernt hat. Dieses gründliche Vergessen kommt nicht von ungefähr. Der kleine Junge will lieber nicht an wirkliche oder phantasierte Bedrohungen seines Penis erinnert werden, das kleine Mädchen will nicht zugeben, wie bestürzt sie über die Entdeckung war, keinen Penis zu besitzen.

Aber «aus den Augen» heißt nicht «aus dem Sinn». Die sexuellen Erkundungen des Kindes und seine häufig bizarren Sexualtheorien – von seinen sexuellen Erfahrungen ganz zu schweigen – verfallen zwar der Amnesie; sie sind aber nicht ganz aus dem Gedächtnis entschwunden, sondern lediglich verschüttet. Verkleidet und verformt, kommen sie in späteren Jahren wieder zum Vorschein: in Gestalt einer Vorliebe, eines bestimmten Geschmacks, einer verzerrten Erinnerung, oft auch eines neurotischen Symptoms. Nach dem langen sexuellen Moratorium der Latenzzeit – zwischen dem 5. bis 6. Lebensjahr und dem Beginn der Pubertät – gibt es eine hervorgehobene, zweite Phase der erotischen Ausbildung des Menschen: die Adoleszenz – jene Zeit, in der die Sexualität sich mit besonderer Heftigkeit Geltung verschafft und nicht mehr verleugnen läßt. Die sexuellen Experimente und Probleme des Heranwachsenden sind eine Art Wiederholung seiner infantilen Erprobungen. Aber wiederum kommt es zu einer – zwar weniger gründlichen, aber nicht weniger einschneidenden – Amnesie, die das sinnliche Wissen des jungen Mannes bzw. der jungen Frau aus dem Gedächtnis tilgt. Man kann sich fragen, ob dieser Verlust wirklich gravierend ist; schließlich sind die meisten jener Erklärungen für sexuelle Vorgänge, die die Kinder sich ausdenken oder von ihren Freunden übernehmen, ungenau und – in ihrer frühesten Version – einfach phantastisch.[1] Allerdings arbeitet die Verdrängung – zunächst in den Jahren der Latenz, später nach der Pubertät – in dieser Hinsicht eher zufällig; der unerfahrene Bräutigam und seine Braut, einander in der Hochzeitsnacht begegnend, haben wahrscheinlich sowohl das vergessen, was sie einst zutreffend beobachtet, als auch das, was sie sich voller Angst ausgedacht haben. Die einmal verwirkte Unschuld ist nicht mehr wiederherstellbar, und doch sind viele anständige junge Männer und Frauen des 19. Jahrhunderts mit einer Art erkünstelter Unschuld in den Stand der Ehe getreten.

Dieses Trugbild von Unschuld ergab sich zwangsläufig aus der einzigartigen psychosexuellen Entwicklung des Menschen – einer Entwicklung, die die Bürger des 19. Jahrhunderts mit der ganzen Menschheit geteilt haben. Die erregenden, aber auch beängstigenden Inzestwünsche des Menschen sowie der sprunghaft verlaufende Prozeß seiner Reifung lassen massive Verdrängungen als unvermeidlich, ja häufig sogar als wohltätig erscheinen. Auch waren manche dieser Verdrängungen überwindbar – am befriedigendsten im Ehebett. «Das Geschlechtsvergnügen», notierte der hervorragende schottische Geburtshelfer J. Matthews Duncan 1884, «ist häufig bei der Ehe zunächst nicht vorhanden und entwickelt sich allmählich in ihrem weiteren Verlaufe.»[2] Anderthalb Jahrzehnte später registrierte der deutsche Frauenarzt Dr. Friedrich Siebert dieselbe erfreuliche Erscheinung.[3] Zwar seien die Frauen oft auf die Ehe nicht vorbereitet, aber sie würden auch nicht vor ihr davonlaufen, sondern wüßten sich zu arrangieren. Freilich hätten einige ältere Damen ihm anvertraut, daß sie auf die erste Nacht ihrer Ehe mit Schrecken und Bedauern zurückblickten. Aber der Schrecken war heilbar – jedenfalls manchmal.

Die Ausbildung der genußreichen Fähigkeit, sexuelle Befriedigung zu erleben, war nicht einfach das Resultat neuer Einsichten; sie beruhte ebensosehr auf der Freisetzung verleugneten Wissens, auf einer Art von Erinnerung. Das erklärt, warum es im 19. Jahrhundert in der Mittelschicht glückliche, sinnliche Ehen gegeben hat. Sie erhielten ihre besondere Note dadurch, daß infantile Leidenschaften mit Hilfe eines sensiblen Partners ein erwachsenes Objekt gefunden hatten – vorausgesetzt, daß kein hemmendes sexuelles Trauma vorlag.

Doch wurde häufig diese Erziehung der Sinne durch jene Hindernisse sabotiert, ja mitunter vereitelt, die die respektable Gesellschaft des 19. Jahrhunderts ihr bewußt in den Weg legte. Einflußreiche Wortführer dieser Gesellschaft waren darauf aus, der ins Leben tretenden Jugend den Schein der Unwissenheit mitzugeben. Viele Ärzte, Geistliche und Lehrer verschlossen in bezug auf die Jugend die Augen vor den sexuellen Tatsachen und erfanden – oder übertrieben – jene Gefahren für das körperliche und seelische Wohl, die angeblich mit sexueller Ausschweifung verbunden waren. Wenn es darum ging, Informationen über die Sexualität zu liefern und Einstellungen zu ihr zu prägen, blieben diese akademisch gebildeten Fachleute häufig hinter dem Kenntnisstand ihres vernünftigen und aufgeklärten Mittelschichts-Publikums zurück und verbreiteten mit ihren Warnungen mehr Finsternis als Licht. Gleichwohl waren diese Fachleute repräsentativ für die Kultur, in der sie lebten.

Die «Unschuld» dieser Kultur war keine bewußt geplante Strategie; es war eine ungeplante, sehr anpassungsfähige Verteidigung. Dieser kulturelle Stil der Zeit brachte das hervor, was A.J. Munby, Anwalt, Dichter und unersättlicher Liebhaber proletarischer Frauen, «jene *Unkenntnis* des Lasters» nannte, «welche man von einer Dame erwartet».[4] Ihr Kult der Privatheit und die Scheu, körperliche Vorgänge, geschweige denn sexuelle Dinge, in aller Öffentlichkeit beim Namen zu nennen, waren nur der auffälligste Ausdruck dessen, was ich «gelehrte Unwissenheit» nenne. Es war eine Unwissenheit, die unbewußt ersehnt und eifrig geplant wurde. Das bürgerliche Jahrhundert verstand sich besser auf das Verdrängen, als es selber wußte.

Die Schauermärchen vom verklemmten Geschlechtsleben oder von den anständig erzogenen jungen Männern und Frauen, die in puncto Sexualität von einer rührenden Unbedarftheit waren, bestimmen noch heute unser Bild von den Mittelschichten der viktorianischen Zeit. Viele dieser Geschichten sind mittlerweile als reine Erdichtung oder unbegründete Verallgemeinerung entlarvt worden. Königin Victoria war, entgegen ihrem Ruf, keineswegs zimperlich; sie zeichnete und kaufte männliche Akte und machte ihrem Gatten Albert sogar eine solche Zeichnung zum

Geschenk.[5] Doch andere dieser Geschichten sind wahr; sie bilden den Kern psychiatrischer Fallberichte, öffentlicher Skandale, autobiographischer Bekenntnisse. «Ich war als Kind sehr wißbegierig, zumal auf alles, was das Geschlechtliche betraf», erinnerte sich Lady Lutyens an die frühen 1880er Jahre, als sie noch Emily Lytton war, «aber ich bin niemals auf den Gedanken gekommen, meiner Mutter irgendwelche Fragen zu stellen. Statt dessen habe ich unsere Dienstboten gelöchert. Mit einer Kusine verabredete ich, daß wir auf eigene Faust soviel wie möglich herausfinden wollten, um dann unsere Entdeckungen auszutauschen.» Allerdings scheinen weder die Dienstboten noch die Kusine jene Informationen geliefert zu haben, nach denen es Emily Lytton gelüstete. 1893, mit 18 Jahren, verliebte sie sich in den berühmten Entdecker und hemmungslosen Frauenhelden Wilfrid Scawen Blunt. Sie sah in ihm «den attraktivsten Mann, den ich kenne», obwohl (oder gerade weil) er fast dreimal so alt war wie sie selbst. Blunt war 53, als er sie – mannhaft, aber vergeblich – zu überreden suchte, mit ihm ins Bett zu gehen.

Emily Lytton war realistisch genug, den eigentlichen Grund für ihre Schwärmerei zu durchschauen, und gab den ausweichenden Antworten ihrer Erzieher die Schuld daran, daß sie gegen sexuelle Versuchungen nicht besser gewappnet war. «Unser jüngstes Erlebnis», schrieb sie einer vertrauten Freundin, «hat mir so recht vor Augen gerückt, wie töricht es ist, sich darauf zu verlassen, die konventionelle Behütetheit werde die Frauen vor dem Verderben bewahren. Eine ganz spezielle Leidenschaft ist, direkt oder indirekt, die Ursache für vielleicht die Hälfte allen Lasters und Elends in der Welt. Diese Leidenschaft ist dem Menschen zu wohltätigen Zwecken eingepflanzt, und trotz dieses inneren Denunzianten in uns – und abgesehen von den Tausenden von Ahnungen, und mehr als Ahnungen, die ständig in uns aufkeimen – glaubt man, unsere Unschuld durch eine unmögliche Unwissenheit bewahren zu können!» Einigermaßen erbittert fragte sie: «Welche Sicherheit soll uns eine fiktive Barriere geben, die in Wirklichkeit kaum existiert? Es ist Wahnsinn, wenn die Menschen an dieser hohlen Fiktion festhalten und auf sie bauen.»[6] Ich kenne wenige Stellen in der einschlägigen Literatur, die so präzise und zugleich so unaufdringlich die Forderungen beim Namen nennen, die die Geschlechtsleidenschaft – der «innere Denunziant» – an den Adoleszenten stellt. Emily Lytton entzog sich schließlich dem Zauber Blunts, ohne ihre Selbstachtung – und ihre Jungfräulichkeit – verloren zu haben, und heiratete 1897 den Architekten Edwin Lutyens. Sie kam über Blunt hinweg; aber sie blieb zeitlebens überzeugt, daß sie weniger gelitten hätte, wenn sie mehr gewußt hätte.

So hatte sie viel zu leiden. Ihre Ehe war, trotz aller Wechselfälle des

Geschicks, ein Erfolg. Wie sie 1929 gegenüber ihrem Gatten ausrief: «32 Jahre!! Ist es nicht wunderbar? Es war doch eine schöne Zeit, trotz allem Auf und Ab.» Zu diesem Auf und Ab hatte gehört, daß sie sich jahrelang ihrem Manne verweigert hatte und daß Edwin Lutyens in eine langwierige Affäre verstrickt war. Die Flitterwochen waren, wie Emily Lutyens Jahre später an ihren Mann schrieb, für sie noch in der Erinnerung ein Alptraum. Der schlimmere Alptraum – ein langer Ausflug in die Theosophie und der völlige Abbruch der körperlichen Beziehung nach 17 Jahren Ehe und drei Kindern – war unvermeidlich: nicht weil Emily Lutyens frigide gewesen wäre, sondern gerade, weil sie heißblütig war. «Vergiß nicht», schrieb sie ihrem Mann, «daß ich Dich, als ich Dich geheiratet habe, genauso geliebt und körperlich begehrt habe wie Du mich. Ich werfe Dir keinen Augenblick lang vor, was dann gekommen ist; Du warst einfach selbstsüchtig und gedankenlos, und ich war genauso blöd.» Edwin Lutyens war ebenso unerfahren in die Ehe gekommen wie seine Frau, fordernd und sexuell bedürftig, pflegte er anscheinend rasch zu ejakulieren, ohne seine Frau zu befriedigen. Sie wollte teilhaben an seinen Gedanken, seiner Lektüre, seiner Arbeit. Aber selbst wenn sie ihrer rührenden Sehnsucht nach geistiger Nähe Ausdruck gab, tat sie es in plastisch-körperlichen Metaphern, die den Blick auf ihre frustrierte Sexualität freigaben: «Es ist nicht so, daß ich Dich nicht lieben würde – ich liebe Dich so sehr, daß ich *mehr* von Dir will – nicht nur Deinen Körper, sondern Deine Seele, Deinen Geist, irgend etwas Großes, das ich ergreifen und mit Dir teilen kann.» Dieses große Etwas hatte bemerkenswerte Ähnlichkeit mit seinem Penis: «Versuch' doch, mich an Dich herankommen zu lassen, solange noch Zeit ist –», schrieb sie im selben Brief, «gib mir ein bißchen von Deinem Leben ab. Ich will Dir doch nicht lästig fallen!»[7] Er bat sie, ihm zu verzeihen und Geduld mit ihm zu haben, aber er lebte sein Leben, und er fand nie so recht heraus, wie er es mit ihr teilen – wie er sie befriedigen konnte. Die beiden liebten einander um so inniger, je mehr Jahre sie miteinander verbracht hatten. Aber die Unwissenheit in sexuellen Dingen forderte Probleme geradezu heraus, und daß sie beide unwissend waren, machte die Sache nur noch schlimmer.

Nach den Kämpfen anderer zu urteilen, die ebenso uninformiert waren wie Emily Lutyens und ihr Mann, war deren Einschätzung der Situation des bürgerlichen Mädchens in ihrem Jahrhundert weder übertrieben noch subjektiv. Die Theosophin Annie Besant stellte in ihrer 1893 erschienenen Autobiographie diese Dinge mit der durchsichtigen Klarheit der erfahrenen Publizistin dar. Das Buch strafte die in ihm enthaltene Anklage in einem gewissen Sinne Lügen: Freimütig bemängelt sie darin den überall herrschenden Mangel an Freimut. Im Sommer 1866 verlobte sie sich mit einem Geistlichen, den sie kaum kannte und unverdientermaßen idealisierte. Das Verlöbnis bereute sie bald, aber ihre Mutter verbot ihr, es zu lösen, und im Winter 1867 wurde Annie Besant verheiratet. «Ich hätte mir die ehelichen Beziehungen kaum anders vorgestellt, wenn ich nicht zwanzig, sondern vier gewesen wäre. Mein träumerisches Leben», fuhr sie fort, «in das keine Kunde des Bösen je hatte dringen dürfen, in welchem ich vor allem Schmerz behütet, vor aller Angst beschirmt, in allen Fragen des Geschlechtlichen unschuldig erhalten worden war: dieses Leben war keine Vorbereitung auf das eheliche Dasein und gab mich wehrlos einem bösen Erwachen preis.»[8]

Als sie ein Vierteljahrhundert später an ihre damalige Not zurückdachte, zog sie das nüchterne Fazit: «Man kann keinen verhängnisvolleren Fehler begehen, als ein Mädchen in Unkenntnis aller Pflichten und Lasten des Lebens zum Weibtum zu erziehen, um es dann – fernab aller alten Stützen, der alten Zuflucht zur Mutterbrust – ihrem Schicksal zu überlassen.» Wenn «völlige Unschuld» etwas «Wunderschönes» war, so war es doch auch etwas «Gefährliches». Und sie forderte: «Eva sollte um Gut und Böse wissen, bevor sie aus dem Paradies der mütterlichen Liebe auszieht.» Annie Besant zögerte nicht, ihre eigene Erfahrung zu verallgemeinern: «So manche unglückliche Ehe rührt von ihrem allerersten Anfange her, von dem furchtbaren Schock, den die empfindsame Schamhaftigkeit und der Stolz des Mädchens erleiden, von ihrer hilflosen Bestürzung und Furcht.» Für die Männer und ihrer besseren erotischen Erziehung durch Schule und Leben mag es unvorstellbar sein, daß «solche kindliche Unwissenheit, wie sie vielen Mädchen eignet, überhaupt möglich ist». Aber: «Solche Unwissenheit ist nun einmal, zumindest bei manchen Mädchen, Tatsache, und keine Mutter der Welt sollte zulassen, daß ihre Tochter blindlings den Hals unter das Joch der Ehe beugt.» Annie Besant war diesem Joch nach sechs Jahren entflohen; mit der für sie typischen Unerschrockenheit erreichte sie 1873 die Trennung. Aber sie gab auch zu bedenken, daß andere Frauen – weniger beherzt und aufsässig wie sie selbst – jenes Joch ihr Leben lang tragen würden: Opfer falscher Rücksichtnahme und übel angebrachter Scham und mit hoffnungslos zerstörter Sinnlichkeit.[9]

Die in den Annalen bürgerlicher Sexualität oft zitierte Geschichte Effie Ruskins – besser gesagt: Effie Grays – läßt denn auch erkennen, daß eine gesunde Libido sogar mit der vornehmsten Unschuld fertig wurde und die abgefeimteste Vernachlässigung glücklich überstand. Am 6. März 1854 offenbarte Effie Ruskin ihren Eltern in einem ausführlichen Brief, daß ihre Ehe seit sechs langen Jahren nicht vollzogen worden war: «Ich glaube nicht, daß ich überhaupt John Ruskins Weib bin – und ich bitte Euch dringend, daß Ihr mir beisteht, mich aus der unnatürlichen Lage zu befreien, in welcher ich mich ihm gegenüber befinde.» Sie rief sich das Leben mit ihrem brillanten, aber exzentrischen Gatten in Erinnerung, der zwar bereit war, Tag und Nacht über den Geschlechtsverkehr zu diskutieren, aber keinen Augenblick lang die Absicht hatte, seinen Reden auch Taten folgen zu lassen. «Er schob die verschiedensten Gründe vor: Haß auf Kinder; religiöse Motive; den Wunsch, mir meine Schönheit zu bewahren: bis er endlich im letzten Jahr mit der Wahrheit herausrückte (die für mich ebenso gemein ist wie alles andere), daß er sich nämlich vorgestellt hätte, Frauen seien ganz anders als so, wie er mich gesehen habe, und daß er mich nicht zu seiner Frau gemacht hätte, weil ich ihm schon am ersten Abend, dem 10. April, körperlich zuwider gewesen sei.» Der 10. April 1848 war ihr Hochzeitstag gewesen.[10] Der endgültige Bruch mit ihrem Gatten hatte sie körperlich und seelisch heftig mitgenommen, aber sie machte ihren Eltern an keiner Stelle einen Vorwurf daraus, daß sie sie nicht auf das Geschlechtsleben vorbereitet und sie damit dem unwürdigen Versteckspiel Ruskins ausgeliefert hatten. Alles, was sie, gleichsam beiläufig, sagte, war: «Ich war nie über die Pflichten verheirateter Menschen gegeneinander aufgeklärt worden und wußte wenig bis gar nichts über ihr Verhältnis in der engsten Verbindung, die es auf Erden gibt.»[11] Es sagt viel über die wohlhabende Mittelschichts-Kultur, aus der sie stammte, daß sie sich nicht – zumindest nicht offen – über die Unwissenheit beklagte, in der ihre Eltern sie gehalten hatten. Und es sagt einiges über ihre latente, der Erweckung entgegenfiebernde Leidenschaft, daß sie endlich an dem Punkt angelangt war, ihre Situation als «unnatürlich» zu betrachten. Nachdem ihre Ehe in einer mühseligen und demütigenden Prozedur für nichtig erklärt worden war, heiratete sie den Maler John Millais und erfreute sich mit ihm einer langen, mitunter stürmischen, aber im großen und ganzen befriedigenden Ehe, aus der acht Kinder hervorgingen.

Unaufgeklärtheit mochte eine schlechte Voraussetzung für eine gute Ehe sein: ein Verhängnis war sie nicht. Als Mollie Hughes, wie sie in ihrem Tagebuch erzählt, in den 1880er Jahren ihre Verlobung einging, sagte ihre Mutter «eines Tages, während sie einen Brief schrieb und ich mein Latein büffelte, ganz beiläufig zu mir: ‹Dir ist doch hoffentlich klar, daß du mit Arthur auch schlafen mußt?› ‹Ja natürlich›, sagte ich mit demselben verständnisinnigen Lächeln, mit dem ich bisher schon ihre Bemerkungen über ein glückliches Eheleben quittiert hatte. Heute scheint mir, daß sie sich gewundert haben muß, wieviel oder wie wenig ich wirklich wußte.» Auch wir werden niemals erfahren, wieviel sie wußte; denn ihre Mutter «faßte nicht nach», und Molly Hughes verrät es uns nicht.[12] Aber was immer sie wußte: zu Hause hatte sie es nicht gelernt.

Es gibt vereinzelt Anhaltspunkte dafür, daß es den Franzosen wenig besser erging. Man denke nur an Gustave Droz' phantasievolle Rekonstruktion der bürgerlichen Ehe im Frankreich der Jahrhundertmitte. Die wenigen Worte, die er – nach der Hochzeit – die Mutter der Braut ihrer Tochter ins Ohr flüstern läßt, kamen viel zu spät und waren keinerlei Hilfe. Einige Jahre zuvor, 1843, hielt George Sand ihrem Halbbruder Hippolyte Chatiron eine von Herzen kommende «Predigt», um eine solche Hilfestellung zu geben, und zwar rechtzeitig. Sie hatte soeben erfahren, daß eine ihrer Freundinnen im Kindbett gestorben war, und diese Nachricht bewog sie, über das eheliche Betragen des Mannes zu reflektieren. Chatirons Tochter war dabei, sich zu verheiraten, und George Sand meinte, dies sei der geeignete Augenblick für den Vater, einige Worte mit dem künftigen Gatten seines Kindes zu wechseln: «Sorge dafür, daß Dein Schwiegersohn in der Hochzeitsnacht nicht brutal zu Deiner Tochter ist; bei zarten Frauen haben organische Schwächen und schmerzhafte Geburten keine andere Ursache als diese Brutalität. Die Männer machen sich nicht hinreichend klar, daß dieses Amüsement für uns ein Martyrium ist.» Sie riet ihm, dem jungen Mann zu sagen, er tue gut daran, «seine Lust ein wenig zu zügeln und zu warten, bis er seine Frau nach und nach dazu gebracht hat, ihn zu verstehen und auf ihn einzugehen. Wir erziehen die Mädchen, so gut es geht, zu Heiligen», setzte sie bissig hinzu, «und dann übergeben wir sie wie junge Stuten. Wenn Dein Schwiegersohn ein Mann von Verstand ist und Deine Tochter wirklich liebt, wird er seine Rolle kennen und nichts dagegen haben, wenn Du am Abend vorher mit ihm darüber sprichst.»[13] Damit sei ihre Predigt beendet, fügte George Sand hinzu; sie mochte ein schlechtes Gewissen wegen dieser aus Erfahrung stammenden Belehrung haben. Die notorisch emanzipierte Frau, die, wie man in feinen Kreisen glaubte, die Liebhaber wechselte wie andere Frauen ihre Garderobe, scheint auf die Ehe kaum besser vorbereitet gewesen zu sein als Effie Ruskin und die Freuden der Sinnlichkeit durch Erfahrung, zum Teil durch schmerzhafte Experimente, kennengelernt zu haben. Es war bei Geoge Sand wie bei anderen Frauen auch: ihre Unschuld erwies sich als kurierbarer Zustand.

Es war nicht nur schwer, gleichsam an Landkarten heranzukommen, die den Weg zum Orgasmus wiesen; die Gegend selbst, das Land der Sinne, lag unter der Nebeldecke der *délicatesse*. Anständige Ehefrauen warteten darauf, von älteren Schwestern in die Geheimnisse der Geburtenkontrolle eingeweiht zu werden; anständige Mütter klärten ihre Töchter unter so vielen blumigen Worten über die Menstruation auf, daß die auf diese Weise erhaltene Information traumatisierender wirkte als blanke Unwissenheit. Bei Natalie Barney, der international berühmten Schönheit und notorischen Lesbierin, sah um 1886 die Aufklärung über ihre bevorstehende Menses folgendermaßen aus: Ihre Mutter zeigte auf Fische im Aquarium, «aus denen rote Fäden quollen: ‹Die bekommst du auch, wenn du älter bist. Das braucht dich nicht besonders wundern.›» Als Natalie Barney mit zwölf Jahren zu menstruieren begann, war sie nicht verwundert, sondern entsetzt: Sie fiel in Ohnmacht.[14] Einige Jahre später befragte Dr. Helen P. Kennedy 125 amerikanische High-school-Schülerinnen, bei denen die Menstruation begonnen hatte, ob sie Instruktionen von ihrer Mutter erhalten oder offen über diese Angelegenheit gesprochen hätten. 36 Schülerinnen hatten überhaupt nicht mit ihrer Mutter gesprochen; 39 hatten zwar die Sache diskutiert, aber auf eine gezwungene, gehemmte Weise, nur 50 hatten die Menstruation in aller Offenheit erörtert. Dr. Kennedy fand dieses Ergebnis außerordentlich enttäuschend. Es handele sich hier um eine «gefährliche Arglosigkeit», in welcher die Töchter von ihren kaum weniger ahnungslosen Müttern allein gelassen würden.[15] Das war die besorgte und fordernde Stimme der Reform. Wir werden ihr in Kürze wieder begegnen.

Es gibt andere literarische Bruchstücke, die dasselbe besagen – stets ist die Frau das auserkorene Opfer. Der brutale Banause im Boudoir, der sinnlich erregte Mann, der über sein verängstigtes, völlig ahnungsloses Weib herfällt, wurde denn auch zum Topos der selbstkritischen Literatur des Bürgertums, zumal gegen Ende des Jahrhunderts, als das Zeitalter Victorias überging in das Zeitalter Freuds. Es schien nur allzu offenkundig zu sein, warum so viele Frauen mit peinlichen, furchterregenden Krankheiten behaftet waren. «Bei einer meiner Patientinnen», schreibt Dr. Mary Wood-Allen sybillinisch in ihrem umfangreichen Werk *Ideal Married Life*, «stellte ich einen Vaginismus fest, der seit der Hochzeitsnacht bestand, als die Braut voller Entsetzen vor einer Erfahrung zurückschrak, auf welche sie in keiner Weise vorbereitet war. Immer, wenn ihr Gatte sich ihr näherte, verkrampfte sich die Vagina und machte ein Eindringen unmöglich.» Auch Dr. Sicard de Plauzoles, ein französischer Feminist, der sich beredt für das Recht der Frau auf den eigenen Körper einsetzte – wozu er ausdrücklich auch das Recht zählte, «den Geschlechtsakt und die Mutterschaft zu akzeptieren oder zu verweigern» –, beschwor das Bild der Vergewaltigung: «Die brutale Ausübung des Gattenrechtes über den Körper der Frau empört das Gewissen eines jeden unbefangen denkenden und zartsinnigen Mannes.»[16]

Diese düster-drohende Rhetorik, die den Eindruck zu erwecken suchte, daß die eheliche Initiation ein feindseliger, gnadenloser Akt sei, war den Sexualreformern kongenial. Aber das Vokabular untadelig-konservativer Texte war, wiewohl gemäßigter, nicht minder suggestiv; staatlich sanktionierte Vergewaltigung in der Hochzeitsnacht schien nachgerade eine Epidemie zu sein. In solchen Traktaten ist von dem «Opfer» die Rede, das die Braut bei dieser hehren Gelegenheit bringe, von ihrer «unvermeidlichen Prüfung», nicht selten auch von ihrer «Kapitulation». In seinem 1850 erschienenen, vieldiskutierten Artikel über die Prostitution behauptete gar der englische Publizist W.R. Greg, daß die «sittsam erzogene» junge Frau – ob verheiratet oder nicht – die Erfahrung machen wird, daß «das erste Opfer *in beiden Fällen* in einem Delirium aus Liebe und Scham gebracht und gefordert wird.»[17]

Ich habe nicht den geringsten Zweifel daran, daß es solche traumatischen Tragödien gab und daß sie ihren Tribut forderten. Doch steckt in diesen Vignetten nicht nur krasse Realität, sondern genausoviel Phantasie und Wunscherfüllung: Sie lesen sich wie der inbrünstige Wunsch der Männer nach herrischer Bemächtigung, verstärkt vom Wunsch mancher Frauen nach der Peitsche des dominierenden Mannes. Schließlich wissen wir, daß der Bräutigam des 19. Jahrhunderts oft geduldig und taktvoll war: Ich habe schon von den Ehemännern jener Frauen gesprochen, die Dr. Mosher interviewte; einige von ihnen verzichteten drei Tage, ja sogar ein Jahr lang auf den Versuch, die Ehe zu vollziehen. Außerdem waren die jungen Männer oft genauso ahnungslos wie die Jungfrauen, die sie heirateten. Gewiß hatten, wie Annie Besant bemerkte, junge Männer in der Adoleszenz weit bessere Chancen, sexuelle Erfahrungen zu sammeln, als gleichaltrige Mädchen.[18] Gleichzeitig standen die jungen Männer oft unter dem Eindruck falscher Informationen oder verzichteten auf Experimente, weil in ihrer (unbewußten) Vorstellung die Frau ebenso unantastbar war wie die eigene Mutter.

Wie üblich, herrschte der Eindruck, daß die sexuelle Aufklärung auf der anderen Seite des Kanals besser funktioniere. «Bei uns», erinnerte sich Sir Lawrence Jones an seine Vorkriegszeit in Oxford, «war Neugier noch in einem Alter gang und gäbe, wo die Jugend des Kontinents aus lauter Frauenkennern bestand.» Das Leben dieser Oxforder Studenten um 1905 verlief weitgehend «frauenfrei». Die Beziehungen zu Mädchen waren notgedrungen «steif und förmlich, man achtete auf die vorgeschriebene Distanz, die Gesprächsthemen waren begrenzt». Als Sir Lawrence und seine Freunde den Mut fanden, Fragen über sexuelle Dinge zu stellen, verabfolgte man ihnen die herrschenden kulturellen Weisheiten. Er erinnerte sich an eine studentische Abendgesellschaft, bei der auch ein Arzt zugegen war, den alle gut kannten. Als einer seiner Freunde fragte, ob Frauen Freude am Geschlechtsverkehr empfänden, erklärte der Doktor der jugendlichen Versammlung: «‹Ich kann Ihnen versichern, daß neun von zehn Frauen gleichgültig dagegen sind oder ihn ablehnen; die zehnte, die ihn genießt, ist immer ein Flittchen.›» Rückblickend betrachtet, fand Sir Lawrence dieses so dogmatisch vorgetragene Diktum gefährlich: «Aus dem Munde einer solchen Autorität war das für uns das Evangelium. Eine verderblichere Botschaft an junge Männer kann man sich kaum vorstellen», denn sie «brach über alle leidenschaftlichen Bräutigame den Stab und verunglimpfte alle liebesbereiten Bräute». Dieser Doktor, so fügte er hinzu, «war der freundlichste und aufrichtigste aller Menschen, und es ist bezeichnend für die falsche Scham, welche die Konvention von seinen Patientinnen erwartete, ... daß ein Arzt derartig ahnunglos sein konnte.»[19] Das ist freilich mehr Apologetik als Diagnose; denn den meisten Ärzten war ausgesprochen wohl bei der falschen Scham, mit der ihre Patientinnen das Konsultationszimmer betraten, und die meisten Ärzte hätten, auch wenn ihre Patientinnen weniger zurückhaltend gewesen wären, ihre Botschaft nicht vernommen.

Auf dem Kontinent war die Situation nur vordergründig anders. Es war Ehrensache für halbwüchsige Schüler und ein stehender Topos der französischen Literatur, daß der Heranwachsende im Alter von ungefähr 16 Jahren seinen ersten Bordellbesuch hinter sich hatte. Freilich verliefen solche Unternehmungen nicht immer erwartungsgemäß. Flauberts Frédéric Moreau, der das bewußte Etablissement aus lauter Verlegenheit flieht, ist mehr als nur eine Romanfigur: er ist ein kollektives Porträt. Die Töchter der frommen und wohlhabenden französischen Mittelschicht wurden über physiologische Dinge – und erst recht über sexuelle – systematisch im Ungewissen gelassen. Und Frank Wedekinds bahnbrechendes expressionistisches Stück *Frühlings Erwachen* – 1891 vollendet – läßt erkennen, daß es der deutschen Jugend nicht besser erging. Heranwachsende Mädchen bekamen teilweise noch immer das Märchen vom Storch zu hören, der die kleinen Kinder bringt, und Schüler erlebten das Erwachen ihres pubertären Frühlings als Ansturm schwer bewältigbarer Gefühle und quälend-unlösbarer Konflikte. Wedekind schilderte die damals im deutschen Reich herrschende Atmosphäre nicht ganz unzutreffend; immerhin wurde es auch einem seriösen Romanschriftsteller wie Theodor Fontane verdacht, daß er in seinen Büchern den Ehebruch thematisierte.

Zur *éducation sentimentale* der jungen Leute gehörten mit Sicherheit auch frustrierende Phantasien, verstohlene Masturbation und so manche nachhaltige Demütigung. In den USA wurden, wie um 1914 eine umfassende Erhebung unter College-Schülern ergab, die meisten jungen Leute von Dienstboten oder irgendwelchen Freunden aufgeklärt, was häufig auch kein Fortschritt war. Von 677 Schülern, die die Frage beantworteten, von wem sie sexuelle Aufklärung erhalten hätten, antworteten nicht weniger als 544: «von Freunden», 33: «von Freundinnen»; 40 der Befragten nannten als Quelle ihrer sexuellen Kenntnisse Dienstboten, Zimmermädchen, Gespräche oder die Beobachtung von Tieren. M.J. Exner, Autor der Studie, kam zu dem wohl etwas zu rigorosen Resultat: «91,5 % der Befragten empfingen ihre ersten bleibenden Eindrücke über das Geschlechtsleben aus ungesunden Quellen.» Einige Jahre zuvor, um 1910, hatten deutsche Ärzte geschätzt, daß rund ein Fünftel bis ein Drittel der deutschen Gymnasiasten höherer Klassen sexuelle Erfahrungen irgendwelcher Art besaßen.[20] Das sind freilich nur begründete Vermutungen; sie besagen nichts über die Qualität dieser Erfahrungen oder der verunglückten Experimente, an die man mit Scham zurückdachte.

Wie wenig die Menschen des Kontinents wußten und wie inkompetent sie im entscheidenden Augenblick sein konnten, geht aus dem hervor, was eine Patientin Sigmund Freuds, eine Zwangsneurotikerin, ihm über ihre Initiation erzählte. «Ihr Mann», faßt Freud den Bericht zusammen, «war in der Brautnacht von einem nicht ungewöhnlichen Mißgeschick befallen worden. Er fand sich impotent und ‹kam viele Male im Laufe der Nacht aus seinem Zimmer in ihres gerannt›, um den Versuch, ob es nicht doch gelänge, zu wiederholen. Am Morgen äußerte er, er müsse sich ja vor dem Hotelstubenmädchen schämen, welches die Betten in Ordnung bringen werde, ergriff darum ein Fläschchen mit roter Tinte und goß dessen Inhalt über das Bettuch aus...»[21] Dieser lächerliche Vorfall wäre lustig, wenn er nicht so traurig wäre. Er läßt aufs neue erkennen, daß zu Freuds Zeiten bei den mittleren Schichten die Jungfräulichkeit der Braut als selbstverständlich vorausgesetzt wurde und daß ein Ehemann womöglich noch unbeholfener, noch ängstlicher, noch unaufgeklärter sein konnte als seine Frau. Das Opfer des Brautnacht-Traumas war zwar oft genug die in Schmerz und Schrecken deflorierte Frau, aber möglicherweise genauso oft der zur Demonstration seiner Potenz verurteilte Mann.

Die Zeitgenossen hatten denn auch für die Demütigungen, die den frischgebackenen Ehemann erwarten konnten, ein feineres Sensorium, als es spätere Kulturhistoriker bewiesen. Alice Belknap schilderte 1883 ihrer Schwester Susan Wright brieflich das Aussehen eines kurz vor der Eheschließung stehenden Verwandten: «Man sieht ihm den herannahenden Hochzeitstag wirklich an wie sonst den meisten Frauen: er ist blaß und abgemagert.» Die Männer selbst gestanden mitunter die Befürchtungen ein, von denen solche Blässe kündete. Nachdem die Kingsleys übereingekommen waren, ihre Ehe einen Monat lang nicht zu vollziehen, sahen sie der Brautnacht gelassen entgegen. «Ich denke jetzt viel über den Schrecken nach, den es Dir bereiten muß, mich entkleidet zu sehen», schrieb Charles Kingsley einige Monate vor dem großen Tag an Fanny Grenfell. «Du ahnst ja nicht, wie oft ein Mann in der Hochzeitsnacht von einer körperlichen und seelischen Mattigkeit befallen wird.» Die Gefahr eines «Fiaskos» – wie Stendhal es genannt hatte – war so groß, daß manche Männer es am klügsten fanden, ihre diesbezügliche Besorgnis schlankweg zu leugnen. «Endlich ist der Tag der Tage gekommen», schrieb John Millais an seinem Hochzeitstage an seinen Freund Charles Collins. «Ich bin nicht im mindesten nervös, sondern nur sehr glücklich.» Schon diese Verneinung war eine Bejahung. Ihm sei bewußt, schrieb er Collins, daß ihm eine «Prüfung» bevorstehe, und er schloß, nicht ohne seine Metaphern mit unbewußter Sicherheit zu wählen: «Es gibt einige erschreckende Leistungen, mein Lieber, wie das Anblicken der Instrumente beim Zahnarzt – Seele und Hirn verweilen bei unerfreulichen Wahrscheinlichkeiten, und so stehe ich zum Kampf bereit.» Der Verweis auf die Geräte des Zahnarztes – diese kastrierenden Zangen – verriet seine Furcht; das Verweilen bei «unerfreulichen Wahrscheinlichkeiten» machte sie noch realistischer. Seiner Braut Effie Gray war von den hervorragendsten Ärzten des Landes bescheinigt worden, daß sie *virgo intacta* sei; jetzt war es an ihm, nicht nur zum Kampf bereitzustehen, sondern zu zeigen, was er konnte.[22] Aber er war ja nicht im mindesten nervös...

Das Tagebuch seiner Frau weiß es anders. Sie schreibt, sie selber sei zuversichtlich und froh gewesen, als sie den Ehekontrakt unterschrieb; ihr Gatte aber war «aufgeregter. Er sagte mir später, daß er gute Lust gehabt habe, die Feder hinzuwerfen und zu fragen, in welche Komödie er geraten sei, und die Unterschrift zu verweigern.» Als sie endlich im Zug saßen und in ihre Flitterwochen fuhren, brach er zusammen. «Er wurde sehr aufgeregt, und als der Zug sich endlich in Bewegung gesetzt hatte, weinte er furchtbar, sagte, er wisse nicht, wie er das alles durchgehalten habe, und fühlte sich elend; er sei um zehn Jahre gealtert, und anstatt glücklich und guter Dinge zu sein, wirkte er verzweifelt.»[23]

Dies war mehr als lediglich die extreme Reaktion eines sensiblen Künstlers, der vor der Erfüllung einer mit soviel Geduld und Diskretion errungenen Liebe stand. Es war vielleicht keine typische Erfahrung, aber sie war alles andere als selten. Als Louisa Bowater am 20. Oktober 1869 Sir Rainald Knightley heiratete, schrieb sie in ihr Tagebuch: «Ich bin nicht im mindesten nervös – jedenfalls hatte ich das Gefühl, daß noch so viel zu erledigen war, daß ich gar nicht zur Besinnung kam.» Ihr Mann dagegen sei «sehr nervös». Als das Paar jedoch auf Knightleys Gütern eintraf – feierlich empfangen vom Geläut der Glocken und den in Reih und Glied aufgestellten Dienstboten, die eine «sehr rührende und artige Ansprache» verlasen –, «dankte mein lieber Mann mit lauter und deutlicher Stimme und brach, entgegen meinen Befürchtungen, nicht zusammen.»[24] Letzten Endes war es aber doch wahrscheinlicher, daß es die Frau war, die in Panik geriet, und nicht der Mann. «Mir ist angst und bange», gestand ein junges Mädchen den Brüdern Goncourt 1856 im Hinblick auf die bevorstehende Hochzeitsnacht. «Am liebsten würde ich mich chloroformieren lassen!»[25]

Die Männer – auf die Ehe ebenso übel vorbereitet wie das behütetste Mädchen – wünschten sich ohne Zweifel nicht den rettenden Hafen der Besinnungslosigkeit, sondern vielmehr positiven Zuspruch, um ihre Potenz zu sichern oder wiederherzustellen. Die vor der Psychoanalyse erschienene medizinische Literatur über Impotenz ist nicht eben eindrucksvoll, aber aufschlußreich. Ihre spektakulärsten Fallgeschichten betreffen entweder Männer mit körperlichen Fehlfunktionen oder sexuell Invertierte, die sich zu heterosexuellen Beziehungen verpflichtet fühlten, an denen ihnen in Wirklichkeit nichts lag. Die relevanten medizinischen Arbeiten jener Zeit machen trotz ihres salbungsvollen Tons zweifelsfrei deutlich, daß den fruchtlosen Versuchen mancher Männer des 19. Jahrhunderts, ihre Geliebte zu befriedigen oder die Ehe zu vollziehen, eine psychologische Komponente innewohnte. Jean-Martin Charcot und Valentin Magnan trugen eine ganze Reihe solcher Fälle zusammen, darunter den eines Schlafmützenfetischisten, der Sigmund Freud interessiert haben würde. Auf jeden Fall interessierte er den hervorragenden amerikanischen Neurologen William A. Hammond, dessen *Sexual Impotence in the Male* eine regelrechte Anthologie der aktuellen Literatur war.[26] Hammond fügte ähnlich gelagerte Fälle aus seiner eigenen Praxis und von anderen Autoritäten hinzu. Da es sich jedoch um Perversionen handelte, sind sie definitionsgemäß Ausnahmen und für ihre Zeit untypisch.

Weit häufiger und repräsentativer waren Fälle von vorübergehender Impotenz, für die Hammond zwei Beispiele brachte. Das eine war ein «verheirateter Mann», «ein Bild strotzender Gesundheit», der kurz zuvor geheiratet hatte und «seiner Frau sehr zugetan» war. Doch «seit einem Jahr lenkte ihn jedes Mal, wenn er den Geschlechtsverkehr versuchte, irgendein Gedanke von häufig lächerlichem Inhalt ab und ertötete jedes Verlangen in eben dem Augenblick, wo der Orgasmus begann.» Der zweite Fall war dem ersten nicht unähnlich. Ein junger Mann – berufsmäßiger Spieler –, «dessen Geist von seiner Tätigkeit stark beanspruchtı» wurde, mußte feststellen, daß er immer, wenn er seinem «heftigen geschlechtlichen Verlangen» nachgeben wollte, hierzu nach seiner Arbeit außerstande war. Da Hammond die diagnostische Kategorie der Zwangsneurose noch nicht kannte, diagnostizierte er statt dessen bei beiden Männern eine übermäßige Beeindruckbarkeit. Er riet daher dem ersten Patienten, getrennte Schlafzimmer einzurichten und sich drei Monate lang des Geschlechtsverkehrs zu enthalten. Dem anderen riet er, eine lange Schiffsreise anzutreten und bis zu seiner Rückkehr über sexuelle Beziehungen nicht nachzudenken. «Diese Behandlung», konnte Hammond erfreut registrieren, «war bei beiden Patienten so erfolgreich, daß nach Ablauf der festgesetzten Wartezeiten keinerlei Schwierigkeiten mehr auftraten.»[27] Es gab Zeiten, in denen diese Art von Primitiv-Psychologie bestens funktionierte. Aber ob sie funktionierte oder nicht: entscheidend war, daß ihre Notwendigkeit erkannt und anerkannt wurde.

Diese Fälle und das demütigende Schauspiel des impotenten Bräutigams, das nach Freuds Ausführungen recht häufig war, haben Folgen, die weit über die mit ihnen verbundenen psychischen Katastrophen hinausgehen. Jene theatralische und dräuende Gestalt: der Unhold Mann im Ehebett, war unbestreitbare Wirklichkeit; Mrs. Eliza Duffey sagte es schon in den 1870er Jahren in ihrem vielgelesenen Ratgeber für junge Mädchen *What Women Should Know:* «Man muß sich oft fragen, ob eine große Zahl von Männern nicht einfach in allem, was die körperlichen Aspekte der Ehe betrifft, Untiere sind. Daß Frauen – viele Frauen – unter ihren Männern leiden, die in dieser Hinsicht brutal, wenn auch in jeder anderen Hinsicht nett und freundlich sind, duldet keinen Zweifel.»[28] Aber dieses lüsterne Tier ist nicht bloß ein aus weiblichen Erfahrungen zusammengesetztes Bild; es ist zugleich eine Projektion, hauptsächlich von Männern, die ihr männliches Fiasko ableugnen. Die Ehe war für Männer ebenso eine Prüfung wie für Frauen. Und paradoxer-, aber bezeichnenderweise trugen die Ärzte jener Zeit wenig dazu bei, ihr diesen Charakter der Prüfung zu nehmen.

2. Der Beruf zur Angst

Das Schauspiel, daß berufsmäßige Mittler von Wissen und Erkenntnis als Komplizen der Unwissenheit fungieren, war keineswegs neu. Der an die akademischen Berufe gerichtete Vorwurf der Selbstsucht, der Exklusivität und der staatlich sanktionierten Pfuscherei reicht bis in die Antike zurück. Gegen Ende der Aufklärung hatte Condorcet seine soziologische

Interpretation der Geschichte auf die Wahrnehmung gegründet, daß akademische Einrichtungen zu allen Zeiten mehr daran interessiert waren, ihre Privilegien zu sichern und ihre Monopole zu wahren, als daran, zum Nutzen der Allgemeinheit ihre Weisheit weiterzugeben. Im 19. Jahrhundert nahm sich dieses Schauspiel lediglich rührender aus als früher. Die Naturwissenschaften machten spektakuläre Fortschritte; auch die Medizin, die in zunehmendem Maße, wenn auch widerstrebend, von der Chemie und verwandten Disziplinen lernte, stand unter dem Druck, es der Wissenschaft gleichzutun. War die Eisenbahn das dramatischste Beispiel für Wissenschaft im Dienste der Technik, so hatte auch die Medizin Innovationen zu verzeichnen, die fast ebenso sichtbar und womöglich von noch größerer Tragweite waren. Die Namen Joseph Lister und Louis Pasteur, Ignaz Semmelweis und Sir James Simpson erinnern daran, wie nahe die Medizin des 19. Jahrhunderts dem Sieg über Schmerz und Infektion gekommen ist.

Ungeachtet aller dieser Triumphe verbreiteten jedoch zahllose angesehene Mediziner – viele von ihnen wahre Zierden ihres Faches – derartig abenteuerliche Vorstellungen über den menschlichen Körper, daß man sie nur als donquichotteske «Ritter von der gelehrten Unwissenheit» ansprechen kann. Sie führten den Kampf gegen ihre Windmühlen in guter Gesellschaft. Das Bündnis, das Ärzte, Pastoren und Pädagogen Ende des 19. Jahrhunderts eingingen, um die sexuelle Aufklärung voranzutreiben, hatte seinen Vorläufer in der Jahrzehnte zuvor entstandenen Front zur Bekämpfung der Masturbation – einer sexuellen Praktik, die man ebenso beunruhigend fand, wie man sie von epidemischen Ausmaßen wähnte.

Im ganzen 19. Jahrhundert verführte das Laster der «Selbstbeflekkung», des «Selbstmißbrauchs», die medizinischen, theologischen und pädagogischen Fachleute zu Anstrengungen von verschwitzter Aufgeregtheit; sie überschwemmten die medizinische Ratgeber- und die moralische Erbauungsliteratur mit makabren Fallgeschichten und immer neuen, verzweifelten Aufrufen zum Handeln, bevor «es zu spät» sei. Das Thema Onanie sei praktisch unerschöpflich, verkündete Freud noch 1912.[29] Aber unerschöpflich war es schon seit mindestens einem Jahrhundert.

Passenderweise verkörperte der Vater der modernen Masturbationsangst jene gelehrte Allianz in eigener Person: Es scheint ein Geistlicher gewesen zu sein, der sich auch als Quacksalber versuchte. Wir kennen nicht seinen Namen; jedenfalls veröffentlichte er vor 1710 ein Buch, das dem kommenden Taumel die Bahn bereitete und das Vokabular erfand. Das Werk wurde mehrfach nachgedruckt und auch bald übersetzt. Die 1736 erschienene deutsche Version wahrt den ganzen grauenerregenden

Schauder des Titels: *Onania oder die schröckliche Sünde der Selbstbeflekkung mit allen ihren entsetzlichen Folgen.*[30] Indem er für eine uralte Praktik jenen wohltönenden Namen prägte, nutzte unser anonymer Autor geschickt die zweifelhafte Autorität der Bibel; indem er die Masturbation als «schröckliche» Sünde brandmarkte, vermengte er raffiniert religiösen Ernst mit pseudo-medizinischen Argumenten; und indem er die «Onanie» als «Selbstbefleckung» beschrieb, kennzeichnete er sie nicht nur als schädlich für Gesundheit und Seelenheil, sondern obendrein noch als schmutzig. Daß der Verfasser der *Onania* noch ein Geheimrezept an den Mann brachte, das nicht nur von der Masturbation, sondern auch von anderen sexuellen Beschwerden wie Sterilität und Impotenz befreien sollte, kompromittiert sein Werk, schadete aber nicht dem Umsatz.

Onania muß einer latent vorhandenen Angst entgegengekommen sein; das Buch erfreute sich in der ersten Hälfte des 18. Jahrhunderts ziemlicher Beliebtheit. Der ausgezeichnete Schweizer Arzt Samuel-Auguste-André-David Tissot fand zwar: «Das englische *Onania* ist ein rechtes Chaos», und nur die in ihm enthaltenen «Beobachtungen» taugten etwas; «sämtliche Reflexionen des Autors sind hingegen nichts anderes als theologische und moralische Banalitäten.» Doch was für den Arzt in erster Linie zählte, waren eben die Beobachtungen; und Tissots eigenes, 1758 erschienenes Buch *De l'onanisme* sollte der Bezeichnung «Onanie» eine Glaubwürdigkeit verleihen, die man seinem anoynmen Vorgänger niemals zugebilligt hätte. Völlig unkritisch übernahm Tissot alle jene Krankheiten, denen laut *Onania* die englischen Masturbanten zum Opfer fielen: allgemeiner Verfall der geistigen Fähigkeiten und der körperlichen Kraft, diffuse Schmerzen im ganzen Leib, diverse Beschwerden der Geschlechtsorgane sowie völliger Aufruhr der Gedärme.[31] Sogar den Irrsinn übersah Tissot nicht, auch hierin getreulich der *Onania* folgend. Immerhin merkte er an, daß der Irrsinn relativ milde ausfalle und keineswegs die Regel sei. Im Lichte jener Befürchtungen, die die Gelehrten im 19. Jahrhundert verbreiteten, wirkt jener anonyme Quacksalber, der den Urtext über Onanie schrieb, geradezu maßvoll und menschlich.

Im Gegensatz zu diesem namenlosen, aber eifernden Verfasser war Tissot ein Arzt von europäischem Ruf. Er war eine führende Gestalt der Schweizer Aufklärung und stand mit berühmten Heilkundigen wie Théodore Tronchin und Albrecht von Haller, mit berühmten Schriftstellern wie Voltaire und Rousseau in Briefverkehr. Nach Art der damaligen Ärzte neigte Tissot zu einer anekdotischen, subjektiven Darstellungsweise seiner Fallgeschichten. Zugleich besaß er gesunden Menschenverstand; sein Buch über die Gesundheit von Schriftstellern empfiehlt Gymnastik und gelegentliche Zerstreuung als Ausgleich für ihre sitzende und nicht selten ungesunde Lebensweise.[32] Nur beim Thema Masturbation versagte sein sonst so mustergültiger Hausverstand. Gleichwohl erzielte die kleine Schrift über Onanie denselben Erfolg wie seine rationaleren Werke, ja vielleicht sogar einen noch größeren; eine von ihm selbst besorgte Übersetzung des ursprünglich lateinischen Textes ins Französische war 1759 so rasch vergriffen, daß sie binnen weniger Monate siebenmal nachgedruckt werden mußte. In den folgenden zehn Jahren wurde sie in mehrere Sprachen übertragen, darunter ins Englische, Italienische und Deutsche. Noch 1834, siebenunddreißig Jahre nach seinem Tod, bestand Bedarf an einer weiteren, «beträchtlich vermehrten» Auflage. Im folgenden Jahrzehnt konnte sich Amiel noch immer auf die unbezweifelte Autorität Tissots berufen; und auch er war nicht der letzte, der der suggestiven Kraft von *De l'onanisme* erlag.[33]

1812 ging Benjamin Rush noch weiter und zählte zu den «tödlichen Folgen» der Onanie nicht nur den Irrsinn, sondern auch «Samenschwäche, Impotenz, Dysurie, Rückenmarksschwindsucht, Lungenschwindsucht, Dyspepsie, Sehstörungen, Schwindelgefühl, Epilepsie, Hypochondrie, Gedächtnisschwund, Blödsinn und Tod».[34] Im Laufe des 19. Jahrhunderts wurde diese Liste von Symptomen variiert, einmal war sie länger, einmal kürzer – ohne jede erkennbare Logik.

Namhafte Gelehrte sorgten mit dem ganzen Gewicht ihres Prestiges dafür, daß das Thema nicht in Vergessenheit geriet. Dr. George R. Calhoun von der «Howard Association» in Philadelphia – einer Gruppe von Philanthropen, die sich die Verbreitung medizinischer Informationen über sexuelle Probleme zur Aufgabe gemacht hatten – schrieb 1855 für diese Gesellschaft einen Bericht über «Spermatorrhoe, Samenschwäche und Impotenz», der die schlimmsten Befürchtungen seiner Auftraggeber, aber auch ihre zaghaftesten Hoffnungen bestätigte. Die erste Folge des «Selbstmißbrauchs» ist das «völlige Absterben der mit dem Geschlechtstrieb natürlicherweise verbundenen Gefühle». Masturbation «demoralisiert den Charakter und zerstört das sexuelle Vermögen». Das Kind wird blaß, seine Wangen sinken ein, sein Geist wird träge, sein Bewegungsablauf verlangsamt, seine Laune mürrisch, seine Stimmung reizbar, sein Gebaren schwerfällig, seine Auffassungsgabe stumpf, seine Widerstandskraft geschwächt. Mit einem Wort: «Selbstmißbrauch ist der sicherste Weg zum Grabe.»[35] Und selbstverständlich wurde auch der Irrsinn in Dr. Calhouns Katalog nicht vergessen.

Trotzdem hegte Dr. Calhoun die Hoffnung, jeden, der dem Laster nicht bereits rettungslos verfallen war, durch Arzneien und psychologische Behandlung heilen zu können; er erwähnte namentlich «kalte Bäder,

Duschen, mehrmals täglich kalte Sitzbäder, eine maßvolle, nicht-reizende Ernährung», was zu ergänzen war durch «ein hartes Matratzenlager und leichte Bekleidung» sowie den Genuß von Milch anstelle von Kaffee, Tee oder anderen Stimulantien. Die dankbare «Howard Association» orderte 5000 Exemplare des Berichts «zur kostenlosen Verteilung». Drei Jahre später bestellte man eine weitere Auflage – ebenfalls zur Gratisabgabe.[36] Die Kampagne zur Bekämpfung der Masturbation war nicht nur eine kraftraubende, sie war auch eine kostspielige Sache.

Der Irrsinn war sozusagen die Lieblingskonsequenz der medizinischen Literatur über Masturbation, dicht gefolgt von Abgespanntheit und Epilepsie; doch war der masturbatorische Irrsinn nicht unumstritten. Havelock Ellis konstatierte 1900 in seinem gewissenhaften Überblick über die einschlägige Literatur eine verwirrende Vielfalt unterschiedlicher Meinungen.[37] Auch gab es Ärzte wie etwa Henry Maudsley, die die allgemeine Ratlosigkeit in bezug auf Ätiologie, Symptomatologie und allgemeine Bedeutung der Masturbation noch vergrößerten. 1867 spricht er in seinem Lehrbuch der Physiologie und Pathologie der Geisteskrankheiten nur im Vorübergehen von «fortgesetztem Selbstmißbrauch» und meint, dieser lasse «eine besondere, widerwärtige Form des Irrsinns» entstehen.[38] Im folgenden Jahr warf Maudsley einen längeren Blick auf den Onanismus und sah nicht gerne, was er da sah. Zumal in der Pubertät, einer Zeit seelischer und körperlicher Erschütterungen, würden junge Männer und Frauen der «lästerlichen Gewohnheit» des «Selbstmißbrauchs» verfallen und damit die Grundlage ihrer früheren oder späteren geistigen Zerrüttung legen. Wie andere Erforscher der Menschheitsgeißel Masturbation verwechselte auch Maudsley Beschreibung und Analyse; unverkennbar verabscheute er, was er zu beschreiben vorgab. Der Masturbant ist ein moralisch Entarteter, dessen Verrücktheit in höchstem Maße widerwärtig ist; sie macht ihn krank, egoistisch, selbstsüchtig, mit einem Wort amoralisch. «Je eher er in sein entehrtes Grab sinkt, desto besser für ihn und für die Welt, die seiner endlich ledig ist.»[39]

Im Laufe der Zeit ließ Maudsleys Kreuzzugsstimmung nach. Zwar stand er weiterhin auf dem Standpunkt, daß Masturbation zum Irrsinn führe, doch nahm er dieser «moralischen Perversion» nunmehr das Stigma der individuellen Verantwortlichkeit, indem er auf mögliche Erbeinflüsse verwies. Vielleicht war ein Patient, der an einer «erblichen Neurose» litt, heilbar, wenn er von «geeigneten Personen» dem schädlichen Einfluß seiner Familie entzogen wurde.[40] Aber wie auch immer die Aussichten auf Heilung zu beurteilen waren: der Masturbant trug nicht mehr die Alleinschuld an seinem Laster.

Nachdem Maudsley einmal damit begonnen hatte, seine Ansichten einer kritischen Revision zu unterziehen, entwickelten sie sich ständig weiter. In den 1890er Jahren räumte er ein, daß das für Adoleszenten bezeichnende Irresein begleitend zur Masturbation hinzutreten könne, ohne von ihr verursacht worden zu sein. Er empfahl nunmehr, den Jugendlichen «eine männlichere Weise des Denkens und Fühlens einzuschärfen».[41] Immerhin konnte Maudsley noch 1895 wiederholen, daß von einem gewissen fortgeschrittenen Stadium der Masturbationswut an der Arzt nur mehr wenig tun könne, das Leben des Patienten zu retten. Seine Erziehung ließ keine Bekehrung zu: Die fixe Idee, das Laster mit Stumpf und Stiel auszurotten, saß tief.

Sein letztes Wort über Masturbation sprach Maudsley, nachdem Skeptiker sich Gehör verschafft hatten und man mehr und mehr davon abgekommen war, die erniedrigendsten Leiden auf Autoerotik zurückzuführen. Schon 1881 hatte Dr. Jules Christian in einem strategisch geschickt plazierten Beitrag über «Onanisme» im *Dictionnaire encyclopédique des sciences médicales* nachdrücklich bestritten, jemals negative Auswirkungen der Masturbation beobachtet zu haben; und selbst ein Fanatiker wie Dr. Hermann Rohleder, der bereits das Schreckgespenst einer die ganze deutsche Jugend befallenden Onanismus-Seuche an die Wand gemalt hatte, zählte Irrsinn nicht zu den verderblichen Folgen dieses Lasters.[42]

Gleichwohl war die makabre Phantasie der Mediziner von einer erstaunlichen Beharrungskraft. Für viele von ihnen war Irrsinn nicht das Schlimmste, was der Masturbant zu gewärtigen hatte: seine größte und letzte Strafe war ein vorzeitiger Tod. Schon Benjamin Rush hatte an das Ende seines Krankheitskataloges den Tod gesetzt, und in den 1830er und 1840er Jahren fanden sich andere, die ebenfalls diese furchterregende Botschaft verbreiteten. Dr. Léopold Deslandes, dessen Buch über Onanie und verwandte verwerfliche Praktiken schon bald ins Englische übersetzt wurde – wie übrigens die meisten kontinentaleuropäischen Werke zu diesem Thema –, gab dem Arzt den kühlen Ratschlag, die seiner Obhut anvertrauten Masturbanten durch die Einflößung von Angst und Schrecken von ihrer Gewohnheit abzubringen. Dem Onanisten zu sagen «in drei Monaten bist du ein toter Mann» sei oft höchst wirkungsvoll. Neben der Peitsche sei aber das Zuckerbrot nicht zu vergessen: «Setzen Sie jedoch hinzu, daß er in wenigen Monaten ein gesunder Mann sein wird, sofern er nur seinen schlimmen Gewohnheiten entsagt.» Dieses Vorgehen mußte nach Dr. Deslandes' Überzeugung unerschütterlich beobachtet werden. Wenn weder angsterregende Bücher noch der Rat des Arztes halfen, «dann gibt es noch ein letztes Mittel: den

Anblick eines sterbenden Onanisten».[43] Verderbliche Laster erheischten radikale Methoden.

Für diese berufsmäßigen Bangemacher war das Hinscheiden des Masturbants beschlossene Sache, und sein Tod, mochte er auch früh kommen, war nie gnädig. Um die Mitte des Jahrhunderts bemerkte der spanische Arzt Pedro Felipe Monlau y Roca in seiner *Higiene del matrimonio*, häufiger und hartnäckiger «Selbstmißbrauch» führe zu «Phthisis oder Schwindsucht, Aneurysma, Herzklopfen, Zittern, Konvulsionen, Eklampsie, Epilepsie, Paralyse, Kyphose oder Veränderungen der Wirbelsäule, Beeinträchtigungen der Sinnesfunktionen wie Verlust des Gedächtnisses, Minderung oder gar Verlust der intellektuellen Fähigkeiten, Idiotie und Verrohung.» Sollte der Onanist dennoch überleben, so erwarten ihn «labile Gesundheit, kurzes Leben» und «die schändlichste Impotenz».

Auf die *Onania* zurückgehend, betonte Dr. Monlau y Roca sogar, daß die Geißel der Masturbation beim weiblichen Geschlecht ebenso verbreitet wie beim männlichen und nicht weniger gefährlich sei. Einige Ärzte spezialisierten sich denn auch auf den weiblichen Masturbanten oder schrieben Abhandlungen, die sich speziell an dieses Publikum wandten. Einer von ihnen, Dr. Samuel Gregory, leitete seine an junge Frauen gerichtete Fibel über «Selbstbefleckung» mit ähnlichen Bemerkungen ein wie andere Autoren des 19. Jahrhunderts, die über heikle Themen schrieben: Er verurteilte die «prüde Geziertheit», mit der man bisher an das Thema herangegangen sei und «die sich bereits bei dessen bloßer Erwähnung schockiert gibt». Gregory vermerkte, daß man «Schweigen und Unwissenheit versucht» habe, daß sie aber «das Übel nur begünstigen». Die einzig vernünftige Methode bestand nach seiner Überzeugung darin, «Wissen zu verbreiten» und den jungen Mädchen klipp und klar zu sagen, daß gewohnheitsmäßiger Selbstmißbrauch der sicherste Weg zu Blödsinn und Tod sei.[45]

Wie die Gelehrten, auf deren Diagnosen Dr. Gregory sich stützte, betonte er den Nutzen einer Lebensweise, die alle starken Reize vermied oder bekämpfte: Er riet zu harter Arbeit, um dem Müßiggang – diesem Anfang aller Laster – zu entgehen, zu einfacher Ernährung, frühem Aufstehen, gesunder Gymnastik und geistiger Beschäftigung, widerriet hingegen enge Korsette, frivole Romane, Federbetten und ähnlichen Luxus. Die «wertvollen Stellungnahmen», die Dr. Gregory seinem Büchlein beigab – er zitierte Leiter von Irrenanstalten, Baptistenprediger, Theologieprofessoren, medizinische Zeitschriften und sympathisierende Rezensenten –, bezeugen nicht nur die Reinheit seiner Absichten, sie belegen auch, wie tief seine Ideen in seiner Kultur verwurzelt waren. Alle waren sich einig, daß Offenheit die beste, Heuchelei jedoch die schlechteste Politik war.

Dem pflichteten auch französische Ärzte bei. 1876 veröffentlichte Dr. Thésée Pouillet einen erfolgreichen «medizinisch-philosophischen Versuch» über die Masturbation der Frau, in dem er eine erschöpfende, sorgsam klassifizierte Aufstellung aller Ursachen gab, die zu jener verwerflichen Gewohnheit verlocken konnten: angefangen bei Reichtum oder Armut, irregeleiteten Beichtvätern und lasziven Plastiken über ungesunde Romane und Theaterstücke oder Impotenz des Ehemannes bis hin zum Tanzen und zum Nähen an der Nähmaschine. Sein Katalog der bösen Folgen enthält die erwarteten Kalamitäten, ergänzt um einige unerwartete wie Nymphomanie und – im schlimmsten Falle – Selbstmord. Das individuelle Temperament, die Familie, gesellschaftliche Sitten, künstlerische und geistige Einflüsse sowie technische Neuerungen – Ende des 19. Jahrhunderts geriet auch das Fahrrad auf die Liste der sexuellen Verführer –, alles war Quelle der Kontamination und mußte sorgfältig im Auge behalten werden.[46]

Ärzte, die auf das Laster des Selbstmißbrauchs fixiert waren und sich verpflichtet fühlten, die Öffentlichkeit aufzuklären, sahen sich von Leidenschaften umstellt und von Praktiken bedrängt, die sie zutiefst beklagten, aber kaum abzustellen hoffen konnten. Als Dr. Rohleder im Jahre 1912 wieder auf dem Kampfplatz erschien, den er erstmals 1889 mit einem Manifest gegen die Masturbation betreten hatte, ließ er seine nicht minder pessimistischen *Grundzüge der Sexualpädagogik* erscheinen, in denen er aufs neue das ganze Ausmaß der Gefahr erörterte. Rohleder berief sich auf seinen Kölner Kollegen Dr. Meirowsky, der ermittelt hatte, daß 71 Prozent aller deutschen «Studenten» (Oberschüler) onanierten, während russische, ungarische und andere deutsche Forscher zu noch höheren, geradezu schreckenerregenden Prozentsätzen gelangt waren. Ein gewisser Professor Oskar Berger erklärte, daß 100 Prozent der Jugendlichen in Deutschland onanierten, während der «berühmte amerikanische Urologe», ein Professor «Joung», in bezug auf die dortige männliche wie weibliche Jugend zum selben Prozentsatz kam. Unter Berufung auf seine eigene, «ziemlich große Erfahrung» glaubte Rohleder, etwas großzügiger und zuversichtlicher als die anderen, daß «neun Zehntel aller Schüler und Schülerinnen onanieren». Freimütig räumte er ein, daß von diesen vielleicht zwei Drittel «ohne Gefahren für das spätere Leben» wegkamen.[47] Aber selbst wenn einige Kreuzzügler sich zu dem Zugeständnis genötigt sahen, daß die Sünde, die sie bekämpften, den meisten Sündern nicht schadete, waren sie nicht davon abzubringen, in ihr ein höchst widerwärtiges Thema zu sehen. Wie es der amerikanische

Arzt Dr. John Ware 1850 formulierte: «Der einsame Genuß ist ein Gegenstand, bei welchem zu verweilen höchst peinlich ist; ein Gegenstand, über den man kaum nachdenken, sprechen oder schreiben kann, ohne in einem gewissen Maße von ihm befleckt zu werden.»[48]

Die drakonischen Mittel, zu denen die Mediziner des 19. Jahrhunderts als Abhilfe gegen die Masturbation glaubten greifen zu müssen, beweisen, wie ernst sie das einsame Laster nahmen. Dem Psychoanalytiker René Spitz verdanken wir den umfassendsten Überblick über Anti-Masturbations-Methoden. Er zögert nicht, sie als sadistisch zu bezeichnen. Wie Spitz beobachtet hat, wußten die klassischen Autoren des 18. Jahrhunderts – vom Autor der *Onania* bis zu Tissot und anderen – die Aggression gegen ihre Patienten zu bändigen; sie verließen sich hauptsächlich auf körperliches Ausarbeiten, beruhigende Bäder, harte Matratzen und vernünftige Ernährung.[49] Dagegen gingen die Epigonen mit einem Terrorismus gegen das Laster vor, der ihrem Abscheu vor ihm entsprach. Nach der Jahrhundertmitte trat an die Stelle vergleichsweise harmloser Heilmittel der Nervenkrieg des Priesters gegen den Pönitenten, des Lehrers gegen den Schüler, des Arztes gegen den Patienten. Zu den neuen Methoden gehörte ein furchterregendes Arsenal mechanischer Zwangsmittel, die an mittelalterliche Folterinstrumente erinnern; man griff sogar zu chirurgischen Eingriffen wie Kauteration der Geschlechtsteile, Infibulation, Kastration und Klitoridektomie. Erst um 1900 setzten sich allmählich wieder weichere Methoden durch – in erster Linie die Aufklärung der Kinder.

Doch selbst in dem halben Jahrhundert des antimasturbatorischen Terrorismus bestand bei den Ärzten keine Einhelligkeit darüber, wie die Seuche des Selbstmißbrauchs zu bekämpfen sei. E.P. Miller, M.D., der zuständige Arzt für die «Hygienischen Institute und Türkischen Bäder» in New York, veröffentlichte 1867 einen *Treatise on the Cause of Exhausted Vitality* – ein Werk, wie man es auch etliche Jahrzehnte zuvor hätte schreiben können. Seine eigene ärztliche Erfahrung sowie die Erfahrungen anderer bestätigte ihm, daß alle Menschen – ob alt oder jung, männlich oder weiblich – dazu neigten, ihre «Geschlechtsfunktion» zu «mißbrauchen», worunter er das übliche Trio verstand: Masturbation, Promiskuität und «eheliche Exzesse». Unwissenheit ist darum so schädlich, weil Kinder zwar schon erotische Gefühle haben, ohne jedoch über die Informationen zu verfügen, die für den Umgang mit diesen Gefühlen notwendig wären. Das schrieb Miller immerhin drei Jahrzehnte vor Freud. Seine Liste der Beschwerden, die den gewohnheitsmäßigen Frevler erwarten, ist unoriginell, sein lyrischer Stil hingegen nicht: Der Masturbator, «lustlos, unaufmerksam, gleichgültig», muß entdecken, «daß seine Liebe zu den Büchern dahin ist, die Geschichte ihm zu einem leeren Loch geworden ist, die beseelten Seiten der Romane ihn nicht mehr verzaubern, der Spruch des Dichters seine Macht verlor, die Hexenkunst der Musik dahinstarb, die Schönheiten der Kunst unbeachtet vorüberziehen, die lieblichste Landschaft öde Wüste ist.»[50]

Angesichts einer so freudlosen, wiewohl poetischen Prognose sind Dr. Millers Empfehlungen auffallend menschenfreundlich. Er hält es für überaus nützlich, den Kindern die Wahrheit über die Sexualität und deren Mißbrauch zu sagen; ihre Köpfe mit sauberen Bildern zu füllen, damit sie den Anfechtungen der schmutzigen gewachsen sind; dafür zu sorgen, daß sie gute Bücher lesen, sich in anständiger Gesellschaft bewegen, gesunde Kost zu sich nehmen und häufig baden. Vor allem aber – mahnte er –: Kehrt zurück zur Religion und kommt zu Christus, der offenbar der gewaltigste Widersacher des sexuellen Mißbrauchs ist, den die Welt je gesehen hat. Die drastischeren Methoden anderer Ärzte lehnt er nachdrücklich ab.[51]

Viele andere Ärzte aber hatten gerade dafür gute Verwendung. Einige der abstoßendsten Empfehlungen sind tatsächlich verwirklicht worden; Spitz berichtet von dem – keineswegs vereinzelten – Fall eines nervösen siebenjährigen Mädchens, das nicht aufhörte zu masturbieren, obwohl man bereits die verschiedensten Behandlungen ausprobiert hatte, und das sogar die Nähte wieder aufriß, die die Klitoris niederhalten sollten. Nachdem alles andere versagt hatte, unterzog man das Kind einer Klitoridektomie; danach hörte es auf, zu masturbieren. Ein paar Wochen nach der Operation machte das Mädchen einen letzten Versuch und gab auf: «Nichts mehr da», sagte es. So geschehen 1894 in Cleveland (Ohio). Der Name des verantwortlichen Arztes sei der Nachwelt nicht vorenthalten: er hieß Dr. Alvin Eyer.[52]

Diese Horrorgeschichte hat sich wirklich ereignet, und ich könnte noch weitere zitieren. Immerhin blieb die Anzahl nicht mehr rückgängig zu machender Eingriffe verhältnismäßig klein. Weit beliebter als das Messer des Chirurgen waren mechanische Zwangsmittel: moderne Keuschheitsgürtel für Mädchen, Penisringe für Knaben, Zwangsjacken für Knaben wie Mädchen. Alle diese Geräte sollten den heranwachsenden oder halbwüchsigen Sünder davon abhalten, sich selbst zu berühren. Die Hersteller medizinischer Artikel stellten sich auf die Nachfrage ein, und die in ihren Katalogen angebotenen Geräte sind bis heute ein anschauliches Beispiel für masturbatorischen Irrsinn – der Ärzte. Dr. Deslandes, der, wie erinnerlich, die Einschüchterungsmethode bevorzugte, empfahl ununterbrochene Wachsamkeit – nur wer eine gewisse Zeit allein ist, kann sich selbst mißbrauchen – und riet zu »Zwangsmaßnahmen», etwa dem Hochbinden der Hände, «um sie von den Geschlechtsorganen fernzuhalten», oder dem Festbinden der Füße, «um die Schenkel zu spreizen». Viel hielt er auch von «hinten zu schließenden» Spezialwesten, die die Arme vor der Brust fixierten, oder von «einer Art Bruchband» von fester Konstruktion, «um die Geschlechtsteile vor äußerem Kontakt zu schützen».[53] Die besorgten Reformer dachten sich offenbar lasterhafte Gewohnheiten als eine Art Inkubus, der die jungen Leute drückte, und reagierten wachsam, hartnäckig und höchst erfinderisch.

Die schwere Last ihrer selbstgewählten Mission veranlaßte besorgte Ärzte, auch mit Ehehandbüchern und religiösen Reflexionen vor die Öffentlichkeit zu treten. Bis in die 1870er und 1880er Jahre war die Sprache des medizinischen Diskurses so informell, daß oft schwer zu entscheiden ist, ob der Arzt zu Fachkollegen spricht oder zu Laien. Manche Texte ließen freilich hierüber keinen Zweifel. Dr. William Alcott, dessen vielgelesene Handbücher zu Gesundheitsfragen eine sorgfältig ausgewogene Mischung aus Information und Erbauung darstellten, war schriftstellerisch tätig, um Satan zuvorzukommen, dessen Sendboten widerwärtige Lehren über geschlechtliche Dinge verbreiteten. Um ihn zu überlisten, die Unschuldigen zu leiten und die Gefallenen zu retten, wird der Arzt und Berater gute Gewohnheiten einüben, geeignete Kost verschreiben, zu gesunder Gymnastik ermutigen, sexuelle Aufklärung betreiben und die Jugend der «praktischen Wohltat des Evangeliums» teilhaftig werden lassen.[54] Für diese frommen Ärzte war es nur recht und billig, sich um die Seele ihrer Patienten und Leser ebenso zu kümmern wie um ihren Leib. Die Hilfe für das eine war nach ihrer Überzeugung zugleich Hilfe für das andere.

Alcotts *Physiology of Marriage*, 1855 erschienen, ist ein reizvolles Beispiel für diese Mischgattung, den medizinisch-religiösen Text, der bis in die letzten Jahrzehnte des 19. Jahrhunderts hinein ein so treues und dankbares Publikum in der bürgerlichen Gesellschaft fand. In ihm spielt Satan nur die Rolle einer fernen, etwas schattenhaften Drohung, er ist die Folie für die Prüfungen des christlichen Lebens – kaum mehr als eine Metapher für «die leichtsinnigen Lehren eines Byron».[55] In Dr. Cookes *Satan in Society*, fünfzehn Jahre später erschienen, ist seine Gegenwart schon spürbarer. Das Buch ist das Musterbeispiel einer hemmungslosen Untergangsstimmung, ein überzeugender Beweis für den masochistischen Genuß, den das Gewahrwerden alarmierender Entwicklungen in der Gesellschaft bereitet. Ganz Amerika und seine Lebensweise – so erklärt der Autor seinen Lesern – ist auf dem Weg ins Verderben; die Reise zur Hölle begann mit Achtlosigkeit im häuslichen Bereich, setzte sich fort in verweltlichten Schulen und verweichlichenden Internaten – «Zuchtstätten des Lasters» – und gipfelte endlich in den Exzessen der Frauenbewegung. *Satan in Society* ist nicht bloße Jeremiade; das Buch berücksichtigt auch die meisten Aspekte sexuellen Verhaltens: Abtreibung, Geschlechtsverkehr während der Schwangerschaft oder Menstruation, Polygamie, *coitus interruptus* (der Autor ist gegen alle diese Dinge); und es enthält Kapitel über die Lage der Frauen in nichtchristlichen Ländern sowie ausgiebige «psycho-physiologische» Vergleiche zwischen Mann und Frau. In zwei der elf Kapitel setzt sich Cooke auch mit der Masturbation bei Männern und Frauen auseinander, und in drei weiteren Kapiteln berührt er sie am Rande – die Sache lag ihm sehr auf der Seele. Er fällt sein Urteil, ohne zu zögern: Der Akt der Masturbation ist schändlich, verbrecherisch, verbreitet und tödlich. Doch wenn er mancherlei Grund zur Verzweiflung sah, so hatte er doch auch einen Grund zur Hoffnung – die Religion. Cooke war keineswegs ein Menschenfeind; unter den «Aphorismen zur Ehe», mit denen er sein Buch beschließt, befindet sich auch dieser, der zu einer egalitären Betrachtungsweise des erotischen Erlebens aufzurufen scheint: «Ein Ehemann sollte sich niemals Vergnügungen hingeben, die er nicht das Talent hat, zu erwidern.» Freilich ist weltliches Vergnügen nicht genug, um jene glückliche Ehe zu garantieren, um deretwillen er sein Buch geschrieben hat: «Das einzige Rezept für ein dauerhaftes Glück im Ehestand», heißt es am Ende, «ist ein christliches Leben.»[56]

Diese Schlußfolgerung ist symptomatisch für seine Zeit. Natürlich zeigte auch die Kirche unvermindertes Interesse an der Frage der Selbstbefleckung. Dr. Carl Capellmanns berühmter Traktat über Pastoralmedizin – eine lateinische Untersuchung, die in den 1870er Jahren in viele Sprachen, auch ins Deutsche und Englische, übertragen wurde und noch heute in einer neuen französischen Version von 1926 greifbar ist –, behandelte die Frage – so die Hoffnung des Autors – «in völliger Übereinstimmung mit den Lehren der Heiligen Römischen und Katholischen Kirche». Das Buch musterte unerschrocken das ganze, ungesunde Gebiet geschlechtlichen Fehlverhaltens und widmete einen größeren Abschnitt auch der Masturbation, von der behauptet wird, sie sei «erschreckend verbreitet». Die Welt ist ein gefahrvoller Ort, da der gefallene Mensch von Natur aus ein Sünder ist: Wie Dr. Capellmann – in Übereinstimmung mit Dr. Samuel Gregory – hervorhebt, ist es der Müßiggang, verstanden als frei verfügbare seelische Energie, der zu bösen Gedanken und damit zu bösen Taten führt. Bestes Gegenmittel ist «natürlich» die Ehe sowie die Einsicht, daß kein Priester guten Gewissens die Masturbation verharmlosen kann – nirgends und niemals.[57]

Wenn die Mediziner nicht zögerten, den Geistlichen und den Erziehern ins Handwerk zu pfuschen, so machten sich diese ihrerseits auf dem Gebiet der medizinischen Beratung zu schaffen. Da gab es den Doktor der Theologie Sylvanus Stall, D.D., und da gab es O.S. Fowler, den wohl bekanntesten «praktischen Phrenologen» Amerikas, der 1846 mit einem Büchlein über *Amativeness* [Liebessucht] hervortrat, in dem er gegen die um sich greifende Sinnlichkeit und die «schmutzige Praktik» des «SELBST-MISSBRAUCHS» wetterte. Mädchen mögen von ihr «weniger infiziert» sein als Knaben, und doch «gehen Frauen, junge und schamhafte Frauen, zu Tausenden zugrunde: an Auszehrung, an weiblichen Beschwerden, an Nerven- oder Rückenmarkserkrankungen, an allgemeiner Debilität, manche auch an Irrsinn; und die Ursache hierfür ist einzig und allein jene Praktik.» Um seiner Anklage Nachdruck zu verleihen, stützte sich Fowler auf die «gewichtige» Autorität Dr. Alcotts.[58] Das beifällige Wort eines Arztes war Gold wert, wenn ein Außenseiter versuchte, sich als Eingeweihter zu geben.

O.S. Fowler, der «praktische Phrenologe», gehörte zur ansehnlichen Schar jener, die, ohne als Arzt zugelassen zu sein, über medizinische Themen schrieben und Ärzte zitierten, um ihre eigenen Ansichten zu untermauern. Ein instruktives Beispiel liefert auch Reverend Mr. Smith H. Platt mit seinem kleinen Buch *Queenly Womanhood*, das 1877 herauskam. Das Buch ist eine Umarbeitung seines früheren Werkes *Princely Manhood. For Males Only* für die Zwecke der Frau. Platt läßt darin seine Quellen noch ausgiebiger sprudeln und füllt seine Seiten noch dichter mit Zitaten als andere Traktätchenschreiber. Unter den Kapazitäten, auf die er sich beruft, befindet sich auch «Dr.» O.S. Fowler.[59] Mr. Platt, der seinen Quellen das entnahm, was er ihnen entnehmen wollte, ernannte Fowler zum Doktor, weil Fowler die Meinung angesehener Mediziner vertrat. Der im 19. Jahrhundert geführte Kreuzzug gegen die Masturbation war nicht ganz so gewaltig, wie es den Anschein hat; man kann leicht die Stärke (wenn auch nicht den frommen Eifer) seiner Truppen überschätzen. Der Lärm, den er erzeugte, bestand zu einem guten Teil aus Echos.

Erzieher schlossen sich frühzeitig dem Feldzug an. Schon in den 1780er Jahren hatten die berühmten «Philanthropen» ihre Schützlinge – sowie deren Eltern – davor gewarnt, das zu berühren, was die deutsche Sprache so bildhaft «Schamteile» nennt. Joachim Heinrich Campe schärft in seiner *Kleinen Kinderbibliothek* seinen jugendlichen Lesern ein, die Schamteile nicht nur vor anderen, sondern auch vor sich selbst verborgen zu halten und nur zu berühren, wenn es unumgänglich nötig ist. Campes Katalog der erschreckenden Folgen eines Verstoßes hiergegen steht ganz im Einklang mit den Prognosen Tissots. Schon ein Jahrzehnt vor Campe hatte der große Pädagoge Johann Bernhard Basedow das «widernatürliche Laster», zu dem er die Masturbation zählte, als abstoßend und unmoralisch, aber auch als schädlich gebrandmarkt: Es «verdirbt nicht nur die Hoffnung zu einer glücklichen Ehe», sondern es «erfüllt auch die Einbildungskraft mit ekelhaften und quälenden Bildern», die es schwermachen, «diesem Wahnsinne auf künftig zu entgehen».[60]

Gut hundert Jahre später konnte Charles Richmond Henderson, Professor für Soziologie an der Universität Chicago, diese Pädagogen – und Rousseau – als Vorbilder hinstellen, deren «erzieherische Anstrengung» von ihren modernen Jüngern aufs neue aufgenommen würde. Henderson hielt jedoch an der Überzeugung fest: «Selbstmißbrauch ist die Ursache von Störungen, wenn er häufig betrieben und lange fortgesetzt wird.» Hendersons Ton ist weit weniger hysterisch, als es jahrzehntelang üblich gewesen war: Selbst Erzieher waren erziehbar. Jene Minderheit von besonnenen Ärzten, die sich dagegen verwahrt hatte, in der Masturbation ein Laster oder eine eigene Krankheit zu sehen, begann, sich Gehör zu verschaffen; hartnäckige Publizisten wie Havelock Ellis, die die ganze Kampagne für gefährlichen Unsinn hielten, fanden manches beifällige Echo. 1900 konnte Dr. F.R. Sturgis mit scharfen Worten gegen die «Torheit» wettern, den gewohnheitsmäßigen Masturbant noch immer mit «hysterischen Denunziationen» zu verfolgen.[61]

Zehn Jahre später waren es die Psychoanalytiker, die der mittlerweile abflauenden Masturbationsbesorgnis ironischerweise erneut eine Wendung gaben: In einer in Wien unter der inoffiziellen Leitung Sigmund Freuds durchgeführten, systematischen Untersuchung über Onanie fanden verschiedene seiner Kollegen sowie Freud selbst die jüngste, laxe Einstellung zur Masturbation reichlich übertrieben. Freud konnte berichten, daß die Mehrheit der Ärzte sich von der mutmaßlichen Harmlosigkeit der Onanie überzeugt hätte. Die öffentliche Meinung habe einen dramatischen Umschwung erlebt – für Freud und seine Anhänger einen allzu dramatischen Umschwung. Für sie war klar, daß gewohnheitsmäßige Masturbation eben doch Gefahren für den Masturbanten barg. Sie erzeugte Schuldgefühle und damit unangenehme Konflikte, zumal in einer Kultur, die diese Praktik verurteilte; sie bewirkte eine Isolierung von Liebesobjekten in der wirklichen Welt, indem sie den Masturbanten auf sein Phantasieleben verwies; und sie barg die Gefahr der Entzündung oder Infektion der Geschlechtsteile in sich. Diese Auffassung hatte kaum mehr etwas gemein mit dem Kreuzzug des 19. Jahrhunderts: Die Psychoanalyse holte die Masturbation aus den nebulösen Gefilden der Sittlichkeit, Religion und puren Erdichtung und siedelte sie dort an, wohin sie gehörte: unter den Realitäten der Soziologie, Psychologie und Physiologie.[62]

Es ist erheblich leichter, die permanente Panikmache in Sachen Masturbation dokumentarisch zu illustrieren, als sie zu erklären. Stark überdeterminiert, war sie ein kulturelles Symptom – befrachtet mit irritierenden Bedeutungen, die tief in den verborgenen, unbewußten Kern der Gesellschaft und ihrer quälendsten Besorgnisse hinabreichten. Der offensichtlichste Grund für jene Panikmache dürfte Unwissenheit gewesen sein: eine gelehrte Unwissenheit, die weit resistenter war, als es ein bloßer Mangel an Kenntnissen wäre, dem immer durch einschlägige neue Informationen abgeholfen werden kann. Es war eine Unwissenheit, die dem Wunsch nach Nichtwissen entsprang und durch ein falsches physiologisches Modell vom Menschen verstärkt wurde – mit einem Wort, die schlimmste aller möglichen Arten der Unwissenheit: die durch Abwehr gegen Belehrung gefeite. Ein medizinisches Modell, das sein Raster möglicher Krankheitsursachen innerhalb der Grenzen der Natur hielt, war keineswegs naiv; es war ein wissenschaftlicher Fortschritt, die Ursache des Irrsinns bei der Autoerotik zu suchen und nicht mehr bei bösen Geistern.[63] Masturbieren – so die Theorie – bedeutete, Energie aufwenden, doch während auf der Hand liegt, daß diese Theorie für Männer zutrifft, glaubte man, daß sie auch für Frauen gelte – mochten diese nun, wie viele Mediziner glaubten, eine Art von Ejakulation haben oder nicht. Auf jeden Fall wurden beide Geschlechter nach dem Masturbieren von Mattigkeit befallen, so als hätten sie etwas Anstrengendes geleistet, ein gewisses Quantum Energie verausgabt. So schien der Schluß nur vernünftig, daß die Jugend «rein», und das hieß: jungfräulich bleiben müsse, daß sie ihre körperlichen Kräfte für jene einzige Aufgabe hegen und pflegen müsse, für die Gott dem Menschen den Geschlechtstrieb eingepflanzt hatte: für die Erzeugung von Kindern in den heiligen Banden des Ehestandes.

Tissot lieferte dem bürgerlichen Jahrhundert in diesen Dingen (wie in vielen anderen) brauchbare Richtlinien. «Unser Körper gibt ständig etwas ab», schrieb er in seinem Buch über Onanie, «und wenn wir diese Verluste nicht wettmachen könnten, würden wir rasch einer tödlichen Schwächung erliegen.» Das «Gefüge unserer Maschine» ist so beschaffen, daß wesentliche Körpersäfte wie Milch oder Blut kontinuierlich erneuert werden müssen. Von diesen Säften ist die «Samenflüssigkeit» besonders kostbar: «Ärzte aller Zeitalter sind einhellig der Meinung, daß der Verlust einer einzigen Unze dieses Saftes schwächender für den Körper ist als der Verlust von vierzig Unzen Blut.» Das haben ihm viele abgenommen.

Amiel beispielsweise fand diese Vorstellung unwiderstehlich; er zitierte Tissot – irrigerweise – mit der Aussage, einer einzigen Samenemission entsprächen vier Unzen Blut.[64]

Nicht weniger bemerkenswert als diese Rettung eines antiken medizinischen Aberglaubens ins 19. Jahrhundert war die leichtfertige Art, wie Mediziner die Beweiskraft des dürftigsten Materials unterstellten oder weitreichende Schlüsse aus einer Handvoll Fällen zogen. Benjamin Rush setzte sein erschreckendes Profil des Masturbanten aus ganzen vier Fällen zusammen, die er in einem Zeitraum von vier Jahren zu Gesicht bekommen hatte. Schon der gesunde Menschenverstand hätte ihm sagen müssen, daß sein Material für die Erstellung eines auch nur vorläufigen klinischen Bildes völlig unzureichend war, zumal Rush nicht zu zeigen vermochte, daß die von ihm beobachtete Pathologie das zwangsläufige Resultat der Masturbation war. Gleichwohl analysierte Henry Maudsley noch ein halbes Jahrhundert später den «Selbstmißbrauch» mit derselben hochmütigen Selbstsicherheit, obwohl man seit mindestens 25 Jahren die Logik der medizinischen Forschung und den Einsatz von Statistiken zu Zwecken der Verifizierung untersuchte. Wenn diese Art von gelehrter Unwissenheit nicht – oder so gut wie nicht – auszurotten war, dann deshalb, weil sie unbewußt kultiviert wurde.

Die Anwendung des Ökonomieprinzips auf die Verausgabung von sexueller Energie zwang zu dem Schluß, daß außereheliche Unzucht oder «exzessiver» sexueller Genuß in der Ehe ebenso schwächend für den Körperhaushalt sein mußten wie die Masturbation. Eine Reihe von Kreuzzüglern war bereit, diesen Schluß zu ziehen. Manche spielten mit Zahlen; die meisten gaben verheirateten Paaren den Rat, kluge Rücksicht auf ihr Alter, das Klima und den Kalender zu nehmen. «Im Winter», schrieb Dr. Monlau y Roca und zollte damit einem Volksaberglauben Tribut, «sowie in allen Monaten ohne ‹r› ist große Zurückhaltung in den sexuellen Beziehungen geboten.» Andere pflichteten ihm bei. «Übertriebener Geschlechtsgenuß», warnte O.S. Fowler, «schadet der Gesundheit» auf mannigfache Weise. Aber während die frivolen Frevler von «Beulen und Geschwüren widerlichster und ekelerregendster Art zerfressen» werden und das «eheliche Übermaß» die Gesundheit der Frau ruiniert – von der Achtung des Mannes vor ihr ganz zu schweigen –, ist dies alles gar nichts, verglichen mit den entsetzlichen Schrecken, die der Selbstmißbrauch, die «einsame Hurerei», mit sich bringt. Zwar hatte Fowler etwas von einem intellektuellen Scharlatan an sich, aber auch andere Polemiker, die weniger darauf aus waren, aus den Ängsten des Publikums Kapital zu schlagen, sahen in der sexuellen Vergeudung eine traurige Realität und eine große Gefahr. Sie erarbeiteten mit großer

Sorgfalt Hierarchien und Abgrenzungen der verschiedenen Formen solcher Vergeudung und waren sich einig, daß «Selbstbefleckung» verhängnisvoller war als Hurerei, die ihrerseits verderblichere Folgen zeitigte als eheliche Lüsternheit.

Masturbation war aber nicht nur das folgenreichste dieser Laster; es war auch das unmoralischste. Und das war letztlich der Kern der Sache. Mit einigen wenigen Ausnahmen gelang es den Medizinern – und jenen Autoren, die ihnen folgten – nicht, die Verwirrung zu überwinden, die der Verfasser der *Onania* gestiftet hatte: Masturbation war mehr als nur ein medizinisches, sie war ein ethisches und religiöses Problem. Und so gehörte sie neben der Syphilis und dem Alkoholismus zu jenen Krankheiten, die die Ärzte des 19. Jahrhunderts behandelten, aber zugleich verteufelten. Und während Biologie und Geologie, Philologie und Geschichtswissenschaft zunehmend in säkularisierten Gewässern segelten, kam auf jede Bekehrung zum Materialismus, die auf die Lektüre Darwins zurückging, eine stille Heimkehr zur Frömmigkeit, dank einer im Verborgenen wirkenden Überredungskunst. Zweifellos war ein gläubiger Kranker im 19. Jahrhundert eher bereit, nach dem Arzt zu schicken, als seine frommen Vorfahren; doch gab es auch in der Priesterschaft eine große Zahl ausgebildeter und einflußreicher Heiler. Die das ganze Zeitalter beherrschende Stimmung – Ungewißheit angesichts des Wandels – setzte auf Moral eine Prämie aus und ließ dem Moralisten unvergleichlichen Spielraum. Was immer dabei herauskommen mochte: es gab im bürgerlichen Jahrhundert in Hülle und Fülle ernste ethische Untersuchungen, besorgte ethische Diskussionen. Jene Ärzte, die ihren Patienten und der Welt Homilien verabfolgten, reihten sich lediglich ein in den wachsenden Chor von Experten, die sich dazu berufen und befähigt fühlten, die öffentliche Moral zu heben.

Immerhin hatte das Moralisieren des Arztes eine besondere Qualität. Das Lehrhafte, das Einschüchternde, der verbale Sadismus, womit die Ärzte ihre Patienten traktierten, wenn es um «Selbstmißbrauch» oder «Selbstbefleckung» ging – schon diese Bezeichnungen sprechen Predigt-Bände –: das alles wirkte äußerst aufdringlich, zumal diese philosophierenden Doktoren immerhin akademisch gebildete Menschen waren, die den Anspruch erhoben, Wissenschaftler und Heilkundige zu sein, d.h. Berufe auszuüben, für die die Rolle des Predigers sogar damals als ausgesprochen ungeeignet galt. Die Idee, daß wissenschaftliche Wahrheit unmittelbar das moralisch Gute im Menschen befördere, machte im 19. Jahrhundert positivistischen Verfahrensweisen Platz, die streng zwischen Tatsachen und Wertvorstellungen unterschieden. Nur die wenigsten Wissenschaftler bezweifelten, daß Wissen besser ist als Unwissenheit, Erhellen besser als Verhehlen, und insoweit hatte das unerschrockene Streben nach wissenschaftlicher Erkenntnis auch moralische Implikationen. Aber die Kreuzzügler gegen die Masturbation standen ja auf einem ganz anderen Standpunkt: Hier lag eine sündhafte Anfechtung vor, die gleichzeitig die körperliche und die moralische Substanz des Kranken betraf und auf die anstößigste Weise nicht nur ihn selbst demoralisierte, sondern auch den Gatten und im weiteren die Gesellschaft. Daher brauchte der Masturbant mehr als eine Heilbehandlung, nämlich eine Lektion. In einem Jahrhundert, in dem die Wissenschaften sich siegreich von der Philosophie emanzipierten und in Methodenfragen immer selbstkritischer wurden, war ein solcher Standpunkt bemerkenswert schlechte Wissenschaft.

Aber die Jeremiasse der Masturbation waren nur selten übelwollend und fast niemals Quacksalber; oft waren es intelligente und gewissenhafte Heilkundige. Daraus folgt, daß die schlechte Wissenschaft, die sie vertraten, im Innersten von Angst gespeist war. Und es scheint, daß die Ärzte des 19. Jahrhunderts zwei Arten von Angst zum Opfer fielen: derjenigen, die sie selbst in ihrer Eigenschaft als Arzt erlebten, und derjenigen, die sie aus ihrer Umwelt aufnahmen und in destillierter Form an die Gesellschaft zurückgaben.

Die Ärzte des 19. Jahrhunderts empfanden einesteils deshalb Angst, weil sie seit Jahrzehnten oftmals hilflos vor Krankheiten und Epidemien gestanden hatten und weil sie – von rühmlichen Ausnahmen abgesehen – nicht bereit waren, sich ihre Ohnmacht einzugestehen. «Mehr als jede andere Schicht der Gesellschaft», schrieb O.S. Fowler in den 1840er Jahren, brauchen Ärzte «jene Liberalität der Ansichten, jene Aufgeschlossenheit der Überzeugung, die es ihnen erlaubt, mit ihrer Zeit Schritt zu halten und sich alle vorkommenden Verbesserungen in der Heilkunst zu eigen zu machen. Keine andere Kunst ist vergleichbar unvollkommen oder verlangt gebieterischer nach Förderung und Reform.»[66] Vage, mitunter auch pointiert, so als spürten sie die Vergeblichkeit ihres Unterfangens, fühlten die Ärzte sich verpflichtet, eine autoritative Fassade zu errichten, die in krassem Widerspruch zu ihrer Selbsteinschätzung stand. Der gegen sich selber ehrliche Arzt wußte weit besser als seine bürgerlichen Patienten, daß er oft nichts anderes war als ein privilegierter und ohnmächtiger Zuschauer am Krankenbett.

Eine Zeit, in der es an schwächenden chronischen Übeln nicht fehlte und die gelegentlich von furchtbaren Epidemien heimgesucht wurde, beschäftigte sich intensiv mit der Aussicht auf Krankheit und frühen Tod. In vertraulichen Korrespondenzen und Tagebüchern der Mittelschicht ist die Gesundheit, neben dem Wetter, das unfehlbar zu erwartende Hauptthema, hinter dem alles andere zurücktritt. Solche Aufzeichnungen sind durchsetzt mit Erklärungen des Vertrauens in die Ärzteschaft oder – häufiger – mit Erklärungen des gründlichsten Mißtrauens. 1850 war, wie Louisa May Alcott später in ihr Tagebuch eintrug, ihre Familie von den Pocken heimgesucht worden. «Wir Mädchen hatten sie nur leicht, aber Vater und Mutter waren schwer krank, und wir machten eine merkwürdige Zeit der Ausquartierung, Gefahr und Sorge durch. Keine Ärzte, und es ging alles gut» – ein etwas kryptischer Schluß, der zu verstehen gibt, daß *mit* Ärzten vielleicht nicht alles gut gegangen wäre.

Solche Skepsis war verbreitet. Als James Hopkinson, der englische Kunstschreiner und Autodidakt, 1888 auf sein langes Leben zurückblickte, bekannte er in seiner Autobiographie, daß er großes Vertrauen zu Kräuterheilkundigen, aber sehr wenig zu Ärzten gehabt habe. In seiner ernsthaft-frommen Weise ruft er seine Leser auf, sich «aus den um sie gelegten Netzen zu befreien» und «die heilsamen Kräfte der Kräuter u. Wurzeln u. Rinden» zu studieren, «die eine allmächtige Hand so verschwenderisch über jede Hecke und jedes Gestade ausgestreut hat». Über diplomierte Ärzte äußerte er sich geradezu zynisch: «In meinem langen Leben sind zahlreiche Fälle von falscher Behandlung und Unfähigkeit auf seiten der Doktoren zu meiner Kenntnis gelangt. Aber so unzulänglich sie auch sein mögen, hinter ihren Diplomen sind sie unangreifbar.» Was diesen sardonischen Bemerkungen ihr Gewicht gibt, ist der Umstand, daß Hopkinson trotz seines etwas blauäugigen Zutrauens zu Kräuterheilkundigen doch mit seinen – zum damaligen Zeitpunkt freilich schon überholten – Seitenhieben gegen die Ärzte ziemlich genau ins Schwarze trifft. Ein wenig früher, im Mai 1885, hatte Eleanor Rogers nach einer Fehlgeburt ziemlich dasselbe gesagt, nur etwas lakonischer. «Ich habe mehr Vertrauen zu Euch als zu fünfzig Doktoren», erklärte sie ihren Schwestern, «also sagt mir, was ich tun soll, und ich werde es tun, so gut ich kann.»[67] Dergleichen flehentliche Hilferufe vernahm man häufig aus dem Munde gebildeter und aufgeschlossener Bürger.

In einer Zeit der Professionalisierung, in der man überdies immer weniger bereit war, sich mit frommer Ergebung unter Schicksalsschläge zu beugen, scheinen bürgerliche Patienten das Recht für sich in Anspruch genommen zu haben, dringliche und häufig unvernünftige Forderungen an die Mediziner zu richten, die ihnen solche Phantasien weder in die Tat umsetzen noch ausreden konnten. Bei städtischen Armen und bei Bauern war der Widerstand gegen das Eingreifen des Arztes geradezu zur zweiten Natur geworden und wurzelte in starkem Aberglauben, der Angst vor großen Ausgaben oder frommem Fatalismus. Aber der brave Bürger, der sich so viel auf seine Aufgeschlossenheit gegenüber der

Wissenschaft zugute tat, konnte mitunter fast genauso primitiv sein. Die maßlosen Hoffnungen und Befürchtungen, mit denen bürgerliche Patienten ihre Ärzte konfrontierten, waren oft eine – nicht einmal besonders subtile – Form der Übertragung. Abwechselnd erwartete man die Allmacht des Arztes oder verachtete seine Ohnmacht, vergötterte ihn in irrationaler Weise oder verfluchte ihn in ebenso irrationaler Weise.

Dieses verbreitete Mißtrauen gegen den ärztlichen Beruf ist nicht ohne Ironie; denn gerade unter denjenigen Ärzten, die das Vertrauen ihres Publikums enttäuschten, befanden sich gebildete und verantwortungsbewußte Männer, die ihren Patienten rieten, keine Wunder zu erwarten. So erstaunt es nicht, daß viele Tausende den Rat von Freunden suchten, sich selber medikamentierten oder zu Kurpfuschern liefen. Dazu kam, daß die Technologie für informelles Jammern – billige Zeitungen, rasche Postbeförderung, Familienbesuche – nach 1840 erheblich ausgebaut wurde; sie verbreitete mit gleicher, souveräner Unparteilichkeit Kritik am Ärztestand und Anzeigen von Quacksalbern. Und Anlaß zum Jammern gab es genug: Bis zur Jahrhundertmitte und noch darüber hinaus attakkierten Mediziner ihre Patienten mit erschöpfenden Aderlässen und entkräftenden Klistieren, infizierten sie auf dem Operationstisch oder im Krankenbett und konnten wenig unternehmen, als die Cholera über dichtbesiedelte Städte hinwegfegte und ihre zahlreichen Opfer forderte. Das, was man, ganz ohne Ironie, «heroische Medizin» nannte, blieb bis in die 1860er Jahre hinein im Schwange. In diesem staatlich sanktionierten Sadismus war der Patient der Held – nur allzu oft posthum gefeiert, nachdem der Arzt seines Amtes gewaltet hatte. In seiner freimütigen Autobiographie beschrieb der hervorragende Gynäkologe J. Marion Sims, auf die Jahre um 1835 zurückblickend, die Medizin seiner Zeit als «heroisch: sie war mörderisch».[67] Deutlicher hätten es auch die ergebensten Anhänger der Homoöpathie oder sonstige Konkurrenten der Schulmedizin nicht formulieren können.

Dies alles hätte schon ausgereicht, die Ärzte das Fürchten zu lehren. Aber die Gründe für ihre Unruhe waren noch komplizierter und dramatischer. Trotz aller begrüßenswerten Fortschritte, die die Heilkunst im Zeitalter der Aufklärung zu verzeichnen hatte, kann man durchaus der Meinung sein, daß die Medizin in den fünfundsiebzig Jahren zwischen der Thronbesteigung Königin Victorias und dem Ausbruch des Ersten Weltkriegs einen radikaleren Wandel erlebt hatte als je zuvor. Manche der bedauerlichsten ärztlichen Fehlschläge waren notwendige Vorbedingungen oder Stufen auf dem Weg zum Fortschritt. Das 19. Jahrhundert schuf recht eigentlich die moderne Medizin.

Signale dieser neuen Medizin waren allenthalben sichtbar, und sie waren ungünstigstenfalls ermutigend, günstigstenfalls geradezu fabelhaft. Um 1870 begann man, in ausgedehnten, häufig frustrierenden Forschungen endlich jene dramatischen Durchbrüche zu erzielen, die die Öffentlichkeit würdigen, die Anekdote würzen, die Statistik beweisen konnte. Nach und nach wurde der Arzt – bisher Zielscheibe boshaften Spottes – zum Volkshelden der bürgerlichen Kultur. Gewiß, die Skepsis behauptete sich teilweise noch bis in die 1880er Jahre und länger; der menschliche Körper war eine zu komplizierte Maschine, das Leben zu gefährdet, um alle Kritikaster der ärztlichen Zunft zum Schweigen zu bringen. Aber das liebgewordene Bild des klugen, bärtigen Hausarztes, der väterlich den flatternden Puls befühlt und zu nachtschlafender Zeit beschwerliche Hausbesuche macht, oder das Bild des kühlen, weißbekittelten Chirurgen, der durch seine fachkundigen Eingriffe Leben rettet – das waren Phantasien, die in den letzten Jahrzehnten des 19. Jahrhunderts mehr und mehr an Plausibilität gewannen und nur noch zum Teil auf frommen Hoffnungen oder magischem Denken basierten.

Justament diese weitreichende, unberechenbare Revolution in der Welt der Medizin war es, was in der Ärzteschaft irritierende, wenngleich oft kaum sichtbare seelische Konflikte erzeugte. Wie wir seit Durkheim und Freud wissen und wie die Ärzte in ihrem eigenen Leben bestätigten, können gute Nachrichten den Menschen ebenso aus dem Gleichgewicht bringen wie schlechte. Ihre hartnäckigen Ängste fanden große öffentliche Foren, auf denen sie sich tummeln konnten: die internationale medizinische Ausbildung, die neuen Lehrkrankenhäuser, Universitätskliniken, Fachkongresse und gelehrte Zeitschriften. Die Angst des Arztes im 19. Jahrhundert war demnach mehr als das Unbehagen des Narren, der gezwungen ist, den Weisen zu spielen; es war die Besorgnis des umkämpften Praktikers, der unter dem ungeheuren Druck des Publikums *und* unter dem Druck der Zunft stand und vor der Schwelle zu großen Taten erbebte. Es ist kein Zufall, daß die Ärzteschaft, nachdem sie mit ihren neuen Verbänden, Schulen und Verfahren die Welt der Heilkunst erfolgreich monopolisiert und das Vertrauen der Öffentlichkeit weitgehend zurückgewonnen hatte, von ihrer Kampagne gegen die Masturbation endlich ablassen konnte.

Doch die Angst, die die Ärzte des 19. Jahrhunderts zum Kreuzzug gegen die Onanie veranlaßte, war nicht nur eine Reaktion auf rein berufsspezifischen Druck. Die Doktoren konnten auch ihrer Kultur nicht entrinnen. Sie waren Ehegatten und Väter und wie andere Bürger besorgt um die bedrohte Unschuld ihrer Kinder. Sie gehörten vornehmen gesellschaftlichen Kreisen und exklusiven Klubs an und hofften, ihren diesbezüglichen Status zu halten. Aus diesem Grunde fanden sie es nicht ratsam, die herrschende, zunehmend defensive Moralrhetorik ihrer Gesellschaft anzuzweifeln. In mancherlei Hinsicht erhoben sich die Ärzte des 19. Jahrhunderts nicht über die normale Menschheit; sie fühlten sich abhängig vom guten Willen ihrer Mitmenschen und ihrer Gesellschaft. Wie es der berühmte deutsche Mediziner Christoph Wilhelm Hufeland schon 1836 ausdrückte: «Für niemand ist die *öffentliche Meinung* so wichtig als für den Arzt; er ist im eigentlichen Sinne des Worts *der Mann des Volks*, und die Stimme des Volks entscheidet über ihn.»[69] So arrogant und anmaßend sie sich geben mochten, die Ärzte des 19. Jahrhunderts waren in der Tat Männer des Volks, vor dessen Urteil sie unbewußt – und manchmal auch bewußt – zitterten.

Manche der Ängste, die die Mediziner an ihre Patienten weitergaben, hatten sie zuvor von diesen übernommen: Arzt und Patient waren gemeinsam nervös. Die medizinischen Fachleute artikulierten die gestaltlosen Befürchtungen ihrer Patienten in einer Sprache, die sie gleichsam für ihre Zeit kodifizierte. Eng an diese Befürchtungen angekoppelt waren die Hoffnungen des Zeitalters. Im 19. Jahrhundert stand, namentlich für die Mittelschichten, die Sexualität auf der Tagesordnung; Traditionen bürgerlicher Wohlanständigkeit gerieten in die Defensive. Die Menschen erwarteten mit gutem Grund, die Ärzteschaft in der vordersten Front von Entdeckung und Umwertung zu finden. Mit ihrer Kenntnis der Zunftmysterien, ihrem Einblick in die Geheimnisse des menschlichen Körpers, ihrem Schatz an intimen Geständnissen waren Ärzte in besonderem Maße berufen, Leiden zu lindern, die mit einem wohlanständigen Geschlechtsleben zusammenhingen, und sich zu den physiologischen und psychologischen Folgen unüberwindlicher sexueller Gewohnheiten zu äußern. Es schien eine schwere, aber nicht unvernünftige Last, die man den Vertretern der Heilkunst da aufbürdete; denn schließlich waren sie nicht nur ganz normale Bürger, sondern auch ganz besondere Individuen.

Dies alles macht die Ärzte zu außergewöhnlich wertvollen Zeugen der Phantasien ihrer Kultur. Spöttische Stimmen des 20. Jahrhunderts haben viel Wesens gemacht von dem umgangssprachlichen englischen Ausdruck für «einen Orgasmus haben» – *to spend*, «ausgeben» – und die Meinung vertreten, daß eine hochkapitalistische Kultur logischerweise den Samenerguß als Verlust ansehen müsse. Aber das geht an der Sache ziemlich vorbei. Nicht nur ist diese Idee sehr alt – sie war schon rund zweitausend Jahre vor dem Kapitalismus bekannt –, eine solche Redeweise war auch keineswegs typisch für die bürgerliche Kultur. Was die Ärzte, gemeinsam mit ihren Patienten, im 19. Jahrhundert an der Masturbation störte, war, daß sie eine zwecklose und verschwenderische Vergeudung begrenzter und kostbarer Ressourcen zu sein schien, die zu Impotenz – im übertragenen und oft auch im wörtlichen Sinne – führen müsse. Masturbation stellte eine Einbuße an Welt- und Selbstbemeisterung dar. Der Feldzug gegen den Selbstmißbrauch war eine Reaktion auf diese Gefahr. Das Argument, wonach «Selbstbefleckung» einen verantwortungslosen, ja verderblichen Mißbrauch des männlichen Samens und der weiblichen Geschlechtskräfte darstelle, war der verzweifelte und letztlich vergebliche Versuch, angesichts revolutionärer moralischer Möglichkeiten am Überlieferten festzuhalten. Das Beweismaterial der Demographie ist unwiderleglich: Vergnügen siegte über Pflichtgefühl. Aber dieser Sieg war ein Pyrrhussieg; denn er führte zu einer hektischen Aufklärungs-Betriebsamkeit, die eher Symptom als Lösung des Problems war.

3. Die Flucht ins Wissen

Die sexuelle Aufklärungsliteratur erlebte im späten 19. Jahrhundert eine Blüte wie nie zuvor. Sie muß Tausenden von Lesern Rat und Hilfe gebracht haben, aber im Grunde klärt sie eher über die Kultur ihrer Zeit auf als über Sexualität. Die Gattung umfaßte zwei scheinbar ganz disparate Publikationsformen: die für den Fachmann bestimmte philosophische, soziologische und medizinische Abhandlung und den für Eltern geschriebenen volkstümlichen Traktat. Jene hielt das Plädoyer für sexuelle Aufklärung, dieser schlug konkrete Modelle zu ihrer Verwirklichung vor. Beide gingen von einer gemeinsamen Sorge aus – einem akuten Notstand, wie sie behaupteten. Man räumte zwar ein, daß Unwissenheit und falsche Information über Sexualität keine Erfindung des bürgerlichen Zeitalters gewesen seien, stellte aber die eigene Besorgnis über diesen Zustand als buchstäblich beispiellos hin und insistierte darauf, daß Wissen die notwendige Vorbedingung zur Abhilfe sei.[70] Die Reden der Aufklärer beschwören, nicht anders als ihre Schriften, die bevorstehende Katastrophe; sie sind Warnung und Aufruf zum Handeln. «Eine Politik des Verhehlens, Verschweigens und Beschwindelns», schrieb Charles Richmond Henderson 1909, «hat ihre monströse Frucht getragen in Form von Krankheit, Elend und moralischer Erniedrigung. Falsche Schamhaftigkeit trägt ihre Mitschuld an diesem ungeheuren Übel.»[71] Dieser Ton war typisch.

Professor Hendersons Mahnung findet sich in der Einleitung zu einem gehaltvollen Überblick über die Geschlechtserziehung, ihre derzeitigen Fehler und die Wege zu einer richtigen Sexualpädagogik. Gedacht war er als Diskussionsgrundlage für die in Chicago stattfindenden Beratungen der «National Society for the Scientific Study of Education». Auch das war typisch: In den ersten Jahren des 20. Jahrhunderts intensivierte sich das Interesse an der Verbreitung von Informationen über Sexualität immer mehr. Es war dies eine internationale Erscheinung, bei der auch internationale Konferenzen zwecks Austausch von Informationen nicht fehlten; diese Zusammenkünfte erhöhten beträchtlich das Sendungsbewußtsein der Delegierten.[72] Es gab eine «Society of Sanitary and Moral Prophylaxis», in den USA; eine «White Cross Society» zur Förderung der sexuellen Reinheit in Großbritannien. In Frankreich gründete Senator René Bérenger, bekannt unter seinem Spitznamen «Père la Pudeur», eine «Liga gegen Unsittlichkeit auf der Straße». Es gab – in diesen wie in anderen Ländern – noch Dutzende anderer Gesellschaften, die ähnlich hießen und ähnliche Kreuzzüge führten; alle traten mit hohem Ernst zum Kampf gegen die Unwissenheit im Namen von Sitte und Anstand an. Es war, als wollten engagierte und qualifizierte Männer und Frauen in einem Jahrzehnt wettmachen, was man als das Versäumnis von Jahrtausenden beklagte. Die Flucht vor der Unwissenheit wurde zu einer Flucht ins Wissen.

Der Ablauf solcher Kongresse war zwangsläufig überall weitgehend derselbe. Die Redner wissen um die Neuartigkeit ihres Tuns, sie sind stolz auf ihre immense Besorgnis und fühlen sich genötigt, unverzüglich zu handeln. Die «American Federation for Sex Hygiene» wurde 1910 gegründet. Es war eine Dachorganisation, der 27 Gesellschaften mit mehr als 6000 Mitgliedern angehörten; sie berief Kongresse ein und vertrieb Literatur. 1913 traf man sich in Buffalo, im Rahmen des 4. Internationalen Kongresses für Schulhygiene, und die Tagungsakten registrierten die tieferen Antriebe wie die offiziellen Ziele eines solchen Feldzugs zur Verbreitung geschlechtlichen Wissens. Verbandspräsident Charles W. Eliot bemerkte in seiner Eröffnungsansprache: «In meinem einigermaßen langen und tätigen Leben habe ich noch niemals einen solchen Meinungsumschwung bei denkenden Menschen erlebt, wie er sich in den letzten zehn Jahren in der Frage der Sexualhygiene vollzogen hat.» Jahrhundertelang habe man eine geradezu universelle «Politik des Schweigens über alle Funktionen und Zusammenhänge der Sexualität» verfolgt. Dieses Schweigen sei nun gebrochen worden. Andere Redner pflichteten Dr. Eliot bei und sahen bereits «ein neues Interesse an der Sexualhygiene». Dr. Thomas M. Balliet, Dekan der «School of Pedagogy» der Universität New York, äußerte die Ansicht: «Die Notwendigkeit einer wie auch immer gearteten Sexualerziehung der Jugend, und der Erwachsenen, ist in den letzten Jahren allgemein anerkannt worden.» Freilich waren dieser Anerkennung keine Taten gefolgt. Besorgte Aufklärer umschrieben die herrschende Sexualpädagogik mit drei Worten: Schweigen, Ausflüchte, Lügen. Dr. Hugh Cabot, ein prominenter Urologe, erklärte der Versammlung, es gebe für Knaben «keine systematische Aufklärung über den Aufbau ihrer Sexualität», und für Mädchen gebe es dergleichen «noch weniger», so daß die meisten von ihnen «buchstäblich nichts über ihr Geschlechtsleben wissen, nicht einmal über dessen Zusammenhang mit der Fortpflanzungsfunktion». Eltern und Lehrer hätten den Kindern gegenüber bisher die Einstellung vertreten «Frag' nicht so viel». «Wenn sie weitergefragt haben, haben wir ihnen Lügen erzählt, was natürlich eine hervorragende Grundlage für die Erziehung zur Wahrhaftigkeit war.»[73] Das alles war für die Delegierten nichts Neues. Neu war für sie vielmehr, daß einsichtige Ärzte und Erzieher solche Fehler endlich als das erkannten, was sie waren, und begriffen, daß es die Gesellschaft sich nicht länger leisten konnte, die Grundtatsachen des Lebens mit dem Schleier des Geheimnisses zu umgeben.

Für die Propagandisten der sexuellen Aufklärung waren die Gegebenheiten in den USA und in Europa klar: Jeder Versuch, Kindern gegenüber aus der Sexualität ein Geheimnis zu machen, mußte fehlschlagen und war bisher auch immer fehlgeschlagen. Ob sie Sigmund Freud gelesen hatten oder nicht – die meisten hatten ihn nicht gelesen –: die Sexualerzieher waren mit Freud der Überzeugung, daß die sexuelle Neugierde von Kindern an Intensität und universeller Verbreitung praktisch einem angeborenen Triebe gleichkommt. Dr. Cabot sprach aus, was viele dachten, wenn er unumwunden erklärte: «Einen Zustand wie Unschuld gibt es nicht bei diesen Kindern. Mit dieser Annahme wollen wir gar nicht erst anfangen. Nicht ein einziges Prozent von ihnen ist ahnungslos.»[74]

Zehn Jahre zuvor hatte Reverend Edward Lyttelton, Rektor des Eton College, dasselbe gesagt, und zwar in seiner artigen, besorgten Schrift *Training of the Young in Laws of Sex*. Einleitend erläuterte er, warum er als Theologe sich zu diesem Ausflug in das Gebiet der Sexualerziehung bewogen fühlte: «Die Notwendigkeit von Anregungen, wie sie im folgenden zur Diskussion gestellt werden, wird von Jahr zu Jahr fühlbarer.» Der eigentliche Feind sei die Heimlichtuerei; das unüberwindlichste Hindernis bei dem Bestreben, heranwachsenden Kindern vernünftige Informationen zu geben, sei «die Scheu der Eltern, zumal der Väter». Unwissenheit sei jedoch der Ruin des privaten Lebens: «Gewiß werden viele Menschen von Gutherzigkeit, Liebe und einem glücklichen Temperament unbeschadet über diese Gefahren hinweggetragen. Doch gibt es immer noch eine ungeheure, ebenso schmerzliche wie vermeidbare Vergeudung ehelichen Glücks, deren Ursache vergiftetes

Denken und Unwissenheit sind – unmittelbare Folge der herrschenden Heimlichtuerei in sexuellen Fragen.» Die sexuelle Neugier von Kindern würde sich gegen alle Widerstände Bahn brechen; «eine übergroße Mehrheit der Jugendlichen beiderlei Geschlechts muß sich die Kenntnis sexueller Grundgesetze noch immer auf zufällige Weise erwerben – von Kameraden, aus Büchern oder durch Beobachtung der Tierwelt.» Mädchen, so meinte er, bedürften der geschlechtlichen Aufklärung weniger dringend als Knaben. Doch auch sie durften nicht in Unwissenheit verharren. «Sollte nicht, wenn die Zeit einer möglichen Vermählung herangerückt ist, ein klärendes Wort angezeigt sein», fragte Lyttelton, «um zu verhindern, daß die junge Frau sich einem Gatten ausliefert, ohne um die volle Bedeutung der Ehe zu wissen?»[75]

Ein Jahr nach dem Erscheinen dieses Buches wartete Dr. Friedrich Siebert mit seinem «Wegweiser» zu sexueller Moral und sexueller Hygiene auf. Ähnlich wie Dr. Cabot – und überhaupt fast alle Autoritäten auf diesem Gebiet – konstatierte Siebert, daß es der zeitgenössischen Gesellschaft in trauriger Weise an Aufrichtigkeit mangele. Alles, was an das Geschlechtsleben erinnere, werde geheimgehalten; nur im äußersten Notfall verstünden die Menschen sich dazu, über die Vereinigung von Mann und Frau zu sprechen.[76] Die meisten Verfasser von Aufklärungsschriften, ob Deutsche, Franzosen oder Amerikaner, zürnten der Gesellschaft, in der sie lebten, und fielen mit Sarkasmus über sie her; die ernsten Ermahnungen eines Edward Lyttelton waren in ihrer freundlichen Art eine Ausnahme. Trotzdem kranken diese Anklagen an einer inneren Inkonsequenz. Die Rufe nach Ungeniertheit waren verklemmt; sie verurteilten die Euphemismen und bestanden selber aus kaum etwas anderem. Der größte Teil dieser Literatur vermeidet peinliche und heikle Themen auf denkbar geschickte Weise: indem sie vorgibt, sie anzusprechen.

Häufig war den Reformern bei ihrer Sendung selber nicht wohl. Die große Mehrheit von ihnen besuchte Kongresse und schrieb Bücher, um gesellschaftliche Übelstände einzudämmen, nicht, um privates Glück zu befördern. Während einige romantische Rebellen wie Paolo Mantegazza oder Havelock Ellis die Sinnlichkeit als köstliche Gabe Gottes priesen, scheuten die meisten Sexualautoren das Lob der Erotik. Sie feierten die Reinheit und lästerten über die Lust. Diese Angst ist verständlich; sie erkannten die Notwendigkeit sexueller Aufklärung, gerieten jedoch in einen – mitunter ins Bewußtsein dringenden – Konflikt zwischen konventioneller Geheimniskrämerei und notwendiger Offenheit. Mit kaum verhohlener Verlegenheit schrieben sie aus Pflichtgefühl über Sexualität.

Die Literatur, die diese Aufklärer verfaßten, wirkte nicht als Pornographie bei jenen, die keine Pornographie lasen; dazu war sie zu ängstlich. Nichts machte sie nervöser als der – tatsächliche oder antizipierte – Vorwurf, ihre Schriften seien eine Verführung zur Lüsternheit; Lyttelton, der ausdrücklich eheliches Glück zu den wünschenswerten Folgen sexueller Aufklärung zählte, sprach für eine Minderheit, und seine Vorstellung von diesem Glück wäre den glücklichsten der von Dr. Mosher befragten Frauen als zahm und unzulänglich erschienen. Wie die meisten seiner Schriftstellerkollegen war Lyttelton ein frommer Christ, der einen annehmbaren Weg zeigen wollte, wie man körperliche Funktionen in Einklang bringen konnte mit spiritueller Reinheit. Es gab auch Ungläubige unter den Sexualreformern; Dr. Siebert etwa war ein deutscher Chauvinist, der der völkischen Blut-und-Boden-Ideologie zuneigte und der christlichen Tendenz, Enthaltsamkeit zu predigen und Heuchelei zu züchten, kritisch gegenüberstand.[77] Sogar Lyttelton trennte aus taktischen Gründen seine pädagogischen Ratschläge von seinem anglikanischen Glauben, um ein breiteres Publikum anzusprechen, als mit der Darlegung eines bestimmten christlichen Standpunkts hätte gewonnen werden können.[78] Zu den unermüdlichsten Geistlichen, die im Weingarten der sexuellen Aufklärung arbeiteten, gehörte der Vielschreiber Sylvanus Stall mit seinen didaktischen Schriften – *What a Young Boy Ought to Know, What a Young Man Ought to Know, What a Young Husband Ought to Know* usw. –, die von einem stattlichen Aufgebot «vorzüglicher Männer und Frauen» empfohlen wurden. Über den Verdacht, um der Erregung sinnlicher Gefühle willen zu schreiben, war ein Doktor der Theologie erhaben, der sich die Makellosigkeit seiner Absichten und die Gelungenheit seiner Darstellung von Bischöfen und Philanthropen, frommen Pamphletisten und Temperenzlern bescheinigen ließ. Außerordentlich erfreulich war die Unterstützung Anthony Comstocks, der in den USA gegen Pornographie und Abtreibung agierte; zeigte sie doch, daß Fundamentalisten nicht weniger an der Bekämpfung der sexuellen Unwissenheit und ihrer verderblichen Folgen interessiert waren wie Geistliche mit klassischer Bildung oder wissenschaftlich geschulte Pädagogen. Comstock war, wie Sozialreformer anderer Provenienz auch, überzeugt, daß die Regelung des Geschlechtslebens nicht ohne unmittelbare Auswirkung auf das Gemeinwesen als Ganzes bleiben könne: «Dieses Buch hilft einem dringenden Bedürfnis ab, und ich hoffe, es möge auf ihm der Segen ruhen, die Gedanken und Herzen unserer Knaben zu erheben und einen besseren und höheren Zustand der Gesellschaft herbeizuführen.»[79]

Dr. Stalls Bücher für Knaben und junge Männer waren Teil einer Buchreihe mit dem Titel «Self and Sex». Stall oblag die Unterweisung des männlichen Geschlechts. Frauen wurden von Frauen unterwiesen – in erster Linie von Mary Wood-Allen, M.D., Hausfrau und Mutter und ebenso fromm und produktiv wie ihr männlicher Kollege und gelegentlicher Mitarbeiter. Sie schrieb u.a. *What a Young Girl Ought to Know* und *What a Young Woman Ought to Know*. Die religiöse Ausrichtung ihrer Schriften nahm jeder Skepsis den Wind aus den Segeln; sie konnten sich – wie die Erzeugnisse Stalls – der unübersehbar plazierten Unterstützung unantastbarer Zelebritäten rühmen. Ziel der Bücher von Dr. Wood-Allen war das Bewahren der Reinheit, d.h. das Verhüten der Befleckung. Diese Art von Literatur über die menschliche Natur ist von einem praktisch ungebrochenen Pessimismus. Eine ähnlich düstere Stimmung überschattet die im Taschenformat gehaltenen Traktate für Eltern. Sich selbst überlassen, hört das Kind nur allzu willig auf böse Einflüsterungen, ahmt Verruchtheiten nach, schenkt schlimmen Geschichten Glauben und verfällt der Todsünde. Die sexuelle Aufklärung hinauszögern heißt, das Verderben herausfordern: «Nach meiner Überzeugung ist es ein Fehler», meinte Dr. Wood-Allen in *Teaching Truth*, das wißbegierige Kind mit Redensarten abzuspeisen wie «‹Das erkläre ich dir, wenn du einmal größer bist.› Diese Antwort reizt nur seine Neugier und verführt es dazu, sich die Informationen, die es sucht, aus allen nur zugänglichen Quellen zu besorgen, und oft sind dies Quellen, die seiner unschuldigen Seele die untilgbare Spur des Bösen aufdrücken.»[80]

Sigmund Freud waren dergleichen Geschraubtheiten gründlich verhaßt. »J'appelle un chat un chat», schreibt er nicht ohne Selbstgefälligkeit in der Schilderung des Falles Dora, den er 1905 publizierte.[81] Die meisten anderen Autoren jener Zeit zogen es dagegen vor, der Katze andere Namen zu geben. Die Broschüren, die unmittelbar für den Gebrauch der Eltern geschrieben wurden – pointierte kleine Geschichten oder geschickte Dialoge als Muster für das feierliche Gespräch des Vaters oder der Mutter mit dem Sprößling über die Geheimnisse der menschlichen Fortpflanzung –, übertrugen das Prinzip dieser Inkonsequenz auf die allgemeine Kultur. Wenn man heute für die sexuelle Aufklärung im Scherz das geflügelte Wort «Das ist wie bei den Vögeln und den Bienen» parat hat, so ist diese Charakterisierung im Hinblick auf die Literatur des späten 19. und beginnenden 20. Jahrhunderts durchaus begründet. Ungezählte Autoren zogen den Vergleich zu Blumen, Vögeln und Haustieren: «In einer ruhigen Stunde, wenn unser Kleiner, vom Spiel ermüdet, zutraulich zur Mutter läuft, um mit ihr zu schwatzen oder sich eine Geschichte erzählen zu lassen», – so Mary Wood-Allen in ihrem *Teaching Truth* – «mag sie seine ruhige, empfängliche Stimmung benutzen, um mit ihm zu sprechen. Wir stellen uns vor, daß sie einige Winden gepflückt hat; nun zeigt sie dem Kind die hell schimmernden Blütenkelche und sagt zu ihm: ‹Möchtest du einmal die Geschichte von Herrn und Frau Winde und ihren Kindern hören?›»[82] Lyttelton gibt sich nicht ganz so betulich, aber auch er nimmt Zuflucht zu Ausflüchten. Sein Vorschlag, wie man den Geschlechtsverkehr erläutern könne, lautet – ungekürzt – folgendermaßen: «Wenn man an die Stelle gelangt, wo der Beginn der Empfängnis in der Mutter erklärt werden soll, kann man unbedenklich ergänzen, daß Gott auf eine höchst wunderbare Weise die Saat des Lebens dem Vater anvertraut hat, daß dieser sie nach der Heirat seiner Frau schenken darf und daß dies für ihn ein Akt jener Liebe ist, deretwegen er sie überhaupt geheiratet hat.» Dann kommt die zu erwartende undurchsichtige Beschreibung des Geschlechtsunterschiedes und die – gern ergriffene – Gelegenheit zu einem Wort der Mahnung: «Mehr als das wird man bei Mädchen selten, ja wie mir dünkt, sehr selten sagen müssen. Der einzige Unterschied im Fall der Knaben wird sein, daß man sich sehr einfach und zartfühlend den angeborenen Instinkt des Knaben zunutze machen muß, um mit Bestimmtheit anzudeuten, welchem Teil seines Körpers die natürliche Funktion anvertraut ist, das Leben fortzuzeugen; an diese Instruktion mag sich eine eindrucksvolle und dringend notwendige Warnung vor dem Mißbrauch anschließen.»[83] Offenbar hatte niemand Lyttelton gesagt, daß auch Mädchen masturbieren; auch war es ihm nicht eingefallen, an der Befürchtung zu zweifeln, Masturbation sei der sichere Weg zu Siechtum und frühem Tod. Und dennoch zählt Lyttelton zu den vernünftigen, wohlinformierten Geistern seiner Zeit!

Das Kind sei «ein wandelndes Fragezeichen», bemerkte Dr. Wood-Allen einmal.[84] In der Regel beginnen ihre Schriften mit einer behutsamen Schilderung der Schwangerschaft: Das Kind ist bestürzt über die Ankunft eines Geschwisters, und die Mutter ergreift die Gelegenheit, ihm zu erklären, wo das Baby herkommt. Diese Exposition führt zu einer Schilderung der Körperteile von Mann und Frau, die an Einzelheiten alles ausläßt, was ein aufmerksam beobachtendes Kind selber sehen kann. In diesen von der guten Gesellschaft goutierten Szenarios hat solche Sexualaufklärung zur Folge, daß die Kinder mit freudigen Tränen in den Augen die Mutter umarmen; wenn sie erfahren, daß auch sie neun Monate lang «in diesem wunderschönen Bettchen in Muttis Bauch» gelegen haben, lieben sie die Mutti nur um so mehr.[85] Wie das Baby in dieses Bettchen gekommen ist, wird nicht oder – mit seltenen Ausnahmen – nur verschleiert gesagt. *The Human Flower* von «Ellis Ethelmer» bezeichnet sich im Untertitel als «Kurze und klare Darlegung über die Physiologie der Geburt und die Beziehungen der Geschlechter». Aber Ethelmers Buch hält nicht, was es verspricht: Es ist zwar kurz, aber nicht klar. Ellis

Ethelmer verhehlte nicht, was sie mit ihren Schriften zur Sexualität letztlich bezweckte: «Jawohl: aus einem größeren Wissen wird unzweifelhaft eine noch wahrere Reinheit erwachsen.» Liebe, so sagt sie in einem anderen kleinen Buch mit dem Titel *Baby Buds*, «Liebe ist das Kostbarste im Leben», aber sie meint die reine Liebe: «Es gibt weise Männer, die behaupten, daß jede menschliche Liebe ihren Ursprung in der Liebe zwischen Mutter und Kind habe.»[86] Das wurde 1895 geschrieben. Ein oder zwei Jahre später sollte Freud weitgehend denselben Gedanken äußern. Doch inhaltlich unterscheidet sich Ethelmers Definition der Liebe radikal von derjenigen Freuds: Sie hatte nicht das Geringste mit Sexualität zu tun.

Und das ist das Entscheidende an der wachsenden Nachfrage nach sexueller Aufklärung, die zu der Zeit, als Freud seine ersten psychoanalytischen Entdeckungen machte, geradezu zur Mode wurde: Geschlechtliche Erkenntnis schien nicht um ihrer selbst willen wesentlich, sondern als Instrument zur Behebung gesellschaftlicher Übelstände durch Aufdekkung privater Laster. Der geradezu panische Eifer jener Pädagogen, die Sexualkunde predigten und die Eltern beschimpften, weil sie es versäumt hätten, als Wegweiser zum Eros zu fungieren, war die Reaktion auf Befürchtungen, die in ihrer Kultur grassierten – Befürchtungen, die politische, militärische und biologische Dimensionen hatten. Die Syphilis – dessen waren sie sich sicher – setzte viel zu viele junge Männer außer Gefecht, und deshalb lauerte auf die Armeen ihrer Länder die Gefahr einer tödlichen Schwächung; die Unkenntnis der geschlechtlichen Zuchtwahl mußte die «wünschenswerten» Elemente der Bevölkerung mit minderwertigem Erbgut verseuchen; unaufgeklärte oder falsch aufgeklärte junge Männer und Frauen mußten ihre Partner mit grauenhaften Krankheiten infizieren und der modernen Gesellschaft einen – möglicherweise verhängnisvollen – Schaden zufügen. Das Anstößige an Ibsens *Gespenstern*, die sich um die Verwüstungen durch die Syphilis drehen, war, daß so viele Leute im Publikum genau wußten, was der Autor meinte. Dr. Hermann Rohleder pflegte sich in seinen Schriften mit besonders greller Stimme zu Wort zu melden, aber er schrie nur hinaus, was die meisten anderen hinter vorgehaltener Hand flüsterten. Er forderte Sexualpädagogik durch die Familie und durch die Lehrer, um «den Ausbruch der Onanie» in der Schule zu reduzieren und die Jugend auf die «Gefahren des sexuellen Umgangs» hinzuweisen. Die private Moral, die militärische Schlagkraft, die Zivilisation selbst waren durch die herrschende sexuelle Unwissenheit gefährdet. «Denn Zivilisation ist Syphilisation», meinte Rohleder.[87] Deutlicher konnte man es nicht sagen.

Derlei Manifeste sowie die durch sie ausgelösten Diskussionen spiegeln die modischen Mythologien der Zeit; nicht wenige von ihnen zeigen eine fatale Vorliebe für Themen wie Rassereinheit und Rassenselbstmord.[88] Das Zweckbündnis im Dienst der sexuellen Aufklärung – Darwinisten und Bischöfe, Fundamentalisten und Anglikaner, Militaristen und Utopisten – scheint übel zusammengesetzt, hielt jedoch stand. Kein Wunder, daß Sigmund Freud geneigt war, mit Strenge über die von diesem Bündnis hervorgebrachte Literatur mit ihren Bedenklichkeiten, ihren tönenden Phrasen und ihrem «schwülstig-feierlichen» Ton zu urteilen.[89] Er hatte recht, wenn er argwöhnte, daß ihre Autoren justament jenen Wahrheiten den Weg versperrten, für die sie so energisch einzutreten vorgaben und die sie so halbherzig verbreiteten. Einige von ihnen, beispielsweise Dr. Hugh Cabot, wurden mit der unbequemen Tatsache konfrontiert, daß die Jugend nicht im Zustand der Unschuld zu halten ist und weit mehr weiß, als die besorgten Erwachsenen sich vorstellen. Doch die Unwissenheit holte sich im bürgerlichen Jahrhundert ihre Bundesgenossen sogar bei den Kreuzzüglern des Wissens.

VI. Sinnliches Wissen

1. Platonische Libertinage

Der Geschlechtsverkehr ist die sinnlichste aller Betätigungen; ihn richtig auszuführen, bedarf es keiner Ausbildung und nur geringer Erfahrung. Und doch ist dieser Akt gesättigt mit Wissen, das in einer Schule des Fleisches erworben wurde. Die Liebe, schrieb Freud 1916, sei «die große Erzieherin».[1] Als biologischer Drang mag der Geschlechtstrieb etwas verhältnismäßig Autonomes sein; doch wird er durch Einflüsse des Lebens erregt, geläutert, gerichtet und abgelenkt. Jene sexuellen Phantasien, die zu erotischen Erkundungen anregen oder die Masturbation begleiten, sind der ausschmückende oder – häufiger – verzerrende Widerhall von provokativen Szenen, die man miterlebt, von Geräuschen, die man gehört, von Geschichten, die man gelesen hat. Der junge Gustave Flaubert war nicht der einzige Junge, der auf die Geräusche aus dem Ehebett seiner Eltern lauschte. Der «Wolfsmann», Freuds berühmter Patient, war nur eines von ungezählten Kindern, die den Geschlechtsakt der Eltern mit ansahen oder sich ausmalten; Havelock Ellis nur insoweit eine Ausnahme, als er der Nachwelt überlieferte, wie er, acht Jahre alt, von einem anderen Jungen in die Freuden der Masturbation eingeweiht wurde. Ein großer Teil der solcherart aufgeschnappten Informationen war zwar falsch; aber der Irrtum wirkt ja sexuell mindestens ebenso stimulierend wie die Wahrheit. Und keineswegs lagen dieser erotischen Erziehung immer eindeutige sexuelle Betätigungen zugrunde; Kinder werden ebenso erregt, wenn sie ihre Mutter nackt erblicken, wie wenn sie die Eltern beim Verkehr überraschen; ihre sexuelle Biographie wird mehr vom Anblick des geschwisterlichen Genitals geprägt als vom Anblick kopulierender Hunde.

Im 19. Jahrhundert waren solche Ahnungen des Körpers allgegenwärtig – auch für das Bürgertum, auch für das jungfräuliche Mädchen. Man stieß allenthalben, und oft an ganz unvermuteter Stelle, auf unterschwellige Anzüglichkeiten, die nicht so sehr sexuelle Information vermittelten als vielmehr eine Atmosphäre der Sinnlichkeit verbreiteten. 1878 konnte sogar die deutsche Familienzeitschrift *Daheim*, ein Hort bürgerlicher Wohlanständigkeit, unter dem Titel *Wehrlos* eine komisch sein sollende Witzzeichnung mit sexuellem Unterton veröffentlichen.[2] In Wirklichkeit war das Bürgertum nicht ganz so wehrlos gegen Anschläge auf seine Sinnlichkeit. Die Wohlerzogenen und die Wohlhabenden wußten viel mehr, als sie anderen – oder sich selber – eingestehen mochten; auch die Behütetsten unter ihnen vermochten Kenntnis der sexuellen Welt zu erlangen: auf einem Stadtbummel, von einer älteren Schwester oder einem Schulfreund oder aus einer entsprechenden Geschichte. Etwas zynisch, aber nicht ohne Grund meinte Balzac: «Ein Mädchen mag das Pensionat als Jungfrau verlassen; aber keusch? Nein.» Kein Wunder also, daß Freud 1895 laut darüber nachdachte, ob nicht selbst Heranwachsende weit mehr sexuelle Erfahrung besäßen, als die Leute oder auch sie selber glaubten.[3]

Anspielungen auf heimliches Wissen finden sich überall, im dezentesten Roman ebenso wie in der besorgtesten pädagogischen Schrift. An einer vielbeachteten Stelle der *The Eustace Diamonds* von Trollope versteckt Lizzie Eustace hastig die in ihrem Zimmer herumliegenden französischen Romane und legt eine Bibel auf den Tisch, als Lady Fawn, Inbegriff der Tugendhaftigkeit, zu Besuch kommt. Man darf in diese Szene nicht zu viel hineingeheimnissen, doch läßt Trollope keinen Zweifel daran, daß die Lizzie Eustaces seiner Zeit sich sehr wohl über erotische Dinge zu informieren wußten, wenn die Lady Fawns sie nur ließen. Und noch für die prüdesten unter den Lady Fawns war die Heiratsurkunde gleichsam das Zulassungszeugnis für die Universität des Lebens. «Laß dir von Dorothea etwas Leichtes vorlesen», sagt in George Eliots *Middlemarch* Mr. Brooke, Dorotheas gutmütiger, aber plumper Onkel, zu ihrem kränkelnden Gatten Casaubon. «Sachen von Smollett – sie sind zwar ein wenig frei, aber du weißt ja: jetzt, wo sie verheiratet ist, kann sie alles lesen.»[4]

In der Tat gab es vieles zu lesen für den achtbaren Bürger, aber doch nicht alles. Gegen Ende des Jahrhunderts begann man, tabuisierte Themen wie Pubertät, die bis dahin nur in medizinischen Fachzeitschriften behandelt worden waren, ziemlich ungeniert in Publikumsblättern zu erörtern. In den 1880er Jahren stritten in Paris zwei französische Romanciers um die zweifelhafte Ehre, als erster das Thema Menstruation in Romanform behandelt zu haben. «Der Fluch» galt im bürgerlichen Jahrhundert als ein höchst heikles Thema, das sich nicht für die artige Konversation und erst recht nicht für die erzählende Literatur eignete. Doch dann veröffentlichte Edmond de Goncourt 1884 seine *Chérie*, einen sorgfältig recherchierten Roman über das Leben eines jungen Mädchens, in welchem er in allen Einzelheiten das «heiße Erwachen eines noch pflanzenhaft vegetierenden Organismus», den «Schrecken des unerwarteten Blutes» beschrieb – ihre Menarche. Zola jedoch, ein nicht minder sorgsamer Rechercheur wie Goncourt, kam seinem Rivalen zuvor, indem er dasselbe Erwachen in seiner *Joie de vivre* schilderte, die von Ende 1883 an als Fortsetzungsroman erschien. Prompt erhob Goncourt den Vorwurf, Zola habe ihm das noch nie behandelte Thema «gestohlen», was dieser wiederum energisch bestritt. Der Streit der beiden Meister trug jedoch nicht dazu bei, «Menarche» zu einem Alltagswort zu machen oder dem Thema Menstruation Eingang in viele andere Romane zu verschaffen. Die Menstruation blieb ein Sujet, das der Romanliteratur ebenso fernstand wie die Masturbation.[5]

Den Glücklichen und Findigen sprudelten jedenfalls die Quellen körperlichen Wissens in genügender Menge. Manche Zeitungen berichteten genüßlich über unappetitliche Scheidungsprozesse, und Gerichtsreportagen über Mordfälle mit sexuellem Hintergrund enthielten manch spannendes Detail über Impotenz, heimliche Liebesaffären und sexuelle Verführung. Ein verbreiteteres Element sexueller Erziehung war das sprichwörtliche «Küchenpersonal» und sein verführender Einfluß. Die schmutzigen Witze, die sich Schulbuben – und natürlich auch die Goncourts und ihr literarischer Kreis – mit Vorliebe erzählten, dienten verschiedenen Funktionen. Sie stellten die eigene sexuelle Reife und Überlegenheit unter Beweis und signalisierten Zugehörigkeit zu exklusiven Zirkeln. Daneben transportierten sie – beinahe beiläufig – beachtliche sexuelle Information. Die norwegische Romanautorin Sigrid Undset beschreibt in ihrer Autobiographie ein Jugenderlebnis, das in seiner Einfachheit archetypisch war. Eines Tages begegnete sie auf der Straße einem kleinen Jungen «und bemerkte, wie vorne etwas aus seiner Hose lugte. Plötzlich rief der Junge: ‹Aufgepaßt! Der Wassermann kommt!› und lief mit schlurfenden Schritten hinaus auf die Straße, eine Wolke weißen Staubes aufwirbelnd, die ihn einhüllte. Im Laufen gab er einen dünnen Wasserstrahl von sich, der eine dunkle Zickzackspur im Staube hinterließ.» Nach dieser Meisterleistung kam er zurück und erklärte stolz, so etwas brächte kein einziges Mädchen fertig, wohl aber jeder Junge. Klein-Sigrid mußte ihm recht geben, was sie traurig stimmte, aber «nicht sehr».[6] Ihr Neid auf den Jungen muß in Wirklichkeit größer gewesen sein, als sie in ihrer Erinnerung zugeben will, aber jedenfalls hatte die Szene sich ihr unvergeßlich eingeprägt.

Logan Pearsall Smith, 1865 in Philadelphia als Sohn frommer Quäker geboren, machte die Erfahrung, daß er buchstäblich nur die Augen offenhalten mußte, um kennenzulernen, was seine Eltern vor ihm verheimlichen wollten. Als er noch ein kleiner Junge war, kam einmal der Zirkus Barnum nach Philadelphia. «Im Kreise der Quäker wurde viel darüber debattiert, ob man den Kindern erlauben dürfe, dieser Unterhaltung beizuwohnen.» Der Anblick exotischer Tiere mochte helfen, ihnen «einen Begriff von den Wundern der Schöpfung» zu geben; andererseits gab es da die «spärlich bekleideten weiblichen Akrobaten». Der Kompromiß, auf den die Familie Smith sich einigte, sah so aus, daß die Kinder zwar die Tiere anschauen durften, beim Auftritt der Akrobaten jedoch die Augen zumachen mußten. «So saßen wir Quäkerkinder denn da wie die Orgelpfeifen», erinnerte sich Logan Pearsall Smith über sechzig Jahre später; «mit weit aufgerissenen Augen starrten wir die auftretenden Elefanten an; bei den weniger anständigen Intermezzi dagegen waren unsere Sehorgane geschlossen, die Hände fest gegen die Lider gepreßt. Ein kleiner Quäkerbub aber riskierte einen schuldbewußten Blick durch seine Finger hindurch und gewahrte muskulöse Gliedmaßen, die sich, in rosa Trikots steckend, bewegten, ganz langsam bewegten.» Wie Smith sich erinnert, wurde er von diesem Anblick der Sünde so getroffen, daß sein Sündenbegriff «fortan für lange Zeit vom Rosarot dieser sich langsam bewegenden Beine gefärbt» war. Als er sich einige Zeit später mehrere Monate in England aufhielt, wurde auch ihm jener denkwürdige Anblick zuteil, den Sigrid Undset nie vergessen hatte. Einer seiner Kameraden führte ihn «in einen Nußbaum in seines Vaters Park» und bereitete ihm die Freude «einer Darbietung, die zwar zur damaligen Zeit für mich kein Interesse barg», die aber «der Freundschaftsbeweis eines englischen für einen amerikanischen Jungen war» – nichts weniger als eine «Demonstration der Völkerverständigung».[7] Der Leser möge sich freilich von der bezaubernden Leichtigkeit dieser Schilderung nicht täuschen lassen: Das Wissen, das Logan Pearsall Smith in jener Zirkusvorstellung und in jenem Nußbaum erwarb, nährte in ihm die Furcht vor starken Frauen und die Vorliebe für virile Männer.

Selbst die windelweichen Pseudo-Erklärungen körperlicher Vorgänge, mit denen man auf Kinderfragen zu antworten pflegte, waren bei aller Verzerrtheit keineswegs frei von sinnlicher Information. Jenes Wissen über den Körper im allgemeinen und die Sexualität im besonderen, das im 19. Jahrhundert anständige Eltern glaubten, ihren Kindern zumuten zu dürfen, war zweideutiger, als sie sich vorstellen konnten.

Jeder kennt die Geschichte vom Storch, mit der man in den meisten anständigen Familien die Ankunft eines «Brüderchens» oder «Schwesterchens» erklärte. Aber der Storch mit seiner geliebten Last kam in einer verwirrenden, geheimnisvollen Atmosphäre, unter verräterischen Anzeichen von Krankheit, ja Blutvergießen. Als seine Mutter schwanger war, bekam der «kleine Hans», Freuds berühmter kleiner Patient, von seinen Eltern die übliche Geschichte zu hören: Der Storch werde kommen und ihm «ein Mäderl oder Buberl» bringen. Damals war Hans 3½ Jahre alt und begann, an dem zu zweifeln, was die Erwachsenen ihm erzählten. Als bei der Mutter die Wehen einsetzten, hörte Hans sie stöhnen und fragte: «Was hustet denn die Mama?» Worauf er sich nach einer Weile selbst die Antwort gab: «Heut' kommt gewiß der Storch.» Als er im Vorzimmer die Tasche des Arztes sah, traf er den richtigen Zusammenhang: «Heut' kommt der Storch.» Nachdem seine Schwester Hanna zur Welt gekommen war, wurde er ins elterliche Schlafzimmer gerufen, schaute aber nicht auf seine Mutter, sondern auf die noch herumstehenden «Gefäße mit blutigem Wasser».[8] Er spürte mit seinen dreieinhalb Jahren, daß es mit den Geburtsvorgängen mehr auf sich hatte und daß nicht nur irgendein antiseptischer Storch mit dem Baby im Schnabel zu erwartungsfrohen Familien flog; er hatte das Blut gesehen und seine Schlüsse gezogen. Kinder «wußten» im allgemeinen mehr, als ihre Eltern ihnen gesagt hatten, auch wenn das, was sie wußten, verworren, bruchstückhaft und im großen und ganzen falsch war. Da die Großfamilie bis zum Ende des 19. Jahrhunderts überdauerte und die meisten Babies nach wie vor durch Hausgeburt zur Welt kamen, hatten Kinder immer wieder Gelegenheit, den Körper und seine Funktionsweise zu beobachten und das, was sie entdeckt hatten, miteinander zu diskutieren.

Das Gespräch zwischen Geschwistern, wenngleich von rührender Ahnungslosigkeit, war oft weniger harmlos als die verschämten Lektionen, die die Eltern widerstrebend erteilten. Der junge Gustave Flaubert trug keine Bedenken, in Briefen an seine Schwester Wörter wie «Scheiße» zu gebrauchen oder in Briefen an seinen Bruder das Hinternputzen zu beschreiben. Andere Jungen – weniger brillant und weniger bissig als Flaubert – hatten ein ebenso loses Mundwerk und waren nicht weniger informativ.[9] Und die körperlich-sinnliche Erziehung im Kreis der Familie hat zu Zeiten Aspekte, die weit widerwärtiger sind als die vertraulichen Obszönitäten, die die Jugendlichen untereinander austauschten. Die Aufzeichnungen von Psychopathologen des ausgehenden 19. Jahrhunderts registrieren haarsträubende Schilderungen früher Verführung, die keineswegs alle nur Phantasieprodukte sind. Selbst nachdem Sigmund Freud die Theorie fallengelassen hatte, daß alle Neurosen ihre Ursache in der Verführung des kleinen Mädchens durch den Vater hätten, erkannte er doch weiterhin an, daß Berichte über eine solche Verführung oft genug auf Wahrheit beruhten. Gewiß bilden jene Vorfälle, soweit sie sich in den ärztlichen Aufzeichnungen niedergeschlagen haben, nur einen bescheidenen Bruchteil der tatsächlichen Fälle einer vorzeitigen sexuellen Initiation; die meisten dieser Vorkommnisse drangen niemals einem Priester oder Psychiater zu Ohren. Die Opfer schämten sich zu sehr oder hatten das Erlebnis ohne unmittelbar sichtbare Folgen verdrängt.

Die geeignetste, aber auch zudringlichste Schule erotischer Erziehung war die große und die mittelgroße Stadt. Prostituierte machten sich zum prahlenden Prunkstück eines ganzen, notorischen Viertels; in vielen Städten schwärmten sie aus und durchstreiften ein weitläufiges, dicht bewohntes Revier. Sie suchten sich ihre Kundschaft bei Tanzveranstaltungen, vor Hotels oder in Bahnhofsgebäuden. In Condet, ganz in der Nähe von Limoges, gab es eine Windmühle, in welcher, wie der örtliche Präfekt sich beschwerte, «Passanten und Kinder die skandalösesten Dinge beobachten». In Berlin pflegten um die Jahrhundertwende die in Bordells wohnenden Dirnen ihre Morgentoilette am offenen Fenster zu machen, «mit halb entblößtem Körper» und unter den neugierigen Blicken manch eines Pennälers. Szenen wie diese wiederholten sich in unterschiedlicher Weise in anderen Metropolen – auf der Straße, in den Zeitungen, im Theater. Amiel vertraute seinem Tagebuch die Eindrücke einer Parisreise an und gestand, er sei «verführt worden von der Neugier der Sinne und einer Art von platonischer Libertinage der Augen und der Ohren, die mich unentwegt weiter fortriß und mich doch erröten machte.»[10]

Man muß es Amiel lassen, daß er für eine geläufige Erfahrung den treffenden Ausdruck fand: «Platonische Libertinage» ist genau das, was große Städte denen, die in ihnen lebten oder sie besuchten, zu bieten hatten: erotische Information, die man – je nach Gelegenheit und innerer Konfliktlage – in die Tat umsetzen konnte oder nicht. Für Amiel – wie für Tausende anderer Theoretiker der Sinnlichkeit – hatte das Sehen die Stelle des Berührens eingenommen. Und im Wort wurde das Gesehene weiterverbreitet. Anfang 1865 beschrieb Joseph B. Lyman seinem damals kaum fünfjährigen Sohn die große Stadt New York: «Manche Menschen hier sind sehr schlimm. In einem Keller gibt es eine Tänzerin; sie zieht fast alles aus, was sie anhat, u. tanzt vor Männern. Die Männer gucken zu, futtern Erdnüsse und klatschen in die Hände.» Zum Glück gab es eine Moral von der Geschicht': «Ich fürchte, sie werden alle an den gräßlichen Ort kommen, wo auch jene Frau ist, die dem Täufer Johannes den Kopf abschlagen u. ihn sich auf einem Tablett servieren ließ.» Natürlich gab es in New York nicht nur böse Menschen: «Es gibt hier auch sehr viele gute Menschen, die dorthin kommen werden, wo auch Johannes hinkam, nachdem man ihm den Kopf abgeschlagen hatte.»[11] Das Großstadtleben, wie Lyman es schildert, ist bemerkenswert genug; noch bemerkenswerter ist jedoch der erotische Reiz, den es einem kleinen Jungen lieferte – Stoff genug für seine aufkeimende ödipale Phantasie.

Der im 19. Jahrhundert beliebte Sport der nationalen Selbstbeglückwünschung bzw. der nationalen Selbstzerfleischung bewährte sich auch an der sinnlichen Vitalität großer Städte. Reisende und Journalisten liebten es, kleine Studien über die Moral bzw. Unmoral des von ihnen besuchten Landes zu geben. So rühmte Hippolyte Taine die Klugheit und Bildung englischer Mädchen und war der Meinung, sie seien den französischen Mädchen bei weitem vorzuziehen, welche in einer abgrundtiefen Unwissenheit über das Leben gehalten würden: «Man huldigt in Frankreich noch immer der Ansicht, eine Frau, die aufhört, ein Püppchen zu sein, höre damit auf, eine Frau zu sein.»[12] Verbreiteter war die gegenteilige Linie: Man beschuldigte andere Länder, in sinnlichen Dingen nur allzu gut Bescheid zu wissen. 1872 attackierte die Zeitschrift *Daheim* sowohl die französische als auch die amerikanische Sinnlichkeit: Amerikanische Kinder würden viel zu früh in die Gesellschaft gestoßen; kleine Jungen würden «à la Mode dressirt», um den Reichtum ihrer Eltern zu demonstrieren, während kleine Mädchen, zehn Jahre alt, Galagesellschaften gäben wie Erwachsene, wobei sie «den jungen Gentlemen vielsagende Blicke zuwerfen». Und Paris war natürlich völlig immun gegen die Gebote des Anstands und die Mahnungen des Gewissens. Die Presse, das Theater und die allgemeine Moral des Pariser Bürgertums waren, wie das Blatt mit Befriedigung vermerkte, von äußerster Schamlosigkeit; dem Korrespondenten war es eine besondere Genugtuung, die «skandalösen Toiletten» zu tadeln, die man in den Straßen der Stadt zu Gesicht bekam, und sich an den Zeitungsbildern von Frauen zu stoßen – «frecher, nackter und schamloser als je zuvor».[13] Zumindest in Paris, dessen war *Daheim* sich sicher, war platonische Libertinage – das vergleichsweise harmlose Vergnügen des Voyeurs, anderen zuzuschauen – die unverhüllte Aufforderung zu einer anderen, weniger platonischen Libertinage.

Doch hing der Erwerb erotischer Information nicht allein von traumatischen oder Verführungssituationen ab. Die unschuldigen Entdeckungen – an öffentlichen Denkmälern, in der Badewanne, auf dem Scheunenhof – mögen zwar nicht so dramatisch gewesen sein wie die oben beschriebenen erregenden Erlebnisse; dafür waren sie aber auch folgenreicher für die Mittelschichtskultur des 19. Jahrhunderts. Die Anständigen, junge wie alte, befanden sich in einem Konflikt. Sie wollten wissen und wollten doch nicht wissen. Die Goncourts, zynisch wie immer, hatten nicht ganz unrecht, wenn sie 1855 schrieben: «Die Welt geht erst an dem Tage unter, an dem die jungen Mädchen aufhören, über schmutzige Witze zu lachen.»[14]

2. Lektionen des Körpers

An einem schönen Maimorgen des Jahres 1870 unternahm Reverend Francis Kilvert, damals ein junger Hilfspfarrer in Radnorshire, einen Spaziergang zu einem benachbarten Weiler, um seinen dortigen Amtsbruder zu besuchen. Er traf den Mann nicht an, sondern nur seine beiden Töchter, «die beim Kastrieren der Lämmer halfen, indem sie die armen Tiere einfingen und festhielten und mit sichtlichem Vergnügen die Prozedur verfolgten. Es war das erste Mal, daß ich sah, wie die Töchter des geistlichen Herrn beim Kastrieren der Lämmer halfen und bei der Operation zuschauten, und ich war zunächst aufs äußerste abgestoßen.» Kilvert fragte eines der Mädchen, wo ihr Vater sei, «und sie bedeutete mir mit einer Kopfbewegung und einem Wort, daß er hinter mir bereits kam». Kilvert überlegte, «die älteren Mitglieder der Familie» hätten wahrscheinlich «nicht damit gerechnet, daß ein morgendlicher Besucher die Töchter beim Lämmerkastrieren antreffen könnte; hätten sie die Ankunft eines Gastes vorausgesehen, so hätten sie den Töchtern wohl eine andere Beschäftigung zugewiesen.» Das war reine Projektion. In Wirklichkeit gibt es nicht das Fünkchen eines Beweises dafür, daß Kilverts Besuch seinem Amtsbruder peinlich gewesen wäre. Er bemeisterte denn auch sogleich seine innere Empörung. «Ich übte Nachsicht mit ihnen und bedachte, auf wie ungehobelte Weise diese armen Kinder aufgewachsen waren, so daß sie an der Sache nichts fanden, und vergab ihnen.»[15] Es gab freilich damals auch Bürger, die den moralischen Rigorismus Kilverts nicht teilten und nichts Vergebungsbedürftiges an dieser sinnvollen häuslichen Betätigung gefunden hätten.

Nicht jeder Unterricht in körperlichen Dingen hatte so unmittelbar mit Sexualität zu tun. Aber welche Trennwände auch von besorgten Pädagogen oder verzärtelten Müttern zwischen dem Kind und seiner Welt errichtet werden mochten: die Welt stand auf seiten des Kindes. Eine weichliche Überempfindlichkeit oder die Pose der Ahnungslosigkeit – weit davon entfernt, allgemein anerkannte Abwehrstrategien zu sein – wurden verächtlich als geziertes Getue abgetan; sie waren dankbares Objekt des Satirikers wie des Moralisten.[16] Es konnte auch gar nicht anders sein. In der bürgerlichen Welt des 19. Jahrhunderts wurden, wie zu allen Zeiten und in allen Schichten, Kinder zu Hause geboren, wurden Kranke daheim gepflegt, starben die Alten im Kreise der Familie. Es war die Welt, in der Charles Dickens seinen David Copperfield miterleben lassen konnte, wie seine jugendliche, noch immer hübsche Mutter seinen Halbbruder an die Brust legte und fütterte; es war die Welt, in der

Dickens' Illustrator «Phiz» justament diese Szene wählte, um ein idyllisches Familienporträt zu geben.[17]

Im allgemeinen entblößten stillende Mütter und Ammen ihren Busen einigermaßen freizügig; und wenn diese Frauen selbst auch meistens nicht der Mittelschicht entstammten, so doch ihre Zuschauer. In einem Brief aus Paris, den er im Oktober 1885 an seine Verlobte schrieb, schilderte Sigmund Freud, wie auf den Bänken Ammen saßen, «die ihre Kinder tränken», und die Unbefangenheit seines Berichts an die wohlerzogene Martha Bernays ist ebenso instruktiv wie der Anblick, von dem er schreibt.[18] Charles Dickens – noch immer die oberste Instanz für alles, was man in seiner Kultur akzeptabel fand – schrieb wie selbstverständlich über säugende Mütter. Als David Copperfield zum erstenmal Mrs. Micawber begegnet, hat sie einen Säugling an der Brust. Es ist, wie wir erfahren, einer von Zwillingen, und der Erzähler fügt hinzu: «Ich darf an dieser Stelle einflechten, daß ich bei meinem langen Umgang mit der Familie kaum einmal gesehen habe, daß beide Zwillinge gleichzeitig von Mrs. Micawber abgesetzt worden wären. Einer von ihnen gönnte sich immer eine Erfrischung.»[19] Das Stillen war also ein verbreiteter Anblick – in Parks oder auf der Bahn alles andere als selten; allerdings sah man es, wie Daumier und andere zeitgenössische Künstler bezeugen, vornehmlich in den Abteilen dritter Klasse. August Strindberg wollte vermutlich ein wenig provozieren, wenn er in einer Kurzgeschichte von 1884 einen Ehemann beschreibt, der seiner Frau beim Stillen ihres ersten Kindes zusieht und dabei auf sexuelle Gedanken verfällt. Doch in einer anderen Geschichte aus demselben Jahr, in der er einen einsamen, zurückgezogen lebenden Hagestolz schildert, der auf einem Spaziergang einer einfachen Familie beim Picknick im Park zusieht, vertraute Strindberg nur dem Papier an, was man jeden Tag und überall in Europa zu Gesicht bekommen konnte: eine Mutter mit dem Säugling an der Brust, «einer üppigen, vollen Brust».[20] Der Spaziergänger findet die Szene widerwärtig, aber Strindberg läßt keinen Zweifel daran, daß dieser Widerwillen eine Verirrung ist: ein krankhafter Haß auf das Leben.

Sittsame bürgerliche Frauen oblagen dieser mütterlichen Pflicht mitunter im Beisein von Freunden, wodurch sie mehr körperliches Wissen und weit mehr sexuelle Stimulierung vermittelten, als in ihrer bewußten Absicht lag. Eine solche Szene: die sechsundzwanzigjährige Elisa Schlesinger, die vor den Augen des fünfzehnjährigen Gustave Flaubert ihrem Töchterchen die Brust gab, wurde in der Literatur verewigt. Der Anblick ließ den hingerissenen Jüngling nicht mehr los, und er baute ihn, kaum oder gar nicht verschlüsselt, in seine frühe autobiographische Erzählung «Mémoires d'un fou» ein. «Maria», wie er Elisa Schlesinger in seiner

Geschichte nennt, «hatte ein Kind, ein kleines Mädchen; es wurde geliebt, es wurde umarmt, es wurde gelangweilt mit Liebkosungen und Küssen.» Wie wünschte er sich, «nur einen einzigen dieser Küsse aufzulesen», die so verschwenderisch auf das kleine Mädchen herabregneten! «Maria stillte das Kind selber, und eines Tages sah ich, wie sie ihren Busen entblößte und ihm die Brust gab.» Dies hatte sich, wie gesagt, in Trouville wirklich zugetragen. «Es war ein praller, runder Busen, von bräunlicher Farbe und mit blauen Adern, die unter dem glühenden Fleisch zu sehen waren. Ich hatte noch nie zuvor eine nackte Frau gesehen. Ach! der einzigartige Taumel, in welchen der Anblick dieser Brust mich stürzte; wie verschlang ich sie mit meinen Augen, wie verlangte mich danach, sie zu berühren!» Flaubert – bzw. der stellvertretende Icherzähler – traktierte in seiner Phantasie den Busen mit leidenschaftlichen Bissen. Es war vielleicht eine ungewöhnliche Reaktion, aber der Anblick, der sie auslöste, war gang und gäbe.

Gang und gäbe war auch der Anblick des nackten menschlichen Körpers, zumal am Meer oder an Seen. Die Lymans machten sich zwar die Mühe, eine abgelegene Stelle des Strandes aufzusuchen, bevor sie ihre Kleider auszogen, um im Meer zu schwimmen.[22] Aber eine Garantie für solche Abgeschiedenheit gab es nicht. Als die Rothschilds 1858 in Scarborough waren, begegneten sie der Nacktheit «am hellen, lichten Tage. Hier hat man sich aller Gewänder entledigt», schrieb eine der jungen Rothschild-Töchter in ihr Tagebuch, «wie im Garten Eden vor dem Sündenfall, und Hunderte von Damen und Herren schauen zu, während die Badenden in das aufschäumende Wasser springen oder es verlassen. Ich finde wirklich, die Polizei sollte einschreiten.» Nun, die Polizei ließ die Badenden wohlweislich in Ruhe. Zehn Jahre zuvor hatte Amiel die Bäder an der Rhône besucht und manches entdeckt, worauf sein Blick gerne verweilte: «Das Wasser wunderbar schön; die Bäder miserabel; hübsche Nachbarinnen, erspäht durch einen Spalt in der Trennwand.» Den Anblick dieser entzückenden jungen Geschöpfe, «die in den blauen Wellen umhertollten», fand Amiel poetisch, obwohl er wenig genug sah. «Ich genoß es», entschuldigte er sich vor sich selbst, «als Maler, nicht als Lüstling. Das Bad erfrischte mich sehr.»[23] Es muß Tausende von Voyeuren gegeben haben, die ebensoviel sahen wie Amiel, womöglich auch mehr. Es war keineswegs schwer, sich derlei optische Genüsse zu verschaffen; es war schwer, ihnen auszuweichen, zumal, wenn man in Gesellschaft von Freunden war. Kein Wunder also, daß Thackeray einen seiner Helden in *Vanity Fair* von der ebenso schmucken wie verschmitzten Becky Sharp sagen lassen kann, sie habe «grüne Augen, helle Haut, anmutige Gestalt, famose Vorderpartie.»[24] Vorderpartien, ob famos oder nicht, waren im bürgerlichen Jahrhundert etwas weit weniger Mysteriöses, als Kritiker dieser Epoche – auch Thackeray selbst – unterstellten.

In Wirklichkeit wurde dieses Jahrhundert überflutet von Beweisen für physische Realitäten und Berichten über Lebensfakten, die weit weniger erfreulich waren als das hübsche Aussehen einer jungen Frau: Ungeziefer, Krankheit, Entstelltheit, Armut, Tod. In Newgate, dem ehemaligen Gefängnis von London, pflegte man Besuchern die in Gips nachgebildeten Köpfe von Verbrechern zu zeigen, die hier hingerichtet worden waren, und wenn man einer zeitgenössischen Illustration Glauben schenken darf, so kamen auch anständige Eltern mit ihren kaum acht Jahre alten Töchtern hierher, um das Schauspiel mitzuerleben. In einer solchen Atmosphäre konnten Juristen kühl darüber diskutieren, welche Vorteile die Strafe der Auspeitschung und Entmannung für das Verbrechen der Vergewaltigung bieten würde.[25] Ärzte beschrieben mit einem scharfen Blick für Details gräßliche körperliche Deformationen oder abstoßende sexuelle Perversitäten. Dr. Auguste Ambroise Tardieu, Professor für Gerichtsmedizin an der Medizinischen Fakultät der Universität Paris, veröffentlichte eine populärwissenschaftliche Abhandlung *Étude médicale-légale sur les attentats aux mœurs*, in der er, unter Vermeidung des medizinischen Jargons, sein Anliegen in Form eines Katechismus vortrug. Unter den Fragen, die er erörterte, war auch die, ob es zutreffe, daß man sich von einer Geschlechtskrankheit heilen könne, indem man ein kleines Mädchen beschlief. Er fand es zwar «traurig», sich mit einem derartigen Thema befassen zu müssen, sah sich aber genötigt, diesen abscheulichen Aberglauben ausdrücklich zu widerlegen, da er nach seiner Meinung verbreitet war und in den Köpfen vieler Menschen herumspukte.[26] Und Charles Dickens konnte sich allen Ernstes darüber Gedanken machen, ob Sir John Franklin und die Teilnehmer an seiner Nordpol-Expedition, die nach ihrem vielbeachteten Aufbruch im Frühjahr 1845 verschollen waren, tatsächlich Zuflucht zum Kannibalismus genommen hätten oder nicht.[27] Dickens wußte, daß seine Leser derlei Spekulationen vertrugen.

Mitunter kam es vor, daß Bürger nicht nur in ihrer Phantasie, sondern in Wirklichkeit Zeuge eines grauenerregenden Anblicks wurden, ohne mit der Wimper zu zucken. Eines der krassesten Beispiele hierfür findet sich in der Autobiographie, die der süddeutsche Bürger Ferdinand Weyh 1920, mit siebzig Jahren, niederschrieb, um sich die Langeweile des Alters zu vertreiben. Seine langatmige, handschriftliche Schilderung steckt voller Banalitäten. Nur ein einziges Mal brechen seine Gefühle hervor: als er sich seines im Ersten Weltkrieg gefallenen Sohnes Oskar erinnert: «*mit ihm ist* auch *meine Lebensfreude ins Grab* gesunken.» Weyh – Offizier, Beamter, Bankangestellter, ein Mann der vielen Berufe und der vielen Mätressen – hatte sich in der ganzen Welt herumgetrieben, um sich zuletzt in München niederzulassen und zu heiraten. Mitte 1889 – damals war er noch Junggeselle – fiel ihm auf, daß seine Haushälterin Kathi Lechenbauer, die er als «brav und fleißig» schätzte, «ganz wirre Reden zeitweise hält» und sich verfolgt glaubte. Während die Symptome einer Paranoia immer deutlicher hervortraten, hielt sie hartnäckig daran fest, «sie müsse sich das Leben nehmen», um ihren Peinigern zu entrinnen. Auf die eindringlichen Vorhaltungen Weyhs erklärte sie sich bereit, ins Krankenhaus zu gehen, machte jedoch statt dessen ihre Drohung wahr und ertränkte sich im Stadtbach. Weyh begab sich ins Pathologische Institut, um die Leiche zu identifizieren. Dort erklärte man ihm, «daß die betr. Leiche soeben zur Sektion in den Hörsaal... hinaufgeschafft würde». Obwohl er keinerlei medizinische Qualifikationen besaß, begab sich Weyh in den Hörsaal, der «von vielen Studenten bereits ziemlich angefüllt» war und wo «auf dem in Saal-Mitte befindlichen *Sektionstisch* die völlig entkleidete *Leiche*, in welcher ich sofort die *Kathi* erkannte, lag.» Der «dozierende Professor hatte eben aus der mit Meißel und Hammer *geöffneten Schädeldecke* das Hirn herausgenommen und untersucht.» Er demonstrierte den Zuhörern eine «Mißbildung» des Hirns, «welche sicherlich zu *Wahnsinn* geführt hätte». Weyh, der hierzu keinen weiteren Kommentar abgibt, ließ sich nach der Sektion dem Dozenten vorstellen, «welcher sich um Einzelheiten über die Unglückliche erkundigte». Den Abend verbrachte Weyh in Gesellschaft einiger Freunde. Der einzige Anhaltspunkt dafür, daß ihm die Ereignisse des Tages nahegegangen waren, ist der Umstand, daß er die Nacht nicht zu Hause, sondern bei Freunden auf dem Land verbrachte.[28]

Daß ein so schreckliches, mitunter auch unappetitliches Material für die Erziehung der Sinne von Bedeutung ist, ist nicht unmittelbar einleuchtend. Dennoch trug es auf eine unentbehrliche Weise zur Klärung und Bereicherung des erotischen Erlebens bei. Das Kind konstruiert seine Geschlechtsidentität, indem es den eigenen und den Körper anderer Menschen beobachtet und betastet, wobei es Defekte und Verletzlichkeiten mit genauso scharfem Auge entdeckt wie mögliche Quellen der Lust. Und diese Erkundungen laufen auf eine kontinuierliche Schulung hinaus, die sicherlich bis zur Pubertät und darüber hinaus andauert. Durch sie wird das Kind, wenn auch unvollständig, mit den Tatsachen des Lebens vertraut gemacht. Der freimütige Realismus, mit dem die Jugend lernte, auch brutalen körperlichen Realitäten zu begegnen, machte sie jedenfalls weniger hilflos, als es die bürgerfeindliche Legende von den errötenden, in Ohnmacht fallenden Treibhauspflänzchen wahrhaben will, und bereitete sie auf erotische Realitäten vor. Jene prüde Leiterin eines Mädchenpensionats in Massachusetts, die, wie Captain Marryat berichtet, die «Beine» eines Pianofortes in «züchtige kleine Beinkleider» steckte,[29] ist zu einem unverdienten postumen Ruhm gelangt; sie wurde zum Inbegriff bürgerlicher Prüderie und Heuchelei. Aber diese Pensionatsleiterin – wenn es sie denn gab – steht nicht als repräsentative Gestalt im Mittelpunkt der bürgerlichen Kultur; sie vertritt auf einer Skala erlaubten Verhaltens das Extrem äußerster Zimperlichkeit und diente schon den Zeitgenossen als Zielscheibe amüsierter Verachtung.

Diese Skala war nun in der Tat sehr weit. Diejenigen, welche die Jugend, zumal die weibliche Jugend, mit den Tatsachen des Lebens verschonen wollten, mußten sich mit jenen anderen auseinandersetzen, die auf der Vermittlung dieser Lebensfakten beharrten. Zwei Wochen, nachdem Georg Büchner mit 23 Jahren gestorben war, berichtete seine Braut Minna Jaegle über ihren letzten Besuch bei dem brillanten, frühreifen Dramatiker. Nachdem sie von seiner tödlichen Krankheit erfahren hatte, wollte sie sogleich an sein Krankenlager eilen, wurde jedoch an der Reise gehindert, da sich keine geeignete Begleitung für sie fand: «O armselige Rücksichten!» Endlich setzte sie ihren Willen durch, aber dann wollte der behandelnde Arzt sie nicht zu Büchner vorlassen: «Es hieß, für den Kranken könne mein Anblick nicht schädlich wirken, denn er würde mich ja doch nicht erkennen –– aber mir dürfe man nicht gestatten, das entstellte Antlitz zu schauen. Sie können denken, daß, sobald nur mein Ich in Betracht kam, man mir den Eingang ins Krankenzimmer nicht mehr wehren durfte. Dr. Zehnder führte mich hinein, noch vor der Tür sagte er mir: Fassen Sie sich, er wird Sie nicht kennen. Nein, er wird mich kennen, war meine Antwort. Und er hat mich erkannt, er fühlte meine Nähe, und ich habe Ruhe über ihn gebracht. Er ist sanft eingeschlummert, ich habe ihm die Augen zugeküßt, Sonntag, den 19. Februar, um halb 4.»[30] Und die tapfere Minna Jaegle hielt sich dabei nicht einmal für eine Heldin.

Ich habe diese Beispiele aus der Literatur der Fakten genommen, und das Zeitalter war natürlich nach eigener Einschätzung geradezu faktensüchtig. Unerfreuliche Tatsachen gab es denn auch mehr als genug. Unzulänglich bekleidete, mißgestaltete Körper, von Ungeziefer und den Stigmata verzehrender Krankheit bedeckt, geisterten durch die offiziellen Berichte über die Lebensbedingungen der Armen, über die katastrophalen medizinischen Folgen der Armut und die skandalösen Zustände in Waisenhäusern. Diese drastischen Berichte waren jedermann zugänglich, der bereit war, den abwehrenden Widerwillen gegen die freimütige

Darstellung jener Opfer zu überwinden, die der moderne Industriekapitalismus forderte.

Auch die fiktionale Literatur war in bezug auf die Lebenstatsachen – oder doch *einige* Lebenstatsachen – keineswegs spröde. M.E. Braddon, die englische Verfasserin von Sensationsromanen, versicherte ihrem Verleger, sie wisse genau, was er von ihr erwarte: «Am Kapitelende eine Prügelei, Papiere in Geheimfächern, Banknoten und Eigentumsurkunden unter dem Teppich und irgendein Körperteil, der im Kohlenkasten vor sich hin modert.»[31] Gustave Flaubert verweilte in *Salammbô* genüßlich bei wilden Orgien und blutrünstigen Schlachten, ohne Anstoß zu erregen; Rider Haggard, ein weit konventionellerer Autor als Flaubert, konnte in seinem bekannten Roman *She* in denkwürdigen Einzelheiten den festlichen Tanz eines exotischen Stammes schildern, bei dem uralte, einbalsamierte Mumien als Fackeln dienten; Walt Whitmans Geschichten aus den 1840er Jahren schwelgen in einer grellen Körperlichkeit.[32] Gewiß gab es Tabus, an welche die Epoche nicht rührte; doch man verlangte auch nach dem im Kohlenkasten modernden Körperteil.

In einer solchen Kultur betätigte sich am Thema «Tod» ein herzloser Humor. Die Zeitschrift *Daheim* fand 1885 nichts dabei, eine Witzzeichnung mit dem launig-bombastischen Titel *Memento Mori* zu bringen.[33] Die Enthauptung, so scheint es, war ein geeigneter Gegenstand der Unterhaltung für die ganze Familie. Als Harriet Beecher ihre Schwester Catharine um einen Epitaph für die Katze des Pfarrhauses bat, erfüllte Catharine Beecher diesen Wunsch aufs artigste:

Here died our kit
Who had a fit,
And acted queer.
Shot with a gun,
Her race is run,
And she lies here.

[Hier starb unsere Miez'; sie hatte einen Anfall und wurde seltsam. Sie wurde erschossen; sie hat ihre Bahn durchrannt und liegt nun hier.] Niemandem fiel es in jenen Jahren ein, die Beute des Jägers oder das Fleisch beim Metzger den Blicken zu entziehen. 1826 bewies James Ward diese Unbefangenheit mit seinem Bild *The Day's Sport*, auf dem man kleine Kinder sieht, die das erlegte Wild betrachten. Und 1859 druckte die beliebte französische Zeitschrift *Le Journal pour Tous* eine wüste Illustration ab, auf der Jäger einen Wolf töten, indem sie ihm ein Messer in den Rachen stoßen. Für gewöhnlich wurde der Tod natürlich düsterer und feierlicher gesehen. Mitunter geriet er sogar zum pädagogischen Hilfsmittel. Die amerikanische Temperenzlerin Frances Willard erinnerte sich noch nach Jahrzehnten, wie sie einmal, keine fünf Jahre alt und vom Vater hochgehoben, einen Mann betrachten mußte, der im Nachbarhaus gestorben war und nun aufgebahrt dalag, «im Tode widerwärtig». Der Anblick wirkte traumatisierend. «Niemals hat ein Schlag mich so schwer getroffen wie dieser Anblick; niemals eine Brandwunde mich so versehrt; niemals ein Schmerz mich derart gepeinigt.»[34] Das war kein Sadismus, sollte es jedenfalls nicht sein; es war Kindererziehung.

Im allgemeinen waren Leichen ein vertrauter Anblick, dem man nicht aus dem Wege ging. 1829 erwähnte der episkopale Geistliche Harry Croswell, Pfarrer an der Trinity Church in New Haven, in seinem Tagebuch den «schockierenden Tod eines Arbeiters in der Kirche; er fiel von einem Gerüst.» Natürlich begab sich Croswell in die Kirche, «um die Leiche zu sehen». «Der Kopf war von nachstürzendem Gestein buchstäblich zerquetscht worden.» Nachdem er diese Pflicht erfüllt hatte, wandte sich Croswell übergangslos wieder seiner eigentlichen Arbeit zu, nämlich der Vorbereitung der Bibelstunden. Fünf Jahre später besuchte er, wie es seine Gewohnheit war, ein im Sterben liegendes Gemeindemitglied: «Blieb, bis die Sache vorüber war.» Als er im Alter von über siebzig Jahren seinen 47jährigen Sohn verlor, notierte er in seinem Gram: «Das Haus blieb geöffnet, damit Williams Freunde die sterblichen Reste sehen konnten; es war ein ständiges Kommen und Gehen vom Morgen bis zum Abend – niemals sah ich solche Beweise des Schmerzes.»[35] Es wäre für Harry Croswell unvorstellbar gewesen, bei dem Sterbenden nicht auszuharren, bis es vorüber war, ebenso wie es für William Croswells Freunde unvorstellbar gewesen wäre, nicht einen Blick auf seinen Leichnam zu werfen.

Das ist der Grund, weshalb ein Mann wie Wilhelm Busch nichts dabei fand, seine Bildergeschichten mit einem ganzen Zoo von Krabbeltieren, Käfern und Mäusen zu bevölkern, die er – zum Gaudium der Leser – seinen geplagten Gestalten ins Bett oder in den Bierkrug praktizierte. Ebensowenig zögerte Busch, auf seinen Arbeiten Exkremente zu zeigen, was ebenfalls mit Vergnügen aufgenommen wurde. In einem Dankesbrief an eine wohlerzogene junge Dame, die zeit seines Lebens sein erklärter Liebling war, quittierte er die übersandten Schnepfen, die «langgeschnäbelten wohlgeschmückten Vögelein», mit einem skatologischen Gedicht und der Bemerkung: «Ein cynischer Gourmand pflegte zu sagen: ‹Das schmeckt, wie wenn Einem 'n Engel Was auf die Zunge macht›. Vermuthlich hat er einen himmlischen Engel gemeint; denn von einem irdischen, und wenn er noch so ‹himmlisch› aussähe, möchte sich dergleichen wohl Niemand gern gefallen laßen.»[36] Wilhelm Busch wollte seine «Nanda» nicht schockieren; aber er wußte, was sie wußte.

Natürlich gab es im 19. Jahrhundert, wie zu allen Zeiten, besondere nationale und sektiererische Stile des witzigen Diskurses. Die Deutschen neigten mehr als ihre Nachbarn zur Skatologie und würzten ihre Publikationen mit einem analen Humor, der das Nonkonformisten-Gewissen Englands beleidigt hätte. Die Engländer trieben lieber mit dem Entsetzen Scherz. Mrs. Montefiore, die Tochter eines reichen Landvermessers und Immobilienmaklers, erinnerte sich zeitlebens an ein Gemälde aus der Sammlung ihres vergötterten Vaters: «Es zeigte Mlle. de Sombreuil, wie sie von den Revolutionären gezwungen wird, den Becher mit Blut zu leeren, um das Leben ihres Vaters zu retten.» Sie bemerkte dazu: «Wenn das Bild mir gehört hätte, hätte ich es vernichtet; aber», setzte sie sogleich zur Entschuldigung ihres Vaters hinzu, «vielleicht war dieser Gedanke nur die Frucht kindlicher Beeindruckbarkeit.»[37] Francis Fuller, der vergötterte Vater, sank nicht in ihrer Achtung, weil er ihr diesen Anblick nicht erspart hatte; ihm selbst scheint es niemals in den Sinn gekommen zu sein, daß dieses Gemälde das Vorstellungsleben seines Kindes beeinträchtigen könne.

Sowohl die scherzhafte als auch die unheimliche Behandlung von Körperteilen und Körperfunktionen sowie von Tieren konnte als Abwehr dienen, indem sie Distanz zu den schockierenden wie zu den sexuell erregenden Tatsachen der menschlichen Physiologie schuf. Zugleich stellte sie jedoch Nähe zu ihnen her und gewährte ihnen Eingang ins Wohnzimmer, in die Küche, ins Kinderzimmer. Die verbreitete Ratgeberliteratur für Hausfrauen beweist denn auch, daß der Körper, mit allem, was zu ihm gehörte, vom Bürgertum des 19. Jahrhunderts scharfäugig zerlegt wurde – von Frauen wahrscheinlich noch mehr als von Männern. In ihrem aus der Mitte der viktorianischen Epoche stammenden Bestseller *The Book of Household Management* konfrontiert Isabella Beeton die Hausfrau Tag um Tag, Seite um Seite mit Blut und Knochen. Dieser hauswirtschaftliche Mammut-Essay wendet sich in erster Linie an jene Hausfrau und Mutter, die sich eines zumindest bescheidenen Wohlstands erfreut. Aber wie es auch um die finanzielle Situation der Leserin bestellt sein mag, Mrs. Beeton hält es für angebracht, ihr zu erklären, wie man köstliche Gerichte aus Kälbern, Schildkröten und Schweinen zubereitet, wobei kein blutiges Detail unerwähnt bleibt, vom Häuten des Kalbskopfes bis zum Ausnehmen der Schildkröte.[38] Und nicht die Spur von Riechsalz weht durch diese Seiten…

Umschreibungen wären bei den meisten wohlerzogenen Frauen des 19. Jahrhunderts ohnehin fehl am Platze gewesen. Sie fürchteten sich nicht vor «Sektionen». Anfang des Jahrhunderts sah Catharine Beecher als junges Mädchen den Kadaver eines gestrandeten Wales, der zu kommerziellen Zwecken ausgeweidet wurde. «Es sah aus wie ein halber Hektar roten Fleisches im tiefen Sand», erinnerte sie sich in ihrer Autobiographie. Rund achtzig Jahre später fing die junge Emily Lytton einen Fisch mit dessen eigenem Auge. Sie hatte ein «kleines Rotauge» aus dem Wasser gezogen. «Als ich es von der Angel löste, blieb ein Auge am Haken hängen. Da der Fisch noch klein war, schleuderte ich ihn ins Wasser zurück. Aus Spaß warf ich noch einmal die Angel aus, mit dem Auge als Köder. Wenige Augenblicke später biß etwas an – es war wieder das kleine Rotauge, mit einer klaffenden Höhle dort, wo das Auge gesessen hatte.»[39] Diese beiden recht unschönen Reminiszenzen müssen sich den Mädchen tief eingeprägt haben. Doch waren sie keine manifest schrekkenerregenden Erinnerungen, mochten sie auch gemischte Gefühle der Faszination hinterlassen haben. Ich brauche nicht darüber zu entscheiden, ob die Bedürfnisse, die sie befriedigten, sinnlicher oder aggressiver Natur waren; zweifellos war es beides. Entscheidend ist, daß züchtiges Erröten so ziemlich das letzte Mittel war, zu dem diese Mädchen ihre Zuflucht nahmen, und daß sie stets bereit waren, ihre physischen Informationen zu ergänzen. Aus durchsichtigen Gründen war es für Männer Ehrensache, über die mangelnde Aufrichtigkeit der «Weiber» zu klagen und die eigene Geradlinigkeit zu rühmen; Amiel sprach für die ganze Männerwelt, wenn er in seinem Tagebuch nicht ohne Genugtuung vermerkte: «Frauen bringen, aufgrund einer komplizierten, schamhaften Verstellung, ihre Worte selten mit ihren Taten zur Deckung.» Sie seien von Natur aus doppelzüngig. Er dachte hierbei an das Flirten, aber er verallgemeinerte seine Beobachtung zu einer Aussage über Aufrichtigkeit schlechthin – ein Gebiet, auf dem die Frauen offenkundig nicht zu Hause waren.[40]

In Wirklichkeit spricht vieles dafür, daß im 19. Jahrhundert die Frauen oft weniger zimperlich waren als die Männer. Während männliche Rezensenten über die schockierenden Stellen in Walt Whitmans Gedichten entrüstet waren, weckten dieselben Stellen in weiblichen Lesern den Wunsch, den Autor kennenzulernen. Als Sara Parton 1856 die *Leaves of Grass* rezensierte, machte sie aus ihrem Herzen keine Mördergrube: «Ich gestehe, daß ich kein Gift aus diesen ‹Blättern› ziehe – mir haben sie nur Heilung gebracht.» Und sie schloß ihre Besprechung mit einer Metapher, welche die Freiheit, den Körper zu betrachten, verband mit der Freiheit, über den Körper zu lesen: «Wer es kann, der möge dem trinkenden Säugling die Augen verbinden, auf daß er nicht die Brust der Mutter sehe!»[41] Parton erinnert ihre Leser daran, daß die Gewinnung körperlichen Wissens schon sehr früh beginnt.

Isabella Beeton konnte somit auf ein verständnisvolles Publikum zählen, wenn sie in ihrer geschäftsmäßigen Weise von der Physiologie der Tiere zu jener der Menschen überging. «Alle Frauen», erklärte sie den Leserinnen, «müssen damit rechnen, daß sie in ihrem Leben einmal die Pflichten einer Krankenschwester zu übernehmen haben.» Die «Haupterfordernisse» einer guten Krankenpflegerin sind «gute Laune, Erbarmen mit dem Leid, Mitleid mit dem Leidenden», ferner «Geschicklichkeit, Ruhe und Besonnenheit, Ordnungsliebe und Reinlichkeit». Sobald eine Frau diese Eigenschaften besitzt – und die meisten besitzen sie –, wird der Wunsch, «Leiden zu lindern», ihr helfen, «den Ekel zu überwinden, den manche Pflichten im Krankenzimmer in ihr wecken mögen.» Mrs. Beeton vertritt keinen Scheuklappen-Stoizismus, der die Krankenpflegerin durch Ignorieren von Unappetitlichkeiten für ihre heroischen Aufgaben wappnet. Ihre Einschätzung des Publikums kann sich nicht merklich von dessen Selbsteinschätzung unterschieden haben; in ihren Augen kannte die durchschnittliche englische Hausfrau das Menschenwesen gut genug, um zu wissen, daß es ein robuster Wuchs und kein zartes Pflänzchen war: «In einem zivilisierten Zustand der Gesellschaft», schreibt Mrs. Beeton, «werden nur die wenigsten jungen Frauen zu Müttern, ohne einen gewissen – praktischen oder aus Erfahrung überlieferten – Einblick in den Umgang mit Säuglingen zu haben.» Wenn sie jedoch weiterer Instruktionen bedürfen, so ist Mrs. Beeton zur Stelle, um sie ihnen zu geben – reichlich. Sie rät der stillenden Mutter, sich eine «Brustpumpe» anzuschaffen, um die überschüssige Milch abzusaugen; und sie gibt Ratschläge zur Pflege der Brustwarzen: Hier gibt es verschiedenes, was die junge Mutter tun kann, und Mrs. Beeton setzte es ihr ruhig und sachkundig auseinander.[42]

Beim Thema Stillen schwang sich Mrs. Beeton zu ungeahnten Höhen eines klarsichtigen Realismus empor; aber auch hier gab sie nur die Stimmung der Zeit wieder. Wenn eine Mutter einer anderen Mutter in dieser delikaten Angelegenheit Ratschläge gibt, so ist das kaum von Interesse: Ende 1841 legte Elizabeth Gaskell ihrer Schwägerin Elizabeth Holland dringend nahe, sich «eine Amme zu nehmen, wenn Deine eigene Milch nicht ausreicht». Aber daß im Jahr zuvor William Ewart Gladstone in seinem knappen Tagebuch Raum zu dem Eintrag findet, daß *seine* Schwägerin Mary in derselben mißlichen Lage ist, verrät unerwarteten Freimut im viktorianischen Familienleben. Wie Mrs. Gaskell und Mr. Gladstone widmete auch Mrs. Beeton diesem Punkt größte Aufmerksamkeit. Sie war entschieden dafür, daß Mütter ihren Kindern selbst die Brust geben; Ammen genossen zur damaligen Zeit keinen sonderlich guten Ruf. Wenn sich die Mutter jedoch aus irgendwelchen Gründen «die Wonne versagen muß, ihr Kleines selber aufzuziehen», ist unverzüglich eine Amme zu engagieren. Diese Frau muß mit großer Sorgfalt ausgewählt und auf ihren Gesundheitszustand untersucht werden. «Ihr Alter sollte nach Möglichkeit nicht unter zwanzig und nicht über dreißig Jahren liegen. Sie muß in jeder Hinsicht vollkommen gesund sein.» Als bester Beweis einwandfreier Gesundheit galt u.a. der Zustand der Brüste, die «voll, rund und elastisch» zu sein hatten; insbesondere war auf die Brustwarzen zu achten, die «aufgerichtet und fest» sein mußten, während sie bei kränklichen Personen «hängend, lappig und schlaff» sind: «In diesem Fall wird die Zusammensetzung der Milch unvollkommen und ihr Nährgehalt infolgedessen mangelhaft sein.»[43]

Mrs. Beeton gibt diese Anweisungen mit der unbefangenen Selbstverständlichkeit eines Menschen, der über altbekannte Dinge redet. Doch spricht aus ihren Ratschlägen natürlich auch die harte Realität der Klassengesellschaft des 19. Jahrhunderts: Nur die wenigsten bemittelten Frauen hätten die Brustwarzen einer anderen bemittelten Frau diskutiert, geschweige denn sie inspiziert. Der springende Punkt ist jedoch, daß Mrs. Beeton von der gewöhnlichen Hausfrau erwartet, daß sie ohne die geringste Verlegenheit den Körper ihrer Bediensteten begutachtet. Nach allem, was ich über Mrs. Beetons Zeit und Klasse in Erfahrung bringen konnte, war diese Erwartung auch realistisch.

Die Fähigkeit, ohne Scheu mit dem gesunden und dem kranken Körper umzugehen, war nicht das Vorrecht von Frauen, die Tagebuch führten oder an engste Vertraute schrieben. Eltern und Freunde, von Ehemännern ganz zu schweigen, wurden bereitwillig in jenen inneren Kreisen zugelassen, wo körperliches Wissen ausgetauscht und damit auch erweitert wurde. Sophia Hawthorne berichtete nicht lange nach ihrer Vermählung, daß die berühmte Margaret Fuller zu Besuch gekommen sei: «Ich kam aus den Armen meines Gatten und fand – Queen Margaret.» Und in den 1860er Jahren reiste Lady Duff Gordon aus gesundheitlichen Gründen nach Ägypten – wie sich herausstellte, litt sie an Tuberkulose – und berichtete ihrer Familie in England in langen, klugen Briefen von allem, was sie unterwegs erlebte. So wurde sie Zeuge eines Verhältnisses zwischen ihrer englischen Kammerzofe und dem ägyptischen Diener, das zu einer illegitimen Schwangerschaft führte. Sie berichtet über die Affäre ebenso ausführlich wie gerecht; sie beklagt sich über das Mädchen, weil es erst den Diener verführt habe, um dann ihre Herrin mit den Scherereien der Entbindung zu belasten: «Natürlich mitten in der Nacht und in einer völlig einsamen Gegend.»[44] Aber sie überwand tapfer ihren Schrecken, fungierte – offenbar mit gutem Erfolg – als Hebamme und schrieb über dieses Abenteuer ohne Wehleidigkeit oder moralisierenden Unterton nach Hause.

Lady Duff Gordons Brief, sein Ton ebenso wie sein Inhalt, läßt erkennen, daß es im Kreis der guten Gesellschaft Menschen gab, die den Konsequenzen der Sexualität mit einer gewissen inneren Gelassenheit ins Auge sehen konnten. In einer Kultur, in der viele Frauen und nicht wenige Männer ihre Zeit damit verbrachten, Status und Betragen ihrer Mitmenschen durchzuhecheln, und manche Familien den Umgang mit Geschiedenen oder mit unverheiratet zusammenlebenden Personen mieden, gab es auch solche, die den Frevler nicht verstießen. Nichts spricht dafür, daß Lady Duff Gordon ihrer Zofe wegen ihres nicht zu verheimlichenden Fehltritts die Leviten las. Andere Frauen waren nicht minder nachsichtig. Anfang 1877 schrieb Mary Foote aus Kalifornien einen Brief an ihre gute Freundin Helena Gilder und berichtete über ihre Schwangerschaft. Sie erzählte, daß ihr Mann Arthur bereits damit beschäftigt sei, eine Wiege für den Säugling an der Decke der Veranda zu befestigen; das bedeutete allerdings, daß der kleine Sohn ihres Hausmädchens Lizzie ausquartiert werden mußte. «Lizzies Baby schläft in der Hängematte auf der Veranda, und es ist mir gräßlich, das arme vaterlose Wurm zu vertreiben! Die Sache mit Lizzie ist sehr tragisch.» Einmal hatte Mary Foote das Mädchen gefragt, ob es sie erleichtern würde, über ihren Kummer zu sprechen, aber Lizzie wollte nicht: «Besser nicht davon anfangen. Ich könnte viel erzählen, wenn ich wollte, aber es wäre nicht gut.» Wenn Lizzie ihrem Georgie etwas vorsingt, fährt Mary Foote fort, «dann singt sie niemals Lieder, die etwas mit dem *Papa* zu tun haben».[45] Das klingt alles sehr traurig, und Mary Footes vertraulicher Bericht ist denn auch auf den Ton des Mitleids gestimmt.

Dieser zarten Rücksichtnahme – freundlich und ohne falsche Scham – waren auch Männer fähig. «Ich muß Dir etwas Seltsames erzählen, was mir in S.F. begegnet ist», hatte Mary Foote einen Monat zuvor ebenfalls an Helena Gilder geschrieben. «Es war das erste Lebenszeichen meines kleinen Unbekannten.» Sie war mit zwei Freunden, Mr. Hague und Mr. Ashburner, in der Kirche gewesen. Zu Beginn des Gottesdienstes hatte sie mit einem Schwächeanfall zu kämpfen; das Pochen der Orgel vermengte sich zum ersten Male mit dem Pochen des neuen Lebens in ihr und raubte ihr fast die Besinnung. Obwohl ihr der Schweiß auf Stirn und Lippen trat, waren die beiden Herren taktvoll genug, den kleinen Zwischenfall zu übersehen. Auf dem Heimweg aber wurde Mary Foote von einer Bekannten angesprochen: Ob ihr übel gewesen sei? Sie habe ja ausgesehen, als ob sie in Ohnmacht fallen wolle! «‹Haben Sie es nicht auch bemerkt, Mr. Hague?›» Aber die Herren ließen sich nicht ins Bockshorn jagen. «Mr. H. sagte: ‹Nun, sie sah etwas blaß aus, aber die Kirche war ja auch sehr voll –› und wechselte das Thema.»[46] Offenbar waren Mr. Hague und Mr. Ashburner an dergleichen gewöhnt; sie sahen ihre Begleiterin an, verstanden ihre Gefühle und taten das Natürliche, um ihre Privatsphäre zu schützen, ohne die Warnsignale einer möglichen Komplikation zu übersehen. Gelehrte Unwissenheit hätte nicht mit dieser Sicherheit agieren können – mit dieser glücklichen Mischung aus Distanziertheit und Intimität.

Waren schon Freunde imstande, ohne Aufdringlichkeit ihr körperliches Wissen zu mobilisieren, so konnte erst recht von Ehemännern erwartet werden, daß sie Verständnis zeigten und keine Verlegenheit empfanden, für die physischen Bedürfnisse ihrer Frau zu sorgen oder von ihrem Körper zu sprechen. Auf dem Schiff nach England beobachtete Taine eine rührende Szene, «eine junge Frau, die heftig seekrank war: Ihr Mann, anscheinend Handlungsreisender, hielt sie im Arm, stützte ihr den Kopf, versuchte ihr vorzulesen – mit einem Wort, umsorgte sie mit vollendeter Ungezwungenheit und unendlicher Zärtlichkeit.» Ende 1864, als seine Frau mit ihrem dritten Kinder schwanger war, nahm Joseph Lyman sorgfältig ihre Maße und übertrug sie säuberlich auf einen kleinen Zettel, auf dem stand: «Laura nach 280 Tagen.» Und im Juli 1885, als Mabel Todd Europa bereiste, sandte ihr Mann ihr einen langen Brief mit Ermahnungen. Er bat sie, auf ihre Gesundheit zu achten und mit Rücksicht auf die Choleragefahr nur abgekochtes Wasser zu trinken. Dann kam er auf das Thema zu sprechen, das ihn am meisten beschäftigte, «diese körperliche Sache, von der ich Dir geschrieben habe». Die beiden hatten diesen heiklen Punkt schon früher erörtert. «Ich habe mir das immer wieder durch den Kopf gehen lassen, u. wahrscheinlich ist es von irgendeinem Problem mit Deiner Scheide gekommen, als Du Deine schwere Erkältung u. den entzündeten Hals hattest. Die Gefahr, daß sich dergleichen wiederholt, wird sehr viel geringer werden, wenn Du Dich eifriger um die Reinhaltung der Scheide kümmerst.» Kein Drumherumreden, kein Kult des hehren Leibes – nur ein klarer Hinweis des einen Ehepartners an den anderen.

David Todds klinisch-kühler Ton ist eher untypisch für die Korrespondenz zwischen gewöhnlichen Eheleuten in seiner Kultur. Doch nach dem Tagebuch zu urteilen, das William Ewart Gladstone sein Leben lang führte, war Freimütigkeit in körperlichen Dingen nicht auf Sensualisten beschränkt. Gladstone war ein ernster Beter und zwanghafter Arbeiter, ausgestattet mit einem strengen Gewissen, das für ein ganzes Regiment von Büßern ausgereicht hätte; mit seinen täglichen Einträgen führte er Buch über seine erotischen Anfechtungen und ermaß, wie weit er noch von dem selbstgesteckten Ideal der Vollkommenheit entfernt war. Die Tagebücher halten aber auch das Familienleben fest, das ihm als eine

Mischung aus schlichten Freuden und zahlreichen Pflichten erschien – Pflichten, die er ebenso ernst nahm wie die Politik und sein Christentum. Und auch der Körper fehlt nicht in diesen Blättern.

Ende Oktober 1842, kurz nach der Geburt ihres zweiten Kindes, stellten sich bei Catherine Gladstone Schwierigkeiten bei der Milchabsonderung ein. Wir können ihren Leidensweg anhand der getreulichen, wenngleich lakonischen Tagebucheinträge ihres Mannes verfolgen. Das Kind war am 18. Oktober zur Welt gekommen. Am 28. hatte «C.» Beschwerden auf einer Seite, am 8. November – nach einer vorübergehenden Besserung – «hatte sie ungemein heftige Schmerzen in der Brust.» So holte ihr Mann um zwei Uhr morgens den Arzt, und am nächsten Tag ging es ihr wieder besser, so daß sie das Töchterchen selber stillen konnte. Am 14. hatte die «liebste C.» immer noch «ihre Schwierigkeiten». Zwei Tage später rieten ihr zwei Ärzte, vom Stillen abzusehen und eine Amme zu nehmen. Das war für die Mutter in mehr als einer Hinsicht schmerzlich: «C. zeigte mir mit Tränen in den Augen, daß sie erstmals einen Überfluß an Milch hatte.» Doch am 19. Dezember, nach Konsultation eines Spezialisten in Birmingham, faßten die beiden den traurigen Entschluß, ihr Baby zu entwöhnen: «Wir werden nun sorgfältig darauf achten müssen, ob das Absaugen der Milch mit der Hand genügt oder ob wir eine Amme brauchen.» Die Hand, welche die Milch ausdrückte, um eine Abszeßbildung zu verhindern, war in den meisten Fällen die Hand William Ewart Gladstones.

Nach der Geburt des vierten Kindes – Jessy – stellten sich vorübergehend die Schwierigkeiten mit der Milch wieder ein. Als Mary, das fünfte Kind, zwei Tage alt war, mußte Gladstone die Brustwarzen seiner Frau «für sie massieren – so ziemlich der erste Dienst, den ich ihr habe erweisen können.»[48] Nach der Geburt des sechsten Kindes, Helen, notierte er sich mit der Resignation des erfahrenen Familienvaters: «C. laborierte heute natürlich wieder an ihren alten Schwierigkeiten.» Doch Resignation hieß nicht Gleichgültigkeit. Waren Massagen der Brust vonnöten, so war Gladstone, ein überlasteter und prominenter Politiker, zur Stelle. Beim nächsten Kind, Henry, erwiesen sich Catherine Gladstones Schwierigkeiten als hartnäckiger. Anfang April 1852 trug er in sein Tagebuch ein: «Am Nachm. hatte C. Probleme mit dem Milchfluß.» Immer wieder mußte die Brust massiert werden, und Gladstone führte darüber sorgfältig Buch. Am 9. April erfolgt endlich der letzte derartige Eintrag; künftig konnte Catherine Gladstone ihrem Kind wieder in normaler Weise die Brust geben.[49] Angesichts der schmerzhaften und immer wieder auftretenden Probleme seiner Frau mit dem Stillen hielt es William Ewart Gladstone nicht für unter seiner Würde, Hand anzulegen, wenn es erforderlich war, und Catherine Gladstone hielt es nicht für unter ihrer Würde, seine Dienste zu akzeptieren.

Diese schmucklosen Aufzeichnungen, herzlich und unsentimental, bestätigen die Vermutung, daß der bürgerliche Ehemann des 19. Jahrhunderts, mochten ihm die Subtilitäten des Geschlechtsverkehrs auch Rätsel aufgeben, den Folgen dieses Verkehrs engagiert und informiert gegenüberstand. Diesen Schluß bekräftigen viele andere Zeugnisse, die nicht weniger schmucklos und nicht weniger herzlich sind. Die familiären Bedürfnisse und Gefühle des Bürgertums im 19. Jahrhundert ließen verheirateten Paaren die Kenntnis des Körpers als simple Notwendigkeit erscheinen. Nicht lange, nachdem die Schwangerschaft Mabel Todds feststand, unternahm ihr Gatte – nicht umsonst Naturwissenschaftler – den Versuch, das Geschlecht des Kindes zu bestimmen. «Am Sonntag, dem 28. September», erinnerte sie sich bald darauf, «horchte David auf die winzigen Herzschläge hinter den meinen u. konnte sie deutlich vernehmen, 146 pro Minute, weit über dem Durchschnitt eines Jungen.» Aufgrund dieser Befunde kamen die beiden zu dem – wie sich zeigen sollte: zutreffenden – Schluß, daß sie eine Tochter bekommen würden. Als Millicent am 5. Februar 1880 zur Welt kam, war David Todd selbstverständlich zugegen. Mabel Todd erwachte um zwei Uhr morgens, als sie Wasser und etwas Blut verlor. Sie weckte ihren Mann, der zunächst einmal eine Gummimatte holte, um die Matratze zu schonen. Um drei Uhr morgens «dachte David, daß das Kleine nun wohl kommen würde», und weckte seinen Schwiegervater, der bei Mabel Todd bleiben sollte, während er selber die Amme und den Arzt holte. Mabel Todds Wehen waren sehr schmerzhaft, aber, wie sie feststellte, keineswegs unerträglich. Trotzdem entging ihr, daß Dr. Groot und ihr David kamen; sie schlief zwischen den Wehen immer wieder ein: «Ich war *so* schläfrig!» Kurz vor sechs kam ihre «allerliebste Millicent» zur Welt. Mabel Todds Mutter war die ganze Zeit in ihrem eigenen Zimmer geblieben, «weil sie sich dem Anblick meiner Pein nicht gewachsen fühlte»; nur die Amme, der Arzt, ihr Vater und ihr Mann erlebten alles mit.[50]

Wie stark David Todd am Vorgang der Geburt und an den mit ihm einhergehenden körperlichen Realitäten beteiligt war, wird am besten aus dem Tagebuch seiner Frau ersichtlich. Mabel Todds Eintrag vom 4. Februar wurde von ihrem Mann vervollständigt; danach wird das Tagebuch für mehr als drei Wochen von *ihm* geführt. Am 5. Februar registrierte er die Geburt seiner «kleinen Millicent Todd». Den 8. Februar verbrachte er daheim, «bei seiner kleinen Frau», und stellte erfreut fest, daß es «ihr fast überhaupt keine Schmerzen verursacht, dem kleinen Kind seine Nahrung zu geben – von der im Überfluß vorhanden ist.» Erst am

27. Februar übernahm Mabel Todd wieder ihr Tagebuch, mit dem jubelnden Ausruf: «Da bin ich wieder!»[51] David Todds Sprache ist gewählt und umschreibend; er vermeidet den Gebrauch des Wortes «Milch», genauso wie William Ewart Gladstone mitunter das Wort «Brust» in seinem Tagebuch ausläßt. Aber diese verbale Zurückhaltung, wiewohl von einem gewissen diagnostischen Interesse, zeugt nicht von Zimperlichkeit oder falscher Vornehmheit. In den kritischen Augenblikken des weiblichen Lebens – mochten sie noch so blutig und unappetitlich sein – waren die Ehemänner des 19. Jahrhunderts zur Stelle.

Im bürgerlichen Familienleben war die Geburt eines Kindes weniger eine Zeit des poetischen Überschwangs als vielmehr eine Zeit geteilten Leidens und harter Arbeit. Als am 6. Juni 1869 Siegfried Wagner zur Welt kam, erlebte Richard Wagner die Wehen Cosima von Bülows weitgehend mit. Die beiden hatten getrennte Schlafzimmer; aber an diesem Tag, um ein Uhr in der Frühe, weckte sie ihn, um ihm zu sagen, daß die Wehen sich ankündeten: «R. am Bett in großer Sorge.» Nach drei Uhr kam die Hebamme, und «R. will dies benutzen, um durch einige Stunden Schlaf sich für den bevorstehenden Tag zu stärken.» Er war jedoch zu unruhig und begab sich bald wieder zu Cosima von Bülow hinauf, wo er sie «bereits unter der Behandlung der Amme in den wütendsten Schmerzen» vorfand. Über sein plötzliches Erscheinen erschrocken, «trieb [ich] ihn aus der Kammer in den offenen Salon daneben»; doch «als er von neuem mich jammern hört, stürzt er abermals herein»; sie faßte seinen Arm und wand sich «krampfhaft» daran. Dann entfernte er sich wieder in das Nebenzimmer, wo er «Ohrenzeuge des Entbindungsvorganges» blieb.[52] Bei dieser Geburt geht es etwas hektisch zu, aber die Szene gibt doch – auf ihre eigene, stilisierte Weise – nur wieder, was die meisten Paare des 19. Jahrhunderts erlebten.

Die Tagebücher William Ewart Gladstones bestätigen, daß Richard Wagners Verhalten bei aller Selbstinszenierung ziemlich typisch war. Bei der Geburt der Gladstone-Kinder ging es weniger theatralisch, aber nicht weniger emotional zu. Als das erste, Willy, zur Welt kam, war der Vater bei den «langsamen, aber förderlichen Wehen» zugegen. Es war für ihn eine neue Erfahrung, wie er ausdrücklich festhielt, aber er ging ihr nicht aus dem Wege. Als das zweite Kind, Agnes, geboren wurde, war Gladstone schon kein Neuling mehr, aber das ehrfurchtheischende Schauspiel nahm ihn noch immer gefangen: «Ich mußte mir sagen, wie überaus schön sie [Catherine Gladstone] aussah, als dieser Schmerz, so streng, aber ohne Bitterkeit, über sie kam.»[53] Es sei daran erinnert, daß es für Catherine Gladstone noch nicht, wie für die meisten Mütter seit etwa 1850, Chloroform zur Schmerzbetäubung gab.

Was derartigen autobiographischen Notizen ihre historische Glaubwürdigkeit verleiht, ist justament ihre Kunstlosigkeit, ihr Verwurzeltsein im Alltäglichen. Gladstone, der mit zartem Ernst die schmerzenden Brüste seiner Frau massiert und über seine Dienste getreulich Buch führt, ist unliterarisch. Doch was er festhält, sind keine Banalitäten; er ist ein guter und liebender bürgerlicher Ehemann, der die volle Verantwortung für das Liebesleben seiner selbst und seiner Frau übernimmt. Und Catherine Gladstone, die ihrem Mann «mit Tränen in den Augen» ihren Milchfluß zeigt, ist eine wunderschöne, denkwürdige Vignette, ebenso schön wie David Todd, der das Ohr an den geschwollenen Bauch seiner Frau legt, um die Herzschläge seines ungeborenen Kindes zu zählen. Bilder wie diese beleben die bestenfalls fragmentarische, schwer deutbare Statistik, die den Anspruch erhebt, die Sinnlichkeit der Mittelschicht zu definieren. Sie machen aus Familienanekdoten einen Schlüssel zur Kultur; denn sie lassen hinter dem Einzelereignis das generelle kulturelle Klima erkennen. So sehr sie nach Form und Gefühlsgehalt differieren mögen: diese einfachen, sich oft wiederholenden Ereignisse öffnen die Tür zur bürgerlichen Erotik im 19. Jahrhundert.

Und doch erbringen sie nur wenig, und gewiß nichts Endgültiges. Mitunter – ich fürchte sogar, sehr häufig – war der plötzliche Erwerb körperlichen Wissens schlicht und einfach schreckenerregend. An einem Abend des Jahres 1878 blätterte Carey Thomas, die damals an der Johns Hopkins University studierte, mit zwei Freundinnen in Eliza B. Duffeys Buch *What Women Should Know* sowie in «rund fünfzehn» medizinischen Büchern aus der Bibliothek ihres Vaters. Die Mädchen glaubten sich «alt genug, um alles über die verschiedenen Kräfte des Lebens zu erfahren» – Carey Thomas war damals einundzwanzig. Und sie war entschlossen, ohne Scheuklappen ins Leben zu treten: «wenn Leidenschaft und Sinnlichkeit bestimmende Faktoren sind, dann wollte ich sie verstehen.» Doch nachdem die jungen Damen ihre heimliche Lektüre beendet hatten, waren sie entsetzt und angewidert. «Als ich zu Bett ging, war mir übel – absolut übel. Ich hatte eine Frucht vom Baume der Erkenntnis des Guten und Bösen gekostet, und mir war, als ob es niemals wieder den Glauben an Dinge wie Reinheit und Heiligkeit geben, meine Seele niemals wieder rein werden würde.» Was sie – und, wie sie entdeckte, auch ihre Freundinnen – zur Verzweiflung trieb, war der Schock, «diesem einen, hassenswerten, tierischen Trieb im Manne» zu begegnen; es war ihr verhaßt, zu sehen, daß «die *Sinnlichkeit* bleibt und daß die Männer anscheinend so beschaffen sind.»[54] Es war ihr damals nicht bewußt – oder sie verdrängte dieses Wissen eilends wieder –, daß auch die Frauen «so beschaffen sind», und es war ihr, als habe man ihr

Gewalt angetan. Carey Thomas' Erlebnis beweist, daß die falsche Art der Unterweisung in körperlichem Wissen den auf diese Weise «Aufgeklärten» in Verwirrung und seelische Not stürzen konnte.

Und so war Isabella Beeton in ihrer Küche meilenweit entfernt von Mabel Todd in ihrem Schlafzimmer. Henri-Frédéric Amiel gewann allerhand sexuelle Informationen, indem er durch die Ritzen von Badehütten lugte und mit vertrauten Freunden über Frauen diskutierte; aber mit seinen sinnlichen Bedürfnissen kam er darum noch lange nicht ins reine. Platonische Libertinage war kaum die geeignete Vorbereitung auf irdische Libertinage. Ein Mädchen, das wußte, wie man Lämmer kastriert oder einen Kalbskopf zerlegt, hatte damit noch nicht automatisch die Vielfalt sexueller Techniken gemeistert. Es gibt hier zu viele Variablen, namentlich die psychologische Vorgeschichte der Sexualpartner, als daß der umstandslose Schluß «Wissen verbürgt Glück» zulässig wäre. Wenn Unwissenheit kein Segen ist, folgt daraus noch lange nicht, daß Wissen Segen sein *muß*. Mit Sicherheit kann man nur sagen, daß Wissen ein besserer Führer zu sexueller Erfüllung ist als Nichtwissen; solches Wissen aber war – was immer böse Zungen behaupten mögen – im bürgerlichen Jahrhundert reichlich vorhanden.

3. Der Leser im Konflikt

Abgesehen vom sexuellen Experimentieren selbst, war der aufreizendste Führer zu körperlichem Wissen im 19. Jahrhundert – zumindest oberflächlich – die Pornographie. Sie wurde in großer Menge produziert und war für den, der sich auskannte, leicht erhältlich; Buchhändler in verrufenen Stadtvierteln hielten obszöne Drucke und Bücher vorrätig, um dem dringendsten Bedürfnis abzuhelfen. In Paris konzentrierte sich der einschlägige Handel in der Gegend des Palais Royal; London hatte seine Holywell Street – ein Name, der um die Mitte des Jahrhunderts bereits zum Synonym für obszöne Publikationen geworden war. 1845 wurden bei einer Razzia auf dem Gelände eines Lieferanten beschlagnahmt: 383 Bücher, 351 Kupferplatten, 12346 Drucke, 188 Lithosteine und 3752 Pfund Schriftformen.[55] Der anrüchige Laden, den Joseph Conrad in *The Secret Agent* beschreibt, war in allen größeren Städten ein vertrauter Anblick. Einzelne Staaten versuchten zwar, den schlüpfrigen Handel an ihren Grenzen zu unterbinden – der britische Zoll war durch ein Gesetz von 1853 berechtigt, alle Arten von «unanständigem» Material zu beschlagnahmen –, aber französische und italienische Erzeugnisse passierten die Grenzen ohne größere Schwierigkeiten. Für Pornographie wie für jede andere Ware war es ein Zeitalter des (wenn auch unvollkommenen) Freihandels.

Fleißige, finstere Gesetzeshüter machten etlichen Buchhändlern, die Anstoß erregten, einen Strich durch die Rechnung; sie trieben so manchen von ihnen in den Ruin, ins reuelose Exil oder in furchtsame Konformität. Im Dezember 1857 notierte sich Lord Campbell, der Hauptarchitekt der britischen Anti-Pornographie-Gesetze, in sein Tagebuch, daß der Erfolg seines Wirkens «überaus glänzend» gewesen sei. «Holywell Street, das sich so lange um Recht und Anstand keinen Deut geschert hat, hat nach mehreren Angriffen kapituliert. Die Hälfte der Läden ist geschlossen, der Rest vertreibt nur noch moralische und religiöse Literatur.» Einen ähnlich befriedigenden Erfolg, vermerkte er mit Genugtuung, habe es in Dublin und «sogar in Paris» gegeben.[56] Das war weltfremd bis zur Naivität. Pornographie war nach wie vor bequem erhältlich, in neuen Läden mit neuen Adressen, oder im alten Laden, nur besser getarnt. Die Strafverfolgung hatte nur den Effekt, für gepfefferte Titel und clevere Erotica-Verleger Reklame zu machen. Das Geschäft war rentabel, sofern es einem Händler gelang, sich zu halten. Was eine noch größere Verbreitung von Pornographie verhinderte, war weniger die Polizei als der Preis: Die berüchtigtsten Publikationen, kostbar gebunden und verschwenderisch illustriert, wurden in begrenzten Auflagen angeboten, die nur für reiche Liebhaber erschwinglich waren. Aber ob reich oder arm: auf den Markt war Verlaß. 1881 berichtete Anthony Comstock mit der ihm eigenen Detailfreude, seine New Yorker «Society for the Suppression of Vice» habe in den ersten acht Jahren ihres Säuberungswerkes rund 27000 Pfund Bücher vernichtet und genau 203238 obszöne Bilder sowie 1376939 Kataloge, Gedichte u.dgl. beschlagnahmt.[57]

Bei den Hütern der öffentlichen Moral, die wegen anderer sozialer Mißstände ohnehin bereits der Panik nahe waren, machte sich in zunehmendem Maße Nervosität über die «Sturzflut gedruckten Schmutzes» breit, die sie da hereinbrechen sahen. Zusätzlich alarmierte sie die Erfindung und rasche Vervollkommnung der Photographie. Besorgte Moralisten hatten den Eindruck, daß die Technik des 19. Jahrhunderts, der unfraglich so viele Segnungen der Zivilisation zu danken waren, zugleich auch die Verbreitung von moralischem Gift erleichterte. Aus diesem Grunde beschleunigte sich das Tempo der Verfolgung von Pornographie im Laufe des 19. Jahrhunderts merklich. Ein entscheidendes Jahr war 1857: in diesem Jahr wurden in Frankreich Gustave Flaubert, Charles Baudelaire und Eugène Sue wegen Verstoßes gegen die öffentliche Sittlichkeit angeklagt, während in Großbritannien der «Obscene Publications Act» eingeführt wurde.

Was man seit etwa dieser Zeit «viktorianisch» zu nennen pflegt, hat, wie wir wissen, lange vor Victoria begonnen. Die vielzitierte Königliche Proklamation Georges III. «gegen Laster und Unmoral» stammt aus dem Jahre 1787, die rührige «Society for the Supression of Vice», die eine Reihe erfolgreicher Strafverfahren in England einleitete, von 1802. In Frankreich stammt eine königliche Ordonnanz gegen Bücher, die «die Reinheit der Sitten» verletzen, von 1751; im 18. Jahrhundert beschlagnahmten die Behörden häufig anstößige Bücher, und sogar in der freiheitlichsten Phase der Französischen Revolution, im Jahre 1791, war die örtliche Polizei befugt, die Anbieter «obszöner Abbildungen» und «das weibliche Schamgefühl verletzender» Bücher dem Friedensrichter anzuzeigen. Jahrzehnte vor dem Aufstieg des Bürgertums wurden immer neue Regierungen tätig, um die Moral nicht weniger eifrig als die Kirche oder den Staat vor Verunglimpfung und Subversion zu schützen; sie erließen strenge Gesetze, erteilten den Zensoren strikte Anweisungen und gaben Verwaltungsrichtlinien für örtliche Polizeibehörden heraus. Und doch gab es im französischen Zweiten Reich und in der frühen Dritten Republik, im Deutschen Reich von 1871, im spät-viktorianischen England und in den USA nach dem Bürgerkrieg weit mehr Hausdurchsuchungen, öffentliche Denunziationen und Strafprozesse als in den jeweiligen Vorgängerstaaten. Der Ruf nach Freiheit in der Literatur und den bildenden Künsten, gepaart mit der Besorgnis über die atemberaubenden Veränderungen der modernen Zeit, erzeugte Abwehrreaktionen, die weit über frühere Kampagnen zur Eindämmung schädlichen Schrifttums hinausgingen. Wie immer in solchen Fällen, gab es auch in diesen Kampagnen unverkennbare nationale Varianten: Die Engländer, entsetzt genug über den heimischen Handel mit Schmutzliteratur, zeigten sich noch viel entsetzter über das, was sie – nicht ohne Selbstgefälligkeit – als «um sich greifende französische Frivolität» denunzierten.

Die Kreuzzügler gegen Schmutz und Schund fabrizierten buchstäblich Hunderte von Broschüren und Streitschriften; zumal deutsche Leser sahen sich förmlich überschwemmt von Titeln, die eine «Gefahr für das Volk» witterten und dazu aufriefen, die «Hintertreppenliteratur» bereits in der Schule zu bekämpfen. Die allgemeine Reizbarkeit war hoch. Sie wurde auch nicht dadurch geringer, daß viele deutsche Bürger diesem Kreuzzug die Gefolgschaft versagten. In ihren Augen war vieles von dem, was die Kreuzzügler ziemlich großzügig als Schund bezeichneten, harmlose, wenngleich grobschlächtige Abenteuerliteratur. Auch hegten sie die Befürchtung, daß der Philister unter dem Deckmantel der Pornographiebekämpfung lediglich seine Wut an der experimentellen Literatur auslassen wollte. Den Umstand, daß seit etwa 1900 auch viele kleine

Schreibwaren- und Tabakläden ganz ungeniert lukrative billige Literatur verkauften, glaubten die Kämpfer gegen Schmutz und Schund für ihre Zwecke ausnutzen zu können; wenigstens wüßten die Leute jetzt, daß man es mit einem gefährlichen Gegner zu tun habe.[58]

In dieser Atmosphäre einer allgemeinen Untergangsstimmung, in der man verzweifelt auf Abhilfe sann, entstanden allenthalben private Gesellschaften zur Bekämpfung dieser aufreizenden Übelstände. Angeführt von Eiferern und gewandten Schreiberlingen und häufig finanziell und moralisch unterstützt von prominenten Persönlichkeiten, warb man für strengere Gesetze, boykottierte gewisse Geschäfte und übte Druck auf Verlage aus, ungeeignetes Material aus ihren Katalogen auszumerzen. Anthony Comstocks vielbeachtete «New York Society for the Suppression of Vice» befand sich, was Europa betraf, in guter Gesellschaft. Otto von Leixner – jener Journalist und Redakteur, aus dessen Tagebüchern ich weiter oben zitiert habe – gründete 1901 einen «Volksbund zur Bekämpfung des Schmutzes in Wort und Bild». Die Franzosen hatten ihre «Ligue française de la moralité publique», die 1905 den ersten «Congrès des sociétés anti-pornographiques» ausrichtete. Bereits 1908 hielten diese Gruppen in Paris ihren zweiten internationalen Kongreß ab. Immer häufiger bemühte man Verwaltungsrichtlinien, wenn der Wille des Gesetzgebers unklar zu sein schien. Die Bewegung der öffentlichen Leihbüchereien, die Ende des 19. Jahrhunderts die städtische Landschaft in England, Frankreich, Deutschland und den USA veränderte, verdankte ihren Erfolg nicht zuletzt dem Umstand, daß sie eine Alternative zu jener Art billigen Schmutzes zu bieten versprach, mit dem die Jugend aller gesellschaftlichen Schichten im Zeitalter der Rotationspresse und des Rotationskupfertiefdrucks überschwemmt wurde.

Das Geschäft mit der Pornographie mag im 19. Jahrhundert geblüht haben, dennoch zogen es die meisten Händler vor, in den Untergrund zu gehen. Dem vorangegangenen Jahrhundert war es wichtiger gewesen, gegen Agitation und Gotteslästerung vorzugehen, während Obszönität zwar nicht völlig frei, aber doch verhältnismäßig unbehelligt geblieben war. Im 19. Jahrhundert aber betrieben die Pornographen ihre Geschäfte heimlich und hinterließen kaum eine Spur. Es ist kein Zufall, daß es auch den unermüdlichsten Bibliographen in vielen Fällen nicht gelungen ist, den Urheber pornographischer Bestseller zu ermitteln, und daß man einer ganzen Reihe hervorragender Autoren des 19. Jahrhunderts wie Lord Byron, E. T. A. Hoffmann, Alfred de Musset, Mark Twain und Guy de Maupassant, aber auch so angesehenen und anständigen Publizisten wie Gustave Droz, pornographische Werke zugeschrieben hat. Mitunter waren solche Zuschreibungen ganz richtig; häufiger beruhten sie jedoch auf unbeweisbaren Gerüchten oder auf skrupelloser Irreführung durch den Händler. In dieser trüben Schattenwelt ist es so gut wie unmöglich, zwischen Dichtung und Wahrheit zu unterscheiden.

Doch sind diese bibliographischen Geheimnisse nur ein Symptom für schwererwiegende Rätsel. Pornographie zu definieren war damals, und ist auch heute noch, ein sprichwörtlich hoffnungsloses Unterfangen. Weder der Gesetzgeber noch die Gerichte erwiesen sich als hilfreich; im Gegenteil, sie verschärften die Situation nur noch. Lord Campbell betonte, das von ihm vorgeschlagene Gesetz gegen obszönes Schrifttum werde nur diejenigen Werke unterdrücken, die «zu dem alleinigen Zweck geschrieben» worden seien, «die Moral der Jugend zu verderben» und «das allgemeine Gefühl für Anstand in einem wohlregulierten Kopf zu schockieren». An sexuell freizügige Schriften wie die *Ars Amatoria* Ovids oder die englischen «Restoration comedies» dachte er dabei nicht. Trotzdem lehnte der radikale Parlamentsabgeordnete J. A. Roebuck den Gesetzesentwuf Campbells als Versuch ab, «die Menschen durch ein Gesetz tugendhaft zu machen». Es mochte leicht sein, Bücher ausfindig zu machen, die einzig und allein zu dem Zweck geschrieben waren, die Jugend zu verderben; weit schwieriger war es, den «wohlregulierten» Kopf zu definieren und den ihm zugefügten Schock zu messen – das waren ja zwei verschiedene Kriterien. 1868 gewährte Chief Justice Cockburn in einer autoritativen Meinungsäußerung besorgten Moralisten und übereifrigen Verfolgungsbehörden einen noch größeren Spielraum. «Der Prüfstein für Obszönität», so führte er aus, sei, ob «die Tendenz des beanstandeten Materials» darauf abziele, «diejenigen zu verderben und zu korrumpieren, die für solche unmoralischen Einflüsse offen sind und denen eine derartige Publikation in die Hände fallen könnte.»[59] Vergleichbare Rechtsvorschriften und deren Auslegungen in anderen Ländern waren nicht weniger verwaschen. Das französische Gesetz von 1819, in den Jahren 1881 und 1882 kodifiziert, aber weder gemildert noch präzisiert, verbot in dürren Worten «outrages à la morale publique et religieuse et aux bonnes mœurs». Paragraph 184 des deutschen Strafgesetzbuches drückte sich genauso vage aus: mit Strafe bedroht war die Verbreitung «unzüchtiger» Schriften. Diese Knappheit warf in der Presse und vor Gericht endlose Fragen auf: Was bedeutete «moralisch verderben», «korrumpieren», «unzüchtig», ja sogar «verbreiten»? Hier bot sich einfallsreichen Journalisten und gewitzten Rechtsanwälten ein reiches Betätigungsfeld.

Die gutgemeinten Bemühungen, die Verbreitung von Schmutz einzudämmen, hatten denn auch allenthalben gravierende und unbeabsichtigte – zumindest bewußt nicht beabsichtigte – Konsequenzen. Weder Hersteller noch Verteiler von erotischer Literatur konnten von der Verwaltung oder den Gerichten Geduld und Langmut erwarten, wenn sie mit frommem Augenaufschlag versicherten, das anstößige Werk sei in Wirklichkeit ein verkappter moralischer Traktat, in welchem eben jene Laster gegeißelt würden, die er zwangsläufig so plastisch schildern mußte. Als Xavier de Montepin, ein mittelmäßiger und schlüpfriger französischer Sensationsschriftsteller, 1856 wegen seines Romans *Les Filles de plâtre* vor Gericht gestellt wurde, beteuerte er zur Belustigung des Gerichts «die Reinheit seiner Absichten und behauptete, sein einziges Ziel sei es gewesen, die Sitten einer gewissen sozialen Gruppe anzuprangern.»[60] Er wurde zu drei Monaten Gefängnis verurteilt.

Bedenklicher war, daß der Hinweis auf die literarischen Qualitäten des inkriminierten Werkes an maßgeblicher Stelle kaum jemand beeindruckte. Weder private Hüter der öffentlichen Tugend noch Staatsanwälte pflegten einen grundsätzlichen Unterschied zu machen zwischen Werken, die nur aus einer mechanischen Aneinanderreihung von Begattungsakten bestanden, und Werken, in denen gelegentliche Absätze oder einzelne Strophen als unanständig erschienen. Vor Gericht traten diese Kritiker mit langen Listen anstößiger «Stellen» auf, und viele Gerichte ordneten denn auch nicht das Verbot des ganzen Buches an, sondern nur dessen Säuberung. 1857 wurden Charles Baudelaire und sein Verleger dazu verurteilt, sechs erotische Gedichte aus den *Fleurs du mal* zu tilgen; 1900 brauchte Richard Dehmel, nach mehreren langwierigen Prozessen, nur ein einziges Gedicht aus seiner freimütigen und leidenschaftlichen Gedichtsammlung *Weib und Welt* zu streichen.

Seriöse Literatur, die auf Erregung sexueller Emotionen rechnete und sie mitunter auch beabsichtigte, fand sich ebenso vor dem Kadi wie die Erzeugnisse der sexuellen Ausbeutung oder auch ganz und gar aseptische Aufklärungsschriften. 1877, im Zusammenhang mit dem epochemachenden Prozeß gegen Bradlaugh und Besant, denunzierte der Anklagevertreter die *Fruits of Philosophy*, Charles Knowltons beanstandete Schrift über Geburtenkontrolle, als «schmutziges, dreckiges Buch».[61] Menschen wie dieser Staatsanwalt schlugen alles über einen Leisten: ein sinnliches Gedicht von Algernon Swinburne, einen trockenen Ratgeber der Empfängnisverhütung von Robert Dale Owen, eine pornographische Geschichte von Anonymus; es war alles eins und hatte nur den Effekt, die Unschuld zu verderben und zu korrumpieren. Die spannendsten und umstrittensten Obszönitätsprozesse des Jahrhunderts drehten sich daher auch keineswegs um pornographische Erzeugnisse, sondern um unverblümte, realistische erotische Gedichte, Stücke und Romane.

Nicht jede Strafverfolgung war erfolgreich. Flaubert beispielsweise wurde freigesprochen und sah *Madame Bovary* unzensiert erscheinen. Anderen Lyrikern und Romanciers in Frankreich und anderswo gelang es, den Behörden aufzufallen und dennoch unbehelligt zu bleiben. Aber drohende Geld- und Gefängnisstrafen, die erniedrigende Aussicht, mit gewöhnlichen Kriminellen auf ein und derselben Anklagebank zu sitzen, sowie das finanzielle Risiko für Drucker und Verleger führten zu einer gewissen lähmenden Selbstzensur, zu einer ängstlichen Vorwegnahme des amtlichen Einschreitens, die die meisten Schriftsteller veranlaßte, zum Thema Sinnlichkeit nicht alles zu sagen, was sie sagen wollten. Swinburne fühlte sich bewogen, seinen masochistischen Roman *Lesbia Brandon* zurückzuhalten; moralisierende, einflußreiche Leihbüchereien wie Mudie's und Bahnhofsbuchhandlungen wie W. H. Smith maßten sich gegenüber den Naturalisten des späten 19. Jahrhunderts die Rolle des Zensors an; der mutige Verleger Henry Vizetelly wurde 1889 zu drei Monaten Gefängnis verurteilt, weil er eine – gereinigte, aber nicht genügend gereinigte – englische Übersetzung von Zolas *La Terre* herausgebracht hatte. Solche Fälle erregten naturgemäß großes Aufsehen und wirkten auf die meisten Autoren eher entmutigend als ermunternd. Selbst die Franzosen, die sichtlich toleranter waren als ihre Nachbarn, bewiesen mitunter die gefährliche Launenhaftigkeit der Zensur. 1883 wurde gegen den jungen Louis Desprez wegen eines naturalistischen, seriösen Romans über das Leben auf dem Lande, *Autour d'un clocher*, Anklage erhoben. Trotz öffentlicher Proteste von Männern wie Émile Zola und Alphonse Daudet und obwohl er von zarter Gesundheit und ein halber Krüppel war, wurde Desprez zu einem Monat Gefängnis und einer Geldstrafe von 1000 Francs verurteilt. Die Wut, mit welcher die künstlerische Avantgarde das Bürgertum des 19. Jahrhunderts verfolgte, rührt nicht zuletzt von diesem allgegenwärtigen Gespenst der Zensur, der stets aufs neue drohenden Vereitelung des künstlerischen Wollens her. Freisprüche waren Augenblicks-Triumphe und Anlaß zu geräuschvollem Jubel, aber niemals eine wirkliche Beruhigung für die Schriftsteller jener Zeit. Und wenn es Autoren schon in Frankreich schlecht ging, dann erst recht in anderen Ländern.

Freilich gab es auch avantgardistische Experimentatoren, die von Anfang an überaus provokant aufgetreten waren. Sie pochten auf ihr Recht, sämtliche Spielarten sexuellen Fühlens und Verhaltens zu beschreiben, und machten es damit ihren Widersachern leicht. Swinburne verweilt in *Lesbia Brandon* mit so unverhohlenem Entzücken bei den Züchtigungen, die ein viriler Hauslehrer seinem Zögling verabfolgt, und wiederholt diese Szenen derartig häufig und eingehend, daß der sadomasochistische

Reiz des Romans fast ebenso unverhüllt zu Tage liegt wie in einer rein pornographischen Flagellantengeschichte. Und Swinburnes frühe *Poems and Ballads* von 1866 enthalten Verse, beispielsweise in *Anactoria*, die mühelos vom Wunden schlagenden Vorspiel zum krassen Kannibalismus übergehen. Ob man die ganze Tragweite dieser gereimten Phantasien in der prä-psychoanalytischen Epoche zu würdigen wußte oder nicht, die empörten Rezensenten glaubten eine enge und unerfreuliche Affinität dieser Verse zu dem Zeug zu sehen, das man in der Holywell Street verkaufte. Aus heutiger Sicht ist es leicht, diese aufrichtige Meinung für verfehlt zu halten: Kein pornographischer Lohnschreiber wäre auch nur von ferne an die schwungvolle Prägnanz und die Sprachmelodie der Swinburneschen Prosa und Dichtung herangekommen. Aber seine drastischen Bilder verwischten die Grenzlinie zwischen erotischer Literatur und pornographischer Handelsware – eine Grenzlinie, die nach Auffassung der Avantgarde völlig klar war. Doch nur wenige teilten diese Auffassung.

Die unterschiedliche Weise, wie die Leser auf das, was sie lasen, reagierten, trägt nicht unerheblich dazu bei, die ganze Konfusion zu erklären. Salopp formuliert: dem einen sein Klassiker war dem anderen sein Schweinkram. Amiel, der ja, wie wir wissen, auch imstande war, den lateinischen Definitionen in juristischen Wörterbüchern sexuelle Lust abzugewinnen, bereicherte sein körperliches Wissen aus «unsittlichen Büchern» – hilflos, zwanghaft, von Scham verzehrt. «O abscheuliches Menschengeschlecht», rief er in seinem Tagebuch aus, nachdem er darin gebeichtet hatte, daß er nicht aufhören konnte, obszöne Geschichten zu lesen, die – entgegen den Beteuerungen ihrer verlogenen Verfasser – nur einen Greis nicht mehr erregten: «Wie nichtswürdig sind wir, wie gemein muß unsere Art den Engeln erscheinen!»[62] Doch die Literatur, die Amiel zu solch qualvollen Selbstvorwürfen bewog, umfaßte auch die Fabeln La Fontaines und die gesammelten Werke Montesquieus – beide nicht ohne gewagte Momente, aber wohl schwerlich geeignet, der Geilheit Vorschub zu leisten.

William Ewart Gladstone war genauso betrübt über seine Sucht, «unsittliche Bücher» zu lesen, wie Amiel, und mit genauso wenig Grund. Er hielt es für eine Sünde, Petronius zu lesen, «nur des Wissens halber». Und mit der Sünde war es ihm ernst; er glaubte gestehen zu müssen, daß er diese Lektüre «zum Teil nicht nur abstoßend, sondern auch anziehend» fand. Das eine oder andere anstößige Buch las er, nachdem sein fünftes Kind getauft und ein Dankgottesdienst für seine geliebte Catherine abgehalten worden war: An diesem festlichen Tag, so vertraute er seinem Tagebuch an, habe er auf diese schändliche Art seine «Undankbarkeit» gegenüber dem Segen Gottes «bewiesen».[63] In Gladstones Unbewußtem – wie in dem Unbewußten anderer Menschen – wohnten das Heilige und das Profane eng beieinander. Das Instrument der Versuchung freilich, für die er sich buchstäblich selber geißelte, waren im allgemeinen Rabelaissche Texte.

Es war kaum verwunderlich, daß Menschen, die eine solche Art der sexuellen Stimulierung goutierten, keine bessere Urteilsfähigkeit bewiesen. Anfang 1887 schrieb Thomas Cameron Beer einen Brief an seinen Bruder William, der offenbar um die Zusendung einiger pikanter Bücher gebeten hatte. Thomas Beer war damals 27 und verwaltete in verantwortungsbewußter Weise das Eigentum seiner Familie in Ohio. Er antwortete William, er werde ihm den «Devil on two Sticks» senden und, wenn er wolle, auch «Manon Lescaut» aus einem Berliner Verlag. Das sei «eines der vielen Bücher, die hierzulande nicht veröfftl. werden dürfen». Prévosts *Manon Lescaut* weckte in Thomas Beer Jugenderinnerungen: «Weißt Du noch», fragte er seinen Bruder, der sich dieses Buch einst von einem Freund ausgeliehen hatte, «wie es ein *Donnerwetter* von Papa gesetzt hat?» Seine eigene Bibliothek sei im Wachsen begriffen, «mit Sachen wie ‹Rabelais› mit Illustr. von Doré, dem ‹Heptameron› der Königin Margarete von Navarra, dem ‹Dekamerone› Boccacios und dem berühmtem Meisterwerk des Aristoteles – Ratgeber für Hebammen –». Die Liste erscheint uns heute als erstaunlich konventionell, mit Titeln, die man im großen und ganzen erwartet hätte. Doch Thomas Beer tat sich viel zugute auf seine Kühnheit: «Hast Du schon jemals eine so saftige Sammlung gesehen? Mir scheint, ich bin nicht anders als andere Junggesellen.»[64]

Aber eben *weil* Beer nicht anders war als andere bürgerliche Junggesellen seiner Zeit, ist sein Brief so ungemein aufschlußreich. Er ist ein seltenes Zeugnis: Nur wenige von Beers Zeitgenossen haben Anhaltspunkte über das hinterlassen, was sie sexuell erregte. *Gargantua und Pantagruel*, ob mit oder ohne Illustrationen Dorés, das *Dekamerone* und sein bezauberndes Gegenstück aus dem 16. Jahrhundert, das stillere *Heptameron*, waren brauchbares Lesefutter für die Gebildeten, die es nach einer nicht allzu skandalösen sexuellen Kost gelüstete: In diesen Texten wird Derbheit durch zeitliche Distanz gemildert, Sinnlichkeit durch geistreichen Witz. Was immer Comstock und Konsorten denken mochten: dies *waren* Klassiker. Mit ihnen verglichen, war André René LeSages *Le Diable boiteux* – wiederholt nachgedruckt und mehrfach übersetzt – wirklich harmlos, kaum einmal frivol. Dieser einstmals berühmte Roman, der 1725 seine endgültige Form erhielt, verspricht in erotischer Hinsicht mehr, als er hält.[65]

Der einzige Titel in Thomas Beers kleinem Katalog, der entfernt Ähnlichkeit mit Pornographie hat, ist das «berühmte Meisterwerk des Aristoteles» – aber auch nur entfernt. Nur dieses Buch hätte dem Unschuldigen und dem Neugierigen umfassendes körperliches Wissen vermitteln können. Es handelt sich um ein von verschiedenen unbekannten Autoren verfaßtes Kompendium aus dem 17. Jahrhundert, das dem Aristoteles untergeschoben wurde; zwischen informativen, teilweise sogar zuverlässigen Ausführungen über Frigidität, Impotenz, Schwangerschaft und Empfängnisverhütung finden sich elegante Verse über die Freuden der geschlechtlichen Vereinigung. Erstmals in den amerikanischen Kolonien vor der Revolution erschienen, erlebte es Dutzende von Auflagen und fast ebenso viele Bearbeitungen, bevor Thomas Beer es seiner «saftigen Sammlung» einverleiben konnte.

Beers Bibliothek veranschaulicht also die Empfänglichkeit der Leser im 19. Jahrhundert für ziemlich zahmes Zeug – erotische und skatologische Szenen im Gewand des Dramas, des Humors oder des spannenden Abenteuers. Es ist eine altbekannte Tatsache, daß diejenigen, die es nötig haben, in die unschuldigsten Worte und Bilder Gründe zu sexueller Erregung hineinlesen. Die Libido auf der Suche nach Selbstausdruck weiß zu finden – und notfalls zu konstruieren –, was sie haben muß. Die bürgerliche Libido des 19. Jahrhunderts bildete keine Ausnahme von dieser allgemein-menschlichen Neigung.

Mit einem Wort: die Pornographie jener Zeit erzeugte keinen sexuellen Gusto; sie verdichtete, kanalisierte und befreite gestaltlose Wünsche. Zweifellos erleichterte sie in gewissen kritischen Augenblicken des Lebens die Anpassung, indem sie der sexuellen Phantasie zu Hilfe kam; daher der Reiz, den sie für einsame Jugendliche, frustrierte Junggesellen und alternde Roués hatte. Der Reiz war ein doppelter: mit Kennermiene auf pornographische Titel anspielen zu können, tat dem eigenen Ich ebenso gut, wie die tatsächliche Kenntnis pornographischer Texte der erotischen Phantasie gut tat. Immerhin waren viele Leser völlig immun gegen derartige Texte: manche durch Reaktionsbildung, indem ihr heftiges Verlangen sich in heftigen Widerwillen verkehrte, andere durch Unterwerfung unter den kulturellen Druck, der solche obszöne Lektüre verpönte. Wieder andere bedurften der Pornographie nicht: sie hatten die Erziehung ihrer Sexualität hinter sich und konnten ihr sexuelles Bedürfnis auf andere Weise befriedigen.

Berichte darüber, daß Menschen im 19. Jahrhundert durch Bücher zur Unzucht verführt wurden, sind denn auch nicht sehr häufig und zugleich wenig aussagekräftig. Am ausführlichsten belegt dürfte noch der Fall des reichen jungen Engländers Frederick Hankey sein, dem es immerhin gelang, sogar die blasierten Brüder Goncourt zu schockieren, als er sie 1862 in Paris kennenlernte. Hankey war damals um die dreißig, verzehrte sein beträchtliches Einkommen und sammelte Erotica mit dem Blick eines Kenners für Einbände und Illustrationen. Er plauderte von gewissen Häusern in London, in denen die Kunden junge Prostituierte malträtieren konnten, und von den Preisen für einen besonders günstigen Platz, um eine Hinrichtung zu verfolgen, während man mit jungen Mädchen «Sachen anstellte». Den Brüdern Goncourt erschien Hankey als «ein Wahnsinniger, ein Ungeheuer», dessen Gedanken unablässig um Ausschweifungen kreisten und damit die «bösen Instinkte der Menschheit» verrieten. Dieser «beflissene Jünger der *Justine*», so schreiben sie in ihrem ziemlich gefärbten und wenig überzeugenden Porträt Hankeys, predige die Lehre seines Meisters nicht nur, sondern handele auch danach. Er habe mit vierzehn Jahren de Sade gelesen und sei ihm seither verfallen. Doch ob Hankey nun wirklich Dreizehnjährige verstümmelte, indem er sie mit Nadeln durchbohrte, und die Häute junger Afrikanerinnen sammelte, denen man sie bei lebendigem Leibe abgezogen hatte, oder ob er sich solcher Genüsse nur zu brüsten beliebte: fest steht, daß die Lektüre de Sades lediglich den Effekt hatte, seine Hemmungen vor Gedanken und vielleicht Handlungen herabzusetzen, zu denen er bereits neigte, bevor er seinen Meister erwählte.

In der Erziehung zur Erotik spielte also im 19. Jahrhundert die Pornographie nur eine bescheidene, untergeordnete Rolle. Etwas anderes war auch nicht zu erwarten. Pornographie wurde nicht zur Vermittlung sexueller Information, sondern zur sexuellen Erregung geschrieben und verkauft. Ihre ständig wiederholten, schematischen Orgien entbehren jeglicher Lebenswirklichkeit. Die menschliche Sexualität ist ein komplexes, sich nach und nach entwickelndes psychologisches und physiologisches Drama. Schlummernde unbewußte Konflikte gestalten den Weg zur sexuellen Eroberung alles andere als geradlinig und glatt. Selbst die ersten, tastenden Experimente des bürgerlichen Jünglings – seine Initiation durch eine Hausangestellte daheim oder eine Liebesdienerin in der Stadt – stecken im wirklichen Leben voller Ambivalenzen und Rationalisierungen. Derartige Debüts wurden im 19. Jahrhundert zum beliebtesten Versatzstück der Pornographie – freilich in krudester Verzeichnung. Alles, was Pornographie ihren fiebernden Adepten demonstrieren konnte, war, daß Menschen in beliebiger Konstellation und Zahl den Geschlechtsakt in schwindelerregender Variantenfülle vollziehen können.

Dadurch, daß sie ihre Protagonisten auf schiere Sexualmaschinen, auf wandelnde Genitalien reduzierte, wirkte Pornographie prinzipiell als lüsterne Verlockung zu einsamem – oder geteiltem – sexuellem Genuß.

Obwohl durchdrungen von programmatischem Optimismus – Orgasmen in der Pornographie sind immer Augenblicke höchster, unaussprechlicher Wonne –, haben diese Tröster der erotischen Phantasie etwas Trostloses: es fehlt ihnen jeder menschliche Zusammenhang, jede menschliche Empfindung und Differenzierung. Das ist der Grund, weshalb Sänger der Sinnlichkeit wie D.H. Lawrence gegen das Geschäft mit dem Schund größeren Widerwillen hegten als gegen die Hüter von Zucht und Anstand. Zwar sind in pornographischer Literatur die Akteure mit der natürlichsten aller menschlichen Betätigungen befaßt; doch scheinen sie Gefangene eines unersättlichen Hungers zu sein – nicht mehr natürlich und zugleich nicht mehr menschlich. Im erstarrten, gestaltlosen Universum der Pornographie ist ein Bett, ein Schwanz, ein Loch so ziemlich wie jedes andere. Auf ihren Seiten ist jene Trennung der Liebe von der Lust endgültig vollzogen, die Sigmund Freud – nicht als erster – als pathologisch brandmarkte. Die Goncourts, mochten sie in bezug auf das «Ungeheuer» Hankey auch ein wenig leichtgläubig sein, waren scharfsichtig genug, etwas hiervon zu bemerken: Hankey, von ausgesuchter Höflichkeit, mit untadeligen aristokratischen Manieren, wirkte auf sie, als leide er an einer «inneren Beschädigung», die ihm etwas «Unpersönliches», ja Automatenhaftes verlieh.[66]

Es ist daher nicht schwer, dem Lohnschreiber des 19. Jahrhunderts, der für einen Buchhändler der Holywell Street tätig ist, eine Anleitung zum Abfassen pornographischer Literatur zu geben:

1. Eine Frau, auch wenn sie vielleicht durch ihre erste und entscheidende sexuelle Begegnung noch erweckt werden muß, ist mindestens ebenso leidenschaftlich wie der Mann. Es empfiehlt sich, die Geschichte aus dem Blickwinkel der Frau zu schreiben, vorzugsweise in der ersten Person Einzahl, weil dadurch ihre Unersättlichkeit um so erregender auf den Leser wirkt, zumal bei der Fellatio.

2. Ein Penis ist unter allen Umständen riesig und wirkt auf die Frau zugleich bedrohlich und sexuell erregend. Er ist so gewaltig, daß die Frau ihn kaum mit ihrem zarten Händchen umspannen kann. Der Schmerz, den er zumal jungen, unerfahrenen Mädchen bereitet, wirkt selbst schon lustvoll und verwandelt sich bald in reine Wonne, wenn der Mann das formidable Werkzeug bis zum Schaft in ihrem aufnahmebereiten Schoß versenkt.

3. Alle Personen sind unerschöpfliche Sexualathleten. Die Männer stehen wenige Minuten nach der Ejakulation zu einem neuen Gang bereit, und die Frauen brennen nur darauf, erneut in Ekstase zu geraten – nicht unbedingt mit demselben Partner.

4. Der Benutzer von Pornographie ist ein verstohlener Beobachter, der

den sexuellen Taumel anderer entweder passiv auf sich wirken läßt oder aktiv, durch Masturbation, begleitet. Man kann dem Wissensdrang des Lesers dadurch besondere Rechnung tragen, daß man in möglichst vielen Situationen einen Voyeur auftreten läßt, der – als Surrogat und Vorbild des Lesers – im Gebüsch lauert oder durch Schlüssellöcher späht und die solcherart gewonnenen gloriosen Kenntnisse sogleich in sein eigenes Verhalten integriert.

5. Die Entladung des männlichen Samens – ob in den Anus, den Mund oder die Scheide seiner Partnerin – ist stets ein ergiebiger Strom, eine konvulsivisch zuckende Flut, die zur Befriedigung seiner Partnerin unentbehrlich ist. Auch die Frau hat beim Orgasmus eine Entladung, so daß das Paar nach der Ejakulation im klebrigen, tropfenden Beweis seiner gemeinsamen Wonne schwimmt.

6. Eine Frau hat oft sexuelle Träume, in denen es zu einem süßen, tranceartigen Orgasmus kommt; im allgemeinen wird sie dabei von dem Mann ihrer Träume beobachtet. Endlich weckt er sie auf und beweist ihr, daß dic Wirklichkcit noch süßer ist.

7. Nicht jede pornographische Geschichte muß einen Fall von Inzest enthalten. Immerhin kann die Verletzung dieses Menschheitstabus, vorzugsweise durch einen virilen Vater und seine eben erblühende Tochter, zu aparten Paarungen führen, die ihren Eindruck auf den Leser nicht verfehlen werden.

8. Es empfiehlt sich zwar, in jedem Text nur eine einzige sexuelle Geschmacksrichtung zu bedienen; trotzdem ist Abwechslung immer reizvoll. Das Vorspiel, zumal das orale, sollte sich häufig verselbständigen, Paare sollten ihre Aktivitäten auf andere Paare und auf Gruppen erweitern. Orgien sind nie langweilig.

9. Leser mit sadistischen oder masochistischen Vorlieben brauchen Geschichten, in denen Züchtigung, Verstümmelung, Erniedrigung und die Versklavung eines Partners durch den anderen vorkommen. Aber auch konventionelle Geschichten, die sich auf den Geschlechtsverkehr zwischen einem Mann und einer Frau beschränken, können durch etwas Grausamkeit nur gewinnen.

10. Der gesellschaftliche und ökonomische Hintergrund der Liebenden ist im allgemeinen nur insoweit von Interesse, als er von erotischem Reiz ist. Sexuelle Orgien über Klassenschranken hinweg oder die Verletzung des Inzesttabus bedeuten einen kleinen zusätzlichen Kitzel in der Geschichte. Doch dürfen weder die Entwicklung der Charaktere noch die Komplikationen einer Liebesbeziehung noch Rücksichten auf die Wahrscheinlichkeit jenem einzigen Thema im Wege sein, auf das es ankommt: der sexuellen Vereinigung.

Die Pornographen des 19. Jahrhunderts hatten weder die Zeit noch das Talent, ihre Ware mit individuellen Zügen auszustatten. In zahlreichen Texten finden sich eingestreute sexuelle und skatologische Ausdrücke, um den Leser durch die Nachahmung der beim wirklichen Geschlechtsverkehr vorkommenden Ausrufe aufzureizen. Andere erfanden spielerische Variationen. Wieder andere druckten vornehm nur «Sch-z» oder «M-e» – eine spröde Zurückhaltung, die in wohlberechnetem Widerspruch zu den hemmungslosen Orgien stand, bei denen diese Genitalien so glänzende Leistungen lieferten. Wieder andere imitierten die zuerst von John Cleland in *Fanny Hill* geübte freiwillige Zurückhaltung, vermieden die derbe oder eindeutige Redeweise und sprachen von Geschlechtsteilen und sexueller Vereinigung mit Hilfe von Metaphern, Euphemismen und literarischen Umschreibungen. Aber auch diese sprachlichen Spiele mußten auf die Dauer Überdruß erzeugen; selbst die phantasievollsten Pornographen konnten für die männlichen und weiblichen Geschlechtsteile und deren Anwendung nur eine begrenzte Zahl von Bezeichnungen erfinden, die zudem untereinander eine unverkennbare Familienähnlichkeit aufwiesen. Es waren berechenbare Variationen über ein berechenbares Thema. Das männliche Geschlechtsteil war Werkzeug, das weibliche Gefäß. Auch andere stilistische Techniken bargen keine besonderen Überraschungen: Einzelne Texte des 19. Jahrhunderts wollten höher hinaus, indem sie mit «eleganten» Wendungen prunkten und in prätentiöser Weise Epigraphen aus den französischen und englischen Klassikern entlehnten. *Suburban Souls*, ein umfangreiches Elaborat, das 1901 in London erschien und sich peinlich-penibel mit Fellatio befaßt, schmückt seine einzelnen Kapitel mit Versen aus Shakespeare, Musset, Rossetti und anderen Dichtern. Die meisten pornographischen Texte hatten jedoch mit solchem kulturbeflissenen Zierat nichts im Sinn, sondern kamen ohne Umschweife zur Sache.

Die Sache, um die es ging, war in ihren Erscheinungsformen flexibel und doch ewig dieselbe. Die Pornographen des 19. Jahrhunderts bedienten jeden erdenklichen Geschmack: Pädophilie, Fetischismus, Inzest, Sodomie, Homosexualität, sogar den Mord als Klimax des Koitus – auf dieser Stufe endet Mussets *Gamiani*. Ganz wie beflissene Restaurateure ohne eigenen kulinarischen Stil pflegten die Pornographie-Lieferanten ein vielfältiges Angebot, um eine möglichst große Klientel zu befriedigen. Sie wußten, daß ihre treuesten Kunden Spezialisten waren, die nicht müde wurden, ein und dieselbe Szene immer wieder durchzuspielen, und daß verschiedene Spezialisten verschiedene Spezialitäten hatten. Gustave Drozs Briefroman *Un Eté à la campagne*, 1868 in Brüssel erschienen, macht viel von dem «Onkel» her, dem künstlichen Penis, mit dem eine verheiratete Frau sich des Nachts über die Abwesenheit ihres Mannes hinwegtröstet und mit dem zugleich eine junge Lesbierin jenes Mädchen erfreut, in das sie verliebt ist, das jedoch Männer bevorzugt. Solche Virtuosität der pornographischen Erfindung wurde zwar geschätzt, war aber kaum vonnöten. Alles, was zählte, war der Orgasmus – gleichgültig, wie er zustande kam.

Es ist heute nicht mehr möglich, Raum und Zeit der Pornographie im 19. Jahrhundert gleichsam kartographisch zu erfassen: zuviel ist verlorengegangen, zumal von den billigeren Titeln, und die aufwendigen Sammlungen reicher Liebhaber – heute hinter verschlossenen Türen in den großen Bibliotheken der Welt befindlich – sind nicht unbedingt repräsentativ. Es gibt jedoch Anhaltspunkte für nationale Sitte und für einen Wandel der pornographischen Mode. England produzierte und importierte ungeheure Mengen von Flagellationsliteratur. Andererseits war der Mann, nach dem diese Perversion benannt ist, ein Österreicher – Leopold von Sacher-Masoch – und kein Engländer. Die einschlägige Forschung will herausgefunden haben, daß die Gattung Pornographie sich von der Anlehnung an die seriöse Literatur zu völliger stilistischer und formaler Autonomie fortentwickelt habe; doch gibt es Texte von 1900 oder später, die den literarischen Gestus ebenso raffiniert nachahmen wie Bücher, die schon zwei oder drei Generationen früher erschienen sind. Es scheint eine zunehmende Neigung zur Gewalt zu geben, zumal Brutalität gegen Frauen; andererseits ist der eponyme Held des Sadismus schon 1814 gestorben. Die Pornographie, stolz auf ihr eindrucksvolles Repertoire an akrobatischen Kunststücken, ist die monotonste Art von Literatur, die es gibt.

Es kann auch nicht anders sein; denn sie bedient Bedürfnisse, die ausnahmslos regressiv sind. Sie wird von und für Menschen geschrieben, in denen primitive unbewußte Wünsche zeitweilig oder dauerhaft bewußt geworden sind. Die pornographische Regression bedeutet eine dramatische Wiederbelebung archaischer Wünsche, die in der Seele des Erwachsenen noch vorhanden sind, mögen sie auch normalerweise wohl verborgen sein und gut unter Kontrolle gehalten werden. Pornographie umgeht die geduldig errichteten psychologischen Abwehrmechanismen; sie macht das Werk der Sublimierung zunichte. Eine solche Regression kann niemals bloß die unschuldige Rückkehr zu früheren seelischen Funktionsweisen sein; der Erwachsene trägt zeitlebens die Last seiner Jahre. Freud stellte 1905 die Behauptung auf, der Geschlechtstrieb setze sich aus einer Reihe von Partialtrieben zusammen, die sich beim Erwachsenen als Vorlust und zusätzliche erotische Erregung um das Hauptziel seiner psychosexuellen Entwicklung gruppierten: den liebevollen genitalen Verkehr mit einem Partner des anderen Geschlechts. In der Pornographie versagt diese reife Integration der Partialtriebe; statt dessen behauptet sich die infantile Sexualität.

Damit scheint es trügerisch einfach zu sein, die latente Botschaft hinter dem manifesten Gehalt des pornographischen Textes zu erfassen. In vieler Hinsicht liegt diese Botschaft in der Tat klar zutage; viele pornographische Erzählungen lesen sich wie ein Plagiat kindlicher Phantasien. Ein Beispiel hierfür ist das häufige Vorkommen eines Vaters, der – frei von Schuldgefühlen – mit seiner Tochter schläft; ein weiteres Beispiel wäre die Allgegenwart des Voyeurs, der unentwegt auf der Suche nach der «Urszene» ist, indem er Liebespaare bei ihrer Umarmung belauscht; ein drittes die Lust am Schmutz, die nur leicht verschoben ist, indem sie die genitale Entladung an die Stelle der analen Entladung setzt. In *Eveline* spielt eine hübsche junge Frau die Hauptrolle, deren Spezialität die Fellatio ist und die den Geschlechtsverkehr mit Bediensteten, ihrem Bruder und ihrem Vater gleichzeitig liebt. An einer Stelle masturbiert sie den geliebten Papa, zu welchem Zweck sie ihre neuen Glacéhandschuhe anbehält: «Ich packte mein Opfer mit fester Hand. Er entlud sich. Der heiße, dicke Samen lief mir über die Hand. Der Handschuh rutschte in dem dampfenden Überfluß hin und her. Mein Vater bäumte sich auf, den raschen Bewegungen meiner Hand folgend, bis er die letzten Tropfen abgegeben hatte.» Hier spricht ein kleines Kind – im Körper eines Erwachsenen und mit den Möglichkeiten des Erwachsenen.

Nichts beweist solchen Infantilismus schlüssiger als die stereotypen sexuellen Träume, die die Pornographen des 19. Jahrhunderts ihre Heldinnen träumen lassen. Als unverhohlene Wunscherfüllungen sind solche orgastischen Erfüllungen im Schlaf der Inbegriff von Pornographie überhaupt. Kleine Kinder wollen besitzen, beherrschen, für sich allein haben, sich einverleiben, zerstören. Jeder Teil ihres Körpers kann als Schauplatz erotischer Erfüllung dienen; ihre Fähigkeit, zwischen Libido und Aggression zu unterscheiden, ist bestenfalls rudimentär ausgebildet. Berühren und küssen, streicheln, beißen und verschlucken sind in der begrenzten Welt des Kinderzimmers ausnahmslos Liebesakte. Dies hatte Freud im Sinn, wenn er von Kindern sagte, sie seien «polymorph pervers». Die Pornographie bereitet diese Fähigkeit des Kindes für ihren erwachsenen Kunden auf.

Diese polymorphe Perversität – und dies ist ein weiterer Beweis dafür, daß pornographische Schriften die regressiven Phantasien ansprechen – und das völlige Fehlen von Liebe in der Pornographie zeugen für die Koexistenz von Wut und sexuellem Hunger. Die Akte der Gewalt, die «Liebende» in diesen Geschichten begehen – zumeist von Männern gegen

Frauen gerichtet –, zeugen für den infantilen Sadismus, den Pornographie in ihren schlimmsten sexuellen Szenen zu befriedigen sucht. Diese Szenen bieten den Aggressionen des Lesers ebensosehr ein Ventil wie seinen erotischen Bedürfnissen; beides ist ununterscheidbar bei den Vergewaltigungen, Auspeitschungen und ausgeklügelten Folterungen, auf die zahlreiche pornographische Werke spezialisiert waren.

Vielleicht noch wichtiger ist, daß das Kind nicht warten kann und daß Pornographie auch in dieser Hinsicht ein infantiles Muster – vom Psychoanalytiker «Primärvorgangs-Denken» genannt – auf der Bühne des Erwachsenen nachspielt. Die sexuelle Klimax in der Pornographie ist ein Augenblick ungezügelter Impulsivität. Die Protagonisten nehmen sich oft nicht einmal die Zeit, sich auszuziehen, wenn sie ihren sexuellen Durst stillen wollen; sie nehmen sogar das Risiko des Entdecktwerdens auf sich – nicht nur, um den erotischen Kitzel ihrer Vereinigung zu steigern, sondern einfach, weil sie es nicht mehr aushalten. Unentwegt unter sexueller Hochspannung stehend, nutzen sie noch die flüchtigste Gunst der Stunde für einen neuen Gang. «‹Engel›, sagte er, ‹laß uns diesen Augenblick nicht vergeuden.› ‹Du bist wahnsinnig.› ‹Nein, ich liebe dich, laß mir meinen Willen.› ‹Mein Gott, man wird uns entdecken! Ich bin verloren.› ‹Nicht, wenn du dich beeilst. Bück' dich!›» Das ist ein Zitat aus den *Voluptuous Confessions of a French Lady of Fashion*, in Fortsetzungen in *The Boudoir* erschienen, einer englischen pornographischen Zeitschrift, die es auf sechs Nummern brachte; ich hätte zahllose andere Stellen wählen können. Die Liebenden empfinden in diesen Geschichten noch die kürzeste Frist zwischen Begehren und Erfüllung als eine Zeit der Pein und unerhörten Entbehrung. Handlungsaufschub, für andere Menschen Inbegriff der Rationalität und Überlegung und eine Probe auf die Liebe, hat in ihrer geistigen Welt keinen Platz.

Doch muß es mit Pornographie noch mehr auf sich haben; die Bedeutungen, die sie für ihre Leser hat, sind nicht alle so vordergründig. Die unbestreitbare Tatsache, daß das Herstellen und Konsumieren von Pornographie letzten Endes eine Tätigkeit von Erwachsenen ist, gibt uns die Gewähr, daß ihre manifeste und ihre latente Dimension sich nicht völlig decken. Gelegentliche und erstaunliche Anfälle von Vornehmheit – die Abneigung mancher Heldinnen gegen Geschlechtsverkehr während ihrer Periode oder bestimmte erbauliche Romanschlüsse – unterstreichen nur die Notwendigkeit, tiefer zu bohren. Dasselbe gilt für den auffälligen Umstand, daß die sonst so fiebrig erhitzte Phantasie der Pornographen das zentrale Tabu des Sohn-Mutter-Inzestes im allgemeinen nicht antastest.

Das Verlangen des Knaben, die Mutter zu besitzen, wird zwar durch seine Wut auf sie und durch seine Liebe zum Vater kompliziert, ist aber dennoch, wenngleich in rudimentärer Form, der am meisten verdrängte seiner jugendlichen Wünsche. Die Verdrängung ist so gründlich, daß sie nur selten einmal unverhüllt an die Oberfläche dringt – selbst nicht in der Pornographie, der schamlosesten aller Literaturgattungen. Wenn der Pornograph im 19. Jahrhundert seine Paarungen um Mutter-Sohn-Kombinationen bereichert, dann ist es fast mit Sicherheit die Mutter, die den Sohn verführt – eine nackte Wunschvorstellung, die in männlichen Lesern die Schuldgefühle beschwichtigen soll, sie gehabt zu haben. Häufiger aber verkleidet der Pornograph das ödipale Verlangen; in allen obszönen Gedichten, Witzen, Anekdoten und Kurzromanen in *The Boudoir* rettet sich dieser Inzest in Ausflüchte: Einer der jungen Liebhaber tut «es» mit seiner lüsternen, erfahrenen, reifen Hauswirtin; ein anderer findet eine leicht entflammbare Haushälterin von vierzig Jahren, die sich jedoch für dreiunddreißig ausgibt; wieder ein anderer wird von einer hilfsbereiten französischen Witwe von dreißig Jahren in die erfreulichen Geheimnisse der Liebe eingeweiht. Oder es ist der Vater-Tochter-Inzest, der als bequeme Umkehrung jenes anderen, fast unaussprechlichen Verlangens herhalten muß.

Die außerordentliche Zurückhaltung gegenüber dem Sohn-Mutter-Inzest bestätigt die mit einigen bemerkenswerten Ausnahmen gültige Binsenweisheit, daß Pornographie von Männern für Männer geschrieben wurde. Zweifellos ist es in der Pornographie der Mann, der die Szene beherrscht. Seine Angst vor dem Versagen wird durch das unablässige Vollbringen übermenschlicher Erfolge eingeschläfert. Sein riesiger Penis, von unvergleichlicher Länge, Dicke und Härte und in fabelhaften Kraftakten seine Potenz erweisend, ist das Sinnbild männlicher Meisterschaft – Beweis und Waffe in einem. Die Sinnlichkeit der Frau ist zwar gierig und unersättlich, doch werden Frauen weit öfter als Männer zum Objekt der Erniedrigung gemacht. Frauen in der Pornographie repräsentieren in extremster Form die verachtete Hälfte jenes gespaltenen Bildes, das der Mann von der ersten und in mancherlei Hinsicht noch immer wichtigsten Frau in seinem Leben in sich trägt – seiner Mutter. Der kleine Junge hat es noch nicht geschafft, die verschiedenen Bilder jenes geliebten Wesens zu integrieren, das ihn erhält und zugleich frustriert: die Mutter, die er am Nachmittag umbringen möchte, möchte er am Abend heiraten. Und sein Zorn bei der Entdeckung, daß seine unvergleichliche Mutter *das* mit einem Manne treibt, wird zwar rasch verdrängt, bleibt aber stets als Hintergrund der Enttäuschung gegenwärtig: wenn sie kein Engel ist, muß sie eine Hure sein.

Es gibt Erwachsene, denen es glücklicherweise gelingt, die verschiedenen Bilder ihrer Mutter zu einem realistischen Ganzen zu verschmelzen: weder Engel noch Hure, sondern ein komplexes, unvollkommenes und dennoch liebenswertes Wesen. Doch der gewohnheitsmäßige Leser von Pornographie, ob er nun seine Mutter bewußt verehrt oder sie verabscheut, gehört zu jenen, die die brutale infantile Spaltung der Mutter in die reinste und die verworfenste aller Frauen niemals verwunden haben. Er wird nicht nur von ungelösten ödipalen Konflikten, sondern auch von früheren, archaischen, prä-ödipalen Konflikten geplagt. Und er muß sich das Bild der gemeinsten, erniedrigtsten Frau heraufbeschwören, um sexuelle Lust zu erleben und den sexuellen Vollzug zu genießen. «Das Hauptschutzmittel» gegen Impotenz, dessen sich solche Krüppel bedienen, besteht, wie Sigmund Freud 1912 bemerkte, «in der psychischen *Erniedrigung* des Sexualobjektes». «Sowie die Bedingung der Erniedrigung erfüllt ist, kann sich die Sinnlichkeit frei äußern, bedeutende sexuelle Leistungen und hohe Lust entwickeln.» Und, wie Freud bemerkenswerterweise hinzufügt, solche Männer «haben auch meist ein wenig verfeinertes Liebesleben; perverse Sexualziele sind bei ihnen erhalten geblieben».[67] Diese Beschreibung, obgleich nicht ausdrücklich auf den Leser von Schmutz gemünzt, paßt perfekt auf den Pornographiesüchtigen, mag er sich nun durch Masturbation oder bei Prostituierten erleichtern. Wo er liebt – um auf Freuds berühmte Formel zurückzugreifen –, kann er nicht begehren, und wo er begehrt, kann er nicht lieben.

Doch ist er deswegen nicht weniger ein Mensch; im Gegenteil. Pornographie zollt, auf ihre perverse Weise, der Zeitlosigkeit und wesentlichen Simplizität der menschlichen Natur Tribut. Alle Menschen nähren in ihrer Brust jene Phantasien, die die Pornographie in schonungsloser Erfindung ausmalt. *The Lascivious Hypocrite, Venus im Pelz* und Tausende ähnlicher Erzeugnisse gleichen Sonden, die in das menschliche Unbewußte gesenkt werden. Und wenn nicht alles täuscht, war die Phantasie derjenigen, die das Übel der Pornographie am besessensten bekämpften, ein verzerrtes, nur wenig sublimiertes Spiegelbild eben jener Fiktionen, die sie auszurotten wünschten. Die Kreuzzügler selbst – nur selten mit dem Fluch der Selbsterkenntnis geschlagen – bestritten natürlich entrüstet derartige Unterstellungen, sobald man ihre Aufmerksamkeit auf diese Affinitäten lenkte.

Und man lenkte ihre Aufmerksamkeit darauf. Die unterschwelligen pornographischen Obsessionen der Antipornographen waren keine Entdeckung der Psychoanalyse. Der Bostoner Moralist Godfrey Lowell Cabot, ein eifriges Mitglied der «Watch and Ward Society» und Verfasser brünstig-obszöner Briefe an seine Frau, erntete zu Lebzeiten manch spöttischen Kommentar ob seiner Sexbesessenheit. Die dankbarste Zielscheibe für boshafte Sticheleien war aber zweifellos Anthony Comstock; sowohl humoristische Zeitschriften als auch die wortgewandtesten unter seinen Opfern verhöhnten ihn von Anfang an als kranken Mann mit schmutziger Phantasie, der es liebte, sich im Dreck zu wälzen. Seine Sprache fordert solch rachsüchtiges Psychologisieren förmlich heraus: Comstock sah sich selber als «Beseitiger von Abfall und Unrat» der Gesellschaft. Noch 1915, in seinem letzten Lebensjahr, schrieb er, seine Lieblingsmetapher benutzend: «Wenn man die Tür nur einen Spalt öffnet, wird der ganze Kot hereinkommen, und die Verderbnis der Jugend wird die Folge sein.»[68] Mit solchem stinkenden, widerwärtigen Zeug hatte Comstock mehr als vierzig Jahre zum höheren Wohl der Allgemeinheit gelebt und dadurch zu jedermanns Genugtuung (mit Ausnahme seiner eigenen) bewiesen, daß der Pornograph und sein Verfolger dieselbe geistige Welt bewohnten und mit denselben primitiven sexuellen Problemen rangen.

Als Sigmund Freud um die Wende des Jahrhunderts solchen gehässigen Analysen ihre wissenschaftliche Fundierung und neutrale Terminologie schuf, waren sie bereits Gemeingut jener Bürger geworden, die der Zensorenmentalität überdrüssig waren. Sydney Smith, ein Geistlicher von unvergleichlich geistreichem Witz, hatte schon bemerkt: «Menschen, deren Geschäft es ist, Ratten zu fangen, lieben den Rattenfang; der Wanzenjäger packt die Wanze mit Wonne; dem Tugendbold bereitet es Genugtuung, das Laster aufzustöbern.» Die *Saturday Review* vertrat von Anfang an denselben Standpunkt. 1858 erteilte sie der englischen Presse eine strenge Rüge für ihre bis ins kleinste gehende Berichterstattung von höchst widerwärtigen Mordprozessen: «Vieles von dem, was sich mit seiner süperben Sittlichkeit brüstet, ist von untergründiger (wahrscheinlich unbewußter) Unanständigkeit.» Der englische Romancier Charles Reade, ein unbequemer und streitsüchtiger Mann und unermüdlicher Leserbriefschreiber, fand 1864 für die Partei der «Reinheit» in diesem unerwarteten Bündnis von Moralisten und Pornographen die Bezeichnung «die lüsternen Prüden». Der – oder die – lüsterne Prüde ist nach Reades Charakterisierung «ein schamloser Heuchler, der über alles, was an einem Buch hold und rein und unschuldig ist, mit echtem Mißbehagen hinwegliest und sich gierig auf alles stürzt, was ein schmutziger Geist nur immer mißdeuten oder zu einer Unanständigkeit aufbauschen kann.» Dann «wird der Absicht des Autors willkürlich etwas unterschoben und so jene Frivolität herausgefiltert, die dem eigenen, wahren Geschmack entspricht: dem Geschmack am Frivolen.» Und dies alles, um den Autor anzuschwärzen und ihn «unrein» schelten zu können. «Und so», sagt Reade abschließend, indem er die fast unvermeidliche Ausscheidungsmetapher für seine eigenen Zwecke verwendet, «und so ist der arme Autor unrein. Aber warum? Weil ein menschlicher Dreckklumpen auf ihm gesessen und ihn entstellt hat.»[69] Das Bild von den Comstocks und Campbells, die auf den Köpfen der Autoren sitzen und ihren Kot auf sie entladen, ist schlagend, originell und noch treffender, als Reade geahnt haben kann.

Im Unbewußten berühren die Extreme einander. Die Puristen und Reinheitsfanatiker des 19. Jahrhunderts waren keineswegs – auch wenn sie dergleichen behaupten – befugt, für die bürgerliche Meinung ihrer Zeit zu sprechen. Genau wie die Pornographen, wenngleich natürlich mit ganz anderen Verzerrungen, zeichneten sie eine Karikatur von der herrschenden bürgerlichen Sorge zur Meisterung der Leidenschaft und die Scheidung zwischen reinen und schmutzigen Gedanken; die Grenze, welche die Zensoren und ihre Einpeitscher dem zulässigen Ausdruck zogen, war viel zu eng, die Ekelschwelle hinsichtlich des öffentlichen Sprechens über natürliche Vorgänge viel zu niedrig, als daß sie für die Kultur der Mittelschicht wirklich repräsentativ gewesen wäre.

Gewiß, die wortgewaltigen Manifeste für literarische und künstlerische Freiheit und gegen Polizeiwillkür, verfaßt von Algernon Swinburne und George Moore in England, Édmond de Goncourt und Émile Zola in Frankreich sowie einer kleinen Schar empörter Autoren in Deutschland, waren nicht völlig uneigennützig. Viele dieser Schriftsteller hatten mit den Behörden oder den Leihbüchereien ein Hühnchen zu rupfen. Aber der von ihnen selbstbewußt vertretene Standpunkt, für wesentliche Teile des gebildeten Bürgertums zu sprechen, war kein bloßes Plädoyer in eigener Sache.

Das bürgerliche Jahrhundert bietet also eine Vielfalt von Einstellungen zu der Frage der sexuellen Aufklärung durch erzählende Literatur, anständige oder unanständige. Viele nachdenkliche Menschen versuchten vergeblich, ihre liberalen Überzeugungen mit ihrer moralischen Empörung in Einklang zu bringen; immer aufs neue definierten sie die Grenze zwischen Literatur, die ihnen anstößig erschien, und Literatur, die nach ihrer Ansicht verboten werden sollte. Es war, wie mir scheint, eine höchst bezeichnende bürgerliche Perspektive, ein unsicherer, keineswegs konsequenter Liberalismus – eher dazu angetan, auf Ereignisse wie einen Skandalroman oder eine unsinnige Strafverfolgung zu reagieren, als Ereignisse zu gestalten. Die Liberalen schwankten, zögerten und widersprachen sich selbst. Doch gab es, zumal seit etwa 1850, zu viele plumpe Versuche, die Literatur zu infantilisieren – George Moores prachtvolle Philippika von 1885 trägt den Titel *Literature at Nurse* –, als daß der liberale Geist nicht hellwach und hellhörig geblieben wäre. Doch auf welcher Seite sie auch standen: Zensoren und Liberale befanden sich als Leser gleichermaßen im Konflikt.

4. Die Doktrin der Distanz

Das Lesen von Büchern über Sexualität bescherte dem Bürger des 19. Jahrhunderts mehr Konflikte als Informationen; dagegen erwies sich das Betrachten von Akten – gemalten wie gemeißelten, mitunter männlichen, zumeist jedoch weiblichen – als eine rundherum erfreuliche Methode, seine Kenntnis des menschlichen Körpers zu erweitern. Über diese besondere Rolle der Kunst für die Bildung der Jugend wurden denn auch zahllose Witze gemacht.[70] Allenthalben stieß man im 19. Jahrhundert auf Darstellungen des nackten menschlichen Körpers: sie schmückten Parkanlagen und Brunnen; in Kunstausstellungen und an öffentlichen Gebäuden waren sie unübersehbar präsent. Sie standen in Nischen, füllten Wandflächen, zierten Decken. Sie waren Darstellung, Allegorie, Verherrlichung, Symbol für alles und jedes – auf dem Rücken liegend, das schlaffe Geschlechtsteil den Blicken deutlich dargeboten: der tote Abel; neckisch und kurvenreich: die Elektrizität; üppig, jugendlich, mit nichts bekleidet als verführerischen langen Strümpfen: das Fahrrad.

In den 1880er Jahren schuf Per Hasselberg, der führende, für seine sinnlichen Akte bekannte schwedische Bildhauer, eine Serie von sinnbildlichen Skulpturen, die in Form von jeweils zwei ausdrucksvoll hingelagerten nackten Gestalten eine Errungenschaft der modernen Technik verherrlichten: das Dynamit, die Photographie, die Lokomotive, das Telephon. Und 1903, drei Jahre nach dem Tode Eça de Queiros', verewigte der portugiesische Bildhauer Teixeira Lopes seinen berühmten Landsmann, einen phantasievollen Realisten, mit einer mannshohen Gruppe, die so sinnlich war wie nur irgendeines der Werke Queiros': Der Romancier, mit ebenmäßigen Zügen, reif und etwas dandyhaft wirkend, blickt aufmerksam auf eine junge Frau, die, verführerisch nackt, verehrungsvoll zu ihm aufsieht und halb vertrauens-, halb hingebungsvoll die Arme nach ihm ausstreckt. So ist es nicht erstaunlich, daß manche empfängliche Betrachter derlei modellierte Schönheit erregender fanden als die Wirklichkeit. «Sie erzählen mir, daß Sie keine Frau haben», schrieb der junge Gustave Flaubert 1841 an seinen vertrauten Freund Ernest Chevalier. «Das ist weiß Gott sehr vernünftig, wenn man bedenkt, daß diese Spezies in meinen Augen ziemlich dumm ist. Das Weib ist ein vulgäres Tier, das der Mann zu sehr idealisiert hat. Der Geschmack für die Bildhauerkunst macht uns zu Masturbanten; die Wirklichkeit erscheint uns zu gemein.»[71] Der Geschmack *bei* Akten wandelt sich; der Geschmack *an* Akten blieb unverändert.

Pierre Paul Prud'hons Deckengemälde *Das Studium leitet den Aufstieg des Genius* ist ein prächtiges, repräsentatives Beispiel für dieses Genre. Das Bild entstand 1801, als Napoleon Bonaparte Erster Konsul war, für jenen Saal des Louvre, der damals die Laokoon-Gruppe beherbergte; was seine Beliebtheit betrifft, überlebte das Gemälde Napoleon, und übrigens auch Prud'hon, um Jahrzehnte. Prud'hons zart-sinnliche Allegorien waren ganz nach dem Geschmack Napoleons, der den Meister mit Aufträgen und Ehrungen überhäufte. Aber auch das Publikum der Mittelschicht fand Gefallen an diesem Bild, und zwar bis weit in die Dritte Republik hinein. Die Brüder Goncourt, nicht unbedingt typische Bürger, wählerisch und kritisch, wurden aus Prud'hon nicht recht klug: «Manchmal ist er ein großer Poet, der einzige Poet des Empire – dann wieder fragen wir uns, ob er uns nicht zum Narren hält und nichts weiter ist als der Maler von süßlichen Werbekartons für irgendwelche Parfümerien.» Diese Bemerkung trifft recht genau die Zwiespältigkeit der Prud'honschen Erotik; indes waren die durchschnittlichen Kunstkonsumenten frei von solchen Bedenken. Das Gemälde wurde im ganzen 19. Jahrhundert immer wieder kopiert und viel gerühmt. Viele Jahrzehnte später sprach Pierre Gauthiez, einer der Biographen Prud'hons, von diesem «so oft und dennoch niemals genug reproduzierten, niemals genug zu bewundernden Werk»; ein anderer Biograph, Charles Clément, nannte es «dieses bewunderungswürdige Werk, eines der besten Prud'hons.» «Diese beiden Kinder sind vollkommen.»[72] Sie sind auch – von vorne – vollkommen nackt.

Darstellungen des nackten Körpers aus dem 19. Jahrhundert wirken für den Geschmack des 20. oft theatralisch oder verschämt und im allgemeinen irgendwie lächerlich. Nur wenige zeigen die Genitalien samt der Schambehaarung; es ist, als betrachte man Kinder, die zu groß und zu massig für ihr Alter sind. Manche dieser Akte präsentieren sich denn auch ganz ohne Genitalien. Doch dürfte die Vermutung nicht allzu weit hergeholt sein, daß derlei vornehme Verzerrungen auf die Phantasie der Beschauer anregend wirkten. Die physische Information, die der Akt vermittelt, liegt auf der Hand und ist in einem gewissen Sinne zeitlos; mögen die Form der Brüste, die Geschlechtsteile, die Haltung des Körpers von Fall zu Fall verschieden sein: es vermittelt doch jeder einzelne Akt ein Stück körperlichen Wissens. Die Gefühle freilich, die der Akt im Beschauer auslöst, sind je nach persönlichem und kulturellem Hintergrund verschieden; was den einen Beschauer an ästhetischer Betrachtung – oder zu spöttischem Gelächter – einlädt, mag ein anderer als erotische Aufforderung erleben. Nicht wenige ehrbare Bürger des 19. Jahrhunderts scheinen vom Blick auf eine schlanke Fessel entflammt worden zu sein, auch Extravaganzen wie die berühmte *Amazone* des Professors Kiss aus Berlin, von welcher eine Kopie die Weltausstellung von 1851 zierte, boten ihren Phantasien Nahrung. Diese bildlichen Darstellungen sind kaum geeignet, die erotische Sensibilität des 20. Jahrhunderts zu erregen, und man muß schon seine historische Einbildungskraft bemühen, um sich vorstellen zu können, wie Menschen vor hundert Jahren reagiert haben mögen.

Die Rezeption der kühlen, einst bewunderten Werke Canovas zeugt für die Bandbreite der möglichen ästhetischen und sinnlichen Reaktionen. Die meisten modernen Betrachter können mit Canova nichts anfangen, weil er es meisterhaft versteht, seinen Akten jegliche erotische Ausstrahlung zu nehmen. Kenneth Clark faßt das Urteil der Fachleute zusammen, wenn er Canova einen «brillanten Porträtisten und Meister des zeitgenössischen Schicks» nennt und ihm vorwirft, mit seinem «manierierten Klassizismus» Wegbereiter der verlogenen Aktbildhauerei des 19. Jahrhunderts gewesen zu sein. Canova selbst soll denn auch gesagt haben: «Der Akt, wenn er rein und von erlesener Schönheit durchdrungen ist, entführt uns den sterblichen Leidenschaften» und «erhebt unsere Seele zur Betrachtung der göttlichen Dinge». Und Charles Dickens wiederholte – zweifellos unbewußt – das geschmäcklerisch-asexuelle Adjektiv «erlesen», als er Canovas Plastiken würdigte; er rühmte an ihnen die «erlesene Anmut und Schönheit». Auf der anderen Seite gibt es die Aussagen Heinrich Heines und Gustave Flauberts: beide hielten die Arbeiten Canovas geradezu für die Inkarnation der Erotik. Heine, der Lyriker, entdeckte eine lebendige Liebe in Canovas *Venus*. Flauberts Verehrung ging noch weiter. In der Villa Carlotta studierte er oft, blind für den Rest der Galerie, Canovas *Cupido und Psyche*; über seinen letzten Besuch berichtet er: «Ich küßte die Achselhöhle jener schmachtenden Frau, die dem Liebesgott ihre langen, marmornen Arme entgegenstreckt.»[73] Heine und Flaubert waren Experten der Sinnlichkeit – jedenfalls schrieben sie so, als ob sie es wären; und vielleicht entdeckten sie unter Canovas kalten Oberflächen jene Wärme, die dem Stumpfsinn der anderen entging; vielleicht projizierten sie auch nur ihre eigenen sinnlichen Bedürfnisse auf die glatten, gebändigten Werke des Meisters. Doch wie es auch um ihre wahren Gefühle gestanden haben mag: es wäre unhistorisch, auf die Kunst der Vergangenheit das Schema unserer eigenen sexuellen Erregbarkeit anzuwenden. Soviel steht fest: Die menschliche Gestalt war im Zeitalter der Wohlanständigkeit überall und jederzeit den Blicken bequem zugänglich.

Über bestimmte Künstler des 19. Jahrhunderts ist in dieser Hinsicht keine Diskussion möglich; sie gaben ihren Akten die fleischliche Vitalität von fülligen Rubens-Frauen mit. Delacroix und Courbet, Manet und Renoir feiern den weiblichen Körper mit solcher Inbrunst, daß niemand ihre Gemälde für akademische Pflichtübungen halten kann. Es sind technisch gekonnte Dokumente des Begehrens. Und Degas, dem es darauf ankam, das Leben nicht zu feiern, sondern so darzustellen, wie er es sah, schuf Dutzende von Monotypien mit vollschlanken Prostituierten – nackt auf einem schmierigen Sessel gerekelt, unattraktiv, mit offenen Schenkeln das buschige Schamhaar entblößend. Aber diese Maler waren natürlich keine Bürger; sie waren Rebellen oder wurden doch als Rebellen behandelt. Und ob sie es darauf anlegten, den feinen Geschmack zu beleidigen, oder nicht: Der feine Geschmack ließ es sich nicht nehmen, von solcher Darstellung zeitgenössischer Körper beleidigt zu sein. Die Akte eines Courbet oder Manet halten Augenblicke ungetrübter sinnlicher Lust fest, aber man kann sie, mit ihrer impliziten Kritik an der akademischen Konventionalität und Zimperlichkeit, auch als Botschaften des Protestes lesen. Daher entkräften sie nicht das herrschende Vorurteil des 20. Jahrhunderts, die ehrbaren Bürger des 19. Jahrhunderts seien prüde und heuchlerisch gewesen.

Viel problematischer sind hingegen die Akte, die Ingres zeichnete und malte. Sie lassen es fraglich erscheinen, ob das Bürgertum zu Recht in dem Ruf des konsequenten Verleugnens steht. Ingres, der makelloseste Akademiker, überhäuft mit allen Ehrungen, die mehrere französische Regierungen zu vergeben hatten, befaßte sich vom Beginn seiner langen, triumphalen Karriere bis zuletzt mit Vorliebe mit dem Körper. Ingres war kein photographischer Realist; ein pedantischer Anatom könnte manches bemängeln, etwa die Art, wie er die Wirbelsäule eines Modells in die Länge zieht, um die geschwungene Linie ihres Rückens einzufangen, oder auch die Art, wie er – Picasso um hundert Jahre vorwegnehmend – seine Akte aus mehreren Blickwinkeln gleichzeitig gibt: Er verschiebt vorsichtig Rücken, Brüste und Bauch, wie wenn er um sein Modell herumginge, um ihre reizvoll gewölbte Topographie vollständig einzufangen. Ingres war ein gründlich ausgebildeter Klassizist, fest verwurzelt in der Literatur und den Traditionen der Malerei; wohl war die Natur, wie er des öfteren betonte, die Quelle seiner Inspiration, doch unterwarf er die Realität den Forderungen seiner Kunst. Anders als seine bewundernden Jünger, predigte Ingres die Wahlfreiheit des Künstlers und den Vorrang architektonischer Überlegungen gegenüber bloßer Imitation. *La Source*, im Baedeker für Paris als das «vielleicht vollkommenste Beispiel für die Behandlung des menschlichen Körpers in der modernen Malerei» gepriesen,[74] war ein vom Meister mehrfach überarbeiteter, immer wieder zurückgestellter Akt, den er um 1820 begann und erst fünfundreißig Jahre später vollendete. Eines seiner frühesten Gemälde – um 1800 entstanden, als er noch Schüler bei David war – ist ein männlicher Torso, der den leicht gedrehten Rumpf ungehindert dem Blick darbietet; das große Format bot Raum für das sorgfältig gemalte Dreieck der Schambehaarung – eine rechte Rarität in der Kunst des 19. Jahrhunderts. Es wäre naiv, anzunehmen, daß Ingres sich zum Torso entschloß, um nicht das Zeugungsorgan zeigen zu müssen; eher dürfte es der Atmosphäre des Bildes entsprechen, daß er diese Entscheidung traf, um der Phantasie einen Reiz zu bieten.

Ingres' spätere Darstellungen des menschlichen Körpers sind ohne Frage bewußt freizügig. Auf dem klassizistischen Gemälde *Die Boten des Agamemnon im Zelt des Achilles*, mit dem er den Prix de Rome gewann, zeigt er dem Besucher die frontale Blöße des Patroklos – etwas, was er bei dem Torso noch vermieden hatte. Ebenso freimütig, aber noch häufiger, liebkoste Ingres die Konturen, suggerierte das sanfte Fleisch der weiblichen Figur und lud den Betrachter ein, seinen Blick über den Körper des Modells schweifen zu lassen und, durch die Augen, seine verschwenderischen Wonnen zu kosten. *Das türkische Bad*, das er, wie er stolz vermerkt, mit 82 Jahren malte, ist ein Zeugnis nicht des Begehrens, sondern der Erinnerung an das Begehren; dennoch ist dieses Bild eine überzeugende Anthologie der Erotik und ihrer Erfüllung durch sämtliche Sinne. Schon die Wahl des Formats – es handelt sich um ein Rundbild – verrät und verdichtet die sinnliche Botschaft. Dieses sein berühmtestes Bild faßt seine ganze Kunst zusammen: die charakteristische Verschmelzung des Sinnlichen mit dem Idealen. «Vielleicht konnte es allein M. Ingres, dem *petit éléphant bourgeois*, gelingen, die öffentliche Meinung für eine so offene Evokation der Erotik einzunehmen, noch dazu zu einem Zeitpunkt, da die Prüderie des 19. Jahrhunderts ihre höchste Stufe erreicht hatte.»[75] Diese Bemerkung von Kenneth Clark ist interessant; noch interessanter ist freilich ihre Umkehrung: Es sagt einiges über die bürgerliche Geisteshaltung aus, daß ein so ehrbares Glied der Gesellschaft wie Ingres eine so sinnliche Kunst zu gestalten vermochte.

Es gab viele Menschen im 19. Jahrhundert, und nicht allein verkniffene Evangelikale oder beschränkte Philister, die diese von keinen Gewissensbissen getrübte Darstellung körperlicher Schönheit als etwas typisch Französisches (also Unmoralisches) anschwärzten. Aber auch hochmoralische Maler – belgische, amerikanische, deutsche, sogar schweizerische – gaben auf ihren Bildern jedem, der Augen hatte, körperliche Information zu sehen. Turner war eine Ausnahme – nicht, weil er der Öffentlichkeit

29. Hablot K. Browne («Phiz»), *Changes at Home*, 1850. Illustration zu Dikkens' *David Copperfield*, Kap. 8. Die Frau auf dem Bild an der Wand mit ihrer voluminösen Büste unterstreicht nur die «Busenfreiheit» dieses viktorianischsten aller Romane.

30. Carl Jutz, *Memento mori, Daheim* 1884. Echte Grausamkeit im Gewand pseudoklassischer Bildung.

31. James Ward, *The Day's Sport,* 1826. Szenen wie diese blieben den Augen der Kinder im 19. Jahrhundert nicht verborgen.

32. V. Morland, *Au Salon de Peinture, Petit Journal pour Rire,* 1882. Der kleine Junge fragt seine Eltern: «Wer hat denn diese hübsche Dame gemalt, die gar kein Hemd anhat?!»
33. Antonin-Jean-Paul Carlès, *Der Tod des Abel,* 1887.

32

33

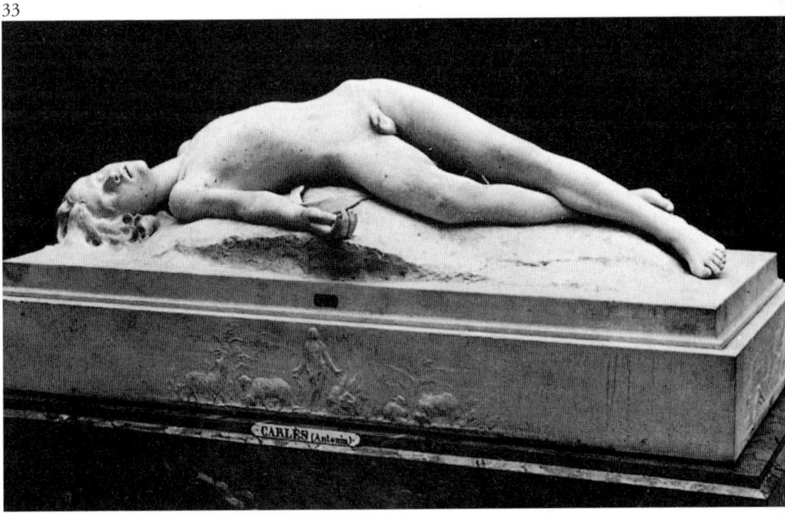

34

35

34. Ernest Barrias, *Elektrizität,* 1889. Gutes Beispiel für den modernen, symbolischen Akt.

35. Félix Charpentier, *Das Fahrrad,* ca. 1895–1900.

36. Per Hasselberg, *Magnetismus,* ca. 1884.

37. Carl Larsson, *Inneres der Galerie Fürstenberg,* 1885. Ein ganzer Wald von Aktdarstellungen. Die Statue Hasselbergs *(Der Schneefall)* beherrschend in der Mitte; Raphaël Collins *Sommer* (1884) im Hintergrund. Den amüsanten Gegensatz dazu bildet Ernst Josephson, der Göthilda Fürstenberg porträtiert: stocksteif dasitzend und konservativ gekleidet. Ihr Mann, Pontus Fürstenberg, ist – zeitunglesend – im Vordergrund sichtbar.

38

38. Antonio Teixeira Lopes, *Eça de Queiros,* 1903, Lissabon. Das Denkmal wurde drei Jahre nach dem Tode des hervorragenden portugiesischen Romanciers vollendet. Die Inschrift greift das Motto von Queiros' Roman *A Relíquia* auf: «Über der kraftvollen Nacktheit der Wahrheit der durchsichtige Schleier der Phantasie».

39. William Etty, *Andromeda,* ca. 1840.

40. Alexandre Chaponnier, nach Pierre-Paul Prud'hon, *Das Studium leitet den Aufstieg des Genius,* 1806 oder früher. Nach einem 1801 entstandenen Deckengemälde für den Louvre. Präpubertäre Erotik.

39

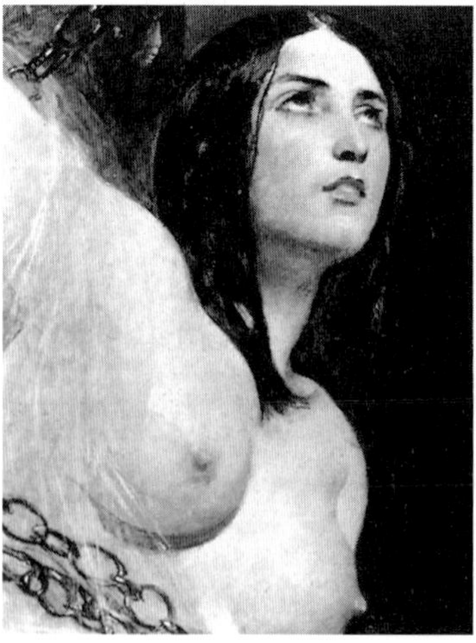

40

41. August Kiss, *Amazone*. Lebensgroße Zinkkopie des in Berlin befindlichen Bronzeoriginals von 1841.

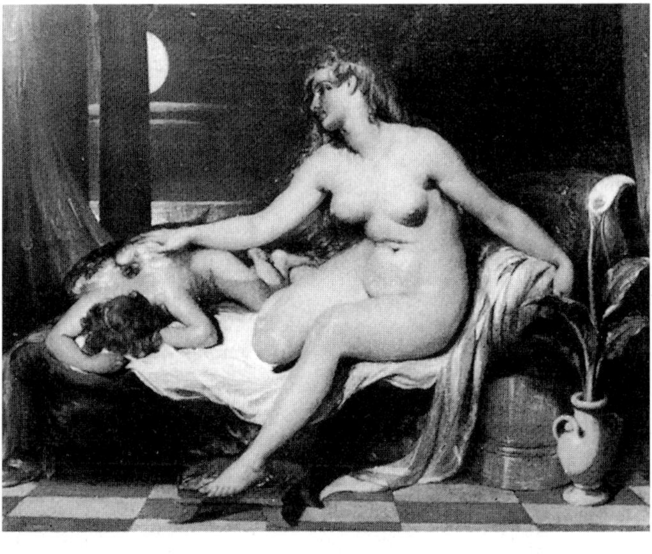

42. William Etty, *Venus Now Wakes and Wakens Love* [Venus erwacht und weckt die Liebe], 1828. Typisch für Ettys einseitige Vorliebe für die vollbusige weibliche Figur.

43. Jean Auguste Dominique Ingres, *Die Botschafter des Agamemnon im Zelt des Achilles,* 1801. Ein Beispiel von vielen aus dem 19. Jahrhundert für frontal gezeigte männliche Nacktheit.

44. William Etty, *Pandora,* 1824.

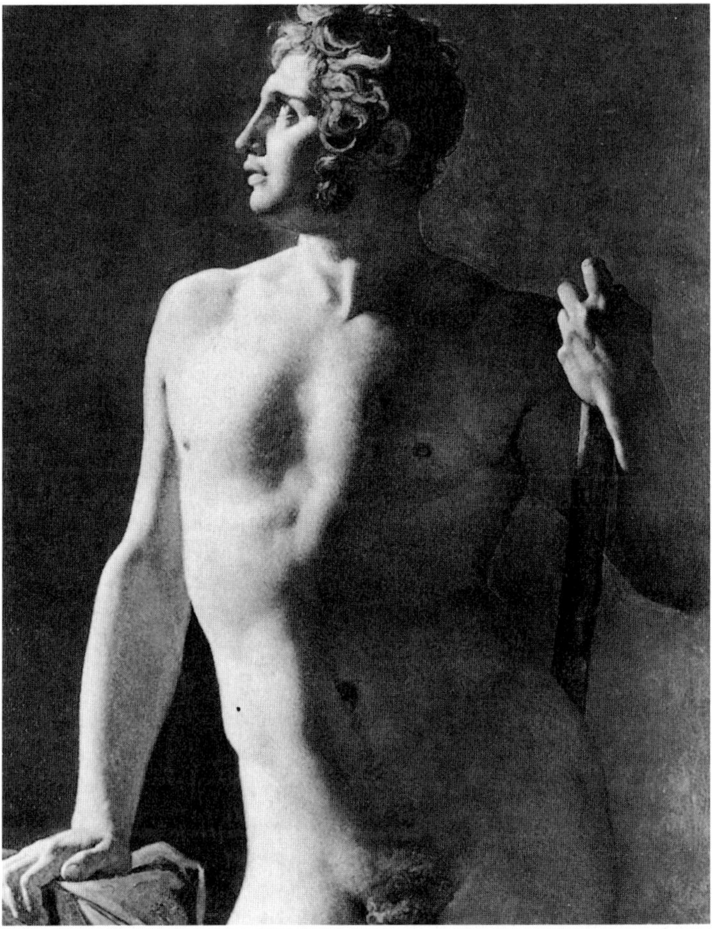

45. Jean Auguste Dominique Ingres, *Männlicher Torso,* ca. 1800.
Beispiel eines männlichen Aktes, freizügig, aber quälend unvollständig.

46

47

46.–49. Edward Burne-Jones, *Pygmalion and the Image*, 1868–1879. Schmachtend und knochenlos, wiederholen diese modernen Figuren das zeitlose Ritual des Mannes, der das von ihm selber geschaffene Weib anbetet.

48

49

50. Jean Léon Gérôme, *Pygmalion und Galatea,* ca. 1881. Die Faszination des erotischen Körpers versteckt sich hinter der mythologischen Anekdote.

51. Honoré Daumier, *Pygmalion,* 1842. *Diese* Galatea bittet ihren Schöpfer um eine Prise Schnupftabak.

52. Jean-Baptiste (genannt Auguste) Clésinger, *Frau, von einer Schlange gebissen,* nach 1847. Bronzenachbildung (ohne Schlange) der skandalumwitterten Marmorplastik, die auf dem Salon von 1847 für beträchtliches Aufsehen sorgte.

53. Alexandre Cabanel, *Ein Satyr entführt eine Nymphe,* 1860. Auf dem Salon von 1861 ausgestellt, wurde das Bild sofort von Kaiser Napoleon III. erworben, der für solche Kunst eine Schwäche hatte.

54

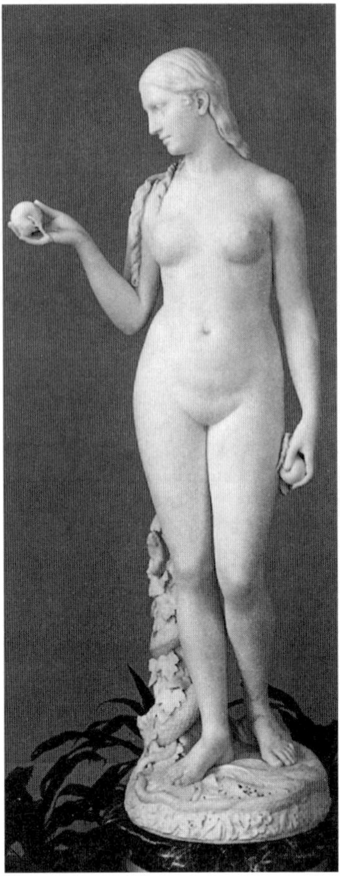
55

54. Hiram Powers, *Die griechische Sklavin,* 1843. Die vermutlich berühmteste Aktdarstellung des 19. Jahrhunderts in Amerika.
55. Hiram Powers, *Versuchung Evas,* modelliert 1842. Weniger gefeiert als die *Griechische Sklavin,* aber nicht weniger sinnlich.

56. Antonio Canova, *Venus Italica,* 1812.

57. Antonio Canova, *Cupido und Psyche,* 1793. Canovas Marmorplastiken, die den meisten modernen Betrachtern unerotisch und kalt vorkommen, fanden im 19. Jahrhundert viele Bewunderer, unter ihnen Heinrich Heine und Gustave Flaubert, die sie für ungemein erotisch hielten.

Nächste Seite

58. George Cruikshank, *Making Decent!,* 1822.
59. Ein modernes «gotisches» Haus; Karikatur von A. Welby Pugin, *The True Principles of Pointed or Christian Architecture, Set Forth in Two Lectures* (1841).
60. Sofa mit abnehmbaren Polstern, aus Clarence Cook, *The House Beautiful: Essays on Beds and Tables, Stools and Candlesticks* (1878). Erotischer Komfort.

58

To ARTHUR DUKE of WELLINGTON
And his Brave companions in arms
This Statue of Achilles
cast in French Brass
Is inscribed by their Countrywomen!!

59

60

den Zutritt zu seinen Akten verwehrte (das taten auch andere Maler, wie etwa William Mulready), sondern weil er überhaupt davon absah, Akte für ein größeres Publikum zu schaffen. Die meisten anderen Maler hatten da weniger Skrupel; das gilt namentlich für William Etty, den fleißigsten Aktmaler Englands im 19. Jahrhundert. 1787 in York geboren, war Etty ein frommer Methodist, der sich später dem römischen Katholizismus zuwandte, und zwar im wesentlichen aus ästhetischen Gründen. Seine Gedanken kreisten beständig um Frömmigkeit und Moral. «Ich habe zwei Ziele», erklärte er seinem Bruder Walter, «erstens möchte ich ein guter Mensch werden – und zweitens ein großer Maler.» Die Suche nach dem Guten und dem Großen erfüllte sich für Etty im weiblichen Akt. «Da ich fand, daß *die Frau* das glorreichste Werk Gottes sei», schrieb er in einem kurzen autobiographischen Abriß, der in seinem Todesjahr 1849 erschien, «beschloß ich, mich allein diesem glorreichsten Werk Gottes zu widmen und es schöner zu malen, als es je zuvor geschehen war.» Sein ästhetischer Voyeurismus war nicht immer ganz so unschuldig und rein, wie er zu behaupten liebte: «Die Menschen mögen mich für lasziv halten, aber», versicherte er etwas apologetisch in seiner Autobiographie, «ich habe niemals aus lasziven Motiven gemalt.»[76]

Etty gibt ohne Zweifel aufrichtig Auskunft über seine bewußten Gefühle. Aber die Kunst konnte ihm gewähren, was das Leben geneigt war ihm vorzuenthalten. Zeit seines Lebens ein gehemmter Junggeselle mit starker Bindung an die Mutter, war er ein furchtsamer und wenig einnehmender Mensch. Wenn er in der Liebe kein Glück hatte, so war das, wie einer seiner Biographen aus dem vorigen Jahrhundert bemerkte, nicht verwunderlich. Gesellschaftlich war er «eine Null», und «seine persönliche Erscheinung sprach ebensowenig zu seinen Gunsten wie seine Zunge. Schlampig sein Aufzug, gedrungen und unbeholfen die Gestalt; ein großer Kopf, große Hände, große Füße, das Gesicht von Pockennarben entstellt» – für junge Damen ein höchst befremdendes Geschöpf. Niemand hätte ihm «Werke von verfeinerter und ideenreicher Schönheit» zugetraut. Aber diese «Verfeinerung» lag im wesentlichen im Auge des Biographen. Ettys weibliche Akte haben Ähnlichkeit mit drallen Dirnen – keine von ihnen hat etwas Klassisches, geschweige denn etwas Göttliches an sich. Zweifellos ging seine Wertschätzung der weiblichen Anatomie über das pflichtgemäße Interesse eines Malers hinaus. Zu John Constables Belustigung empfahl er einmal eine «junge Person», die «ganz versessen» darauf war, Modell zu sitzen, wegen ihren Konturen: *«die ganze Vorderpartie bemerkenswert schön»*, schrieb er an Constable.[77] Für diesen Liebhaber des Schönen waren Lust und Pflicht ein und dasselbe; sein Über-Ich war nicht übertrieben kritisch.

Dem Werke Gottes Gerechtigkeit widerfahren zu lassen, mochte Rechtfertigung genug sein, immer und immer wieder nackte Frauen zu malen. Aber Etty gab noch einen anderen Grund an, nämlich seinen Wunsch, Historienmaler zu werden. Der Historienmaler aber muß, um dramatische Augenblicke aus Geschichte oder Mythologie wiedergeben zu können, mit dem menschlichen Körper in all seinen Drehungen und Wendungen aufs innigste vertraut sein. Es war dies ein Ehrgeiz, den Etty zu befriedigen wußte; er schuf wohlwollend aufgenommene klassizistische Schinken mit der entsprechenden Quantität an nackten Körpern und fromme – aber nackte – Magdalenen. Etty versicherte, er studiere den menschlichen Körper, um desto besser seine klassischen Kompositionen ausführen zu können; ich bin jedoch der Überzeugung, daß er sich mit klassischer Komposition befaßte, um seine Akte studieren zu können.

Das ist keine bloße biographische Vermutung. 1875, ein Vierteljahrhundert nach dem Tode Ettys, veröffentlichte der angesehene englische Kunstkritiker Philip Gilbert Hamerton in seiner Zeitschrift *Portfolio* eine gedankenreiche, ausführliche Würdigung Ettys. Dabei erwähnte er fast beiläufig, daß Etty, zumal in seinen reiferen Jahren, Sujets bearbeitet habe, die für die Darstellung des nackten Körpers «einen guten Vorwand lieferten». «So wählte er Gegenstände aus der alten Sagenwelt oder der Geschichte, welche Gelegenheit zu jener Art von Malerei boten, an der er Gefallen fand.» Hieran knüpfte Hamerton einige allgemeinere Überlegungen. «Es ist gesagt worden, die Vorliebe für den Akt zeuge von einer gewissen intellektuellen Minderwertigkeit, da das, was den Geist eines Menschen sichtbar zum Ausdruck bringe, nicht die Arme und die Beine seien, sondern das Gesicht und seine Mimik. Hierauf wäre zu antworten, daß Etty ganz entschieden kein Intellektueller war, zugleich aber ganz entschieden ein Künstler; so wählte er sich diejenigen Sujets, die seiner schlicht künstlerischen Natur am besten entsprachen. Er war nicht ein Maler von Gedanken, sondern ein Maler der physischen Schönheit, die für sein Gefühl im Akt am sichtbarsten wurde und ein hinreichendes Motiv für seine Kunst war.»[78] Hamerton rühmte also Etty dafür, daß er mit der Wahl seines Genres seinen Neigungen gefolgt war.

Es lohnt sich, einen Moment bei Hamertons Harmlosigkeit zu verweilen. Man könnte geneigt sein, ihn dafür zu tadeln, daß er die unübersehbaren erotischen Wünsche, die der Leidenschaft Ettys für den weiblichen Akt innewohnten, entweder nicht zu entdecken vermochte oder aber verleugnen mußte. Ergiebiger wäre es jedoch, Hamertons Nachsicht gegenüber Ettys «schlicht künstlerischer Natur» als eine typische, wenngleich wenig beachtete mittelviktorianische Einstellung zur Sinnlichkeit aufzufassen – eine Einstellung, die weder prüde noch lüstern war. Gewiß gab es im 19. Jahrhundert Kritiker, die zwar Ettys Talente schätzten, mitunter jedoch an seinem Geschmack und seinen Motiven zweifelten. So verrät Thackeray die gemischten Gefühle, die Etty auslöste. Er nannte ihn einen «großen und originellen Koloristen», ganz «so üppig wie Rubens und fast ebenso kraftvoll wie Tizian». Jahr für Jahr, notierte er sich 1844, «funkelt die Ausstellung von prachtvollen kleinen Bildern, den Werken dieses unerschütterlichen, rastlosen Bewunderers derber Schönheit.» Diese glückliche und pointierte Charakteristik trifft sowohl die bewunderungswürdigen als auch die problematischen Qualitäten Ettys. Thackeray erhob den Einwand, daß auf den «wollüstig schönen» Bildern, die Etty 1844 ausstellte, «die weibliche Figur oft viel zu überschwenglich behandelt ist».[79] Das war bezeichnend für die Kritiken, die er erhielt: begeistertes Lob neben stirnrunzelnder Mißbilligung.

Der Maler C.R. Leslie, ein Freund Ettys, war überzeugt, daß das Publikum an dessen Bildern «die sinnliche Behandlung der Sujets» höher schätze «als ihre bewunderungswürdige Kunst». Der Maler Thomas Uwins, kein Freund Ettys, erklärte Ettys beträchtliches Einkommen in den letzten Lebensjahren sarkastisch damit, daß er sich auf den Geschmack einer vulgären Masse von bildersammelnden Parvenüs eingestellt habe. «Der wollüstige Charakter von Ettys Werken entspricht dem moralischen und geistigen Niveau dieser Leute; daher ihr Erfolg.» Auch Kunstkritiker rügten mitunter die Nacktheit seiner Akte, auch wenn sie Ettys Farbgebung und Zeichnung bewunderten. Als 1822 der Kritiker der *Times* Gemälde Ettys besprach, die in der British Gallery ausgestellt waren, fühlte er sich bemüßigt, ihm den Rat zu erteilen, «sich nicht zu einem Stil verleiten zu lassen, der nur dem verworfensten Geschmack gefallen kann.» Wenn «nackte Figuren» mit der «Reinheit eines Raffael» gemalt würden, könne man sie «dulden». Doch «Nacktheit ohne Reinheit ist anstößig und unanständig», und Ettys Akte seien «bloßes schmutziges Fleisch». Als Etty sechs Jahre später zu seiner Freude Vollmitglied der Royal Academy wurde, setzte sich die *Times* erneut mit ihm auseinander. Sein Gemälde *Venus Now Wakes, and Wakens Love* sei zwar in der Zeichnung bewunderungswürdig und in der Kolorierung naturgetreu; doch habe Etty sein Sujet «für das Auge der Öffentlichkeit entschieden zu üppig behandelt.»[80] Nacktheit war kontrovers – selbst wenn sie von einem geschickten und geachteten Künstler gestaltet wurde, dessen Absichten unverkennbar klassisch waren. Doch wenn man Ettys Akte auch kritisierte, weil sie für das Auge der Öffentlichkeit zu sinnlich seien: Das Auge der Öffentlichkeit blieb wohlgefällig auf ihnen ruhen – selbst in England und selbst in jenen biederernsten Jahren, als das Nonkonformisten-Gewissen auf dem Höhepunkt seines Einflusses stand. Etty war ein professioneller Künstler, in einem achtbaren Genre arbeitend, der die Spielregeln verletzte und die Grenzen der künstlerischen Freiheit überschritt. Und seine Kritiker, von widersprüchlichen Gefühlen gebeutelt, wußten sich nicht anders zu helfen als dadurch, daß sie nichts taten.

Die Rezeption Ingres' und Ettys beweist lediglich, daß die Einstellung des 19. Jahrhunderts zum nackten Körper in der Kunst von unverkrampfter Billigung bis zu peinlich berührter Verlegenheit reichte. Während die meisten anständigen Bürger kaum mehr taten, als die Lektüre – und vielleicht die Museumsbesuche – ihrer Töchter zu überwachen, machten sich Eiferer daran, die Kunst nach dem Bild reiner Sittlichkeit umzuformen. Wie wir wissen, zählten die Kämpfer gegen die Masturbation ja auch laszive Gemälde, Photographien und Plastiken zu den sicheren Reizmitteln, die zum einsamen Laster verführten. Anthony Comstock war nur der rührigste dieser – was die menschliche Natur betraf – kompromißlosen Pessimisten. Er war überzeugt, daß «der Weg des Kindes vom Säuglingsalter zur Reife voller besonderer Versuchungen zum Bösen ist.» Daher bedurfte es unablässiger Wachsamkeit. An sich sei der Akt, wie Comstock einräumte, «in der Kunst nicht zwangsläufig obszön, unzüchtig oder unanständig.» Aber die Wahrscheinlichkeit, daß er es war, war eben doch groß – zumal bei Werken französischer Herkunft. Und aus diesem Grund wetterte Comstock gegen liberale Geister, die «das öffentliche Zurschaustellen von nackten Frauenfiguren» für einen Beitrag zur «Volksaufklärung» hielten, und sorgte dafür, daß Herman Knoedler verhaftet wurde, weil er in seiner New Yorker Galerie an der Fifth Avenue Photographien von «unzüchtiger französischer Kunst» ausgestellt hatte. Aber selbst Comstock, der humorlose Fanatiker, fühlte sich zu dem Zugeständnis genötigt, daß der Akt in der Kunst sehr wohl seinen Platz habe – im Museum.[81]

Wenn selbst ein extremer Moralapostel wie Comstock in seinem Universum der Anständigkeit einen – wenngleich bescheidenen – Platz für den Akt vorsah, darf man füglich vermuten, daß der durchschnittliche Bürger, der nicht an allen Ecken und Enden das Laster lauern sah und weniger von voyeuristischen Impulsen umgetrieben wurde wie Comstock, mit einigem Behagen zur Kenntnis nahm, was die Kunst zu bieten hatte – auch attraktive, unverhüllte menschliche Körper. Die Einsicht, daß die Kunst geeignet war, körperliches Wissen zu vermitteln, war schließlich nicht neu; schon in den 1770er Jahren hatte Basedow Herkules-Statuen und Gemälde zu den erotischen Lehrern der Jugend gezählt.[82] Die Kunst erregte einfach widersprüchliche Gefühle in den Köpfen der Mittelschicht, nicht zuletzt deshalb, weil die Künstler ein so abenteuerliches, so geheimnisvolles – so unbürgerliches – Völkchen waren. Gewiß, ausgezeichnete akademische Künstler bewegten sich in hochanständigen Kreisen und verkehrten häufig in aristokratischen Familien. Die wohlhabendsten unter ihnen bauten sich prächtige Villen und pflegten einen sorgfältig gewählten Umgang. Sogar in der deutschen Gesellschaft waren viele Maler und Bildhauer absolut «salonfähig»; die prominentesten und am wenigsten anstößigen unter ihnen erhielten lukrative Aufträge, sogar vom Hof, und wurden geadelt, so Franz Lenbach, der Freund Bismarcks, und Franz Stuck, der Münchner «Malerfürst».

Doch zugleich überließen die Bürger sich ihrer Entrüstetheit (d.h. Lüsternheit) über das ungeordnete Bohemien-Leben, das viele Künstler offenkundig führen mußten, mit ihren langen Nächten, ihren wilden Gesellschaften, ihren nackten Modellen. Die ärgerliche Frage des nackten Modells löste noch wildere Phantasien – und noch mehr Angst – aus als die angeblich hemmungslose Geselligkeit der Künstler. Ruskin hörte im Freundeskreis einmal sagen, die Frau, die zum Akademiemodell geschaffen sei, könne nicht tugendhaft sein: Er hatte nichts Besseres zu tun, als diese gestrenge Sentenz seiner Frau Effie mitzuteilen, die mehr als einmal – allerdings sittsam gewandet – John Millais Modell gesessen hatte. Vom selben Geist beseelt, gewährte die Kgl. Akademie zu London unverheirateten Malern unter zwanzig keinen Zutritt zu den Klassen mit lebendem Modell. Zweifellos konnte man auch den – gewiß nicht ganz unverdienten – schlechten Ruf der Modelle im großen Kampf gegen die Sinnlichkeit ausschlachten. Konservative oder liebedienerische Maler fanden an solchen Vorurteilen wenig auszusetzen. William Mulready, der selber einige verführerische Akte gezeichnet und gemalt hatte, hielt das Modellsitzen für einen «gefährlichen Beruf», auf den «arme unschuldige Geschöpfe» behutsam vorbereitet werden müßten. Und doch war es ausgerechnet Mulready, dem Ruskin seine «verkommenen, entmenschten» nackten Figuren vorwarf.

Auch in den USA tobte der Streit darüber, ob man im Namen der klassischen oder klassizistischen Kunst vor den lüsternen Augen der Jungen Frauenfleisch entblößen dürfe oder nicht. In Philadelphia herrschte während des ganzen 19. Jahrhunderts eine Kontroverse zwischen denjenigen, die über Akte nach dem lebenden Modell schockiert waren, und denjenigen, die auf der Orientierung an der Natur als der einzig angemessenen Methode der Malerei und der Plastik beharrten. Die Lokalzeitschrift *Aurora* beklagte schon 1822 «eine gewisse Art von sogenannter Züchtigkeit, bzw. von Prüderie oder Pseudo-Züchtigkeit – wie wir es wohl nennen würden –», einen «pharisäischen Geist», der sich über die «Ausstellung von Modellen der menschlichen Gestalt in Kreide oder Gips» empöre. Und Amiel vertraute, nach einem mit Künstlern verbrachten Abendessen, seinem Tagebuch an, daß sensible Menschen in einer unbehaglichen (d.h. für *ihn* unbehaglichen) Nähe zur Sinnlichkeit zu leben schienen. Er fühle sich «erniedrigt», weil er gesehen habe, «wo die Repräsentanten der Schönheit und der Kunst ihre Befriedigung finden», nämlich vor allem in zweifelhaften Witzen und Liedern. Der Künstler, so spekulierte er, wie um sich selber zu beschwichtigen, «ist vielleicht der natürliche Mensch, Wildwuchs mit seiner Kraft, aber auch seiner Herbheit.»[83] Er traf mit seinem Urteil mehr ins Schwarze, als er ahnte: Gerade der Umstand, daß Künstler – und ihre Werke – der Natur so nahe waren, machte sie so attraktiv und so gefährlich.

Trotzdem ist bemerkenswert, daß die Kampagne gegen die Sinnlichkeit – lautstark und einflußreich, wie sie war – doch nur in sehr eingeschränktem Maße Erfolg hatte. Die meisten anständigen Bürger machten sich die Holzhammermethoden Comstocks nicht zu eigen. Sie begnügten sich mit einer Art stillschweigendem Vertrag zwischen Künstler und Publikum; dieser Vertrag hatte zum Inhalt, was ich «die Doktrin der Distanz» nennen möchte. Diese Doktrin – eindrucksvolles Beispiel eines kulturellen Abwehrmechanismus – vertritt den Standpunkt, daß die Darstellung des menschlichen Körpers in der Kunst die Betrachter um so weniger schockiert, je verallgemeinerter und verklärter sie ist, je mehr sie sich in erhebende Assoziationen hüllt. In der Praxis bedeutete das, den Akt der intimen Erfahrungswelt der Zeitgenossen zu entziehen und ihn mit dem fremden Glanz der Geschichte, der Mythologie, der Religion oder des Exotischen auszustatten. Für manche unter den Gottesfürchtigen reichten freilich auch Mythologie und Altertum nicht aus, um das Publikum vor schlimmen Gedanken zu schützen. «Unsere Damen und Herren», schrieb William Dunlap 1834, «gruppieren sich nur, und zwar *scharenweise*, um Bilder von nackten Figuren, wenn das Thema biblisch ist und moralisch genannt wird.»[84] Trotzdem waren viele Kunstliebhaber bereit, einen Akt von milder Sinnlichkeit zu akzeptieren, wenn der Künstler nur sein Publikum zu überzeugen vermochte, daß seine nackte Figur in eine Reinheit eigener Art «gekleidet» war.

Es ist etwas Paradoxes um diese Ideologie, und das ist aufschlußreich; denn wo ein Paradox vorliegt, ist häufig ein Konflikt verborgen. Distanz – wie auch immer erzeugt – machte ein Kunstwerk erotischer und zugleich weniger erotisch. Weniger erotisch, weil vom Betrachter vorausgesetzt wurde, daß er nicht auf irgendeine sexuelle Aufforderung reagierte, sondern vielmehr auf eine historische oder literarische Botschaft; erotischer, weil der Betrachter den geeignet drapierten Akt so ungeniert in Augenschein nehmen konnte, wie es bei nackten Körpern seiner

Umwelt niemals möglich gewesen wäre. Mit einem Wort, für das Bürgertum des 19. Jahrhunderts war es eine Beruhigung, sich seine erotischen Bedürfnisse möglichst weit vom Leibe zu halten. Wie die *Saturday Review* 1858 sagte: «Ein Bild ist in einem bestimmten Maße immer idealisiert. Eine Grazie, eine Nymphe, eine Venus ist ein unwirkliches, von der Konvention geprägtes Wesen, das wir nur mit Bildergalerien in Verbindung bringen.»[85] Die Frage nach den Grenzen zulässiger Sinnlichkeit stürzte die Mittelschicht in Konflikte, die sie nur schwer zu lösen vermochte. Doch in unanfechtbarer Verkleidung, mit all den dazugehörenden Verhehlungen und Verzerrungen, erwies sich der Akt als nützlicher und im allgemeinen auch willkommener Erzieher des bürgerlichen Jahrhunderts.

So war die Doktrin der Distanz, bei all ihren Grenzen und Nuancen, ein Mechanismus, der das gestattete, was unter normalen Umständen unzulässig gewesen wäre. Figuren aus räumlicher, zeitlicher oder kultureller Ferne konnten sexuelle Wünsche befreien und Hemmungen gegen erotische Phantasien überwinden oder doch reduzieren. Diese dem Selbstschutz dienende Ideologie war eine Einrichtung der Zivilisation, und Zivilisation ist, wie gesagt, unter anderem eine Festungsmauer gegen den Inzest. Entferntheit hielt die Gefahr von Inzestwünschen in Schach. Ein aufreizendes, knapp bekleidetes Mädchen vor einem algerischen Hauseingang war exotisch; dasselbe Mädchen in derselben Haltung vor einem Pariser Hauseingang wäre obszön gewesen. William Mulready notierte sich – sei es zynisch, sei es resigniert – dieses Prinzip in seinem Skizzenbuch: «Weiberschönheit und Unschuld sorgen für Gesprächsstoff und verkaufen sich gut. Laß sie *heimlich* Lust erregen.» Nähert sich das Bild «einer mehr sinnlichen Existenz», so «sorgt es für noch mehr Gesprächsstoff und verkauft sich noch besser.» Scheine jedoch, und dies durfte man nicht vergessen, «Erregung der Lust der Zweck des Bildes zu sein», so «werden die Heuchler Zeter und Mordio schreien und die Sensualisten verjagen.»[86] Jean-Léon Gérôme, der eine Zeitlang in Mode war, konnte mit *Pygmalion und Galatea* ein schlankes, nacktes Modell geben, weil es die Darstellung eines klassischen Motivs war; Daumier konnte diese Strategie trivialisieren, ohne daß sie ihre Wirkung eingebüßt hätte. Der hervorragende belgische Maler Antoine Wiertz, bekannt für seine makabren Allegorien, konnte in *La Belle Rosina* ein strammes Modell, bar jeder Kleidung, posieren lassen, weil es die Funktion hatte, die nüchterne Botschaft des *memento mori* zu transportieren. Und Arnold Böcklin, in der deutschen Kultur einst der bevorzugte Maler bürgerlicher Kunstliebhaber – auch Sigmund Freuds –, konnte auf seinen Bildern so gut wie alle Geheimnisse der weiblichen Anatomie ergründen, weil er seine athletischen Geschöpfe zu Hauptdarstellern eines selbstentworfenen mythologischen Dramas machte.

Wer freilich hartnäckig und reuelos gegen jene Doktrin verstieß, mußte damit rechnen, gerügt und bloßgestellt zu werden. So erging es bekanntlich Manet. Die Rezeption seiner epochemachenden Bilder zu Beginn der 1860er Jahre mag daran erinnern, daß die Vorstellung eines durch und durch frivolen und verdorbenen Frankreichs eine Erfindung des schokkierten – und wahrscheinlich neidischen – Auslandes war. Einflußreiche Teile des französischen Publikums waren überaus sittenstreng und nahmen daran Anstoß, daß die Figuren auf Bildern wie *Déjeuner sur l'herbe* und *Olympia* offensichtlich sehr lebendig und, noch schlimmer, Franzosen waren: Der Haupteinwand gegen das meisterhafte *Déjeuner* war gerade, daß die nackte Frau im Vordergrund und ihre beiden Begleiter erkennbar Porträts von Zeitgenossen waren. Dieses Bild «ist der Lausbubenstreich eines jungen Mannes, ein schändliches Ärgernis und nicht wert, ausgestellt zu werden». Mit der *Olympia* erging es ihm nicht besser. Trotz – oder gerade wegen – der unverkennbaren Anlehnung an Tizians *Venus* nannte man das Bild gewagt, unanständig, lachhaft, einen Witz. Und die Kritiker, abgestoßen von Olympias Häßlichkeit, ihrem mageren Körper und dem teilnahmslosen Blick ihrer dunklen Augen, begründeten ihr Verdikt mit der Lebensechtheit des Modells. Wie so oft in dieser Zeit, verblaßte Kunstkritik zu moralischem Verurteilen: Die Kritiker, die es Manet zum Vorwurf machten, daß er seine nackte junge Frau nicht in verklärte Fernen rückte, verstanden seine Absicht besser, als sie ahnten. Er war ein moderner Maler, der dem Publikum ein modernes Mädchen zeigte – so, wie er es sah. Und das löste, in ästhetischer wie in ethischer Hinsicht, ungemeine Angst bei jenen aus, die – zumindest in der Öffentlichkeit – ihre sexuellen Informationen in verwässerter oder beschönigter Form zu beziehen wünschten. Als Émile Zola im Jahre 1867 Manets «neuen Stil des Malens» verteidigte, verwarf er den Einwand der Unmoral als völlig abwegig und unterwarf *Déjeuner* und *Olympia* einer rein formalen Analyse. Was Manet interessiere, so meinte Zola, sei das Verhältnis der Farben zueinander und der verwickelte Bildaufbau. Das war zwar eine geistvolle Verteidigung Manets und eine erfrischende Abkehr von der zwanghaften Auseinandersetzung anderer Kunstkritiker mit dem ethischen Status eines Kunstwerks, doch wurde sie Manet dennoch nicht völlig gerecht. Manet war kein reiner Formalist; es kam ihm darauf an, das Zeitgenössische an seinen Modellen zu zeigen, und so machte er, da er ein großer Maler war, Geschichte.[87] Die Doktrin der Distanz war nach *Olympia* nie mehr ganz dieselbe.

Im einfachsten Fall war diese Doktrin ein komplizierter Kompromiß.

Es gab ein bestimmtes Maß an sinnlichem Exhibitionismus, das auch diese Doktrin nicht mehr abdecken konnte. Etty mochte anstellen, was er wollte: er konnte niemals ganz den Argwohn beschwichtigen, daß er mit den empfindlichen erotischen Stellen seines Publikums spielte, selbst wenn er seinen Bildern Titel gab wie *At the Doubtful Breeze Alarmed.* Die Brüste seiner nackten Frauen waren zu rund und zu schön für den Seelenfrieden des Betrachters. Aber die meisten Kunstfreunde, ohne großen Sinn für Subtilitäten, waren damit hochzufrieden.

Ich habe oben die Doktrin der Distanz einen «stillschweigenden Vertrag» genannt; denn die Verhandlungen wurden dem normalen Betrachter kaum bewußt. Wachsame Kunstkritiker jedoch, die Leiter von Kunstakademien, an denen Modelle beschäftigt waren, sowie bekümmerte Moralisten waren sich des Kompromisses bewußt, den diese Doktrin verkörperte, und machten sich mitunter besorgte Gedanken über die Grenzen seiner Gültigkeit. Als Jean-Baptiste Clésinger im Salon von 1847 seine dralle, überwältigend sinnliche, lebensgroße Plastik *Frau, von einer Schlange gebissen* ausstellte, registrierte Théophile Gautier, allerdings ohne jede Mißbilligung, die Verletzung einer anerkannten Regel: Clésinger, so schrieb er in seiner Besprechung, «hatte den für unsere Zeit unerhörten Mut, ohne mythologischen Titel ein Meisterwerk auszustellen, das weder eine Göttin ist noch eine Nymphe, sondern einfach eine Frau.» Die Schlange war, wie Gautier mitteilte, nachträgliche Zutat – vermutlich ein Zugeständnis an die Doktrin der Distanz. Es war offensichtlich ein sehr dürftiges Zugeständnis. Frédéric Chopin schrieb über Clésingers Exponat im Salon: «Es stellt eine nackte Frau in einer Lage dar, die mehr als unanständig ist – so unanständig, daß er ihr, zur Rechtfertigung dieser Pose, eine Schlange ums Bein wickeln mußte.»[88] Für ein Zeitalter, das mit freudianischer Symbolik vertraut ist, ist Clésingers narrative Ausflucht nicht ohne Ironie: Die Skulptur eines sich in sexueller Preisgabe windenden, üppigen Weibes wurde nicht weniger erotisch dadurch, daß man ihr eine phallische Schlange beigab.

35 Jahre später wurde die Doktrin der Distanz vom Kritiker Henry Houssaye noch einmal bemüht. Bei der Besprechung des Salons von 1882 beklagte er besonders «das Fehlen von Szenen aus der Mythologie und antiken Geschichte, da dies die einzigen Sujets sind, die sich für den Akt eignen.»[89] Manche Zyniker unter den Künstlern des 19. Jahrhunderts nutzten die Doktrin sicherlich aus, indem sie den spielenden Eros darstellten – esoterisch betitelt oder mythologisch verbrämt – und damit lüsterne Geschmäcker bedienten. Aber auch Künstler von verhältnismäßig reinen Absichten fanden die Doktrin der Distanz außerordentlich dehnbar. Sie war ja auch weit weniger eine Sache der Berechnung als eine

impulsive Reaktion auf den allgemeinen Konflikt in puncto Sinnlichkeit – einen Konflikt, den Maler und Bildhauer spürten und teilweise auch selber empfanden und der ihnen den Pinsel oder den Meißel führte, wenn sie wieder eine neue Venus, einen neuen Cupido oder eine neue Haremsszene schufen.

Die Dehnbarkeit dieser Abwehr machte sich bezahlt; manche Betrachter im 19. Jahrhundert waren über fast alles empört, andere über sehr wenig. Die meisten Menschen standen irgendwo zwischen diesen Extremen; sie waren für den Zauber des Ästhetischen empfänglich und unterließen es, zu moralisieren, wenn sie der Überzeugung sein durften, daß das, was sie sahen, hohe Kunst war und nicht bloß gekonnte Obszönität. Vielschichtige Wahrnehmungen und Gefühle prägten die Doktrin der Distanz – bewußte Zurückhaltung und unbewußte Bedürfnisse, anerzogene Prüderie und instinktives Begehren. So waren Widersprüche an der Tagesordnung. Die anständigsten Familien konnten sich üppige und höchst freizügige Büsten ins Wohnzimmer stellen. Und akademische Preisgerichte konnten Szenen ihren Segen geben, die der Hausverstand und ein unbestechliches Urteil schlicht und einfach als verdorbene Kunst verurteilt hätten. Alexandre Cabanels *Nymphe, von einem Faun entführt* von 1860 zeigt – unverblümt ausgedrückt – das Vorspiel einer Vergewaltigung. Im Salon jenes Jahres ausgestellt und prompt von Napoleon III. erworben, läßt das Bild keinen Zweifel an seiner Bedeutung. Was diesem wollüstigen Werk die Weihe der Kunst lieh, war natürlich sein Thema. Doch gab es zumindest einen Rezensenten, Charles Blanc von der *Gazette des Beaux-Arts*, der an dem Gemälde justament die bezaubernde Vertrautheit der Figuren rühmte. «Diese mythologischen Wesen sind nicht in den Wäldern der Sage aufgewachsen; sie entstammen der Großstadt; es sind Pariser.»[90] Ob ein Werk als «rein» oder als «verdorben» galt, hing von vielen Dingen ab: der Art, wie ein Künstler sein explosives erotisches Material handhabte; dem Einfluß der Reinheits-Lobby; der herrschenden Zeitstimmung; endlich auch von Zufälligkeiten wie den politischen Ambitionen irgendeines Strafverfolgers. Die Distanzen, welche die Doktrin verordnete, variierten beträchtlich.

An einer der berühmtesten amerikanischen Plastiken des 19. Jahrhunderts, dem lebensgroßen Akt *Griechische Sklavin* von Hiram Powers, lassen sich Funktionsweise und Flexibilität jener Doktrin trefflich demonstrieren. 1805 in Woodstock (Vermont) geboren, begab sich Powers 1837 nach Florenz, wo er sechs Jahre später, umgeben von klassischer und klassizistischer Bildhauerei, den glücklichen Einfall hatte, einen Akt zu schaffen, an dem auch der mäkeligste Moralist nicht das mindeste würde auszusetzen haben. Er wählte ein Sujet aus der jüngeren Geschichte, darauf berechnet, die Empörung des skulpturenkaufenden Publikums zu erregen: Im griechischen Unabhängigkeitskrieg hatten – nach Powers – die Türken sich christlicher Gefangener, darunter auch «schöner Mädchen», bemächtigt, um sie «an die Meistbietenden» zu verkaufen. Powers ließ es sich angelegen sein, alles zu vermeiden, «was nach Form oder Gehalt dem reinsten Geist anstößig sein möchte»; dazu bedurfte es einer Situation, in der das nackte Mädchen sich seiner Nacktheit überhaupt nicht bewußt war. Diese Situation fand Powers in der Seelenqual der jungen Griechin: Gram und Kummer um ihre wahrscheinlich von den Türken erschlagene Familie, Abscheu gegen ihre barbarischen Häscher, Angst vor dem, was ihr bevorstehen mochte, aber zugleich den Trost «ihres Vertrauens auf die Güte Gottes» im Herzen. «Nehmt dazu die Tapferkeit und Ergebung einer Christin, und es bleibt kein Raum für die Scham» – und auch nicht, wie man ergänzen darf, für lüsterne Gedanken im Betrachter.[91]

Powers' Rechnung – weniger manipulativ, als sie klingt – ging aufs schönste auf. Das Publikum, das die *Griechische Sklavin* sah, wuchs ins Unermeßliche, die Reaktionen waren fast ausnahmslos schwärmerisch-konfus. Das Werk fand, nicht zuletzt dank ungezählter Reproduktionen, beispiellose Verbreitung. Der größte Triumph kam mit der Weltausstellung von 1851, wo es als «eines der erlesensten Objekte» und «eine der geglücktesten Leistungen der modernen Skulptur» gefeiert wurde. Aber schon vor 1851 bewunderte man in England und Italien die Reinheit und unverstellte Schönheit des Stückes. Eine Londoner Zeitschrift berichtete 1845: «Wer die ‹Griechische Sklavin› zum erstenmal sah, blickte sie so ungläubig an, wie jene Männer die Venus von Medici anblickten, die sie ausgegraben hatten.» C. Edwards Lester, der Powers in seinem Atelier in Florenz besuchte und dort auch seine *Eva* sah, schreibt von ihr, sie errege «jene selige Empfindung, die einem lange nachgeht, gleich einer idealen Gestalt, die einem im stillen Schlummer eines Frühlingsmorgens durch den Sinn gehuscht ist, aber unvergeßlich bleibt.» Der amerikanische Tagebuchschreiber Philip Hone stellte das Stück noch über Praxiteles.[92]

Zu diesen Lobeshymnen kam bei vielen, die die *Griechische Sklavin* sahen, noch ein Gefühl ehrfürchtiger Scheu; die Distanz, die durch die Ketten erzeugt wurde – in anderen Versionen waren es Handschellen –, erstickte alle unzüchtigen Gedanken, die die Nacktheit des Mädchens etwa erregen mochte, im Keime und verbreitete um sie statt dessen die zarte Aura der Heiligkeit. Gleichzeitig muß die Darstellung eines schönen Mädchens in Fesseln, hilflos dem sinnlichen Betrachter ausgeliefert, zumindest einigen der vielen Bewunderer des Werkes einen Anflug von sadistischem Vergnügen bereitet haben. Doch derlei spekulative Befriedigungen – wenn es sie denn gab – hinterließen keine Spuren im öffentlichen Lobpreis für Powers, sondern blieben im Unbewußten verborgen.

Es gab auch Stimmen der Kritik und der Mißbilligung, und sie sollen nicht verschwiegen werden. 1854 richtete ein gewisser William Peters eine entrüstete Streitschrift mit dem Titel *The Statue Question* an die Direktion des Londoner Glaspalastes und beschwerte sich über die «unanständigen, bewußt unanständigen Statuen», die seit Eröffnung der Weltausstellung 1851 dort gezeigt würden. Die «fraglos unziemlichste» dieser Plastiken war für Peters die *Griechische Sklavin*. Er hatte zu seinem Entsetzen entdeckt, wie solche Bildwerke entstanden: «Sie werden von der nackten menschlichen Gestalt abgenommen!» Er hielt es für angebracht, «die Mütter und durch sie die Töchter Englands darüber aufzuklären, daß Frauen gewohnheitsmäßig gekauft werden, um sich dem Blick des Pinslers auszusetzen!» Das war kein ungeschickter Hieb; Phantasievorstellungen von nackten Modellen, die den Künstler, der sie darstellen wollte, verführten oder von ihm verführt wurden, gehörten ja, wie gesagt, zum geistigen Rüstzeug des geplagten Bürgers. Peters war freilich ein etwas wunderlicher Kauz; er verfaßte auch eine Schrift gegen den Newtonianismus und eine andere, in der er ein für allemal die Quadratur des Kreises demonstrierte.[93]

Da war der Rezensent des *Cosmopolitan Art Journal* schon verantwortungsbewußter, der 1860 über die *Griechische Sklavin* klagte, sie sei «lasziver als alles, was die griechische Kunst uns hinterlassen hat». Doch auch er wurde überrollt von einer Lawine atemloser Bewunderung. Die seinerzeit bekannte Schriftstellerin Caroline Kirkland schilderte die Atmosphäre bei einer öffentlichen Ausstellung der Statue so: «Fast unbewußt nehmen die Herren den Hut ab, setzen die Damen sich schweigend hin; und für gewöhnlich vergehen Minuten, bevor das erste Wort fällt. Man unterhält sich in gedämpftem Ton, und beim Hinausgehen macht jeder ein ernstes Gesicht.» Mehr als die meisten Akte des Jahrhunderts forderte die *Griechische Sklavin* zu der befreienden Bemerkung heraus, sie sei in Wahrheit gänzlich bekleidet. Reverend Orville Dewey schrieb ehrfurchtsvoll: «Die Griechische Sklavin ist von Kopf bis Fuß in Empfindung gekleidet, die sie gegen jeden profanen Blick bedeckt und beschützt.»

Mancher hielt freilich auch das Gegenteil für wahr. 1893 legte Mary MacMonnies die Entwürfe für ein großes Wandgemälde vor, das für die «Columbian Exposition» in Chicago gedacht war. Als Einwände gegen die Nacktheit der *Primitive Woman* erhoben wurden, verteidigte MacMonnies ihren Entwurf mit dem Hinweis, daß «Ängstlichkeit und Wankelmut» nicht am Platze seien, zumal nicht bei einer Ausstellung, für die von männlichen Bildhauern enorme allegorische Akte vorbereitet würden. Außerdem «kann eine von Kopf bis Fuß verhüllte Figur leicht schamloser wirken als eine völlig nackte».[94] Die harmlos-vergnügliche Haarspalterei, von der die Doktrin der Distanz geprägt ist, konnte man kaum weiter treiben als in solchen Bemerkungen. Natürlich enthalten sie eine psychologische Wahrheit; Verhüllung *konnte* erregender wirken als Nacktheit. Man durfte also hinsehen; zwar nicht ohne inneren Zwiespalt, aber man durfte hinsehen.

So waren die Mittelschichten des 19. Jahrhunderts denn gerüstet, den menschlichen Körper in der Kunst im Rahmen gewisser Grenzen zu genießen – schlecht definierter, poröser Grenzen. In einem Brief an seine Mätresse Louise Colet formulierte Flaubert die Sache mit der ihm eigenen zupackenden Art: «Die Leute werfen jenen Bildhauern Sinnlichkeit vor, die richtige Frauen hinstellen – mit Brüsten, die Milch halten, und Lenden, die empfangen können. Wenn sie statt dessen ausstaffierte Draperien geben und die Figuren flach wie ein Brett machen, nennt man sie idealistisch und vergeistigt. ‹Nun ja, gewiß›, heißt es dann, ‹er vernachlässigt die Form; aber er ist ein Denker!› Woraufhin der Bürger Entzückensschreie ausstößt und sich zwingt, zu bewundern, was ihn langweilt.» Flaubert ist zwar von einer giftigen Voreingenommenheit gegen den Bürger, aber bei allem Hohn billigt er ihm – fast unfreiwillig – einen gewissen Schuß Sinnlichkeit hinter seiner prüden Schale zu. Und manche guten Bürger bewunderten ganz unverhohlen die undrapierte Form. Anfang 1886 schrieb Sigmund Freud aus Paris einen Brief, in dem er seiner Braut die Gäste bei einem Empfang bei Charcot beschrieb. Anwesend waren u.a. «Charcots Hauptassistent mit seiner Frau, die in einer gewissen Entblößung war, welche man aber einer Schönheit unmöglich übelnehmen konnte, sie war übrigens», und nun brachte er bezeichnenderweise ihre attraktive Erscheinung mit der Bildhauerkunst in Verbindung, «stumm wie eine Statue.»[95] Andere unter den Ehrbaren fanden freilich selbst ein Feigenblatt nicht genug. Der große englische Karikaturist George Cruikshank zeichnete 1822 den großen Evangelikalen William Wilberforce vor der riesigen Achilles-Statue, die man im Hyde-Park zu Ehren des Herzogs von Wellington errichtet hatte: Der fromme Mann bedeckt mit seinem Hut die Geschlechtsteile des Herzogs; die hatte der Bildhauer allerdings – und das war der Witz – bereits hinter einem Feigenblatt verborgen.[96] Wieder andere fanden ein keineswegs unschuldiges, wenn auch irgendwie verschleiertes Vergnügen am unbekleideten Körper kleiner Mädchen. Lewis Carroll war nur der bekannteste jener Photographen des 19. Jahrhunderts, deren Lieblingsmodelle achtjährige Mädchen waren. Als die junge Mabel Loomis im August 1871, noch keine fünfzehn Jahre alt, das «Boston Atheneum» besuchte, warf sie «einen Blick in den ‹Lesesaal› (in dem lauter nackte Figuren stehen... Venusse u. dgl.) und sah in einer Ecke des Saales Mr. Lovejoy, der eine Zeitung las. Es war uns peinlich, hier drin gesehen zu werden, und so gingen wir hinaus und setzten uns dort nieder.»[97] Sie war begierig auf körperliches Wissen, aber sie fand es unschicklich, wenn andere, zumal Männer, von ihrem Interesse Notiz nahmen.

Jener Kompromiß, der den künstlerischen Akt in anständiger Gesellschaft duldete, hatte auch etwas Herausforderndes. Akzeptable unverhüllte Frauengestalten waren meistens Heidinnen. Das erlaubte Freizügigkeit, konnte aber auch Anstoß erregen. Ich erinnere an die ungläubige Sue Bridehead in Thomas Hardys Roman *Jude the Obscure*. Aus Trotz gegen die Kirche erwirbt sie in Christminster, wo sie lebt, von einem durchziehenden Trödler eine Venus- und eine Apollofigur; «von nervösem Temperament, zitterte sie bei ihrem Unterfangen»; denn die Figuren «erschienen ihr so sehr groß, nun, da sie in ihrem Besitz waren, und so sehr nackt.» Sie hüllt sie sorgfältig in Tücher und gibt «ihre heidnische Last» in der «christlichsten Stadt des Landes» für Petrus und Maria Magdalena aus. Nachts aber enthüllt sie die Figuren, betrachtet sie scheu und liest dazu, was Gibbon über Julian Apostata schreibt.[98] Es ist fast so – obwohl Hardy dies nicht sagt und auch nicht andeutet –, als ob *The Decline and Fall of the Roman Empire* ein pornographisches Buch wäre und die sehr nackten kleinen Figuren zu unreinen Gedanken – und vielleicht auch unreinen Taten – aufreizten. Wer, wie Comstock, den Akt in der Kunst für verführerisch hielt, hatte nicht ganz unrecht.

Doch wie aus den autobiographischen Aufzeichnungen Edith Whartons hervorgeht, erbrachten selbst ganze Wälder von nackten Statuen kaum eine nützliche Information, wenn das häusliche Klima nicht danach war. Whartons reiche und elegante Mutter hatte eine phobische Abneigung gegen das Thema Sexualität und weigerte sich, die aufkeimende Sinnlichkeit ihrer Tochter zur Kenntnis zu nehmen. «Und das Leben, das wirkliche Leben: die ganze Zeit brauste es mir in den Ohren, kreiste mir im Blut, rötete mir die Wangen und strich mir durchs Haar. – Und ich wußte nichts – u. wenn ich durch irgendeinen Zufall an den Schatten einer Realität geriet und meine Mutter fragte: ‹Was bedeutet das?›, so bekam ich stets zu hören ‹Dazu bist du noch zu klein› oder auch ‹Es ist nicht nett, nach solchen Dingen zu fragen.›» Sie erinnerte sich weiter: «Als ich sieben oder acht war, erzählte mir eine ältere Cousine, daß die kleinen Kinder nicht aus den Blumen, sondern aus dem Menschen kommen. Ich hatte zwar nicht um diese Information gebeten, aber da ich von meiner Mutter gelernt hatte, daß es ‹nicht nett› war, sich über solche Dinge zu erkundigen, hatte ich das vage Gefühl, mich verunreinigt zu haben, und beichtete schleunigst meine ungewollte Übertretung.» Das Resultat war «eine strenge Gardinenpredigt, und so blieb ich im durchbohrenden Gefühl meiner ‹Nicht-Nettigkeit›, was mich erfolgreich davon abhielt, weitere Erkundigungen einzuziehen, u. das war nun – bis einige Wochen nach meiner Heirat – buchstäblich alles, was ich von der Fortpflanzung wußte.» Das war ganz wörtlich gemeint. «Einige Tage vor der Heirat packte mich ein derartiges Grauen vor einem dunklen Mysterium, daß ich meinen ganzen Mut zusammennahm und meine Mutter mit bis zum Halse klopfenden Herzen bat, mir zu sagen, ‹wie das ist, wenn man verheiratet ist›. Ihr schönes Gesicht nahm unvermittelt jenen Ausdruck eisiger Mißbilligung an, den ich so fürchtete. ‹Eine so alberne Frage habe ich noch nie gehört›, sagte sie ungeduldig, u. ich merkte sogleich, für wie vulgär sie mich hielt.

Doch in meiner Not blieb ich hartnäckig: ‹Ich hab' so Angst, Mama – ich möchte wissen, was mit mir passiert!›

Mit sichtlicher Mühe und dem gequälten Ausdruck eines Menschen, dem ein übler Geruch in die Nase steigt, sagte sie: ‹Du hast doch in deinem Leben genug Bilder und Statuen gesehen! Hast du nicht gemerkt, daß Männer – anders gebaut sind als Frauen?›

‹Doch, schon …› stammelte ich.

‹Nun, und?›

Ich schwieg, weil ich ihr einfach nicht folgen konnte, und sie versetzte scharf: ‹Dann verschone mich bitte mit diesem törichten Zeug! So dumm, wie du dich stellst, kannst du doch gar nicht sein!›»[99]

Die Aktbilder und Statuen, die dieses arme Mädchen aus der New Yorker «high society» gesehen hatte, sagten ihr nichts, weil sie nicht wußte, was sie sie fragen sollte, oder vielmehr: weil sie sich gezwungen fühlte, diese Fragen zu verdrängen. Es gab im 19. Jahrhundert viel zu viele Edith Whartons und deren männliche Pendants, und manche von ihnen landeten im Behandlungszimmer Sigmund Freuds. Trotzdem sollte man nicht vergessen, daß in dieser ganzen Zeit die geheimsten Körperteile öffentlicher Kulturbesitz waren – wenn auch normalerweise in verklärter Gestalt.

VII. Festungsmauern um das Selbst

Unleugbar trug das öffentliche Leben im 19. Jahrhundert entscheidend dazu bei, die Sinnlichkeit der Mittelschichten zu prägen. Die Welt wimmelte von Warnungen und Winken, von Niederlagen, durch welche Hemmungen verstärkt, und Reizen, durch welche sie aufgehoben wurden. In den Erfahrungen, die man machte, wurden sinnliche Kindheitserinnerungen wieder lebendig; sie strukturierten die erotischen Bedürfnisse, Möglichkeiten und Enttäuschungen des Erwachsenen. In seiner Chronik des Bildungsweges eines jungen Mannes, der *Education sentimentale*, läßt Flaubert an seinem passiven, ziemlich prinzipienlosen Protagonisten eine Vielzahl von Lehrmeistern des Lebens vorüberparadieren, die fast alle seinem Elternhaus fernstehen: eine desillusionierende, wenngleich nicht untypische Erziehung der Sinne. So erteilt die Gesellschaft dem heranreifenden Ich und Über-Ich immer neue und oft widersprüchliche Lehren; sie fördert und frustriert die Sinne – mit einem Wort: sie erzieht sie.

Doch da erotische Leidenschaften und Ängste in der abgeschirmten, teilweise verdrängten Sphäre des persönlichen Lebens gedeihen, kehre ich nun zum Individuum zurück, nachdem ich jene weiteren Kreise abgeschritten habe. Ich wende mich wieder dem einzelnen Bürger zu: seiner angeblichen Neigung zur Heuchelei; seinem niemals vergessenen Lehrmeister: der Familie; und dem stummen und diskreten Trost seines geheiligten Innenlebens: dem Tagebuch. Einer historischen Untersuchung des Bürgertums im 19. Jahrhundert ist diese Kreisbewegung – sozusagen von Mabel Todd zu Mabel Todd – besonders angemessen. Zu keiner Zeit hat es eine soziale Klasse gegeben, die so angestrengt und ängstlich auf äußeren Schein, auf Familie und Privatheit bedacht war; keine andere Klasse hat jemals so hohe Festungsmauern um das Selbst errichtet.

1. Auf der Suche nach Sicherheit

Ihre Abwehrstrategien haben den Mittelschichten des 19. Jahrhunderts den nicht beneidenswerten Ruf der Heuchelei eingetragen – einen Ruf, den sie nicht mehr losgeworden sind. Und zweifellos war das bürgerliche

Jahrhundert nicht arm an Virtuosen der Verleugnung, die ihre Mitmenschen lehrten, vor Grundtatsachen des Lebens die Augen zu verschließen, einen Bogen um sie zu machen oder sie totzuschweigen. Diese Strategien hinterließen ihre Spuren – im akzeptierten Kunstgeschmack ebenso wie in der Kindererziehung und in den Predigten von Moralisten, vor allem aber im Umgang mit der Sexualität. Auch die Heuchelei wirkte, auf ihre verquere Weise, als eine Erzieherin der Sinne. Von ihr lernten die Menschen, ihre wahren Gefühle und Überzeugungen mit Rücksicht auf die Gesellschaft zu verbergen. 1911 umschrieb George Santayana dieses viktorianische Zeitalter mit Worten, die spöttisch den eigentümlich bürgerlichen Hang zur doppelten Moral verkapselten. Die politische Kultur, so sagte er in seinem vielzitierten Vortrag «The Genteel Tradition in American Philosophy» [Die vornehme Tradition in der amerikanischen Philosophie], habe hundert Jahre lang an ihrer Konventionalität, ihrer bewußten Flucht vor dem Leben gekrankt. Im Pessimismus der calvinistischen Lehren aufgewachsen, hätten die Amerikaner den geistigen Gehalt von Calvins Ideen über Bord geworfen und nur seine Rhetorik zurückbehalten. Die beklagenswerten Folgen für die amerikanische Kultur seien mit Händen zu greifen: Oberflächlichkeit, Unaufrichtigkeit, Unehrlichkeit, Unernst. Santayana ließ keinen Zweifel daran, daß die vornehme Kultur Europas einen ganz ähnlichen Weg gegangen sei. Gleichwohl war er nicht pessimistisch. Am Schluß seines Vortrags nannte er drei Amerikaner, die die herrschenden Selbsttäuschungen des 19. Jahrhunderts nach Kräften entlarvt hätten: Walt Whitman, den aufbegehrenden Bohemien; Henry James, den bohrenden Analytiker; und William James, den furchtlosen Forscher.[1]

Santayanas strahlender Zukunftsoptimismus stach deutlich ab gegen den trüben Hintergrund der Heuchelei im 19. Jahrhundert. Trotzdem waren Umschreibungen und Euphemismen weder eine Domäne des 19. Jahrhunderts noch eine solche des Bürgertums. Schon 1634 hatte der englische Orientreisende Sir Thomas Herbert mitgeteilt, in Ostindien gingen «die Weiber meistenteils nackend», bis auf einen «Lendenschurz», mit dem sie «ihre Blöße bedecken». Nur wenige Jahre später hieß es in Amerika von einer als Hexe angeklagten amerikanischen Frau, sie habe «eine auffällige Zitze in ihren Schamteilen».[2] Etwa zur selben Zeit spottete Milton über «Hypokriten» in Geschlechtsdingen, die «säuerlich/ von Reinheit und von Rang und Unschuld reden», und La Rochefoucauld definierte Heuchelei als «die Ehre, welche das Laster der Tugend erweist». Unter Ludwig XIV. ersann Molière den Archetyp des Heuchlers, Tartuffe. Sogar das Zeitalter der Aufklärung kannte seine ungelüfteten Ecken, seine Anfälle von Schüchternheit, seine zimperlichen Um-

und Abwege. Die Bilder eines Greuze, von Denis Diderot um ihrer erhabenen Moral willen gerühmt, erscheinen uns heute als eine Kunst der listigen Unschuld, der suggestiven Erotik im Gewande jungfräulicher Reinheit. Im Jahre 1700 beschrieb der Arzt John Jones die sinnlichen Freuden des Opiums und verglich sie «nicht ohne Grund mit einem dauernden, zarten Grad jenes Vergnügens, das zu nennen die Sittsamkeit verbietet.» Im *Tristram Shandy* schreibt Laurence Sterne, in dieser «scheinheiligen Welt» sei vielleicht «die Scheinheiligkeit der Heuchelei die schlimmste». Um diese Scheinheiligkeit zu geißeln, brachte Thomas Morton 1798 seine Mrs. Grundy, diese rüde Prüde, auf die englische Bühne. In Wirklichkeit freilich hatte sich diese spaßige Person, mit der dennoch nicht zu spaßen war, schon seit mehr als einem halben Jahrhundert in Szene gesetzt.[3]

Im bürgerlichen Zeitalter war es der Adel, der sich im Lager der Verleugner wiederfand. Im April 1839 notierte sich die junge Königin Victoria in ihr Tagebuch, Lord Melbourne habe Einwände gegen Dikkens' *Oliver Twist* erhoben; sie habe das Buch «sehr verteidigt, jedoch vergeblich». Melbourne ließ ihre Argumente nicht gelten. «Ich *mag* diese Sachen nicht», meinte er. «Ich mag sie nicht in der *Realität*, und deshalb wünsche ich auch nicht, daß sie dargestellt werden.»[4] Wohl waren die Bürger des 19. Jahrhunderts weder die ersten noch die einzigen Tartuffes; doch schufen sie eine Tartuffe-Kultur, wie die Welt sie in dieser Konzentration nicht gekannt hat. So jedenfalls behaupteten ihre Verächter.

Natürlich fand das Zeitalter beredte Verteidiger – sogar unter seinen Kritikern. Die *Saturday Review*, diese vehement geschriebene, ungemein streitsüchtige Londoner Wochenschrift, vertrat vom ersten Tag ihrer Gründung im Jahre 1855 den Standpunkt, zwar verdiene Verlogenheit in der Gesellschaft die moralische Zuchtrute; dennoch gäbe es aber glaubhafte, ja eindrucksvolle Beweise für Anstand, Frömmigkeit und Wahrhaftigkeit in den Mittelschichten. Ein anonymer Mitarbeiter schrieb 1856, unleugbar lauerten «hinter dem äußeren Schein häufig die schlimmsten Abgründe der Verruchtheit». Und gewiß sei dies eine Wahrheit, an die besonders die Welt der Scheinheiligkeit «von Zeit zu Zeit erinnert zu werden verdient». Aber wenn es sich die *Saturday Review* auch zum Verdienst anrechnete, den Leser mit diesen Realitäten zu konfrontieren, so brachte sie doch kein Verständnis auf für jene selbsternannten Propheten, die die Kultur ihrer Zeit «als reine Heuchelei» abtaten. «Ausführliche Schilderungen von Verbrechen und Verbrechern zu bringen, unter dem Vorwand, die Heuchelei unserer Gesellschaft anprangern und die schwachen Stellen ‹unserer Kultur› aufdecken zu wollen, in Wahrheit aber, um der lüsternen Neugier auf das Böse Vorschub zu leisten, die zu den niedrigsten Regungen der menschlichen Natur gehört»: diese Haltung einer gewissen Presse sei selber «ein sehr unerfreulicher Beweis von Unmoral und Heuchelei.»[5] Mit einem Wort, die schlimmsten Heuchler waren jene, die zur Befriedigung ihrer eigenen fragwürdigen Bedürfnisse um jeden Preis «die Fratze der Heuchelei entlarven» mußten.

Nun, Gegenangriff mag die beste Verteidigung sein; doch mit den gewitzten Winkelzügen der *Saturday Review* waren die Kulturkritiker nicht zum Schweigen zu bringen. Während die Bürger im Zeitalter Victorias, und noch darüber hinaus, nicht ungern zum Mittel des Verleugnens griffen, rief die Heuchelei des Zeitalters eine mächtige Gegenreaktion auf den Plan. Satirische Romanschriftsteller, subversive Dichter, aristokratische Philosophen und tendenziöse Psychologen verurteilten die Zeit ob ihrer geradezu unerträglichen Unaufrichtigkeit. Der englische Historiker J.A. Froude beklagte 1849 «das völlige Auseinanderklaffen von Tun und Meinen, welches das gesamte Leben im modernen England zu einer furchtbaren Lüge gemacht hat.»[6] Die Briefe Flauberts, die Reportagen Heines und etwas später die Dramen Ibsens lassen keinen Zweifel daran, daß das Leben, zumal der mittleren Schichten, in Frankreich, in Deutschland, in den skandinavischen Staaten den unerbittlichen Kritikern nicht weniger verlogen vorkam als das Leben in England. Selbstkritik wurde im Laufe des 19. Jahrhunderts mehr und mehr zu einer Wachstumsindustrie; die besten Köpfe geißelten mit den gewähltesten Formulierungen die verhaßte bürgerliche Gewohnheit, das eine zu sagen, um das andere zu tun. Die Liste jener Moralisten, die es im 19. Jahrhundert für ihre Pflicht hielten, die Heuchelei der Zeit zu entlarven und anzuprangern, enthält ungewöhnlich viele erlauchte Namen: sie reicht von jenem unversöhnlichen Trio Gustave Flaubert, Heinrich Heine und Henrik Ibsen über Charles Baudelaire, William Morris und Walt Whitman, John Ruskin, Georg Brandes und Søren Kierkegaard bis zu Jacob Burckhardt, Thomas Carlyle und Matthew Arnold, ganz zu schweigen von Friedrich Nietzsche und Karl Marx, Thorstein Veblen und August Strindberg, George Bernard Shaw und Sigmund Freud. Die Angriffspunkte ihrer Kritik waren zahlreich und nicht schwer zu entdecken; mit Vorliebe zielte die Kritik jedoch auf die selbsternannten Verfolger der Unmoral, wie Anthony Comstock und Konsorten, die Herren von der «Society for the Suppression of Vice» und alle die anderen geplagten Plagegeister, die das bürgerliche Jahrhundert mit Vorliebe ausbrütete.

Und zweifellos war das bürgerliche Jahrhundert eine Zeit der mitleidlosen Jagd auf Heuchler. Den Anfang machten die Romantiker – lange, bevor Königin Victoria den Thron bestieg. Byrons Leben und Dichtung,

Stendhals sardonische Sondierungen der Gesellschaft, E.T.A. Hoffmanns polemische Porträts des behäbigen Bürgers waren Hiebe gegen die Heuchelei der Mittelschicht, die diese Feinde des Philistertums widerwärtig und erstickend fanden. «Unser ganzes Denken und Sein im modernen Europa», schreibt Byron, «dreht sich um eine einzige Achse, die der Engländer mit dem plastischen Wort ‹cant› [Scheinheiligkeit] bezeichnet.» Stendhal war von diesem Satz so begeistert, daß er ihn in einem Artikel für das *London Magazine* aufgriff. Spätere Entlarver der Heuchelei folgten dieser Linie. Humoristische Blätter – *Kladderadatsch* in Deutschland, *Punch* in England, *Judge* in den USA – brachten wenig schmeichelhafte Karikaturen über die feinen Leute und ihr scheinheiliges Treiben. In seiner *Lage der arbeitenden Klasse in England* geißelt Friedrich Engels die Heuchelei des Bürgertums mit dem Gusto des Radikalen, der die schwachen Stellen des Gegners entdeckt hat und sich zufrieden die Hände reibt über das, was er sieht. Die Reichen und die Vornehmen wollen nichts wissen von dem sozialen Elend, für das sie in so hohem Maße verantwortlich sind, und sorgen dafür, daß sie es nie zu Gesicht bekommen. Schon die äußere Anordnung der großen englischen Industriestädte erlaubt ihnen nach Engels' Beobachtung ein Leben behaglicher Verleugnung: «Und das Schönste bei der Sache ist, daß diese reichen Geldaristokraten mitten durch die sämtlichen Arbeiterviertel auf dem nächsten Weg nach ihren Geschäftslokalen in der Mitte der Stadt kommen können, ohne auch nur zu merken, daß sie in die Nähe des schmutzigsten Elends geraten.» Engels findet diese «heuchlerische Bauart» nur allzu typisch. Und er zitiert einen klassischen Fall, einen Leserbrief an den *Manchester Guardian*, dessen Einsender *«Eine Dame»* war. Sie beschwert sich über die «Menge von Bettlern», denen man «auf den Hauptstraßen unserer Stadt» begegne und die «teils durch ihre zerlumpte Kleidung und ihr krankes Aussehen, teils durch ekelhafte, offne Wunden und Verstümmelungen das Mitleid der Vorübergehenden auf eine häufig sehr unverschämte und molestierende Weise rege zu machen suchen.» Die Schreiberin fragt in vorwurfsvollem Tone, ob Menschen, die ihre Armensteuer zahlen und «reichlich zu wohltätigen Anstalten beitragen», nicht das Recht hätten, «vor solchen unangenehmen und unverschämten Behelligungen sichergestellt zu werden». Warum könne die Polizei nicht einschreiten?[7] Mit Freuden stürzte sich Engels auf diesen Brief, der ihm als hervorragendes Beispiel für die in der Bourgeoisie verbreitete Unaufrichtigkeit galt.

Mit ähnlichen Angriffen sahen sich auch die Künste konfrontiert. Augustus Welby Pugin, der phantasievollste und begabteste jener Baumeister, die in den ersten Jahren der Regierungszeit Victorias für den

«Gothic revival» eintraten, ließ seiner moralischen Empörung über die flache Gekonntheit der zeitgenössischen Architektur freien Lauf: «Privates Gutdünken tobt sich aus; jeder Architekt hat seine eigene Theorie, sein eigenes Schönheitsideal – eine Verkleidung für das Bauwerk, das er errichtet.» Solche Abweichungen von der Wahrheit der architektonischen Formgebung verstoßen gegen die organische Schutzfunktion des Hauses. «Stile werden heutzutage *übernommen* und nicht erzeugt», notierte er mit Entsetzen, «Ornament und Formgebung werden dem Bauwerk *angepaßt*, anstatt aus ihm *hervorzugehen*». Die meisten «gotischen» Bauten Englands aus dem 19. Jahrhundert erschienen ihm als falsch, unsachgemäß und, was das Schlimmste war, unredlich. In seiner bekanntesten Streitschrift, *The True Principles of Pointed or Christian Architecture*, entwirft er seinen eigenen «gotischen» Gebäudekomplex, einschließlich lächerlichem Treibhaus, und bemerkt dazu: «Hieran ist alles Maske, das ganze Gebäude eine einzige kaum verhohlene Lüge.»[8] In derselben Art fanden geistreiche Gestalter bürgerlicher Typen – Thackeray, Daumier, Heine, Dickens – ein riesiges und oft zustimmendes Publikum, das den Gegenstand ihres Hohns zu durchschauen wußte. Ich sage «oft», weil jedenfalls Dickens bei seinen Lesern auf heftige und begründete Skepsis stieß, als er den freundlichen Humor der *Pickwick Papers* aufgab und mit *Little Dorrit* und den späten Romanen das Gebiet der Gesellschaftssatire betrat. Wohl schienen seine phantasievollen Karikaturen oft über das Ziel hinauszuschießen. Aber ein großer Teil der bürgerfeindlichen Satire, auch derjenigen Dickens', traf ins Schwarze.

Die Jagd auf die Heuchelei des bürgerlichen Jahrhunderts bewegte sich teilweise auf hohem Abstraktionsniveau und bot beträchtlichen philosophischen Scharfsinn auf. Diese Entlarver empfanden den weltumspannenden Optimismus eines Ranke oder Hegel ebenso als verkappte Apologie der Untätigkeit wie den entgegengesetzten sozialen Pessimismus der klassischen Nationalökonomie. Wenn die Welt so ist, wie sie sein muß – so hoffnungsvoll oder so düster, wie Philosophen und Politökonomen sie hinzustellen lieben –, dann ist soziales Handeln entweder überflüssig oder fruchtlos, und man läßt das Bestehende am besten ruhig weiter bestehen. Lehrsätze, die sie aus Malthus oder dem wirtschaftlichen Liberalismus entlehnten, wurden für viele Männer der Praxis zu bequemen Rationalisierungen; für einen Industriekapitän oder Finanzlord konnte es gewiß keine angenehmeren Theorien geben als solche, die den Kampf aller gegen alle verherrlichten oder Großzügigkeit als kontraproduktiv und anständige Löhne als Verstoß gegen die Naturgesetze verdammten.

Das verwundbarste Angriffsobjekt war freilich die bürgerliche Einstellung zur Sexualität. Als Effie Ruskin dabei war, sich von ihrem Mann zu trennen, beklagte John Millais in einem beredten Brief an ihre Mutter ihr stummes, geduldiges Leiden; die Schuld an Effie Ruskins Not und Plage gab er der Zeit und ihrer grausamen Heuchelei in erotischen Dingen: Sie führe dazu, «daß Tausende lieber ein langsames inneres Martyrium erdulden, als für eine kurze Zeit den Tatsachen ins Gesicht zu sehen.» Und Thackeray erklärte, mit wehmütigem Rückblick auf das kernige Zeitalter eines Henry Fielding, im Vorwort zu *Pendennis*: «Seit man den Autor des *Tom Jones* zu Grabe trug, war es keinem Schriftsteller mehr erlaubt, nach äußerstem Vermögen einen MENSCHEN zu schildern. Wir müssen ihn mit Kleidern behängen und ihm ein gewisses affektiertes Lächeln aufsetzen. Die Gesellschaft duldet nicht das Natürliche in unserer Kunst. Viele Leserinnen haben Einwände erhoben und manche Subskribenten mir gekündigt, weil ich im Gange der Geschichte [von Pendennis] einen jungen Mann beschreibe, der der Versuchung widersteht und ihr ausgesetzt ist.»[9]

Thackeray selber fühlte sich freilich bei affektiertem Lächeln behaglicher, als nötig gewesen wäre, und hätte wohl auch – bei aller Vehemenz seiner Satire – feststellen können, daß ihm etwas mehr Unbefangenheit, zumal in puncto Sexualität, keineswegs geschadet hätte. Charlotte Brontë, eine große Bewunderin Thackerays, machte ihm den Vorworf, er neige leider dazu, «den Schwanz der Meerjungfrau unter dem Wasser» zu lassen – übrigens eine subtile sexuelle Metapher.[10] Ein gut Teil moralischer Zensur im 19. Jahrhundert war Selbstzensur.

Die Grenzen zwischen dem Erlaubten und dem Unerlaubten waren in der Tat fließend und blieben ungeklärt. Nicht nur Thackeray war so diskret. Als Nathan Haskell Dole 1886 *Anna Karenina* ins Englische übertrug, ließ er züchtig einen zentralen Satz auf Russisch stehen: Anna Karenina, die Schande ihres Geheimnisses im Herzen, tritt ihrem Geliebten Vronsky gegenüber und gesteht ihm, seinen bohrenden Fragen nachgebend, was sie bedrückt: «Ya béremenna!» Wie der Leser aus dem Zusammenhang ersehen kann, teilt sie Vronsky mit, daß sie sich in dem befindet, was man in viktorianischer Zeit «interessanter Zustand» nannte. Erst spätere Übersetzer glaubten, dem englischsprachigen Leser diese Information unverhüllt zumuten zu dürfen. Constance Garnett entschied sich 1901 allerdings noch für das distanzierende «I'm with child» [ich bekomme ein Kind]; die unmittelbare Kraft des Russischen kam erst zum Ausdruck, als Louise und Aylmer Maude 1918 schrieben: «I'm pregnant» [ich bin schwanger]. Auch Hans Mosers aus den neunziger Jahren stammende deutsche Version erstrebte – ähnlich Constance Garnett –

einen vornehmen Kompromiß: «Ich bin gesegnet.»[11] Die Vorliebe für das Verleugnen lag schon zu Beginn des Jahrhunderts mit dem Freimut in Fehde. Als de Quincey 1824 eine Rezension des *Wilhelm Meister* schrieb, tadelte er ausdrücklich Goethes offensichtliche Vorliebe für «persönliche Unreinlichkeit» sowie die eingehende Beschreibung von Marianes Schlafzimmer, die «ganz unglaublich» sei. De Quincey waren die Anspielungen Goethes auf Einzelheiten weiblicher Toilette und Kosmetik so ekelhaft, daß er den Absatz «zu schlimm zum Zitieren» fand.[12]

Doch waren englische Kritiker nicht die einzigen Leser, die Goethe der Ungehobeltheit ziehen. Selbst Jules Michelet, dem es nichts ausmachte, mit einem gewissen Wohlbehagen bei der Laszivität von Hexen zu verweilen, fand Goethe «vornehm in der Form, aber nicht im Geist».[13] Und Goethe selbst, der als Dramatiker und Dichter kein Blatt vor den Mund nahm und einen Arsch einen Arsch nannte, nahm mitunter ebenfalls Zuflucht zu Euphemismen: Bei der Übersetzung des *Neveu de Rameau* milderte er Diderots berühmte Formulierung des Ödipuskomplexes – «et coucherait avec sa mère» – zu dem weniger bedrohlichen «und entehrt' seine Mutter».[14] Man mußte kein Spießbürger sein, um an Grenzen des sprachlich Erlaubten zu stoßen.

Wer in einem derartigen Klima – das am Ende des Jahrhunderts kein wesentlich anderes war als zu dessen Beginn – bewußt gegen überkommene Konventionen des Verschweigens verstieß, hatte mit wütender Beschimpfung zu rechnen. Als Ibsens *Gespenster* 1891 in London erstaufgeführt wurden, erging sich die Kritik in Epitheta, in denen anale Bilder und deren Derivate überwogen. «Eine abstoßende Darbietung», befand ein Kritiker; andere urteilten: «eine offene Kloake, eine eklige Wunde, ein schmutziger Akt in aller Öffentlichkeit». Ibsen selbst wurde als «verrückt» und «toll» bezeichnet; er sei «nicht nur konsequent schmutzig, sondern auch beklagenswert dumm». Und einige Rezensenten waren sich sicher, daß jener – hoffentlich verschwindend geringe – Teil des Londoner Theaterpublikums, der solchem Dreck tatsächlich etwas abgewann, aus «widerlichen Leuten» bestand, die «die Diskussion widerlicher Themen im direkten Verhältnis zu ihrer eigenen Widerlichkeit goutieren». Zum Kern der Sache vordringend, unterstellten sie, die Liebhaber von Ibsens Werk müßten sexuell pervers sein; es seien dies «die Geschlechtslosen», das «unweibliche Weib, die asexuellen Frauen, das ganze Heer der reizlosen Geschöpfe im Unterrock», ganz zu schweigen von den «weibischen Männern und männlichen Weibern».[15] Selbst Sachbücher waren nicht sicher. Henry Holt, der Verleger des streng wissenschaftlichen, vielbenutzten Lehrbuchs *The Human Body* von Dr. H. Newell Martin, bot 1904 für Interessenten Exemplare des Buches an, in denen das letzte Kapitel, das die menschliche Fortpflanzung behandelte, weggelassen war.

Im allgemeinen entwickelten Verlage und Lektoren im 19. Jahrhundert ein feines Gespür dafür, was das Publikum noch hinnehmen würde und was nicht. Die Publikationsgeschichte der Romane Thomas Hardys besteht zu einem großen Teil aus den Kompromissen, die ihm nervöse Verleger abnötigten. Selbst wo er andeutete, deutete er noch zu viel an. 1874 gestand Leslie Stephen, damals Herausgeber des angesehenen *Cornhill Magazine*, dem Autor, daß er in den letzten Korrekturbögen von *Far from the Madding Crowd* «ein oder zwei Zeilen» gestrichen habe, «aus einer übertriebenen Prüderie, derer ich mich schäme; aber man muß von einer absurden Pingeligkeit sein.» 1886 machte Mowbray Morris, Herausgeber der Zeitschrift *Macmillan's*, Hardy darauf aufmerksam, daß schon die bloße Andeutung sexueller Ungewöhnlichkeiten riskant sei. Die Abonnenten, so schrieb er, seien «fromme schottische Seelen, die wundersam leicht Anstoß nehmen». Morris erhob auch Einwände gegen die Lieferungen von *Tess of the d'Urbervilles*, die er gelesen hatte und die ihm «viel zu saftig» waren.

Hardy war für diese zaghaften Seelen ein Moderner, und modern war gleichbedeutend mit «schmutzig», mit einer Literatur, die geeignet war, die Phantasie der Leser zu verderben. So wiesen die Lektoren Hardy darauf hin, seine Romane und Erzählungen handelten viel zu sehr von «jenen Beziehungen zwischen den Geschlechtern, über welche die Konvention (ob zu Recht oder zu Unrecht) einen Schleier zu breiten gewohnt ist.» Hardy nahm zähneknirschend fast alle Veränderungen vor, die für den Zeitungsabdruck seiner Texte verlangt wurden, und übernahm die meisten (wenn auch nicht alle) seiner ursprünglichen Formulierungen in die endgültige Buchveröffentlichung. Und wenn *Tess* gewisse Empfindlichkeiten beleidigte, reizte *Jude the Obscure* sie zur Weißglut. H.M. Alden, Herausgeber des *Harper's New Monthly Magazine*, hielt es im August 1894 für notwendig, Hardy daran zu erinnern, daß er, Alden, es der Öffentlichkeit «schuldig» sei, nichts zu publizieren, «was nicht im Kreise jeder Familie laut vorgelesen werden kann».[16]

Die Franzosen vertraten zum Teil ebenso eifrig wie Engländer oder Amerikaner die Partei des Verschweigens und der hehren Reinheit. Nicht lange nach dem Tode Zolas trug seine Witwe seine Korrepondenz so vollständig wie möglich zusammen und reinigte sie, bevor sie sie herausgab; besonders abgesehen hatte sie es auf jene Stellen, aus denen hervorging, daß sie schon einige Jahre vor der Eheschließung mit Zola zusammengelebt hatte.[17] Und als Zola um 1890 dem berühmten Literaten und Mitglied der Académie française, Xavier Marmier, die übliche Aufwartung machte, um ihn um seine Stimme für die Wahl in die Akademie zu bitten, lehnte Marmier strikt ab. «Sie haben großartige Bücher geschrieben», erklärte er Zola, «aber ich werde Ihnen nie verzeihen, daß Sie Ihre Werke mit Grobheiten und Scheußlichkeiten durchsetzt haben. In *La Terre*, im *Assommoir*, in *Germinal* haben Sie bewunderswerte Szenen durch Makel verunziert, die der Moral und dem Geschmack ein Greuel sind.»[18] Zola ist denn auch niemals in die Académie française gewählt worden.

Selbst ein so konsequent unkonventioneller Dichter wie Walt Whitman, der seine homosexuellen Eskapaden und sein ziemlich klebriges Liebesleben in sein Werk einfließen ließ, zog es vor, seine Geheimnisse, wenn überhaupt, durch «blasse Andeutungen» zu enthüllen. Für einen gebildeten und urteilsfähigen Kritiker wie Ralph Waldo Emerson war freilich Whitmans Indirektheit immer noch zu direkt. Als Emerson eine Säuberung der *Leaves of Grass* anregte, winkte Whitman ab: «Wenn ich das Geschlechtliche gestrichen hätte», meinte er Jahre später mit Recht, «hätte ich alles streichen können.» Er beklagte die allgemeine *«Wohlanständigkeit»* seiner Zeit und verkündete: «Das schmutzigste Buch in der Welt ist das gereinigte Buch. Reinigung ist Entschuldigung – ist Kapitulation – ist das Eingeständnis, daß irgend etwas nicht gestimmt hat.»[19]

Nun, mochte solche Reinigung schmutzig oder apologetisch sein – sie war der Brauch der Zeit. Manche, wie Hippolyte Taine, kamen ihren Biographen und dem neugierigen Blick der Nachwelt zuvor, indem sie ihre Papiere verbrannten und die strikte Anweisung erteilten, man möge nach ihrem Tod ihre «Privatangelegenheiten» auf sich beruhen lassen. Die meisten anderen Berühmtheiten konnten sich darauf verlassen, daß die autorisierten Biographen peinliche Vorkommnisse aus dem Leben ihres Helden unterschlugen. Die Herausgeber von Briefen merzten solche Episteln aus, von denen sie glaubten, sie gingen niemanden etwas an. Autoren legten persönlich Hand an ihr Werk, und die Biographen waren es zufrieden. Als Ednah Dow Cheney 1889 die Biographie Louisa May Alcotts schrieb, wies sie im Vorwort zwar darauf hin, daß man «Miss Alcotts Werk ohne Kenntnis ihres Lebens unmöglich verstehen» könne, fand aber kaum ein Wort des Bedauerns darüber, daß «Miss Alcott in ihrem späteren Leben ihre Tagebücher von Zeit zu Zeit überarbeitete und aus ihnen tilgte, was ihr für fremde Augen als zu persönlich erschien.»[20] Cheney kam gar nicht auf die Idee, daß vielleicht die Öffentlichkeit ein Anrecht auf jenes biographische Material hatte, das Louisa May Alcott ihr vorenthalten wollte.

Nicht das einzige, aber das prominenteste Opfer solcher fürsorglichen Unterschlagung wurde Charles Dickens. Er starb im Jahre 1870; acht

Jahre später bemühten sich seine Schwägerin Georgina Hogarth und seine älteste Tochter Mamie Dickens, aus der Korrespondenz des Dichters eine Briefausgabe zu veranstalten, die John Forsters berühmte und, wie sie glauben mochten, praktisch definitive Biographie *Life of Charles Dickens* abrunden sollte. 1880 legten die beiden eine zweibändige Auswahl aus den Briefen Dickens' vor, der zwei Jahre später ein Ergänzungsband und im selben Jahr eine überarbeitete und etwas gekürzte Fassung folgte. «Wir haben *bedenkenlos* gestrichen und zusammengefaßt», schrieb Georgina Hogarth Ende 1881, «aber, wie ich hoffe, mit Sinn und Verstand.» Was die Herausgeberinnen unter den Tisch fallen ließen, bietet eine Blütenlese dessen, was sie – als frivol oder zu anstößig – dem spätviktorianischen Publikum nicht glaubten zumuten zu können: einige gedrechselte Späße, die Carlyles bigotten Antisemitismus und die harmlose Bosheit Dickens' gegen einen guten Freund verrieten, Dickens' Interesse für den Mesmerismus sowie die Trennung von seiner Frau. Briefe, die die Herausgeberinnen «zu *rein* persönlich» fanden, fielen ihrer gnadenlosen Diskretion ebenfalls zum Opfer.[21] Im selben Geist verstümmelte Sophia Hawthorne die Tagebücher ihres Mannes, und Fanny Kingsley beschnitt wiederum aus demselben Grund, zum Schutz der Privatheit, den Briefwechsel ihres Mannes. Diese frommen Redaktoren sahen ihre Aufgabe darin, ein öffentliches Heiligtum zu errichten; sie wollten einen illustren Toten weder zur Schau stellen noch gar sezieren.

Mitunter erlaubt die Lust am Verhüllen oder Kaschieren biographischer Unterlagen einen frappierenden Einblick in das bürgerliche Schicklichkeitsempfinden. Alexander Carlyles Edition jenes Berichts, den sein Onkel Thomas Carlyle über eine Deuschlandreise im Herbst 1858 verfaßt hatte, ist geradezu die Karikatur einer solchen moralisierenden Redaktion. Wenn Carlyle notiert, daß er sich bei einem Besuch einmal krank zu Bett legen muß, nur noch von Kalomel lebt, von einem Butler bedient wird, welcher umständlich nuschelt, und am Morgen mit Rizinusöl verarztet werden muß, dann tilgt der Neffe sowohl das Kalomel als auch das Rizinusöl. Wenn Carlyle in seinen privaten Notizen davon absieht, das Wort «whore» [Hure] auszuschreiben, und von Ninon de l'Enclos, der gefeierten französischen Kurtisane, als von dieser alten «wh-re» spricht, so überbietet Alexander Carlyle die Diskretion seines Onkels, indem er «wh-re» durch «Frau» ersetzt. Schreibt Carlyle über die Bürger von Liegnitz, sie hätten sich *en masse* am Bahnhof eingefunden, «um am Prinzen von Preußen zu schnuppern», dann entscheidet der Neffe, daß es für die Bevölkerung schicklicher gewesen wäre, den Preußenprinzen «sehen» zu wollen. Und wenn Carlyle in malerischen Einzelheiten von der Statue des hl. Johannes von Nepomuk in Prag berichtet – «mir besonders verhaßt»; die «ganze Geschichte eine *vorbedachte Lüge*»; das «hingeflätzte *Christkin* [sic] auf den Armen, der verdrehte Kopf und das dreimal gnadenreiche Lächeln, womit er diese kleine vergoldete Erscheinung angrinst, hat immer das Ansehen einer unechten Frau in Hosen»; «abscheulicher Humbug; Ausgeburt des Teufels das, ohne Frage» – dann läßt der entsetzte Redaktor vorsichtshalber gleich den ganzen Absatz weg, um niemanden vor den Kopf zu stoßen.[22] Nicht umsonst war es Charles Dickens, der mit der glänzend konzipierten Figur der Mrs. General diese kulturellen Abwehrmechanismen veranschaulichte und scharfsinnig ihre inneren Gründe andeutete. «Der wahrhaft feine Geist», instruiert Mrs. General ihre neureichen Herrschaften, denen sie vornehme Lebensart beizubringen hat, «ist einer, für den nichts zu existieren scheint, was nicht vollkommen geziemend, gelassen und gefällig ist.» Diese Doktrin der Verleugung steht in unversöhnlichem Gegensatz zu dem eigensinnigen Wissenwollen Arthur Clennams, des Protagonisten in *Little Dorrit*. Dickens erkannte intuitiv, auch wenn er ihn nicht deutlich ausdrücken konnte, jenen Konflikt der Bedürfnisse und Ideale, an dem das Bürgertum seiner Zeit litt und der aus ihm alles andere machte als eine geschlossene Phalanx von Heuchlern. Immerhin gab es im bürgerlichen Jahrhundert viele, die nicht wissen wollten, und manchen Beobachtern der Gesellschaft schien es, als müsse sich ein Tartuffe in Dickens' Zeiten wie zu Hause gefühlt haben.

Molières Tartuffe war vor allem deshalb denkwürdig, weil sich bei ihm Sinnlichkeit und Opportunismus unter dem geistlichen Gewand verbargen. An solchen Typen fehlte es auch im bürgerlichen Jahrhundert nicht. 1870, als Lester Ward noch ein kleiner Angestellter im Statistischen Büro des Schatzamtes und mit seiner Lizzie glücklich war, entwarf er einen wütenden Brief an einen Heuchler, der sich gegen die Heiligkeit seines Hauses vergangen hatte – einen gewissen W. G. Marts, der sich auf die geistliche Laufbahn vorbereitete. «Mein Herr! Die Schurkerei, die Sie in meinem Hause begangen haben, ist mir seit langem bekannt.» Doch hatte Ward eine Weile abgewartet, bevor er etwas unternahm. «Auf ausdrückliches Ersuchen der Mutter Ihres Mulattenbastards, die infolge Ihrer *frommen* Taten Not leidet, schreibe ich, um Sie bei Strafe der Bloßstellung und immerwährenden Schande aufzufordern, nunmehr unverzüglich zu tun, was das Gesetz von Schuften wie Ihnen verlangt und was nur ein frommer Schuft wie Sie nicht schon aus Ehrgefühl tun würde, nämlich der Mutter Ihres Kindes soviel Geld zu schicken, daß sie sich und das Kind auskömmlich erhalten kann.» Diese Rhetorik wirft einiges Licht auf das zeitgenössische Theater- und Romanschaffen: Die Sprache des Melodramas stand den krassen Realitäten der Wardschen Welt nicht völlig fern. Für die erste Zahlung räumte Ward Marts eine «vernünftige Frist» ein. «Falls sie dann nicht eintrifft, werde ich Ihre schmutzige Liederlichkeit in der ganzen Welt bekannt machen.» Mit Rücksicht auf die «arme unwissende Schwarze, die Sie verführt haben, und das unschuldige Kind Ihrer christlichen Lust» war Ward bereit, die ganze Angelegenheit mit Stillschweigen zu behandeln, solange Marts «großzügig» zahlte und seine Zahlungen nicht einstellte. Eigentlich sei Marts der von ihm verführten Frau ein Haus und ein Grundstück schuldig. «Glauben Sie ja nicht, daß Sie ungeschoren davonkommen, bloß, weil sie eine Schwarze ist. In diesem Lande« – und hier ging der optimistische Egalitarier mit Ward durch – «gibt es keine Unterschiede aufgrund der Rasse.»

Dann aber kam Ward auf sein eigentliches Thema zu sprechen, Marts «christliche Lust», und es ist unverkennbar, mit welcher Wonne er sich in Rage redete. «Ich werde alles das tun, was ich gesagt habe; verlassen Sie sich darauf. Ich werde nicht von Ihnen ablassen und Sie im ganzen Land unmöglich machen. Sie sind mir ein schöner Christ! Mitglied des C.V.J.M.! Unentwegt allen Menschen Religion predigen! Sie Heuchler! Religion! Ist das Religion, wenn man das farbige Hausmädchen seines Vermieters verführt u. sie dann sitzen läßt? Christ! Lehrt Sie das Christentum, so memmenhaft zu handeln? Mitglied der Kirche! Ist das ‹der zivilisierende Einfluß der Kirche über ihre Glieder›, von dem Sie immer gefaselt haben? Bei allem guten Willen: Das spricht nicht für diese Kirche.»[23] Marts überlebte diese Episode, heiratete und wurde sogar zum kongregationalistischen Geistlichen geweiht; aber die besten Späße Douglas Jerrolds, die gelungensten Karikaturen Charles Dickens' verblassen vor der aus tiefster Seele kommenden Empörung Lester Wards.

Zu den sardonischen Zeugen bürgerlicher Heuchelei gehörte auch Sigmund Freud. Ich habe bereits früher seine Einschätzung aus dem Jahre 1898 zitiert: «Gegenwärtig sind wir in Sachen der Sexualität samt und sonders Heuchler, Kranke wie Gesunde.» Als er 1915 über den damals tobenden Krieg nachsann, wiederholte er es: Indem die Kulturgesellschaft hohe sittliche Anforderungen stellt und dadurch die Menschen zur Triebunterdrückung zwingt, erzeugt sie Neurosen, Charakterverbildungen und die stete Bereitschaft der Triebe, bei passender Gelegenheit zur Befriedigung durchzubrechen. «Wer so genötigt wird, dauernd im Sinne von Vorschriften zu reagieren, die nicht der Ausdruck seiner Triebneigungen sind, der lebt, psychologisch verstanden, über seine Mittel und darf objektiv als Heuchler bezeichnet werden, gleichgültig ob ihm diese Differenz klar bewußt geworden ist oder nicht.» Freud kommt dann zu dem Schluß: «Es ist unleugbar, daß unsere gegenwärtige Kultur die

Ausbildung dieser Art von Heuchelei in außerordentlichem Umfange begünstigt.» Und er fragt sich, «ob ein gewisses Maß von Kulturheuchelei nicht zur Aufrechterhaltung der Kultur unerläßlich sei».[24]

Das sind verheißungsvolle Spekulationen. Und in der Tat bildet der Grundgedanke, daß jede Kultur, auch die am wenigsten repressive, den Trieben Opfer abverlangt, bekanntlich den Kern der Freudschen Gesellschaftstheorie. Da jede Kultur – nicht nur die bürgerliche Kultur des 19. Jahrhunderts – das Individuum zu schmerzhaften Kompromissen zwingt, muß auch jede Kultur als Bürde empfunden werden, da sie elementaren menschlichen Wünschen Gewalt antut. Ein gewisses Maß an «Kulturheuchelei» ist also, wie Freud sagt, zur Aufrechterhaltung der Kultur unerläßlich. Wenn jedoch «Heuchelei» ein Wesensmerkmal jeder Kultur ist und, wie Freud andeutet, unbewußt bleiben kann, verliert der Begriff seine Prägnanz und seine moralische Anstößigkeit. Der wahre Heuchler weiß, was er tut, und tut es zu seinem Vorteil. Der unbewußte Heuchler ist einfach der Mensch in seiner Kultur. Und wenn die «Kulturheuchelei» ihr eigenes geschichtliches Schicksal hat, dann interessiert sich der Kulturhistoriker nicht für ihre Existenz als solche, sondern für ihr Ausmaß, ihre Erscheinungsformen, ihre bewußten und unbewußten Bestandteile und ihre Funktion als Abwehrmechanismus.

Während nun Freud zwar die theoretischen Grundlagen für diese Betrachtungsweise der kulturellen Verlogenheit lieferte, war er zu sehr damit beschäftigt, neue, aussagekräftige Beweise für sie zu sammeln, als daß er einen neutraleren Begriff hätte ersinnen können. Nur zwei Jahre nach seiner Kritik an der bürgerlichen Sexualheuchelei analysierte er einige Monate lang jene spät-adoleszente Hysterikerin, die als «Dora» in die psychoanalytische Literatur eingegangen ist. Herr K., ein enger Freund Doras und ihrer Familie, hatte ihr zweimal unmißverständliche Avancen gemacht. Beim ersten Mal war sie erst vierzehn gewesen und hatte den Vorfall zu Hause berichtet – nur um von ihrem Vater zu hören zu bekommen, sie habe sich das alles «eingebildet». Ihre Erklärung für das Verhalten des Vaters war, daß er ihr nur deshalb nicht hatte glauben wollen, weil er damals selber ein Liebesverhältnis mit Frau K. unterhielt – mit einem Wort: ihr Vater war bereit, sie Herrn K. auszuliefern, wenn dieser nur die heimliche Romanze mit seiner Frau duldete.

Dies alles – und vieles andere dergleichen – war typisch für das bürgerliche Jahrhundert. Als Freud sich 1905 entschloß, den Fall Dora zu veröffentlichen, fand er einleitend bittere Worte für eine Gesellschaft, die ihn förmlich zu einer Entschuldigung dafür zwang, daß er «Organe und Funktionen des Geschlechtslebens» beim Namen nannte.[25] Und ein so freier Geist wie Mabel Todd verbannte die erotischen Freuden mit ihrem

Mann und die hinreißende Liaison mit ihrem Geliebten in ihr Tagebuch und ihren Kalender; auch wenn sie die herrschenden Vorstellungen von Sitte und Anstand oft nicht allzu ernst nahm: sie unterwarf sich ihnen doch. Derlei Selbstschutz war typisch; er änderte aber nichts daran, daß es in der damaligen Zeit Mode wurde, andere Menschen Heuchler zu heißen und sich, zumal in Vorworten von Büchern, der eigenen Nicht-Heuchelei zu brüsten. «Die wahre Sittsamkeit», schrieb Smith H. Platt, Verfasser erbaulicher Traktate, im Jahre 1877, «entspringt reinen Gedanken und verlangt einfache Worte mit klarer, unverhüllter Bedeutung.» Er bat die Leser, die seiner freimütigen Untersuchung der menschlichen Sexualität folgen wollten, «allen falschen Zartsinn abzulegen».[26] Solche selbstgefälligen Warnungen wurden Allgemeingut.

Sigmund Freud selber lieferte gelegentlich erstaunliche Beweise dafür, daß Verschweigen und Ausweichen auch Ausdruck eines Konflikts sein konnten. In der *Traumdeutung* bemerkt er ganz nebenbei, daß wir «die Kindheit glücklich preisen, weil sie die sexuelle Begierde noch nicht kennt» – und das in dem Buch, das den Ödipuskomplex skizziert, und aus dem Munde jenes Forschers, der die infantile Sexualität zu einem zentralen Lehrsatz seiner psychologischen Theorie machte! Die Äußerung ist ein Überbleibsel älterer, konventionellerer Anschauungen, ein Echo zählebiger Selbsttäuschungen, der unbewußte Widerstand gegen seine unangenehmeren neuen Einsichten.[27]

Manche der hellhörigeren Zeitgenossen Freuds waren keineswegs unempfindlich gegen den psychologischen Zwiespalt, der aus verbalen Widersprüchen und scheinbarer Unaufrichtigkeit sprach. Wahre Heuchelei bedingt, wie der englische Nationalökonom und Publizist J.A. Hobson darlegte, «Urteil und Berechnung», und er war überzeugt, daß ein offen heuchlerisches Verhalten in den meisten Fällen tieferen Quellen entspringe. «Unehrlichkeit in dem Sinne, daß man zu glauben vorgibt, was man in Wirklichkeit nicht glaubt, ist zu allen Zeiten etwas sehr Seltenes.»[28] Die andere, die unbewußte Unehrlichkeit ist nicht nur viel verbreiteter, sondern auch viel interessanter als die bewußte.

Hobsons Einrede hat viel für sich. Zweifellos frönten viele Menschen im bürgerlichen Jahrhundert heimlichen sexuellen Aktivitäten; und viele schwiegen sich über ihre sexuelle Not aus. Ärzte gaben fromme Sprüche über «das Geschlechtliche» von sich und ängstigten ihre Patienten mit Absurditäten über die verhängnisvollen Folgen von Masturbation oder «zu eifrigem Geschlechtsgenuß». Und Eltern ließen ihre Kinder häufig im unklaren über die Physiologie und Psychologie der Sexualität. Henry James – selber ein Meister der subtilen Umschreibung – warf den Romanciers seiner Zeit vor, in ihren Romanen die «körperliche Liebe» zu übergehen und der «ständigen Welt-Erneuerung» nur «die behutsamste Behandlung» angedeihen zu lassen. Bei diesen Klagen blieb er jedoch nicht stehen, und seine Diagnose ist mehr als bloß gescheit. Diese allzu zurückhaltenden Romanschreiber hielten es «irrigerweise für ausgemacht, daß all jener leichte und fadenscheinige Stoff Sicherheit bietet, der sich unentwegt in vorgefertigter und durch Abnutzung nur um so schlimmerer Form präsentiert.»[29] Genau das ist es. Ausweichen, Prüderie, Scheinheiligkeit, Heuchelei waren Abwehrmechanismen in einer Zeit der Gärung, eine Suche nach Sicherheit.

Und aus diesem Grund muß der Historiker – und namentlich der in den Ideen Freuds geschulte Historiker – sich fragen, wie nützlich der Begriff «Heuchelei» als diagnostisches Instrument zum Verständnis einer beliebigen Kultur, auch der der Mittelschichten des 19. Jahrhunderts, überhaupt sein kann. Von den heimlichen Leidenschaften sprechend, die nach seiner Meinung das Leben der meisten Christen seiner Zeit verunzierten, warf der Mediziner und Publizist Dr. Paul Paquin 1891 die Frage auf: «Kann man die Mehrheit offensichtlicher Schwindler füglich als Heuchler bezeichnen? Soll man einen Menschen, der im Geheimen mit jenen Leidenschaften ringt, die ohne sein Zutun in ihm sind, zu jenen Verruchten rechnen, die Tugend vortäuschen? – Mitnichten.»[30] Das war zwar etwas salbungsvoll, aber keineswegs verständnislos. Es erlaubt dem Historiker, Verleugnungen und Widersprüche der Mittelschicht dem Bezirk indignierten Moralisierens zu entziehen und distanzierter zu beobachten. Sicherlich waren viele gebildete und einflußreiche Bürger des 19. Jahrhunderts aus für sie einleuchtenden theologischen bzw. psychologischen Gründen ernsthaft der Überzeugung, daß Sinnlichkeit etwas Verruchtes sei und daß erotische Geschichten oder Bilder nur dazu dienten, die Unschuld zu verführen. Freudsche Ideen wie Sublimierung, Reaktionsbildung und andere Abwehrmechanismen waren noch nicht bekannt. Und nicht jeder prüde und sittenstrenge Bürger hegte angestaute laszive Bedürfnisse im Busen – jedenfalls nicht in größerem Umfang, als es bei Erwachsenen normal ist.

Ich möchte nicht bestreiten, daß moralischer Schwindel materielle und psychologische Früchte abwarf. Der Schwindler konnte der Verantwortung für sein Tun ausweichen und sich damit zugleich von der Bürde entlasten, die das Aufsichnehmen dieser Verantwortung mit sich gebracht hätte. Das war weniger schlimm als ein neurotisches Symptom, das dann auftritt, wenn ein unerlaubter Wunsch niedergehalten wird und hartnäckig auf seine Befriedigung pocht. Aber der moralische Schwindler konnte sich dieser Früchte nicht friedlich erfreuen. Es ist kennzeichnend für die bürgerliche Kultur des 19. Jahrhunderts, daß man Internatszöglingen

Verlogenheit als abscheulichste aller Sünden hinstellte. Charles Kingsley füllte einen entsprechenden Fragebogen ohne den geringsten Zweifel in diesem Punkt aus: «Welche Tugend bewunderst du am meisten? DIE WAHRHAFTIGKEIT. Gegen welches Laster bist du am nachsichtigsten? GEGEN JEDES, AUSGENOMMEN DIE LÜGE.»[31] Heuchelei war oft genug nicht bloß die Folge, sondern auch die Ursache quälender Konflikte.

Nicht einmal jene Bürger, die in selbstsüchtiger Scheinheiligkeit und demonstrativer Nächstenliebe schwelgten, waren zwangsläufig Betrüger. Meist lagen sie im Krieg mit sich selbst. Hobson hatte Recht. Ein echter Heuchler ist ein seltener Vogel; er mochte im bürgerlichen Jahrhundert häufiger sein als in anderen, aber selten war er auch da.

Das «Auseinanderklaffen von Tun und Meinen», das J.A. Froude so heftig beklagte, war – um La Rochefoucauld zu paraphrasieren – die Ehre, die im 19. Jahrhundert das Ich dem Über-Ich erwies. Das notorische Zittern vor dem Gespenst der öffentlichen Meinung gehört zu den bedrückendsten Symptomen der Zeit. Der Druck der «Anderen» war keineswegs bloße Einbildung. Doch war die Furcht vor der öffentlichen Meinung, ähnlich den Gefühlen des Analysanden gegenüber seinem Analytiker, ein Übertragungsphänomen; sie schrieb dieser Abstraktion Kräfte zu, die sie nicht besaß, und begegnete ihr mit Emotionen, die sie nicht verdiente. «Man redet wohl über die Tyrannei des Nero und des Tiberius», schrieb Walter Bagehot, witzig und treffend wie immer, um die Jahrhundertmitte, «doch der wahre Tyrann ist der Nachbar nebenan.» Die öffentliche Meinung «erzwingt sich Gehorsam» und nötigt erwachsene Männer und Frauen, «anderer Leute Gedanken zu denken, anderer Leute Worte zu sprechen, anderer Leute Gewohnheiten zu folgen». Selbstverständlich kann man sich diesem Druck widersetzen, ohne grausame Bestrafung gewärtigen zu müssen. Aber man wird den Missetäter einen «Exzentriker» heißen; «man wird leise murmeln ‹höchst unglückliche Gedanken›, ‹eigenartiger junger Mann›, ‹mit besten Absichten, zugegeben; aber bedenklich, mein Herr, sehr bedenklich.›»[32]

Solch sanfte Anklage hätte niemanden davon abgehalten, exzentrische oder bedenkliche Ideen zu vertreten und zu äußern, wenn sie nicht irgendwie ins Schwarze getroffen und das allgegenwärtige bürgerliche Schuldgefühl alarmiert und bestätigt hätte. Das 19. Jahrhundert war eine Zeit, in der große Zukunftshoffnungen zu großen Gefahren wurden, in der Veränderungen – auch Veränderungen zum Besseren – Angst erregten, da sie bedeuteten, daß verhehlte und gefährliche Wünsche Wirklichkeit werden konnten. Die gefürchtete Stimme der anderen, die man durch äußerliche Konformität beschwichtigen mußte, war die innere

Stimme, nach außen projiziert. Aber diese Stimme schien deshalb so real und so bedrohlich, weil es nicht immer schon die innere gewesen war. Es war die mahnende Stimme der Familie, wirksam verinnerlicht und wieder an die Welt zurückgegeben. Die Suche nach Sicherheit erschien angesichts einer so geräuschvollen Macht vollständig rational, und der Ort, sie zu suchen, war genau dort, von wo die Unsicherheit ausgegangen war: im Schoß der Familie – daheim.

2. Sozialwissenschaft als Kultursymptom

Die Familie hatte sich lange Zeit als eine so uralte, so allgegenwärtige, so notwendige Einrichtung präsentiert, daß diejenigen, die überhaupt über sie nachdachten, buchstäblich von ihrer Ewigkeit und Geschichtslosigkeit überzeugt waren. Das sollte sich in den Tagen der Königin Victoria ändern, in denen man über Evolution spekulierte, von Kulturvergleichen fasziniert war und nervös – oder freudig erregt – jene heftigen gesellschaftlichen Erschütterungen erforschte, die alles neu oder doch unsicher zu machen schienen. Die Familie hatte seit unvordenklichen Zeiten ungebärdige Leidenschaften gezügelt und liebgewordene Überzeugungen tradiert: Sie war das auserwählte Instrument der Sozialisation. Sie hatte Regeln aufgestellt, Tabus durchgesetzt und erotische Energien kanalisiert. Doch im Laufe des 19. Jahrhunderts wurde die bürgerliche Familie, die das alles geleistet hatte, fragwürdig, und nicht ohne Grund. Denn gerade die viktorianische Familie der Mittelschicht unterschied sich auf subtile Weise von ihren Vorgängern.

Die Geschichte der Familie bezeugt die banale, aber hochbedeutsame Dialektik von Kontinuität und Wandel. Da sie elementare menschliche Bedürfnisse prägt und befriedigt, ist die Familie von eindrucksvoller Resistenz gegen Veränderungen; da sie es mit den tiefsten Schichten menschlichen Erlebens zu tun hat, paßt sie sich neuen Situationen nur langsam und widerstrebend an. Doch mit der wunderbaren Vielfalt ihrer Ausdrucksmöglichkeiten und ihrer unterschiedlichen Haltung zu Intimität und Distanz, Zucht und Zuneigung schwimmt sie allezeit auf den bewegten Wellenkämmen der jüngsten Mode.

Dichter und Maler des 19. Jahrhunderts verklärten die Familie, Sozialwissenschaftler zergliederten sie, Ideologen stellten sie an den Pranger. Der radikale Feminismus wollte ganz ohne Familie auskommen; der utopische Sozialismus plante bereits ihren Ersatz; der Marxismus diagnostizierte ihren vorübergehenden, ausbeuterischen, heuchlerischen und daher zum Untergang verurteilten Charakter. Die erbarmungsloseste

Kritik kam jedoch nicht von links, sondern von rechts – von Konservativen, die allenthalben die Integrität der Familie bedroht und ihre historische Bedeutung zurückgedrängt wähnten. Sie sahen in der Familie ein Heiligtum und zugleich einen Ansteckungsherd – die Zufluchtsstätte vor der Häßlichkeit, dem Materialismus und der Unmoral der Zeit, aber angekränkelt von jenem Niedergang, dem sie eigentlich wehren sollte. Nicht zufällig waren die beiden Begründer (oder besser gesagt: Vorläufer) der Familiensoziologie, Frédéric Le Play und Wilhelm Heinrich Riehl, Verherrlicher der guten alten Zeit *und* Untergangspropheten.

Le Play war Ingenieur gewesen und wechselte in das Gebiet der soziologischen Forschung und Reform; Riehl war Journalist gewesen und wechselte in das Fach der akademischen Kulturgeschichte und Propaganda. Le Play, ein einfallsreicher und konsequenter Methodiker, veranstaltete Kongresse und gründete Schulen und Zeitschriften, um seine Anschauungen zu verbreiten; Riehl, ein Mensch der Intuition und Impression, entwickelte seine sozialen Überzeugungen und Vorurteile in Skizzen, Novellen und einigen flüssig vorgetragenen Essays. Le Play betrieb gründliche Feldforschungen, reiste kreuz und quer durch Europa und Asien, predigte die statistische Stichprobe und verfaßte Monographien; Riehl unternahm gelegentliche Wanderungen durch Deutschland, mit dem Notizblock in der Hand, forderte empirische Untersuchungen und schrieb Traktate.

Doch hatten die beiden auch vieles gemeinsam. Sie waren nahe Zeitgenossen: Le Play lebte von 1806 bis 1882, Riehl von 1823 bis 1897. Und beide klagten, unter dem Eindruck vergleichbarer sozialer Erschütterungen, prinzipienfest und beredt um das Vergangene. Die Bücher, die ihren Ruhm begründeten – der erste Band von Le Plays *Les ouvriers européens* und Riehls *Die Familie* –, erschienen beide 1855. Und beide kamen nie ganz von ihren malerisch-provinziellen Ursprüngen los. Zwar verschlug sie ihr Lebensweg (und ihr Ehrgeiz) in die Großstadt – den einen nach Paris, den anderen nach München –, aber undankbarerweise fanden sie in ihr vor allem unerschöpfliche Beweise für jenen sozialen Niedergang, deren spektakuläres Opfer, aber leider auch treibende Kraft, die moderne bürgerliche Familie war. Das unfreundliche Diktum Riehls über Paris, diese ständig schwärende Eiterbeule Frankreichs, wäre Le Play, hätte er es gekannt, aus dem Herzen gesprochen gewesen.[33]

Ihre Popularität erklärt sich zu einem guten Teil aus ihrer Parteilichkeit, doch festigten beide Männer ihren Ruf, indem sie ihre politischen Ansichten auch sozialwissenschaftlich untermauerten. Le Play arbeitete an sorgfältig zusammengestellten Fallgeschichten aller Zeiten und Gesellschaften drei Grundtypen der Familie heraus, die einander zwar teilweise überschnitten, aber doch eine jeweils eigene Entwicklung erkennen ließen: die patriarchalische Familie, die Stammfamilie und die instabile Familie. Der erste Typus, in östlichen Ländern noch verbreitet, war autoritär, traditional und ausgedehnt. Der zweite, die *famille souche* [Stammfamilie], weniger verzweigt und weniger diktatorisch, war die Verkörperung verantwortlicher Fürsorge, in der drei Generationen lebten und zwei gemeinsam arbeiteten. Der dritte Typ, die Kernfamilie, auf das Minimum von Eltern und Kindern reduziert, hatte sich – sehr zu ihrem Schaden – von den altbewährten, ausgreifenden Vernetzungen gelöst. Sie zerbrach, sobald die Kinder groß wurden und, unbekümmert um Geschwister und alternde Eltern, selber Familien gründeten. Dieser in der westlichen Kultur und zumal im Bürgertum vorherrschende «instabile» Typ der Familie war weder eine Anomalie noch ein Zufall; ihre Form und die Werte, die sie nur allzu getreu weitergab, spiegelten die gesellschaftlichen Realitäten ihrer Zeit wider: die Verwüstungen einer im großen Stil betriebenen Industrialisierung und die katastrophale Mode individualistischer Irrlehren.

Riehl sah nicht ganz so schwarz. Was ihn ein wenig tröstete, war der verheißungsvolle Blick auf traditional eingestellte Familien in den nördlichen Gegenden Deutschlands. *Die Familie* hält ein prekäres Gleichgewicht zwischen Anflügen von Hoffnung und einer Grundstimmung der Mutlosigkeit. 1881, bei der Bearbeitung der 9. Auflage, konstatierte Riehl mit Befriedigung, daß die deutsche Familie in bewundernswerter Weise dem von Staat und Gesellschaft vollzogenen Wandel widerstanden habe: «Mancher hier [1855] ausgesprochene Wunsch erscheint als eine seitdem erfüllte Prophezeiung.» Doch im Grunde schrieb Riehl nicht, um wissenschaftliche Befunde mitzuteilen, sondern um dem Publikum soziale Ideale einzuschärfen und das öffentliche Handeln zu beeinflussen. Sein Buch ist Idylle und Klagegesang in einem; es verklärt die noch auffindbaren Spuren jenes allerköstlichsten Juwels, des «deutschen Hauses», und jammert nach der entschwundenen Zeit, da die Familie noch ein echter Organismus war.[34]

Wie Le Play unterschied Riehl drei Familientypen und sah in der Familie mittlerer Größe – der «Stammfamilie» Le Plays – das gesellschaftlich Optimale. «Während bei uns die Familie schier aufgehoben wird durch die Fessellosigkeit des Individuums, droht die Familie bei rein patriarchalischen Zuständen das Individuum geradezu zu vernichten.» Riehl hielt es für ein schlimmes Zeichen, daß die moderne Familie in unpersönlichen Gebäuden wohnte: *«Das organische Haus hatte einen Namen, das symmetrische hat eine Nummer.»*[35]

Es kam für Riehl nicht überraschend, daß die für ein gesundes Familienleben notwendige Autorität des Vaters immer mehr ausgehöhlt wurde. In der guten alten Zeit hatte die Frau bereitwillig die Überlegenheit des Mannes hingenommen, was symbolisch darin zum Ausdruck kam, daß sie ihren Mädchennamen aufgab. Die Kinder hatten das Recht des Vaters anerkannt, bedingungslosen Gehorsam zu fordern. Die Religion, zu der sich der Haushaltsvorstand bekannte, war die Religion aller Hausbewohner gewesen. Dies hatte das erste Grundelement des Familienlebens, die Autorität, mit dem zweiten verbunden: der Frömmigkeit, «der liebe- und ehrfurchtsvollen Hingebung».[36] In besseren Tagen waren die Kinder zu Hause, von ihren Eltern, aufgezogen worden. Moderne bürgerliche Familien jedoch, verführt von den unwiderstehlichen Verlokkungen zur Genußsucht, hatten fast ausnahmslos dieses Lebenselement des häuslichen Geistes dem Staat überlassen.[37] Dies war für Riehl ein weiteres Symptom für die Gefahren, denen sich die moderne bürgerliche Familie ausgesetzt hatte.

Diese Analyse ist zum großen Teil freie Erfindung und zur Gänze tendenziös. Es gereicht ihnen zwar zur Ehre, daß Le Play und Riehl eine sträflich vernachlässigte, entschwundene Wirklichkeit einfingen: Allem gegenteiligen Anschein zum Trotz war das Familienleben im frühmodernen Europa weder unpersönlich noch grausam noch berechnend gewesen. Wie bei ihren Nachkommen im 19. Jahrhundert gab es in frühmodernen Familien oft Raum für Zärtlichkeit. Selbst die Puritaner, denen der gängige Witz solches nicht zutrauen würde, vermochten einander zu lieben – leidenschaftlich und zärtlich: «Mein süßes Ehgemahl», schreibt im 17. Jahrhundert John Winthrop, der verdienstvolle Gouverneur der Massachusetts Bay Company, an seine Braut, «wir wollen uns wohl sein lassen an der Liebe zueinander; ist sie doch der größte Trost auf Erden.»[38] Und Winthrops begeisterte Hingabe an sein «süßes Ehgemahl» war keineswegs etwas Außergewöhnliches.

Zugleich war in prä-industrieller Zeit die Familie weder so enorm groß noch so idyllisch gewesen, wie die konservativen Mythenschmiede behaupteten: Die Kernfamilie, diese angeblich moderne Erfindung, war bereits im 17. und 18. Jahrhundert herrschende Realität gewesen. Dazu kam, daß die bürgerliche Familie des 19. Jahrhunderts über eine Bandbreite des Gefühls verfügte, die ihre Kritiker ihr allzu voreilig absprachen. Sie warf ihre Netze außerhalb des unmittelbaren häuslichen Umkreises aus und bekam, in Liebe und in Rivalität, ganze Heerscharen von Vettern und Nichten, Onkeln und Tanten zu fassen.

Es gab auch Zeitgenossen, die dies alles mit Befriedigung zur Kenntnis nahmen; die Pessimisten hatten kein Monopol auf die öffentliche Meinungsbildung zum Thema Familie. Bezeichnenderweise vermochten sich die Bürger des 19. Jahrhunderts über die Situation und die Zukunft der Familie kein einhelliges Urteil zu bilden. Was Le Play und Riehl als Niedergang und Isolation beklagten, begrüßten andere als Fortschritt und Kraftzuwachs. In den 1820er Jahren bemerkte Christophe de Villeneuve, ein Präfekt im südlichen Frankreich, daß die meisten wohlhabenden Familien in Marseille ausgesprochen häuslich waren. «Früher herrschte eine große Distanz zwischen Mann und Frau, zwischen Vater und Kindern.» Damals «sprach man weniger leicht miteinander, die Bande zwischen den Menschen waren weniger eng, die Beziehungen distanzierter.» Heute hingegen freue sich der Vater, wenn er von der Arbeit nach Hause kommen und sich im Kreise seiner Lieben entspannen könne.

Vier Jahre später stellte John Stuart Mill der Familie eine ähnlich erfreuliche Diagnose: «Das Miteinander von Mann und Frau im täglichen Leben», schrieb er, sei «viel enger und umfassender geworden, als es je zuvor war. Das Leben des Mannes ist häuslicher geworden.» Der Fortschritt der Zivilisation und der Meinungsumschwung zugunsten einer gerechteren Verteilung der Pflichten auf Mann und Frau hätten den Mann viel stärker ans Haus und seine Bewohner gefesselt. Mill kämpfte gegen die Unterdrückung der Frau und stand daher unter dem Zwang, ihre Lage dramatisieren zu müssen; doch räumte er fairerweise ein, daß das Familienleben kultivierter und inniger geworden war.

Etwas früher hatte bereits Macaulay diese optimistische Sicht der Dinge in dem berühmten dritten Kapitel seiner Geschichte Englands gutgeheißen. Noch 1685 hätte der Herr den Knecht geschlagen, der Lehrer den Schüler, der Mann seine Frau. Jetzt, in den 1850er Jahren, war alles anders: «Es ist ein erhebender Gedanke, daß der öffentliche Geist in England milder ward, dieweil er reifer ward, und daß wir im Laufe der Zeit nicht nur ein klügeres, sondern auch ein liebenswürdigeres Volk geworden sind.»[39] Die stereotypen Familienidylle, die von Malern, Dichtern und Journalisten unters Volk gebracht wurden, waren kein reines Phantasieprodukt. Es gab sie wirklich, diese geradezu rührenden biedermeierlichen Szenen mit den heiter gestimmten Eltern und den pausbäckigen Kindern, alle fröhlich vereint vor dem gemütlichen Herd oder in der lauschigen Gartenlaube und ohne eine erkennbare Spur von Konflikt oder Neurose.

Solche Genreszenen bewiesen, wie weit die Zivilisierung der Familie im Laufe der Jahrzehnte gediehen war. Ihren Ausgang hatte sie von den Anstandsbüchern genommen, die während der ganzen Renaissance im Schwange waren. Einen Höhepunkt bildeten dann im frühen 18. Jahrhundert die einflußreichen Zeitschriften Addisons und Steeles mit ihren weltlichen Moralpredigten: der *Spectator* und der *Tatler*. Sie und ihre kontinentalen Nachahmer, namentlich Prévost und Marivaux in Frankreich, beweisen das unveränderte Interesse an dieser Art von moralisierender Unterweisung. Die Deutschen nannten denn auch ihre Versionen des *Spectator* «moralische Wochenschriften». Und alle diese gefällig geschriebenen Zeitschriften priesen die häuslichen Tugenden: Einsicht und Verständigkeit, liebenswürdige Rede, höflich-gesittetes Betragen, Herzlichkeit im Umgang mit dem Eheweib, Geduld mit den Kindern. Der Ton, den diese Moralisten gegenüber Frauen anschlugen, war – und blieb lange – herablassend; Aufgabe der Feministen im 19. Jahrhundert war nicht zuletzt die Kritik dieser Leutseligkeit. Jedenfalls förderten Zeitschriften wie der *Spectator* das zivilisierende Wirken der Verdrängung. Freundliche, liebevolle Familien hatte es schon früher gegeben; nun sollte ihr häuslicher Stil als Muster für alle gelten.

Dann traten die Pädagogen auf den Plan; Locke und Rousseau, später Basedow und Pestalozzi bemühten sich nach Kräften, ihre bürgerlichen Leser davon zu überzeugen, daß Kinder weder kleine Erwachsene noch kleine Wilde sind, daß die Vernunft sich als letzte der menschlichen Fähigkeiten entwickelt und daß Auswendiglernen oder überharte Disziplinierung nur willfährige Marionetten, aber keine selbstsicheren Erwachsenen erzeugen. Zwar konnten im 19. Jahrhundert Eltern wie Erzieher noch wie selbstverständlich davon sprechen, den Willen des Kindes zu «brechen», zwar war die körperliche Züchtigung noch allgemein verbreitet; doch gingen bürgerliche Familien in zunehmendem Maße zu verbalen Ermahnungen über und suchten die häusliche Ordnung immer weniger durch das Erzwingen von Respekt – was allemal Furcht bedeutet hatte –, sondern durch Liebe zu sichern. Wer jetzt noch strenge väterliche Autorität verfocht, konnte schon verzweifeln.

Die schlimmen Prophezeiungen Le Plays und Riehls gehören also nicht nur in die Geschichte der Familie, sondern auch in jene gewaltige Ratgeberliteratur zur Gründung bzw. Erhaltung eines Hausstandes, die das bürgerliche Jahrhundert überschwemmte. Schlußfolgerungen, Argumentationsweise und Rhetorik dieser juristischen, theologischen, medizinischen und moralischen Ratgeber zeichnen sich aus durch ihre geistige Schlichtheit, ihren exaltierten Ton und ihre Eintönigkeit. Was sie vertraten, fand Eingang in Romane, Gedichte und Theaterstücke, beseelte Predigten, beschäftigte publizitätshungrige Juristen, Mediziner und Pädagogen, bot Stoff für ungezählte Unterhaltungen. Und es blieb sich immer gleich – von Land zu Land, von Jahrzehnt zu Jahrzehnt. Die Ideologen der Familie waren keine originellen Köpfe; aber sie wollten es auch nicht sein. Es war, als ob sie durch die schiere Masse ihrer

Beschwörungen die verderbliche Flut der modernen Emanzipations- und Gleichheitsvorstellungen aufhalten wollten.

Die Franzosen, überall berüchtigt ob ihrer unsittlichen Romane, gehörten dennoch zu den unermüdlichsten Propagandisten der häuslichen Segnungen. In seiner 1856 erschienenen Vorlesungsreihe *La Famille* traf der Philosoph Paul Janet den Ton so trefflich, daß die *Saturday Review* seine Ausführungen sogleich begeistert nachdruckte, nicht ohne sie den englischen Gegebenheiten anzupassen. «Mißtraue dem, der sich über Herd und Heim lustig macht. Aus einer verdorbenen Quelle kann kein reines Wasser fließen.» Die Lehren, die Janet bereithielt, durfte man nicht ungestraft ignorieren. «Familie, Vaterland, Menschheit – diese drei; aber die größte unter ihnen ist die Familie. Das ist die Moral, die wir dem uns vorliegenden Werk entnehmen.»[40]

Janet, dem sein unkritischer englischer Rezensent eifrig sekundierte, ließ keinen Zweifel daran, daß die Familie, die er verteidigte, die patriarchalische Familie war. In einer Nachbemerkung, die die Bedeutung von Janets Buch unterstreichen sollte, hob die *Saturday Review* die «Macht und Autorität» hervor, die «dem Oberhaupt der Familie», dem Vater, gemäß dem hierarchischen Prinzip der Familie zukomme. Die Frauen haben ihre Rechte; sie sind nicht bloß unentwickelte Männer. Aber die Geschlechter verkörpern «das aktive bzw. das passive Prinzip». Der Wirkungskreis des Mannes ist «außer Haus», der der Frau «im Heim, am Herd».[41]

Solcher Aussagen gab es buchstäblich Tausende – in vielen Sprachen, in jedem zivilisierten Lande. Die *Revue des Deux Mondes* sagte es schon um 1840, das *Magasine Pittoresque* klappte ein halbes Jahrhundert später nach. Deutsche Geistliche schrieben es in ihrer Brautleute-Unterweisung, amerikanische Geistliche in privaten Briefen an ihre Gemeindemitglieder. John Ruskin sagte es, und W.S. Gilbert, der Operettenlibrettist, sagte es auch: Der wahre Beruf der Frau ist ihr Heim; sie ist der Schutzengel, der ihr kleines häusliches Reich in ein Königreich Gottes auf Erden verwandelt. Für die Emanzipation der Frau von diesen frommen Pflichten zu agitieren, hieß, sich gegen die Gesetze Gottes und der Menschen zu versündigen.[42]

Der Kitt aber, der alle Spielarten dieser Ideologie zusammenhielt, war der männliche Mythos von der Spezialisierung. Die beiden Geschlechter unterscheiden sich erheblich voneinander, in der körperlichen Belastbarkeit ebenso wie in ihren Geistesgaben, ihrem Gemüt und dem sittlichen Empfinden.[43] Wenn jeder in seinem eigenen Wirkungskreis bleibt, arbeiten beide bestens zusammen, wer aber in den Wirkungskreis des anderen eindringt, stürzt beide ins Verderben. Die Aufgabe der Frau – Führung des Haushalts, Zuteilung der häuslichen Hilfsmittel, Beaufsichtigung der Dienstboten, Aufzucht der Kinder – ist schwierig und verdienstvoll; und der Mann hat seine eigene liebe Not in der Tretmühle von Beruf, Politik, Industrie und Handel. Die Frau in ihrer Häuslichkeit ist frei, weil sie ihre Bestimmung erfüllt; die Frau in der Öffentlichkeit wird zur unbewußten Sklavin einer Modephilosophie. Außerdem ist die Frau genauso einflußreich wie der Mann, wahrscheinlich sogar einflußreicher: Ihre stille Macht hinter den Kulissen war in der Essayistik ein abgegriffenes Thema und Gegenstand zahlloser peinlicher Witze.

Die Männer des 19. Jahrhunderts wurden nicht müde zu versichern, daß die Frau von Natur aus gewisse Gaben besitze, die ihre eigentliche Weiblichkeit ausmachten. Die Frau reagiert sensibler als der Mann auf das Schöne und das Wahre; sie steht, wie die französische Schriftstellerin Daniel Stern bemerkte, der Natur näher als jeder Mann. Der «weibliche Instinkt» hat, laut Pastor Dr. Otto Funcke, fast immer recht. Und wenn er einmal nicht recht hat, was gelegentlich vorkommt, so gelingt es der Frau dennoch, den Ehemann mit List, Schmeichelei und Tränen vom Gegenteil zu überzeugen. Der spanische Arzt Monlau y Roca sprach praktisch für alle, als er um die Mitte des Jahrhunderts erklärte: «Das Weib ist niemals stärker, als wenn es sich mit seiner Schwachheit wappnet.»[44]

Diese Verfechter der Theorie von der geheimen Macht der Frau verschoben offenbar ihre ehrfürchtige Scheu vor dem Mysterium der weiblichen Sexualität auf das äußere Wirken der Frau in der Welt. «Es ist leicht, mir zu sagen», schrieb John Ruskins Vater an Effie Ruskins Vater, «ein Mann soll seine Frau lenken und leiten.» Er selbst glaube nicht daran, «daß Sie oder John jemals» Effie Ruskin dazu bringen könnten, «ein anderes Leben zu führen als das, was sie selbst zu führen gesonnen ist.» John Ruskin selbst rechtfertigte sein idyllisches Bild des gehorsamen, häuslichen Weibes mit der Begründung, die Frau besitze genau jene Machtfülle, mit der sie noch umgehen könne. Das war Wasser auf die Mühlen mancher Ruskin-Anhänger. Der amerikanische Theologiestudent Lester Bradner schrieb an Edith Murray, seine spätere Frau: «Es gibt kaum einen stärkeren Einfluß zwischen zwei Menschen als den, welchen eine Frau über jeden Mann ausübt, dem sie etwas bedeutet. Wenn die Mädchen wüßten, welche Verantwortung in dieser Hinsicht auf ihnen ruht, und den wahren Adel ihres Wesens walten ließen, sähe die Welt wohl anders aus.»[45] Aus ihm sprach die Stimme des durchschnittlichen Bürgers.

Viele Männer gingen sogar noch weiter als Ruskin und behaupteten, die Frau besitze nicht nur genug, sondern bereits zuviel Macht. Hatte er nicht recht, der Herzog in Verdis *Rigoletto:* «La donna è mobile»? Selbst William Ewart Gladstone – mehr als die meisten Männer imstande, vernünftig mit Frauen zu reden – faßte Anfang 1840 eine Diskussion mit Lady Braybrooke über Irland folgendermaßen zusammen: «Der entzückendste Anblick. Sie ist so treuherzig, aufrichtig, ernst, scharfsinnig, verspielt und inkonsequent», mit einem Wort: «typisch weiblich.»[46] Gladstone war ein Mann, der aus seinen Erfahrungen lernen konnte und später maßvoller wurde. Andere hielten um so hartnäckiger an ihren Überzeugungen fest.

Gelegentlich dämmerte freilich die Erkenntnis, daß Wesen und Rolle der Geschlechter vielleicht doch nicht ein für allemal festgelegt waren und daß eine veränderte Zeit Veränderungen bringen konnte. Ein außergewöhnlicher englischer Geistlicher mochte einräumen, daß die Frauenbewegung eine durchaus begreifliche Reaktion von bürgerlichen Frauen war, die auf Erweiterung ihres Betätigungsfeldes brannten; ein außergewöhnliches, wohlerzogenes Mädchen mochte sich mit der Frage abquälen, wie man berufliche Karriere und Ehe verbinden konnte. 1878, in dem Jahr, bevor sie David Todd heiratete, schlug sich Mabel Loomis mit diesem Problem herum. «Ich möchte wissen, wozu Gott den Frauen Talente mitgibt? Wenn sie etwas daraus machen wollen, was Bestand hat, müssen sie ledig bleiben, und das ist sicher nicht für jede das Richtige.» Wenn begabte Frauen unverheiratet blieben, studierten, nach Europa gingen, in den Künsten ihren Weg machten, dann würden nur «gewöhnliche Frauen» Mutter werden, und das wäre das Ende «kluger und brillanter Söhne; denn die Mutter macht das Kind». Wenn begabte Frauen hingegen eine Ehe eingingen, seien sie gezwungen, auf «ein großes Werk, in der Kunst, der Musik oder wo immer», zu verzichten. «Warum bloß stecken in der Frau zwei entgegengesetzte Elemente, die sie gleichzeitig nach Osten u. nach Westen zerren? Warum haben sie Talent u. zarte Regungen zugleich!»[47] Es war schwer für Mabel Loomis, sich ein Leben als Frau zu denken, in dem die volle Entfaltung ihrer Talente mit der rückhaltlosen Hingabe an ihre Liebe in Einklang gebracht werden konnte.

Die Frage wurde im Laufe der Zeit immer dringender; denn daß eine Frau ihr Leben außerhalb der häuslichen Sphäre verbrachte, wurde immer mehr eine realistische Alternative. Selbst *The Girl's Own Paper*, die 1880 von der «Religious Tract Society» in London gegründete Zeitschrift, brachte nun Artikel über die berufstätige Frau, forderte gleichen Lohn für gleiche Arbeit und kritisierte die Männer, in deren Phantasie die Ehefrau noch immer umsichtige Hausfrau und frivole, reizende Gespielin zugleich war.

Nach 1890 war der energische Ruf nach einer neuen Ordnung bereits unüberhörbar, doch die herrschende Familienideologie ließ sich davon kaum beeindrucken. Man mußte schon ein konsequenter, couragierter Feminist sein, um diese Ideologie in Frage zu stellen. Das sogenannte Happy-end von Ibsens *Nora*, bei dem Nora Helmer zu Hause bei Mann und Kindern bleibt, war ein Kompromiß, der dem Stück in vielen Aufführungen aufgezwungen wurde und der die Zählebigkeit, aber auch die innere Brüchigkeit jener Ideologie beweist. Mabel Loomis, obgleich unternehmungslustiger als die meisten, wollte ihre Talente letztlich nur erproben, aber nicht auf Kosten ihrer Liebe zur Geltung bringen. Und *The Girl's Own Paper* – bei allem jugendlichen Ungestüm, den Leserinnen ein Fenster zur Welt zu öffnen – neigte doch dazu, die Rechte der Frau zu definieren als die Pflicht, in ihrem kleinen Kreis segensreich zu wirken und in einer rücksichtslosen Gesellschaft den Engel des Erbarmens zu spielen. Es war eben eine neue Zeit, die durch solch zwiespältigen Protest geprägt und vorangebracht wurde.[48] Doch die Familienideologie, obgleich sie schwer angeschlagen war, behauptete – in immer neuer Aufmachung – nach wie vor ihren Platz.

Immerhin herrschte Verwirrung in den Reihen ihrer Verteidiger. In *Pygmalion and Galatea* von 1871 bot W.S. Gilbert die versprengten Reste einer mittelalterlichen Ritterlichkeit auf, um einer in Bedrängnis geratenen Sache beizuspringen.[49] Wenn jedoch die Brüder Goncourt die «feine Beobachtung» einer Dame rühmten, die ihnen erklärt hatte: «Die Frau muß einen leichten Duft von Sklaverei verströmen», so spürt man bereits deutlicher das ängstliche Bedürfnis des Mannes, die Frau zu erniedrigen, um nicht von ihr überwältigt zu werden.

Ohne Zweifel war das, was Riehl «Familienkonservatismus» nannte, in arge Bedrängnis geraten. In einer eigenartigen Coda zu seinem Buch *Die Familie* entwirft er das Wunschbild eines besseren 20. Jahrhunderts, in dem die bürgerliche Familie zu ihrer alten Herrlichkeit zurückgefunden hat: Man bewohnt, gemeinsam mit den Großeltern, ein geräumiges Haus, das auch das Personal beherbergt, man empfängt Verwandte zu ausgedehnten Besuchen, treibt systematische Ahnenforschung, macht Hausmusik (Bach und Haydn, keinen Wagner), man betet gemeinsam und marschiert sonntags geschlossen in die Kirche.[51] Was Riehl übersah, war der Umstand, daß Tausende bürgerlicher Familien in Deutschland und anderswo praktisch in jeder Hinsicht diesem wehmütigen Tagtraum entsprachen.

Er übersah es, weil er – im Verein mit anderen unerschrockenen Helfern – alle Hände voll zu tun hatte, den Geist des Feminismus wieder in die Flasche zu bannen. Auch Le Play äußerte sich hierzu unmißverständlich. Zwar stand er dem Bedürfnis der Frau des 19. Jahrhunderts nach Beruf und Arbeit nicht völlig verständnislos gegenüber, aber für ihn war klar, daß sie sich am besten zu Hause betätigte, weil ihre Bestimmung nun einmal die zur Gattin und zur Mutter war. Er sah wohl ein, daß es unmöglich war, die Vergangenheit wiederherzustellen; aber sein gesellschaftspolitisches Programm war doch beherrscht von der Sehnsucht nach dieser Vergangenheit. Die Freiheit des einzelnen mochte erstrebenswert sein, aber nur, wenn sie «das größtmögliche Maß väterlicher Autorität» über sich wußte. Sind einmal alle jene Gefühle vergessen, «die die Familie in Gang halten», sinkt der Mensch in einen Zustand hinab, der «niedriger als der der Tiere» ist. Eben dies sah er in Frankreich geschehen, wo die Menschen jeden Sinn für Respekt und den Gehorsam gegen «gesellschaftlich Übergeordnete» vergaßen – eine verderbliche Nivellierung, die ihre Ursprünge in der Aushöhlung der väterlichen Autorität hatte.[52]

Le Play zögerte nicht, die Ausübung dieser männlichen Autorität über die Ehefrau ebenso wie über die Kinder zu fordern. Feministen sind Utopisten. «Der häusliche Herd ist in mancher Hinsicht eine Welt für sich, deren Beherrschung die ganze Sorge der Familienmutter erfordert.» Es sei betrüblich, ansehen zu müssen, wie moderne Frauen versuchten, «die Grenzlinien zu verwischen, welche bisher zwischen Tugend und Laster gezogen waren.»[53] Er war scharfsichtig genug, den Aufstieg dieser neuen Frau auf die Geschwindigkeit der gesellschaftlichen und technischen Veränderungen zurückzuführen; aber diese Einsicht ließ ihn nur um so heftiger der unwiederbringlichen Vergangenheit nachtrauern.

Riehl gab demselben Bedauern Ausdruck, nur derber und überspitzter als Le Play. Seinen Ruf nach «Emanzipierung von den Frauen» habe ich bereits zitiert. «Die Geschichte unseres politischen Elendes läuft parallel mit unserer Geschichte der Blaustrümpfe.» Und er bekundet seine Verachtung für «etliche Frauen von deutschem Namen und französischer Art», die dem «ganzen deutschen Publikum» zeigen, «wie eine emanzipierte Frau ißt, trinkt, raucht und mit der Polizei Skandal hat». Für ihn war es höchste Zeit, die Luft zu reinigen.[54]

So war jene Familienpolitik, die Männer vom Schlage Riehls oder Le Plays propagierten, von einer Furcht gespeist, die sich hauptsächlich in bösen oder nervösen Witzen Luft machte: der Furcht vor der neuen Frau. Mit ihrer Lust an der Öffentlichkeit und ihrer völligen Schamlosigkeit stand sie für das, was man in züchtigeren Zeiten und in der patriarchalischen Familie im Verborgenen gehalten und streng kontrolliert hatte – die ewige Macht des Weibes über den Mann. Das ist, wie ich weiter oben ausgeführt habe, eine uralte Obsession des Mannes; aber das 19. Jahrhundert, das für Subjektivität und Selbstausdruck eintrat, ließ sie großzügig an die Oberfläche kommen. Frauen fürchteten sich vor Männern und hatten allen Grund dazu: Die Rechts- und Sittengeschichte ist eine Geschichte männlicher Dominanz. Doch war die juristische, tradierte Autorität des Mannes in der intimen Umfriedung der Familie der psychologischen Kriegführung ausgesetzt; die zärtliche Zuneigung des Mannes, die ehrfurchtgebietenden mütterlichen Qualitäten der Frau konnten sie untergraben. So gesehen, war die Familie Ursache und zugleich Heilung von männlichen Sexualängsten. Was Riehl und seine Genossen wollten, war also *eine* Seite des Familienlebens ohne die andere. Damit sprachen sie zweifellos vielen Männern aus dem Herzen, die dieselben tiefsitzenden Befürchtungen hegten, sie aber nicht so gewandt zu artikulieren wußten. Und damit wird die Sozialwissenschaft, wie sie von Männern wie Riehl und Le Play betrieben wurde, zu einem kulturellen Symptom.

Die ödipale Konstellation, die diese Familiensoziologen für wünschenswert hielten – ohne sich natürlich dieser Terminologie zu bedienen –, machte die Mutter zur Verkörperung der Reinheit, den Vater zur Verkörperung der Macht: jene für alle Zeiten dem Liebesverlangen des Sohnes entrückt, dieser für alle Zeiten sicher vor der aggressiven Herausforderung durch den Sohn. Diese regressiv-nostalgischen Sehnsüchte nach der Stammfamilie waren ein Versuch, dem Verlust männlicher Potenz in einer gefahrvollen Welt entgegenzuwirken. Der Verlust männlicher Privilegien und männlicher Dominanz ließ den Verlust männlicher Macht befürchten. Diese Gesellschaftswissenschaftler waren keine größeren Heuchler als andere Sterbliche; daß die Gefahr, die sie sahen, im wesentlichen nur in ihrer Phantasie existierte, machte sie nicht weniger angsterregend.

Viele der Anklagen gegen die moderne Familie, besonders die sexuellen Anzüglichkeiten, waren bewußte Verleumdungen. Bekanntlich erhoben Marx und Engels den Vorwurf: «Unsre Bourgeois, nicht zufrieden damit, daß ihnen die Weiber und Töchter ihrer Proletarier zur Verfügung stehen, von der offiziellen Prostitution gar nicht zu sprechen, finden ein Hauptvergnügen darin, ihre Ehefrauen wechselseitig zu verführen.» Mehr noch: «Die bürgerliche Ehe ist in Wirklichkeit die Gemeinschaft der Ehefrauen», eine Kumpanei wechselseitiger Verführung, hinter der sich jene riesige Weibergemeinschaft «heuchlerisch» versteckt, die seit jeher existiert hat und die die Kommunisten nur offiziell einführen wollen.[55] Diese Anklage war unerhört und auch reichlich absurd. Aber der Anteil der Familie an der Formung bürgerlicher Sinnlichkeit war zugegebenermaßen ebenso zwiespältig, wie er unbestreitbar entscheidend war.

Das ehrgeizige pädagogische Wirken bürgerlicher Familien ist ein durchgehendes Thema unseres Buches gewesen. Die Wards, die Gladstones und ihre kontinentaleuropäischen Kollegen waren in ihrem häuslichen Leben Lehrer *und* Schüler der Sexualität: durch die unbewußten wie die bewußten Botschaften, die sie aussandten und empfingen. Die Lymans vermittelten ihren kleinen Söhnen die für sie kennzeichnende, verliebte Atmosphäre. Die Todds erzogen ihre Tochter zu jenen Konflikten, die der Anblick von Liebeshändeln und Ehebruch in einer hilflosen, halbwüchsigen Beobachterin wecken mußte. Manche, wie etwa Annie Besant oder George Sand, redeten sich ein, sie hätten die Tatsachen des Geschlechtslebens erst im Erwachsenenalter kennengelernt, während sie das Wesentliche mit Sicherheit schon viel früher aufgeschnappt hatten – nur um es dann zu verdrängen. Formell vertiefte sich Carey Thomas in die Schrecken sexueller Leidenschaft erst, als sie zwanzig war und in der Bibliothek ihres Vaters heimlich die medizinischen Bücher las. Aber weitreichende Entdeckungen über Sexualität und Liebe hatte sie schon als kleines Mädchen gemacht, als sie eifersüchtig und ohnmächtig zusehen mußte, wie ihre Mutter ihr Jahr um Jahr ein Geschwisterchen bescherte – einen immer neuen Rivalen um die Zuwendung der Eltern.

Die häuslichen Lektionen für die Sinne bestanden selten in ausdrücklichen Anweisungen, wie man etwa ein bewegliches sexuelles Ziel erlegt oder sich über sexuelle Erlebnisse herauslügt. Etwas informativer, wenngleich hoffnungslos unwissenschaftlich, waren sie in bezug auf die Frage, wie man gefährlichen sexuellen Versuchungen aus dem Wege geht. Im allgemeinen erzogen Eltern ihre Kinder zu einer subtileren Einstellung, die in ihnen Ambitionen oder aber Abhängigkeiten nährten; sie schärften ihre Sensibilität für feine soziale Abstufungen, die später das Spektrum annehmbarer Liebesobjekte einengten oder aus deren Wahl einen Anlaß für innere und familiäre Konflikte machten. Bewußte Gleichgültigkeit des Vaters oder der Mutter, aber auch übertriebene Besorgtheit führten häufig zu unheilbarer erotischer Verkrüppelung; mochte sie noch so gut gemeint sein, die elterliche Erziehung ebnete nicht zwangsläufig den Weg zum späteren Liebesglück.

Der Erwachsene zehrte von den erotischen Erfahrungen seiner Kindheit; doch erwuchs ihm auch in der von ihm selbst gegründeten Familie ein Lehrmeister, den er nicht ignorieren konnte. Junggesellen mußten natürlich auf sie verzichten. Aber wer heiratete, konnte die erotischen Lehren seiner Jugendjahre in das Eheleben einbringen. David und Mabel Todd entdeckten miteinander die sinnlichen Qualitäten von Speise und Wärme und das reizvolle Spiel von Ferne und Nähe. Durch aufreizende Briefe und das erregende, nackte Schwimmen im Meer erweiterten in lustvollen Stunden die Lymans die Grenzen ihrer sexuellen Phantasie.

Catherine Gladstone, zu den Schmerzen des Gebärens stoisch lächelnd, gab ihrem Gatten reichlich Gelegenheit, über die nicht nur frohen Folgen des Verkehrs nachzudenken. Und George Sand vervollkommnete ihren erotischen Stil, indem sie mit einer Vielzahl von Liebhabern experimentierte.

Derlei Erfahrungen waren Variationen über ein gängiges kulturelles Thema. Das berühmte Wort Tolstois bedarf der Ergänzung: Die glückliche Familie erzieht sich auf ihre eigene Weise, genau wie die unglückliche. Denn die Familie ist eine Art Hindernisrennen für die Emotionen; sie stört und verzerrt die Weitergabe sozialer Werte durch das jeweilige, oft neurotische Temperament der Eltern. Ein aufschlußreiches Beispiel hierfür ist der Nervenkrieg gegen den «Selbstmißbrauch». Bürgerliche Väter und Mütter versuchten auf verschiedenste Weise, ihre Kinder vor dem gräßlichen Los zu bewahren, das den «Selbstbeflecker» erwartete: Sie inszenierten ernste kleine Gespräche, sie arbeiteten im Wiederholungsfall mit körperlicher Züchtigung, oder sie verpaßten, wie bereits erwähnt, den Sündern Apparate, die verhindern sollten, daß sie nachts an den Geschlechtsteilen spielten. Doch welches Maß an Angst herrschte, welches Abschreckungsmittel gewählt, welche Strafe praktiziert wurde und wie hart, das war von Familie zu Familie verschieden. War die Familie des 19. Jahrhunderts eine private Schule der Liebe, dann mangelte es ihr jedenfalls, im Gegensatz zu den öffentlichen Schulen, an einem einheitlichen Lehrplan. Und entsprechend uneinheitlich fiel das Ergebnis aus.

3. Die Demokratisierung des Komforts

Der erotische Einfluß des Elternhauses war also je nach Gegend, gesellschaftlichem Status und Religionszugehörigkeit, ja von Familie zu Familie verschieden. Parvenüs mochten größeren Wert darauf legen, einen standesgemäßen Ehepartner zu finden als ein Patrizier mit ellenlangem Stammbaum. Als in bürgerlichen Kreisen bereits die Liebesheirat Mode war, legte man in Kreisen des Handels und der Industrie noch immer darauf Wert, durch ein rationales Ehebündnis die Grundlagen des Wohlstandes zu schaffen. Generell vollzog sich die häusliche Erziehung der Sinne in einer Atmosphäre des Unbehagens: einer Mischung aus Verlegenheit und Vorfreude auf das unbekannte Neue.

Die wohl auffälligste neue Wirklichkeit, mit der bürgerliche Familien fertig werden mußten, war das, was ich «die Demokratisierung des Komforts» nennen möchte. Seit der Renaissance hatten in der abendländischen Kultur mit eindrucksvoller Geschwindigkeit Konsumgüter und Erfindungen ihren Einzug gehalten, die die Tischsitten, die Abendunterhaltungen, ja die Augenblicke der Intimität verfeinerten, aber auch komplizierter machten: Servietten und Öfen, Baumwollzeug und Parkettfußböden, warme Kleidung und getrennte Schlafzimmer. Im 18. Jahrhundert wurde die Privatsphäre eine realistische Möglichkeit; den Reichen wurde sie rasch unentbehrlich, den Armen schwebte sie als Fernziel vor.[56] Im 19. Jahrhundert wurde dieser Komfort auch bessergestellten, aber keineswegs reichen Familien möglich; Lehrer und Ärzte, Kaufleute und Beamte gewöhnten sich an geräumige Häuser, gesunde Kost und eine breite Auswahl an Möbel-, Kleidungs- und Dekorationsstücken. Viele Menschen mußten nicht mehr so lange und nicht mehr so unerhört schwer arbeiten wie früher. Wer sich dennoch der anstrengenden protestantischen Arbeitsethik verschrieb, tat dies im wesentlichen aus eigenem Antrieb. Andere, die sich von der Arbeit nicht so vereinnahmen ließen, beanspruchten nun als ihnen zustehende Lebensnotwendigkeit, was früher noch Luxus gewesen war: Freizeit und Erholung, gelegentliche Reisen, vor allem aber die Segnungen des häuslichen Komforts.

Die meisten Nutznießer dieses Komforts hätten mit ehrlicher Entrüstung geleugnet, daß er über seine Nützlichkeit hinaus auch subtile erotische Anreize bot. Doch die in Artefakten und Situationen schlummernde Sinnlichkeit erwachte immer wieder – und unerwartet – zum Leben. Laura Lyman konnte ihren in der Ferne weilenden Mann mit der genüßlichen Beschreibung ihres wöchentlichen Bades quälen; Mabel Todd konnte sich des verführerischen Ambientes in ihrer Kabine auf dem Ausflugsdampfer erinnern. An Bilder, Figürchen, Souvenirs hefteten sich reizvolle oder sentimentale Erinnerungen an vergangene Liebesaugenblicke. Möbel und Einrichtungsgegenstände schmeichelten allen Sinnen. Wer sich in die Umarmung eines weichgepolsterten Sessels sinken ließ, verwöhnte seine Muskulatur wie in einem warmen Kinderbad.

Die Autoren, die über Haus und Heim schrieben, plauderten den erotischen Zauber der Dinge oft unbefangen aus. Clarence Cook fand in einer Artikelserie für *Scribner's Monthly*, die 1878 als Buch erschien und diverse Möbel für sämtliche Zimmer des Hauses vorstellte, Worte des höchsten Lobes für ein Sofa mit lose aufgelegten Polstern und anatomisch geformtem Holzsitz. Die Beschreibung dieses Möbels ist ungemein sinnlich: «Die flachen Armlehnen verbreitern sich nach vorne und sind am Ende abgerundet, so daß sie der Hand ein angenehmes und beruhigendes Spielzeug bieten.»[57] Eine komfortable Umgebung konnte für die anständigsten Leute zum geheimen Aphrodisiakum werden.

Im Einklang mit solch sanfter Verführung ist auch die erzählende Literatur der Zeit voll unschuldiger Suggestivität. Elizabeth Gaskell stattet die Heldin ihres Romans *North and South* mit einem ausgeprägten Geschmack an den angenehmen Dingen des Lebens aus: Margaret Hale, so unterrichtet Gaskell ihre Leser, empfindet «heftige Freude an jedem sinnenhaften Vergnügen», auch wenn es sich um Gegenstände handelt, die sie sich nicht leisten kann. Und der Schritt vom Sinnhaften zum Sinnlichen war selbst in viktorianischer Zeit nicht sehr groß. Schon die Luft, in der sie atmet, erregt Margaret Hale; bei einem Spaziergang – bezeichnenderweise mit dem geliebten Vater – «hätte sie am liebsten getanzt, so erheiterte sie der kühle, frische Abendhauch». Gaskell reserviert jedoch solche unbewußte Wollust nicht allein für ihre Heldin. Mr. Lennox, einer von Margaret Hales Verehrern, schwingt sich in geradezu orgastische Höhen empor, wenn er die Lust des Birnen-Essens im Freien schildert: «Nichts ist so köstlich wie das herzhafte Hineinbeißen in die saftige Frucht, die von der Sonne glüht und duftet. Das Schlimme ist nur, daß die Wespen unverschämt genug sind, sie einem streitig zu machen – justament im entscheidenden Augenblick der höchsten Wonne.»[58] Solche Sprache, mehr in das Schlafzimmer als in den Garten passend, war seinerzeit keineswegs selten und alles andere als anstößig. Rechnet man zahllose andere Hinweise auf das sinnliche Vergnügen an Alltagsdingen hinzu, so erledigt sich die verbreitete Vorstellung von selbst, der behagliche Bürger sei unempfindlich, eine kalte Profit-Maschine gewesen.

So war denn auch der Horazische Rat, das Nützliche mit dem Angenehmen zu verbinden, für das Bürgertum des 19. Jahrhunderts ein fester Glaubensartikel. Die Gegenstände mußten hübsch, nicht nur zweckmäßig sein; es war eine ihrer wesentlichen Funktionen, Vergnügen zu bereiten. Eliza Haweis, die englische Autorität in allem, was weibliche Kleidung betraf, schrieb 1878: «Ein Hut muß erstens der Trägerin stehen, zweitens schön und drittens nützlich sein.»[59] Jahrzehnte zuvor hatte schon Thomas Carlyle in seiner frühen Kritik der Industriekultur erkannt, daß neben die elementare Sicherung des Daseins die sinnliche Leidenschaft des Zeigens trat. In *Sartor Resartus* nennt er als ersten Zweck der Kleidung nicht Schutz gegen Kälte oder schamhafte Verhüllung, sondern das Schmücken des Leibes.[60] Viele der wohlhabenden Zeitgenossen Carlyles erwarteten, daß Komfort und Dekoration einander nicht ausschlossen, sondern ergänzten.

Mit einem Wort, materieller Komfort bot mehr als materiellen Nutzen; bürgerliche Dinge waren ein Vehikel bürgerlicher Gefühle. In einem Brief an Martha Bernays vom 18. August 1882 entwarf Sigmund Freud ein bezauberndes Bild der künftigen Häuslichkeit. Die beiden waren seit zwei Monaten verlobt, und Freud zählte eine Reihe von Dingen auf, die sie in ihrer «kleinen Welt von Glück» brauchen würden: «zwei oder drei Zimmerchen» für sich und ihre Gäste, «einen Herd, auf dem das Feuer für die Mahlzeiten nicht ausgeht», «Tische und Stühle, Betten, Spiegel, eine Uhr», Teppiche, ferner «einen Lehnstuhl für eine Stunde behaglicher Träumerei». Dazu kam «Wäsche mit zierlichen Bändern gebunden im Kasten und Kleidchen von neuem Schnitt und Hüte mit künstlichen Blumen, Bilder an der Wand, Gläser für alltägliches Wasser und festlichen Wein, Teller und Schüsseln». Freuen würde man sich auch über «die Bücherei und das Nähtischchen und die vertrauliche Lampe». Und: «dies Ding muß von der ernsten Arbeit zeugen, die das Haus zusammenhält, dies andere von Kunstsinn, von teuren Freunden, an die man sich gerne erinnert». Freud fragt sich: «Sollen wir unser Herz an so kleine Dinge hängen?» Seine Antwort lautet: «ja und ohne Bedenken.»[61] Niemand wird Freud den Vorwurf machen, ein durchschnittlicher oder typischer Bürger gewesen zu sein. Aber sein liebevoller Katalog ist reine bürgerliche Konventionalität. Wie er – und mit ihm Tausende anderer – glaubten, würde Komfort das rechte Milieu für die Liebe schaffen.

Diese erotischen Stimulantien der Reichen – kostbare Parfums, verführerische Musik, exotische Speisen, verlockende Kleider – blieben das Vorrecht der wenigen. Doch standen dieselben Erregungsmittel dem guten Bürger sozusagen in einer preisgünstigen Ausführung zu Gebote; vor allem leuchtete auch ihm das erfreuliche Dreigestirn aus Sauberkeit, Gesundheit und Freizeit, das der erotischen Kontemplation und Aktivität so günstig ist. Krankheit und Invalidität waren im 19. Jahrhundert aus dem Kreis der Mittelschichten nicht verbannt; aber die Bürger waren in dieser Hinsicht doch besser daran als in früheren Zeiten und als ihre weniger bemittelten Mitmenschen.[62]

Der neue Wohlstand bewirkte merkliche, auch sinnlich bedeutsame Veränderungen in der familiären Berufstätigkeit. Gutsituierte bürgerliche Familien konnten es sich leisten, auf die Berufstätigkeit der Frau ganz zu verzichten. Dieser Rückgang in der wirtschaftlichen Funktion des Haushalts war zwar nicht unbedingt erwünscht; viele Frauen fanden die Hausarbeit nicht weniger anstrengend, aber weit weniger interessant als die Mithilfe in einem Geschäft oder einer kleinen Werkstatt. Doch in dem Maße, wie sie sich aus der Öffentlichkeit zurückzog, fand die Ehefrau und Mutter ihre häusliche Autorität gestärkt und ihre Attraktivität für den Gatten erhöht. Während die neue Wohlhabenheit die Kameradschaft zwischen Mann und Frau oder zwischen Eltern und Kindern häufig förderte, beweisen familiensprengende Elemente wie das Internat oder der Club, der Hauslehrer oder die Gouvernante, daß es auch Bürger gab, die diese beispiellose Chance der Nähe und Zweisamkeit nicht ergriffen. Dennoch gab es viele Familien der Mittelschicht, die besondere Stunden füreinander erübrigten, und die erotischen Folgen dieser neuen Intimität waren höchst vielseitig.

Die bürgerliche Neudefinition dessen, was in der Familie an Aggression erlaubt und an Autoritätsausübung legitim war, wurde begleitet von der Domestizierung der romantischen Liebe. Dieser faszinierende Vorgang ist ein anschauliches Beispiel dafür, wie die Verwirklichung von Ideen in völligem Gegensatz zur ursprünglichen Absicht stehen kann. Die Gedichte, Romane und philosophischen Manifeste, in denen europäische Romantiker um die Mitte des 19. Jahrhunderts die Liebe priesen, waren als vehemente Kritik, nicht aber als Grundlegung bürgerlichen Verhaltens gedacht. Die Mittelschicht war in den Augen der Romantiker unfähig zur Liebe; die Bürger waren zu nüchtern, zu hausbacken, zu konventionell für die Höhenflüge zärtlicher Leidenschaft. Die romantische Liebeslehre war eine Lehre für die Jungen, eine Feier leidenschaftlicher Spontaneität. Aber jene gelangweilte, unzufriedene Jugend, die die Lehre der Romantiker begierig aufgriff, bestand zu einem erheblichen Teil eben gerade aus Bürgern. Romantische Liebe entsprang nicht dem Nichts und Nirgendwo; sie bedurfte jener Gesundheit, Muße und Gegenstandswelt, von der ich gesprochen habe. Das bedeutete, daß in dem Maße, in dem die Wohlhabenheit immer weitere Kreise der Mittelschicht erfaßte, die leidenschaftliche Liebe nicht mehr nur ein Vorrecht weniger auserwählter Geister war.[63]

Gewiß, für viele Bürger war Liebesschwärmerei nach wie vor nichts weiter als eine Ablenkung von dem ernsten Geschäft der Partnersuche. Und viele Frauen benutzten ihr vorgebliches Unvermögen zur erotischen Leidenschaft als Form der Geburtenkontrolle. Aber für immer mehr Bürger des 19. Jahrhunderts wurde Zuneigung eine unentbehrliche Voraussetzung für die Ehe, und die Eltern lernten, sich mit dem Partner abzufinden, den ihr Kind heiraten wollte. Liebe und Profit gingen Hand in Hand: Alfred Tennyson, George Meredith und andere zitieren die alte, zynische Familienweisheit: «Man heiratet nicht das Geld, man fliegt auf Geld.» Aber die meisten bürgerlichen Leser romantischer Literatur hätten solche Ratschläge mißbilligt, womöglich nicht einmal befolgt. Die Bürger des 19. Jahrhunderts haben die Liebe ebensowenig erfunden wie die Sexualität.[64] Aber sie gaben der von Zuneigung getragenen Liebe eine konsequente, plausible Ideologie und ein ausdrucksstarkes Vokabular.

Diese romantischen Bindungen brachten einen Wust von Problemen mit sich, die alle sehr ernsthaft erörtert wurden. Was zur Diskussion stand, war nichts Geringeres als die Natur der menschlichen Natur. Es gab keine reinliche Scheidung der Lager, etwa in dem Sinne, daß einerseits Weltlichkeit und das Eintreten für die kameradschaftliche Ehe, anderseits Frömmigkeit und die Verteidigung des patriarchalischen Prinzips Hand in Hand gegangen wären. Gewiß konnte Le Play 1881 schreiben: «Die Leugnung der Erbsünde ist derjenige Irrtum, welcher die Zukunft Europas am meisten gefährdet.»[65] Aber in zunehmendem Maße konnten die Gläubigen auf liberale christliche Interpretationen der häuslichen Pflichten des Christen zurückgreifen und damit der Idee der ehelichen Partnerschaft näherkommen.

Freilich waren auch der neue Komfort und die neue Intimität vor dem prüfenden bürgerlichen Gewissen nicht sicher. Das Sicheinlassen auf die Dinge dieser Welt – die erotischen und die anderen – schmeckte nach Unmoral, nach gottloser Vernachlässigung Christi und der Pflichten eines Christenmenschen; wer sich aufs Häusliche zurückzog, entzog sich auf sträfliche Weise dem, was er der Öffentlichkeit schuldig war. Sozialkritiker wie Disraeli mahnten, der Kult der Familie und des Heims sei der Feind der Gemeinschaft.[66] Noch beunruhigender, wenngleich weniger offensichtlich war, daß die moderne bürgerliche Familie ein Nährboden für sexuelle Rivalitäten war. Intime Liebe und intimer Haß sind zeitlos; nicht umsonst benannte Freud den Ödipuskomplex nach einem Sagenhelden der Antike. Aber die bürgerliche Familie des 19. Jahrhunderts – intimer, zwangloser, *konzentrierter* als jede frühere – gab diesen allgemeinmenschlichen Verstrickungen ein reiches Betätigungsfeld. Starke ambivalente Gefühle der Ehepartner gegeneinander sowie zwischen Eltern und Kindern wurden einer strengeren Zensur unterworfen als je zuvor – jener Art von Verdrängung, die neuroseträchtig ist. Die Ideologie der vorbehaltlosen Liebe innerhalb der Familie war anziehend, aber anstrengend. Der Anspruch des Vaters auf die Tochter, der Mutter auf den Sohn, das Pochen auf Autorität oder Ehrerbietung – dies alles gewann in dem Maße neue Macht, wie die rechtlichen Grundlagen der Autorität zu zerfallen begannen. In zunehmendem Maße fand der Familienstreit sozusagen nicht mehr vor Gericht, sondern in den Köpfen der Beteiligten statt. Jene emotionalen Opfer, von denen man in den ärztlichen Berichten, Gerichtsakten und Biographien liest, waren der Familie anzulasten. Ich meine nicht den Inzest; der blieb das oberste Tabu der Mittelschicht und ein schwer pathologischer Ausnahmefall. Ich meine subtilere Wunden.

Doch wenn die streng überwachte, stark befrachtete Interaktion der meisten bürgerlichen Kernfamilien auch ihre Risiken und Nachteile hatte, so war im 19. Jahrhundert die Familie der Mittelschicht doch mehr als nur der Schauplatz emotionaler Konflikte und sexueller Katastrophen. Der Gatte und Vater als Tyrann, die Gattin und Mutter als Vampir – das war weit seltener, als dramatische Erdichtung uns glauben machen will. Die Familie bildete eine kleine sinnliche Welt für sich, legte den Grund für Bindungen, auf denen spätere Bindungen aufbauen konnten, und gab, wenn es gut ging, Hilfestellung für das autonome Liebeswagnis des Erwachsenen.

4. Das Erlebnis der Privatheit

Die zeitgenössischen Beobachter konnten sich – ob ihnen gefiel, was sie sahen, oder nicht – darauf verständigen, daß die bürgerliche Familie im 19. Jahrhundert ein sicherer Ort der Privatheit war. Hinter ihren Mauern war man vor dem Übermut der Ämter, vor neugierigen Nachbarn, ja sogar vor zudringlichen Geistlichen geschützt. Zumal mit Rücksicht auf die schamlos prüfenden Blicke, denen das sexuelle Verhalten noch zweihundert Jahre zuvor ausgesetzt gewesen war und in Pioniergebieten wie dem «Wilden Westen» noch immer ausgesetzt war, bot der moderne häusliche Rahmen unübertrefflichen Schutz vor unerwünschten Zeugen. Manch einer wurde ob dieser großen Erfindung schier zum Philosophen. Walter Bagehot schrieb 1853: «Hinter dem äußeren Leben jedes Menschen, welches er in Gemeinschaft mit anderen führt, befindet sich ein anderes, welches er allein führt und gesondert mit sich herumträgt. Wir sehen nur einen Teil von unserem Nachbarn, so wie wir nur eine Seite des Mondes sehen.» Denn «zur Mahlzeit kommen wir alle zusammen, aber jeder hat ein Zimmer für sich allein.»[67] Bagehot denkt hier an die «großen Menschenschilderer» wie Shakespeare und ihre Begabung zur Einsamkeit. Das 19. Jahrhundert nun war eine Zeit, in der die Menschen der Mittelschichten sich nach einem eigenen Zimmer sehnten.

Doch war die Privatheit, selbst hinter der befestigten Umfriedung des Familienlebens, keineswegs vollkommen; dafür sorgten schon die Eltern. Sie öffneten die Briefe, die ihre Kinder bekamen, kontrollierten ihre Lektüre, begutachteten ihre Besucher, inspizierten ihre Unterwäsche. Wenn Eltern von ihren Kindern Ehrlichkeit und Aufrichtigkeit forderten, versteckte sich dahinter nicht selten purer Machtwille, ja sogar Lüsternheit. Und wie der Komfort, so war auch die Privatheit von gewissen Gegebenheiten und Gegenständen abhängig, für die die materiellen Bedingungen oft bei weitem nicht ausreichten. Privatsphäre bedeutete: eine Tür, die man verriegeln, eine Stunde, die man sein eigen nennen, einen Schreibtisch, den man verschließen konnte. Das waren Vorteile, über die viele Bürger, alte wie junge, nicht verfügten. Und manch einer, der über sie verfügte, durfte sich ihrer nicht immer erfreuen.

Selbst Tagebücher waren nicht vor fremder Anteilnahme – erwünschter wie unbefugter – sicher. Nicht nur in Romanen machten sich Eltern oder Ehegatten die Abwesenheit des Tagebuchschreibers zunutze, um zu lesen, was nicht für ihre Augen bestimmt war. Und das Austauschen von Tagebüchern konnte einseitig sein. Im Frühling 1886 notierte sich Mary I. Barrows, damals im Töchterpensionat von Connecticut: «War heute morgen ein paarmal in Ettas Zimmer, um ihr u. mein Tagebuch zu lesen.» Doch als Etta «meins lesen wollte», erlaubte es Barrows ihr nicht.[68] Natürlich dachten nicht wenige Tagebuchschreiber bereits an ihr späteres Publikum. Cosima Wagner machte ihre umfangreichen Einträge ebenso sehr für Richard Wagner wie für sich selbst. Die Alcott-Schwestern schrieben es für die Familie. «Vater meint: ‹Annas ist über andere Leute, Louisas ist über sie selbst›», schrieb Louisa May Alcott.[69] Aber so unzuverlässig es als beschirmender Beichtvater auch sein mochte, das Tagebuch des 19. Jahrhunderts bleibt ein historisch bedeutsames Artefakt. Bekanntlich machen fast alle Kulturen einen mehr oder weniger deutlichen Unterschied zwischen privater und öffentlicher Sphäre. Die bürgerliche Kultur des 19. Jahrhunderts aber bestand mit besonderem Nachdruck auf dieser Unterscheidung und erweiterte noch nach Kräften die Kluft zwischen dem Privaten und dem Öffentlichen. In einer solchen Kultur mußte zwangsläufig das Tagebuch in Blüte stehen, und so ist es nur gerecht, daß das 19. Jahrhundert das goldene Zeitalter des Tagebuches – und seines kleineren Bruders, des Taschenkalenders – ist.

Gewiß hat das Halten eines Taschenkalenders bzw. das Führen eines Tagebuches eine lange und ruhmreiche Geschichte. Leonardo da Vinci füllte sein berühmtes Notizbuch mit wissenschaftlichen Spekulationen, architektonischen Entwürfen, finanziellen Aufstellungen, anatomischen Skizzen sowie mit einer einzigen, aufschlußreichen Kindheitserinnerung; die Tagebücher John Evelyns und Samuel Pepys' sind kostbare Schätze der englischen Tatsachenliteratur; zahllose Puritaner und Pietisten des 17. und 18. Jahrhunderts führten Buch über ihr tägliches Tun oder – ängstlich besorgt – über ihre Fortschritte im Glauben. James Boswell registrierte seine denkwürdigen Erinnerungen und seine sexuellen Kraftakte. Einem individualistischen, zu Innenschau und Verschlossenheit neigenden Jahrhundert wie dem neunzehnten aber waren Tagebuch und Taschenkalender besonders wesensverwandt; sie wurden zum geradezu obligatorischen Begleiter einer Klasse mit einem Mindestmaß an Müßiggang. Lehrer machten das Führen von Tagebüchern zu einer löblichen Aufgabe; Eltern schenkten ihren Kindern hübsch gebundene leere Bücher, um in ihnen die Freude an der Chronik ihrer Tage und ihrer kleinen Abenteuer zu wecken.

Am 19. März 1874 erhielt Edward Tallmadge Root ein solches Buch «zu Deinem Geburtstag von Mama». Der erste Eintrag ist kennzeichnend für das Kind und nicht ohne Humor. «Heute ist mein 9. Geburtstag, ich Bekam dieses Buch, ein Paar Süßigkeiten, einen Reifen, eine Schachtel Buntstifte und ein Paar kleine Bücher, und einen Ganz Schlimmen Schnupfen.» Am 8. April erhielt Edwards jüngerer Bruder Willie von Mrs. Root das gleiche Geschenk: «Heute ist mein Geburtstag», schrieb er, orthographisch fehlerfrei und nur in der Zeichensetzung unsicher, «ich bekam dieses Buch und ein neues Paar Schuhe eine Mundharmonika und einen Kamm Ich bin sieben Jahre alt.» Beide Brüder schrieben hauptsächlich über kleine Katzen, aber auch über Ausflüge, das Wetter, Besuche sowie einige besondere Vorfälle: «Die Frauen vom Mäßigkeitsverein haben Mr. Golden, den Saloon-Besitzer, besiegt», schrieb Edward Root, ganz der Predigersohn, am 12. April 1874, und am nächsten Tag: «Heute sind die Frauen zu Mr. Golden gekommen, und er hat gelobt, nichts zu verkaufen oder zu trinken.» Drei Jahre später kam er noch einmal auf Religion zu sprechen. «Dies ist mein Entschluß», schrieb er feierlich im April 1877, als er zwölf war. «Ich liebe Jesus und will ihm mein Leben lang dienen. Edward T. Root.» Solcher Edwards und Willies gab es Tausende; sie kritzelten in ihr Tagebuch – vornehmlich mit Bleistift – und schalten sich selbst, weil sie es nicht gewissenhafter taten: «Armes Tagebuch.» So Edward Root im Januar 1879; der letzte Eintrag war sieben Monate alt.[70] Es war, als entschuldige er sich bei einem guten Freund, den er sträflich vernachlässigt hatte.

Mit ganz ähnlichen Worten kritisierten auch Erwachsene die eigene Trägheit. Frauen waren im allgemeinen gewissenhafter als Männer, was das Führen des Tagebuchs betraf. Auch wenn sie – Hausfrauen und Mütter – zum Umfallen müde waren, setzten sie sich in einer ruhigen Minute noch hin und ließen schreibend den vergangenen Tag an sich vorüberziehen. Männer bevorzugten oft lakonische Einträge in ihrem Taschenkalender, um ihre Erlebnisse – auch die inneren – festzuhalten.

Diese persönlichen Aufzeichnungen erfüllten für verschiedene Menschen verschiedene Zwecke. Manche benutzten sie buchstäblich als Medizin: Harriot K. Hunt, die erste Ärztin Amerikas und die frömmste aller Autobiographen, erinnerte sich an mindestens eine Patientin – eine kalte, innerlich vereinsamte, ichbezogene, depressive junge Frau –, der sie dieses schriftliche Exerzitium der Innerlichkeit verordnete; das Resultat war nichts weniger als ein Wunder. Die Selbsterforschung im Tagebuch war mancherlei: gütiges Über-Ich, Speicher von Erinnerungen, Rohmaterial für eine Autobiographie, intimer Ort zur Enträtselung religiöser, ethischer und sexueller Probleme, Hilfestellung bei der Identifizierung mit idealisierten Personen. Im günstigsten Fall war das Tagebuch ein «Jemand», zu dem man sprechen konnte: Leonardo sprach in seinem Tagebuch von sich selbst in der zweiten Person; er benahm sich dabei – nach der Beobachtung Freuds – wie jemand, der gewöhnt war, «einer anderen Person seine tägliche Beichte abzulegen». Ähnlich hielt es Henry James, der sich selbst anspornte, mit seinem «alter ego» zu konversieren: «causons, causons, mon bon» [plaudern wir also, mein Guter, plaudern wir]. Ein Tagebuch soll, wie Frieda von Kronoff ihre jugendlichen Leserinnen im *Töchteralbum* von 1902 mahnte, keine Sammlung von Albernheiten sein, sondern «ein Freund, der Wahrheit bietet, und Wahrheit fordert!»[71] Es gab, im 19. und in jedem anderen Jahrhundert, Wünsche und Ängste, die so aufwühlend oder erschreckend waren, daß man sie sich nicht eingestehen konnte und sie nur auf dem Umweg über Träume oder Versprecher ins Bewußtsein drangen. Es gab auch andere vertrauliche Dinge, die man nur einem einzigen Menschen anvertrauen mochte – einer Lieblingsschwester, einem verläßlichen Schulfreund oder – später – einem liebenden Gemahl. Das Tagebuch konnte mehrere dieser Vertrauten auf einmal ersetzen. Es war diskret, geduldig und immer aufnahmebereit, und es nörgelte nie an einem herum.

Es gab Augenblicke, in denen der heimliche Autobiograph nicht einmal seinem stummen Freund – oder sich selbst – genügend Vertrauen entgegenbrachte, um seine sexuellen Missetaten in seiner Muttersprache zuzugeben; dann bedienten sich die Tagebuchschreiber, von Pepys bis Gladstone, einer Fremdsprache. Aber wenn der Rückgriff auf eine andere Sprache auch eine gewisse Reserviertheit verrät: Normalerweise zog der Tagebuchschreiber sein Tagebuch allen seinen Freunden vor. Henri-Frédéric Amiel, dessen scharfsinniges und schonungsloses *Journal intime* ich auf diesen Seiten immer wieder geplündert habe, nennt 1864 sein Tagebuch «mein Gespräch, meine Gesellschaft, mein Gefährte, mein Vertrauter». Es ist «mein Trost, mein Gedächtnis, Träger meiner Lasten, mein Echo, Gefäß meiner inneren Erlebnisse, die Reisebeschreibung meiner Seele»; vielleicht ist es sogar «das einzig Nützliche, was ich der Welt hinterlassen kann». Zwei Jahre nach seinem Tod im Jahre 1881 erschien eine vielgelesene Kurzfassung dieses «Trostes» und «Echos», zuerst auf Französisch und dann in der englischen Übersetzung der Romanschriftstellerin Mrs. Humphry Ward. 1876 hatte Amiel den Ort des Tagebuchs in seinem Leben noch einmal umrissen: «Mein Tagebuch nimmt den Rang eines Vertrauten ein, d.h. den Platz des Freundes und der Gattin.»[72]

Nach Art der Tagebuchschreiber redete Amiel sein Journal oft wie einen Gesprächspartner an. «Ich habe dich lange liegenlassen, armes Tagebuch», notierte er sich 1839. Er machte sich Vorwürfe: «Ich bin immer derselbe: vergeßlich und gedankenlos.» Entschuldigungen dieser Art waren überaus häufig. «Mehr als zwei Monate habe ich meinen Freund, das Tagebuch, ganz vernachlässigt», schrieb Otto von Leixner, damals noch Student, im Juni 1867. Und nach einem Tanz, bei dem er eine schlechte Figur gemacht hatte, beichtete er alles seinem Freund: «Es ist wunderbar --- mir ist jetzt wenigstens etwas leichter, nachdem ich meinem Tagebuch meine Gefühle mitgeteilt.»[73] Offenbar konnte er sie mit keinem anderen teilen.

Nicht selten wurde das Tagebuch zum Gegenstand einer geradezu sinnlichen Zuneigung. Die berühmte russische Tagebuchschreiberin Marie Bashkirtseff, begabt, ehrgeizig, mutwillig und durch die Schwindsucht dazu verurteilt, früh zu sterben, lebte nur für ihr Tagebuch. Es war zugleich ihr Vermächtnis an die Nachwelt: «Die Vorstellung, daß mein Tagebuch vielleicht nicht interessant sein könnte, ... peinigt mich.» Nicht weniger gequält pflegte die schwedische Romanautorin Victoria Benedictsson ihr geliebtes «Großes Buch» zu öffnen, um dorthinein ihre Sehnsucht nach Freiheit und Liebe zu verströmen: «Liebes altes Buch» nannte sie es. Mabel Todd beendete ihr europäisches Reisetagebuch von 1885 mit den Worten: «Und nun leb' wohl, kleines Buch! Du warst eine Hilfe u. eine Freude für mich, u. ein mitfühlender, wenn auch stummer Freund.» Und Lady Knightley erinnerte sich in einer späten autobiographischen Skizze, daß sie an ihrem 14. Geburtstag, am 25. April 1856, begonnen habe, «das Tagebuch zu schreiben, das seither mein treuer Begleiter ist.»[74] Das war mehr als nur konventionelle Rhetorik; es verrät eine emotionale Beziehung zu diesen mitfühlenden, stummen Freunden, denen man guten Gewissens angestaute Gefühle und unverwirklichte Wünsche anvertrauen konnte.

Dieser unschuldige, aber bedeutsame Anthropomorphismus findet bezaubernden Ausdruck in den Tagebüchern, die die frühreife Karen Horney 1899 begann. Sie war damals dreizehn und suchte bewußt diese für sie neue Erfahrung, um in späteren Jahren an die besseren Tage ihrer Jugend zurückdenken zu können. Es waren, wie man sich denken kann, Tage ungestümer Verliebtheit und rascher Enttäuschung, die dem Tagebuch treuherzig anvertraut wurden. Mit fünfzehn fand sie für ihr Tagebuch Kosenamen wie für eine umschwärmte Schulfreundin. Und wie viele andere nahm sie es sich zu Herzen, wenn sie ihren Schatz vernachlässigte; als Entschuldigungsgrund diente dann immer mangelnde Zeit und Muße.[75] Ein tätiges Leben war normalerweise der natürliche Feind des Tagebuchschreibens.

Zum Glück für den Historiker war jedoch das tätige Leben im 19. Jahrhundert nur selten so fesselnd, daß ihm die Gewohnheit des Tagebuchschreibens ganz und gar zum Opfer gefallen wäre. Diese Gewohnheit war ja auch symptomatisch für bürgerliche Denkweisen: sie war geordnet, bot aber Raum für Freiheit und Individualität, und sie war selbstkritisch, erlaubte aber den Ausdruck von Hoffnung und Selbstachtung. So ist das Tagebuch ein Beispiel für den großen bürgerlichen Kompromiß zwischen dem Bedürfnis nach Reserviertheit und der Fähigkeit zum Gefühl. Und es zeigt das wenig beachtete Talent des Bürgertums, erotische Erregung nicht nur zu erleben, sondern auch aufs Papier zu bannen. Das Tagebuch war die Zuflucht der Einsamen; oft wurde es nach der Eheschließung aufgegeben. Großen Tagebuchschreibern war freilich ihr Tagebuch oder Journal kein Ersatz für sexuelle Betätigung, kein Nebenbuhler der von ihnen geliebten Menschen, sondern blieb ein loyaler Begleiter. William Ewart Gladstone führte sein Leben lang Tagebuch; er machte täglich seine Einträge, trotz aufreibender häuslicher Verpflichtungen und der aktivsten Karriere, die je ein englischer Politiker gekannt hat. Lester Ward führte sein französisches Journal, dem er die intimsten sexuellen Betätigungen anvertraute, auch nach der Heirat weiter. Mabel Loomis machte vor und während der Ehe getreuliche Einträge. Viele Tagebuchschreiber ließen sich durch die Ehe sogar zu noch beredterer Selbstentblößung anspornen. Der genaue Ort des Tagebuchs in der Privatsphäre der Mittelschicht war von Mensch zu Mensch verschieden. In ihrer Gesamtheit aber umreißen diese Aufzeichnungen die – freilich unscharfe – Scheidelinie zwischen dem, was im bürgerlichen Jahrhundert noch preisgegeben werden konnte, und dem, was verschwiegen werden mußte. Die Reserviertheit der Mittelschicht hat bis zu einem gewissen Grad den Verdacht gestützt, Bürgertum im 19. Jahrhundert sei auf eine Verschwörung des Schweigens hinausgelaufen. Aber weder gab es eine Verschwörung, noch herrschte, wie die Tagebücher zeigen, Schweigen. Was es gab, war Unsicherheit und Behutsamkeit – zumal in den Dingen, die zählten.

Was am meisten zählte, waren die Probleme, die um Eros kreisten – Sexualität, Liebe, der Körper, die Gesundheit; in diesem Bereich war für jeden Unbefugten der Zutritt verboten. Und nach der Definition des guten Bürgers war praktisch jeder unbefugt – mit Ausnahme des liebenden Paares und des Geschwisters. Briefe in vielen Sprachen, die ein gnädiges Schicksal uns überliefert hat, tragen die nachdrückliche Aufforderung, der Empfänger möge sie «privat u. vertraulich» behandeln oder gar vernichten: «Lies diesen Brief nicht laut u. verbrenne ihn!»[76] Das Spektrum dessen, was als wahrhaft schicklich galt, war breit, aber die Grundregel, daß es Themen und Gefühle gab, die für eine Diskussion zu heikel und unantastbar waren, wurde vom anständigen Bürger unbedingt beachtet. «Liebe Sophie», schrieb Mrs. Peabody ihrer schmerzlich vermißten Tochter, kurz nachdem aus Sophia Peabody Mrs. Nathaniel Hawthorne geworden war, «ich könnte Seiten um Seiten mit dem füllen, was mein Herz über verschiedene Dinge bewegt, aber ich bin mehr und mehr davon überzeugt, daß diese Welt nicht der Ort ist, um meine Seele vorbehaltlos zu ergießen.» Gewisse persönliche Dinge waren geradezu im buchstäblichen Sinne heilig – umgeben von der ganzen zwiespältigen, schattenhaften Macht des Tabus. Als Nathaniel Hawthorne einen Liebesbrief von seiner Verlobten erhielt, steckte er ihn erst einmal in die Tasche: «Ich habe immer das Gefühl, Deine Briefe seien etwas zu Hehres, um mitten unter Menschen gelesen zu werden – und ich lese sie (Du wirst lächeln) niemals, ohne mir vorher die Hände zu waschen!» Das Zugeständnis, daß sie über sein Reinigungsritual vielleicht lächeln würde, läßt unbeabsichtigt erkennen, wie problematisch die Sexualität zu Hawthornes Zeiten geworden war. Sie war problematisch, und sie war privat: «So etwas wie unsere Geschichte ist nie geschrieben worden – und wird auch nie geschrieben werden», meinte Hawthorne etwas später zu Sophia Peabody, «denn wir werden nicht darauf versessen sein, die Öffentlichkeit zum Mitwisser zu haben; doch wenn sie erzählt werden könnte, dann, so dünkt mich, wäre sie von der Art, wie die Engel sie mit Entzücken hören würden.»[77]

Es war der charakteristische Standpunkt von Liebenden im 19. Jahrhundert: Sie leugneten nicht ihre mächtigen Gefühlsbewegungen – im Gegenteil, sie ergingen sich in ihnen –, aber das war etwas, was niemanden etwas anging. Die Konflikte, die das bürgerliche Verständnis von Schicklichkeit auslöste, wurden noch durch banale, aber oft verbissene Auseinandersetzungen um die für Mann und Frau angemessenen Maßstäbe verschärft. Es bestand weitgehend Einigkeit darüber, daß das Weib, das sanfte Geschlecht, die Zurückhaltung weiter treiben mußte als der Mann; aber wieviel weiter, das eben war die Frage. Im Frühjahr 1870 begann der junge Sozialwissenschaftler William Graham Sumner, damals ein vielversprechender Theologe, um Jeannie Elliott zu werben, und gestand prompt seine Sehnsucht nach ihrer Nähe. «Lassen Sie mir recht bald wenigstens ein Krümelchen von einem Brief zukommen», schrieb er ihr am 5. Mai. «Ich bin bescheiden in meinen Forderungen, aber ich bin sehr hungrig.» Bescheiden wie er war, pochte er doch auf sein Recht, mit ihr zu korrespondieren und in Fühlung zu bleiben. Doch just an diesem Punkt wurden Grenzscharmützel schier unausweichlich. Am 12. Mai schrieb Sumner an Jeannie: «Ihre Mutter gab sich in Guilford recht konservativ. Sie sagte, ‹bis zu einem gewissen Punkt› könnten Sie meine Aufmerksamkeiten entgegennehmen. Aber bis zu welchem Punkt? Ich habe sie nicht gebeten, es zu definieren.»[78] Trotzdem erklärte er seiner Jeannie, er würde sich auf keinen Fall den Umgang mit ihr haben verbieten lassen.

Als diese Hürde genommen war, versperrte ihm eine weit gewichtigere den Weg zur Erfüllung: Jeannies Gefühl für Schicklichkeit. Den Amateurpsychologen herauskehrend, wollte Sumner erreichen, daß Jeannie Elliott sich aus eigener Kraft zu einer selbständigen Persönlichkeit entwickle und sich in dem ihr selber gemäßen Tempo der Liebesleidenschaft öffne. Mehr als ein Jahr lang, praktisch bis zu ihrem Hochzeitstag, bedrängte er sie eifrig, die Mauern ihrer Zurückhaltung niederzureißen. Sie erklärte ihm in aller Offenheit, das werde nicht leicht sein. «Ich kann meine Gefühle nicht zeigen; ich habe es nie gekonnt.» Er behauptete, zu verstehen. Mitte Mai 1870 schrieb er: «Wir haben also abgemacht, daß Du Deine Gefühle nicht zeigen kannst. Nun, aus Deinem Brief von gestern ersehe ich, daß Du Dich zu der Erkenntnis durchgerungen hast, Gefühle zeigen zu sollen – und zu wollen.» Er suchte ihr die Ängste über ihre Angst zu nehmen. Doch hinter der Maske der Selbstkontrolle war Sumner innerlich zerrissen und konnte es kaum erwarten. Jeannie hatte ihm gesagt, sie sei unzufrieden mit sich selbst, weil sie unfähig war, ihm mehr zu «geben», als sie ihm gab. «Will Dein Herz erwachen, Jeannie», fragte er, «kämpft es an gegen Deine reservierte Haltung, gegen jene lebenslangen Gewohnheiten der ‹Schicklichkeit›, von denen ich Dir gesprochen habe?» Er versuchte, sie zur erotischen Freiheit zu beschwatzen, wobei er die gesellschaftlich akzeptable Sprache der Frömmigkeit als Tarnkappe für seine Liebesgelüste benutzte. Er hätte «anspruchsvoll» sein können, bemerkte er ein wenig ominös, doch habe er es vorgezogen, sich mit den relativ mageren Beweisen ihrer Liebe zu bescheiden, deren er bisher teilhaftig geworden war: «Manche von ihnen sind mir so heilig, daß ich sie sogar vor Dir kaum erwähnen kann.» Inzwischen bat sie ihn inständig darum, Geduld mit ihr zu haben. Und er war auch geduldig – auf seine Weise. Er hatte an ihr eine bestimmte Geste beobachtet und glaubte endlich, sie enträtselt zu haben. «Ich habe sie an Dir beobachtet, als ich Dir etwas sehr Zärtliches und Liebes gesagt hatte, und ich dachte mir, daß die Geste wohl diesen Zweifel oder diese Furcht ausdrücken solle.»[79]

Sumners Hunger blieb und wuchs. «Ich fürchte, ich bin unersättlich», schrieb er am 23. Mai. Am 26. Mai ging er dazu über, die ehrbaren Abwehrhaltungen zu beklagen, die man anständigen jungen Mädchen im 19. Jahrhundert beibrachte. So sehr er auch betonte, daß er sie verstand und mit ihr sympathisierte – er hatte sogar seine Freunde «ausgehorcht», die angeblich mit ihren Bräuten genau dieselben Erfahrungen gemacht hatten –: Jeannies Kälte wurde offensichtlich zu einer Prüfung für ihn. «Ich sehne mich immer so nach Dir», schrieb er Jeannie Elliott; zwar wollte er nur sagen, daß sie ihm fehlte, aber in seiner rührenden Erklärung schwingen doch kühnere, handfestere Wünsche mit. In seiner Enttäuschung griff er auf das alte Stereotyp vom «Rätsel Weib» zurück. «Das Herz der Frau», fragte er sich hilflos: «bebt es denn immer so zwischen Hoffen und Bangen – Friede und Angst hin und her?»[80] Er hatte sie im Arm gehalten, aber im großen und ganzen wohl nur, um sie aufzumuntern und zu trösten. Das andere mußte warten.

Und das andere kam auch endlich, obgleich in sehr unvollkommener Ausführung. Nach der Heirat verstärkte Jeannie Sumner ihre jungfräuliche Reaktionskälte. Sie entwickelte nervöse Beschwerden, erhoffte Heilung von Medikamenten, suchte Zuflucht in Kurorten. Ihr Gatte blieb ihr so zugetan und war so sinnlich zudringlich, wie sie es duldete, aber sie verschanzte sich hartnäckig hinter ihren Krankheiten und ihren Anfällen von nervöser Erschöpfung. – Und doch, trotz solcher problematischen Beziehungen, trotz der unübersehbaren, ja mitunter tragischen Opfer, die eine erotische Unvereinbarkeit forderte, kultivierten die Mittelschichten ihre Leidenschaften.

Sie taten es oft unbeholfen. Sentimentalität verunzierte Gedichtbände, moralisierende Traktate und verliebte Korrespondenz. Das übliche Gegenmittel, eine Art befangenen Schweigens, wirkte genauso störend. Solche Extremlagen waren häufig und gewohnheitsmäßig, und sie blieben nicht unbemerkt. Kurz vor ihrer Heirat schrieb Nathaniel Hawthorne seiner Braut Sophia Peabody über die «merkwürdige Reserviertheit in Gefühlsdingen», die in seiner Familie herrsche; seine Schilderung läßt keinen Zweifel daran, daß er sich eine weniger merkwürdige, d.h. weniger strenge Reserviertheit denken konnte: «Wir sind uns der Gefühle des anderen bewußt – immer; aber es scheint ein stillschweigendes Gesetz zu geben, daß über das, was unser Herz am tiefsten berührt, nicht gesprochen werden darf. Ich kann mein Herz nicht in die Hand nehmen und es den anderen zeigen. Ich habe dann inwendig das Gefühl (obwohl ich weiß, daß es töricht ist), als wäre das genauso ungehörig, wie wenn ich ihnen die nackte Brust zeigte.» Eine derartige Reserviertheit gab es bei vielen Menschen, in vielen Situationen. Alexander Herzen erinnerte sich: «Mein Vater haßte jedes *Sichgehenlassen*, jede Art Offenheit; er nannte das alles ‹Vertraulichkeiten›, so wie er jedes Gefühl ‹Sentimentalität› nannte.»[81] Hawthorne und Herzen bezeugen die Lebendigkeit der Gefühle im bürgerlichen Jahrhundert, selbst wenn manche Menschen nicht anders konnten als sie unterdrücken.

Justament zur Verteidigung dieser Gefühle verhöhnten Kritiker der Gesellschaft jene Puristen und Pedanten, die körperliches Wissen und körperliche Erregung am liebsten nur in kleinen Dosen verabfolgt hätten. 1891 brachte die Zeitschrift *Punch* – über jeden Verdacht erhaben, fortgeschrittene Moral zu predigen – eine Witzzeichnung, auf der eine eben vermählte Frau ihren Mann bittet, ihr *Tom Jones* zu kaufen: «Papa hat gesagt, das darf ich erst lesen, wenn ich verheiratet bin, und jetzt ist es endlich soweit!» Der kritische Punkt des Cartoons ist nicht, daß eine verheiratete Frau sich ein Buch, das sie lesen möchte, nicht selber kauft, sondern natürlich die Absurdität, daß man einer jungen Frau einen Klassiker der englischen Literatur vorenthält. Selbst William Eward Gladstone, jahrzehntelang eine tragende Säule des religiösen und politischen Establishments in England, kam zu dem Schluß, daß die Leidenschaft für das Private zu weit ging. Nach der Lektüre der langen Biographie George Eliots, die ihr Gatte J. W. Cross herausgebracht hatte, beklagte sich Gladstone: «Das ist kein Leben, das ist Verschwiegenheit in drei Bänden.»[82]

Wohl waren übertriebene Zartheit und Feinheit verbreitet und manchmal lächerlich; aber was sie bedeuteten, ist mitunter schwer zu entziffern. Nathaniel und Sophia Hawthornes Ehe war eine ekstatische Verbindung zweier verwandter Seelen und körperlich ebenso befriedigend wie geistig. Sophia Peabody war eine hochgebildete, ungemein sensible junge Frau, die an verschiedenen psychosomatischen Symptomen litt. Nach der Verlobung stellte sie eine Verbesserung ihres Gesundheitszustandes fest; nach der Heirat verschwanden einige Symptome. In der Verlobungszeit konnte er ihr glühende Briefe schreiben, und sie konnte fast – wenn auch nicht ganz – im gleichen Stil antworten. «Ach, meine Liebste», schrieb er ihr, seine sexuelle Erregung durch ein paar gewandte Ortsveränderungen kaschierend, «ich sehne mich nach Dir, und mein Herz hebt sich, wenn ich an Dich denke... hebt sich und schwillt (ich meine mein Herz), wie Du es manchmal gespürt hast, wenn Dein Kopf, oder Dein Busen, auf ihm lag.» Sophia Peabody schrieb ihm von einem Alptraum, in dem sie einen Brief an ihn mit den Worten «Meine liebe Schwester» begonnen habe. Der Traum machte ihm Sorgen, aber nicht schlimmere als ihr. Seine erotische Phantasie wurde entzündet durch die Frustrationen, die die bürgerlichen Regeln des Liebeswerbens ihm auferlegten, aber er zögerte nicht, ihr das zu sagen: «Mein Täubchen, komm an meinen Busen – er sehnt sich nach Dir wie nie zuvor. Ich werde die Arme verschränken, wenn ich im Bett liege, und mir vorstellen, daß Du meinem Herzchen nahe bist. Böses Weib! Welches Recht hast Du, woanders zu sein!? Wieviele süße Worte würde ich Dir ins Ohr flüstern, in der Stille der Nacht, wieviele fromme Küsse Dir auf die Lippen drücken!» Sie waren natürlich fromm, die Küsse, aber es waren Küsse; und Hawthorne übersetzte seine Wünsche in eine phantasierte Realität, indem er seine Verlobte seine Frau nannte: «Sophia Hawthorne». Und er erklärte ihr: «Ich habe einen höchst menschlichen und irdischen Appetit»; er sprach zwar vom Abendessen, aber vor seinem geistigen Auge sah er erregendere Nahrung. Nach einiger Zeit machte er sich nicht mehr die Mühe, seine Ungeduld zu tarnen: «Blicke – der Druck der Lippen und der Hände – das Fühlen des Busens am Busen – das ist eine bessere Sprache; aber nach und nach werden unsere Seelen irgendeinen noch angemesseneren Ausdruck verlangen.»[83] Ihm konnte nicht unklar sein, was er hiermit meinte, und ihr übrigens auch nicht.

Die Ehe bot denn auch jenen angemesseneren Ausdruck für ihre Liebe, nach dem sich beide so lange gesehnt hatten. Sie schliefen ineinander verschlungen – «Um fünf Uhr morgens löste ich mich aus den Armen meiner Sophia», notierte er sich in seinem Tagebuch an einer Stelle, die seine wachsame Witwe stehen ließ, und Sophia Hawthorne blieb, was das Maß ihrer erotischen Befriedigung betraf, nicht hinter ihrem Gatten zurück.[84] Die Bibel zitierend, grübelte sie: «‹Wisset ihr nicht, daß ihr Tempel GOTTES seid?› sagt der Apostel. [1. Kor. 3:16] Ach ja – obwohl ich vermute, daß manche Menschen die Lasterhöhle des Erzfeindes sind, und durch sie ist diese wundersame Form in Verruf geraten.» Streng ging sie mit jenen ins Gericht, die «aus Bequemlichkeit oder aus Laune» geheiratet hatten; «die Gottlosen können niemals die Freuden des Elysiums kosten – denn es ist eine geistige Freude, und so können sie sie nicht wahrnehmen.»[85] Die «wunderbare Form», die «Freude des Elysiums», deren wahre Möglichkeiten allein die Ehe offenbaren kann, war der rechtmäßige, liebevolle Geschlechtsverkehr.

Doch als bald nach Hawthornes Tod 1864 sein Verleger die Witwe bat, seine Tagebücher für die Veröffentlichung zu bearbeiten, zensierte sie seinen Text mit behender Feder und nicht minder behender Schere. Nacktheit etwa, selbst die ihrer Kinder, war zu vulgär für ihr wachsames Auge; und einige Kraftausdrücke des verstorbenen Gatten sowie seine gelegentliche Freude an Tabak und Spirituosen hielten ihrer rigorosen Prüfung nicht stand.[86] Doch ihr erotischer Genuß scheint nachhaltig gewesen zu sein; zwar blieb ihre Gesundheit labil, aber wenigstens die Kopfschmerzen verschwanden. Und irgend etwas – vielleicht die Erinnerung an ihr einstiges Glück – hemmte ihre Schere und ließ wenigstens leise Hinweise auf ihre sexuellen Erfüllungen passieren.

Und das ist natürlich der springende Punkt. Diese kostbare, ans Wunderbare grenzende Begegnung: der von Zärtlichkeit beseelte, glückliche eheliche Geschlechtsverkehr, ging niemanden etwas an als allein die Liebenden. Das Mysterium dieses Verkehrs – oft als Symptom für die Schamhaftigkeit verstanden, mit der die prüden Bürger das Ehebett bestiegen – war so etwas wie ein Tribut an die hohe Wertschätzung, die die Bürger den Freuden liebender Erotik entgegenbrachten. Die Erlebniswelt des Bürgers war viel reichhaltiger als der Ausdruck, den sie ihr gaben, und sie enthielt auch ein gerüttelt Maß an Sinnlichkeit für beide Geschlechter sowie an Offenheit – in geschützer Umgebung. Es wäre ein schweres Mißverständnis dieser Erlebniswelt, zu glauben, daß die Bürger im 19. Jahrhundert nicht wußten, nicht praktizierten oder nicht genossen, was sie nicht diskutierten.

Daß erotischer Genuß in den meisten Fällen mit dauerhafter Zuneigung einherging, lag auf der Hand, sei aber dennoch ausdrücklich hervorgehoben. Die guten, nüchternen Bürger behandelten das, was Freud das Zusammentreten der beiden Ströme der Liebe nennt, keineswegs als leere Bekundung oder unerreichbares Ideal. «O süße Liebe zu einem würdigen Gegenstande», rief der deutsche Historiker des Judentums, Heinrich Graetz, in seinem aufschlußreichen Jugendtagebuch aus, «wie himmlisch sind deine Freuden, die uns über die niedrigen Leidenschaften erheben.»[87] Die Formulierung ist ein wenig bombastisch, aber aufrichtig empfunden und keineswegs untypisch für seine Klasse und seine Zeit.

So gab die Reserviertheit des Bürgers, seine Sittsamkeit, Zurückhaltung und Schicklichkeit, ganz zu schweigen von seiner Prüderie und Heuchelei, der Mittelschicht Zeit und Raum, ihre Reaktionen auf eine in Fluß befindliche Welt zu ordnen bzw. neu zu ordnen. In ihrer Gesamtheit ergaben diese Techniken ein Arsenal von Abwehrtaktiken, das einen privilegierten Raum für aufregende, aber auch aufrüttelnde Erfahrungen umschloß. Diese Techniken hielten die Sinnlichkeit lebendig, aber außer Sichtweite. Und «aus den Augen» bedeutete nicht «aus dem Sinn». Das Privatleben wurde zum verborgenen Bau, in dem Männer und Frauen ihre Wunden leckten, ihre Kräfte sammelten und ihre Leidenschaften – bei überschaubarem Risiko – ausagierten. Diese Überlegungen zur bürgerlichen «Erziehung der Sinne» verweisen auf einen übergreifenden Zusammenhang, nämlich auf die Frage nach dem Ort des Individuums in der bürgerlichen Kultur des 19. Jahrhunderts. Sigmund Freud meinte 1893 unter Berufung auf einen ungenannten englischen Autor, jener

Mann, der als erster gegen seinen Feind ein Schimpfwort geschleudert habe statt eines Speers, sei der Begründer der Zivilisation. Im Zeitalter Victorias war, zumal in den Reihen der Mittelschicht, die Fähigkeit zur Selbstkontrolle und Sublimierung bereits sehr hoch entwickelt. Die wesentlichen Themen dieses Buches – die Not der Sexualität, die Last der modernen Technik, die Ängste der Ärzte, die Gefahren der Schwangerschaft, der leidenschaftliche Wunsch nach Privatheit, nicht zu vergessen die Furcht des Mannes vor dem «Weib» – hatten alle mit der Art und Weise zu tun, wie die Bürger des 19. Jahrhunderts in einer aufgewühlten Zeit ihr Leben ordneten. Das Gespenst einer Revolte der Unterschichten war nur der spektakulärste Grund für die Angst der Bürger. Die bürgerliche Furcht vor unzufriedenen Bauern und Arbeitern war völlig bewußt und lag offen zutage.

Andere Ängste waren weniger sichtbar und wenigstens teilweise unbewußt. Doch waren sie darum nicht weniger wirksam; was den Mittelschichten, inmitten materiellen Fortschritts und politischer Erfolge, Sorge bereitete, waren Dinge wie gesellschaftlicher Status, moralische Imperative, religiöse Traditionen, familiäre Konflikte und – dies alles in sich schließend – der kulturelle Wandel. Dies alles bewog das Bürgertum, neue Abwehrtechniken zu ersinnen oder die alten zu verbessern. Das Studium der Liebe gewann für die Bürger neue Dringlichkeit, und in der Literatur probten sie erlaubte und verbotene Dimensionen der Liebe; sie entwickelten Strategien, um Sinnlichkeit respektabel zu machen, und sie entdeckten die Bedrohung durch unorthodoxe sexuelle Vorlieben. Und sie klagten über «Nervosität», die sie für den Inbegriff der modernen Beschwerden hielten – die Krankheit, die sie verdienten.

Wir können darum im bürgerlichen Jahrhundert einen sehr kritischen Test für die Kulturtheorien Freuds sehen. Er vertrat bekanntlich den Standpunkt, daß Institutionen – solche der Gesellschaft wie solche des Geistes – menschliche Leidenschaften kontrollieren und zugleich menschliche Bedürfnisse befriedigen. Der Mensch kann ohne diese Institutionen nicht leben; aber er kann mit ihnen nicht in völliger kindlicher Unbefangenheit leben. Das ist der Grund, weshalb die Zwänge, die sie auferlegen, unentbehrlich und zugleich unbeliebt sind.

Gerade weil die Möglichkeiten der bürgerlichen Kultur beispiellos waren, wurden ihre Schwachstellen mit höchster Sensibilität erkundet und ihr geräuschvoll verübelt. Und nicht alle ihre Experimente zur Einzäunung der Sexualität waren erfolgreich; Freud sprach aus, was auch andere dachten, wenn er die Hemmungen, mit der seine Kultur das sexuelle Tun umgab, für mehr als irrational hielt. Freilich hätte sich über solche Fehlanpassungen niemand wundern dürfen. Schließlich mußten die Bürger in diesem Zeitalter mit mehr oder weniger unerprobten Reaktionen das jeweils erlaubte Maß an Freiheit bzw. Gebundenheit herausfinden und das Verhältnis der elementaren menschlichen Triebe zueinander aufs neue regeln. Doch gab es guten Grund zum Optimismus, Grund zu der Hoffnung, daß Roheit vom zivilisierenden Eros gezähmt würde, «sinnliche Kraft von geistiger Leidenschaft gebändigt», wie George Eliot sagte: die Lust von der Liebe gemeistert.

Dritter Teil
Anhang

Sexuelle Symbole in Mabel Loomis Todds Taschenkalender

Mabel Todd hat einige hochinformative, aber schwer deutbare Zeichen für ihre sexuelle Aktivität hinterlassen. In ihrem Taschenkalender registrierte sie ihre Menstruationsperioden (zunächst nur deren Beginn) mit einem «x»; später benutzte sie einen Kreis mit einem Punkt darin, gefolgt von den Buchstaben «st.» für «stop». Die Ausübung des Geschlechtsverkehrs markierte sie mit dem Symbol # nebst einer im Laufe des Jahres größer werdenden Zahl. Gelegentlich fügte sie zu diesen Zahlen Abkürzungen hinzu, die zum Teil bekannt oder evident («f. m.» bedeutete beispielsweise «für mich»), zum Teil aber auch schwerer zu enträtseln sind. Meines Erachtens stand «f. m.» für einen Orgasmus für sie, ebenso höchstwahrscheinlich der Buchstabe «o». So notierte sie sich am 28. April 1881: «Glücklichste Nacht mit David – meinem David. # 15 (o)», und am 1. Mai: «Morgens 8:30 Uhr. Welche Glückseligkeit seit etwa fünf Uhr»; am Ende des Tages folgt «# 16 (o)». (Kalender 1881, Box 39, MLT.) Am 22. September 1882, kurz nachdem David zu ihr nach Washington zurückgekehrt war: «Ich bin so selig… # 40 f. m. 41 f. m.» (Kalender 1882, Box 39, MLT.)

Trotzdem ist diese Symbolik nicht ohne Vertracktheiten. So schrieb David Todd am 30. Juni 1882 einen Brief an seine Frau, in dem er sie bittet: «Markiere für mich in Deinem kleinen Buch für gestern – Du weißt schon, was»; und entsprechend lesen wir in ihrem Kalender unter dem 29. Juni, offenbar nachträglich eingefügt: «# 25/a.» (Kalender 1882) Darüber hinaus – und deshalb gehe ich davon aus, daß Mabel Loomis «technisch» als Jungfrau in die Ehe kam – gibt es einige Symbole (# #) nebst Zahlen, die sie während der Abwesenheit ihres Mannes eintrug, und ferner das Symbol «Sem.» nebst einer Zahl, das verschiedentlich vorkommt, und zwar schon vor ihrer Heirat am 5. März 1879. «Sem. 1» findet sich am 14. Januar 1879 von der Hand ihres Verlobten. Am 7. März, zwei Tage nach der Hochzeit, lautet der vollständige Eintrag, wiederum von seiner Hand: «Ein reizender, ruhiger Ehenachmittag. Sem. 8.» Der 15. Mai desselben Jahres – der Tag, an dem Mabel Todd ihre Tochter empfing – hat den Eintrag «Sem. 28.» Im August 1879, als David Todd auf einer Exkursion war, benutzte Mabel Loomis Todd wiederholt dieses Symbol, so beispielsweise am 4. August, einem Tag, an dem sie ihrem Mann einen Brief schrieb: «Sem. 45 (A)», und wiederum, eine Woche später, am 11. August: «Sem. 46 (a).» (Kalender 1879, Box 39, MLT.)

Mir scheint nun, daß die beiden das Symbol «Sem.» einigermaßen inkonsequent benutzten. Vor der Hochzeit dürfte es intensives, zum Orgasmus führendes Petting bedeutet haben; ab März stand es dann für den Geschlechtsverkehr; und noch später, in Zeiten der Trennung, muß es Fälle von Masturbation angezeigt haben, so daß «a» oder «A» etwas wie «allein» bedeutete. Falls das zutrifft, wäre David Todds Brief vom 30. Juni 1882 die Bitte, *seine* Masturbation zu Protokoll zu nehmen. Diese Bitte mußte sie, wie er wußte und auch schrieb, verärgern; daß er dennoch darauf bestand, läßt auf eine zwanghafte Beschäftigung mit seiner sexuellen Leistungsfähigkeit schließen, die zweifellos tief blicken läßt. Zugleich drückt sich darin die allgemein (wenn auch nicht überall) bei Medizinern und «gebildeten» Laien verbreitete Vorstellung aus, daß der Orgasmus des Mannes, gleichgültig, wodurch er zustande kam, eine «Verausgabung» wertvollen Samens darstellte, die, «exzessiv» betrieben, schwerwiegende körperliche und seelische Folgen haben mußte.

Anmerkungen

Erster Teil

I. Orientierungen

1. In den einleitenden Sätzen seiner *Eminent Victorians* (1918) behandelt Lytton Strachey, wie immer auf der Suche nach dem geistreichen Paradox, die Überfülle unseres Wissens über die viktorianische Zeit als ein nachgerade unüberwindliches Hindernis: «Die Geschichte der viktorianischen Ära wird niemals geschrieben werden: wir wissen über sie zu viel.»
2. Freud an Fließ, 3. Oktober 1897. Sigmund Freud, *Aus den Anfängen der Psychoanalyse, Briefe an Wilhelm Fließ, Abhandlungen und Notizen aus den Jahren 1887–1902*, Hrsg. Marie Bonaparte, Anna Freud und Ernst Kris (Frankfurt/M. 1962), S. 189.
3. *The Principles of Psychology*, 2 Bände (1890), II, S. 620.
4. «‹Jede Erfahrung›, wie Clifford Geertz es ausdrückt, ‹ist konstruierte Erfahrung.›» William H. Sewell, Jr., *Work and Revolution in France: The Language of Labor from the Old Regime to 1848*, (1980), S. 10. Das Zitat stammt aus Geertz, *The Interpretation of Cultures* (1973), S. 405.
5. «Das Interesse an der Psychoanalyse» (1913) [nicht in *St.A.*], *G.W.*, VIII, S. 415.
6. *Das Ich und das Es* (1923), *St.A.*, III, S. 302.

II. Die Last der Definition

1. Ende von Kapitel 9.
2. Von 1893 datierende, handschriftliche Übersetzung von Dr. Theodor G. Kornigs Buch *Die Hygiene der Keuschheit* (1890; 2. Auflage 1891), S. 166-167 Anm. Zeta Collection, Yale Sterling Library.
3. Heinrich August Winkler, *Mittelstand, Demokratie und Nationalsozialismus* (1972), S. 21-26.
4. Roger B. Henkle, *Comedy and Culture: England 1820–1900* (1980), S. 3.
5. Jeanne McKenzie, *A Victorian Courtship: The Story of Beatrice Potter and Sidney Webb* (1979), S. 69.
6. Asa Briggs, ‹The Language of «Class» in Early Nineteenth-Century England›, in: Asa Briggs and John Saville (Hrsg.), *Essays in Labour History* (1967), S. 43.
7. Morris an Fred Henderson, «alderman» von Norwich, 19. Oktober 1885. E.P. Thompson, *William Morris: Romantic to Revolutionary* (1955), S. 878.
8. Briggs, ‹Language of «Class»›, S. 59.

9. *Allgemeines Landrecht für die Preußischen Staaten von 1794*, hrsg. von Hans Hattenhauer (1970), Teil II, Titel 8, S. 452.
10. Denis Poulot, *Le Sublime, ou le travailleur comme il est en 1870, et ce qu'il peut être* (1870; Neuausgabe 1980), S. 36.
11. Robert Forster, ‹The Survival of the Nobility During the French Revolution›, in: *Past and Present*, Nr. 37 (Juli 1967), S. 84.
12. Michael Chevalier, *Society, Manners, and Politics in the United States: Letters on North America* (3., erw. Aufl. 1838), hrsg. v. John William Ward (1961), S. 380-383.
13. Colette Becker, ‹Preface› zu Zola, *Au bonheur des dames* (1883; Ausg. von 1971), S. 14.
14. Siehe John R. Gillis, *The Prussian Bureaucracy in Crisis, 1840–1860* (1971), S. 11. Für Frankreich galt das gleiche; siehe Theodore Zeldin, *France, 1848–1945*, 2 Bände (1973–1977), Band I, *Ambition, Love, and Politics*, Teil I, passim.
15. Anläßlich des Gesetzbuches, das Friedrich der Große im vorangegangenen Jahrhundert hatte ausarbeiten lassen, bemerkt Alexis de Tocqueville: «... zwischen dem Bürgerstand und dem Adel erkennt man hier eine Art Mittelklasse; sie besteht aus nichtadligen hohen Beamten, Geistlichen sowie Professoren der Universitäten und Gymnasien.» Es war eine echte Zwischenklasse, nicht mehr ganz bürgerlich, aber auch noch nicht adlig, und ihres Status alles andere als sicher. *Der alte Staat und die Revolution*, Hrsg. Jacob P. Mayer (1978), S. 224.
16. Gillis, *Prussian Bureaucracy*, S. 33.
17. Benny Green, *P.G. Wodehouse: A Literary Biography* (1981), S. 11, 55.
18. Für diese Absätze wurden vornehmlich herangezogen: Wolfgang Köllmann, *Sozialgeschichte der Stadt Barmen im 19. Jahrhundert* (1960), S. 94-131; David F. Crew, *Town in the Ruhr: A Social History of Bochum, 1860–1914* (1979), Kap. 3, ‹Social Mobility›; W.D. Rubinstein, *Men of Property: The Very Wealthy in Britain since the Industrial Revolution* (1981), passim; Adeline Daumard, *Les Bourgeois de Paris au XIXe siècle* (1970), passim.
19. Peter Böttger, *Die Alte Pinakothek in München* (1972), S. 20; Asa Briggs, *The History of Birmingham*, Bd. II, *Borough and City, 1865–1938* (1952), S. 100.
20. Heinrich Bihrle, *Die Musikalische Akademie München, 1811–1911* (1911), S. 28.
21. James, ‹Criticism› (1891), *Selected Literary Criticism*, Hrsg. Morris Shapira (1963), S. 167-171.
22. Eduard Hanslick, *Geschichte des Konzertwesens in Wien*, 2 Bände (1869–70), I, S. 67.
23. E.D. Mackerness, *A Social History of English Music* (1964), S. 221.
24. Roger Price, *The Second French Republic: A Social History* (1972), S. 42; Gillis, *Prussian Bureaucracy*, S. 22.
25. Joel Mokyr, *Industrialization in the Low Countries, 1795–1850* (1976), S. 83.
26. *British Quarterly Review*, Februar 1849, Douglas Johnson, *Guizot: Aspects of French History*, 1787–1874 (1963), S. 223f.
27. Der prominente deutsche Pädagoge und Geschichtsschreiber Berlins, Karl

Friedrich von Klöden, erinnerte sich viele Jahre später, wie er einst bei seinem Onkel arbeitete, einem Goldschmied, der in einer jämmerlichen Werkstatt saß und keinen einzigen Lehrling beschäftigte, und einmal den Zorn seiner Tante und ihrer Mutter erregte, indem er vom «Goldschmiedehandwerk» sprach. «Sie fuhren auf, als hätte sie eine Wespe gestochen. Es sei kein Handwerk, hieß es, sondern eine ‹Kunst› oder ein ‹Amt›.» Max Jähns (Hrsg.), *Jugenderinnerungen Karl Friedrich von Klödens* (1874), S. 173.

28. Donald Fanger, *Dostoevsky and Romantic Realism: A Study of Dostoevsky in Relation to Balzac, Dickens and Gogol* (1965), S. 279.
29. Henry J. Gibbons, «Georg Brandes: The Making of an Aristocratic Radical» (Yale Ph.D.-Dissert. 1979), S. 203.
30. «Aus dem Nachlaß der achtziger Jahre», *Werke*, Hrsg. Karl Schlechta, 5 Bände (1972), IV, S. 188.
31. Daumard, *Les Bourgeois de Paris*, S. 5.
32. Jeffrey L. Sammons, *Heinrich Heine: A Modern Biography* (1979), S. 324; Leon Edel, *Henry James: The Middle Years, 1882–1892* (1962), S. 160; Marcel Proust, *Auf der Suche nach der verlorenen Zeit*, Übs. Eva Rechel-Mertens (1967), S. 126.
33. *Les Bourgeois conquérants* (1957; engl. Übs. 1966).
34. Chevalier, *Society, Manners, and Politics in the United States*, S. 382.
35. Friedrich Engels, *Die Lage der arbeitenden Klasse in England*, Hrsg. Walter Kumpmann (1973; 3. Aufl. 1980), S. 116. Anm.
36. *Heinrich Heines Sämtliche Werke*, Hrsg. Ernst Elster, 7 Bände (1887–1890), VI, S. 392f.
37. Heinrich Heine, *Sämtliche Schriften*, Hrsg. Klaus Briegleb, 12 Bände (1976), IX, S. 341. Daß James Watt natürlich kein «Baumwollespinner» war, sondern der berühmte Erneuerer der Dampfmaschine, spricht zwar nicht für Heines Faktenkenntnis, tut aber seinem tiefempfundenen Abscheu gegen die Mittelschichten keinen Abbruch.
38. Dormer Creston [Pseud.], *Fountains of Youth: The Life of Marie Bashkirtseff* (1937), S. 285.
39. Freud, ‹Beiträge zur Psychologie des Liebeslebens, II, Über die allgemeinste Erniedrigung im Liebesleben› (1912), *St.A.*, V, S. 202.
40. 22. Juli 1856, Edmond und Jules de Goncourt, *Journal; mémoires de la vie littéraire 1851–1896*, Hrsg. Robert Ricatte, 22 Bände (1956–1958), II, S. 21.
41. Ranke, *Tagebücher* [1841], Hrsg. Walther Peter Fuchs (1964), S. 138.
42. ‹Manifest der Kommunistischen Partei›, in: *Karl Marx/Friedrich Engels: Ausgewählte Schriften*, 2 Bände (1968), I, S. 42.
43. Engels, *Lage der arbeitenden Klasse*, S. 301.
44. Philip Spencer, *Flaubert: A Biography* (1952), S. 160.
45. *Die bürgerliche Gesellschaft* (1851), Hrsg. Peter Steinbach (1976), S. 153.
46. *The Complete English Tradesman* (1726), S. 376.
47. Beides bei Harold Perkin, *The Origins of Modern English Society, 1780–1880* (1969), S. 230.
48. Prölß, ‹Zur 200jährigen Geburtstagsfeier Georg Friedrich Händels›, in: *Gartenlaube*, XXXIII, Nr. 7 (1885), S. 113.

49. Needham, handschriftliche Übersetzung von Kornig, *Hygiene der Keuschheit*, S. 167 Anm.
50. *Manifest*, S. 30.
51. ‹Honoré de Balzac›, in James, *French Poets and Novelists* (1878; 2. Aufl. 1884), S. 102f.
52. Holbrook Jackson, *The Eighteen Nineties: A Review of Art and Ideas at the Close of the Nineteenth Century* (1913; Ausg. von 1966), S. 134.
53. Peter d'Alroy Jones, *The Christian Socialist Revival, 1877–1914: Religion, Class, and Social Conscience in Late-Victorian England* (1968), S. 85-86 Anm.
54. ‹Introduction› zu Dickens, *Hard Times* (Ausg. v. 1912) in George H. Ford and Lauriat Lane, Jr., *The Dickens Critics* (1961), S. 126.
55. «Confession of Faith: Metternich's Secret Memorandum to the Emperor Alexander (15. Dezember 1820)» in: Memoirs of Prince Metternich, 1815–1829, Hrsg., Prince Richard Metternich, übersetzt Mrs. Alexander Nappier, 5 Bände (1881), III, S. 468 (französischer Originaltext in: Metternichs nachgelassene Papiere, Hrsg. Fürst Richard Metternich-Winneburg, Band III, Nr. 488, Wien 1881).

III. Baumeister und Märtyrer des Wandels

1. John Morley, *The Life of William Ewart Gladstone*, 3 Bände (1903), I, S. 4.
2. S. Anm. 55, Kapitel II.
3. Nikolaus Pevsner, *High Victorian Design: A Study of the Exhibits of 1851* (1951), S. 16f.
4. J.W. Burrow, *Evolution and Society: A Study in Victorian Social Theory* (1966), S. 248.
5. Allerdings weckten nicht alle diese Ausstellungen einen solchen Optimismus. Als der englische Jurist und Positivist Frederick Harrison im Sommer 1889 Paris besuchte, traf er einen französischen Freund, der die Ausstellung zur Hundertjahrfeier der Französischen Revolution als «erbärmlichen Rummel» beschimpfte, als einen «Monster-Basar, den die ausstellenden Geschäftsleute auf dem Marsfeld errichtet haben, um dem Empire an Vulgarität nicht nachzustehen». Ihm kam sie als «eine einzige große Reklameveranstaltung» vor, die «jeder ehrliche Republikaner» nur mit «Scham und Empörung» ansehen könne, während die französischen Arbeiter in ihr «das Goldene Kalb erblicken, vor dem die *bourgeoisie* ihre Andacht verrichtet». ‹A Breakfast-Party in Paris›, in: *The Nineteenth Century*, Nr. CL (August 1889), S. 173f.
6. Jeffrey L. Sammons, *Heinrich Heine, A modern Biography* (1980), S. 166.
7. ‹Signs of the Times›, in: *Latter-Day Pamphlets, Characteristics, etc.*, Library Edition (1885), S. 29.
8. Mill: *Essays on Politics and Culture*, Hrsg. Gertrude Himmelfarb (1962), S. 3, 43; Zola: an seinen guten Freund Jean-Baptistin Baille, 2. Juni 1860, *Correspondence*, Hrsg. B.H. Bakker, bisher 5 Bände (1978–), I, S. 169.
9. *Die Traumdeutung* (1900), *St.A.*, II, S. 268.
10. Peter Gay, *A Loss of Mastery: Puritan Historians in Colonial America* (1966), S. 11, 130f.
11. Hofstadter, *The Age of Reform from Bryan to F.D.R.* (1955), S. 23.

12. Zitiert von Paul Bourget, in seinem ‹Discours› vor der Académie française, *Œuvres*, 9 Bände (1899–1911), I, S. 514.
13. Guy Chapman, *Culture and Survival* (1940), S. 125.
14. H.J. Dyos, *Victorian Suburb: A Study of the Growth of Camberwell* (1961), S. 51, 54f.
15. Burckhardt an Johanna Kinke, 23. August 1843; an Louise Burckhardt, 5. April [1841], *Briefe*, Hrsg. Max Burckhardt, 9 Bände (1949–1980), II, S. 42; I, S. 162.
16. *The Eighteen Nineties* (1913), S. 21ff.
17. *Studien zur Kritik der Moderne* (1894), S. 96.
18. *Physics and Politics* (1872), S. 1.
19. *Im Lichte der Freiheit* (1947), S. 107.
20. Dr. Hermann Rohleder, *Grundzüge der Sexualpädagogik* (1912), S. XI.
21. Zitiert als Motto zu Roger Shattucks *The Banquet Years: The Origins of the Avant Garde in France, 1885 to World War I* (1958; rev. Ausg. 1968), S. 1.
22. Escoffier, *A Guide to Modern Cookery* (1903; 2. Aufl. 1909), S. VII.
23. Zola, *Salons*, Hrsg. F.W.J. Hemmings und Robert J. Niess (1959), S. 148.
24. B.G. Orchard, *The Clerks of Liverpool* (1871), S. 7.
25. Theodore Zeldin, *France 1848–1945*, 2 Bände (1973–1977), Band I, *Ambition, Love and Politics*, S. 105; Emil Lederer und Jakob Marschak, ‹Der neue Mittelstand›, in: *Grundriß der Sozialökonomik*, IX (1926), S. 127; die Zahlen wurden gerundet.
26. Harold Perkin, *The Origins of Modern English Society, 1780–1880* (1969), S. 123.
27. «Eine Sorte von Menschen», schreibt Benjamin Orchard, «mit stark ausgeprägten Merkmalen, aber ungezählt, ungeliebt, mißverstanden, oder gar nicht verstanden, nicht einmal von denen, die sich am engsten mit ihnen einlassen – ja, nicht einmal von sich selbst.» *Clerks of Liverpool*, zitiert als Motto zu David Lockwoods *The Black-Coated Worker: A Study in Class Consciousness* (1958), S. 12.
28. Pierre Sorlin, *La Société française*, Band I, *1840–1914* (1969), S. 79.
29. ‹Aus dem Nachlaß der achtziger Jahre›, in: *Werke*, Hrsg. Karl Schlechta, 5 Bände (1972), IV, S. 217f.
30. *The Quintessence of Ibsenism* (1891; Ausgabe 1912), S. 3.
31. Siehe 28. November 1861, Edmond und Jules de Goncourt, *Journal; mémoires de la vie littéraire 1851–1896*, Hrsg. Robert Ricatte, 22 Bände (1956–1958), V, S. 29.
32. *Otto von Leixner. Eine Studie* (1897), S. 3.
33. Georges Duveau, *1848: The Making of a Revolution* (1965; engl. Übs. Anne Carter, 1967), S. 27.
34. Disraeli: *Coningsby* (1844; Ausgabe 1948), S. 78 [Buch II, Kap. 1]; Lamartine: ‹Declaration of Principles›, Clifford Geertz, ‹Ideology as a Cultural System›, in: Geertz, *The Interpretation of Cultures* (1973), S. 221.
35. Vorwort zur 1. Auflage, in: Émile Durkheim, *Die Regeln der soziologischen Methode*, Hrsg. René König (1961), S. 87.
36. An Jean-Baptistin Baille, 2. Juni 1860, *Correspondance*, I, S. 1969.
37. *The Journals of Lady Knightley of Fawsley*, Hrsg. Julia Cartwright (Mrs.

Ady), (1915), S. 39. Die Textstelle findet sich auch bei W.L. Burn, *The Age of Equipoise: A Study of the Mid-Victorian Generation* (1964), S. 101.

38. 13. Januar 1854, *The Letters of John Stuart Mill*, Hrsg. Hugh S.R. Elliot, 2 Bände (1910), II, S. 359.
39. 6. September 1851; 18. Januar 1857, *Journal intime*, Hrsg. Bernard Gagnebin und Philippe M. Monnier, bisher 6 Bände (1976–), I, S. 1063; II, S. 72f.
40. Burckhardt an Bernhard Riggenbach, 11. Februar 1873; an Friedrich von Preen, 20. Juli 1870, *Briefe*, V, S. 190; S. 104f.
41. Bülow an Luise von Weltz, 15./27. Februar 1874, *Briefe*, Hrsg. Marie von Bülow, 8 Bände (1895–1896), V, S. 143.
42. Billroth an Hanslick, 9. Mai 1876, Hanslick, *Aus meinem Leben*, 2 Bände (1894), II, S. 314.
43. ‹De Juventute›, *Roundabout Papers, The Works of William Makepeace Thackeray*, Centenary Biographical Edition, 26 Bände (1910–1911), XX, S. 73.
44. *Limoges*, 23. Mai 1878. Auf diese Stelle hat mich John Merriman aufmerksam gemacht.
45. E.B. Tylor, *Primitive Culture: Researches into the Development of Mythology, Philosophy, Religion, Art and Custom*, 2 Bände (1871), II, S. 410.
46. Asa Briggs, *Victorian Cities* (1963; Ausgabe 1968), S. 104; *David Copperfield* (1850; Ausgabe 1966), S. 880 [Kap. 57]; Stephen Thernstrom, *Poverty and Progress: Social Mobility in a Nineteenth-Century City* (1964; Ausgabe 1969), S. 71. Man mußte kein Philosoph sein, um diesen Ausspruch zu tun: Man denke an die Bemerkung William Huttons, eines Druckers aus Birmingham, der 1780 kundtat: «Jeder Mensch hat sein Glück in seiner Hand.» T.S. Ashton, *The Industrial Revolution, 1760–1830* (1948), S. 17.
47. 9. Mai 1840. *The Gladstone Diaries*, Hrsg. M.R.D. Foot und H.C.G. Matthew, bisher 8 Bände (1968–), III, S. 28. – George Templeton Strong, ein berühmter Bürger New Yorks und geistvoller Tagebuchschreiber, deutete kunstlos genug die erotischen Grundlagen der bürgerlichen Erfahrung an. An einem geschäftigen, schneereichen Januartag durch seine Stadt flanierend, beobachtete er die «Stadt-Eisenbahnen», die er für «verrückte Gefährte» hielt, und erkannte in der von Menschenleibern wogenden und turbulenten Szene «winterliche Dionysia», einen «Orgasmus der Lokomotion» [= Ortsveränderung]. Natürlich wäre es albern, Strongs spielerische Tropen für bare Münze zu nehmen; doch in dem Bild vom «lokomotorischen Orgasmus» verdichtet sich anschaulich jene «Parallelaktion» von (gesellschaftlichem) Wandel und Sinnlichkeit, die das Thema dieses Buches ist. 8. Januar 1856, *Diary*, Hrsg. Allan Nevins und Milton Halsey Thomas, 4 Bände (1952), II, S. 251.

Zweiter Teil

I. Bürgerliche Erfahrungen: Ein erotisches Bekenntnis

1. «Millicent's Life», I [S. 1], Schachtel 46, MLT, Y-MA.
2. Mabel Todd an David Todd, 4. September 1879, Schachtel 112, DPT, Y-MA.
3. 30. November, 5. Dezember 1877, Tagebuch II, Schachtel 46, MLT; 16. Juli 1871, 7. November 1872, Tagebuch I, Schachtel 45, MLT; 5. März 1879, Tagebuch II.
4. 14. Oktober 1877, Tagebuch II; 2. Mai 1873, 21. Januar 1874, Tagebuch I; 11. November 1877, Tagebuch II.
5. 3. Juli 1885, Tagebuch IV, Schachtel 46, MLT; 10. Februar 1890, Tagebuch V, Schachtel 46, MLT; 14. April 1878, Tagebuch II.
6. Im November 1877, als sie gerade 21 geworden war, mußte sie auf eine Europareise verzichten, zu der Freunde sie eingeladen hatten und die sie aus eigener Tasche hätte finanzieren können – «bloß 400 Dollar» –, weil «Vater dagegen war, daß ich wegfuhr, ohne daß er oder Mutter dabei waren... Ich mußte mir die Sache aus dem Sinn schlagen. Aber es gab stürmische Szenen. Ich habe ziemlich heftig geweint.» Sie weinte, aber sie gehorchte. 30. November 1877, Tagebuch II.
7. 22. September 1877, Tagebuch II.
8. 5. Juli, 9. August, 21. November 1872, 8. Februar 1873, Tagebuch I.
9. 6. Januar 1878, Tagebuch II.
10. 20. September 1872, Tagebuch I; 6. Januar 1878, Tagebuch II.
11. 14. Oktober 1877, Tagebuch II.
12. *Yeast* (1851; Ausgabe 1899), S. 25. Zur Anthologie dieses Begriffes siehe unter S. XXX.
13. Alice James an Annie Ashburner, 10. Mai (1876?), Jean Strouse, *Alice James: A Biography* (1980), S. 164.
14. 26. Dezember 1876, 30. November 1877, Tagebuch II. – «Flirten» war eine schwerwiegende Verfehlung, und attraktive junge Damen machten sich oft ein Gewissen daraus, wenn sie entdeckten, daß sie irgendein betörtes männliches Wesen zu einer fruchtlosen Erklärung verleitet hatten. So faßte die bei heiratslustigen Männern außerordentlich beliebte Louisa Bowater, beim Gedanken an einen jungen Hauptmann, den schweren Entschluß: «Ich muß mich zusammennehmen und ein braves Mädchen sein und darf nicht flirten.» – «Ich kann für ihn nicht das empfinden, was er für mich empfindet, und er verdient etwas Besseres, als was ich ihm geben kann. Aber es hat mich viel gekostet, und manchmal habe ich das Gefühl, als hätte ich mein Glück weggeworfen. Möge der Herrgott mir vergeben, wenn ich mit ihm geflirtet habe.» 6. Juni, 14. Juli 1864. *The Journals of Lady Knightley of Fawsley*, Hrsg. Julia Cartwright (Mrs. Ady), (1951), S. 80, 86.
15. 14. April 1878, Tagebuch II. Offenbar dachte sie daran, ihren neuen Verehrer beim Vornamen zu nennen: bei ihrem Eintrag vom 21. März 1878 schreibt sie von ihm als von «D Mr. Todd» – ein aufschlußreiches inneres Ringen. Tagebuch II. – In Europa scheint diese Geste weit geringere Bedeutung

gehabt zu haben: Irgendwann im Jahre 1878 nahm eine freundschaftlich gesinnte junge Dame den Arm Otto von Leixners, wie er getreulich in seinem Tagebuch vermerkt, ohne daraus irgendwelche Schlußfolgerungen zu ziehen. *Tagebuch*, 1868, Leixner-Nachlaß, Stabi Berlin. In England handelte es sich um eine Geste reiner Höflichkeit (siehe George Eliot, *Middlemarch*, Kap. 29).

16. 20. September 1872, 13. Dezember 1873, Tagebuch I; 9. November 1878, Tagebuch II.
17. 27. Oktober, 5. Dezember, Kalender 1878, Schachtel 108, DPT; 25. April, 14. April 1878, Tagebuch II.
18. 3. August 1878, Tagebuch II; 5. Januar, Kalender 1879, Schachtel 39, MLT.
19. Howe: Robert Latou Dickinson und Lura Beam, *The Single Woman: A Medical Study in Sex Education* (1934), S. 130; Nason: Ellen K. Rothman, ‹Sex and Self-Control: Middle Class Courtship in America, 1770–1870›, in: *Journal of Social History*, XV, 3 (Frühjahr 1982), S. 409; Mabel Loomis: 22. September 1877, Tagebuch II. Nach den Schätzungen von Dickinson und Beam waren um die Jahrhundertwende etwa ein Viertel aller «anständigen» verlobten jungen Amerikanerinnen keine Jungfrauen mehr (S. 135).
20. *Physical Life of Woman* (1869; Ausgabe 1888), S. 65.
21. 16. Januar, Kalender 1879; David Todd an Mabel Loomis, 30. Januar 1879, Schachtel 3, MLT; Mary A. Loomis an Mabel Todd, Schachtel 31, MLT.
22. *Man and Superman*, Act III, The Badley Head Bernard Shaw: Collected Plays with Their Prefaces, II (1971), S. 670.
23. 24. August 1879, Tagebuch III, Schachtel 46, MLT.
24. 11. Dezember 1881, Tagebuch III. Siehe den Brief Mabel Loomis Todds an ihre Mutter vom 16. März 1879, aus den Flitterwochen: «Was David betrifft – er steht jeden Morgen auf und bringt mir Äpfel oder Orangen, noch vor dem Frühstück...», eine etwas gereinigte, aber immer noch sehr aufschlußreiche Andeutung über ihr nächtliches Leben. Schachtel 31. Man fragt sich, ob die Todds manche dieser Praktiken aus der schönen Literatur gelernt hatten: Becky Sharp wärmt ihrem Manne die Pantoffeln (*Vanity Fair*, Kap. 17), und dasselbe tut Sophy Traddles für ihren Gatten (*David Copperfield*, Kap. 61). Allerdings waren die Nächte in jenen nördlicheren Breiten sehr kalt, und so wird hier wahrscheinlich das Leben selbst der Lehrmeister gewesen sein.
25. 12. Mai, Kalender 1879; Mabel Todd an David Todd, 1. August 1879, 18. Dezember 1882, Schachtel 12, DPT; David Todd an Mabel Todd, 20. August 1879, 9. Dezember 1881, Schachtel 35, MLT.
26. 10. und 11. September, Kalender 1879; 19. August und 12. Dezember, Kalender 1880, Schachtel 39, MLT; 3. Juli, Kalender 1881, Schachtel 39, MLT; David Todd an Mabel Todd, 8. Dezember 1882, Schachtel 35, DPT.
27. 7. August 1885, Tagebuch IV.
28. «Millicent's Life», I [S. 20].
29. ebd. [S. 1f.]
30. ebd. [S. 6f.]
31. ebd. [S. 13, 15f.]
32. Mary A. Loomis an Mabel Todd, 3. und 12. August 1879; Mabel Todd an Mary A. Loomis, 16. August, 3. September 1879. Alles Schachtel 31, MLT.

33. 12. September, Kalender 1879; 6. Oktober 1879, Tagebuch III. Es empfiehlt sich, die Redensart, daß ihr Leben «in ihrem Gatten» liege, mit einiger Zurückhaltung aufzunehmen; das war eine konventionelle Ausdrucksweise, und Mabel Todd war zu selbständig für eine solch anschmiegsame Rolle, die für gewöhnlichere Sterbliche passen mochte, als sie selber zu sein glaubte.
34. David Todd an Mabel Todd [Ende August 1879], Schachtel 3, MLT; «Millicent's Life», I [S. 18].
35. David Todd an Mabel Todd [Juni 1885?], Schachtel 36, MLT. Siehe Mabel Todd, 10. September, Kalender 1879.
36. 3. Februar 1883, Tagebuch III.
37. 20. Januar 1882, ebd.
38. 15. August, Kalender 1882. Der Eintrag unter dem 28. Juli, unmittelbar nach der Rückkehr ihres Mannes, hält die ekstatischen Folgen fest, nämlich zwei Orgasmen für sie: «# # 28 und 29 f.m.»
39. 17. Juni, 3. Juli 1885, Tagebuch IV.
40. Kalender 1889, zwischen dem 14. und 15. August eingelegter Zettel, Schachtel 40, MLT. Sie probierte diesen imaginären Namen zweimal aus: auf der einen Seite mit Bleistift, auf der anderen mit Tinte.
41. Mabel Todd an Austin Dickinson, 5. April 1890, Schachtel 100c, MLT.
42. 11. September, Kalender 1882, Schachtel 101, MLT. Der Kalender enthält ein Stück Papier mit knappen Notizen für mehrere Einträge, die später mehr oder weniger genau übertragen worden sind. Unter dem genannten Datum lesen wir: «... und abds. mit M – und Rubikon.» In Mabel Todds Kalender für 1882 steht unter demselben Datum mit Bleistift, und zwar anscheinend von der Hand Austin Dickinsons: «Rubikon.»
43. 19. August 1895, Tagebuch V; Austin Dickinson an Mabel Todd [3. Juli 1885], Schachtel 98, MLT.
44. 15. November 1895, 31. März 1896, Tagebuch V; Mabel Todd an David Todd [2. September 1895], Schachtel 12, DPT.
45. Auf die Rückseite der letzten Seite schrieb sie später mit Bleistift: «Meine letzten Briefchen auf Erden an ihn, die er leiblich nicht mehr erhalten hat.» Schachtel 101, MLT.
46. 17. August, Kalender 1896, Schachtel 41, MLT; 16. August, Kalender 1895, Schachtel 132, MTB, Y-MA.
47. 19. August 1895, Tagebuch V; 16., 18., 19. August, Kalender 1895, Schachtel 108, DPT; 18. August, Kalender 1895, MTB.
48. «Gespräch mit Frances Hersey, 26. Februar 1957» [Typoskript], S. 2, Schachtel 132, MTB.
49. 30. März 1884, Tagebuch III; Austin Dickinson an Mabel Todd, 12. Juli [1885], Schachtel 98, MLT.
50. 6. Februar 1890, Tagebuch V.
51. Richard B. Sewall, *The Life of Emily Dickinson,* 2 Bände (1974), I, S. 301; 26. November 1911, Tagebuch XII, Schachtel 48, MLT; 2. Oktober, Kalender 1933, S. 13, Schachtel 131, MTB. In einem Brief, den er am 28. April 1929 aus einer Irrenanstalt schrieb, erinnerte sich David Todd: «Als ich junger Vater war, haben mich alle kleinen Mädchen *außer ihr* [Millicent] sehr gern gehabt. *Warum*, ist mir stets schleierhaft geblieben. Ist es mir immer noch. Ich habe

nicht die leiseste Ahnung, was Eifersucht ist, aber einmal wäre ich fast auf einen Bekannten eifersüchtig geworden, der mit seiner Tochter – vielleicht 14 – scherzte und schmuste, während sie auf seinem Schoß saß. Selbstverständlich ist eine solche Beziehung ganz zwangsläufig eine gegenseitige Hebung und Besserung für beide, da geschlechtslose Liebe – rein platonisch.» David Todd an Emma Cecilia Thursby, Durchschlag eines maschinenschriftlichen Briefes, Schachtel 112, DPT.

52. David Todd an Mabel Todd, 14. Juli 1885, Schachtel 36, MLT; Mabel Todd an David Todd, 14. April 1883, Schachtel 12, DPT.
53. 3. August 1884, 6. Januar 1885, Tagebuch III; 16. Dezember 1885, Tagebuch V; Austin Dickinson an Mabel Todd, [März?] 1883, Schachtel 98, MLT.
54. 4. März 1885, Tagebuch III.
55. 13. Mai 1890, Tagebuch V.
56. 24. August 1879, Tagebuch III.
57. 18. Oktober 1870, «Band I meines jugendlichen Tagebuches», Schachtel 3, MLT. Andere glühende Einträge unter dem 19. Oktober 1871; 26. September und 11. November 1872; 30. Mai, 21. Juni und 18. Juli 1873; 30. Juni, 14. und 30. August 1874, Tagebuch I.
58. Mabel Todd an Mary A. Loomis, 3. September 1879; 11. April 1910, Tagebuch XII.
59. 12. Juni 1876, Tagebuch II; 9. November 1876, am Vorabend ihres zwanzigsten Geburtstags; 11. November 1884, Tagebuch III; 12. Januar 1877, 18. Januar 1878, Tagebuch II.
60. Mabel Todd an Mary A. Loomis, 16. März 1879, Schachtel 31, MLT; 15. September 1882, 3. August 1884, Tagebuch III.
61. Nur zwei von vielen Beispielen: 10. November 1886, ihr dreißigster Geburtstag, und 4. Juni 1896, fast ein Jahr nach dem Tod ihres Geliebten, Tagebuch V. Ihre Tochter erinnerte sich später, daß ihre Mutter Austin Dickinson auch in dessen Gegenwart und in ihrem Haus «mein König» nannte. Sewall, *Emily Dickinson*, I, S. 298.
62. Über Benedictsson siehe unten, S. 125-131.
63. Dora B. Montefiore, *From a Victorian to a Modern* (1927), S. 12ff.
64. Ein Arzt [N.F. Cooke], *Satan in Society* (1871), S. 169f.; Gardner, *Conjugal Sins Against the Laws of Life and Health and Their Effects upon Father, Mother and Child* (1870), S. 171 sowie Kapitel II, «Die Ehe zwischen alten Männern und jungen Mädchen».
65. Millicent Todd Bingham, *Emily Dickinson's Home. The Early Years, As Revealed in Family Correspondence and Reminiscences, with Documentation and Comment* (1955; berichtigte Ausg. 1967), S. 411.
66. «Talk with Frances Hersey», S. 1f., MTB; Sewall, *Emily Dickinson*, I, S. 298f., 295.
67. 12. November 1890, Tagebuch V, MLT; 2. Oktober 1933, Kalender, MTB.
68. MacGregor Jenkins, *Emily Dickinson, Friend and Neighbor* (1930), S. 70ff.
69. Sewall, *Emily Dickinson*, I, S. 108.
70. Vgl. hierzu Mabel Todds Kalender 1889, unter dem 15. und 18. Mai. Auf diese aufschlußreiche Episode hat mich Sharon White hingewiesen.
71. Jenkins, *Emily Dickinson*, S. 12f.

II. Holde bürgerliche Gemeinschaften

1. «Die Sexualität in der Ätiologie der Neurosen» (1898), *St.A.* V, S. 18.
2. Siehe «Millicent's Life», I [S. 21], Box 46, MLT, Y-MA.
3. *Tagebuch*, begonnen am 10. Juni 1867, S. 3; *Tagebuch II*, 16. September 1869; *Kleines Reisetagebuch*, Juni und Juli 1887. Alles in Schachtel 2, Leixner-Nachlaß, Stabi Berlin.
4. 20. August 1839, 31. Mai 1841, 21. November 1848, *Journal intime*, Hrsg. Bernard Gagnebin und Philippe M. Monnier, bisher 6 Bände (1976–), I, S. 133, 189, 375. Vgl. auch 5. März, 16. Oktober, 1. November 1840, I, S. 146, 164, 178.
5. 23. Februar 1834, *Aus Andersens Tagebüchern*, hrsg. und übs. von Heinz Barüske, 2 Bände (1980), I, S. 189. Die wahren sexuellen Vorlieben Andersens bleiben einigermaßen unklar.
6. 31. März 1871; Lucien Maury, *L'Amour et la mort d'Ernst Ahlgren (Victoria Benedictsson), Le roman vécue d'une romancière suédoise* (1945), S. 72, 74.
7. E[dmund] G[osse], «Swedish Literature», in: *Encyclopaedia Britannica* (11th ed. 1911), XXVI, S. 220.
8. «Scham»: Maury, *L'Amour*, S. 18f. Über männliche Pseudonyme s.u. S. 197. «Todesurteil» (2. März 1887): Fredrik Böök, *Victoria Benedictsson och Georg Brandes* (1949), S. 147.
9. Ebd., S. 42, 46, 44, 99.
10. Ebd., S 171, 163, 83.
11. Ebd., S. 162f., 243, 248f.
12. Ebd., S. 68, 105, 162.
13. Ebd., S. 240, 192, 262. Freud, «Über infantile Sexualtheorien» (1908), *St.A.*, V, S. 178.
14. Maury, *L'Amour*, S. 145f.; Böök, *Victoria Benedictsson*, S. 136, 201.
15. Am 16. April 1821 hatte Shelley an Byron berichtet, «Young Keats» sei «an den Folgen eines geplatzten Blutgefäßes, in Krämpfen der Verzweiflung über den verächtlichen Angriff gegen sein Buch in der *Quarterly Review*» gestorben. Byron, der selber Kritik an Keats geübt hatte, gab die vernünftige Antwort: «Ich hätte nicht gedacht, daß Kritik so tödlich sein kann.»
16. Böök, *Victoria Benedictsson*, S. 201, 281, 287.
17. Bei der Erinnerung an seinen tragischen Tod nach zwanzig Jahren Ehe schrieb sie: «Wir haben nie versucht, unsere Liebe zueinander in Worte zu kleiden – außer zuletzt.» Er wurde «am Ende der Chancery Lane überfahren und ins Krankenhaus gebracht, wo er starb. Als ich zu ihm kam, hatte er noch eine halbe Stunde zu leben, und er tat die ganze Zeit nichts anderes, als mit der Kraft, die er noch hatte, alle seine angestauten Liebesempfindungen auszudrücken, wobei er unablässig das Wort ‹wunderbar› wiederholte. In meinem Schmerz kam ich nicht auf die Idee, mit ihm genauso zu sprechen, sondern redete nur immer auf ihn ein, er müsse stark sein und um sein Leben kämpfen. ‹Nein, Molly, mit mir ist es aus›, sagte er und begann wieder mit seinem Triumphgesang.» M. Vivian Hughes, *A London Girl of the Eighties* (1936), S. 203f., 261.

18. Auf die Kingsleys gehe ich im nächsten Band ein; über die Hawthornes siehe unten, S. 442-447.
19. Lois W. Banner, *Elizabeth Cady Stanton: A Radical for Woman's Rights* (1980), S. 35.
20. 1. März 1853; 13. November 1880; 22. Februar 1881; 28. August 1884; 6. September 1883, *Elizabeth Cady Stanton, As Revealed in Her Letters, Diary and Reminiscences*, Hrsg. Theodore Stanton and Harriot Stanton Blatch, 2 Bände (1922), II, S. 48, 178, 183, 220, 210.
21. *Victorian Cabinet Maker: The Memoirs of James Hopkinson, 1819–1894*, Hrsg. Jocelyne Baty Goodman (1968), S. 55f.

    Angesichts der nicht sehr großen Schulbildung Hopkinsons ist es bemerkenswert, daß er sich für einen typischen Vertreter der Mittelschicht hielt, ja sich in seinem Testament sogar selber als «Gentleman» bezeichnete (S. 110).
22. Leon Harris, *Only to God: The Extraordinary Life of Godfrey Lowell Cabot* (1967), S. 228.
23. Ebd., S. 229f. Einer der Brüder Goncourt hatte ein halbes Jahrhundert zuvor einen erstaunlich ähnlichen Traum. Er sieht sich in einem ungeheuren, erlesen ausgestatteten Louis-Quinze-Salon und begegnet dort einer Frau: «Ich drückte meinen Mund auf den Mund der Frau und vermählte meine Zunge mit ihrer Zunge. Ich empfand eine unendliche Wonne, so als sammelte sich meine ganze Seele auf meinen Lippen und würde von dieser Frau eingeschlürft und eingesogen. Eigentümliche Lust während des Traums, über jede wirkliche Lust hinaus. Idealer Koitus.» November 1854, Edmond und Jules de Goncourt, *Journal; mémoires de la vie littéraire, 1851–1896*, Hrsg. Robert Ricatte, 22 Bände (1956–58), I, 157.
24. Wie Minnie Cabot ihrer Tochter anvertraute, müssen die Flitterwochen des jungen Paares eine einzige Katastrophe gewesen sein. Harris, *Only to God*, S. 33, 137. Die Bemerkung seines Schwiegersohns: S. 323.
25. 17. Oktober 1865, Box 4, LF, Y-MA.
26. 1. November 1865, Box 4, LF. Im Jahre 1867 schrieben die beiden einen populären, aber gediegenen Wälzer mit dem Titel *The Philosophy of Housekeeping: A Scientific and Practical Manual for the Preparation of all Kinds of Food, the Making Up of All Articles of Dress, the Preservation of Health, and the Intelligent and Skilful Performance of Every Household Office* [Philosophie der Hauswirtschaft: Wissenschaftlich-praktischer Ratgeber für die Zubereitung aller Arten von Speisen, die Anfertigung aller Kleidungsstücke, die Erhaltung der Gesundheit und die verständige und gewandte Erledigung aller häuslichen Obliegenheiten] – der Untertitel faßt den Inhalt des Buches bündig zusammen und verrät auch einiges über seinen Ton.
27. 14. Februar 1865, Box 3, LF; [11. März 1865], Box 4, LF.
28. Joseph an Laura Lyman, [11.], 13., 23. März 1865; Laura an Joseph Lyman, 11., 23. März 1865. Beides in Box 4, LF.
29. Laura Lyman, «Locust Hill und wie wir dort lebten». Der Text beginnt so: «Keine köstlichere Zuflucht haben Liebende jemals besucht, am goldenen Kelch jüngst vollzogener Liebe zu nippen, als Locust Hill, tief versteckt hinter einsamen Hügeln im Herzen einer gebirgigen Gegend. Nicht warf das

rohe oder gedankenlose Auge einer rohen und gedankenlosen Welt seine Blicke auf den natürlichen Wonnetaumel, das überströmende Glück eines jungvermählten Paares im Eden seines vereinten Lebens...» Wer weiterlesen will, findet das Ms. in Box 11, LF.

30. Historia Erotica, Box 8, LF; Laura an Joseph Lyman, 11. März 1865, Joseph an Laura Lyman, 21. März 1865, Laura an Joseph Lyman, 24. März 1865, alles in Box 4, LF.

31. 5. und 19. August 1860. Das ursprüngliche, französische Tagebuch, das «Journal des affaires particulières et générales», aus dem ich hier zitiere, ist unpaginiert. 1935 brachte Bernhard J. Stern eine englische Übersetzung unter dem Titel *Young Ward's Diary* heraus. Sie ist brauchbar und im allgemeinen zuverlässig, weshalb ich in Klammern auf dieses Buch verweise (hier S. 6f.). Doch läßt der Sternsche Text häufig ganze Sätze aus und ist auch nicht frei von einigen störenden Versehen. Daher habe ich durchwegs auf das französische Original in den Lester Frank Ward Papers, BU-JHL, zurückgegriffen.

32. 11. Oktober 1860 (S. 13); 21. Oktober 1860 (S. 14f.). In seiner Aufregung schreibt Ward *«insensensé»*.

33. 23. November 1860 (S. 22).

34. 9. Februar 1861 (S. 35); 25. Oktober 1861 (S. 80f.). Interessanterweise sprach der sechzehnjährige James Boswell in ganz ähnlicher Weise von der sexuellen Erfüllung, als er eine heftige Liebesaffäre mit einer elf Jahre älteren Frau aus guter Familie hatte: «Tee», schrieb er am 16. Dezember 1761 in sein Tagebuch, «Paradies. Denke an diesen Abend.» Frederick A. Pottle, *James Boswell, The Earlier Years, 1740–1769* (1966), S. 79.

35. 13. August 1862 (S. 114.)

36. Siehe 19. August, 6. September, 3. November 1863 (S. 118, 121, 124); 12. März 1865 (S. 64); 4. März 1866 (S. 193); 4. August 1867 (S. 236).

37. *Dynamic Sociology, or Applied Social Science as Based Upon Statical Sociology and the Less Complex Sciences*, 2 Bände (1883), I, S. 632f., 639; *Psychic Factors*, S. 72 und Kap 9 und 26. Siehe auch *Dynamic Sociology*, S. 602-609.

38. 5. Juni 1842, Box 8, Poor Family Papers, Radcliffe College, Library; 11. August 1861, Box 9, ebd.

39. 22. April 1838, Schachtel 1, Karl Koch (1809–79) Nachlaß, Stabi Berlin; 17. Mai 1843, Schachtel 2, Koch-Nachlaß.

40. *Das Sexualleben unserer Zeit in seinen Beziehungen zur modernen Kultur* (1907; 5. erweitere Aufl. 1908), S. 90.

41. *On Sterility in Women* (1884), S. 90; siehe Tabelle S. 99.

42. Ebd., S. 90f., 92, 94.

43. Ebd., S. 96, 100.

44. Kathryn Allamong Jacob, «Clelia Duel Mosher», in: *Johns Hopkins Magazine* XXX/Nr. 3 (1979), S. 16.

45. «Diese Vorlesungen über persönliche Hygiene», schrieb sie 1926, zwei Jahre, bevor sie, fünfundsechzigjährig, Stanford verließ, «nehmen mich mehr mit, als sie eigentlich sollten. Wo soll ich die Grenze ziehen? Mein viktorianisches Gefühl für vornehme Diskretion empört sich ständig, wenn auch meine

Sekretärin meint, man merke es mir nicht an.» Carl N. Degler, «Introduction» zu *The Mosher Survey: Sexual Attitudes of Forty-Five Victorian Women*, Hrsg. James MacHood und Kristine Wenburg (1980), S. XVIII.

46. *Mosher Survey*, S. 263.
47. Nr. 12, S. 138; Nr. 47, S. 453; Nr. 41, S. 415; Nr. 27, S. 302ff. Keine Zahlenangabe läßt sich in dieser Umfrage schwerer entnehmen als die über die Häufigkeit des Geschlechtsverkehrs während der Schwangerschaft. Neun Frauen beantworteten diese Frage überhaupt nicht; nur fünf sagten mehr oder weniger kategorisch, er finde nicht statt. Die Angaben vieler anderer sind nicht eindeutig interpretierbar.
48. Siehe in dieser Reihenfolge: Nr. 22, S. 251; Nr. 43, S. 426; und Nr. 15, S. 174.
49. Nr. 32, S. 351. Nr. 9 (S. 102) äußerte sich unklar.
50. Nr. 24, S. 277. Die Goncourts, zynisch wie immer, nannten den gemeinsamen Haushalt von Ehepaaren «erklärtes Konkubinat». 24. Mai 1858, *Journal* II, S. 237. Bitterer und indirekter äußerte sich Mary Chesnut, die aufmerksame Tagebuchschreiberin der Konföderierten, die die Sklaverei als Prostitution ansah: «Es gibt keine Sklaverei wie die der Frau.» Und etwas später: «Alle verheirateten Frauen, alle Kinder und Mädchen, die im Haus ihres Vaters leben, sind Sklaven.» Es liegt auf der Hand, welcher Schluß hieraus zu ziehen ist. 9. Mai 1861 und 25. Februar 1865 (Version der 1880er Jahre), *Mary Chesnut's Civil War*, Hrsg. C. Vann Woodward (1981), S. 59, 729; vgl. auch Woodwards Einleitung, S. LI.
51. Nr. 24, S. 276f.
52. Nr. 5, S. 66; Nr. 11, S. 126f.
53. Nr. 14, S. 162. Bezeichnenderweise setzte sie hinzu: «Ich halte es für unzulässig, Kinder unter anderen als den allergünstigsten Umständen in die Welt zu setzen.» Sie selber hatte drei Kinder.
54. Nr. 2, S. 24f.; Nr. 41. S. 415f.
55. Nr. 19, S. 224; Nr. 5, S. 67; Nr. 23, S. 264; Nr. 30, S. 340.
56. Nr. 19, S. 224. Schon Degler hat diese Fehlleistung bemerkt: «What Ought to Be and What Was: Women's Sexuality in the Nineteenth Century», in: *American Historical Review*, LXXIX/Nr. 5 (Dezember 1974), S. 1486.
57. Nr. 45, S. 442; Nr. 3. S. 44; Nr. 29, S. 328; Nr. 44, S. 435. Nr. 15 ist nicht weniger beredt: «Generell wäre die ideale Form die, die am vollständigsten und vollkommensten dem körperlichen Ausdruck der seelischen Verbundenheit von Mann und Frau dient.» Sie bemerkt dazu, daß sie und ihr Mann auch nach vierjähriger Ehe die «ideale Form» noch nicht gefunden hätten. Doch sagt sie weiter: «Wir glauben an den Verkehr um seiner selbst willen – wir wünschen ihn uns und vermissen ihn, wenn er nicht stattfindet, eher seelisch als körperlich, weil er der höchste, heiligste Ausdruck unseres Einsseins ist» (S. 176).
58. Nr. 17, S. 197; Nr. 12, S. 138f.; Nr. 10, S. 113f.
59. Nr. 22, S. 254.
60. *Das Sexualleben unserer Zeit*, S. 89.
61. Siehe unten, S. 304-324.
62. Siebert: *Sexuelle Moral und sexuelle Hygiene* (1901), S. 47; Moreau: *Des*

aberrations du sens génésique (1880; 3. Aufl. 1883), S. 317; Ribbing: *Sexuelle Hygiene und ihre ethischen Konsequenzen* (1892), S. 43.

63. Mary S. Hartman, *Victorian Murderesses* (1977), S. 192.

64. Roubaux: *Traité de l'impuissance et de stérilité chez l'homme et chez la femme, comprenant l'exposition des moyens recommandés pour y remédier*, 2 Bände (1855), II, S. 449f.; Scott: *The Sexual Instinct: Its Use and Dangers as Affecting Heredity and Morals* (1899), S. 126f., 119.

65. 13. Juni 1858; 1. und 16. November 1859, *Journal* II, S. 246f., III, S. 161, 168. (Auslassungszeichen im Original.) Noch der unmittelbar folgende Eintrag vom 16. November wiederholt die eben festgehaltenen sexuellen Rhythmen: «Die Zivilisation geht vom Orient, vom Süden nach Norden: sie ist wie das Pulsieren des wieder emporkommenden Erdballs.»

66. 22. August 1849, *Journal intime* I, S. 514.

67. Das ist Bartletts, «In sexueller Hinsicht» betitelte Beurteilung in ihrer Gänze. Box 10, LF.

68. *Monsieur, madame et bébé* (1866), S. 137, 154.

69. Debay, *Hygiéne et physiologie du mariage* (1848), S. 14f. Siehe auch Debay, *Philosophie du mariage. Études sur l'amour, le bonheur, la fidélité, les sympathies et les antipathies conjugales. Jalousie – adultère – divorce – célibat* (1849).

70. *Hygiéne et physiologie du mariage*, S. 101f.

71. Ebd., S. 103f., 221-225, 80.

72. Ebd., S. 106, 108f., 354-378.

73. *The Natural Laws of Sexual Life: Medical-Sociological Researches* (1904; Übs. Carl Sandzen 1906), S. 150f., S. 157 bis 161.

74. *The Functions and Disorders of the Reproductive Organs, in Childhood, Youth, Adult Age, and Advanced Life, Considered in their Physiological, Social, and Moral Relations* (1857). Mehrfach überarbeitet, mit geringfügigen Veränderungen des Untertitels, aber erheblich erweitert. Ich zitiere nach der 3. Aufl. (1865), S. 133ff., 103.

75. *Psychopathia Sexualis, mit besonderer Berücksichtigung der conträren Sexualempfindung* (1886; 9. Aufl. 1894), S. 11, 14; *Neue Forschungen auf dem Gebiete der Psychopathia Sexualis. Eine medicinisch-psychologische Studie* (1890; 2. Aufl. 1891), S. 38.

76. *The Human Body: An Account of Its Structure and the Conditions of Its Healthy Working* (8. Aufl. 1904). Martin war Professor für Biologie an der Johns Hopkins University und Professor für Physiologie an der dortigen medizinischen Fakultät. Dr. Alexandre Mayer, eine führende französische Kapazität, äußerte sich ganz ähnlich in einem langen Kapitel über «Die Frau» in seinen *Des rapports conjugaux considérés sous le triple point de vue de la population, de la santé et de la morale publique* (1848; 4. Aufl. 1860), besonders S. 210, 215.

77. Alcott: *The Physiology of Marriage* (1855), S. 45f.; [W.R. Greg]: «Art. VII – I. De la prostitution dans la ville de Paris, par Parent-Duchâtelet...», in: *Westminster Review*, LIII (Juni 1850), S. 456f. Immerhin gibt Greg zu, daß Frauen undeutlich so etwas wie sexuelle Erregung empfinden.

78. *Queenly Womanhood. A private treatise; for females only, on the sexual*

instinct, as related to moral and Christian life (1875; 2. Aufl. 1877), S. 13f.; 132f. Eine ganz ähnliche Auffassung vertritt Dr. William A. Hammond: «Die Frauen als Geschlecht zeigen eine weit geringere Intensität des sexuellen Begehrens als Männer. Wie ein englischer Autor [zweifellos Dr. Acton] bemerkt hat, kommt es nur der Heiligkeit der Familie zugute, daß dem so ist.» *Sexual Impotence in the Male and Female* (1887), S. 278. Zugleich sah Dr. Hammond sich aber genötigt, die Frigidität als Störung zu behandeln.

79. *The Women of England, Social Duties, and Domestic Habits*, 2 Bände in 1 (1839), II, S. 197.
80. *The Physiologist: Or Sexual Physiology Revealed* (4. Aufl. übs. 1846), S. 68, 82.
81. *Counsel to Parents on the Moral Education of Their Children, in Relation to Sex* (1879; 3. überarb. Aufl. 1881), S. 62, 76.
82. *The Human Element in Sex: Being a Medical Inquiry into the Relation of Sexual Physiology to Sexual Morality* (1884; Ausg. v. 1894), S. 14, 49ff.
83. *The Physical Life of Woman: Advice to the Maiden, Wife and Mother* (1869; 3. Aufl. 1888), S. 21f., 96f.
84. *The Transmission of Life. Counsel on the Nature and Hygiene of the Masculine Function* (1871), S. 173.
85. *Die mangelhafte Geschlechtsempfindung des Weibes: Anaesthesia sexualis feminarum. Dyspareunia. Anaphrodisia* (1904), S. 124 (Adlers Zitat aus Duncan auf S. 67ff.), 13ff.
86. Ebd., S. 146, 22, 109-114.
87. *Functions of Reproductive Organs*, S. 134.
88. *Sexual Neurasthenia*, Hrsg. A.D. Rockwell (1884; 5. Aufl. 1900), S. 126f.
89. «Über die Berechtigung, von der Neurasthenie einen bestimmten Symptomenkomplex als ‹Angstneurose› abzutrennen» (1895), *St.A.* VI, S. 43. Hervorhebungen von P.G.
90. Es gab damals eine internationale Diskussion über die Frage, ob junge Männer den Strapazen der höheren Bildung gewachsen seien, und eine verbreitete Furcht vor einer Überlastung junger Gemüter. Als das eigentlich anfällige Geschlecht galten aber immer die Frauen.
91. *New York Herald* (Londoner Ausgabe), 14. August 1889, in Hartman, *Victorian Murderesses*, S. 252.
92. *Drei Abhandlungen zur Sexualtheorie, St.A.* V, S. 61; «Die Weiblichkeit», in: *Vorlesungen zur Einführung in die Psychoanalyse, Neue Folge, St.A.* I, S. 547.

III. Die offensive Frau, der defensive Mann

1. *Glances and Glimpses, or Fifty Years Social, Including Twenty Years Professional Life* (1856), S. 4.
2. Hume: an William Mure, 14. November (1742), *The Letters of David Hume*, Hrsg. Y.T. Greg [Pseud.], 2 Bände (1932), I, S. 45. Amiel: 3. Dezember 1849, 4. Februar 1850, *Journal intime*, Hrsg. Bernard Gagnebin und Philippe M. Monnier, bisher 6 Bände (1976–), I, S. 584f., 648; Dumas: *L'Homme-Femme* (1872), S. 3f; Cooke: *Satan in Society*, S. 280f.; Freud: «Die Frage der Laienanalyse», *St.A.* XI, S. 303.

3. *L'Amour* (1858; 4. Aufl. 1859), S. 16, 351.
4. Siehe *Women's Rights* (1867) von dem Geistlichen John Todd, ferner von Mary A. Dodge, die unter dem Pseudonym Gail Hamilton schrieb, *Women's Wrongs: A Counter-Irritant* (1868).
5. Band 12, Box 1, Diaries, Miscellaneous, Y-MA.
6. Duncan Crow, *The Victorian Woman* (1972), S. 21.
7. «Criminals, Idiots, Women, and Minors», in: *Fraser's Magazine for Town and Country*, LXXVIII (1868), S. 777-794.
8. *The Subjection of Women* (1869), S. 55, 57ff.
9. Rosalie Ulrica Olivecrona, «Sweden», in: *The Woman Question in Europe. A Series of Original Essays*, Hrsg. Theodore Stanton (1884), S. 211, Anm. ebd.
10. *Ehefrau und Mutter in der Rechtsentwicklung. Eine Einführung* (1907), S. 413.
11. *Lebenserinnerungen* (1921), S. 112.
12. Freud an Martha Bernays, 15. November 1883, *Sigmund Freud: Briefe 1873–1939*, Ausgew. und hrsg. von Ernst und Lucie Freud (1960), S. 81f.
13. Marie Calm, «II, The National Association of German Women», in: Stanton, *Woman Question*, S. 159 Anm.
14. «Women», Band XXVIII, S. 785.
15. Ellis, *The New Spirit* (4. unverand. Aufl. 1926), S. 10.
16. E.H. Kossmann, *The Low Countries, 1780–1940* (1978), S. 327; Aristide Astruc, «Le Suffrage universel en Belgique», in: *La Nouvelle Revue*, XXI (1883), S. 39-63. Zu Dodge: siehe Anm. 4. – Der Widerstand gegen das Frauenstimmrecht kam nicht nur von konservativer Seite. In römisch-katholischen Ländern wie Frankreich oder Italien befürchteten die Radikalen, daß Frauen unter dem Einfluß ihres Beichtvaters bei nationalen Wahlen den reaktionären Parteien zuströmen könnten.
17. Theodore Stanton, redaktionelle Notiz zu Kristine Frederiksen, «Denmark», in: *Woman Question*, S. 230 Anm.
18. Hunt, *Glances and Glimpses*, S. 102ff.
19. Ebd., S. 153.
20. «Die Frauen und der ärztliche Beruf», in: *Gartenlaube*, XXXVIII (1890), S. 654ff.
21. Elise von Calcar, «Holland», in: Stanton, *Woman Question*, S. 165, 165 Anm.
22. Mary Roth Walsh, *«Doctors Wanted: No Women Need Apply»: Sexual Barriers in the Medical Profession, 1835–1975* (1977), S. 181, 187; Millicent Garret Fawcett, «Women in Medicine», in: Stanton, *Woman Question*, S. 63-89.
23. McCabe, *The American Girl at College* (1893), S. 108. Sie erwähnt außerdem, daß 11718 Studentinnen «coeducational colleges» besuchten, von denen die meisten zu bundesstaatlichen Universitäten gehörten (S. 108f.). Am aussagekräftigsten dürfte der Prozentsatz der Frauen an der Gesamtzahl der Hochschulabsolventen sein. Im Jahre 1870 waren 15 Prozent aller Studenten, die an amerikanischen Colleges und Universitäten den B.A. machten, Frauen; 1890 waren es 17 Prozent; 1910 fast ein Viertel, nämlich 23 Prozent.
24. «La Femme aux Etats-Unis», in: *Revue des Deux Mondes*, MCIII (1889), S. 349-374, 432-464; die Zitate finden sich auf S. 353f.

25. An Mary Garrett, 2. Januar 1898, *The Making of a Feminist: Early Journals and Letters of M. Carey Thomas,* Hrsg. Marjorie Housepian Dobkin (1979), S. 16.
26. Dobkin, «Introduction», ebd., S. 17.
27. 17. Dezember 1877; Januar 1860; 6. Januar, 20. Juni 1871, ebd., S. 123, 32, 48f., 55.
28. 1. Oktober 1871, ebd., S. 58.
29. 6. Januar 1871, ebd., S. 48f.
30. 26. Februar 1871, ebd., S. 50f.
31. Siehe den Brief von M. Carey Thomas an Mary Garrett, Juli 1879, in dem A.D. White zitiert bzw. paraphrasiert wird; Andrew Dixon White an Dr. James Carey Thomas, 4. Juli 1879, ebd., S. 163f.
32. An ihre Mutter, 7. Februar 1880, ebd., S. 208.
33. An ihren Vater, 29. Februar; an ihre Mutter, 1. Februar 1880, ebd., S. 211f., 207.
34. An ihre Mutter, undatiert, ebd., S. 257, 260-264.
35. An ihre Muter, 30. November 1882, ebd., S. 265.
36. Siehe *The Political Economist; and Journal of Social Science,* Nr. 11. (Januar 1857), S. 85.
37. Siehe Breuer, «Fallgeschichten... Fall 1, Fräulein Anna O.» (1895).
38. Rosalie G. Grylls, *Queens College, 1848–1948* (1949), S. 2f.
39. Mandeville: *History of Woman Suffrage,* Hrsg. Elizabeth Cady Stanton, Susan B. Anthony und Matilda Joslin Gage, Band I (2. Aufl. 1889), S. 486; Davis: ebd., S. 515; *New York Herald,* 7. September 1853, ebd., S. 556f.
40. *Albany Register,* 7. März 1854, ebd., S. 608f.; *New York Herald,* 12. September 1852, ebd., S. 852, 854. Auf seine besondere Weise brachte der *Herald* im selben Editorial die abolitionistische mit der feministischen Bewegung in Zusammenhang: «Wie kam es, daß die Frau dem Manne untertan wurde, so, wie sie jetzt überall auf der Welt dem Manne untertan ist? Dank ihrer Natur, ihres Geschlechts, so wie der Neger der weißen Rasse unterlegen ist und bis zum Ende der Zeit unterlegen sein wird und daher zur Unterwerfung verurteilt ist» (S. 854).
41. *History of Woman Suffrage,* Band II (1881), S. 101 Anm. – Dieselbe Linie vertrat der Verfasser von *Satan in Society*, Dr. Nicholas F. Cooke. Die starke Frau ist eine «Art Mißgriff der Natur. Solche Frauen ermangeln für gewöhnlich jener Eigenschaften, welche die Liebe des Mannes erregen, und da nach der Harmonie der Dinge Starkes sich mit Schwachem vermählt, so verbinden diese maskulinen Frauen sich fast immer mit bleichen Männern, die ihnen körperlich und geistig unterlegen sind und jenes Regiment vertragen, welches ihre Frauen notwendigerweise führen müssen» (S. 280).
42. Kopie in Box 2, Anti-Suffrage, SS, SC-WHA.
43. 19. Februar 1862, Edmond und Jules de Goncourt, *Journal; memoires de la vie littéraire 1851–1896,* Hrsg. Robert Ricatte, 22 Bände (1956–58), V, S. 57.
44. *Les Causes de la folie* (1896), S. 53, in Susanne Barrows, *Distorting Mirrors: Visions of the Crowd in Late Nineteenth-Century France* (1981), S. 49 Anm.
45. (1874; 4. Aufl. 1875), S. 313. Siehe auch Dumas fils, *L'Homme-femme,* sowie Jules Bois, *L'Eve nouvelle* (1896), S. 8.

46. «Female Education», in: *Quarterly Review*, CXXVI (1869), in Patricia Hollis, *Women in Public, 1850–1900: Documents of the Victorian Women's Movement* (1979), S. 144ff.
47. *Punch*, XXI (1851), S. 20, 2, 35, 141, 155, 157.
48. Sambourne, «The Angel ‹in the House›», ebd. LXXXVI (1884), S. 279.
49. Das bemerkenswerteste Beispiel für Shaws feministische Deutung des Darwinismus ist natürlich *Man and Superman* (1903). Die Widmungsepistel an Arthur Bingham Walkley – teils ironisch, teils pervers – ist noch immer lesenswert.
50. I, 6 (1844), S. 46; IV, 85, 89 (1846), S. 102, 135.
51. Tagebuch 1867–68, S. 7, 14; *Tagebuch* III, 16. Dezember [1877], Schachtel 2, Leixner-Nachlaß, Stabi Berlin.
52. Raabe an Ernst Eckstein, 10. August 1878, *Briefe Wilhelm Raabes (1848–1910)*, Hrsg. Wilhelm Fehse (1940), S. 162f.
53. *Das Weib in seiner Geschlechtsindividualität* (1896; 2. durchges. Aufl. 1897), S. 18.
54. Richard J. Evans, *The Feminists: Women's Emancipation Movements in Europe, America and Australasia, 1840–1920* (1977), S. 112.
55. *Bath Express*, 29. April 1865, in: Mary S. Hartman, *Victorian Murderesses* (1977), S. 126.
56. Amiel: 24. Februar 1851, *Journale intime*, I, S. 895; Levertin: Mary Sandbach, «Introduction» zu August Strindberg, *Getting Married* (1884, 1886; Übs. Sandbach, 1972), S. 26
57. 14. Juli 1883, *Journal*, XIII, S. 45f.
58. 5. November 1855, 22. November 1856, ebd., I, S. 231; II, S. 56. – Die Anthropologie hat herausgefunden, daß die Urangst vor der *vagina dentata* in den Mythen vieler Völker vorkommt. Und verdeckt taucht die vage, schreckenerregende Vorstellung von der mit Zähnen bewehrten Vagina, die jeden Mann kastriert, der es wagt, in sie einzudringen, auch in den Träumen und Phantasien des westlichen Kulturkreises auf.
59. Dieser und der vorige Absatz stützen sich auf das mit Recht berühmte Buch *Liebe, Tod und Teufel. Die schwarze Romantik* von Mario Praz (1930; Übs. Lisa Rüdiger, 1970), vor allem auf die Kapitel II und IV («Die Metamorphosen Satans» bzw. «La Belle Dame Sans Merci»).
60. Der Kunstkritiker und -historiker Quentin Bell findet diese vier Bilder abstoßend und unbewußt obszön. Charakteristisch modern reagierend, schreibt er über die *Pygmalion*-Gemälde, sie seien «eine Art Hymnus an die Sexualität in der Kunst. Der Bildhauer erschafft ein Marmorbild, er betet es an, und die Göttin wird zu einer wirklichen, lebendigen Frau – aus Seife. Pygmalion ist ebenfalls aus Seife, und man zuckt zurück bei dem Gedanken an ihre traurigen, kalten, glitschigen Seifenumarmungen.» *Victorian Artists* (1967), S. 68.
61. Pater, *The Renaissance: Studies in Art and Poetry* (1873; Modern Library Ausg. o.J.), S. 103.
62. Vigny: «La Colère de Samson», geschrieben am 7. April 1838, *Poèmes*, Hrsg. Robert Abichard (1966), S. 251; Amiel: November 1851, *Journal intime*, I, S. 111.

63. Bei Gautier heißt es: «Große wollüstige Cleopatra, wie hast du die menschliche Natur erkannt! Wie viel Tiefe liegt in dieser Barbarei!» Siehe Praz, *Liebe, Tod und Teufel,* S. 182.
64. Robert Rosenblum, *Ingres* (1967), S. 80f.
65. «Vorrede zur dritten Auflage», *Buch der Lieder,* in: *Sämtliche Werke,* Hrsg. Oskar Walzel u.a., 11 Bände (1911–20), I, S. 3f.
66. Diese angebliche Äußerung Carlyles berichtet John Everett Millais brieflich an Mrs. George Grey (10. Mai 1854), Mary Lutyens, *Millais and the Ruskins* (1967), S. 210.
67. Brian H. Harrison, *Separate Spheres: The Opposition to Women's Suffrage in Britain* (1978), S. 59 und passim.
68. Exemplar in Box 2, Anti-Suffrage, SS.
69. *Nineteenth Century* CXLVIII (Juni 1889), S. 781-788. Separatdruck in Box 2, Anti-Suffrage, SS. In der Julinummer brachte *The Nineteenth Century* den Beitrag «The Appeal Against Female Suffrage: A Reply» von den Feministinnen Millicent Garret Fawcett und M.M. Dilke (CXLIX, S. 86-103).
70. *My Apprenticeship* (1926; Ausg. v. 1971), S. 354. Die ganze Komplexität des Antifeminismus tritt im Frühwerk August Strindbergs zutage. Man berief sich oft auf die giftig-angstvolle Schilderung der *femme fatale* in seinen Stücken und Geschichten, und er galt als erbitterter Widersacher des «Feministen» Ibsen. Zugleich aber konnte er eine Art von «Bill of Rights» für Frauen aufstellen, in der er für eine Reihe von Maßnahmen eintrat, die den Frauen zahlreiche der von den engagiertesten Feministen geforderten Rechte gewährt hätten.
71. *Das Ich und die Abwehrmechanismen* (1936). Kap. 9.
72. Zum Thema «Familienideologie» siehe unten, S. 422-428.
73. Herbert Van Thal, *Eliza Lynn Linton: The Girl of the Period* (1979), S. 47, 74.
74. «The Girl of the Period«, in: E. Lynn Linton, *Modern Women* (1888), S. 25-30.
75. «The Education of Girls», *Transactions of the National Association for the Promotion of Social Science,* 1865, in: Hollis, *Women in Public,* S. 143.
76. *Sex in Mind and in Education* (1874), S. 7f.
77. Clarke, *Sex in Education* (1873), S. 63. Siehe Walsh, *«Doctors Wanted»,* S. 117-128.
78. *Sex in Educations,* S. 47, 69, 84.
79. Ebd., S. 79-84.
80. «Present Tendencies in Women's College and University Education», in: *Publications of the Association of Collegiate Alumnae* III (Februar 1908), in: William L. O'Neill, *The Woman Movement: Feminism in the United States and England* (1969), S. 170.
81. George F. Comfort, A.M., und Anna Manning Comfort. M.D., *Woman's Education, and Woman's Health: Chiefly in Reply to «Sex in Education»* (1874), S. VII.
82. Gegenüber der Titelseite von Edward H. Clarke, *The Building of a Brain* (1874).
83. *Building of a Brain,* S. 64.

84. Comfort and Comfort, *Woman's Education,* S. VII f.
85. Ebd., S. 17, 91, 155.
86. Julia Ward Howe, «Introduction», in: *Sex and Education. A Reply to Dr. E.H. Clarke's «Sex in Education»,* Hrsg. Julia Ward Howe (1874), S. 6. Drei Jahrzehnte später konnte der hervorragende amerikanische Psychologe G. Stanley Hall diese «Sexualsymphonie» immer noch billigen. Er schrieb: «Mag E.H. Clarke seine ‹Sexualsymphonie zu grell intoniert› haben: Er hatte recht.» Walsh, *«Doctors Wanted»,* S. 124 Anm.
87. Howe, *Sex and Education,* S. 99, 102ff,, 191-195.
88. Mary Putnam Jacobi, *The Question of Rest for Women During Menstruation* (1877).
89. Charles F. Thwing, *The College Woman* (1894), S. 10.
90. Josephine Kamm, *How Different from Us: A Biography of Miss Buss and Miss Beale* (1958), S. 97.
91. Rochard, «L'Éducation des filles», in: *Revue des Deux Mondes,* LXXXV (1888), S. 645.
92. Isabel Maddison, *Handbook of British, Continental and Canadian Universities with Special Mention of the Courses open to Women, für the Graduate Club of Bryn Mawr* (1896; 2. Aufl. 1899), S. 62ff.
93. *Die Akademische Frau. Gutachten hervorragender Universitätsprofessoren, Frauenlehrer und Schriftsteller über die Befähigung der Frau zum wissenschaftlichen Studium und Berufe,* Hrsg. Arthur Kirchhoff (1897), S. X, 322, 320.
94. Ebd., S. 225, 23, 27.
95. Ebd., S. 223f.
96. Ebd., S. 13, 95, 77, 73.
97. Prof. Dr. phil. Julius Lessing, Direktor am Kgl. Kunstgewerbe-Museum in Berlin, ebd., S. 231; Prof. Dr. med. Ottomar Rosenbach, Internist an der Universität Breslau, ebd., 82f.; Prof. W. Panzerbeiter, Oberlehrer am Falk-Realgymnasium (für Mädchen) in Berlin, ebd., S. 297; und Prof. Dr. Julius von Sachs, Direktor der Botanischen Gärten an der Universität Würzburg, ebd., S. 280f.
98. Ebd., S. 256f.

IV. Die Last der Realität

1. Box 53, SF, Y-MA. Alice Belknap selbst hatte mehr als eine Fehlgeburt hinter sich. «Ich muß noch liegen, hoffe aber, morgen aufstehen zu können. Ich habe wieder eine Fehlgeburt gehabt, nach zwei Monaten, diesmal viel schlimmer als damals. Gott sei Dank blieb mir eine Blutvergiftung erspart, u. ich hoffe, daß ich bald wieder auf dem Damm bin.» Juli 1884, ebd.
2. 28. Mai 1885, ebd.
3. Siehe beispielsweise Karl von Holtei, *Vierzig Jahre,* 8 Bände (1843–50), I, S. 1.
4. Über diese 1836 gedruckte Bibel – offenbar ein Hochzeitsgeschenk – siehe Box 21, Chauncey Family Papers, Y-MA. Am Tage von Mrs. Chaunceys Tod schrieb W.H. Dillingham an seinen Freund Theodore Dwight Woolsey:

«Unser gemeinsamer, ausgezeichneter Freund, N. Chauncey Esquire, ist von der größten aller irdischen Anfechtungen betroffen worden, dem Verluste seiner teuren Frau... Unser Freund ist natürlich von dem Schlage wie betäubt; er ersucht mich, diese tiefbetrübliche Nachricht so bald wie möglich der Familie des Cousins seiner dahingeschiedenen Frau zu übermitteln.» Box 12, Woolsey Family Papers, Y-MA.

5. Sarah Freeman, *Isabella and Sam: The Story of Mrs. Beeton* (1978), S. 137, 140, 222f., 233f. Solcher Geschichten gab es natürlich zahllose, im hohen und höchsten Adel ebenso wie im Bürgertum. Prinzessin Charlotte, das einzige Kind des späteren George IV. von England, starb, nachdem sie einen totgeborenen Sohn zur Welt gebracht hatte, im November 1817 im Alter von 21 Jahren. Siehe Cecil Woodham-Smith, *Queen Victoria: From Her Birth to the Death of the Prince Consort* (1972; Ausg. von 1974), S. 16.
6. Genesis 3, 16 (Übs.: Leander van Eß).
7. Barnes: *Lancet* II (1850), S. 39; A.J. Youngson, *The Scientific Revolution in Victorian Medicine* (1979), S. 111; Euphemia («Effie») Ruskin: an Rawdon Brown, 21. März 1885, Mary Lutyens, *Millais and the Ruskins* (1967), S. 254. Noch 1882 fand es der deutsche Philosoph Eduard Haeckel für nötig, das Loblied der Anästhesie zu singen – so als sei sie noch nicht allgemein akzeptiert. Siehe Dr. Edouard Heckel, «Les Anesthésiques et la douleur», in: *La nouvelle Revue* XIV (Januar-Februar 1882), S. 80-90.
8. Dr. Tyler Smith, zitiert in F.B. Smith, *The People's Health 1830–1910* (1979), S. 21; Simpson, *Anaesthetic Midwifery: Report on its Early History and Progress* (1848), S. 19, in Youngson, *Scientific Revolution in Victorian Medicine*, S. 125, 114.
9. 29. März 1859, Folder 1028.1, Garrison Family Papers, SS.
10. *Handbuch der Populationistik oder der Völker- und Menschenkunde nach statistischen Erhebnissen* (1841), S. 233f., 244-248, 301.
11. *Vital Statistics: A Memorial Volume of Selections from the Reports and Writings of William Farr*, Hrsg. Noel A. Humphreys (1885), S. 186, 190, 191ff.
12. Grays: Lutyens, *Millais and the Ruskins*, S. 7, Anm.; Diemer (1867–1939): Michael-Zeno-Diemer-Papiere, Aba 433, Heft I, 1, Handschriften-Abteilung, Stabi München; Whitman: Justin Kaplan, *Walt Whitman: A Life* (1980), S. 85f.
13. Brandes an Alexander L. Kielland, 19. Dezember 1890, und an Jonas Lie, 8. Januar [1891], *Georg og Edvard Brandes, Brevveksling med nordiske Forfattere og Videnskabsmœnd*, Hrsg. Norten Borup, 8 Bände (1939–1942), IV, Teil 2, S. 364f., 451f. Für diesen Hinweis bin ich Henry Gibbons zu Dank verpflichtet.
14. Millais an Effie Ruskin, 26. Juli 1854, in Lutyens, *Millais and the Ruskins*, S. 238.
15. Bernoulli, *Handbuch der Populationistik*, S. 301; Smith, *People's Health*, S. 65-69.
16. Siegfried Wichmann, *Franz von Lenbach und seine Zeit* (1973), S. 8ff. William Millais, der Bruder des Malers, heiratete 1860 und wurde zwei Jahre später Witwer, als seine Frau Judith mit ihrem zweiten Kind im Kindbett

starb. Lutyens, *Millais and the Ruskins*, S. 259, Anm. Häufig brachte die Schwangerschaft, auch wenn sie nicht mit dem Tode der Mutter endete, starke und lang anhaltende Schmerzen mit sich. Cecilia Bishop, eine Freundin Effie Ruskins, war ein Jahr nach der Entbindung noch immer leidend. Ebd., S. 116.

17. Bernoulli, *Handbuch der Populationistik*, S. 283; Farr, *Vital Statistics*, S. 260-281.
18. Sir William J. Sinclair, *Semmelweis: His Life and His Doctrine: A Chapter in the History of Medicine* (1909), S. 29-33, 45, 51.
19. F.B. Smith, der die Müttersterblichkeit in England und Wales in den 1880er Jahren untersuchte, schreibt über London: «In wohlhabenden Pfarreien wie Hampstead oder St. George, Hanover Square, waren Kindbettfieber und Müttersterblichkeit verbreiteter als in den bettelarmen Gemeinden St. Giles und St. George im Osten.» Er schließt daraus, daß die «Klassen, die sich Dienstboten und teure *accoucheurs* [Geburtshelfer] hielten, sich zwar größeren Seelenfrieden, aber keine verringerte Gefährdung erkauften.» *People's Health*, S. 14, 56.
20. Tagebuch, 1. September 1878, *The Making of a Feminist: Early Journals and Letters of M. Carey Thomas*, Hrsg. Marjorie Housepian Dobkin (1979), S. 149.
21. Carl N. Degler, *At Odds: Women and the Family in America from the Revolution to the Present* (1980), S. 60.
22. 30. Januar (1823), *Correspondance*, Band I, *1812–1831*, Hrsg. Georges Lubin (1964), S. 103.
23. *Marriage Gift* (1864), S. 76.
24. «The Psychic State in Pregnancy» (1906), in: *Studies in the Psychology of Sex*, 2 Bände (1936), II, S. 229.
25. J.P. Nettl, *Rosa Luxemburg*, 2 Bände (1966), I, S. 143f.
26. Ich übernehme die glückliche Wendung von der «normalen Krise» aus Grete Bibring et al., «A Study of the Psychological Processes in Pregnancy and of the Earliest Mother-Child Relationship», in: *Psychoanalytic Study of the Child*, XVI, (1961), S. 9-72. Es ist nicht ohne Interesse, die Fußnoten zu Havelock Ellis' Essay «The Psychic State in Pregnancy» zu mustern: Ernstzunehmende und tragfähige Untersuchungen über die psychologischen Aspekte der Schwangerschaft wies die medizinische Literatur Europas und der USA erst seit Ende der 1880er Jahre auf.
27. Zu Anna O. siehe Breuer, *Studien über Hysterie* (1895; z.B. als Fischer-Taschenbuch Nr. 26001); Freuds Kommentare dazu in «Zur Geschichte der psychoanalytischen Bewegung» (1914), in: Sigmund Freud, *Gesammelte Werke* (1940ff.), Band 10.
28. Mary Ann Gibbs an Horatio P. Van Cleve, 5. Juli 1849, Box 13, Ebenezer Alfred Johnson Family Papers, Y-MA.
29. Joseph an Laura Lyman, 12. Februar 1865; Laura an Joseph Lyman, 14. Februar 1865; Joseph an Laura Lyman, 15. Februar 1865, alle Box 3, LF; 15. Februar, Kalender 1865, Box 6, LF, Y-MA.
30. Laura an Joseph Lyman, 16. Februar 1865, LF.
31. Joseph an Laura Lyman, 17. Februar [1865], LF.

32. Joseph an Laura Lyman und die beiden Söhne, 22. Februar [1865], LF.
33. 1. Juni 1884, Box 53, SF; *Making of a Feminist*, S. 38.
34. Root Family Papers, Y-MA.
35. *The Gladstone Diaries*, Hrsg. M.R.D. Foot und H.C.G. Matthew, bisher 8 Bände (1968–), III, S. 33f.
36. Ebd., S. 231f.
37. Ebd., IV, S. 2, 242.
38. Ebd., S. 196-201, 239.
39. Ebd., S. 648-657.
40. Siehe John Morley, *The Life of William Ewart Gladstone*, 3 Bände (1903), II, S. 543f.
41. Hélène Bergues, «L'Attitude de l'église: Respect de la vie et de la nature», in Bergues et al., *La Prévention des naissances dans la famille, ses origines dans les temps modernes* (1960), S. 229f.
42. Diese aufschlußreichen Zitate entstammen James C. Mohrs Buch *Abortion in America: The Origins and Evolution of National Policy* (1978), S. 93-99, 101.
43. *The Ethics of Marriage* (1888), S. 57.
44. «Die Sexualität in der Ätiologie der Neurosen» (1898), *St.A.* V, S. 27.
45. C.R. Drysdale (Hrsg.), *Malthusian Tracts*, Nr. 2 (1879).
46. 1891 veröffentlichte George Noyes Miller eine kleine feministische Phantasie, eine moderne *Lysistrata*, in der das gesamte weibliche Geschlecht seinen Körper verweigert: *The Strike of a Sex*.
47. Catharine Beecher an Mary Perkins, Herbst 1837, Kathryn Kish Sklar, *Catharine Beecher: A Study in American Domesticity* (1973), S. 320.
48. Buch I, Kap. 12 (1865; Ausg. v. 1908), S. 138.
49. 7. und 12. Dezember [1876], Mary Hallock Foote Papers, Stanford University Library (dieselben Abschnitte benutzt schon Carl Degler in *At Odds*, S. 224).
50. Box 53, SF.
51. Tagebuch III, Box 46, MLT, Y-MA. – Was ihren fehlgeschlagenen Versuch der Geburtenkontrolle betrifft – ihre Tochter Millicent Todd war ja, wie erinnerlich, zumindest teilweise das Resultat einer falsch angewendeten Rhythmusmethode –, so wäre zu sagen, daß Mabel Todd sich mit ihrer Unwissenheit in bester Gesellschaft befand. Die meisten Ärzte des 19. Jahrhunderts waren in bezug auf den weiblichen Menstruationszyklus hoffnungslos desorientiert. In der Annahme, Frauen seien wie brünstige Tiere, rieten sie vom Geschlechtsverkehr unmittelbar nach der Periode ab und erklärten ihn genau in der Mitte zwischen zwei Regelblutungen für sicher: «Das ist die Zeit der Unfruchtbarkeit», schreibt Dr. George N. Napheys in *The Physical Life of Woman* (1869; Ausg. v. 1888), S. 91. Man fragt sich, wieviele Kinder im 19. Jahrhundert aufgrund derartiger Ratschläge geboren worden sein mögen.
52. J.A. Banks, *Prosperity and Parenthood: A Study of Family Planning among the Victorian Middle Classes* (1954), S. 153.
53. *To the Married of Both Sexes of the Working People* und *To the Married of Both Sexes in Genteel Life*, Als Faksimiledruck in Norman E. Himes, *Medical History of Contraception* (1936; Ausg. v. 1970), S. 214ff.

54. *Moral Physiology; Or, A Brief and Plain Treatise on the Population Question* (1831; Ausg. v. 1835), S. 27, 28; *Malthusian Handbook* (1893; 5. Aufl. 1911), S. 1.
55. *To the Married of Both Sexes of the Working People,* in Himes, S. 214.
56. *Moral Physiology,* S. 61f.
57. Ebd., S. 61, Anm.
58. Charles Knowlton, M.D., *Fruits of Philosophy; or, The Private Companion of Young Married People* (2. Aufl., um 1833), S. 34.
59. *Des fraudes dans l'accomplissement des fonctions génératrices* (1868).
60. Banks, *Prosperity and Parenthood,* S. 155, 155 Anm.
61. *Aus den Anfängen der Psychoanalyse. Briefe an Wilhelm Fließ... 1887–1902* (1950: Ausg. v. 1962), S. 67; «Über die Berechtigung, von der Neurasthenie einen bestimmten Symptomenkomplex als ‹Angstneurose› abzutrennen» (1895), *St.A.* VI, S. 36. In einem späteren Brief an Fließ aus dem Jahre 1893 bietet Freund folgende knappe Diagnose einer Frau von 24 Jahren mit zwei kleinen Kindern: «Mann Reisender, war im Frühjahr sowie jetzt längere Zeit zu Hause. Im Sommer während Reise des Mannes völligstes Wohlsein. Coitus interruptus und große Angst vor Kindern, also Hysterie.» *Aus den Anfängen der Psychoanalyse,* S. 72.
62. Die Demographen untersuchten – und untersuchen noch heute – auch andere mögliche Ursachen des Geburtenrückgangs: Abnahme der natürlichen Fruchtbarkeit, schädliche Auswirkungen des Lebens in Industriestädten auf die Fruchtbarkeit usw. Doch sind sich alle darin einig, daß die Empfängnisverhütung für das Absinken der Geburtenrate am ausschlaggebendsten war.
63. Levasseur, *La Population française,* 2 Bände (1889–1892), I, S. 215, 222.
64. *Affaiblissement* (1885; 2. Aufl. 1886), S. Vf., 2.
65. Ebd., S. 6, 8f., 17ff., 20, 70f., 110ff.
66. Gourrier, *L'Avenir du marriage ou l'Usage et l'Abus dans l'union des sexes. Propositions et développements rédigés aux points de vue médical, philosophique, et théologique* (1871), S. 30, 38, 77, 89. Gourrier scheint geglaubt zu haben, daß «die Bevölkerung merklich wächst»; doch « die Spezies Mensch degeneriert» (S. 97).
67. Seeberg, *Der Geburtenrückgang in Deutschland. Eine sozialethische Studie* (1913), S. 75f., 1. Siehe auch Felix A. Theilhaber, *Das sterile Berlin. Eine volkswirtschaftliche Studie* (1913).
68. Seeberg, *Geburtenrückgang in Deutschland,* S. 12, 20, 33-38.
69. *Affaiblissement,* S. 111f.; *Aus den Anfängen der Psychoanalyse,* S. 67.
70. 1895 teilte Jacques Bertillon im *Journal de la Société de Statistique* mit, daß im damaligen Frankreich die sehr Armen 108 Kinder pro tausend Personen hatten, die Armen 95. Bei den Bessersituierten schwankte die Zahl zwischen 72 und 75; die Reichen hatten 53, die sehr Reichen 43 Kinder pro tausend Personen. Gut zehn Jahre später unterzog K. A. Wieth-Knudsen diese Angaben einer kritischen Prüfung in *Natalité et Progrès: Synthèse économique, démographique et biologique* (1908; franz. Übs. 1938), S. 152f. In der Tat hatte Bertillon wichtige Variablen vernachlässigt, so etwa das Verhältnis von verheirateten zu unverheirateten Frauen, religiöse Bindungen usw. Es gab

damals wie heute Gegenden mit sehr großen, reichen Familien mit starker Bindung an die (protestantische oder katholische) Kirche.

71. *Julius Moses und die Gebärstreikdebatte 1913*, in: Jahrbuch des Instituts für Deutsche Geschichte (1973), S. 328
72. Jean-Louis Flandrin, *Families in Former Times: Kinship, Household and Sexuality* (1976; Übs. Richard Southern, 1979), S. 225.
73. Wright, *Marriage and Parentage: or, the Reproductive Element in Man, as a Means to His Elevation and Happiness* (1854; 2. Aufl. 1855), S. 243, 246, 248, 255.
74. Beides in Degler, *At Odds*, S. 195f., 268.
75. *Traumdeutung*, *St.A.* II, S. 144.

V. Gelehrte Unwissenheit

1. An Belege für wirkliche Kastrationsdrohungen ist zwar schwer heranzukommen, doch bietet die psychoanalytische Literatur einige brauchbare Beispiele. Der kleine Hans, jener fünfjährige Bub, den Freud 1908 behandelte, war von seiner Mutter ziemlich unverblümt gewarnt worden: «Im Alter von 3½ Jahren wird er von der Mutter, die Hand am Penis, angetroffen. Diese droht: ‹Wenn du das machst, lass' ich den Dr. A. kommen, der schneidet dir den Wiwimacher ab. Womit wirst du dann Wiwi machen?› Hans: ‹Mit dem Popo.›» «Analyse der Phobie eines fünfjährigen Knaben [Der kleine Hans]» (1909), *St.A.* VIII, S. 15. – Andere Patienten Freuds, namentlich der «Rattenmann», berichteten von ähnlichen Drohungen, aber was den Vorfall mit dem kleinen Hans so bezeichnend macht, ist der Umstand, daß Hansens Eltern aufgeklärte Anhänger der Psychoanalyse waren und trotzdem nicht ohne die traditionellen Drohungen auskamen.
2. *On Sterility in Women* (1884), S. 94. Siehe oben S. 148f.
3. Siebert, *Sexuelle Moral und sexuelle Hygiene* (1901), S. III.
4. Tagebuch, 1. Februar 1859, Derek Hudson, *Munby: Man of Two Worlds* (1972), S. 19.
5. Die Zeichnung war von Mulready. Siehe Kathryn Moore Heleniak, *William Mulready* (1980), S. 158; die betreffende Abbildung befindet sich auf S. 154.
6. *A Blessed Girl: Memories of a Victorian Girlhood, 1887–1896* (1953), S. 10; Emily Lytton an den Rev. Whitwell Elwin, 2. und 3. September 1893, ebd., S. 228f.
7. Mary Lutyens, *Edwin Lutyens* (1980), S. 242-296, 97, 77f. «Sie waren beide sehr leidenschaftlich, aber Ned besaß keine Erfahrung, und Emily hatte von ihrer Mutter keinerlei Richtlinien mitbekommen, außer dem Hinweis, ihrem Gatten niemals etwas abzuschlagen und stets einen Topf kalter Salbe neben dem Bett zu haben» (S. 56).
8. *An Autobiography* (1893), S. 70.
9. Ebd., S. 71.
10. Effie Gray (wie sie bewußt unterzeichnete, obwohl sie offiziell natürlich immer noch John Ruskins Frau war) an ihren Vater, Mary Lutyens, *Millais and the Ruskins* (1967), S. 155f. Ursprünglich glaubt Mary Lutyens, Ruskin habe an der Schambehaarung seiner Frau Anstoß genommen, auf welche er,

wie Lutyens schreibt, «durch nichts vorbereitet war» (S. 156 Anm.). Doch korrigierte sie später diese Vermutung mit einigem Zögern in ihrem Buch *The Ruskins and the Grays* (1972), S. 108 Anm., wo sie darauf hinwies, daß Ruskin in Oxford «Gelegenheit» gehabt habe, «erotische Bilder zu sehen», was ihm die Wahrheit über den Körper einer erwachsenen Frau offenbart haben müsse.

11. Lutyens, *Miallais and the Ruskins,* S. 155. – Etwas ganz Ähnliches begegnete der berühmten amerikanischen Sexualreformerin und Verfechterin der Geburtenkontrolle, Marie Stopes, die einige Monate nach ihrer Verheiratung entdeckte, daß ihr Mann es unterlassen hatte, die Ehe zu vollziehen. Keith Briant, *Marie Stopes: A Biography* (1962), S. 66-77.
12. M. Vivian Hughes, *A London Girl of the Eighties* (1936), S. 303.
13. [Mitte Februar 1843], George Sand, *Correspondance,* Hrsg. Georges Lubin, Band VI, *1843–Juni 1845* (1969), S. 43.
14. Jean Chalon, *Portrait of a Seductress: The World of Natalie Barney* (1976; engl. Übs. Carol Barko 1979), S. 7.
15. Dr. Helen P. Kennedy, «Effect of High School Work upon Girls During Adolescence», in: *Pedagogical Seminary* III (Juni 1896), S. 469-482.
16. *Ideal Married Life* (1901), S. 155; de Plauzoles, *La Fonction sexuelle. Au point de vue de l'éthique et de l'hygiène sociales* (1908), S. 344, 347.
17. [W.R. Greg], «Prostitution», in: *The Westminster Review* LIII (Juli 1850), S. 473.
18. Auf der anderen Seite verlangte die «Reinheitsliteratur» häufig, daß der Mann ebenso jungfräulich in die Ehe trete wie die Frau.
19. L.E. Jones, *An Edwardian Youth* (1956), S. 162, 37, 163.
20. M.J. Exner, *Problems and Principles of Sex Education: A Study of 948 College Men,* YMCA-Broschüre (1915), S. 6f.; siehe auch Dr. Hermann Rohleder, *Grundzüge der Sexualpädagogik für Ärzte, Pädagogen und Eltern* (1912), S. 15, 85.
21. «Zwangshandlungen und Religionsübungen» (1907), *St.A.* VII, S. 16.
22. Belknap: 27. Mai 1883, Ergänzung Juli 1979, Box 53, SF, Y-MYA; Kinsley: Susan Chitty, *The Beast and the Monk: A Life of Charles Kingsley* (1975), S. 86; Millais: 2. Juli 1855, Lutyens, *Millais and the Ruskins,* S. 260f. Mary Lutyens ist überzeugt, daß Millais jungfräulich war, genau wie seine Braut. Die Annullierung der Ehe Effie Gray Ruskins verlangte, daß sie sich von zwei Ärzten untersuchen lassen mußte, die dann bescheinigten, daß «die üblichen Merkmale der Jungfräulichkeit intakt» waren. In einem Brief an die Mutter vom 20. Mai 1854 beschreibt sie die Prozedur und sagt mit Recht: «Weitere Einzelheiten will ich Dir ersparen» (S. 263, 218).
23. Ebd., S. 262f.
24. *The Journals of Lady Knightley of Fawsley, 1856–1884,* Hrsg. Julia Cartwright (Mrs. Ady), (1915), S. 171ff.
25. 22. September 1856, Edmond und Jules de Goncourt, *Journal; mémoires de la vie littéraire 1851–1896,* Hrsg. Robert Ricatte, 22 Bände (1956–1958), II, S. 32.
26. William A. Hammond, *Sexual Impotence in the Male* (1883), S. 40ff.
27. Ebd., S. 16-19.

28. Eliza Duffey, *What Women Should Know* (1873), S. 116f.
29. *Die Onanie, Diskussionen der Wiener Psychoanalytischen Vereinigung* (1912), G. W. VIII, S. 345.
30. Die englische Originalausgabe trug den Titel *Onania, or the Heinous Sin of Self-Pollution, And all its frightful Consequences, in both Sexes, Considered.*
31. Tissot, *De l'onanisme* (1758; Ausg. v. 1834), S. 17-20.
32. Tissot, *De la santé des gens de lettres* (1768).
33. 13. Juni 1841, Henri Frédéric Amiel, *Journal intime*, Hrsg. Bernard Gagnebin und Philippe Monnier, bisher 6 Bände (1976–), I, S. 193. Noch 1870 konnte Dr. N.F. Cooke diejenigen seiner Leser, die sein Bild des «männlichen und weiblichen Selbstmißbrauchs für übertrieben» hielten, auf Tissot verweisen. «A Physician», *Satan in Society* (1870), S. 17.
34. *Medical Inquiries upon Diseases of the Mind* (1812), in E.H. Hare, «Masturbatory Insanity: The History of an Idea», in: *Journal of Mental Science*, CVIII (Januar 1962), S. 4.
35. Calhoun, *Report of the Consulting Surgeon on Spermatorrhoea, or Seminal Weakness, Impotence, the Vice of Onanism, Masturbation, or Self-Abuse, and Other Diseases of the Sexual Organs* (um 1858), S. 4ff.
36. Ebd., S. 6f., 16, 23.
37. Ellis, *Studies in the Psychology of Sex*, Band II, *The Evolution of Modesty, the Phenomena of Sexual Periodicity, Auto-Eroticism* (1900), S. 199-231.
38. *The Physiology and Pathology of the Mind* (1867), S. 248. Maudsley definierte den Irrsinn als eine Art Regression, als ununterdrückbare Wiederkehr elementarer Triebe, Gelüste und Leidenschaften (S. 281 ff.).
39. «Illustrations of a Variety of Insanity», in: *Journal of Mental Science* XIV (Juli 1868), S. 155, 152, 153, 161. Maudsley war zwar Viktorianer, aber beileibe nicht prüde. Eine seiner Fallgeschichten betrifft einen «Gentleman», der es als «ein gottloses Ding» beklagte, «daß so viele der schönsten Frauen dazu mißbraucht werden, die schlimmsten Lüste der Männer zu befriedigen». Sein Rezept gegen so viel «Laster und Elend» bestand darin, den Samen – den Träger dieser Verderbnis – von der Erde zu vertilgen; er bewerkstelligte dies, indem er – und diese Methode empfahl er allen Männern – «jeden Morgen in ein Glas Wasser masturbierte, um dieses sodann auszutrinken». Der Patient war natürlich ein eingefleischter Masturbant, der, wie Maudsley anmerkte, «sich nicht absichtlich, aber mit unbewußter Heuchelei eine Entschuldigung für das Laster zurechtgelegt hatte, das sein Leben zerrüttete» (S. 160). Diese Diagnose ist eine prächtige Mischung aus gewitzter Einfühlung und einem Rest Dogmatismus.
40. *The Pathology of the Mind* (die Erstausgabe von 1879 ist die dritte Auflage des II. Teils von *The Physiology and Pathology of the Mind*, 1867), S. 276, 453, 462.
41. *The Pathology of the Mind* (Ausg. 1895), S. 399, 407.
42. Siehe Rohleder, *Die Masturbation. Monographie für Ärzte und Erzieher* (1899).
43. Deslandes, *Manhood: The Causes of Its Premature Decline* (1835; Übs. 1843), S. 231f.
44. Monlau y Roca, in freier Übertragung und Bearbeitung durch Dr. Paul Émile

Garnier, *Hygiène de la génération. Le Mariage dans ses devoirs, ses rapports et ses effets conjugaux au point de vue légal, hygiénique, physiologique et moral* (1853; 4. Aufl. 1885), S. 614.

45. Gregory, *Facts and Important Information for Young Women, on the Subject of Masturbation; with Its Causes, Prevention and Cure* (1847), S. 5.
46. Thesée Pouillet, *Essai médico-philosophique sur les formes, les signes, les conséquences et le traitement de l'onanisme chez la femme* (1876; 2. beträchtlich verm. Aufl. 1877), Synoptische Tafel, S. 136f.
47. Rohleder, *Grundzüge der Sexualpädagogik*, S. 11f.
48. John Ware, *Hints to Young Men on the True Relation of the Sexes* (1850), in Dr. Horatio Robinson Storer, *Is It I? A Book for Every Man* (1867), S. 65.
49. René A. Spitz, «Authority and Masturbation: Some Remarks on a Bibliographical Investigation», in: *Psychoanalytical Quarterly* XXI, 4 (Oktober 1952), S. 490-527.
50. *A Treatise on the Cause of Exhausted Vitality; or, Abuses of the Sexual Function* (1867), III, S. 79-88, 35, 37, 39.
51. Ebd., S. 117, 120, 124ff., 121f.
52. Spitz, «Authority and Masturbation», S. 125.
53. Deslandes, *Manhood*, S. 232ff.
54. William A. Alcott, *The Physiology of Marriage* (1855; Ausg. 1856), S. 245.
55. Ebd., S. 45.
56. «A Physician», *Satan in Society*, S. 62, 91, 409, 412.
57. *Pastoral Medicine* (1866; Übs. Rev. William Dassel, 1879), S. V, 70-73.
58. *Amativeness: Or Evils and Remedies of Excessive and Perverted Sexuality; Including Warning and Advice to the Married and Single* (1846), S. 12, 13, 15, 16.
59. Platt, *Queenly Womanhood, A Private Treatise: For Females Only, on the Sexual Instinct, as Related to Moral and Christian Life* (1877), S. 21, 25, 119f.
60. Campe: *Kleine Kinderbibliothek*, Band II (1783), in: *Kinderschaukel I: Ein Lesebuch zur Geschichte der Kindheit in Deutschland, 1745–1860*, Hrsg. Marie-Luise Könneker (1976), S. 85; Basedow: *Elementarwerk* (1774–1776), Hrsg. Theodor Fritzsch, 3 Bände (1909), I, S. 533.
61. *Education with Reference to Sex, Pathological, Economic and Social Aspects: The Eighth Yearbook of the National Society for the Scientific Study of Education* (1909), Teil I, S. 10; *Sexual Debility in Man* (1900), S. 9.
62. *Protokolle der Wiener Psychoanalytischen Vereinigung*, Hrsg. Herman Nunberg und Ernst Federn, Band II, *1908–1910* (1977), S. 502-528.
63. Siehe Hare, «Masturbatory Insanity», S. 11.
64. Tissot, *De l'onanisme*, S. XIV; Amiel, 13. Juni 1841, *Journal intime*, I, S. 193.
65. Garnier, *Mariage*, S. 235; Fowler, *Amativeness*, S. 41, 43, 47.
66. *Memory and Intellectuell Improvement Applied to Self-Education and Juvenile Instruction* (um 1845; 25., verbess. Aufl. 1846), S. 219.
67. Alcott: Ednah D. Cheney, *Louisa May Alcott* (1889), S. 60; James Hopkinson: *Victorian Cabinet Maker: The Memoirs of James Hopkinson, 1819–1894*, Hrsg. Jocelyne Baty Goodman (1968), S. 70; Rogers: 28. Mai 1885, Box 53, SF. Siehe oben, S. 243-245.
68. Sims, *The Story of My Life* (1884), S. 150.

69. Edith Heischkel-Artelt, «Die Welt des praktischen Arztes», in: *Der Arzt und der Kranke in der Gesellschaft des 19. Jahrhunderts,* Hrsg. Walter Artelt und Walter Rüegg (1967), S. 14.
70. William T. Foster, «The Social Emergency», Ansprache vor den *Sex Education Sessions of the Fourth International Congress on School Hygiene and of the Annual Meeting of the [American] Federation [for Sex Hygiene]* (1913), S. 45-54 [künftig mit *Proceedings, AFSH* abgekürzt]; Dr. Hugh Cabot, «Education versus Punishment as a Remedy for Social Evils», ebd., S. 35.
71. *Education with Reference to Sex,* Teil I, S. 7.
72. Als ein Beispiel für viele andere vergleiche man Dr. Laura Satterthwaite, «The Great Need for the Moral Crusade», Ansprache vor dem National Purity Congress 1895, in: *The National Purity Congress: Its Papers, Addresses, Portraits,* Hrsg. Aaron M. Powell (1896), S. 58-64.
73. Eliot, «Public Opinion and Sex Hygiene», in: *Proceedings, AFSH,* S. 13, 16; Balliet, «Points of Attack in Sex Education», ebd., S. 25; Cabot, «Education versus Punishment», ebd., S. 36f.
74. «General Discussion», ebd., S. 102.
75. Lyttelton, *Training of the Young in Laws of Sex* (1900), S. VII, 104, 14f., 3, 65.
76. *Sexuelle Moral und Sexuelle Hygiene,* Vorwort (o.S.), S. 35, 62.
77. Siebert, *Sexuelle Moral,* S. 36-39, 95.
78. *Training of the Young,* S. 97 Anm.
79. Aus den «Empfehlungen» des Buches durch «hervorragende Persönlichkeiten», einer Reihe von ganzseitigen Grußadressen mit Abbildung des Betreffenden. Sylvanus Stall, *What a Young Boy Ought to Know* (1897) o.S.
80. Wood-Allen, *Teaching Truth* (1892), S. 7.
81. «Bruchstücke einer Hysterie-Analyse» (1905), *St.A.* VI, S. 123.
82. *Teaching Truth,* S. 10ff. Gordon Hart [Pseud.], *Woman and the Race* (1907), zitiert diese «entzückende Geschichte» in voller Länge und stellt sie als Muster für die Aufklärung von Kindern hin (S. 31f.).
83. Lyttelton, *Training of the Youth,* S. 85f.
84. Wood-Allen, *Child-Confidence Rewarded* (1896), S. 4.
85. Ellis Ethelmer [Pseud.], *The Human Flower: Being a Brief and Plain Statement of the Physiology of Birth and the Relation of the Sexes* (1894), S. 34. Hinter dem Pseudonym Ellis Ethelmer scheinen sich Mrs. Wolstenholme Elmy und vielleicht auch ihr Gatte Ben Elmy versteckt zu haben. Sie war Sekretärin der «Women's Emancipation Union». Siehe J.A. und Olive Banks, *Feminism and Family Planning in Victorian England* (1965), S. 101 Anm.
86. Ethelmer, *Human Flower,* S. 35; *Baby Buds* (1892), S. 42.
87. Rohleder, *Grundzüge der Sexualpädagogik,* S. 70, 77, 112.
88. «Die Erweiterung der Freiheit in allen Klassen unseres Gemeinwesens trägt augenscheinlich dazu bei, mit rapider Schnelligkeit das Krankhafte, Verantwortungslose und Verderbte zu züchten.» Charles W. Eliot, «Public Opinion and Sex Hygiene», *Proceedings, AFSH,* S. 16. «Rassenselbstmord und Ehescheidung sind Symptome einer zweifellos sehr gravierenden und jedenfalls sehr augenfälligen sozialen Störung, deren Abhilfe nach meiner Meinung in der Richtung zu suchen ist, daß man die jungen Männer und Frauen zur

Elternschaft erzieht.» Professor Marion Talbot, Dean of Women an der Universität Chicago (1908), in Henderson, *Education with Reference to Sex*, Teil I, S. 8.

89. Freud, «Zur sexuellen Aufklärung der Kinder» (1907), *St.A.* V, S. 166.

VI. Sinnliches Wissen

1. «Einige Charaktertypen aus der psychoanalytischen Arbeit» (1916), *St.A.* X, S. 232.
2. *Daheim* XIV (1878), S. 229; siehe auch den Bildteil dieses Buches.
3. Balzac, *Physiologie du mariage* (1829), Hrsg. Maurice Regard (1968), S. 94; Freud mit Josef Breuer, *Studien über Hysterie, GW*, I, S. 195.
4. Trollope, *The Eustace Diamonds* (1873; Ausg. v. 1947), S. 84 [Kap. 9]; Eliot, *Middlemarch* (1871–1872; Ausg. v. 1965), S. 320f. [Kap. 30].
5. *Chérie* (1884), S. 137; 2. November 1883, Edmond und Jules de Goncourt, *Journal; mémoires de la vie littéraire 1851–1896*, Hrsg. Robert Ricatte, 22 Bände (1956–1958), XIII, S. 59. Zu Zolas Stellungnahme siehe «Étude» von Henri Mitterand, in Zola, *La Joie de vivre, Les Rougon-Macquart: Histoire naturelle et sociale d'une famille sous le second Empire*, Hrsg. Armand Lanoux, 5 Bände (1960–1967), III, S. 1767ff. Die ungeschminkteste Darstellung der Masturbation in der nicht-pornographischen Literatur des 19. Jahrhunderts findet sich in Lodewijk van Deyssels Roman *Een Liefde* von 1887: Eine junge Frau, in leidenschaftliche Gedanken an ihren Mann versunken, masturbiert, in halb halluzinatorischem Zustand, an einem Hochsommertag im Garten. Die Beschreibung, anschaulich, aber unschön, fand keinen Anklang, und van Deyssel machte denn auch bald einen Rückzieher. (Diesen Hinweis verdanke ich J.W. Smit.)
6. *The Longest Years* (1934; Übs. Arthur G. Chater 1935), S. 105.
7. *Unforgotten Years* (1938), S. 21f, 47.
8. «Analyse der Phobie eines fünfjährigen Knaben» [Der kleine Hans] (1909), *St.A.* VIII, S. 16f.
9. Gustave Flaubert an seine Schwester Caroline [nach dem 10. Dezember 1842]; an seinen Bruder Achille, 26. April 1844, *Correspondance*, Hrsg. Jean Bruneau, bisher 2 Bände (1973–), I, S. 135, 206.
10. John Merriman, *The Red City* (1985), Kap. III; Hans Ostwald, *Das Berliner Dirnentum*, 2 Bände (1907), I, S. 25; Amiel: 15. Oktober 1851, *Journal intime*, Hrsg. Bernard Gagnebin und Philippe Monnier, bisher 6 Bände (1976–), I, S. 1071.
11. Joseph B. Lyman an seinen Sohn Alexander, 7. Februar 1865, Box 3, LF, Y-MA. Dieser Abschnitt ruft in Erinnerung, daß auch die Bibel, die manche Zensoren nicht umsonst reinigen wollten, ein bequem zugänglicher und nichts beschönigender Führer zu körperlichem Wissen war.
12. *Notes on England* (1872; Übs. Edward Hyams, 1958), S. 76.
13. «Frühreife Kinder in den Vereinigten Staaten», in: *Daheim*, VIII (1872), S. 431, H.K., «Die moderne Pariser Bühne», ebd., S. 384.
14. September 1855, *Journal*, I, S. 217.
15. *Kilvert's Diary*, Hrsg. William Plomer, 3 Bände (Neuausgabe 1969), I, S. 127.

16. So schrieb Sarah Stickney Ellis 1839, zu den abscheulichsten Angewohnheiten der jungen Frauen jener Zeit gehöre es, die Zimperliche und die Ahnungslose zu spielen. *The Women of England: Their Social Duties, and Domestic Habits*, 2 Bände in 1 (1839), II, S. 147, 149.
17. *David Copperfield* (1850), Kap. 8; die Illustration trägt den Titel *Changes at Home*.
18. 19. Oktober 1885, Sigmund Freud, *Briefe 1873–1939*, Hrsg. Ernst und Lucie Freud (1960; zweite Auflage 1968), S. 177.
19. *David Copperfield* (Ausg. v. 1966), S. 212 [Kap. 9].
20. «Compensation» in *Getting Married* (1884, 1886; Übs. Mary Sandbach, 1972), Teil I, S. 129; «Needs Must», ebd., S. 111.
21. Flaubert, «Mémoires d'un fou», in: *Œuvres de jeunesse inédits*, ed. Conard, 3 Bände (1910), I, S. 509f.
22. Joseph Lyman, privates Memorandum, 6. August 1865, Box 4, LF.
23. Lucy Cohen, *Lady de Rothschild and Her Daughters, 1821–1931* (1935), S. 93. Die Autorin macht nicht deutlich, ob der Tagebucheintrag von Constance oder Annie Rothschild stammt; Amiel: 8. Juni 1849, *Journal intime*, I, S. 475 (siehe auch S. 996 und 1063).
24. *Vanity Fair* (1848; Ausg. v. 1950), S. 190 [Kap. 19].
25. Alan Delgado, *Victorian Entertainment* (1971), S. 69; Simeon E. Baldwin, «Whipping and Castration as Punishment for Crime», in: *Yale Law Journal* VIII (Juni 1899), S. 371-386.
26. Auguste Ambroise Tardieu, *Étude médicale-légale sur les attentats aux mœuers* (1850er Jahre; 6. Aufl. 1873), S. 115.
27. «The Lost Arctic Voyagers», in: *Household Words*, 2. Dezember, 9. Dezember 1854, *The Works of Charles Dickens*, National Library Edition, *Miscellaneous Papers, Plays and Poems*, 2 Bände (o.J.), I, S. 462-492.
28. «Erinnerungen», S. 53, 360ff., Weyh-Nachlaß, Stabi München.
29. Frederick Marryat, *A Diary in America, with Remarks on Its Institutions*, 2 Bände (1839), II, S. 45.
30. Minna Jaegle an Eugen Boeckel (ca. 5. März 1837), Ernst Johann, *Büchner* (1958), S. 160.
31. Winifred Hughes, *The Maniac in the Cellar: Sensation Novels of the 1860s* (1980), S. 121.
32. Haggard: *She: A History of Adventure* (1887; Ausg. von 1925); Whitman: «Wild Frank's Return», in *Whitman: Poetry and Prose*, Hrsg. Justin Kaplan (1982).
33. *Daheim* XXI (1885), S. 57; siehe auch Bildteil.
34. Beecher: Kathryn Kish Sklar, *Catharine Beecher: A Study in American Domesticity* (1973), S. 281; *Le Journal pour Tous*, 21. Mai 1859; Frances E. Willard, *Glimpses of Fifty Years: The Autobiography of an American Woman* (1889), S. 6f.
35. 16. Juni 1829; 2. Juli 1834, Box 2; 11. November 1851, Box 5, Harry Croswell Papers, Y-MA.
36. Wilhelm Busch an Nanda Kessler, 24. Dezember [18]96, *Sämtliche Briefe*, Hrsg. Friedrich Bohne, 2 Bände (1969), II, S. 84. Die Zeichnung ist neben S. 84 abgedruckt.

37. Dora B. Montefiore, *From a Victorian to a Modern* (1927), S. 29.
38. Mrs. Isabella Beeton, *The Book of Household Management* (1861; in Fortsetzungen seit 1859 als monatliches Supplement zu *Englishwoman's Domestic Magazine* erschienen), S. 89, 98.
39. Beecher, Sklar, *Catharine Beecher*, S. 9; Lytton: Lady Emily Lutyens, *A Blessed Girl: Memoirs of a Victorian Girlhood: Chronicle in an Exchange of Letters, 1887–1896* (1954), S. 7. – Ende 1870, kaum vierzehn Jahre alt, tötete M. Carey Thomas eine Maus, um an das Skelett heranzukommen. Unter Mithilfe einer Freundin wurde die Maus seziert. Leider «war das Fell der gräßlichen Maus so weich, daß wir kein Loch hineinschneiden konnten, und die Hände zitterten uns so, daß sie uns den Dienst versagten. Dann fanden wir, daß das *weibischer* Unsinn sei, machten das Loch und preßten die Innereien heraus. Es war das Ekelhafteste, was ich je getan habe. Dann zogen wir ihr das Fell ab. Es ging ganz glatt, wie ein Handschuh.» Zunge und Augen der Maus wurden aufbewahrt und unter dem Mikroskop untersucht. Trotz ihres unverkennbaren Abscheus behauptete Carey Thomas, das Experiment habe ihr Spaß gemacht: «Mäuse aufschlitzen ist mir immer noch lieber als Strümpfe stopfen.» 26. November 1870, *The Making of a Feminist: Early Journals and Letters of M. Carey Thomas*, Hrsg. Marjorie Housepian Dobkin (1979), S. 44f.
40. 13. November 1851, *Journal intime*, I, S. 1096; siehe auch S. 1101.
41. Justin Kaplan, *Walt Whitman: A Life* (1980), S. 217.
42. Beeton, *Book of Household Management*, S. 1017, 1060, 1025, 1026, 1036, 1039. Es gibt viele Anhaltspunkte aus vielen Ländern dafür, daß Mrs. Beeton ihr bürgerliches Publikum richtig einschätzte. Nicht lange, nachdem sie ihrer Schwester Sue eine Fehlgeburt angezeigt hatte, berichtete Eleanor Rogers ihr, daß auch ihr Gatte Will pflegebedürftig war. «Am Sonntag machte ihm seine andere Lunge Schwierigkeiten; er war zwar den ganzen Tag im Büro, hat sich aber gleich zu Bett gelegt, als er nach Hause kam. Ich muß ihn noch immer mit Jod bepinseln, Senfteig auftragen und Chloroform-Einreibungen machen.» 28. Mai 1885, SF, Y-MA. Auch die Frau des deutschen Ägyptologen und erfolgreichen Romanschriftstellers Georg Ebers, der in seinen letzten beiden Lebensjahrzehnten krank war – wir hören von Schreikrämpfen, Erbrechen, melodramatischen Abschieden von der Familie, Morphiumspritzen usw. –, führte über ihre Dienste sorgfältig Buch: «Georg Ebers' Krankheit. Aufzeichnungen von Antonie Ebers, 1887–1898», Karton 25, Georg-Ebers-Nachlaß, Stabi Berlin.
43. Gaskell: [Ende 1841], *The Letters of Mrs. Gaskell*, Hrsg. J.A.V. Chapple und Arthur Pollard (1966), S. 40f.; Gladstone: 19. Juli 1840, *The Gladstone Diaries*, Hrsg. M.R.D. Foot und H.C.G. Matthew, bisher 8 Bände (1968–), III, S. 47; Beeton: *Book of Household Management*, S. 1022f.
44. 22. August 1842, James R. Mellow, *Nathaniel Hawthorne in His Time* (1980), S. 211; *Letters from Egypt 1862–1869*, Hrsg. Gordon Waterfield (1969), S. 189.
45. 28. Januar [1877], Mary Hallock Foote Papers, Special Collections, C.H. Green Library, Stanford University.
46. 21. [Dezember 1876], ebd.

47. Taine, *Notes on England,* S. 6; Lyman, Box 8, LF, Todd, 10. Juli 1885, Box 36, MLT.
48. 28. Oktober, 8., 9., 14., 16. November, 19. Dezember 1842, 28. Juli 1845; 25. November 1847, *Gladstone Diaries* III, S. 234, 237, 238, 239, 247, 472, 671.
49. 30., 31. August, 3. September 1849; 4., 7., 8., 9. April 1852, *Gladstone Diaries* IV, S. 151, 152, 418f.
50. «Millicent's Life», I [S. 23, 34]; II [S. 1ff.], Box 46, MLT.
51. Tagebuch 1880, Box 39, MLT.
52. Cosima Wagner, *Die Tagebücher,* Hrsg. Martin Gregor-Dellin und Dietrich Mack, Band I, *1869–1877* (1976), S. 103f.; Richard Wagner schreibt hier selber das Tagebuch (so wie David Todd das Tagebuch Mabels weiterführte), spricht aber von sich in der dritten Person.
53. 3. Juni 1840, 18. Oktober 1842, *Gladstone Diaries* III, S. 33, 231.
54. 7. April 1878, *Making of a Feminist,* S. 142f.
55. H. Montgomery Hyde, *A History of Pornography* (1964), S. 167.
56. Tagebuch, 17. Dezember 1857, Hon. Mrs. Hardcastle (Hrsg.), *Life of Lord Chancellor Campbell, Lord High Chancellor of Great Britain. Consisting of a Selection from his Autobiography, Diaries, and Letters,* 2 Bände (1881), II, S. 356.
57. James Jackson Kilpatrick, *The Smut Peddlers* (1960), S. 243.
58. Schultze, *Die Schundliteratur. Ihr Wesen, ihre Folgen, ihre Bekämpfung* (1909); v.d. Leyen, «Volksliteratur und Volksbildung» (1913), Sonderdruck aus *Deutsche Rundschau* XIV, 1 (Oktober 1913).
59. Norman St. John Stevas, *Obscenity and the Law* (1956), S. 66-70.
60. Alexandre Zévaès, *Les Procès littéraires aux XIXe siècle* (1924), S. 69.
61. S. Chandrasekhar, *«A Dirty, Filthy Book»: The Writings of Charles Knowlton and Annie Besant of Reproductive Physiology and Birth Control and an Account of the Bradlaugh-Besant Trial* (1981), S. 39.
62. 14. Januar 1850, *Journal intime*, I, S. 627.
63. 15. Januar 1847, *Gladstone Diaries* III, S. 594f., 677.
64. Thomas Cameron Beer an Willian Collins Beer, 8. Februar 1887, Box 18, Beer Family Papers, Y-MA. 1894 entdeckte A. Comstock bei einer Razzia in einem New Yorker Verlag unter anderen «obszönen» Büchern auch Boccaccio, Rabelais und Königin Margarete von Navarra. Kilpatrick, *Smut Peddlers,* S. 46. Nach damaligen Maßstäben war Beers Liste wirklich recht «saftig».
65. Der Teufel Asmodeus, der das Buch zusammenhält, wie George Saintsbury 1917 treffend bemerkte, mag jener Dämon sein, der besonders für die Sinnlichkeit zuständig ist. Aber «alle Befürchtungen oder Hoffnungen, die diese Beschreibung und die Einzelheiten der Handlung vielleicht erregen mögen, werden enttäuscht. Lesage bietet eine Fülle gewagter Situationen, aber seine Sprache ist immer ‹schicklich›.» *A History of the French Novel (to the Close of the 19th Century),* 2 Bände (1917), I, S. 330 Anm.
66. 7. April 1862, *Journal* V, S. 89ff.
67. «Über die allgemeinste Erniedrigung des Liebeslebens» (1912), *St.A.* V, S. 202f.
68. Siehe Kilpatrick, *Smut Peddlers,* S. 36; Robert Bremner, «Editor's Introduc-

tion», Anthony Comstock, *Traps for the Young* (1883; Ausg. v. 1967), S. XXVIII, XXIV.

69. Smith: D. R. M. Bennett, *Anthony Comstock. His Career of Cruelty and Crime* [ein Kapitel aus seinem *The Champions of the Church* (1878), S. 1013]; «The Purity of the Press», in: *Saturday Review* V (26. Juni 1858), S. 657; Reade: «‹A Terrible Temptation›: To the Editor of the ‹Daily Globe›, Toronto», Oktober 1871, in *Readiana. Comments on Current Events* (1883; Ausg. v. 1896), S. 261.
70. Siehe die Karikatur im Bildteil: V. Morland, «Au Salon de Peinture», in: *Petit Journal pour Rire* XXVI, 3. Serie, Nr. 347 (1882), S. 6. Ich verdanke diesen Hinweis Daniel Sherman.
71. 28. März 1841, *Correspondance* I, S. 78.
72. Goncourts: 28. Mai 1858, *Journal* II, S. 239; Prud'hon: Gauthiez, *Prud'hon* (1886), S. 34; Clément, *Prud'hon: Sa vie, ses œuvres et sa correspondance* (1872; 3. Aufl. 1880), S. 282f.
73. Kenneth Clark, *The Nude: A Study in Ideal Form* (1956), S. 162; Mario Praz, «Canova: Ice and Fire», in: Thomas B. Hess und John Ashberry (Hrsg.), *Academic Art* (1971), S. 165f.; Angus Wilson, *The World of Charles Dickens* (1970), S. 194; Robert M. Adams, *The Roman Stamp: Frame and Façade in Some Forms of Neo-Classicism* (1974), S. 169f.
74. Professor Anton Springer, «Remarks on French Art», in: K. Baedeker, *Paris and Environs with Routes from London to Paris* (1891), S. XXXVI; Baedeker, ebd., S. 120.
75. Clark, *The Nude*, S. 161.
76. Dennis Farr, *William Etty* (1958), S. 56, 62f., 106f.; W. Gaunt und F. Gordon Roe, *Etty and the Nude: The Art and Life of William Etty, R.A., 1787–1849* (1943), S. 22.
77. F. Thiselton-Dyer, *The Loves and Marriages of Some Eminent Persons*, 2 Bände (1890), I, S. 279; Farr, *Etty*, S. 77.
78. Hamerton, «Etty», in: *Portfolio Papers* (1889), S. 83f.
79. «May Gambols; or, Titmarsh in the Picture Galleries», in: *Fraser's Magazine* (1844), in *The Works of William Makepeace Thackeray*, Centenary Biographical Edition, 26 Bände (1910–1911), XXV, S. 298. Im folgenden Jahr beurteilt er die Farbgebung Ettys als superb, doch entwickelten sich dessen «Venusse» immer mehr «in Richtung Hottentottenschönheit; seine Zeichnung und Kolorierung sind noch kühner als früher.» Dennoch sah Thackeray in Etty einen «GROSSEN Maler». «Picture Gossip», in: *Fraser's Magazine* (1845), in *Works*, XXV, S. 331. In der Kontroverse um Etty können sich fast alle Seiten bequem auf Thackeray berufen; nichts veranschaulicht besser die Schwierigkeiten, die Konturen bürgerlicher Sinnlichkeit im 19. Jahrhundert zu erfassen. So zitiert Eric Trudgill einen weit kritischeren Satz über eine *Schlafende Nymphe* Ettys: «so nackt, daß sie sich für eine Ausstellung unter anständigen Leuten nicht eignet.» *Madonnas and Magdalens. The Origins and Development of Victorian Sexual Attitudes* (1976), S. 4.
80. Gaunt and Roe, *Etty and the Nude*, S. 22; Farr, *Etty*, S. 95, 31, 32.
81. *Traps for the Young* (1883), Hrsg. Robert Bremner (1967), S. 168–172; *Morals versus Art* (1887), S. 8f.

82. Johann Bernhard Basedow, *Elementarwerk*, Hrsg. Theodor Fritzsch, 3 Bände (1909), I, S. 128.
83. John an Effie Ruskin, 15. Dezember 1854, Lutyens, *Millais and the Ruskins*, S. 54 Anm.; Lutyens berichtet (S. 54), daß Effie Ruskin tatsächlich dafür kritisiert wurde, Modell gesessen zu haben; Kathryn Moore Heleniak, *William Mulready* (1980), S. 158; *Aurora*, 23. Juni 1812, in David Sellin, *The First Pose, 1876: Turning Point in American Art* (1976), S. 22; Amiel: 15. Dezember 1851, *Journal intime* I, S. 1136.
84. *History of the Rise and Progress of the Arts of Design in the United States*, 2 Bände (1834), I, S. 417f., in Sellin, *First Pose*, S. 25.
85. «Holywell-Street Revived», in: *Saturday Review* VI (21. August 1858), S. 180.
86. Heleniak, *Mulready*, S. 149.
87. George Heard Hamilton, *Manet and His Critics* (1954; Ausg. v. 1969), S. 45; Peter Gay, *Art and Act: On Causes in History – Manet, Gropius, Mondrian* (1976), Kap. 2.
88. Peter Fusco und H.W. Janson (Hrsg.), *The Romantics to Rodin: French Nineteenth-Century Sculpture from North American Collections* (1980), S. 175f.
89. Hamilton, *Manet*, S. 253.
90. *The Second Empire: Art in France under Napoleon III* (1978), S. 263.
91. C. Edwards Lester, *The Artist, the Merchant, and the Statesmen of the Age of the Medici, and of Our Own Time*, 2 Bände (1845), I, S. 86ff.
92. C.H. Gibbs-Smith, *The Great Exhibition of 1851, Commemorative Album* (1950; überarb. Aufl. 1964), S. 129; Lester, *Artist, Merchant, Statesmen*, S. 12f.; 13. September 1847; *The Diary of Philip Hone, 1828–1857*, Hrsg. Allan Nevins, 2 Bände in 1 (1927), S. 818.
93. *The Statue Question. A letter to the Chairman of the Crystal Palace Company, Dated 8th July, 1854* (1854), S. 8ff.; siehe Peters, *Newton Rescued from the Precipitacy of His Followers* (1846) und *The Quadrature and Exact Area of the Circle Demonstrated* (1851).
94. Margaretta Lovell, «Hiram Powers' *The Greek Slave:* Virtue in Chains», in: Yale Art Gallery, *American Arts and the American Experience* (o.J.), S. 27ff.; Jeanne Weimann, *Fair Women: The Woman's Building, Chicago, 1893* (1981), S. 211. Diesen Hinweis verdanke ich Nancy Cott. – Am 3. Mai 1843 schrieb der amerikanische Bildhauer Henry K. Brown, am besten bekannt durch seinen George Washington auf dem New Yorker Union Square, an einen potentiellen Kunden, E.A. Prentice, er werde ihm demnächst den Entwurf einer Skulptur übersenden, die er, Prentice, hoffentlich erwerben werde: «Ich glaube, Sie werden nur einen Einwand dagegen haben, und zwar ihre Nacktheit; sie ist völlig unverhüllt, aber ich glaube, wenn Sie sie sehen, werden Sie es nicht anders wünschen. Ich glaube, ich begreife Ihre Gefühle in dieser Hinsicht; was Sie in einer bestimmten Umgebung vielleicht bewundern, möchten Sie sich nicht unbedingt ins Wohnzimmer stellen.» Mss 669, Band 2, S. 368, Henry Kirke Brown Papers, Art and Architecture Library, Yale University.
95. Flaubert: [18. September 1846], *Correspondance* I, S. 350f., Sigmund Freud,

Briefe 1873–1939, Hrsg. Ernst und Lucie Freud (1960; zweite Auflage 1968), S. 213.

96. «Making Decent – !!» (1822), in Ian Bradley, *The Call to Seriousness: The Evangelical Impact on the Victorians* (1976), nach S. 160.
97. 25. August 1871, Tagebuch I, Box 45, MLT.
98. Hardy, *Jude the Obscure* (1896), Teil 2, Abschn. 2.
99. «Life and I», S. 33ff.; Wharton Archives Beinecke Library, Yale University. Abschnitte aus dieser langen Konfession bietet R.W.B. Lewis, *Edith Wharton: A Biography* (1975), S. 53.

VII. Festungsmauern um das Selbst

1. «The Genteel Tradition in American Philosophy», in: *Winds of Doctrine* (1913; Ausg. v. 1957), S. 211.
2. T.H. Esquier [Sir Thomas Herbert], *A Relation of Some Years Travaile, Begunne Anno 1626. Into Afrique and the Greater Asia* ... (1634), S. 41; John Putnam Demos, *Entertaining Satan: Witchcraft and the Culture of Early New England* (1982), S. 82.
3. Milton: *Paradise Lost*, IV, 744-745; La Rochefoucauld: *Réflexions, sentences et maximes morales*, Hrsg. G. Duplessis, nach der 5. Aufl. von 1678 (1853), S. 60; Jones: *The Mystery of Opium Reveal'd*, in Alethea Hayter, *Opium and the Romantic Imagination* (1968), S. 24; Sterne: *Tristram Shandy*, Buch III, Kap. 12.
4. 7. April 1839, *The Girlhood of Queen Victoria: A Selection from Her Diaries, 1832–40*, Hrsg. Viscount Esher, 2 Bände (1912), II, S. 144.
5. «Our Civilization«, in: *Saturday Review* II (28. Juni 1856), S. 195.
6. «The Nemesis of Faith», in Walter E. Houghton, *The Victorian Fame of Mind*, 1830–1870 (1957), S. 405.
7. Geoffrey Strickland, *Stendhal: The Education of a Novelist* (1974), S. 8; Engels: *Die Lage der arbeitenden Klasse in England* (1973), S. 66f., 302f.
8. Pugin, *An Apology for the Revival of Christian Architecture* (1843), S. 1f.; John Gloag: *Victorian Taste* (1942), S. 53.
9. Millais: 18. April 1854, Mary Lutyens, *Millais and the Ruskins* (1967), S. 178; Thackeray, *The History of Pendennis* (1850), in: *The Works of William Makepeace Thackeray*, Centenary Biographical Edition, 26 Bde. (1910–1911), III, S. LIV-LV.
10. Mario Praz, *The Hero in Eclipse in Victorian Fiction* (1952; Übs. Angus Davidson, 1956), S. 260.
11. *Anna Karenina* (1875–1877), Teil II, Kap. 22.
12. Praz, *The Hero in Eclipse*, S. 77.
13. Siehe Michelet, *La Sorcière* (1862), Hrsg. Jules Refort, 2 Bde. (1952), I, S. 25.
14. Johann Wolfgang Goethe, *Sämtliche Werke in 18 Bänden*, Band 15: *Übertragungen*, Artemis-Gedenkausgabe (1953; dtv-Dünndruck-Ausg. 1977), S. 1012. Goethes Übersetzung ist nicht verschämt, aber doch ungenau.
15. William Archer, «Ghosts and Gibberings», in: *Pall Mall Gazette*, 8. April 1891, zitiert in G.B. Shaw, *The Quintessence of Ibsenism* (1891; Ausg. v. 1912), S. 93-96.

16. Michael Millgate, *Thomas Hardy: A Biography* (1982), S. 160, 274, 300f., 304ff., 349.
17. Näheres sehe man in Zola, *Correspondance,* Hrsg. B.H. Bakker et al., bisher 5 Bde. (1978–), I, S. 43, 451, sowie in F.W.J. Hemmings, «The Making of a Naturalist», in *Times Literary Supplement* (3. Oktober 1980), S. 1107.
18. Das berichtete der Journalist Charles Formentin nach einem Gespräch mit Marmier im *Echo de Paris* vom 21. September 1890. Siehe Xavier Marmier, *Journal (1848–1890),* Hrsg. Eldon Kaye, 2 Bde. (1948), II, S. 49. Von Beginn seiner literarischen Karriere an galt Zola als obszön, was ihn sehr verdroß. Siehe Zola an Louis Ulbach, 9. September 1872, *Correspondance,* II, S. 318f.
19. Justin Kaplan, *Walt Whitman: A Life* (1980), S. 235, 249, 252.
20. Taine: Susanna Barrows, *Distorting Mirrors: Visions of the Crowd in Late Nineteenth-Century France* (1981), S. 82; Alcott: Cheney, *Louisa May Alcott* (1889; Reprint der Ausg. von 1890 hrsg. und eingel. von Ann Douglas, 1980), S. XXXII.
21. Ich verdanke diese Informationen Madeline House und Graham Storey (Hrsg.), *The Letters of Charles Dickens,* Pilgrim Edition, Bd. I, *1820–1839* (1965), S. IXf.
22. Siehe Thomas Carlyle, *Journey to Germany, Autumn 1858,* Hrsg. Richard Albert Edward Brooks (1940), S. XVI-XIX, 90-93.
23. 23. Mai 1870. Es handelt sich fraglos um einen Entwurf: Ich endeckte ihn unter den Lester Frank Ward Papers, BU-JHL; der Betrag der Summe, die Marts zahlen sollte, ist noch offen gelassen, so als ob Ward über sie noch nachdenken wollte. – William Gosser Marts wurde 1841 geboren und starb 1914.
24. «Zeitgemäßes über Krieg und Tod» (1915), *St.A.* IX, S. 44.
25. «Bruchstücke einer Hysterie-Analyse» (1905), *St.A.* VI, S. 87ff.
26. *Queenly Womanhood: A Private Treatise: for Females only, on the Sexual Instinct, as Related to Moral and Christian Life* (1877), S. 7f.
27. *Die Traumdeutung* (1900), *St.A.* II, S. 148.
28. Hobson, *The Psychology of Jingoism* (1901), S. 70, 99.
29. «The Future of the Novel» (1899), in Henry James, *The Future of the Novel, Essays on the Art of Fiction,* Hrsg. Leon Edel (1956), S. 40.
30. *The Supreme Passion of Man; or the Origin, Causes, and Tendencies of the Passions of the Flesh* (1891), S. 53. Paquin war Direktor einer Irrenanstalt in North Carolina und schrieb Bücher über Persönlichkeitsstörungen.
31. David Newsome, *Godliness and Good Learning: Four Studies on a Victorian Ideal* (1961), S. 47 Anm.
32. «The Character of Sir Robert Peel», in Houghton, *Victorian Frame of Mind,* S. 397.
33. *Land und Leute* (1854), S. 75.
34. *Die Familie* (1855), S. XIII, 208, VIII. Es ist dies der dritte Band seiner Tetralogie *Die Naturgeschichte des Volkes als Grundlage einer deutschen Sozial-Politik,* deren Eckstein *Die Familie* bildet.
35. Ebd., S. 140, 195.
36. Ebd., S. 124.
37. Für Riehl wie für andere Autoren waren die USA das Land der Zukunft; sie

gingen wieder einmal auf dem Weg ins Verderben voran. «In Nordamerika, wo das Familienleben fast ganz untergeht in dem Rennen und Jagen nach Gelderwerb, besteht auch kaum eine häusliche Erziehung. Die Frauen, die dort überhaupt für das eigene Führen der Haushaltung zu vornehm sind, mögen sich noch viel weniger mit der Zucht ihrer unartigen Rangen plagen; die Väter haben keine Zeit dazu.» Riehl, der – abgesehen von einer kurzen Ferienreise nach Italien – niemals aus Deutschland herausgekommen ist, reihte sich, ohne zu zögern, in die Schar der Amerika-Experten des 19. Jahrhunderts ein: «Strenge Übung der häuslichen Autorität wäre eine ‹feudale› Reminiszenz aus der alten Welt. Dafür ist denn auch die großstädtische amerikanische Gassenjugend die ungezogenste und bösartigste, die es gibt.» Ebd., S. 137.

38. Edmund S. Morgan, *The Puritan Family: Religion and Domestic Relations in Seventeenth-Century New England* (1944; 2. Aufl. 1966), S. 50.
39. Villeneuve: Edward Shorter, *The Making of the Modern Family* (1975), S. 229f.; Mill: *Subjection of Women*, S. 175f.; Thomas Babington Macaulay: *The History of England from the Accession of James II* (1848), Kap. 3.
40. «The Family», in: *Saturday Review* I (19. April 1856), S. 503.
41. «The Family. Second Notice», ebd., II (10. Mai 1856), S. 43.
42. Einige Beispiele hierfür: Anon., «Les Femmes moralistes», in: *Revue des Deux Mondes* (1843), IV, S. 52; Pierre Goy, «La Vocation des femmes», ebd., S. 355; Rev. C.I.H. Fletcher, *Woman's Equality with Man in Christ*, Predigt, gehalten am 19. März 1871 in St. Mary Magdalene's in Oxford (1871), S. 1.
43. Siehe oben, S. 227f.
44. Stern: «De la femme», in: *Revue de Nouveau Monde* I (1850), S. 321; Dr. Otto Funcke, *Vademecum für junge und alte Eheleute* (1908); Pedro Felipe Monlau y Roca: *Hygiène de la génération. Le Mariage dans ses devoirs, ses rapports et ses effets conjugaux, au point de vue légal, hygiénique, physiologique et moral*, frei ins Französische übertragen, bearbeitet und ergänzt von Dr. P. Garnier (1853; vierte Aufl. 1885), S. 140.
45. Ruskin: 21. April 1852, Lutyens, *Millais and the Ruskins*, S. 6; Bradner: 25. Januar 1890, Box 1, Lester Bradner Papers, Y-MA.
46. 3. Januar 1840, *The Gladstone Diaries*, Hrsg. M.R.F. Foot und H.C.G. Matthew, bisher 8 Bde. (1968–), III, S. 1.
47. 6. Januar 1879, Tagebuch II, Box 46, MLT, Y-MA.
48. Einige typische Beiträge und Gedichte zu diesen Konflikten in *The Girl's Own Paper:* M.P.S., «The Disadvantages of Higher Education», III, S. 112 (18. Februar 1882); «Education for Women at Oxford», V, S. 240 (4. August 1884), Nora C. Usher, «How to Secure a Situation», XIII, S. 657 (30. Juli 1892); Helen Marion Burnside, «Women's Rights», XIV, S. 680 (7. Januar 1893); «One of Them», «The Girls of Today», XXI, S. 1040 (2. Dezember 1899).
49. *Pygmalion and Galatea, An Entirely Original Mythological Comedy* in drei Akten (1871).
50. 20. Februar 1858, Edmond und Jules de Goncourt, *Journal; mémoires de la vie littéraire 1851–1896*, Hrsg. Robert Ricatte, 22 Bde. (1956–1958), II, S. 200.

51. *Die Familie*, S. 297-303.
52. M.F. Le Play, *Les ouvriers européens. Études sur les travaux, la vie domestique et la condition morale des populations ouvrières de l'Europe* (1855), S. 286, 18, 287.
53. *La Réforme sociale en France, déduite de l'observation comparée des peuples européens*, 2 Bde. (1864), I, S. 186-190.
54. *Die Familie*, S. 56f.
55. Karl Marx und Friedrich Engels, «Manifest der Kommunistischen Partei», in: *Ausgewählte Schriften in zwei Bänden* (1968), I, S. 42.
56. Fernand Braudel, *Les Structures de quotidien: le possible et l'impossible* (1979), S. 269.
57. Cook, *The House Beautiful: Essays on Beds and Tables, Stools and Candlesticks* (1878), S. 59f.
58. Gaskell, *North and South* (1855; Ausg. v. 1970), S. 49, 220, 39, 106f., 59 [Kap. 2, 21, 1, 8, 3].
59. Haweis, *The Art of Beauty* (1878), S. 128. Diesen Hinweis verdanke ich Valerie Steele.
60. *Sartor Resartus: The Opinions of Herr Teufelsdröckh* (1833, Ausg. v. 1908), S. 37, Buch I, Kap. 5.
61. 18. August 1882, *Briefe 1873–1939*, Hrsg. E. und L. Freud (1968), S. 37.
62. Das Bürgertum des 19. Jahrhunderts definierte sich in erotischen Dingen zumindest teilweise durch die Abgrenzung gegen Adel, Arbeiterklasse und Bauern. Auf diese eifersüchtigen Vergleiche gehe ich im letzten Kapitel des nächsten Bandes ein.
63. Romantische Liebesauffassungen erörtere ich im Einleitungskapitel des nächsten Bandes.
64. Siehe Alan Macfarlane, Rezension von Lawrence Stone, *The Family, Sex and Marriage in England 1500–1800*, in: *History and Theory* XVIII, 1 (1979), S. 113.
65. Le Play, *La Constitution essentielle de l'humanité* (1881), S. 172.
66. Disraeli, *Sybil, or the Two Nations* (1845;1 Ausg. v. 1926), S. 197. Buch III, Kap. 9.
67. Bagehot, «Shakespeare – The Man», in: *Literary Studies*, 2 Bde. (Ausg. v. 1911), I, S. 134.
68. 8. Mai 1886, Private Aufzeichnungen, 1885–1886. (Mit freundlicher Erlaubnis von Susanna Barrows.)
69. Mai 1850, Cheney, *Louisa May Alcott*, S. 60.
70. 19. März 1874, Tagebuch Edward Tallmadge Root, Root Family Papers, Y-MA; 8. April 1874, Tagebuch Willie Scott Root, Root Family Papers; 12., 13. [April 1877], 2. Januar, 10. Mai 1879, Tagebuch Edward Root.
71. Hunt: *Glances and Glimpses; or Fifty Years Social, Including Twenty Years Professional Life* (1856), S. 401; Leonardo: Sigmund Freud, «Eine Kindheitserinnerung des Leonardo da Vinci» (1910), *St.A.* X, S. 128 Anm.; James: Edmund Wilson, «The Ambiguity of Henry James», in: *The Triple Thinkers* (1938; Ausg. v. 1952), S. 123; Kronoff: Siegfried Bernfeld, *Trieb und Tradition im Jugendalter* (1931), S. 129.
72. 20. September 1864, *The Private Journal of Henri Frédéric Amiel*, Übs. Van

Wyck Brooks und Charles Van Wyck Brooks, Einltg. Bernard Bouvier (1935), S. XLV; 26. Juli 1876, *Amiel's Journal: The Journal intime of Henri Frédéric Amiel*, Übs. Mrs. Humphry Ward (1887), S. 213.

73. Amiel: 14. Oktober 1839, 8. Oktober 1840, Henri Frédéric Amiel, *Journal intime*, Hrsg. Bernard Gagnebin und Philippe M. Monnier, bisher 6 Bde. (1976–), I, S. 137, 154; Leixner: 10. Juni 1867, 3. Januar 1868, Schachtel 2, Leixner-Nachlaß, Stabi Berlin.
74. Bashkirtseff: Dormer Creston [Pseud.], *Fountains of Youth: The Life of Marie Bashkirtseff* (1937), S. 90, 168; Benedictsson: Lucien Maury, *L'Amour et la mort d'Ernst Ahlgren* (1945), S. 72 (oben S. 125-131); Mabel Todd: 27. September 1885, Tagebuch IV, Box 46, MLT; Knightley: *The Journals of Lady Knightley of Fawsley, 1856–1884* Hrsg. Julia Cartwright (Mrs. Ady), (1915), S. 3.
75. 7., 16. Juni, 7. Juli 1899; 3. April 1901, *The Adolescent Diaries of Karen Horney* (1980), S. 3, 6, 8, 36.
76. Siehe Johann James Ruskin an George Gray, 16. Februar 1854, Lutyens, *Millais and the Ruskins*, S. 134; siehe auch oben, S. 243f.
77. [Um den 15. Juli 1842], James R. Mellow, *Nathaniel Hawthorne in His Time* (1980), S. 203; 15. Juli 1839, 3. Januar 1840, Hawthorne Papers, Henry E. Huntington Library and Art Gallery, San Marino (Kalifornien).
78. Box 36, William Graham Sumner Papers, Y-MA.
79. Jeannie Elliot an William Graham Sumner, 5., 21. Mai 1870, Box 25, Sumner Papers; Sumner an Elliott, [15. Mai?], 16., 17. Mai 1870, Box 36, Sumner Papers.
80. Sumner an Elliot, 23., 26. Mai, 10., 8. Juni 1870, Box 36, Sumner Papers.
81. Hawthorne: 27. Februar 1842, Hawthorne Papers, Huntington Library; Herzen: *My Past and Thoughts: The Memoirs of Alexander Herzen* (Übs. Constance Garnett, bearb. von Humphrey Higgens, gekürzt und hrsg. von Dwight MacDonald 1973), S. 68.
82. E.F. Benson, *As We Were* (1930), S. 111.
83. 26. Mai, 30. April, 23. September, 3. Oktober 1839; 20. Januar 1842, Hawthorne Papers, Huntington Library.
84. 24. August [1842], *The American Notebooks, Centenary Edition of the Works of Nathaniel Hawthorne*, bisher 16 Bde. (1962–), VIII, S. 344.
85. Um den 11. April 1843, M.A. 580, Hawthorne Papers, Pierpont Morgan Library, New York.
86. Siehe Claude M. Simpson, «Historical Commentary», in: *American Notebooks*, S. 682-690; Mellow, *Hawthorne*, S. 584.
87. [1834–1835], Graetz, *Tagebuch und Briefe*, Hrsg. Reuven Michael (1977) S. 8.

Ausgewählter bibliographischer Essay

Der nachfolgende Essay wurde für die deutsche Ausgabe dieses Buches erheblich gekürzt. Schon in seiner ursprünglichen Länge enthielt er bei weitem nicht alle Titel, die ich zu Rate gezogen habe. Zudem ist er bewußt polemisch: Er registriert aufrichtigen Dank, aber auch entschiedenen Protest. Ich habe kurze Polemiken geschrieben und dazu einiges Material zusammengetragen, das meine Auffassung stützt, aber den Anmerkungsteil des Haupttextes zu sehr belastet hätte.

Erster Teil: Allgemeine Einleitung

I. Orientierung

In erster Linie bin ich natürlich Sigmund Freud verpflichtet. Die deutsche *Studienausgabe* in 11 Bänden, 1969–1975, Hrsg. Alexander Mitscherlich, Angela Richards und James Strachey, ist zwar unvollständig und bedauerlicherweise nach Themenkreisen angeordnet, basiert jedoch auf der 24bändigen *Standard Edition of the Complete Psychological Writings of Sigmund Freud,* Hrsg. James Strachey et al., 1953–1975. Auf die einzelnen Schriften Freuds und die aufschlußreichen Sammlungen seiner Briefe, die von mir herangezogen wurden, gehe ich an Ort und Stelle ein. Das gleiche gilt für andere psychoanalytische Arbeiten.

Freuds epochemachenden Briefe an Fließ enthält die Sammlung *Aus den Anfängen der Psychoanalyse: Briefe an Wilhelm Fließ, Abhandlungen und Notizen aus den Jahren 1887–1902,* Hrsg. Ernst Kris et al., 1962 [Neuausgabe für 1986 geplant]. Darstellungen zu dieser Frühzeit der Psychoanalyse bietet Peter Gay, «Sigmund Freud: Ein Deutscher und sein Unbehagen», in: *Freud, Juden und andere Deutsche,* 1986 (das Original erschien 1978 unter dem Titel *Freud, Jews and Other Germans);* Max Schur, *Sigmund Freud: Leben und Sterben,* 1973, Kap. 3 und 4 (das Original erschien 1972 unter dem Titel *Freud: Living and Dying);* Ernest Jones, *Das Leben und Werk von Sigmund Freud,* 3 Bände, 1960–1962 (das Original erschien 1953–1957 unter dem Titel *The Life and Work of Sigmund Freud),* Band 1, Kapitel 13 und 14 – parteilich, unelegant, aber wunderbar informativ und noch immer die Standardbiographie. Frank J. Sulloway, *Freud: Biologe der Seele. Jenseits der psychoanalytischen Legende,* 1982 (das Original erschien 1979 unter dem Titel *Freud: Biologist of the Mind. Beyond the Psychoanalytic Legend),* übertrieben scharfsinnig und ärgerlich von sich selbst eingenommen, legt jedoch in Kap. 5 und 6 gewisse Revisionen der herkömmlichen Auffassung von der Beziehung zwischen Freud und Fließ nahe. Der Psychoanalytiker Bertram Lewin hat die These vertreten, daß Freuds Gebrauch des Lateinischen in jenem Brief an Fließ, in dem er sich erinnerte, *matrem nudam* gesehen zu haben, für Freuds unverklemmte Geradheit spreche; dies sei der Sprachgebrauch bei Ärzten und Medizinstudenten und solle Vertraulichkeit und Kumpelhaftigkeit ausdrücken. Das ist zwar geistreich, aber nicht überzeugend; zwar mag das

Lateinische dem Schreiber des Briefes und seinem Empfänger ein wissendes Lächeln entlockt haben, aber die distanzierende Funktion dieser Fremdsprache steht meines Erachtens außer Zweifel und im Vordergrund. Lewin, «The Train Ride: A Study of One of Freud's Figures of Speech», 1970, in *Selected Writings of Bertram D. Lewin,* Hrsg. Jacob A. Arlow, 1973, S. 377, 371 f.

Der für unseren Zusammenhang bedeutsamste Ausflug Freuds in das Gebiet der Soziologie ist seine wenig bekannte Arbeit «Das Interesse an der Psychoanalyse» (1913), in: *G. W.*, Hrsg. Anna Freud et al., 18 Bde., 1940–1968, S. 389–420; daß es irgendeinen realen Unterschied zwischen Individual- und Sozial-Psychologie gibt, bestreitet er in *Massenpsychologie und Ich-Analyse* (1921), *St.A.* IX, S. 61–134, vor allem S. 65. Siehe Heinz Hartmann «Psychoanalysis and Sociology» (1944) und «The Application of Psychoanalytic Concepts to Social Science» (1950), beides in *Essays in Ego Psychology: Selected Problems in Psychoanalytic Theory,* 1964, S. 19–34, 90–98 (deutsche Ausgabe: H.H., *Ich-Psychologie, Studien zur psychoanalytischen Theorie,* 1972). W. G. Runciman, «Sociology in Its Place», in: *Sociology in Its Place and Other Essays,* 1970, S. 1–44, vertritt eindrucksvoll den Standpunkt, daß die Soziologie im Grunde von der Psychologie schmarotzt. Ich habe die Anwendung der Psychoanalyse durch den Historiker ziemlich dogmatisch, ja aggressiv verteidigt in *The Historian as Psychologist,* 1983, sowie in *Freud for Historians,* 1985. Manche gereizten Reaktionen auf die Psychohistorie waren nur allzu berechtigt. Der Sündenkatalog ihrer angeblichen oder wirklichen Verfehlungen – Reduktionismus, Verstöße gegen den gesunden Menschenverstand, gegen das wissenschaftliche Vorgehen und gegen die Sprache – ist nicht völlig unbegründet. Überspannte Spekulationen auf der Basis dürftigen Materials oder forcierter Interpretationen haben der Sache – und dem Ruf – der Psychohistoriker einen Bärendienst erwiesen. Andererseits ist die schiere Defensivität jener zornigen Historiker, die versucht haben, die Psychohistorie abzuwürgen, ein Beweis für die Blessuren, die ihnen die psychoanalytisch gerichteten Historiker zu verpassen wußten. Die Zahl der ernst zu nehmenden psychohistorischen Werke mag klein sein, aber sie wächst. (Es mag zwar boshaft erscheinen, einige wenige Titel hervorzuheben, aber ich möchte doch ein paar jener Werke aufzählen, die nach meinem Dafürhalten mit Erfolg die psychoanalytische mit der historischen Methode verschmelzen: E. R. Dodds, *Die Griechen und das Irrationale,* 1970 [das Original erschien 1951 unter dem Titel *The Greeks and the Irrational],* ein Klassiker über das klassische Altertum, der bezeichnenderweise bei seinem ersten Erscheinen von der Fachwelt günstig aufgenommen worden ist; Alexander L. George und Juliette L. George, *Woodrow Wilson and Colonel House: A Personality Study,* 1956, eine zurückhaltende, überzeugende psychologische Interpretation, die sich gegen alle Anwürfe von seiten der Woodrow-Wilson-Industrie behauptet hat; John Demos, *A Little Commonwealth: Family Life in Plymouth Colony,* 1970, kurz, unprätentiös, verantwortungsvoll, und Demos, *Entertaining Satan: Witchcraft and the Culture of Early New England,* 1982, als Synthese wie als Analyse gleichermaßen gelungen; Maynard Solomon, *Beethoven,* 1977, ein schönes Beispiel für psychoanalytische Detektivarbeit, die dem Genius Beethovens keine Gewalt antut. Und selbstverständlich noch andere Arbeiten.)

Erik H. Erikson entwarf in seinem bahnbrechenden, freilich mit schwerwiegenden Mängeln behafteten Buch *Der junge Mann Luther. Eine psychoanalytische und historische Studie,* [1965] (das Original erschien 1958 unter dem Titel *Young Man Luther: A Study in Psychoanalysis and History)* ein umfassendes Programm, um über den psychoanalytischen Fall hinaus das historische Ereignis zu erfassen. Doch haben weder Erikson noch seine Nachfolger dieses Versprechen zur Gänze eingelöst. Siehe Roger A. Johnson (Hrsg.), *Psychohistory and Religion: The Case of «Young Man Luther»,* 1977, mit der vernichtenden Rezension aus der Feder H. Baintons. William L. Langer hielt am 29. Dezember 1957 als Präsident der American Historical Association einen bemerkenswerten Vortrag, in dem er die Psychoanalyse der Aufmerksamkeit der Historiker empfahl; das Papier erschien zuerst in der *American Historical Review* LXIII (Januar 1958), S. 283–304, und ist auch in einem Sammelband mit Aufsätzen Langers greifbar: *Exploration in Crisis: Papers on International History,* Hrsg. Carl E. und Elizabeth Schorske, 1969, S. 408–432.

Es gibt zahlreiche Attacken auf die Psychohistorie; besonders schonungslos verfahren Jacques Barzun, *Clio and the Doctors: Psycho-History, Quanto-History & History,* 1974, und David E. Stannard, *Shrinking History: On Freud & the Failure of Psycho-history,* 1980. Das Buch von Stannard ist bemerkenswert scharfsinnig, leidet jedoch an seinem zornig-anklägerischen Duktus und dem selektiven Umgang mit Beweismaterial und Dokumenten. Die Psychohistorie hat ihre Probleme – genauso wie die Psychoanalyse –, aber Stannards Methode ist nicht der richtige Weg, um sie anzugehen, geschweige denn sie zu lösen. Die besten Texte zur Verteidigung der Psychohistorie sind Peter Loewenbergs knapper Überblick «Psychohistory» in Michael Kammen (Hrsg.), *The Past before Us: Contemporary Historical Writing in the United States,* 1980, und Saul Friedländers zurückhaltende, eindringliche Schrift *Geschichte und Psychoanalyse,* 1975. Ungemein lesenswert ist H. Stuart Hughes' reizvoller Beitrag «History and Psychoanalysis: The Explanation of Motives», in: *History as Art and as Science,* 1964, S. 42–67.

Die historische Untersuchung der bürgerlichen Sexualität im 19. Jahrhundert befindet sich heute in einer merkwürdig paradoxen Situation. Unsere neue Freiheit der Rede, die die freimütige Beschreibung sexueller Betätigung, bis hin zu den pittoreskesten Perversionen, im seriösen historischen Schrifttum erlaubt, hat nur den Erfolg gehabt, jene Klischees zu verewigen, die die rebellischen Edwardians und deren Nachfahren über ihre «viktorianischen» Eltern in Umlauf setzten. Was die meisten Bücher heutzutage als Realität des 19. Jahrhunderts präsentieren, ist eine prüde und heuchlerische Oberfläche und der verbotene, oft perverse Untergrund – beides für immer voneinander gespalten. Anständige Frauen bleiben in diesen freimütigen Exposés sexuell empfindungslos; ihre Ehegatten, verdrossen und frustriert, müssen sich fern der Familie ein Ventil schaffen. Schon die Titel dieser Bücher sind zum Teil verräterisch: Ronald G. Walters hat, auch wenn seine Einführung (S. 1–18) vernünftige Kommentare enthält, eine konventionelle Anthologie zusammengetragen: *Primers for Prudery: Sexual Advice to Victorian America,* 1974; Ronald Pearsall hat nach seinem materialreichen Überblick *The Worm in the Bud: The World of Victorian Sexuality,* 1969, den Band *Public Purity, Private Shame: Victorian Sexual Hypocrisy Exposed,* 1976, herausgebracht; er findet es (mit Recht) «unangebracht, wenn wir zu viele Steine auf die Viktorianer und ihre Heuchelei in Sachen Sexualität werfen, und ungehörig, wenn wir im Nachhinein recht behalten wollen» (S. 7). Aber dann geht er doch ungerührt daran, die viktorianische «Heuchelei» und die allgemeine «Verschwörung des Schweigens» (S. 8 f.) zu analysieren und Kapitel wie «Der Kult der Enthaltsamkeit» oder «Einführung in die Heuchelei» zu bringen. Stephen Kern, *Anatomy and Destiny: A Cultural History of the Human Body*, 1975, bietet eine Fülle interessanter Einzelheiten, verfällt aber in die traditionelle Einstellung. Milton Rugoff, *Prudery and Passion*, 1971, gibt sich als bahnbrechender Versuch, das schamhafte Schweigen der Historiker über die «viktorianische Sexualität» zu brechen; er widmet den langen einleitenden Abschnitt dem Thema «Prüderie: Die Verleugnung des Eros» und den letzten – den dritten – den «Heimlichen Feuern», worin gezeigt werden soll, wie das bürgerliche Zeitalter «Verbote und Tabus umging und sich mehr oder weniger verstohlen über sie hinwegsetzte» (S. 7 f.). Duncan Crow, *The Victorian Woman*, 1972, hebt in einer ausführlichen «Anatomie der Prüderie» das «Zivilisieren durch Ignorieren» (S. 22–26) hervor; er hält es für nötig, den alten, abgeschmackten Witz über viktorianische Sexualität aufzuwärmen: «Der Idealfall wäre, daß die Frauen ihre Kinder durch Jungfernzeugung zur Welt bringen; da das nicht geht, sollte die Schwängerung durch den Mann im verdunkelten Schlafzimmer vonstatten gehen, in das der Gatte sich schleicht, um schweigend sein Werk zu verrichten, während die Frau das Beilager im Koma über sich ergehen ließe» (S. 25). In einem der wenigen neuen Texte, die von solchem Zeug loskommen wollen, *Silent Sisterhood: Middle Class Women in the Victorian House*, 1975, macht sich Patricia Branca mit Recht über dieses Märchen lustig (S. 7). Fraser Harrison, *The Dark Angel: Aspects of Victorian Sexuality*, 1977, ist, trotz des gravitätischen Titels, etwas ausgewogener. Siehe auch Eric Trudgill, *Madonnas and Magdalens: The Origins and Development of Victorian Sexual Attitudes*, 1976. Die Informationen, die diese Monographien vermitteln, sind oft zuverlässig genug; absolut irreführend sind jedoch für gewöhnlich ihre Akzentsetzungen und das gewisse Etwas, der Ton: Sie fordern zu Mitleid mit dem Bürgertum des 19. Jahrhunderts heraus – und zu einer nicht geringen Verachtung. Einige schöne, unabhängige Urteile über weibliche Sexualität bietet Mary S. Hartmann in ihrem köstlichen und informativen Buch *Victorian Murderesses*, 1977. Bei aller Feindseligkeit und Verachtung gegenüber der Bourgeoisie enthält auch E. J. Hobsbawm, *Die Blütezeit des Kapitals*, 1977 (das Original erschien 1975 unter dem Titel *The Age of Capital*) einige verständnisvolle Seiten über bürgerliche Liebe. Peter T. Cominos, «Late-Victorian Sexual Respectability and the Social System», in: *International Review of Social History* VIII, 1, 2 (1963), S. 18–48, 216–250, ist als frühe Sondierung des Themas verdienstvoll, doch der besondere Ruf, den diese Arbeit genießt, ist nicht gerechtfertigt: Sie überbetont die sexuelle Etikette und kommt zu übertrieben soziologischen Urteilen – eine Voreingenommenheit, die durch Cominos Anlehnung an Erich Fromm nicht gemildert wird. Walter E. Houghton, *The Victorian Frame of Mind, 1830–1870*, 1957, ist ein kleiner Klassiker; doch das Kapitel über Liebe (und über Sexualität, S. 341–393) dokumentiert zwar ausführlich und informativ die Schattenseiten viktorianischer Prüderie und Zurückhaltung, versäumt jedoch, die (nicht minder wichtigen) helleren Seiten bürgerlicher Sinnlichkeit zu beleuchten. Den Gegensatz zwischen herkömmlicher und psychoanalytischer Forschung veranschaulichen zwei kurze Arbeiten des Historikers H. L. Beales bzw. des Psychoanalytikers Edward Glover, beide mit dem Titel «Victorian Ideas of Sex», in: *Ideas and Beliefs of the Victorians: A Historic Revaluation of the Victorian Age*, 1966, S. 351–358, 358–364. Jeffrey Weeks, *Sex, Politics and Society: The Regulation of Sexuality since 1800*, 1981, behandelt zwar nur Großbritannien, bietet aber einen nützlichen Überblick über die neueste Literatur und enthält eine Fülle von Anmerkungen.

Es gibt zahlreiche allgemeine Geschichten der Sexualität, die natürlich auch umfangreiche Kapitel über das 19. Jahrhundert bieten. Vern L. Bullough, *Sexual Variance in Society and History*, 1976, namentlich Kapitel 18 bis 20, ist nützlich; Wayland Young, *Eros Denied: Sex in Western Society*, 1964 (deutsche Ausgabe: W. Y., *Der verleugnete Eros*, München 1968), ist eine vehemente, aber recht informative Schmähschrift gegen die sexuelle Repression; Alex Comfort, *Sex in Society*, 1963 (deutsche Ausgabe: A. C., *Der aufgeklärte Eros. Plädoyer für eine menschliche Sexualmoral*, 1964), ist eine flott geschriebene Verteidigung der Sexualität mit einigen hilfreichen historischen Randbemerkungen. Jean H. Hagstrums ebenso fundierte wie vergnügliche Abhandlung *Sex and Sensibility: Ideal and Erotic Love from Milton to Mozart*, 1980, geht über den angegebenen thematischen Rahmen hinaus; dasselbe gilt für Edward LeComte, *Milton and Sex*, 1978. Profitiert habe ich auch von den Schriften Jean-Louis Flandrins, namentlich *Le Sexe et l'occident: évolution des attitudes et des comportements*, 1981.

Der einflußreichste Sünder ist Steven Marcus, dessen vielzitiertes Buch *The Other Victorians: A Study of Sexuality and Pornography in Mid-Nineteenth Century England*, 1966 (deutsche Ausgabe: St. M., *Umkehrung der Moral. Sexualität und Pornographie im viktorianischen England*, Frankfurt 1979), die selbstgefällige Herablassung des 20. Jahrhunderts gegenüber der sexuellen Empfindungslosigkeit der Frauen des 19. Jahrhunderts verewigt hat. Marcus stützt sich vornehmlich auf zwei Quellen: die anonyme Schrift *My Secret Life*, eine umfangreiche, zwanghaft-monotone, auf ihre Art fesselnde Schilderung der sexuellen Leistungen eines einzigen Mannes, und Dr. William Actons *Functions and Disorders of the Reproductive Organs*, 1875 (mehrfach überarbeitet und neu aufgelegt). Falls *My Secret Life* wirklich, wie Marcus anzunehmen scheint, eine stichhaltige Autobiographie ist, ist sie jedenfalls in hohem Maße untypisch: Der Mann wäre dann ein zutiefst neurotischer und unglaublich potenter Sexualprotz gewesen. Und falls es sich, wie ich glaube, im wesentlichen um eine Sammlung von sexuellen Phantasien handelt, die auf einer nur bescheidenen erotischen Erfahrung aufbaut, ist *My Secret Life* weniger ein Schlüssel zum Sexualleben des viktorianischen Englands als vielmehr zur sexuellen Phantasie eines einzelnen viktorianischen Engländers. Was Actons Ansicht betrifft – sowohl in den *Functions and Disorders*… als auch in der *Prostitution* von 1857 vertreten –, daß das geschlechtliche Verlangen der Frau normalerweise sehr begrenzt, falls überhaupt wirksam gewesen sei, so meint Marcus, dies sei «die offizielle Auffassung der viktorianischen Gesellschaft über die Sexualität» (S. XIII). Aber genau dies stimmt eben nicht. Zwar erfreute sich Acton – ein liebenswürdiger Autor – großer Beliebtheit beim Publikum, aber verantwortungsbewußte Ärzte äußerten seinerzeit starke Vorbehalte gegen seine Meinungen, ja sogar gegen seine fachliche Kompetenz. Immerhin sind die Auffassungen, die Acton vertrat, noch immer im

Schwange, und manche Historiker behandeln ihn noch immer als Autorität. «Der Arzt William Acton», schreibt Bruce Mazlish, «gab in seinem Buch *The Functions and Disorders of the Reproductive Organs* der typischen viktorianischen Überzeugung [über die sexuelle Empfindungslosigkeit der Frau] Ausdruck.» Auch beruft sich Mazlish auf Marcus, *James and John Stuart Mill,* S. 454. Diese Position blieb nicht unwidersprochen. Siehe F. Barry Smiths glänzenden, knappen revisionistischen Essay «Sexuality in Britain, 1800–1900. Some Suggested Reviews», in Martha Vicinus (Hrsg.), *The Widening Sphere: Changing Roles of Victorian Women,* 1977, S. 182–198; über Marcus S. 184–187. Siehe auch den wichtigen Aufsatz von Carl N. Degler, «What Ought to Be and What Was: Women's Sexuality in the Nineteenth Century», in: *American Historical Review* LXXIX, 5 (Dezember 1974), S. 1467–1490, und Patricia Branca, *Silent Sisterhood.* Meine Kritik an Marcus findet sich in «Victorian Sexuality: Old Texts and New Insights», in: *American Scholar* XLIX, 3 (Sommer 1980), S. 372–378. In der Gesellschaft von Forschern wie Smith, Branca, Degler und Hartman kann ich kaum behaupten, ich stünde allein. Ein weiterer, recht eigentümlicher «Verbündeter» sei noch erwähnt: Michel Foucault. In *Über Sexualität, Wissen und Wahrheit, Dispositive der Macht,* Berlin 1978 (das Original erschien 1976 unter dem Titel *L'Histoire de la sexualité),* wo er seine bekannten Themen des «Diskurses» und der «Technologie der Macht» fortführt, stellt Foucault Fragen nach dem, was er «die Hypothese von der Repression» nennt. Daran ist natürlich etwas Wahres: Das ganze vorliegende Buch ist ja ein einziges, langes Argument gegen diese Hypothese. Aber sein Verfahren ist anekdotisch und fast völlig unbelastet von Fakten; er benutzt seine erprobte Technik (die an das innere Prinzip von Oscar Wildes Humor erinnert), anerkannte Ideen auf den Kopf zu stellen, aber es stellt sich heraus, daß er zum Teil aus privaten Gründen recht hat.

Zur «Konstruktion von Erfahrung» siehe Clifford Geertz, «The Impact of the Concept of Culture on the Concept of Man» (1966) und «Ideology as a Cultural System» (1964), beides in *The Interpretation of Cultures: Selected Essays,* 1973, S. 33–54, 193-233 (deutsche Ausgabe: C. G., *Dichte Beschreibung. Beiträge zum Verstehen kultureller Systeme,* 1983). Von Psychoanalytikern waren für mich am wertvollsten die Ichpsychologen (die trotz ihres Namens völlig «orthodoxe» Freudianer geblieben sind). Ich erwähne besonders Heinz Hartmann, *Ich-Psychologie und Anpassungsproblem,* 1960, sowie «On Rational and Irrational Action» (1947), «Comments on the Psychoanalytic Theory of Instinctual Drives» (1948), «Comments on the Psychoanalytic Theory of the Ego» (1950) und «Notes on the Reality Principle» (1956), alles in *Essays on Ego Psychology,* S. 37–68, 69–89, 113–141, 241–267 (deutsche Ausgabe: H. H., *Ich-Psychologie, Studien zur psychoanalytischen Theorie,* 1972). Genauso wichtig, wenngleich etwas diffuser sind die *Selected Papers of Ernst Kris,* 1975, namentlich «The Recovery of Childhood Memories in Psychoanalysis» (1956), S. 301–340. Zutiefst verpflichtet bin ich einigen wegweisenden Arbeiten Hans W. Loewalds. Das Reifen des Menschen ist, wie Loewald zeigt, zu gleichen Teilen ein Aufnehmen und ein Ausspeien: Der Säugling trennt sich allmählich von der Welt, hört auf, seine trügerische infantile Allmacht zu genießen, und beginnt, Grenzen zwischen sich und anderen zu ziehen; so wird er in einem gewissen Sinne «kleiner», während er größer wird. Gleichzeitig integriert das Kind jene Lehren, die ihm wichtige

Personen in seinem Leben bewußt oder unbewußt vermitteln. Siehe «Ego and Reality» (1951), «On Motivation and Instinct Theory» (1971) und «Instinct Theory, Object Relations, and Psychic Structure Formation» (1978), alles in *Papers on Psychoanalysis*, 1980, S. 3–20, 102–137, 207–218. Diese Formulierungen wurzeln, wie ihre Urheber gerne einräumen, in den letzten Schriften Freuds, namentlich *Das Ich und Das Es*, 1923, und *Das Unbehagen in der Kultur*, 1930. (Siehe Hartmann, «The Development of the Ego Concept in Freud's Work» [1956], in *Essays on Ego Psychology*, S. 268–296.) Roy Schafers luzides und gehaltvolles Buch *Aspects of Internalization*, 1968, war wichtig für mich. Desgleichen zwei technische Untersuchungen von Edith Jacobson, *The Self and the Object World*, 1964 (deutsche Ausgabe: E. J., *Das Selbst und die Welt der Objekte*, 1973), und *Psychotic Conflict and Reality*, 1967.

II. Die Last der Definition

Trotz der ungeheuren Fülle einschlägiger Literatur gibt es bisher keine befriedigende allgemeine Abhandlung über das Bürgertum des 19. Jahrhunderts. «Nichts ist schwerer zu definieren als ‹bürgerlich›, und man hat sich zunächst damit abzufinden, daß dieser Begriff zwangsläufig unscharf ist.» Theodore Zeldin, *France 1848–1945*, Band I, *Ambition, Love and Politics*, 1973, S. 12. Dem stimme ich zu. «Das französische Bürgertum», hat Richard Cobb im Hinblick auf die Tage Daumiers geschrieben, «war in der Tat außergewöhnlich selbstsüchtig, heuchlerisch, selbstzufrieden und, wenn es Angst bekam, unglaublich grausam.» «Flaying the Fat», in: *Times Literary Supplement*, 14. August 1981, S. 932. Das ist eine – nicht auf das französische Bürgertum beschränkte – repräsentative Auffassung, die oft wiederholt und selten hinterfragt wird. Doch Cobbs eigener Umgang mit «dem Bürgertum» ist ein aufschlußreiches Beispiel dafür, wie schwer es selbst Historikern mit ihrer programmatischen Scheu vor Verallgemeinerungen wird, ohne diese auszukommen. Bei der Rezension von Michael B. Millers *The Bon Marché: Bourgeois Culture and the Department Store, 1869–1920*, 1981, beklagt Cobb, daß «der Autor überall im Buch vom ‹Bürgertum› spricht, als ob dieses ein physisches Wesen von überragender Zielstrebigkeit und erheblicher Verstellungskunst wäre. Professor Millers ‹Bürgertum› ist eine ungemein emsige Ameise, die ständig irgend etwas zu schaffen findet.» *New York Review of Books*, 16. Juli 1981, S. 35. Ich bin versucht, etwas vom Splitter und dem Balken zu murmeln.

Von allgemeinen Abhandlungen ist Werner Sombarts *Der Bourgeois: Zur Geistesgeschichte des modernen Wirtschaftsmenschen*, 1913, mit seinen typischen, unbekümmerten *obiter dicta* nur als Kuriosität von Interesse. Charles Morazés bekanntes Buch *Das Gesicht des 19. Jahrhunderts*, 1959, ist ein anerkennenswerter, aber nicht besonders tiefgründiger Überblick. J. F. Bergier, «The Industrial Bourgeoisie and the Rise of the Working Class, 1700–1914», in Carlo M. Cipolla, Hrsg., *The Fontana Economic History of Europe*, Band III, *The Industrial Revolution*, 1973, S. 397–451 (C. M. Cipolla, *Europäische Wirtschaftsgeschichte*, deutsche Ausgabe von Knut Borchardt, Bd. 3, 1976), ist notgedrungen summarisch und erübrigt für das Bürgertum lediglich 22 Seiten; daß Bergier von

Sombarts *Bourgeois* als einer «klassischen Studie» (S. 449) spricht, fördert nicht gerade das Vertrauen in seine Argumentation.

Zu der Bezeichnung «bürgerliches Jahrhundert» vergleiche man die weiter unten (S. 505) zitierte Untersuchung von Hansjoachim Henning. John Seed, «Unitarianism, Political Economy and Antinomies of Liberal Culture in Manchester, 1830–1850», in: *Social History* VII, 1 (Januar 1982), S. 1–25, konzentriert sich zwar auf eine bestimmte Stadt und Zeit, doch sind seine Bemerkungen zum Bürgertum generell anregend. Paul E. Corcoran, «The Bourgeois and Other Villains», in: *Journal of the History of Ideas* XXXVIII, 3 (Juli-September 1977), S. 477–485, befaßt sich sehr geschickt mit einigen der terminologischen Probleme und mit den negativen Einschätzungen der Mittelschichten. Siehe auch G. D. H. Cole, «The Conception of the Middle Classes», in: *British Journal of Sociology*, I (1950), S. 275–290, wo versucht wird, zwischen Mittelschichten und Bürgertum zu unterscheiden, ähnlich Needham in meinem Text (S. 28). Einen ausgewogenen Kommentar zu der allgemeinen Begriffsverwirrung bietet William Weber, «The Muddle of the Middle Classes», in: *Nineteenth Century Music* III (1979), S. 175–185.

Was die theoretische Erörterung des Klassenbegriffes betrifft, so verweise ich auf die Schriften Max Webers, beispielsweise *Wirtschaft und Gesellschaft*. Die reifen Ansichten von Karl Marx finden sich in Band I des *Kapitals* (1867). Zwei neuere Bücher von Anthony Giddens sind äußerst hilfreich: *Capitalism and Modern Social Theory: An Analysis of the Writings of Marx, Durkheim and Weber*, 1971, sowie *Die Klassenstruktur fortgeschrittener Gesellschaften*, 1979 (das Original erschien 1973 unter dem Titel *The Class Structure of Advanced Societies)*. Siehe auch die kurze Studie von R. J. Morris, *Class and Class Consciousness in the Industrial Revolution, 1780–1850*, 1979.

Untersuchungen über die Mittelschichten einzelner Länder sind weit besser als die Gesamtübersichten. Für Frankreich haben wir die exemplarische Arbeit von Adeline Daumard über Paris, *La Bourgeoisie parisienne de 1815 à 1848*, 1963, die auch in gekürzter Form vorliegt, *Les Bourgeois de Paris au XIX*[e] *siècle*, 1970. Zeldins Geschichte *France, 1848–1945*, 2 Bände, 1973 und 1977, besonders Band I, Kap. 1–8, 11—13, steckt voller Informationen. Pierre Sorlin, *La Société française*, Band I, *1840–1914*, 1969, ist ein zwangloser Überblick, der die Mittelschicht nicht vernachlässigt. Neben spezielleren Untersuchungen ist Odette Voillard, *Nancy au XIX*[e] *siècle, 1815–1871: une bourgeoisie urbaine*, 1978, ein im wesentlichen politisch und wirtschaftlich orientierter Überblick. Siehe auch Charles Morazès Essay *La France bourgeoisie, XVIII-XX*[e] *siècles*, 1946, sowie Régine Pernouds ausführliche historische Untersuchung *Histoire de la bourgeoisie en France*, 2 Bände, 1960–1962, die erst in der zweiten Hälfte des gewichtigen zweiten Bandes zum französischen Bürgertum des 19. Jahrhunderts kommt, von dem – oberflächlich genug – gesagt wird, es sei «an der Macht» gewesen (Kap. 19). Aus neuerer Perspektive geschrieben ist Jesse R. Pitts, «Continuity and Change in Bourgeois France», in Stanley Hoffmann et al., *In Search of France: The Economy, Society, and the Political System in the Twentieth Century*, 1963, mit anregenden Bemerkungen. Bestimmte Seiten in Gordon Wrights *France in Modern Times, 1760 to the Present*, 3. Aufl. 1981, sind unschätzbar. Emmanuel Beau de Loménie, *Les Responsabilités des dynasties bourgeoises*, 3 Bände, 1943–

1954, ist zwar spekulativ, tendenziös und feindselig, bringt aber gute Informationen über die großen Bankhäuser und Handelsfamilien des 19. Jahrhunderts in Frankreich. André-Jean Tudesq, *Les Grands Notables en France. Étude historique d'une psychologie sociale,* 1964, ist eine meisterhafte, monumentale Studie. F. W. J. Hemmings, *Culture and Society in France, 1848–1898: Dissidents and Philistines,* 1971, bietet einen intelligenten Überblick über den Zusammenprall von avantgardistischer Kultur und – teilweise – bürgerlicher Gesellschaft. Ein interessanter Essay über den Gebrauch von «bourgeoisie» als politisch befrachteter Vokabel ist Mechthild Fischers *Mittelklasse als politischer Begriff in Frankreich seit der Revolution,* 1974. Pierre Guiral, *La Vie quotidienne en France à l'age d'or du capitalisme, 1852–1879,* 1976, ist auf einen bemüht populären Ton gestimmt, enthält aber nützliches Material. Dasselbe gilt von Marguerite Perrot, *La Mode de vie des familles bourgeoises,* 1961. Jean Lhomme, *La Grande Bourgeoisie au pouvoir (1830–1880),* 1960, gehört in die Kontroverse um das «bürgerliche Jahrhundert», ist aber unabhängig davon sehr gehaltvoll. Eine informative Familiengeschichte bietet Pierre Barral, *Les Perier de l'Isère au XIXe siècle d'après leur correspondance familiale,* 1964; ebenso informativ über eine einzelne Person ist Jean Maurain, *Un bourgeois français au XIXe siècle: Baroche, ministre de Napoleon III,* 1936. Es gibt eine Reihe guter Gesamtdarstellungen Frankreichs im 19. Jahrhundert; alle berühren zwangsläufig auch das französische Bürgertum. Zur besten von allen gehört das Kollektivwerk der *Nouvelle Histoire de la France contemporaine,* namentlich die Bände 6 und 7, André Jardin und André-Jean Tudesq, *La France des notables, 1815–1848,* 1973; Band 8, Maurice Agulhon, *1848 ou l'apprentissage de la rèpublique 1848–1852,* 1973; Band 9, Alain Plessis, *De la fête impériale au mur des fédérés, 1852–1871, 2. Aufl. 1976;* und Band 10, Jean-Marie Mayeur, *Les Débuts de la IIIe République, 1871–1898,* 1973.

Was England betrifft, so ist die etwas umstrittene Sozialgeschichte von Harold Perkin, *The Origins of Modern English Society, 1780–1880,* 1969, sowohl informativ als auch anregend. Die Beiträge Asa Briggs zu diesem Thema sind besonders hervorzuheben. Ich erwähne *The Age of Improvement, 1783–1867,* 1959, besonders Kap. 4–6, 8, 9. Wegbereitend wirkte Asa Briggs' Artikel «The Language of ‹Class› in Early Nineteenth-Century England», in Briggs und John Saville (Hrsg.), *Essays in Labour History,* 1967, S. 43–73. Von seinen anderen Büchern sind in unserem Zusammenhang besonders wichtig *The History of Birmingham,* Band II, *Borough and City, 1865–1938,* 1952, und *Victorian Cities,* 1968. Herangezogen habe ich andere differenzierende Passagen in Geoffrey Best, *Mid-Victorian Britain 1851–1875,* 1971, und G. Kitson Clark, *An Expanding Society: 1830–1900,* 1967. S. G. Checkland, *The Rise of Industrial Society in England, 1815–1885,* 1964, ist eine neue, herrlich kenntnisreiche Synthese. Viel gelernt habe ich aus W. L. Burn, *The Age of Equipoise: A Study of the Mid-Victorian Generation,* 1964. Donald J. Olsen, *The Growth of Victorian London,* 1976, behandelt elegant, aber etwas herablassend die unteren Mittelschichten. Ich erwähne auch L. D. Schwarz, «Social Class and Social Geography: the Middle Classes in London at the End of the Eighteenth Century», in: *Social History* VII, 2 (Mai 1982), S. 167–185, sehr präzise und reichlich mit Statistiken versehen.

Von den allgemeinen modernen Geschichten Englands, die die Mittelschichten nicht vernachlässigen, ist die beste R. K. Webb, *Modern England from 1760 to the*

Present, 2. Aufl. 1980; die Bände, die Elie Halévy von seiner meisterhaften *History of the English People in the Nineteenth Century* vollenden konnte, namentlich sein glänzendes *England in 1815* (engl. Ausgabe 1924) lohnen in hervorragender Weise die Lektüre. Ein kleiner moderner Klassiker ist nach wie vor unentbehrlich: G. M. Young, *Victorian England: Portrait of an Age,* 2. Aufl. 1953.

Über das Zögern der Engländer, Wörter wie «Bourgeoisie» in ihren Sprachschatz aufzunehmen, siehe George Watson, *The English Ideology: Studies in the Language of Victorian Politics,* 1973, besonders Kap. 10. Und über die industriefeindliche Haltung der Engländer im 19. Jahrhundert, die für den «bürgerlichen Charakter» sehr bezeichnend ist, siehe Martin J. Wiener, *English Culture and the Decline of the Industrial Spirit, 1850–1980,* 1981 – interessant, wenngleich vielleicht nicht völlig überzeugend.

Die bürgerliche Gesellschaft und Kultur in Deutschland warten noch auf ihre Historiker. Unterdessen haben wir Spezialuntersuchungen. James J. Sheehan, *German Liberalism in the Nineteenth Century,* 1978 (deutsche Ausgabe: J. Sh., *Der deutsche Liberalismus. Von den Anfängen im 18. Jahrhundert bis zum Ersten Weltkrieg, 1770–1914,* 1983), sagt viel Bedeutendes über die Politik und das Selbstverständnis des deutschen Bürgertums. Auf dessen literarischen Niederschlag konzentriert sich Ernest K. Bramsted, *Aristocracy and the Middle Classes in Germany: Social Types in German Literature, 1830–1900,* überarb. Aufl. 1964. Diesen Band mag man jetzt ergänzen um Ilsedore Rarisch, *Das Unternehmerbild in der deutschen Erzählliteratur der ersten Hälfte des 19. Jahrhunderts,* 1977. Die gesammelten Essays von Wolfram Fischer, *Wirtschaft und Gesellschaft im Zeitalter der Industrialisierung,* 1972, befassen sich zwar im wesentlichen mit der wirtschaftlichen Entwicklung, enthalten aber eine Fülle wichtiger Hinweise. Das schwer greifbare Phänomen des deutschen Staatsdieners behandelt John R. Gillis, *The Prussian Bureaucracy in Crisis, 1840–1860,* 1971; der Inhalt des Buches geht weiter, als der Titel erwarten läßt; Otto Hintzes brillanter Essay «Der Beamtenstand» (1911), in *Gesammelte Abhandlungen,* Band II, *Soziologie und Geschichte,* 2. erweiterte Aufl. 1964, S. 66–125, bleibt unersetzlich. Über Unternehmer siehe die gründliche (wenngleich von Sombarts leicht antisemitischen Klischees nicht freie) Arbeit von Friedrich Zunkel, *Der Rheinisch-Westfälische Unternehmer, 1834–1879,* 1962. Eine ganz besonders instruktive Behandlung des gebildeten deutschen Bürgertums bietet Hansjoachim Henning, *Das Westdeutsche Bürgertum in der Epoche der Hochindustrialisierung 1860–1914. Soziales Verhalten und soziale Strukturen,* Band I, *Das Bildungsbürgertum in den Preußischen Westprovinzen,* 1972. Henning hat auch ein kurzes Buch *Sozialgeschichtliche Entwicklungen in Deutschland, 1815–1860,* 1977, geschrieben, das man am zweckmäßigsten neben seinen kompakten *Quellen zur sozialgeschichtlichen Entwicklung in Deutschland von 1815 bis 1860,* 1977, liest. Sehr nützlich ist Heinrich Heffter, *Die deutsche Selbstverwaltung im 19. Jahrhundert. Geschichte der Ideen und Institutionen,* 1950. Nützlich auch Hartmut Kaelble, *Berliner Unternehmer während der frühen Industrialisierung. Herkunft, sozialer Status und politischer Einfluß,* 1972. Ludwig Schrott, *Biedermeier in München: Dokumente einer schöpferischen Zeit,* 1963, ist eine reichhaltige Sammlung von Zeugnissen über das bürgerliche Leben in einer königlichen Residenzstadt. Gute Überblicke über das deutsche

Bürgertum enthält Eda Sagarra, *A Social History of Germany, 1648–1914*, 1977; siehe Kap. 13–15, darin auch eine terminologische Erörterung. Mit Recht berühmt ist der Essay von Ludwig Beutin «Das Bürgertum als Gesellschaftsstand im 19. Jahrhundert», in *Gesammelte Schriften*, Hrsg. Hermann Kellenbenz, 1963.

Die deutsche Stadtgeschichte verdient weit mehr Aufmerksamkeit, als ihr bisher zuteil geworden ist. Zu den besten und für dieses Kapitel relevantesten Untersuchungen zählen David F. Crew, *Town in the Ruhr: A Social History of Bochum, 1860–1914*, 1979, und Wolfgang Köllmann, *Sozialgeschichte der Stadt Barmen im 19. Jahrhundert*, 1960. Eine aufschlußreiche Lokalstudie über das Patriziat enthält Gerhard Hirschmann, *Das Nürnberger Patriziat im Königreich Bayern, 1806–1918. Eine sozialgeschichtliche Untersuchung*, 1971; siehe auch Jürgen Bolland, *Die hamburgische Bürgerschaft in alter und neuer Zeit*, 1959; ferner Helmut Böhme, *Frankfurt und Hamburg. Des deutschen Reiches Silber- und Goldloch und die allerenglischste Stadt des Kontinents*, 1968. Siehe auch die schöne Studie von Mack Walker, *German Home Towns: Community, State, General Estate, 1648–1871*, 1971.

Über das Bürgertum in anderen Ländern gibt es wenige allgemeine Untersuchungen. Profitiert habe ich unter anderem von: Joel Mokyr, *Industrialization in the Low Countries, 1795–1850*, 1976, eine zuverlässige Studie; Georges-H. Dumont, *La Vie quotidienne en Belgique sous le règne de Léopold II (1865–1909)*, 1974, geschwätzig, aber hilfreich. Das interessante ältere Buch von Henri Charriaut, *La Belgique moderne. Terre d'expériences*, 1910, enthält einen bemerkenswerten Abschnitt über die belgische Mittelschicht. In bezug auf Italien bleibt es bei Benedetto Croces eigenwilliger *Geschichte Italiens, 1871–1915*; siehe auch Denis Mack Smith, *Italy: A Modern History*, revid. Ausg. 1969, und J. A. Thayer, *Italy and the Great War: Politics and Culture, 1870–1915*, 1964. Alexander Gerschenkron, «Notes on the Rate of Industrial Growth in Italy, 1881–1913», in: *Journal of Economic History* XV (1955), S. 360–375, ist, wie nicht anders zu erwarten, erhellend. Thomas C. Owen, *Capitalism and Politics in Russia: A Social History of the Moscow Merchants, 1855–1905*, 1981, ist eine informative Monographie. Siehe auch A. A. MacLaren, *Social Class in Scotland, Past and Present*, 1976.

Über die Reichen unterrichtet die schöne, ziemlich knappe Studie von W. D. Rubinstein, *Men of Property: The Very Wealthy in Britain Since the Industrial Revolution*, 1981. Bonnie G. Smith, *Ladies of the Leisure Class: The Bourgeoises of Northern France in the Nineteenth Century*, 1981, enthält einiges hilfreiches Material über Usancen der Ausbildung und Verehelichung bei den reichen jungen Damen des französischen Nordens. Leonore Davidoff, *The Best Circles: Society, Etiquette and the Season*, 1973, ist inhaltlich wie methodisch brillant.

Meine Skepsis bezüglich der Vorstellung vom unentwegt aufstrebenden Bürgertum ist keineswegs meine eigene Erfindung. Siehe David Thomson, *Democracy in France since 1870*, 5. Aufl. 1969. Und als Kontrast dazu Leonore O'Boyle, «The Middle Class in Western Europe, 1815–1848», in: *American Historical Review* LXXI, 3 (April 1966), S. 826–845, zum Teil eine Reaktion auf die geistvollen revisionistischen Argumente Alfred Cobbans in *The Social Interpretation of the French Revolution*, 1964, und Auslöser einer brillanten, wenngleich nicht völlig überzeugenden Entgegnung Cobbans «The ‹Middle Class› in France, 1815–1848», in: *French Historical Studies* V, 1 (Frühjahr 1967), S. 41–52. Colin Lucas, «Nobles, Bourgeois and the Origins of the French Revolution», in: *Past and Present* 60 (August 1973), S. 84–126, kommt zu dem treffenden Schluß: «Die Revolution schuf das Bürgertum, auch wenn sie nicht vom Bürgertum gemacht wurde» (S. 126). Eine interessante Einschätzung des 19. Jahrhunderts bietet Agénor Bardoux, «La Bourgeoisie française sous le Directoire et le Consulat», in: *Revue des Deux Mondes* LXXIV (1886), S. 307–336. Michel und Mireille Lacave, *Bourgeois et marchands en Provence et en Languedoc,* 1977, gibt einen interessanten Überblick über die Jahrhunderte bis herab zum achtzehnten. Louis Henry, *Les Familles genevoises,* 1956, ist die bahnbrechende Monographie eines großen Demographen über einen bürgerlichen Stadtstaat.

Die Frage, ob im 19. Jahrhundert «das Bürgertum» politisch an die Macht kam oder ob traditionelle Herrschaftszentren wie der Adel zumindest teilweise am Ruder blieben, wird nach wie vor hitzig diskutiert. Einige besonnene Beiträge zu dieser Diskussion sind: Michael Brocks maßgebliche Untersuchung des Jahres 1832 in England, *The Great Reform Act,* 1973, und David H. Pinkneys wohldurchdachte, aber nicht ganz überzeugende These, daß die «bürgerliche» Monarchie Louis Philippes in Wirklichkeit bonapartistisch war, *The French Revolution of 1830,* 1972. Das Problem wird in den meisten Artikeln des informativen Sammelbandes *1830 in France,* 1975, behandelt, den John M. Merriman zusammengestellt hat. Über den phantastischen Einfall, das Bürgertum in die Monarchie zu integrieren, unterrichtet Michel Denis, «Le Monarchisme libéral», in: *Annales de Bretagne* LXXVII (1970), S. 391–415. Es herrscht weiterhin überwiegend die Meinung vor – zumal in bezug auf Frankreich –, daß das Bürgertum nach 1830 in der Tat an der Macht war. Siehe aber im Gegensatz hierzu den aufschlußreichen Artikel von Patrice C.-R. Higonnet und Trevor B. Higonnet, «Class, Corruption, and Politics in the French Chamber of Deputies, 1846–8», in: *French Historical Studies* V, 2 (1967), S. 204–224, mit vielen Statistiken; hier wird der bleibende Einfluß des Adels konstatiert. David Canadine, *Lords and Landlords: The Aristocracy and the Towns, 1774–1967,* 1980, belegt kundig die Beteiligung von Peers und ihren Familien an städtischer Politik und Kultur in England bis in unsere Zeit. Burn, *An Age of Equipoise* (siehe S. 504), vor allem S. 21, 22, 226, 253, 265 f., 304–312, weist die Fortdauer der Adelsmacht in England um die Mitte des 19. Jahrhunderts nach. Arthur Marwick, *The Deluge: British Society and the First World War,* 1965, vertritt sogar die These, daß die englischen Mittelschichten erst nach dem Ersten Weltkrieg an die Macht gekommen seien.

Der Feldzug gegen den Bürger ist uralt: siehe Jean V. Alter, *Les Origines de la satire anti-bourgeoise en France, moyen âge-XVIe siècle,* 1966, sowie die oben (S. 502 f.) erwähnten verschiedenen Geschichten des Bürgertums. Zu Flaubert existiert eine unermeßliche Literatur; an dieser Stelle genüge der Hinweis auf die von Victor Brombert gesammelten Selbstzeugnisse *Flaubert par lui-même,* 1971, und auf das geistvolle Buch desselben Autors *The Novels of Flaubert: A Study of Themes and Techniques,* 1966. Zu Heine siehe Jeffrey L. Sammons, *Heinrich Heine: The Elusive Poet,* 1969, und seine schöne Biographie *Heinrich Heine: A Modern Biography,* 1979, der ich sehr verpflichtet bin. Siehe auch das gescheite Buch von William Rose, *Heinrich Heine: Two Studies of His Thought and Feeling,* 1956. Über den generellen Angriff der Avantgarde gegen das Bürgertum siehe die Bücher des Soziologen Cesar Graña *Bohemian vs. Bourgeois*, 1964, und *Fact and Symbol: Essays in the Sociology of Art and Literature*, 1971. Geraldine Pelles intelligente Abhandlung *Art, Artists and Society: Origins of a Modern Dilemma*, 1963, befaßt sich mit englischen und französischen Malern zwischen 1750 und 1850. Die interessanteste allgemeine Darstellung ist Renato Poggiolis *The Theory of the Avant-Garde*, engl. Übers. 1968, eine bedeutsame Studie. Über die «Opposition» gibt es den meisterhaften Überblick von Helmut Kreuzer, *Die Boheme: Beiträge zu ihrer Beschreibung*, 1968. Über den Sonderfall Rußland siehe vor allem Nicholas V. Riasanovsky, *A Parting of Ways: Government and the Educated Public in Russia, 1801–1855*, 1976.

Der Vorwurf, daß das Bürgertum unfähig zur Liebe sei, ist implizit im größten und explizit in einem großen Teil dieser Literatur enthalten. Einen umfassenden Überblick über Utopisten, die die bürgerliche Einstellung zum Eros kritisierten, bietet allgemein Frank E. Manuel und Fritzie P. Manuel, *Utopian Thought in the Western World*, 1979. Über die Saint-Simonisten gibt es Frank Manuel, *The New World of Saint-Simon*, 1956, während Carel Lodewijk de Liefde, *Le Saint-Simonisme dans la poésie française entre 1825 et 1865*, 1927, inhaltlich über seinen enggefaßten Titel hinausgeht. Über den französischen utopischen Sozialisten Etienne Cabet und seine Anhänger besitzen wir jetzt die eindrucksvolle Monographie von Christopher H. Johnson, *Utopian Communism in France: Cabet and the Icarians, 1839–1851*, 1974. Über sexuelle Visionäre: Louis J. Kern, *An Ordered Love: Sex Roles and Sexuality in Victorian Utopias: The Shakers, the Mormons and the Oneida Community*, 1981, und über genau dieselben drei Gruppen, wenn auch in etwas anderer Behandlung, Lawrence Foster, *Religion and Sexuality: Three American Communal Experiments of the Nineteenth Century*, 1981. Diese Träume vom organisierten sexuellen Zusammenleben verlangen nach psychoanalytischer Deutung, doch gibt es bisher erst eine einzige gute Monographie auf der Linie Freuds: Robert David Thomas, *The Man Who Would Be Perfect: John Humphrey Noyes and the Utopian Impulse*, 1977.

III. Baumeister und Märtyrer des Wandels

Zu der psychologischen Frage, wie Passivität in Aktivität zu verwandeln ist, vergleiche man die scharfsinnigen Schriften David Rapaports «Some Metapsychological Considerations Concerning Activity and Passivity» (1953) und «The Theory of Ego Autonomy: A Generalization» (1958) in *The Collected Papers of David Rapaport*, Hrsg. Merton M. Gill, 1967, S. 530–568, 722–744. Mit dem kulturellen Ausdruck dieser Verwandlung befasse ich mich im Einleitungskapitel meines Buches *The Enlightenment: An Interpretation*, Band II, *The Science of Freedom*, 1969.

Aus der reichhaltigen Literatur über Theorien des Fortschritts behält die alte Studie von J. B. Bury, *The Idea of Progress*, 1920, vieles von ihrer Gültigkeit; sie wird heute nur teilweise ergänzt durch Robert A. Nisbet, *History of the Idea of Progress*, 1980. Morris Ginsbergs Artikel «Progress in the Modern Era» im *Dictionary of the History of Ideas: Studies in Selected Pivotal Ideas*, Hrsg. Philip W. Wiener, Band III, 1973, S. 635–650 ist prägnant und objektiv. Ein spezieller Aspekt «fortschrittlichen Denkens» wird auf glänzende Weise abgehandelt in

J.W.Burrow, *Evolution and Society: A Study in Victorian Social Theory*, 1966, Taschenbuchausgabe mit neuer Einleitung 1970. Für Saint-Simon verweise ich auf Frank Manuels *New World of Saint-Simon*, das man zusammen mit seinem Buch *The Prophets of Paris*, 1962, lesen sollte.

Über Anomien als Preis des Wandels vergleiche man die sehr eingehende Abhandlung von Steven Lukes, *Emile Durkheim, His Life and Work: A Historical and Critical Study*, 1972; Raymond Arons langes Kapitel über Durkheim im zweiten Band seiner *Hauptströmungen des soziologischen Denkens* (das Original erschien 1965 unter dem Titel *Main Currents in Sociological Thought)* bietet eine wichtige kritische Würdigung. Sigmund Freud betonte zwar die Kontinuität, hatte jedoch ein ausgeprägtes Gespür für die Veränderungen, die die Geschichte erzwingt. Ich habe im Text erwähnt, wie Freud den Ödipuskomplex im *König Ödipus* mit jenem in *Hamlet* vergleicht, in der *Traumdeutung, St.A.* II, S. 265–270. Thomas C. Cochran, der Nestor der amerikanischen Wirtschaftshistoriker, geht in *Social Change in America: The Twentieth Century*, 1972, über den Bereich der Wirtschaftsgeschichte hinaus. Bruno Bettelheim und Morris Janowitz demonstrieren die Anwendung psychoanalytischer Einsichten auf soziale Konflikte in ihrem faszinierenden Buch *Social Change and Prejudice* (in das die älteren *Dynamics of Prejudice* eingegangen sind), 1964. Ihre Betonung der Realität entspricht der Position, die ich im vorliegenden Band entwickle.

Eine kurze Analyse der älteren, besorgten Auffassung, daß Innovation zur Katastrophe führe, bietet Peter Gay, *A Loss of Mastery: Puritan Historians in Colonial America*, 1966, S. 130 f. Siehe auch H. G. Barnett, *Innovation: The Basis of Cultural Change*, 1953, besonders Teil IV. Es gibt eine aufschlußreiche psychoanalytische Arbeit von Harold Searles, die weit über das im Titel formulierte Thema hinausgeht: «Anxiety Concerning Change, as Seen in the Psychotherapy of Schizophrenic Patients – With Particular Reference to the Sense of Personal Identity» (1961), in *Collected Papers on Schizophrenia and Related Subjects*, 1965, S. 443–464. Sigmund Freud formuliert seine letzten Auffassungen zum Thema Angst in *Hemmung, Symptom und Angst* (1926), *St. A.* VI, S. 227–308. Die klassische Zusammenfassung der psychologischen Abwehrtechniken enthält Anna Freud, *Das Ich und die Abwehrmechanismen*, 1936.

Ich möchte zwar den Text nicht mit Beweisen dafür überladen, daß der kulturelle Wandel die Menschen im 19. Jahrhundert bedrückte, doch kann ich hier noch zwei weitere anführen. In ihrer gefühligen, banalen Jubelschrift über moderne englische Dichter äußerte Vida D. Scudder gegen Ende des Jahrhunderts: «Eine große Dichtung begleitete unser Jahrhundert der behenden Entwicklung in Gedanke und Tat.» *The Life of the Spirit in the Modern English Poets*, 1895, S. 1. 1873 erklärte der Redakteur, Politiker und Philosoph Auberon Herbert der Londoner *Times*, die Wissenschaftler als die treibenden Kräfte des Neuen hätten ein «moralisches Chaos» angerichtet und «alte Landmarken und Regeln des Lebens» leichtfertig zerstört. Allenthalben vernähmen sie «den bestürzten Aufschrei von Männern und Frauen», zeigten sich aber gleichgültig gegen die Frage, «wie die Menschen in der neuen Welt, die ins Dasein getreten ist, sich zu jenem alten Faktum namens Leben stellen sollen». 17. Januar 1876, in Richard D. French, *Antivivisection and Medical Science in Victorian England*, 1975, S. 8.

Was die Kräfte betrifft, die den Wandel bewirkten – Industrialisierung, Urbanisierung u.a.m. –, möchte ich einige kurze Literaturangaben zum Thema Stadt machen. Der alte, quantitative Überblick von Adna Ferrin Weber, *The Growth of Cities in the Nineteenth Century,* 1899, hat seinen Wert nicht verloren. H. J. Dyos, Hrsg., *The Study of Urban History,* 1968, war eine bahnbrechende Aufsatzsammlung, die die Lektüre noch immer lohnt. Dasselbe gilt für Stephan Thernstrom und Richard Sennett, Hrsg., *Nineteenth-Century Cities: Essays in the New Urban History,* 1969. Benutzt habe ich auch Charles Tilly, Hrsg., *An Urban World,* 1974. John M. Merriman, Hrsg., *French Cities in the Nineteenth Century,* 1982, enthält einige gute Beiträge und gute Bibliographien. Einige Spezialuntersuchungen: Lewis Greenberg, *Sisters of Liberty: Lyon, Paris and the Reaction to a Centralized State, 1868–1871,* 1971; David H. Pinkney, *Napoleon III and the Rebuilding of Paris,* 1958; H. J. Dyos und Michael Wolff, Hrsg., *The Victorian City: Images and Realities,* 2 Bde., 1973, mit mehreren hervorragenden Artikeln; und H. J. Dyos, *Victorian Suburb: A Study of the Growth of Camberwell,* 1961.

Aus naheliegenden historischen Gründen gilt die Aufmerksamkeit der Geschichtswissenschaft – und nicht nur der marxistischen – vor allem der «neuen» Mittelschicht. Wir wissen, daß Marx und Engels ein Absinken des Mittelstandes ins Proletariat vorausgesagt haben; daß diese Voraussage nicht eintraf, war einer der entscheidenden Gründe dafür, daß einige Marxisten zu Revisionisten wurden. Siehe Peter Gay, *The Dilemma of Democratic Socialism: Eduard Bernstein's Challenge to Marx,* 1952 (deutsche Ausgabe: P. G., *Das Dilemma des demokratischen Sozialismus,* 1954). Zu England siehe Gregory Anderson, *Victorian Clerks,* 1976, und David Lockwood, *The Black-Coated Worker: A Study in Class Consciousness,* 1958. Aus anderer Perspektive Robert Q. Gray, «The Labour Aristocracy in the Victorian Class Structure», in Frank Parkin, Hrsg., *The Social Analysis of Class Structure,* 1974, S. 19–38, und Geoffrey Crossick, *An Artisan Elite in Victorian Society: Kentish London 1840–1880,* 1978.

Die ersten Teile von Heinrich August Winklers kluger und erschöpfender Monographie *Mittelstand, Demokratie und Nationalsozialismus: Die politische Entwicklung von Handwerk und Kleinhandel in der Weimarer Republik,* 1972, befassen sich sachkundig mit der Entwicklung des Begriffes «Mittelstand». Emil Lederers und Jakob Marschaks Buch «Der neue Mittelstand» ist älteren Datums, aber noch immer nützlich, ebenso L. D. Pesl, «Mittelstandsfragen», beides in G. Albrecht, Hrsg., *Grundriß der Sozialökonomik,* Band IX, Teil I, *Die gesellschaftliche Schichtung im Kapitalismus,* 1926, S. 120–141, 40–119.

Zweiter Teil: Erziehung der Sinne

I. Bürgerliche Erfahrungen: Ein erotisches Bekenntnis

Die Materialien zu diesem Kapitel entstammen zur Hauptsache den prächtigen, ausführlichen Papieren Mabel Loomis Todds und ihrer Tochter, Millicent Todd Bingham, und den nicht viel weniger ausführlichen Papieren David Peck Todds, Austin Dickinsons (vermischt mit Mabel Todds Papieren) und der Familie Loomis. Das Material befindet sich in den Yale Archives and Manuscripts.

Über Mabel Todd gibt es die klare, aber unkritische und sehr kurze Zusammenfassung von Millicent Todd Bingham, *Mabel Loomis Todd: Her Contributions to the Town of Amherst*, 1935, sowie ihre *Ancestors' Brocades: The Literary Debut of Emily Dickinson*, 1945, die gutes Material enthalten. Dasselbe gilt für R. W. Franklin, *The Editing of Emily Dickinson: A Reconsideration*, 1967.

Umfangreiche Kapitel über Mabel Todd gibt es in Richard B. Sewall, *The Life of Emily Dickinson*, 2 Bde., 1974: Band I, Kap. 6, 9, 10, 12 und Anhang zu Band II. Einige der in meinem Text vorkommenden Passagen finden sich auch in Sewalls gelehrter und erschöpfender, aber vornehm-spröder Studie über Emily Dickinsons Leben, Werk und Welt; praktisch das ganze erotische Material hat er übergangen. Selbst wenn er einmal einen amourösen Absatz druckt (siehe I, S. 181), zitiert er nur die Sätze über Liebe und läßt die entscheidenden Sätze über Sexualität aus. Auf jeden Fall stammt die Interpretation Mabel Todds in diesem Kapitel von mir.

Andere recht hilfreiche Texte waren MacGregor Jenkins, *Emily Dickinson, Friend and Neighbor*, 1930, besonders über Austin Dickinson; Martha Dickinson Bianchi, *Emily Dickinson Face to Face*, 1932, wo im Anhang auch Grabreden auf Austin Dickinson abgedruckt sind, von denen die meisten mehr sind als bloß Pflichtübungen. Millicent Todd gibt eine parteiliche, aber nicht ganz uninformative Schilderung über Mabel Todds Vater, *Eben Jenks Loomis, 11 November 1828 – 2 December 1912*. Privatdruck 1913. Siehe auch ihr Buch *Emily Dickinson's Home. The Early Years, As Revealed in Family Correspondence and Reminiscences, with Documentation and Comment*, 1955, berichtigte Ausgabe 1967.

Die Ratgeberliteratur des 19. Jahrhunderts über Väter und Töchter und über Mai-November-Ehen ist ziemlich groß. Dr. Gardners *Conjugal Sins*, die ich im Text zitiere (siehe oben S. 116), stützt sich stark auf die sehr verbreiteten Werke Dr. Alexander Mayers, zumal *Des rapports conjugaux, considérés sous le triple point de vue de la population, de la santé et de la morale publique*, 1848, 4. berichtigte und erweiterte Auflage 1860. Ein «Opfer» berichtet in *Margaret Sanger: An Autobiography*, 1938; vgl. auch David M. Kennedy, *Birth Control in America: The Career of Margaret Sanger*, 1970. Innige Vater-Tochter-Beziehungen sind ein Lieblingsthema der erzählenden Literatur im 19. Jahrhundert; ich verweise nur auf Elizabeth Gaskell, *North and South*, 1855, mit einem oft übersehenen, delikaten Umriß einer nahezu tödlichen Bindung des Vaters an die Tochter. Die vielleicht interessantesten Beiträge der psychoanalytischen Literatur zu diesem Thema sind Phyllis Greenacre, «Child Wife as Ideal: Sociological Considerations» (1947), in *Emotional Growth*, 2 Bände, 1971, I, S. 3–8, und René Spitz, «Ein Beitrag zum Problem der Wandlung der Neurosenform: Die infantile Frau und ihre Gegenspieler», in: *Imago* XIX (1933), S. 454–467.

Das Problem der Verlobung im 19. Jahrhundert bedarf weiterer, vorzugsweise komparativer Erforschung. Ellen K. Rothman, «Sex and Self-Control: Middle-Class Courtship in America, 1770–1870», in: *Journal of Social History* XV, 3 (Frühjahr 1982), S. 409–425, ist eine außerordentlich schlüssige und erschöpfend dokumentierte Darstellung des Problems für die USA.

Die im 19. Jahrhundert herrschende allgemeine Konfusion in bezug auf den «sicheren» Zeitpunkt des Geschlechtsverkehrs skizziert übersichtlich Carl N. Dengler, *At Odds: Women and the Family in America from the Revolution to the Present*. 1980, S. 212–215. Siehe auch James Reed, *From Private Vice to Public*

Virtue: The Birth Control Movement in American Society Since 1830, 1978, detailliert und verständnisvoll.

Versuchsweise habe ich Mabel Todd als Hysterikerin diagnostiziert. Die Literatur über diese proteische Störung ist enorm und uneinheitlich. Die klassischen Fallgeschichten von Freud und Breuer in den *Studien über Hysterie* (1895) bedürfen heute einer komplexeren Sichtweise und der Ergänzung. Ilza Veith, *Hysteria: The History of a Disease*, 1965, ist ein vernünftiger und summarischer Überblick über die Geschichte der Hysterie in den Jahrhunderten vor Freud; Alan Krohn, *Hysteria: The Elusive Neurosis*, 1978, ist nüchtern und kurz, aber zuverlässig und enthält eine Auswahlbibliographie; es betont die Vielfalt der Beschwerden, die alle mit ein und demselben Namen bezeichnet wurden. Gelernt habe ich aus David Shapiro, *Neurotic Styles*, 1965, Kap. 4. Otto Fenichels aus dem Jahre 1945 stammender Text *The Psychoanalytic Theory of Neurosis* (deutsche Ausgabe: O. F., *Psychoanalytische Neurosenlehre*, 1974 ff.), ist nicht mehr ganz auf dem neuesten Stand, aber die einschlägigen Kapitel über Hysterie und Konversion (11 und 12) bilden noch immer eine ungemein lohnende Lektüre. Von der neueren technischen Literatur, die die Komplexität der Hysterie hervorhebt, fand ich am wichtigsten: Judd Marmor, «Orality in the Hysterical Personality», in: *Journal of the American Psychoanalytic Association* I (1953), S. 656–671; Leo Rangell, «The Nature of Conversion», ebd. VII (1959), S. 632–662; und besonders Elizabeth Zetzel, «The So-Called Good Hysteric», in: *International Journal of Psycho-Analysis* XLIX (1968), S. 256–260.

Über die Verwendung von «köstlich, deliziös» [delicious] in einem anderen Sinne denn als Adjektiv für Speisen siehe Charles Dickens, *Our Mutual Friend*, 1864, Buch IV, Kap. 5, (deutsche Ausgabe: Ch. D., *Unser gemeinsamer Freund*, 1967), wo das Wort ein vor Freude weinendes Mädchen bezeichnet. Whitman gebraucht «delicious» zur Charakterisierung amerikanischer Slangausdrücke. Justin Kaplan, *Walt Whitman: A Life*, 1980, S. 229. Amiel konnte eine Romanepisode als «délicieux» bezeichnen. Siehe auch das Tagebuch der Mary I. Barrows, das sie als Schülerin an St. Margaret's in Connecticut führte: «Geometrie ist *delicious.*» 7. [Oktober 1885], private Aufzeichnungen, 1885–1886, mit freundlicher Genehmigung von Susanna Barrows.

II. Holde bürgerliche Gemeinschaften

Unschätzbar ist wiederum F. Barry Smith, «Sexuality in Britain» (oben, S. 501). Zusätzliche Information über Stanton enthält Lois W. Banner, *Elizabeth Cady Stanton: A Radical for Woman's Rights*, 1980; kurz, aber zuverlässig. Theodore Stanton und Harriot Stanton Blanch, Hrsg., *Elizabeth Cady Stanton, As Revealed in Her Letters, Diary and Reminiscences*, 2 Bände, 1922, ist reichhaltig, informativ, aber unvollständig. Jocelyne Baty Goodmans Ausgabe der Erinnerungen Hopkinsons, *Victorian Cabinet Maker: The Memoirs of James Hopkinson, 1819–1894*, 1968, ist vorbildlich. Leon Harris, *Only to God: The Extraordinary Life of Godfrey Lowell Cabot*, 1967, ist höchst informativ; die psychoanalytischen Spekulationen stammen von mir.

Über Joseph Lyman siehe Richard B. Sewall, *The Lyman Letters: New Light on Emily Dickinson and Her Family*, 1965, und seine *Emily Dickinson*, I, S. 134–

140; II, S. 422–427 (oben S. 511). Beide Werke sind gelehrte Abhandlungen, übergehen jedoch das gesamte sexuelle Material in den Familienpapieren der Lymans, das ich so nützlich fand. Über den Status der Phrenologie zu Lymans Zeiten unterrichten John D. Davies, *Phrenology, Fad and Science: A 19th-Century American Crusade*, 1955, und Madeleine B. Stern, *Heads & Headlines: The Phrenological Fowlers*, 1971. Ausführliche Auszüge aus den Tagebüchern und Merkkalendern Victoria Benedictssons bietet Frederick Böök, *Victoria Benedictsson och Georg Brandes*, 1949, weit kürzere Lucien Maury, *L'Amour et la mort d'Ernst Ahlgren*, 1945. Über Lester Ward siehe Emily P. Cape, *Lester F. Ward: A Personal Sketch, 1922*, und Samuel Chugerman, *Lester F. Ward, The American Aristotle: A Summary and Interpretation of His Sociology*, 1939. Knapp, aber brillant ist das 4. Kapitel, «Lester Ward: Critic», in Richard Hofstadter, *Social Darwinism in American Thought*, 2. Aufl. 1955.

Über Sexualforscher im 19. Jahrhundert – ein Thema, das zu weiterer Untersuchung einlädt – vergleiche man das Kapitel über Havelock Ellis in Paul A. Robinson, *The Modernization of Sex*, 1976. Phyllis Grosskurth, *Havelock Ellis: A Biography*, 1980, ist ausgewogen und beeindruckend kenntnisreich. Was die Autorin des Mosher Survey betrifft, so stehe ich auch hier in der Schuld von Carl Deglers Artikel «What Ought to Be and What Was» (oben, S. 501). Siehe auch Deglers «Introduction» zu *The Mosher Survey: Sexual Attitudes of 45 American Women*, Hrsg. James MacHood und Kristine Wenburg, 1980, sowie Kathryn Allamong Jacobs biographischen Essay «Celia Duel Mosher» in *Johns Hopkins Magazine* XXX, 3 (Juni 1979), S. 8–16. Zumindest die Sexualforscherin Lillian Faderman ist von Deglers Interpretation dieses Materials nicht überzeugt und wäre es auch von meiner nicht; siehe ihr Buch *Surpassing the Love of Men: Romantic Friendship and Love Between Women from the Renaissance to the Present*, 1981, S. 440.

Von allen Medizinern des 19. Jahrhunderts, die über weibliche Sexualität geschrieben haben, hat Dr. William Acton das größte Unheil unter Historikern angerichtet. Sexualforscher in anderen Ländern als England (wo er einen problematischen Ruf genoß) nahmen seine Botschaft offenbar mit Freuden zur Kenntnis und zitierten oder paraphrasierten sie in epischer Breite. Dr. Otto Adler (oben, S. 177–181) macht großzügigen Gebrauch von Acton und verzichtet auch schon einmal auf die Anführungszeichen; andere dankbare Konsumenten seiner Werke waren Dr. Seved Ribbing, *Sexuelle Hygiene und ihre ethischen Konsequenzen*, 1892, S. 54 f.; Dr. Elizabeth Blackwell, *Counsel to Parents on the Moral Education of Their Children*, 1878, 4. Auflage 1881, S. 69 ff.; Dr. Mary Wood-Allen, *Ideal Married Life: A Book für All Husbands and Wives*, Kap. XXIV; Dr. Horatio Robinson Storer, *Is It I? A Book for Every Man*, 1868, S. 30 ff., 141 ff. Erfreute sich Actons Buch zu seiner Zeit einer weiten Verbreitung, so beruht sein heutiger Ruf nur noch auf der prominenten Rolle, die es in Steven Marcus, *Umkehrung der Moral* (oben, S. 500f.), spielt.

Die umstrittensten modernen Anschauungen über weibliche Sexualität sind ohne Zweifel diejenigen Freuds. Die Kontroverse wird auch innerhalb der psychoanalytischen Zunft selber ausgetragen. Bezeichnend ist, daß Mary Jane Sherfeys wichtige Revision der Freudschen Vorstellungen über den weiblichen Orgasmus, *The Nature and Evolution of Female Sexuality*, 1972, zuerst im *Journal of the American Psychoanalytic Association* erschien. Harold P. Blum hat den Sammelband *Female Sexuality: Contemporary Psychoanalytic Views,* 1977, herausgegeben; in ihm wird die Fachdiskussion auf den neuesten Stand gebracht. Die ganze Geschichte der Freudschen Vorstellungen von der Frau muß noch geschrieben werden. Zenie Odes Fliegel, «Feminine Psychosexual Development in Freudian Theory: A Historical Reconstruction», in: *Psychoanalytic Quarterly* XLII, 3 (Juli 1973), S. 385–408, gibt eine zuverlässige Darstellung der hitzigen Debatte über diese in den zwanziger Jahren unter den Psychoanalytikern vielumstrittene Frage; die junge Karen Horney und Ernest Jones waren die Vertreter der Theorie, daß die Frau nicht ein verfehlter Mann ist, sondern ihre eigene, autonome Sexualität entwickelt. Siehe vor allem Horney, «On the Genesis of the Castration Complex in Women», in: *International Journal of Psychoanalysis* V (1924), S. 50–65, und «The Fight for Womanshood», ebd. VII (1926), S. 324–339; sowie Jones, «The Early Development of Female Sexuality» (1927) und «The Phallic Phase» (1933), beides in *Papers on Psychoanalysis,* 1961, S. 438–451, 452–484. Doch die reife Position Freuds setzte sich durch: «Einige psychische Folgen des anatomischen Geschlechtsunterschieds» (1925), *St.A.* V, S. 253–266, und «Über die weibliche Sexualität» (1931), *St. A.* V, 273–292. Psychoanalytikerinnen, die sich auf dieser Linie bewegten, waren vor allem Helene Deutsch, *The Psychology of Women,* 2 Bde., 1944/45 (deutsche Ausgabe: H. D., *Psychologie der Frau,* Bern 1948), und Marie Bonaparte, *Female Sexuality.* Feministen haben diese Position freimütig und ausgiebig kritisiert; ein repräsentativer Titel aus jüngerer Zeit ist Joanna Bunker Rohrbaugh, *Women: Psychology's Puzzle,* 1979. Im Lichte dieser Attacke ist das Buch der Feministin Juliet Mitchell, *Psychoanalyse und Feminismus,* 1976 (das Original erschien 1974 unter dem Titel *Psychoanalysis and Feminism: Freud, Reich, Laing and Women),* als kenntnisreiche polemische Verteidigung Freuds um so bemerkenswerter.

Nicht vergessen darf ich einen schönen Essay von Nancy F. Cott, «Passionlessness: An Interpretation of Victorian Sexual Ideology, 1790–1850», in Cott und Elizabeth H. Pleck, Hrsg., *A Heritage of Her Own: Toward a New Social History of American Women,* 1979, S. 162–181. In der Frage, ob sich Ende des Jahrhunderts in der Diskussion um weibliche Sexualität die Moralisten durchgesetzt haben oder nicht, weiche ich ab von der Meinung John S. und Robin Hallers in *The Physician and Sexuality in Victorian America,* 1974, einer wichtigen Monographie, aus der ich gelernt habe. (Die Autoren glauben, daß die Moralisten gewonnen haben, ich glaube es nicht.)

Über Dr. Napheys siehe die «Biographische Skizze» als Einleitung seines Buches *The Physical Life of Women: Advice to the Maiden, Wife and Mother,* 1869, 3. Aufl. 1888.

Auf Rosalind Rosenbergs interessante Monographie *Beyond Separate Spheres: Intellectual Roots of Modern Feminism,* 1982, wurde ich erst bei der Durchsicht der Fahnen aufmerksam. Was sie über den Mosher Survey schreibt (S. 98 f., 180–187), ist faszinierend, ihre Einschätzung dieser Umfrage etwas negativer als meine.

III. Die offensive Frau, der defensive Mann

Zwei Bücher über die Furcht des Mannes vor der Frau sind informativ und interessant: H. R. Hays, *The Dangerous Sex: The Myth of Feminine Evil,* 1964, (deutsche Ausgabe: H. R. H., *Mythos der Frau. Das gefährliche Geschlecht,* 1978), und – mehr noch – Wolfgang Lederer, *The Fear of Women,* 1968; beide bewegen sich quer durch alle Zeiten und Kulturen. Von Bedeutung ist hier Sigmund Freuds kurze Arbeit über den Schrecken der weiblichen Genitalien: «Das Medusenhaupt» (1922) [nicht in der *St. A.], G. W.* XVII, S. 47. In der sonstigen psychoanalytischen Literatur fand ich am hilfreichsten Edith Jacobson, «The Development of the Wish for a Child in Boys», in: *Psychoanalytic Study of the Child* V (1950), 139–152; Géza Róheim, «Aphrodite or the Woman with a Penis», in: *Psychoanalytic Quarterly* XIV (1945), S. 350–390; Karen Horney, «The Dread of Women. Observation on a Specific Difference in the Dread felt by Men and by Women Respectively for the Opposite Sex», in: *International Journal of Psychoanalysis* XIII (1932), S. 348–360; Robert Gessain, «Vagina dentata», in: *Psychanalyse* [Paris] III (1957), S. 247–295, und *Le Motif vagina dentata,* 1958; und den eindrucksvollen anthropologischen Überblick von Verrier Elwin, «The Vagina Dentata Legend», in: *British Journal of Medical Psychology* XIX (1941), S. 439–453. Nützliches Material enthält auch Daniel S. Jaffe, «The Masculine Envy of Woman's Procreative Function», in: *Journal of the American Psychoanalytic Association* XVI (1968), S. 121–148. Dorothy Dinnersteins Manifest *The Mermaid and the Minotaur: Sexual Arrangements and Human Malaise,* 1976, (deutsche Ausgabe: D. D., *Das Arrangement der Geschlechter,* 1979) ist anregend. Joseph C. Rheingold, *The Fear of Being a Woman: A Theory of Maternal Destructiveness,* 1964, ist eine sehr große, elektische Abhandlung mit vielen interessanten Informationen. Das Schicksal einer weiblichen Symbolfigur, Marianne, verfolgt auf höchst fesselnde Weise Maurice Agulhon, *Marianne into Battle: Republican Imagery and Symbolism in France, 1789–1880,* 1981 (das französische Original erschien 1979); ein zweiter Band ist in Aussicht gestellt.

Die Literatur über die Lage, den Unmut und die Hoffnungen der Frau im 19. Jahrhundert ist mittlerweile sehr umfangreich. Eine ungemein umfassende allgemeine Übersicht, die die neuesten Forschungen berücksichtigt, ist Priscilla Robertson, *An Experience of Women: Pattern and Change in Nineteenth Century Europe,* 1982, mit erschöpfender Bibliographie. Ich erwähne noch das alte, aber noch immer informative Buch von Theodore Stanton, Hrsg., *The Woman Question in Europe. A Series of Original Essays,* 1884; Marianne Webers nicht weniger instruktiven Überblick über die rechtliche Lage der Frauen, *Ehefrau und Mutter in der Rechtsentwicklung,* 1907; und Edith Abbott, *Women in Industry,* 1909. Über die Zurücksetzung der Frauen im frühen 19. Jahrhundert bleibt weiterhin wichtig Ivy Pinchbeck, *Women Workers and the Industrial Revolution, 1750–1850,* 1930, mit neuem Vorwort 1969. Doris May Stenton, *The English Woman in History,* 1957, ist ein zügiger Überblick bis herauf zum 19. Jahrhundert. Mary Roth Walsh, *«Doctors Wanted: No Women Need Apply»: Sexual Barriers in the Medical Profession, 1835–1975,* 1977, ist zornig, gerecht und ergiebig; ich habe viel daraus gelernt. Bezeichnende und faszinierende Streiflichter bietet Jean Donnison, *Midwives and Medical Men: A History of Inter-Professional Rivalries and Women's Rights,* 1977. Marjorie Housepian Dobkins Ausgabe der Tagebücher von Carey Thomas ist, obwohl ziemlich fragmentarisch, geradezu elektrisierend: *The Making of a Feminist: Early Journals and Letters of M. Carey Thomas,* 1979. Ich erinnere mich auch an das bemerkenswerte Buch von Charlotte Perkins Gilman, *Women and Economics: A Study of the Economic Relation Between Men and Women as a Factor in Social Evolution* (1899), Hrsg. Carl Degler, 1966.

Über Gouvernanten siehe M. Jeanne Peterson, «The Victorian Governess: Status Incongruence in Family and Society», in Martha Vicinus, Hrsg., *Suffer and Be Still: Women in the Victorian Age,* 1973, S. 3–19, ein sehr gehaltvoller Essay. Siehe ferner Katharina West, *Chapter of Governesses: A Study of the Governess in English Fiction, 1800–1949,* 1949, und Rosalie G. Grylls, *Queens College, 1848–1948,* 1949.

Es gibt eine Reihe guter, allgemeiner Darstellungen von Frauen, die in die Politik gingen oder einen akademischen Beruf ergriffen. Profitiert habe ich von Richard J. Evans, *The Feminists: Women's Emancipation Movements in Europe, America and Australasia 1840–1920,* 1977: prägnant und zuverlässig. Siehe auch Eleanor Flexner, *Century of Struggle: The Woman's Rights Movement in the United States,* 1959; Aileen S. Kraditor, *The Ideas of the Woman Suffrage Movement 1890–1929,* 1965; Léon Abensour, *Histoire générale du féminisme des origines à nos jours,* 1921; Richard J. Evans, *The Feminist Movement in Germany 1894–1933,* 1976, und eine schöne Dissertation von Amy Hackett, «The Politics of Feminism in Wilhelmine Germany 1890–1918», Columbia 1976. Einige ihrer Ergebnisse hat Hackett unter dem Titel «The German Women's Movement and Suffrage, 1890–1914: A Study of National Feminism» veröffentlicht in Robert J. Bezucha, Hrsg., *Modern European Social History,* 1972, S. 354–386. Margrit Twellmann, *Die deutsche Frauenbewegung im Spiegel repräsentativer Frauenzeitschriften. Ihre Anfänge und erste Entwicklung (1843–1888),* 1972, verfolgt auf interessante Weise die deutsche Frauenbewegung durch ihre Zeitschriften.

Gute und reichhaltige Quellensammlungen sind: Erna Olafson Hellerstein, Leslie Parker Hume und Karen M. Offen, Hrsg., *Victorian Women: A Documentary Account of Women's Lives in Nineteenth Century England, France and the United States,* 1981; Patricia Hollis, Hrsg., *Women in Public, 1850–1900: Documents of the Victorian Woman's Movement,* 1979; Janet Murray, Hrsg., *Strong Minded Women & Other Lost Voices from 19th Century England,* 1982, ausgezeichnet wie die anderen Werke, aber – wie der Titel verrät – nicht frei von Selbstmitleid, denn unter den «lost voices» findet sich auch die von Königin Victoria und Florence Nightingale.

Über das Lager der Antifeministen unterrichtet das ökonomisch aufgebaute und durchaus überzeugende Buch von Brian Harrison, *Separate Spheres: The Oppositon to Women's Suffrage in Britain,* 1978. Siehe auch Harrisons eindrucksvollen Beitrag «Women's Health and the Women's Movement in Britain: 1840–1940», in Charles Webster, Hrsg., *Biology, Medicine and Society 1840–1940,* 1981, S. 15–71. Harrisons Aufsatzsammlung *Peaceable Kingdom: Stability and Change in Modern Britain,* 1982, enthält bewunderungswürdige Seiten über die englische Frauenbewegung.

Der *Struwwelpeter,* dieser deutsche Kinderbuchklassiker voller Sadismus und Kastration, wartet noch auf seinen Psychoanalytiker. Inzwischen haben wir das interessante, aber tendenziöse Buch von Marie-Luise Könneker, *Dr. Heinrich Hoffmanns «Struwwelpeter». Untersuchungen zur Entstehungs- und Funktionsgeschichte eines bürgerlichen Bilderbuches*, 1977. Über kastrierende Frauen in der bürgerlichen Literatur des 19. Jahrhunderts siehe Mario Praz' meisterliche Darstellung *Liebe, Tod und Teufel. Die schwarze Romantik*, 1970 (das Original erschien 1930 unter dem Titel *La carne, la morte e il diavolo nella letteratura romantica)*, auf die ich mich gestützt habe. Über Pater siehe besonders Michael Levey, *The Case of Walter Pater*, 1978. Die komplexe weibliche Antifeministin Mrs. Linton wird untersucht von Herbert Van Thal, *Eliza Lynn Linton: The Girl of the Period*, 1979, sowie in dem älteren Buch von G. S. Layard, *Mrs. Lynn Linton: Her Life, Letters and Opinions*, 1901. Lintons merkwürdiger autobiographischer «Roman», in dem sie männliche Identität annimmt, *The Autobiography of Christopher Kirkland*, 1853, lohnt die Lektüre.

Was die Maler betrifft, die ich im Text behandle, so erwähne ich aus einer weit umfangreicheren Literatur: Robert Rosenblum, *Ingres*, 1967, ein wegweisender Text; Jean Paladilhe und José Pierre, *Gustave Moreau*, 1972; David Sonstroem, *Rossetti and the Fair Lady*, 1970; Virginia Surtees, *The Paintings and Drawings of Dante Gabriel Rossetti (1828–1882)*, 2 Bde., 1971, ein höchst aufschlußreicher «catalogue raisonné»; Henrich Voss, *Franz von Stuck, 1863–1928. Werkkatalog der Gemälde mit einer Einführung in seinen Symbolismus*, 1973; *Edvard Munch: Symbols and Images*, 1978, informativ, mit einigen brillanten Beiträgen verschiedener Autoren und einer Einführung von Robert Rosenblum; Ulrich Weisner, Hrsg., *Munch: Liebe, Angst, Tod: Themen und Variationen*, 1980, ein hervorragender Katalog; Max Schmid, *Klinger*, 1901, arg überholt, aber nicht wertlos; *Max Liebermann in seiner Zeit*, 1979, mit Essays von Matthias Eberle und anderen, ein wahrhaft erschöpfender Katalog über diesen einst sehr berühmten deutsch-jüdischen Maler.

IV. Die Last der Realität

Über Chloroform und seine Pioniere siehe Myrtle Simpson, *Simpson the Obstetrician*, 1972, und J. A. Shepherd, *Simpson and Syme of Edinburgh*, 1969. Über Dr. Ignaz Semmelweis und seinen dramatischen Kampf um die sichere Entbindung im Krankenhaus gibt es die gewichtige Biographie von Sir William J. Sinclair, *Semmelweis: His Life and His Doctrine: A Chapter in the History of Medicine*, 1909; sie wäre zu ergänzen durch Sherwin B. Nulands interessante Studie über Medizinpolitik, «The Enigma of Semmelweis – An Interpretation», in: *Journal of the History of Medicine and Allied Sciences* XXXIV, 3 (Juli 1979), S. 255–272, und durch Erna Lesky, *Ignaz Philipp Semmelweis und die Wiener Medizinische Schule*, 1964. Zuverlässige Einzelheiten über verschiedene in meinem Text untersuchte Lebens- (und Todes-) Geschichten finden sich in Sarah Freeman, *Isabella and Sam: The Story of Mrs. Beeton*, 1978; Mary Lutyens, *The Ruskins and the Grays*, 1972, vor allem Anhang III über das Schicksal der Gray-Kinder. Aus dem reichen Schatz der Literatur über die englische Königsfamilie nenne ich Cecil Woodham-Smith, *Queen Victoria: From Her Birth to the Death of the Prince Consort*, 1972. William Gladstones beredtes Tagebuch *(The Gladstone Diaries*, untadelig herausgegeben von M. R. D. Foot and H. C. G.

Matthew, bisher 8 Bände [1968–) liest man zweckmäßigerweise neben S. G. Checkland, *The Gladstones: A Family Biography*, 1764–1851, 1971, sowie Deryck Schreuder, «Gladstone and the Conscience of the State», in Peter Marsh, Hrsg., *The Conscience of the Victorian State*, 1979, S. 73–134. Die Familiengeschichte der Lenbachs erzählt in knapper Form Siegfried Wichmann, *Franz von Lenbach und seine Zeit*, 1973.

Über die großen Statistiker des 19. Jahrhunderts unterrichtet Maurice Halbwachs, *La Théorie de l'homme moyen: essai sur Quetelet et la statistique morale*, 1912; ergänzend sehe man Paul F. Lazarsfeld, «Notes on the History of Quantification in Sociology: Trends, Sources and Problems», in: *Iris* II (1961), S. 277–333. Farr wird in angemessener Weise abgehandelt von John M. Eyler, *Victorian Social Medicine: The Ideas and Methods of William Farr*, 1979; der alte Sammelband *Vital Statistics: A Memorial Volume of Selections from the Reports and Writings of William Farr*, Hrsg. Noel A. Humphreys, 1885, ist ausführlich und kenntnisreich.

Freud berührte den Zusammenhang zwischen sexuellen Vorsichtsmaßregeln und seelischem Wohlbefinden unentwegt; siehe seine frühe Arbeit «Über die Berechtigung, von der Neurasthenie einen bestimmten Symptomenkomplex als ‹Angstneurose› abzutrennen» (1895), *St. A.* VI, S. 25–49; hier handelt er von der Angst von Männern, die geschlechtliche Enthaltsamkeit oder *coitus interruptus* praktizieren und an unerfüllter sexueller Erregung leiden. Siehe auch Freud, «Die Sexualität in der Ätiologie der Neurosen» (1898), *St. A.* V, S. 11–35. Seine wichtige, kurze Arbeit «Die ‹kulturelle› Sexualmoral und die moderne Nervosität» (1908), *St. A.* IX, S. 9–32, nimmt bereits viele der zentralen Argumente über die Kultur als Opfer vorweg, die sich 1930 im *Unbehagen in der Kultur* wiederfinden.

Von psychoanalytischen Studien der Schwangerschaft waren für mich am lehrreichsten Therese Benedek, «On the Organization of the Reproductive Drive», in *Psychoanalytic Investigations: Selected Papers*, 1973, S. 408–445; Grete L. Bibring, «Some Considerations of the Psychological Process in Pregnancy», in: *Psychoanalytic Study of the Child* XIV (1959), S. 113–121, sowie Bibring, Thomas F. Dwyer, Dorothy S. Huntington und Arthur F. Valenstein, «A Study of the Psychological Processes in Pregnancy and the Earliest Mother-Child Relationship», ebd. XVI (1961), S. 9–72. Zu «Anna O.» – in Wirklichkeit Bertha Pappenheim – siehe Breuers eigene, umständliche Fallgeschichte (zusammen mit Sigmund Freud) in *Studien über Hysterie* (1895), *G. W.* I, S. 77–312. Die Kommentare Freuds stehen in «Zur Geschichte der Psychoanalytischen Bewegung» (1914), *G. W.* X, S. 44 f.; das faszinierende spätere Leben Bertha Pappenheims behandelt Marion A. Kaplan, *The Jewish Feminist Movement in Germany: The Campaigns of the Jüdischer Frauenbund 1904–1938*, 1979 (deutsche Ausgabe: M. A. K., *Die jüdische Frauenbewegung in Deutschland, Organisation und Ziele des Jüdischen Frauenbundes 1904/38*, 1981).

Große Beachtung haben Historiker und Demographen in den letzten vierzig Jahren der schwer greifbaren Frage der Geburtenkontrolle geschenkt. Von den Pionieren waren von größtem Einfluß auf die Historiker: Louis Henry, beispielsweise seine *Anciennes familles genevoises. Étude démographique, XVI*[e]*-XX*[e] *siècles*, 1956, *Manuel de démographie historique*, 1967, und, gemeinsam mit M.

Fleury, *Des régistres paroissiaux à l'histoire de la population. Manuel de dépouillement et d'exploitation de l'état civil ancien,* 1965; David V. Glass, *Population Policies and Movements in Europe,* 1940, und Glass, Hrsg., zusammen mit D. E. C. Eversley, *Population in History: Essays in Historical Demography,* 1965, mit wichtigen methodologischen sowie eingehenden historischen Beiträgen. E. A. Wrigleys kleines Juwel «Family Limitation in Pre-Industrial England», erstmals erschienen in der *Economic History Review* [Utrecht], 1966, ist immer wieder in Sammelbänden abgedruckt worden. Siehe auch Wrigley, *Population and History,* 1969 (deutsche Ausgabe: E. A. W., *Bevölkerungsstruktur im Wandel,* 1969), und T. H. Hollingsworth, *Historical Demography,* 1969. Die vermutlich früheste moderne demographische Studie, lesbar sowohl als Dokument als auch als Untersuchung des frühen 19. Jahrhunderts, ist Christoph Bernoulli, *Handbuch der Populationistik oder der Völker- und Menschenkunde nach statistischen Erhebnissen,* 1841. Derek Llewellyn-Jones, *Human Reproduction and Society,* 1974, resümiert gründlich und sachkundig unser gegenwärtiges Wissen über die bei der Fortpflanzung wirksamen Kräfte.

Die These, daß der Wunsch nach Empfängnisverhütung uralt ist und in der «Revolution» des 19. Jahrhunderts nur seine mehr oder minder unvollständige Erfüllung fand, vertritt nachdrücklich Norman F. Himes in seinem unbeholfenen, aber unentbehrlichen Klassiker *Medical History of Contraception,* 1936 (Ausgabe von 1970). Ein anderer, eleganterer Klassiker ist John T. Noonan, Jr., *Contraception: A History of Its Treatment by the Catholic Theologians and Canonists,* 1965, der thematisch weiter reicht, als der Titel andeutet. Siehe auch Frédéric Sipperstein, *La Grêve des naissances en Europe et ses problèmes,* 1939.

Von Studien über einzelne Nationen fand ich nützlich: für Frankreich den alten, polemischen Emile Levasseur, *La Population française,* 2 Bde., 1888–1889; K.-A. Wieth-Knudsen, *Natalité et Progrès: Synthèse économique, démographique et biologique,* 1908 (französische Übersetzung 1938), besonders nützlich zur Widerlegung früherer ungenauer französischer Schätzungen. Die klassischen kontroversen Untersuchungen, die während der in diesem Buch behandelten Zeitspanne entstanden, sind Arsène Dumont, *Dépopulation et civilisation: étude démographique,* 1890, und *Natalité et démocratie,* 1898, Jacques Bertillon, *La Dépopulation de la France,* 1911, und Paul Leroy-Beaulieu, *La Question de la population,* 1913. Besorgte Franzosen hatten schon früher die Zwei-Kinder-Familie verurteilt; man beachte Henri Medile Gourrier, *L'Avenir du mariage ou l'usage et l'abus dans l'union des sexes. Propositions et développements rédigés aux points de vue médical, philosophique, et théologique,* 1871.

Über den französischen Malthusianismus und seine Gegner liegen lohnende Untersuchungen vor: siehe Hélène Bergues et al., *La Prévention des naissances dans la famille, ses origines dans les temps modernes,* 1960. Den «Streik der Bäuche» analysiert vortrefflich Francis Ronsin, «Liberté – Natalité; Reaction et répression anti-malthusiennes avant 1920», in: *Recherches* 29 (Dezember 1977). Moderne demographische Studien sind: Philippe Ariès, *Histoire des populations françaises et de leurs attitudes devant la vie depuis le XVIIIe siècle,* 1948 (gekürzte, zugleich aber etwas überarbeitete und ergänzte Ausgabe von 1979), sowie die maßgeblichen Werke von André Armengaud, *Les Français et Malthus,* 1975, und *La Population française au XIXe siècle,* 1971. Die Geschichte der

Geburtenkontrolle in Frankreich bis zum 19. Jahrhundert behandelt in mehreren bemerkenswerten Essays Jean-Louis Flandrin in seinem Buch *L'Église et le contrôle des naissances*, 1970, und in Verbindung mit allgemeineren Themen in seinen *Families in Former Times: Kinship, Household and Sexuality*, 1976 (deutsche Ausgabe: J. L. F., *Familien, Soziologie, Ökonomie, Sexualität*, 1978).

Über Zola und *Fécondité* siehe F. W. J. Hemmings, *Émile Zola*, 1953, 2. erweiterte Auflage 1966, S. 290–296; (s. dazu auch: F. W. J. Hemmings, *Émile Zola, Chronist und Ankläger seiner Zeit*, 1979); ferner die psychologische Studie von John C. Lapp, «The Watcher Betrayed and the Fatal Woman: Some Recurring Patterns in Zola», in: *P. M. L. A.* LXXIV (1959), S. 276–284; sowie den fesselnden Essay von Chantal Bertrand-Jennings, *L'Éros et la femme chez Zola. De la chute au paradis retrouvé*, 1977.

Himes bietet natürlich viel Material über England, das im Übermaß untersucht worden ist, obwohl auch die Kontroversen nicht verstummt sind. J. A. Banks, *Prosperity and Parenthood: A Study of Family Planning Among the Victorian Middle Classes*, 1955, sowie J. A. und Olive Banks, *Feminism and Family Planning*, 1964, versuchen auf anregende Weise, die Geburtenkontrolle mit gesellschaftlichen Strukturen und Ideen in Verbindung zu bringen. Zwei informative neuere Studien befassen sich mit Säuglings- und Müttersterblichkeit in Verbindung mit sozialen Einstellungen: A. J. Youngson, *The Scientific Revolution in Victorian Medicine*, 1979, und F. B. Smith, *The People's Health, 1830–1914*, 1979. Ausgezeichnet ist D. E. C. Eversley, *Social Theories of Fertility and the Malthusian Debate*, 1959. Die Entwicklungsgeschichte der organisierten englischen Malthusianer wird trefflich dargestellt in Rosanna Ledbetter, *A History of the Malthusian League 1877–1927*, 1976; ergänzend F. D'Arcy, «The Malthusian League and the Resistance to Birth Control Propaganda in Late Victorian Britain», in: *Population Studies* XXXI (1977), S. 429–448. Der große Bradlaugh-Besant-Prozeß, über den bereits in den Bänden von Bankes und anderswo berichtet wird, hat nun seine eigene Dokumentation, S. Chandrasekhar, *«A Dirty, Filthy Book»: The Writings of Charles Knowlton and Annie Besant on Reproductive Physiology and Birth Control and an Account of the Bradlaugh-Besant-Trial*, 1981. Angus McLaren, *Birth Control in Nineteenth-Century England*, 1978, bietet zwar viele Gedanken, aber wenig Zahlenmaterial. John W. Innes' ältere Studie *Class Fertility Trends in England and Wales, 1876–1934*, 1938, gelangt zu wichtigen sozialen Unterscheidungen und bleibt eine lohnende Lektüre.

Über die USA gibt es mehrere maßgebliche Untersuchungen: James C. Mohr, *Abortion in America: The Origins and Evolution of National Policy*, 1978, ist eine rechtsgeschichtliche Darstellung, aus der ich manches übernommen habe; eine gute Ergänzung ist R. Sauer, «Attitudes to Abortion in America, 1800–1973», in: *Population Studies* XXVII (1974), S. 53–68. Siehe auch James Reeds informatives Buch *From Private Vice to Public Virtue: The Birth Control Movement and American Society Since 1830*, 1978. Gut ist Linda Gordon, *Woman's Body, Woman's Right: A Social History of Birth Control in America*, 1976. Daniel Scott Smith, «Family Limitation, Sexual Control, and Domestic Feminism in Victorian America», in: *Feminist Studies* I (1972/73), S. 40–57 entwirft am Beispiel der Kontrazeptionsfrage das, was er «häuslichen Feminismus» nennt.

In Deutschland gab es vor dem Ersten Weltkrieg eine umfangreiche schwarzseherische (und oft statistisch erschöpfende) Literatur über Empfängnisverhütung. So gab es u. a. Reinhold Seeberg, *Der Geburtenrückgang in Deutschland. Eine sozialethische Studie*, 1913; Elias Schrenk, *Notsignal für das deutsche Volk*, 1913; Felix A. Theilhaber, *Das Sterile Berlin. Eine volkswirtschaftliche Studie*, 1913; Julius Wolf, *Der Geburtenrückgang in Deutschland. Seine Bewertung und Bekämpfung*, 1913; Max von Gruber, *Ursachen und Bekämpfung des Geburtenrückgangs in Deutschland*, 1914. Fritz Winters, *Die deutsche Beamtenfrage*, 1918, trägt sorgfältig Zeugnisse darüber zusammen, was jedes einzelne Kind einen deutschen Beamten kostete, und bringt Schlußfolgerungen, aus denen hervorgeht, daß diese Beamten und ihre Frauen verstanden, was die Stunde geschlagen hatte, und entsprechend handelten.

Von neueren Studien über Deutschland erwähne ich John E. Knodel, «Natural Fertility in Pre-Industrial Germany», in: *Population Studies* XXXII (1978), S. 481–510, der überzeugend die These vertritt, daß auf dem Lande insgesamt keine Geburtenkontrolle praktiziert wird; siehe sein wichtiges Buch *The Decline of Fertility in Germany, 1871–1939*, 1974, und Toni Richards, «Fertility Decline in Germany: An Econometric Appraisal», in: *Population Studies* XXXI (1977), S. 537–554, der die Industrialisierung als Hauptursache für den Geburtenrückgang annimmt. Studien über andere Gegenden und Themen, die sich als aufschlußreich erwiesen: J. Sanders, *The Declining Birth Rate in Rotterdam*, 1931, mit Statistiken bis zurück in die 1880er Jahre; Ph. Van Praag, «The Development of Neo-Malthusianism in Flanders», in: *Population Studies* XXXII (1978), S. 467–480, wo viel über den römisch-katholischen Gegenangriff gesagt wird; und Michael Drakes informatives Buch *Population and Society in Norway 1735–1865*, 1969. Theodore Cianfrani, *A Short History of Obstetrics and Gynecology*, 1960, enthält vieles Interessante. William Petersen, *The Politics of Population*, 1964, enthält eine Reihe anregender Beiträge, namentlich «Notes on the Socialist Position on Birth Control», S. 90–102. Zu dieser Frage siehe auch R. P. Neuman, «Working Class Birth Control in Wilhelmine Germany», in: *Comparative Studies in Society and History* XX, 3 (Juli 1978), S. 408–428.

Die Literatur über Malthus ist gewaltig; profitiert habe ich von der nützlichen Zusammenstellung der Argumente in Kenneth Smith, *The Malthusian Controversy*, 1951; siehe auch die etwas verblüffende Verteidigung Malthus' durch George F. McCleary, *The Malthusian Population Theory*, 1953; und vor allem D. V. Glass, Hrsg., *Introduction to Malthus*, 1953. Einige der Essays Petersens in *Politics of Population*, namentlich «Malthusian Theory: A Commentary and Critique», S. 26–45, und «Marx versus Malthus: The Symbols and the Men», S. 72–89, sind von besonderem Interesse, ebenso sein Buch *Malthus*, 1979.

V. Gelehrte Unwissenheit

Die Literatur über Verdrängung ist enorm. Der Klassiker ist Sigmund Freuds gefeierte metapsychologische Abhandlung «Die Verdrängung» (1915), *St. A.* III, S. 103–118. Siehe auch wiederum Ernst Kris, «The Recovery of Childhood Memories», 1956, in *Selected Papers of Ernst Kris*, 1975, S. 301–340; Hans Loewald, «On Internalization», 1973, in *Papers on Psychoanalysis*, 1980, S. 69–

86. Über den schwierigen Begriff der Urverdrängung siehe Alvin Frank und Hyman Muslin, «The Development of Freud's Concept of Primal Repression», in: *Psychoanalytic Study of the Child* XXII (1967), S. 55–76; Edward Glover, *The Technique of Psychoanalysis,* 1955, Kapitel 4.

Die Unschuld des 19. Jahrhunderts hinsichtlich lesbischer Beziehungen (die ebenso markant war wie seine Unschuld hinsichtlich männlich-homosexueller Beziehungen) wird eingehend erörtert in dem intelligenten, aber keifenden Buch von Lillian Faderman, *Surpassing the Love of Men* (oben, S. 513). Ich komme auf diese Thematik im folgenden Band zurück.

Über die Geschichte der Emily Lytton, nachmalige Lutyens, siehe ihren bewegenden Briefwechsel mit einer älteren Vertrauten *A Blessed Girl: Memories of a Victorian Girlhood, 1887–1896,* 1953, Mary Lutyens, *Edwin Lutyens,* 1980, und Elizabeth Longford, *A Pilgrimage of Passion: The Life of Wilfrid Scawen Blunt,* 1980, besonders S. 303–321. Annie Besants frühe, kraftvolle *Autobiography,* 1893, wäre zu ergänzen durch Arthur H. Nethercot, *The First Five Lives of Annie Besant,* 1960, und *The Last Four Lives of Annie Besant,* 1963. Über die Geschichte der Effie Gray Ruskin unterrichtet trefflich die Trilogie von Mary Lutyens, die in Wirklichkeit eine sehr umfangreiche Briefauswahl nebst ausführlichstem Kommentar ist: *The Ruskins and the Grays,* 1972, *Young Mrs. Ruskin in Venice,* 1966, und *Millais and the Ruskins,* 1967. John Ruskin erwies sich für Biographen als ein unwiderstehliches Thema. Am nützlichsten fand ich John D. Rosenberg, *The Darkening Glass: A Portrait of Ruskin's Genius,* 1961, und Joan Abse, *John Ruskin: The Passionate Moralist,* 1981.

Was George Sand «wußte», ist vielumstritten. Joseph Berry, *Infamous Woman: The Life of George Sand,* 1977, S. 76–81, 392, vertritt den Standpunkt, daß ihr frühes erotisches Leben an der Seite ihres Mannes absolut befriedigend war; er zitiert aus einigen ihrer Briefe, um zu zeigen, daß diese Ehe sogar sehr leidenschaftlich war. André Maurois, *Lélia, ou la vie de George Sand,* 1952, S. 79, (deutsche Ausgabe: A. M., *Das Leben der George Sand,* 1977), beruft sich auf den auch in meinem Text zitierten Brief an ihren Halbbruder und stellt sich auf den entgegengesetzten Standpunkt. Berry hat die besseren Argumente, und trotzdem –. Über die ambivalente Einstellung der Viktorianer zu dieser höchst umstrittenen Gestalt siehe Paul G. Blount, *George Sand and the Victorian World,* 1979.

Über die ärgerliche Frage des männlichen Versagens siehe William A. Hammond, *Sexual Impotence in the Male,* 1883. Vier Jahre später brachte er eine zweite Auflage heraus, die auch Frauen berücksichtigte: *Sexual Impotence in the Male and Female,* 1887. Siehe auch Freuds Vorwort zu Maxim Steiner, *Die psychischen Störungen der männlichen Potenz,* 1913 [nicht in St. A.], *G. W.* X, S. 451. Wilhelm Stekel, *Die Impotenz des Mannes,* 2. erweiterte Aufl. 1923, ist abenteuerlich, aber nicht unnütz. Vieles zu diesem Thema verdanke ich Dr. Richard Newman.

Die moderne Sozialgeschichte hat in den letzten Jahren der Medizin des 19. Jahrhunderts große Beachtung geschenkt; die gelehrte Literatur zu dem Thema ist umfangreich und vorzüglich. Verpflichtet bin ich vor allem Richard Harrison Shryock, *The Development of Modern Medicine: An Interpretation of the Social and Scientific Factors Involved,* 1936, Ausgabe von 1948 (deutsche Ausgabe: R. H. Sh., *Die Entwicklung der modernen Medizin in ihrem Zusammenhang mit dem sozialen Aufbau und den Naturwissenschaften,* 1947), ein aufschlußreicher, ausführlicher Essay, und Shryock, *Medicine and Society in America,* 1660–1860, 1960. Von anderen hoch instruktiven Monographien nenne ich: M. Jeanne Peterson, *The Medical Profession in Mid-Victorian London,* 1978, William G. Rothstein, *American Physicians in the Nineteenth Century: From Sects to Science,* 1972, und Jacques Léonard, *Les Médecins de l'ouest au XIX*^eme^ *siècle,* 3 Bde., 1978. Léonards kleine Anthologie *La France Médicale au XIX*^e^ *siècle,* 1978, ist sehr zufriedenstellend. Über einige Sonderprobleme siehe James V. Ricci, *One Hundred Years of Gynecology, 1800–1900,* 1945. Unter zahlreichen Autobiographien von Ärzten fand ich J. Marion Sims, *The Story of My Life,* 1884, am frappierendsten. Siehe auch Edith Heischkel-Artelt, «Die Welt des praktischen Arztes», in Walter Artelt und Walter Rüegg, Hrsg., *Der Arzt und der Kranke in der Gesellschaft des 19. Jahrhunderts,* 1967, S. 1–16. Die meisten der übrigen Beiträge zu diesem interessanten Symposion befassen sich mit der Gestalt des Arztes in der Literatur. Erna Leskys voluminöses Buch *Die Wiener medizinische Schule im 19. Jahrhundert,* 1965, ist schwerfällig, aber maßgeblich. Charles E. Rosenbergs Sammlung gedankenvoller Essays, *No Other Gods: On Science and American Social Thought,* 1976, umfaßt mehr als nur die Medizin, beleuchtet aber auch diese. In meinem Buch *The Enlightenment: An Interpretation,* Band II, *The Science of Freedom,* 1969, Kap. I, habe ich die «Wiederentdeckung der Nerven» in der Aufklärung des 18. Jahrhunderts postuliert, als eine Art Vorspiel zur medizinischen Revolution des 19. Jahrhunderts.

Über Tissot siehe Ch. Eynard, *Essai sur la vie de Tissot,* 1839, und E. Cochet, *Étude sur S.-A. Tissot, 1728–1797,* 1902, eine Doktorarbeit an der Medizinischen Fakultät in Paris. Es ist ernüchternd, daß Cochet, der ausdrücklich auf Tissots ablehnende Einstellung zur Masturbation verweist, ihn dennoch (S. 16) als «tiefschürfenden Moralisten und wohlinformierten Philosophen» bezeichnen kann. Eine moderne Studie über Tissot wäre begrüßenswert. Bis dahin gibt es eine aufschlußreiche Sammlung von Briefen, *Albrecht von Hallers Briefe an Auguste Tissot, 1754–1777,* Hrsg. Erich Hintzsche, 1977. Über Masturbation generell und ihren «Ruf» im 19. Jahrhundert sehe man das boshafte und schlagende dritte Kapitel in Alex Comfort, *The Anxiety Makers: Some Curious Preoccupations of the Medical Profession,* 1967, «The Rise and Fall of Self-Abuse». Havelock Ellis, *Studies in the Psychology of Sex,* Bd. II, *The Evolution of Modesty, the Phenomenon of Sexual Periodicity, Auto-Eroticism,* 1900, zumal S. 199–231, (deutsche Ausgabe: H. H. E., *Sexualpsychologische Studien,* 2. Auflg. Leipzig 1922 ff.), ist eine unerschöpfliche Fundgrube an Informationen, aus der sich die gesamte spätere Literatur (bis hin zum vorliegenden Buch) bedient hat. René A. Spitz, «Authority and Masturbation: Some Remarks on a Bibliographical Investigation», in: *Psychoanalytic Quarterly* XXI, 4 (Oktober 1952), S. 490–527, ist ein wichtiger Artikel, der im *Yearbook of Psychoanalysis* IX (1953), S. 113–145, wieder abgedruckt worden ist. Trotz der tüchtigen Bibliographie von 314 Nummern ist dieser Essay zwar ergiebig, aber nicht erschöpfend. Siehe auch E. H. Hare, «Masturbatory Insanity: The History of an Idea», in: *Journal of Mental Science* CVIII (Januar 1962), S. 1–25, sowie den kurzen, informativen Aufsatz von John Duffy, «Masturbation and Cliterodectomy: A Nineteenth-Century View», in: *Journal of the American Medical Association* CLXXXVI (1963), S.

246–248. Einige Beispiele für chirurgische Eingriffe nennt G. J. Barker-Banfield, *The Horrors of the Half-Known Life: Male Attitudes Toward Women and Sexuality in Nineteenth-Century America*, 1976, S. 124–131.

Über psychoanalytische Auffassungen der Masturbation unterrichtet «Die Onanie, Diskussionen der Wiener Psychoanalytischen Vereinigung» (1912), mit den Kommentaren Freuds (nicht in der *St. A.)* in *G. W.* XIII, S. 332–345. Daneben empfiehlt sich die Lektüre der abendlichen Gesprächsrunden der Wiener Psychoanalytischen Vereinigung vom 25. Mai, 1. Juni und 8. Juni 1910, mit Beiträgen Freuds; zusammengefaßt in *Protokolle der Wiener Psychoanalytischen Vereinigung*, Hrsg. Hermann Nunberg und Ernst Federn, Bd. II, *1908–1910*, 1977, S. 502–528. Aus der weiteren psychoanalytischen Literatur zitiere ich nur Annie Reich, «The Discussion of 1912 on Masturbation and Our Present-Day Views», in: *Psychoanalytic Study of the Child* VI (1951), S. 80–94; Ernst Kris, «Some Comments and Observations on Early Autoerotic Activities», ebd. S. 95–116; und Jeanne Lampl-DeGroot, «On Masturbation and Its Influence on General Development», ebd. S. 153–174.

Zu Freuds berühmtem Fall Schreber siehe seine Analyse «Psychoanalytische Bemerkungen über einen autobiographisch beschriebenen Fall von Paranoia (Dementia Paranoides)» (1911), *St. A.* VII, S. 133–203. William G. Niederland hat einen faszinierenden Kommentar dazu geschrieben: *The Schreber Case: Psychoanalytic Profile of a Paranoid Personality*, 1974 (deutsche Ausgabe: W. G. N., *Der Fall Schreber. Das psychoanalytische Profil einer paranoiden Persönlichkeit*, 1978).

Die «Flucht ins Wissen» bedarf noch weiterer historischer Untersuchungen. Bis dahin gibt es David J. Pivars gelehrtes Buch *Purity Crusade: Sexual Morality and Social Control, 1868–1900*, 1973, zuverlässig, aber für meinen Geschmack zu sehr dem Begriff der sozialen Kontrolle verpflichtet. Joseph R. Gusfield, *Symbolic Crusade: Status Politics and the American Temperance Movement*, 1963, folgt der sozialpsychologischen These Richard Hofstadters von der Statusangst. Auch die Kapitel 1 und 2 von Paul S. Boyer, *Purity in Print: The Vice-Society Movement and Book Censorship in America*, 1968, sind in diesem Zusammenhang relevant. Aaron M. Powell, Hrsg., *The National Purity Congress: Its Papers, Addresses, Portraits*, 1896, ist hauptsächlich als Symptom aufschlußreich. Franz Xaver Thalhofer, *Die sexuelle Pädagogik bei den Philanthropen*, 1907, ist eine kurze, aber brauchbare Studie über die Bildungsreformer des späten 18. Jahrhunderts. Siehe in diesem Zusammenhang auch Charles Richmond Henderson, *Education with Reference to Sex, Pathological, Economic and Social Aspects: The Eighth Yearbook of the National Society for the Scientific Study of Education*, 1909.

VI. Sinnliches Wissen

Sigmund Freud verfaßte mehrere einflußreiche Arbeiten über den kindlichen Wunsch nach sexuellem Wissen: siehe besonders «Zur sexuellen Aufklärung der Kinder (Offener Brief an Dr. M. Fürst)» (1907), *St. A.* V, S. 159–168; «Über infantile Sexualtheorien» (1908), *St. A.* V, S. 169–184; und «Der Familienroman der Neurotiker» (1909), *St. A.* IV, S. 221–226. Siehe auch Selma Fraiberg, «Enlightenment and Confusion», in: *Psychoanalytic Study of the Child* VI (1951),

S. 325–335; sowie Eleanor Galenson und Herman Roiphe, «The Impact of Early Sexual Discovery on Mood, Defensive Organization, and Symbolization», ebd. XXVI (1971), S. 195–216. Phyllis Greenacre hat den Familienroman (zumal von Schriftstellern) zu ihrem Thema gemacht, besonders in ihren Aufsätzen «The Childhood of the Artist: Libidinal Phase Development and Giftedness» (1957) und «The Family Romance of the Artist» (1958), beides in *Emotional Growth* II, S. 479–504, 505–532 (oben, S. 511). Linda Joan Kaplans Literaturüberblick «The Concept of the Family Romance» in: *Psychoanalytic Review* LXI, 2 (1974), S. 169–202, enthält eine erschöpfende Bibliographie und ist höchst informativ. Maynard Solomons schöne Biographie *Beethoven*, 1977 (deutsche Ausgabe 1979), arbeitet den Familienroman exemplarisch an einem berühmten Beispiel heraus.

Das delikate Thema der Menstruation in Literatur und öffentlicher Diskussion bedarf weiterer Untersuchung. Janice Delaney, Mary Jane Lupton und Emily Toth, *The Curse: A Cultural History of Menstruation*, 1976, ist ein erster Schritt auf diesem Weg. Einige kurze Bemerkungen über dieses Tabu (mit vernichtenden Seitenhieben gegen Dr. Clarke und Dr. Maudsley) finden sich in Elaine and English Showalter, «Victorian Women and Menstruation», in Vicinus, *Suffer and Be Still* (oben, S. 516), S. 38–44. Aus der (in dieser Hinsicht nicht sehr ergiebigen) psychoanalytischen Literatur ist wohl am interessantesten Judith S. Kestenberg, «Menarche», in Sandor Lorand und Henry Schneer, Hrsg., *Adolescents: Psychoanalytic Approach to Problems and Therapy*, 1965, S. 19–50.

Öffentliches Stillen in der Eisenbahn hat Daumier verschiedentlich dargestellt; siehe auch das Bild in Paul Hastings, *Railroads: An International History*, 1972, S. 99. Über das Verschwinden der öffentlichen Hinrichtung unterrichtet – mit einer Schilderung der letzten öffentlichen Exekution in England im Jahre 1868 – David D. Cooper, *The Lesson of the Scaffold: The Public Execution Controversy in Victorian England*, 1974; die Abbildung ist vor S. 165.

Über die richtige Lektüre von Ratgeberliteratur siehe, neben der oben (S. 517) angeführten Biographie Freemans über Mrs. Beeton, die verständnisvollen Bemerkungen Patricia Brancas in *Silent Sisterhood* (oben, S. 499).

Marryats «Bericht» über jene prüden amerikanischen Damen, die die «Glieder» ihrer Klaviere in Beinkleider steckten, hat Geschichte gemacht. Carl N. Degler gehörte zu den ersten, die Marryat für dieses Märchen verantwortlich machten, und er zählt eine Reihe neuerer Historiker auf, die diese Geschichte tatsächlich ernst genommen haben. Dieser spezielle Ausdruck der Prüderie ist entweder völlig frei erfunden, oder er war einmalig oder äußerst selten. Degler, «What Ought to Be», oben, S. 501. Er hätte noch G. Rattray Taylor erwähnen können, der mitteilt, daß es für viktorianische Ohren anstößig war, ein Hühnerbein «Bein» zu nennen; eine Hühnerbrust als Busen zu bezeichnen war, «zumindest auf Hühner angewandt», eine «amerikanische Feinheit», ebenso wie das Ausstaffieren von Klavierbeinen mit Krinolinen – im Gegensatz wohl zu Tischbeinen, die vermutlich zu dünn waren, um laszive Gedanken zu erregen. *Sex in History*, 1954, S. 215 (deutsche Ausgabe: G. R. T., *Im Garten der Lüste. Herrschaft und Wandel der Sexualität*, 1970). Ferner Duncan Crow, *The Victorian Woman*, 1971, S. 29. Auch Bonnie G. Smith nimmt das Märchen für bare Münze: «Die Sexualsymbolik des Heims veranschaulichen wohl am besten jene viktorianischen Damen, die die sexuelle Potenz von Tischbeinen erkannten und sie durch

Verhüllung dem Blick entzogen.» *Ladies of the Leisure Class,* 1981, S. 83. Um die Mitte des 19. Jahrhunderts schenkte man jenem Märchen weithin Glauben. 1860 bezeichnete die Londoner *Saturday Review* – in einer vernichtenden Notiz über Walt Whitmans *Leaves of Grass* – die USA als «jenes Land, wo die Klavierbeine Hosen mit Rüschen tragen». X (7. Juli 1860), S. 19.

Der Historiker der Pornographie läuft Gefahr, seinen Gegenstand entweder nicht erst genug oder aber zu ernst zu nehmen. Die Extremisten beider Lager führen ihre guten Gründe ins Feld: Erstere beharren darauf, daß es spießig sei, «schmutzige» Bücher mit Verachtung zu strafen, wenn sie doch lediglich die Sinnlichkeit feiern; letztere betonen, daß es vulgär, ja anmaßend sei, ein so langweiliges, monotones Zeug in den Rang der Kunst zu erheben.

Die Forschung zu diesem Thema nimmt zwar an Umfang zu, bleibt jedoch beschränkt und ist, was ihre Ergebnisse betrifft, enttäuschend. Am meisten zu tun bleibt in bezug auf die Verleger von Schmutz und Schund (oder «Erotica»). An Hinweise auf den Konsum von Pornographie und deren psychologische Wirkung ist schwer heranzukommen. Selbst das Institute for Sex Research (Kinsey-Institut) in Bloomington (Indiana) verfügt zwar über eine reichhaltige Sammlung von Primärtexten, bietet aber nur sehr wenige wissenschaftliche Arbeiten über diese Fragen. Ein instruktives Beispiel dafür, wie schwer es mitunter sein kann, die Urheberschaft eines pornographischen Werkes zu ermitteln, ist *Schwester Monika erzählt und erfährt* ..., 1815, ein Text, der immer wieder E. T. A. Hoffmann zugeschrieben worden ist, was jedoch nicht stimmt. Siehe das vorsichtige Urteil, zu dem Claudio Magris gelangt: «Das andere Elixir des Teufels: E. T. A. Hoffmann und die Schwester Monika», in *Die andere Vernunft. E. T. A. Hoffmann,* 1980, S. 109–118.

Die wichtigste Informationsquelle über Pornographie des 19. Jahrhunderts (und ältere) bleibt Pisanus Fraxi [Henry Spencer Ashbee], *Index Librorum Prohibitorum: Being Notes Bio-Biblio-Icono-graphical and Critical, on Curious and Uncommon Books, 1877,* gefolgt von *Centuria Librorum Absconditorum,* 1879, und *Catena Librorum Tacendorum,* 1885 – drei Goldgruben. Allgemeine Geschichten der Pornographie sind zwangsläufig anekdotisch und oberflächlich und neigen dazu, voneinander abzuschreiben. H. Montgomery Hyde, *A History of Pornography,* 1964, ist von denen, die ich gelesen habe, die beste.

Wertvolle Kompendien (neben denen im eben erwähnten «Pisanus Fraxi») sind Eduard Fuchs, *Geschichte der erotischen Kunst,* 3 Bde., 1912–1926, verschwenderisch illustriert, und Jules Gray, *Bibliographie des ouvrages relatifs à l'amour, aux femmes et au mariage,* 6 Bde., 1871–1873.

Zum Thema Inzest bleibt von Interesse die ältere und umfangreiche, psychoanalytisch orientierte Literaturstudie von Otto Rank, *Das Inzest-Motiv in Dichtung und Sage,* 1912, 2. Aufl. 1926. Eberhard und Phyllis Kronhausen, *Pornography and the Law,* 1959, überarbeitete Auflage 1964 (deutsche Ausgabe: E. u. Ph. K., *Pornographie und Gesetz,* 1963), unterscheiden zwischen der Psychologie des «erotischen Realismus» und der Psychologie einer harten Pornographie. Die Unterscheidung bewährt sich recht gut, und das Buch unternimmt neben der Behandlung der juristischen Aspekte auch den Versuch eines psychologischen Profils der Pornographie. Gardner Lindzeys informativer Aufsatz «Some Remarks Concerning Incest, the Incest Taboo, and Psychoanalytic Theory» in:

American Psychologist XXII (1967), S. 1051–1059, enthält wichtige Bemerkungen über die Seltenheit des Mutter-Sohn-Inzests.

Das Buch der Kronhausen beweist das Interesse an der juristischen Geschichte der verbotenen Bücher. Für Deutschland gibt es das enzyklopädische Werk H. H. Houbens, *Verbotene Literatur von der klassischen Zeit bis zur Gegenwart*, 2 Bde., 1924, 1928. Für Frankreich vergleiche man Paul Lapeire, *Essai juridique et historique sur l'outrage aux bonnes moeurs par le livre, l'écrit et l'imprimé*, 1931, eine trockene und fachliche These. Siehe auch Alexandre Zévaès, *Les Procès littéraires au XIXe siècle*, 1924, wo so berühmte Prozesse wie der gegen Flaubert und gegen Baudelaire sowie einige weniger bekannte nacherzählt und dokumentiert werden. Die beste Abhandlung über die juristische Situation (und die kulturelle Stimmung) in England ist Norman St. John-Stevas, *Obscenity and the Law*, 1956, mit einer sehr hilfreichen Bibliographie; aus diesem Buch habe ich viel gelernt. Eine nützliche Ergänzung bildet Alec Craig, *The Banned Books of England and Other Countries: A Study of the Conception of Literary Obscenity*, 1962, der die vergleichende Dimension einbringt. Für die USA sehe man James Jackson Kilpatrick, *The Smut Peddlers*, 1960. Ludwig Marcuse, *Obszön: Geschichte einer Entrüstung*, 1962, enthält anschauliche Nacherzählungen bekannter Fälle, so etwa die Angriffe gegen Friedrich Schlegels *Lucinde*, die Verfahren gegen *Emma Bovary* und *Les Fleurs du mal* und anderes – nützlich vor allem für Neulinge in dieser Thematik.

Die moralischen Probleme, die diese Art von Literatur aufwirft, werden in vielen der zitierten Titel eingehend erörtert. Weitere Bemerkungen findet man in Harry M. Clor, *Obscenity and Public Morality: Censorship in a Liberal Society*, 1969, wo versucht wird, einen mittleren Weg zwischen Gesinnungsschnüffelei und absoluter Permissivität zu steuern. Michael J. Goldstein und Harold S. Kant mit John J. Hartmann sind der schwierigen Frage nach den psychologischen Auswirkungen obszöner Literatur nachgegangen in *Pornography and Sexual Deviance*, 1973. Das Buch verzeichnet viele neuere Untersuchungen. Der Mühe wert wäre eine Studie über die Sammler von Erotica; über diesen Aspekt der Sache gibt es bisher nur die paar (nützlichen, aber leicht apologetischen) Seiten bei James Pope-Hennessy, *Monckton Milnes: The Years of Promise, 1809–1851*, 1949, und *Monckton Milnes: The Flight of Youth, 1851–1885*, 1951.

Zwei erotische Erzählungen Swinburnes, von denen die masochistische *Lesbia Brandon* von besonderem Interesse ist, wurden 1963, mit einer Einleitung von Edmund Wilson, neu herausgegeben: *The Novels of A. C. Swinburne*. Cecil Y. Langs prachtvolle Briefausgabe *The Swinburne Letters*, 6 Bde., 1958–1962, enthält faszinierendes Material. Von Spezialuntersuchungen nenne ich Clyde Kenneth Hyder, *Swinburne's Literary Career and Fame*, 1933, und Hyders Textauswahl *Swinburne: The Critical Heritage*, 1970. Die besten Biographien sind Georges Lafourcade, *Swinburne: A Literary Biography*, 1932, und Jean Overton Fuller, *Swinburne: A Critical Biography*, 1968. George Moores zorniges Buch *Literature at Nurse: or Circulating Morals*, 1885, lohnt die Lektüre. Über die Zensorenfunktion der englischen Leihbüchereien gibt es Guinevere L. Griest, *Mudie's Circulating Library and the Victorian Novel*, 1970. Siehe auch Amie Cruse, *The Victorians and Their Books*, 1935, sowie G. R. Pocklington, *The Story of W. H. Smith & Son*, Privatdruck 1921.

Dem nackten menschlichen Körper in der Kunst ist ein gewisses Maß an wissenschaftlicher Aufmerksamkeit zuteil geworden. Der (mit Recht) meistzitierte moderne Titel ist Kenneth Clark, *The Nude: A Study in Ideal Form*, 1956 – gebildet, wertvoll, eigenwillig. Siehe auch Jean Cassou und Geoffrey Grigson, *The Female Form in Painting*, 1953, ein brauchbarer historischer Überblick; und das ältere Buch von Julius Lange, *Die menschliche Gestalt in der Geschichte der Kunst*, 1903. Edward Lucie-Smith, *Eroticism in Western Art*, 1972 (deutsche Ausgabe: E. L.-S., *Das Erotische in der Kunst*, 1972), eilt im Geschwindschritt durch die Jahrhunderte; das Buch ist nicht ohne Nutzen, übertreibt aber den (angeblich) allgemein geübten, bewußten Zynismus. Relevant ist auch Fuchs, *Geschichte der erotischen Kunst*. Über Edouard Manet, der die umstrittensten Akte des ganzen 19. Jahrhunderts gemalt hat, unterrichtet das 2. Kapitel meines Buches *Art und Act: On Causes in History – Manet, Gropius, Mondrian*, 1976, mit kommentierter Bibliographie. Siehe auch Beatrice Farwell, *Manet and the Nude: A Study in Iconography in the Second Empire*, 1973, und George Heard Hamiltons informatives Werk *Manet and His Critics*, 1954, Ausgabe von 1969, aus dem ich viel gelernt habe.

Über Prud'hon siehe Jean Guiffrey, *L'Œuvre de P.-P. Prud'hon*, 1924, als Ergänzung älterer Werke, z.B. Pierre Gauthiez, *Prud'hon*, 1886, und Charles Clément, *Prud'hon. Sa vie, ses œuvres et sa correspondance*, 3. Aufl. 1880. Frontale Nacktheit nach Art jenes Prud'hon, den ich im Text wiedergebe, findet sich auch auf M. Mercies Bild *Le Génie des arts guidé par la France*, das offensichtlich auf die Erfindung Prud'hons zurückgreift: Henri Havard, *L'Art à travers les mœurs*, 1882, S. 399.

Zu Canova gibt es, neben den wenigen Bemerkungen in Clarks *Nude*, den Aufsatz «Canova: Ice und Eros» von Mario Praz, in Thomas B. Hess und John Ashbery, Hrsg., *Academic Art*, 1971, S. 165 f., und Robert M. Adams, *The Roman Stamp: Frame and Façade in Some Forms of Neo-Classicism*, 1974, besonders S. 162–183. Von früheren informativen Würdigungen Canovas sind die besten J. S. Memes, *Memoirs of Antonio Canova with a Critical Analysis of His Works, and an Historical View of Modern Sculpture*, 1825; sowie Quatremère de Quince, *Canova et ses ouvrages, ou Mémoires historiques sur la vie et les travaux de ce célèbre artiste*, 1834.

Aus der umfangreichen Literatur über andere Aktdarstellungen des 19. Jahrhunderts erwähne ich Eugenia P. Janis, *Degas Monotypes*, 1968. Auch Jean-François Millet zeichnete einige freimütige Akte, darunter zwei Liebende. Siehe Robert L. Herberts Katalog *Barbizon Revisited*, 1962, Nr. 60, 62. Was Ingres betrifft, den gefeierten Maler glatter, haarloser, aber verführerischer Akte, so erinnere ich an Rosenblums Studie (S. 517).

William Etty, diesem einst so berühmten, aber heute wenig geschätzten englischen Aktmaler, ist Gerechtigkeit widerfahren durch Dennis Farr, *William Etty*, 1958, und durch W. Gaunt und F. Gordon Roe, *Etty and the Nude: The Art and Life of William Etty, R. A., 1787–1849*, 1943. Siehe auch Philip Gilbert Hamerton, «Etty» (1875) in: *Portfolio Papers*, 1889, S. 39–101. In den biographischen Abschnitten stützt sich Hamerton auf Alexander Gilchrist, *Life of William Etty, R. A.*, 2 Bde., 1855. Über Mulready siehe Kathryn Moore Heleniak, *William Mulready*, 1980.

Hiram Powers kommt ausgiebig zu Wort in C. Edwards Lester, *The Artist, the Merchant, and the Statesman of the Age of the Medici, and of Our Own Times*, 2 Bde., 1845, I, S. 86 ff. Aus der beachtlichen Literatur über Powers sind die wichtigsten Titel: William H. Gerdts, «Marble and Nudity», in: *Art in America* LIX, Teil I, Januar-Juni 1971 (Mai-Juni), S. 60–67; Linda Hyman, «*The Greek Slave* by Hiram Powers», in: *Art Journal* XXXV, 3 (Frühjahr 1976), S. 216–223; Neil Harris, *The Artist in American Society: The Formative Years, 1790–1860*, 1966, S. 100, 132–139. Wichtige Kommentare und Abbildungen findet man auch bei Gerdts, *American Neo-Classic Sculpture: The Marble Resurrection*, 1973, S. 30–34, 52–55, und bei Margaretta Lovell, «Hiram Powers' *The Greek Slave:* Virtue in Chains», in Yale Art Gallery, *American Arts and the American Experience*, o.J., S. 27. Den amerikanischen Akt erkundet auf interessante Weise David Sellin, *The First Pose. 1876: Turning Point in American Art*, 1976.

Aus der wachsenden Literatur über nackte Kinder sehe man besonders Morton N. Cohen, *Lewis Carroll, Photographer of Children: Four Nude Studies*, 1978. Das illustrierte Büchlein über ziemlich erotische präpubertäre Mädchen von Graham Ovenden, *Nymphets & Fairies: Three Victorian Children's Illustrators*, 1976, ist (in mehr als einer Hinsicht) anregend.

Peter Fusco und H. W. Janson, Hrsg., *The Romantics to Rodin: French Nineteenth-Century Sculpture from North American Collections*, 1980, ist ein informativer Katalog. Über Clésingers Modell siehe Edmond und Jules de Goncourt, *Journal; mémoires de la vie littéraire 1851–1896*, Hrsg. Robert Ricatte, 22 Bde., 1956–1958, I, S. 117; die Anmerkung des Herausgebers (auf derselben Seite) ist das Musterbeispiel einer Naivität, die die Schlange für harmlos hält. Siehe auch den wichtigen Abschnitt über Bildhauerei in dem Ausstellungskatalog *The Second Empire, 1852–1870: Art in France under Napoleon III*, 1978. Benedict Reads ausgezeichnetes, erschöpfend dokumentiertes Buch *Victorian Sculpture*, 1982, enthält allenthalben Akte, zumal in Kap. 2; John Gibsons *The Tinted Venus* (illustriert auf S. 42) ist der bemerkenswerte Versuch, die bemalte Skulptur des klassischen Griechenlands und (wie ein Kritiker sich ausdrückte) das «nackte, schamlose englische Weib» (S. 25) zu rekonstruieren.

Über Hasselberg, den schwedischen Bildhauer, gibt es das großzügig illustrierte, ansonsten aber ziemlich magere Gedenkbuch *Per Hasselberg, 1850–1894*, 1898.

VII. Festungsmauern um das Selbst

Die bei weitem brauchbarste Abhandlung über die «Heuchelei» des 19. Jahrhunderts, die ich gelesen habe – auch wenn ich auf der Grundlage meines psychoanalytischen Denkens zu ganz anderen Ergebnissen gelange –, ist Kapitel XIV von Walter Houghtons *Victorian Frame of Mind* (oben S. 499). Sein reichhaltiges Material habe ich mir zunutze gemacht. Houghton unterscheidet bei der viktorianischen Heuchelei Konformismus, moralischen Dünkel und Ausflucht und gibt auch der «Antiheuchelei» Raum. Wie Houghton stütze auch ich mich auf die heftige Attacke George Eliots gegen die Evangelikalen: «Evangelical Teaching: Dr. Cumming», in: *Westminster Review* LXIV (1855), S. 436–462. Lionel Trillings sanft-energische *Sincerity and Authenticity*, 1972 (deutsche Ausgabe: L.

T., *Das Ende der Aufrichtigkeit,* 1980), ist für meine Argumentation nur am Rande von Bedeutung, lohnt aber die Lektüre. Die Titel, die ich im Zusammenhang mit Einstellungen zur Sexualität erörtert habe, sind informativ, aber zu befangen-tadelsüchtig, als daß sie die unbewußten Konflikte unter der selbstzufriedenen Oberfläche in den Blick bekommen könnten. Im Gegensatz dazu enthält das oben (S. 517) zitierte, phantasievolle und umfassende Werk von Mario Praz einige prachtvolle analytische Seiten, vor allem über Thackeray. Die beste allgemeine Biographie über diese Schlüsselgestalt ist Gordon N. Ray, *Thackeray: The Uses of Adversity, 1811–1846,* 1955, und *Thackeray: The Age of Wisdom, 1847–1863,* 1958. Erhellend ist Rays frühere, kompakte Biographie *The Buried Life: A Study of the Relation Between Thackeray's Fiction and His Personal Life,* 1952. Theodore Zeldin macht in *France, 1848–1945,* Bd. II, einige Bemerkungen über Heuchelei in Frankreich. Eine neuere Analyse des evangelikalen Geistes bietet Ian C. Bradley, *The Call to Seriousness: The Evangelical Impact on the Victorians,* 1976. Von den Biographien und Studien über Heuchelei-Entlarver zähle ich nur einige wenige auf, die ich am hilfreichsten fand: Alan Bell, *Sydney Smith: A Biography,* 1980, maßgeblich, aber mit Rücksicht auf den geistvollen Gegenstand nicht lang genug; Richard M. Kelly, Hrsg., *The Best of Mr. Punch: The Humorous Writings of Douglas Jerrold,* 1970, eine umfassende Anthologie; wiederum Kaplan, *Whitman;* Alastair Buchan, *The Spare Chancellor: The Life of Walter Bagehot,* 1959, die beste Biographie dieses brillanten Zeitschriftenherausgebers, Publizisten und Volkswirtschaftlers, den G. M. Young für den Archetyp des Viktorianers hielt. Über Pugin gibt es gute Literatur, namentlich Phoebe Stanton, *Pugin,* 1971, Michael Trappes-Lomax, *Pugin: A Medical Victorian,* 1932, eine hervorragende Studie; und Henry-Russel Hitchcock, *Early Victorian Architecture in Britain,* 2 Bde., 1954. Christopher Ricks' scharfsinniges und witziges Buch *Keats and Embarrassment,* 1974, behandelt jene Dinge, über die man im 19. Jahrhundert errötete – oder auch nicht. August Strindbergs konzentrierter Angriff auf die «Hypokrisie» (nicht nur in Schweden) schreit förmlich nach einer Monographie; bis jetzt haben wir die kurze Anthologie *Ein Lesebuch für die niederen Stände,* Hrsg. Jan Myrdal, 1977.

In seiner informativen Studie über deutsche Klein- und Mittelstädte vor allem im 18. Jahrhundert zeichnet Mack Walker ein überzeugendes Bild von Sittenstrenge nicht selten «heuchlerischer» Art, was heißen soll, daß sie weniger von verinnerlichten Gefühlen diktiert war als vielmehr von der Furcht vor der Mißbilligung durch die Umwelt: «Der Kleinstädter kaufte seine Wurst nicht bei einem Ehebrecher, einem Lügner, einem Gotteslästerer, einem Betrüger, und sei es nur darum, weil er sich sorgte, was wohl die Nachbarn sagen würden; und wenn der Metzger um die Ecke ein Ehebrecher, Lügner, Gotteslästerer oder Betrüger war, dann wußte man das, und der Mann konnte seinen Laden zumachen.» *German Home Towns,* S. 101.

Die Kontroversen im Zusammenhang mit Dickens' Ausflügen in die Gesellschaftskritik entfaltet luzide George H. Ford, *Dickens and His Readers: Aspects of Novel-Criticism Since 1836,* 1955; in Anthologieform präsentiert sie Philip Collins, Hrsg., *Dickens: The Critical Heritage,* 1971. Die bekannteste und ausführlichste Biographie, Edgar Johnson, *Charles Dickens: His Tragedy and Triumph,* 2 Bde., 1952, ist im Faktischen zuverlässig, aber naiv, was die Gesellschaftskritik

Dickens' betrifft. Humphrey House, *The Dickens World*, 1941, 2. Auflage 1942, ist ein glänzendes Korrektiv solch schwergewichtiger Oberflächlichkeit.

Hardys Plage mit Redakteuren, Verlegern und dem Publikum faßt am besten zusammen Michael Millgate, *Thomas Hardy: A Biography*, 1982, aus der meine Zitate stammen. Die nur wenig älteren Biographien Robert Gittings, *Young Thomas Hardy*, 1975, und *The Older Hardy*, 1978, sind ebenfalls ausgezeichnet. Merle Mowbray Bevington, *The Saturday Review 1855–1868: Representative Educated Opinion in Victorian England*, 1941, ist die zuverlässige Darstellung einer konservativen, vehementen, einflußreichen viktorianischen Zeitschrift, die für Sozialkritiker ebenso relevant war wie für die viktorianische Familienideologie.

Die Familie ist in den letzten Jahren bei den Historikern stark in Mode gekommen. Ich werde mich natürlich auf Titel konzentrieren, die die bürgerliche Familie behandeln oder zumindest berücksichtigen. Über die Erforscher der «Vorgeschichte» der Familie, auf die ich mich im Text konzentriere, siehe Michael Z. Brooke, *Le Play: Engineer and Social Scientist*, 1970, knapp, aber informativ; André Michel, «Les Cadres sociaux de la doctrine morale de Frédéric Le Play», in: *Cahiers Internationaux de Sociologie* XXXIV (1963), S. 47–68; den Sammelband *Recueil d'études sociales publié à la mémoire de Frédéric Le Play*, 1956; und die Textsammlung *Frédéric Le Play (1806–1882), Textes Choisis*, 1947, Hrsg. Louis Baudin, mit einer gehaltvollen Einleitung (s. 3–61).

Riehl geistert durch viele Bücher, die den Ursprung des Nationalsozialismus behandeln, aber eine ausführliche Darstellung steht noch aus. Über jene Ursprünge des Nazismus im Zusammenhang mit Riehl siehe George L. Mosse, *The Crisis of German Ideology: Intellectual Origins of the Third Reich*, 1966, vor allem S. 19–24 (deutsche Ausgabe: G. L. M., *Ein Volk, ein Reich, ein Führer. Die völkischen Ursprünge des Nationalsozialismus*, 1979). Victor von Geramb, *Wilhelm Heinrich Riehl, Leben und Wirken (1823–1897)*, 1954, ist ein enormes Werk der Liebe, ja der Anbetung. Die Fakten sind da, aber sie ertrinken im peinlich rhapsodischen Ton. Einige flüchtige Bemerkungen findet man in Ernest K. Bramsted, *Aristocracy and the Middle-Classes in Germany: Social Types in German Literature 1830–1900*, 1937, 2. Auflage 1964, ferner einen erfrischend vernichtenden Abschnitt bei Klaus Bergmann, *Agrarromantik und Großstadtfeindlichkeit*, 1970, S. 38–49, in dem Riehl als Vater einer verhängnisvollen Agrarromantik dargestellt wird. Siehe aber auch Georg Schwägler, *Soziologie der Familie, Ursprung und Entwicklung*, 1970, wo in den ersten Kapitel Le Play und Riehl auf intelligente Weise miteinander verglichen werden. Fairerweise erwähne ich noch George Eliots ausführliche Würdigung von Riehls *Land und Leute* und *Die bürgerliche Gesellschaft* in «The Natural History of German Life: Riehl», in: *Westminster Review* LXVI (Juli 1856), S. 51–79. Eliot verkennt nicht Riehls Konservativismus, lobt aber seinen Sinn fürs Konkrete. Eine andere Tradition deutscher Soziologie behandelt A. Oberschall, *Empirical Social Research in Germany, 1848–1914*, 1965.

Für die Orientierung im Gestrüpp der jüngsten Diskussionen unentbehrlich ist Michael Mitterauer und Reinhard Sieder, *Historische Familienforschung*, 1977. Mitterauer weist (S. 27) kühl darauf hin, daß der von der Familiensoziologie vermutete Übergang von der Groß- zur Kleinfamilie, der sich im Gefolge der

Industrialisierung vollzogen haben soll, der schlichten Widerlegung durch die Statistik verfällt. Unschätzbar ist das Werk Peter Lasletts, angefangen mit *The World We Have Lost.* Einschlägig sind auch alle – oder praktisch alle – Titel, die ich oben (S. 518–521) im Zusammenhang mit Bevölkerungspolitik und Geburtenkontrolle aufgezählt habe. Siehe ferner John R. Gillis, *Youth and History: Tradition and Change in European Age Relations 1770–Present,* 1974, erweiterte Ausgabe 1981 (deutsche Ausgabe: J. R. G., *Geschichte der Jugend,* 1980), zumal die erste Hälfte des Buches; eine wichtige Monographie.

Von soziologischen Studien über die Familie hebe ich hervor Talcott Parsons und Robert F. Bales, *Family, Socialization and Interaction Processes,* 1955.

Viel verdanke ich dem lange übersehenen und nun hochgelobten Werk von Norbert Elias *Über den Prozeß der Zivilisation,* 2. Aufl. 1969, Taschenbuchausgabe 1978. Immer noch die beste psychoanalytische Abhandlung über die Familie, wenngleich bereits ein wenig überholt, ist J. C. Flügel, *The Psycho-Analytic Study of the Family,* 1921. Mein eigenes Urteil, auf ausgedehnter, wiewohl etwas impressionistischer Lektüre beruhend, muß ein provisorisches bleiben. Lawrence Stones voluminöses und ehrgeiziges Buch *The Family, Sex and Marriage in England 1500–1800,* 1977, quillt über von interessanten Einzelheiten, doch ist das generelle Schema des Autors – von der offenen Lineage-Familie über die restringierte patriarchalische Familie zur geschlossenen domestizierten Familie – trotz aller Einschränkungen, die er macht, nicht überzeugend, ebensowenig wie seine schwarzseherische Einschätzung frühmoderner Ruppigkeit und intrafamiliärer Grausamkeit. Denselben Standpunkt vertritt Edward Shorters saloppes *Making of the Modern Family* (deutsche Ausgabe: E. Sh., *Die Geburt der modernen Familie,* 1977). Ich muß mich schuldig bekennen, die Idee der kalt-gefühllosen frühmodernen Familie propagiert zu haben, bis die Zeugnisse mich eines Besseren belehrten. In meiner Ausgabe von *John Locke on Education,* 1964, zitierte ich die berüchtigte Bemerkung Montaignes «Ich habe zwei oder drei Kinder im Säuglingsalter verloren: nicht ohne Bedauern, aber ohne großen Schmerz» und meinte in bezug auf Montaignes Unvermögen, sich an die genaue Zahl zu erinnern: «Selbst zu Lockes Zeiten und noch danach war das Überleben eines Kindes dermaßen problematisch, daß die Eltern seinen möglichen Verlust schon im Voraus verwanden, indem sie es unterließen, zu viel Gefühl in ihren Nachwuchs zu investieren» (S. 2). Aber erstens war Montaigne wahrscheinlich nicht typisch und zweitens mag seine Bemerkung in Wirklichkeit die erfolgreiche Abwehr eines tief empfundenen Verlustes sein.

Stone ist auch kritisiert worden: scharf von Charles und Louise A. Tilly, «The Rise and Fall of the Bourgeois Family, as Told by Lawrence Stone and Christopher Lasch», Center for Research in Social Organization Working Paper No. 191, Januar 1979; höflich von Keith Thomas, «The Changing Family», in: *Times Literary Supplement,* 21. Oktober 1977, S. 1226 f.; und sehr ernst von Alan Macfarlane in der Rezension des Stoneschen Buches in *History and Theory* XVIII, 1 (1979), S. 103–126. Sowohl Thomas als auch Macfarlane (der Stones dicken Wälzer als «Katastrophe» bezeichnet, S. 124) legen reichhaltige Zeugnisse vor, die dazu zwingen, Stones These gründlich umzuarbeiten oder sogar ganz fallenzulassen.

Ein interessanter Schlüssel zur Geschichte der Familie ist naheliegenderweise die Behandlung der Kinder. Dieses Thema kommt natürlich in praktisch allen der eben aufgezählten Titel vor. Hervorragend ist H. Plumbs herrlich kenntnisreicher Aufsatz «The New World of Children in Eighteenth-Century England», in: *Past and Present* Nr. 67 (Mai 1975), S. 64–95. Mit den literarischen Zeugnissen befaßt sich Peter Coveney, *The Image of Childhood: The Individual and Society. A Study of the Theme in English Literature*, 1967. Wirtschaftliche, rechtliche und Klassenaspekte sind die Stärke von Ivy Pinckbeck und Mary Hewitt, *Children in English Society*, 2 Bde., 1969, 1973, zumal des zweiten Bandes, *From the Eighteenth Century to the Children Act, 1948*. Über Frankreich unterrichtet noch immer der alte Charles de Ribbe, *Les Familles et la sociéte en France avant la révolution*, 2 Bde., 1879 – Dokument und Quelle in einem; ferner Edmond Pilon, *La Vie de famille au dix-huitième siècle*, 1923. Siehe auch George Boas, *The Cult of Childhood*, 1966, die elegante geistesgeschichtliche Darstellung. Lloyd de Mause, Hrsg., *The History of Childhood*, 1974, wirkt zusammengewürfelt; die umfangreiche Einleitung des Herausgebers verheißt eine Art psychoanalytisch-liberal-konservative Geschichtsschreibung, in der immer alles besser und besser wird. Die einzelnen Autoren begleiten die Kinder durch die Jahrhunderte.

Dieter Claessens, *Familie und Wertsystem. Eine Studie zur «zweiten, soziokulturellen Geburt» des Menschen und der Belastbarkeit der «Kernfamilie»*, 1962, 3. Auflage 1972, erörtert eingehend das Schicksal der Kernfamilie. Von deutschen Soziologen, die über die Familie arbeiten, hat niemand tatkräftigere Arbeit geleistet als René König; siehe insbesondere *Materialien zur Soziologie der Familie*, 2. Auflage 1974, «Soziologie der Familie» in René König, Hrsg., *Handbuch der empirischen Sozialforschung*, Band II, 1969, S. 172–305, und *Die Familie der Gegenwart. Ein interkultureller Vergleich*, 1977. Eine solide und gehaltvolle Geschichte der deutschen Familie steht noch aus; Ingeborg Weber-Kellermann, *Die deutsche Familie. Versuch einer Sozialgeschichte*, 1974, ist gut gemeint, aber vordergründig. Zur «Vorgeschichte» der deutschen Familie im 19. Jahrhundert existiert die vorbildliche Monographie Helmut Möllers, *Die kleinbürgerliche Familie im 18. Jahrhundert, Verhalten und Gruppenkultur*, 1969, die auch über sexuelle Vorstellungen und sexuelles Verhalten Aufschluß gibt. Eine hilfreiche Anthologie ist die von G. A. Ritter und Jürgen Kocka herausgegebene *Deutsche Sozialgeschichte, Dokumente und Skizzen*, Band II, *1870–1914*, 1974 (3. Auflage 1982). Richard J. Evans und W. R. Lee, Hrsg., *The German Family: Essays on the Social History of the Family in Nineteenth- and Twentieth-Century Germany*, 1981, ist insofern bezeichnend für die jüngere Sozialgeschichte, als nur ein einziger der neun Beiträge (Karin Hausen, «Family und Role Division», S. 51–83) der Mittelschicht gilt.

Richard Sennetts interessante Studie *Families Against the Cities: Middle Class Homes of Industrial Chicago 1872–1890*, 1970, bringt viel über die «Intensität des Familienlebens» in der zweiten Hälfte des 19. Jahrhunderts. Einige gute Beiträge enthält Virgina Tufte and Barbara Myerhoff, Hrsg., *Changing Images of the Family*, 1979; der Band behandelt – mit Faktischem und Fiktivem – die Familie in Europa und in den USA. Eine weitere informative Anthologie ist Anthony S. Wohl, Hrsg., *The Victorian Family: Structure and Stresses*, 1978. Siehe auch die Sammlung *The Family* in *Daedalus* CVI (Frühjahr 1977), sowie John Demos und Sarane Spence Boocock, Hrsg., *Turning Points: Historical and Sociological Essays on the Family*, 1978, mit vielfältigem und oft interessantem Inhalt; siehe besonders die Arbeit von Carroll Smith-Rosenberg, «Sex as Symbol in Victorian Purity: An Ethnohistorical Analysis of Jacksonian America», S. 212–247, und den Einleitungsessay von Glen H. Elder, Jr., «Approaches to Social Change and the Family», S. 1–38, der geschickt die jüngere Literatur (und Kontroverse) über Familiengeschichte referiert. Nützlich ist auch Theodore K. Rabb und Robert I. Rotberg, Hrsg., *The Family in History: Interdisciplinary Essays*, 1971; Tamara K. Hareven erörtert «The History of the Family as an Interdisciplinary Field», S. 211–226. Unschätzbar ist die «Bibliographical Note» von C. John Summerville, S. 227–235. Siehe auch *Geschichte und Gesellschaft, Zeitschrift für Historische Sozialwissenschaften* I, 2–3 (1975), eine Sondernummer über historische Familienforschung und Demographie. Es gibt eine faszinierende, kurze Studie über eine dänische Familie des 19. Jahrhunderts von Ellen Damgaard und Poul H. Moustgaard, *Et Hjem – en familie*, 1970, mit englischer Zusammenfassung. Übrigens lohnt sich auch das Studium von Michael Anderson, *Approaches to the History of the Western Family*, 1980.

Über *The Girl's Own Paper* unterrichtet Wendy Forrester, *Great-Grandmamma's Weekly: A Celebration of «The Girl's Own Paper» 1880–1901*, 1980, eine vergnügliche Kompilation, durch die ich erstmals auf dieses Material aufmerksam wurde. Ein anderes charakteristisches Produkt jener Zeit, das die vor sich gehenden Veränderungen ebenso widerspiegelt wie das Zögern, auf sie stolz zu sein, ist ein Band, den Annie Nathan Meyer herausgegeben hat, die treibende Kraft bei der Gründung von Barnard College, *Woman's Work in America*, 1891; Vorbild war Theodore Stantons *The Woman Question in Europe*, oben, S. 515. Die Richtlinien, die die Herausgeberin den Autoren gab, zeugen von der Reife, welche die Sache der Frau in einem halben Jahrhundert erreicht hatte: «Lieber Tatsachen und Geschichtliches als schöne Worte; die Wahrheit steht über dem Pittoresken; keinerlei Schmähung des anderen Geschlechts», S. V f. Trotzdem ist das Buch nicht frei von pathetischen Aufzählungen hervorragender Frauen auf diesem oder jenem Gebiet.

Der große Kampf des 19. Jahrhunderts zwischen Vätern und Söhnen verdient, eingehender untersucht zu werden, als dies bisher geschehen ist. Recht dünn ist Howard R. Wolf, «British Fathers and Sons, 1773–1913: From Filial Submissiveness to Creativity», in: *Psychoanalytic Review* LII, 2 (Sommer 1968), S. 197–214, der sich mit den Mills, Gosse und D. H. Lawrence befaßt. Weit ergiebiger sind zwei Arbeiten von Kurt K. T. Wais, *Das Vater-Sohn-Motiv in der Dichtung bis 1880*, 1931, und *Das Vater-Sohn-Motiv in der Dichtung 1880–1930*, 1931. Voller Anregungen steckend, verlieren diese kompakten Bände durch ihren polemischen, recht aggressiven antifreudianischen Impetus. Stephen Kerns psychoanalytisch ausgerichteter Essay «Explosive Intimacy: Psychodynamics of the Victorian Family», in *History of Childhood Quarterly* I, 3 (Sommer 1974), S. 437–461, berührt die richtigen Grundfragen, ist aber für mein Empfinden zu erbarmungslos in seiner Kritik; er registriert zwar die Belastungen, übersieht aber das Glück in Mittelstandsfamilien des 19. Jahrhunderts.

Die Geschichte des Komforts muß noch geschrieben werden; implizit ist sie natürlich in allen Geschichten über Möbel und Wohnungseinrichtung enthalten. Gutes Material enthält John Cornforth, *English Interior 1790–1848: The Quest for Comfort,* 1978, und John Gloags älteres, noch nicht überholtes Buch *Victorian Comfort,* 1942. Jean und Françoise Fourastié, *Histoire du confort,* o. J., ist kurz, aber hilfreich; die beiden haben auch zusammengearbeitet an einem wichtigen Kapitel in Fourastié, *Machinisme et bien-être. Niveau de vie et genre de vie en France de 1700 à nos jours,* Ausgabe von 1969. Siehe auch Jennie Calder, *The Victorian Home,* 1977; sie übersieht nicht die Belastungen innerhalb der komfortabel lebenden Familie, urteilt aber strenger darüber als ich. Ungemein informativ bleibt Siegfried Giedions Klassiker *Mechanization Takes Command: A Contribution to Anonymus History,* 1948. Der beste Überblick über das Biedermeier, diesen bis zur Unkenntlichkeit geschmähten wie verklärten Stil, ist Georg Himmelhebers *Biedermeier Furniture,* 1973 (deutsche Neuauflage 1986), das erfolgreich beide Extreme vermeidet.

Fernand Braudel hat den Komfort – oder Unkomfort – der dem neunzehnten vorangehenden Jahrhunderte zu *seinem* Thema gemacht. Sein gewichtiges, exzentrisches dreibändiges Werk *Civilisation matérielle, économie et capitalisme, XVe-XVIIIe siècle,* 3 Bde., 1979 (deutsche Ausgabe: F. B., *Die Geschichte der Zivilisation, 15.–18. Jahrhundert,* 1971), besonders Band I, *Les Structures du quotidien: le possible et l'impossible,* bietet zahlreiche Details. Die englische Übertragung einer früheren Version dieses Werkes, *Capitalism and Material Life, 1400–1800,* 1973, hat sich bei den Sozialhistorikern durchgesetzt. «Privatheit», sagt Braudel dort kategorisch (S. 224), «war eine Erfindung des 18. Jahrhunderts.» Robert Mandrou, *Introduction à la France moderne. Essai de psychologie historique, 1500–1640,* 1961, bietet in Teil I viel faszinierendes Material, zumal über die Geschichte der Sinne im frühmodernen Europa.

Die Deutschen scheinen besonders wortgewaltig gewesen zu sein, was die Notwendigkeit eines Überdenkens oder gar einer Reform der Ehe betrifft. Zumal in den 1890er Jahren entstand eine Abhandlung um die andere zu diesem Thema, wohl ausgelöst durch die Realität der «neuen» Frau und durch so umstrittene Philosophen wie Nietzsche. Ich nenne eine kleine Blütenlese. Maximilian Schacht, *Sociologische Studien,* Band II, *Versittlichung der Ehe,* 1895, vertritt den Standpunkt, daß nicht rigide Rechtsvorschriften, sondern die Liebe das Szepter schwingen solle; der Rest ergibt sich dann von selbst. Dr. phil. Reinhold Günther, ein Schweizer Philosoph, verteidigt in *Weib und Sittlichkeit, Studien und Darlegungen,* 1898, die «sittliche Sinnlichkeit» und preist die natürliche Keuschheit und natürliche Kinderliebe des Weibes. Otto Caspari, ein Philosophieprofessor, grämt sich in *Das Problem über die Ehe! vom philosophischen, geschichtlichen und socialen Gesichtspunkte,* 1899, über die zunehmende geschlechtliche Unmoral der Unvermählten. Aber natürlich besaßen die Deutschen nicht das Monopol auf derartige besorgte Gesamtschauen. Ein französisches Beispiel ist Graf A. de Gasparin, *L'Ennemi de la familie,* 1874.

Zu den wenigen psychoanalytisch fundierten Behandlungen des Tagebuchschreibens gehört Siegfried Bernfeld, *Trieb und Tradition im Jugendalter. Kulturpsychologische Studien aus Tagebüchern,* Beiheft 54 der *Zeitschrift für angewandte Psychologie* (1931). Eine stark spezialisierte, aber faszinierende Arbeit von Willie Hoffer unternimmt eine Psychoanalyse von «Diaries of adolescent schizophrenics (hebephrenics)», in: *Psychoanalytic Study of the Child* II (1946), S. 293–321. Siehe ferner M. Leleus «charakterologische» Studie *Les Journaux intimes,* 1952,

Robert A. Fothergill, *Private Chronicles: A Study of English Diaries*, 1974, P. A. Spalding, *Self Harvest: A Study of Diaries and the Diarist*, 1949, und Gustav René Hocke, *Das europäische Tagebuch. Beiträge zur vergleichenden Literaturgeschichte*, 1963, eine umfangreiche (über 450 Seiten lange) Anthologie mit Auszügen aus Tagebüchern und Merkkalendern, eingeleitet durch eine ausführliche (über 500 Seiten lange) und recht anspruchsvolle, dabei keineswegs uninformative Einführung.

John Mack Faragher hat die These vertreten, daß Männer knappe, geschäftsmäßige Aufzeichnungen bevorzugen, während Frauen dem Gefühlvollen, Häuslichen und Weitschweifigen zuneigen. Das gilt zwar zweifellos für seine Stichprobe – amerikanische Bürger um die Mitte des 19. Jahrhunderts auf dem Zug nach Westen –, aber kaum uneingeschränkt für den gebildeten Bürger an der amerikanischen Ostküste oder in Europa. *Women and Men on the Overland Trail*, 1979, besonders S. 14, 128–133.

Über Mrs. Humphrey Wards Übersetzung von Amiels Tagebuch und dessen Rezeption in England unterrichtet William S. Peterson, *Victorian Heretic: Mrs. Humphrey Ward's «Robert Elsmere»*, 1976, S. 90–101. Großzügige Exzerpte aus Bashkirtseffs berühmtem Tagebuch bringt Dormer Creston [Pseud.], *Fountains of Youth: The Life of Marie Bashkirtseff*, 1937. Von großem Interesse ist die zeitgenössische Einschätzung dieses Tagebuchs durch Gladstone: «Journal de Marie Bashkirtseff», in: *Nineteenth Century* XXVI (Oktober 1889), S. 602–607. James R. Mellow macht in seinem gefälligen, klugen Buch *Nathaniel Hawthorne in His Time*, 1980, das ich hilfreich fand, trefflichen Gebrauch von Hawthornes privaten Aufzeichnungen.

Abkürzungsverzeichnis

BU-JHL	Brown University, John Hay Library
DPT	David-Peck-Todd-Papiere
G. W.	Sigmund Freud, *Gesammelte Werke,* hrsg. Anna Freud, E. Bibring, W. Hoffer, E. Kris, O. Isakower, in Zusammenarbeit mit Marie Bonaparte, 18 Bände, 1940–1952
LF	Lyman-Familienpapiere
MLT	Mabel-Loomis-Todd-Papiere
MTB	Millicent-Todd-Bingham-Papiere
SC-WHA	Smith College, Women's History Archive
SF	Silliman-Familienpapiere
SS	Sophia Smith Collection
St. A.	Sigmund Freud, *Studienausgabe,* hrsg. Alexander Mitscherlich, Angela Richards, James Strachey, 11 Bände, 1969–1975
Stabi	Staatsbibliothek
Y-MA	Yale University Library, Manuscripts and Archives

Abbildungsverzeichnis

1. Antoine Wiertz, *La Belle Rosina,* auch bekannt unter dem Namen *Zwei junge Mädchen.* 1847. Öl auf Leinwand. Antoine Wiertz Museum, Abt. des Royal Museums of Fine Arts, Belgien. Photographie: A. C. L. Brüssel.
2. Mabel Loomis Todd, Februar 1882. Photographie. Todd-Bingham Picture Collection, Yale University Library.
3. Eben J. Loomis, 1895. Photographie. Todd-Bingham Picture Collection, Yale University Library.
4. David Peck Todd, ca. 1890. Photographie. Todd-Bingham Picture Collection, Yale University Library.
5. William Austin Dickinson, ca. 1890. Photographie. Todd-Bingham Picture Collection, Yale University Library.
6. Sir John Tenniel, *Woman's Emancipation. Punch,* XXI (1851), S. 3.
7. Honoré Daumier, *«Verzeihen Sie mein Herr, wenn ich Sie kurz störe.»* Lithographie aus: *Les Bas bleus, Le Charivari.* 8. März 1844. Yale Sterling Library.
8. *Moderne Treibhauspflanzen,* in: *Fliegende Blätter,* I, 6 (1845), S. 46.
9. *Die Dichterin,* in: *Fliegende Blätter,* IV, 89 (1846), S. 135.
10. *Die Frau Professorin,* in: *Fliegende Blätter,* IV, 85 (1846), S. 102.
11. Edward L. Sambourne, *The Angel in «The House»; Or, The Result of Female Suffrage. Punch,* LXXXVI (1884), S. 279.
12. Heinrich Hoffmann, *Der Daumenlutscher,* in: *Struwwelpeter.* 1844/45. Ausgabe um 1900.
13. *Phyllis reitet auf Aristoteles.* Bronzenes Aquamanile vor 1300. The Metropolitan Museum of Art, Robert Lehman Collection, 1975.
14. Dante Gabriel Rossetti, *Venus Verticordia.* 1864. Öl auf Leinwand. Russell-Cotes Art Gallery and Museum, Bournemouth.
15. Dante Gabriel Rossetti, *Pandora.* 1879. Farbkreide auf Papier. Fogg Art Museum, Havard University.
16. Franz von Stuck, *Die Sünde.* 1893. Öl auf Leinwand. Bayerische Gemäldesammlung, München.
17. Max Liebermann, *Samson und Delilah.* 1902. Öl auf Leinwand. Städelsches Kunstinstitut, Frankfurt a. M. Photographie: Ursula Edelmann.
18. Edward Munch, *Harpyie.* 1894. Kaltnadelradierung. Munch-Museet, Oslo.
19. Edward Munch, *Vampyr.* 1895. Handkolorierte Lithographie. Munch-Museet, Oslo.
20. Edward Munch, *Der Tod Marats.* Ca. 1905–1907 (später überarbeitet). Öl auf Leinwand. Munch-Museet, Oslo.
21. Franz von Stuck, *Der Kuß der Sphinx.* 1895. Öl auf Leinwand. Szépmüvészeti Museum, Budapest.
22. Edward Munch, *Sphinx.* Ca. 1927. Zeichnung. Munch-Museet, Oslo.
23. Edward Munch, *Salome II.* 1905. Radierung. Munch-Museet, Oslo.

24. Gustav Moreau, *Ödipus und die Sphinx.* 1864. Öl auf Leinwand. The Metropolitan Museum of Art, New York.
25. Aubrey Beardsley, *The Climax.* 1894. Illustration zu Oscar Wildes *Salome.* Beinecke Rare Book and Manuscript Library, Yale University.
26. Aubrey Beardsley, *The Battle of the Beaux and Belles.* 1895/96. Federzeichnung. Entwurf einer Illustration zu Alexander Popes, *Rap of the Lock.* Barber Institut of Fine Arts, The University, Birmingham.
27. Penisring mit 4 Stacheln, in J. L. Milton, *Pathology and Treatment of Spermatorrhoea.* London 1887, S. 127. Courtesy of the Wellcome Trustees, Wellcome Institute for the History of Medicine, London.
28. Apparate zur Verhütung der Onanie, aus einem Katalog, «Maison Mathieu». 1904. Courtesy of the Wellcome Trustees, Wellcome Institute for the History of Medicine, London.
29. Hablot K. Browne («Phiz»), *Changes at Home.* 1850. Illustration zu Dikkens' *David Cooperfield.*
30. Carl Jutz, *Memento mori,* in: *Daheim,* XX (1884), S. 57.
31. James Ward, *The Day's Sport.* 1826. Öl auf Leinwand. Yale Center of British Art, Paul Mellon Collection.
32. V. Morland, *Au Salon de Peinture,* in: *Petit Journal pour Rire,* XXVI, 3. Serie (1882), S. 6.
33. Antonin-Jean-Paul Carlès, *Der Tod des Abel.* 1887. Musée du Luxembourg, Paris.
34. Ernest Barrias, *Elektrizität.* 1889. Gips (zerstört). Photographie: Giraudon.
35. Felix Charpentier, *Das Fahrrad.* Ca. 1895–1900. Terrakotta. Photographie, in: Peter Fusco und H. W. Janson (Hrsg.), *The Romantics to Rodin.* 1980, S. 69.
36. Per Haselberg, *Magnetismus.* Ca. 1884. Gips. Fürstenberg Gallery, Göteborgs Konstmuseum, Göteborg.
37. Carl Larsson, *Inneres der Galerie Fürstenberg.* 1885. Öl auf Leinwand. Göteborgs Konstmuseum, Göteborg.
38. Antonio Teixeira Lopes, *Eça de Queiros.* 1900. Marmor. Lissabon. Courtesy of Portuguese Consul General, New York.
39. William Etty, *Andromeda.* Ca. 1840. Ölgemälde. Lady Lever Art Gallery, Port Sunlight, Merseyside.
40. Alexandre Chaponnier, nach Pierre-Paul Prud'hon, *Das Studium leitet den Aufstieg des Genius.* 1806, oder früher. Punktierte farbige Gravur. Im Besitz des Autors.
41. August Kiss, *Amazone,* Lebensgroße Zinkkopie des in Berlin befindlichen Bronzeoriginals von 1841, abgebildet in: *The Art-Journal Illustrated Catalogue, The Industry of all Nations, 1851* (1851), S. 37.
42. William Etty, *Venus Now Wakes and Wakens Love.* 1828. Ölgemälde. Russell-Cotes Art Gallery and Museum, Bournemouth.
43. Jean Auguste Dominique Ingres, *Die Botschaft des Agamemnon im Zelt des Achilles.* 1801. Öl auf Leinwand. Ecole des Beaux-Arts, Paris.
44. William Etty, *Pandora.* 1824. Öl auf Leinwand. Cita Art Gallery, Leeds.
45. Jean Auguste Dominique Ingres, *Männlicher Torso.* Ca. 1800. Öl auf Leinwand. Ecole des Beaux-Arts, Paris.

46.–49. Edward Burne-Jones, *Pygmalion and the Image*. 1868–1879. Öl auf Leinwand. Courtesy of Birmingham Museum and Art Gallery.
50. Jean Léon Gérôme, *Pygmalion und Galatea*. Ca. 1881. Öl auf Leinwand. The Metropolitan Museum of Art, New York.
51. Honoré Daumier, *Pygmalion*. Lithographie, aus: *Le Charivari* vom 28. Dezember 1842. Yale Sterling Library.
52. Jean-Baptiste (genannt Auguste) Clésinger, *Frau von einer Schlange gebissen*. Nach 1847. Bronzenachbildung der Originalmarmorplastik. Los Angeles Country Museum of Art. Private Collection.
53. Alexandre Cabanel, *Ein Satyr entführt eine Nymphe*. 1860. Öl auf Leinwand. Musée des Beaux-Arts, Lille.
54. Hiram Powers, *Die griechische Sklavin*. 1843. Marmor. Yale University Art Gallery, Olive Louise Dann Fund.
55. Hiram Powers, *Versuchung Evas*. Modelliert 1842, Marmor. National Museum of American Art, Smithsonian Institution, Washington D.C.
56. Antonio Canova, *Venus Italica*. 1812. Marmor. Pitti Palast, Florenz. Photographie: Alinari.
57. Antonio Canova, *Cupido und Psyche*. 1793. Marmor. Louvre, Paris. Photographie: Alinari.
58. George Cruikshank, *Making Decent!* 1822. Etching. British Museum.
59. *Ein modernes »gotisches Haus«* von A. Welby Pugin. Karikatur in: *The True Principles of Pointed or Christian Architecture, Set Forth in Two Lectures* (1842), S. 58.
60. *Sofa mit abnehmbaren Polstern* aus Clarence Cook. *The House Beautiful: Essays on Beds and Tables, Stools and Candlesticks* (1878), S. 59.

Danksagung

Beim Schreiben dieses Buches, dessen Entstehung zehn Jahre dauerte, habe ich Dankesschulden auf mich geladen, deren ich mich mit Freuden entledige. Bei den unzähligen Begegnungen, die ich bei Vorlesungen und auf Tagungen hatte, kann ich nur hoffen, niemanden vergessen zu haben. Jener anonyme Student in Berkeley, der mich auf das Tagebuch von Heinrich Graetz aufmerksam machte, und jener Freund (ich habe leider vergessen, welcher), der den im zweiten Band verwendeten Titel «Glandular Christianity» [Drüsen-Christentum] vorschlug, gemahnen mich daran, wie vielfältig meine diesbezüglichen Schulden sind.

Ich hatte das große Glück, bei verschiedenen Gelegenheiten immer wieder meine Ideen *in statu nascendi* erproben zu können. 1980 hatte ich den Vorzug, als erster Wissenschaftler die Ena H. Thompson Lectures am Pomona College halten zu können; in dieser anregenden Umgebung versuchte ich, die ungefähre Richtung meiner Studie zu bestimmen. Drei Jahre zuvor – 1977 – hatte ich die Ehre, an der Iliff School of Theology in Denver die Martin Rist Lectures zu halten; hier erneuerte ich die liebgewordene Bekanntschaft mit alten Freunden und vertrauten Stätten und trug meine Gedanken über die bürgerliche Kultur des 19. Jahrhunderts vor. Harvey H. Potthoff lud mir Dankesschuld auf – wie immer. Die Whitten Lectures, die ich im selben Jahr an der McMaster University in Hamilton (Ontario) über «Das bürgerliche Jahrhundert» hielt, waren mir ebenfalls eine beträchtliche Hilfe. Eine ganz andere Formulierung meiner Ideen lag den Christian Gauss Lectures in Criticism zugrunde, die ich 1979 in Princeton hielt; hier wurde ich freundschaftlich-konstruktiv in die Mangel genommen, wofür diese Vorlesungsreihe mit Recht berühmt ist. Meine vier Freud Vorträge, die ich auf Veranlassung des Western New England Institute of Psychoanalysis und des Humanities Center 1980 an der Yale University hielt, berührten einige der in diesem Buch erörterten Themen. Ich erfreute mich ferner der Gastfreundschaft des Concilium on International and Area Studies und des Program on Modern Studies an meiner Universität. Anderweitige Vorlesungen – bis ins Frühjahr 1971 zurückreichend, als ich unter den Auspizien des Londoner Institute of Historical Research die erste Version meiner Vorstellungen zum bürgerlichen Jahrhundert entwarf – erwiesen sich als außerordentlich hilfreich insofern, als ich meine Ideen immer wieder umformulieren mußte und in den Diskussionen Anregungen und Kritik aus dem Publikum erhielt. 1972 sprach ich an der University of Indiana in Bloomington, an der Western Michigan University in Kalamazoo sowie am Goucher College in Towson (Maryland) über Themen wie Anstand und Verdrängung im 19. Jahrhundert. 1974 kehrte ich an meine *alma mater*, die Universität Denver zurück, um über die Moderne zu sprechen. Von späteren Vorträgen, die für den vorliegenden Band besonders bedeutsam waren, erwähne ich noch den an der University of Connecticut in Storrs im Jahre 1980 und den im Harvard Center for European Studies, der mit einer anregenden Diskussion meiner Ansichten endete. Im Jahre 1982 sprach ich am Concordia College in Montreal und an der

Arizona State University in Tempe. Mit Vergnügen erinnere ich mich wiederholter Besuche bei der University of California in Berkeley und in Los Angeles sowie, Mitte der siebziger Jahre, bei der Johns Hopkins University. Ebenso erfreulich und produktiv verliefen meine Gastvorlesungen an der University of Wisconsin in Madison, dem Kenyon College in Gambier (Ohio), der Tufts University in Medford (Massachusetts) und dem Institute for Advanced Studies in the Humanities an der University of Massachusetts in Amherst. 1982 hielt ich außerdem den Eröffnungsvortrag bei einer Tagung über Sexualität an der Cornell University. Alle diese geistigen Herausforderungen verbanden, in wahrhaft horazischer Art, das Angenehme mit dem Nützlichen.

Geld ist Zeit. Für dieses Buch – sowie den bereits weit gediehenen Folgeband – brauchte ich ausgedehnte Zeiten der «Muße», um Archive aufzusuchen, zu lesen, die verschiedensten Fragen mit geduldigen und entgegenkommenden Kollegen zu diskutieren, zu schreiben – und immer wieder umzuschreiben. Ich schätze mich außerordentlich glücklich, zwei größere Stipendien der Research Division des National Endowment for the Humanities erhalten zu haben: das erste für die Zeit von 1973 bis 1975, das zweite von 1981 bis 1984. Diese Stipendien gaben mir unschätzbare Zeit für mich selbst und ermöglichten Reisen zu Archiven in mehreren Ländern. Großzügige *fellowships* der Humanities Division der Rockefeller Foundation sowie der John Simon Guggenheim Memorial Foundation stellten weitere unentbehrliche Zeit zur Verfügung, und ich bin für beide dankbar. Der Rockefeller Foundation muß ich zudem für ihr schnelles und unbürokratisches Verständnis für die Bedürfnisse eines Wissenschaftlers danken, der auf der Suche nach angemessenen Geldmitteln ist. Dankbar anerkennen möchte ich auch die Hilfe des Fund for Research der *American Psychoanalytic Association*, um so mehr, als diese Zuschüsse normalerweise sehr viel technischeren Arbeiten vorbehalten sind. Der Deutsch-Amerikanische Austauschdienst (DAAD) und die Fritz-Thyssen-Stiftung stellten Mittel für den Besuch deutscher Archive und das Fotokopieren seltenen Materials zur Verfügung. In Yale genoß ich wiederholt die Wohltaten des Council on West European Studies des Concilium on International and Area Studies sowie des A. Whitney Griswold Fund, die meine Reisekosten sowie die Schreib- und Fotokopierkosten mittrugen.

Ganz allgemein bin ich meiner Universität und meinem Department für die ermutigende Einstellung zu meiner Arbeit zu Dank verpflichtet. Mein Kollege Howard Lamar, Dean des Yale College, arbeitete jenen unorthodoxen Stundenplan aus, der mir erlaubte, einerseits Vorlesungen zu halten und andererseits Zeit für diese Bücher zu haben. Joseph Warner und Linda Downey von der Grants and Contracts Administration waren mir weit über ihre berufliche Verpflichtung hinaus behilflich, mich im Dickicht der Bewerbungsformalitäten und Vorschriften zurechtzufinden; Richard S. Field und Debra N. Mancoff von der Yale Art Gallery halfen bereitwillig beim Heraussuchen von Illustrationen. Loueva Pflueger ebnete auf ihre unnachahmliche Weise dem Wissenschaftler die Wege. Gay Walker löste verschiedene technische Probleme. Marjorie Wynne von der Beinekke Library enträtselte ein Bild. Robert Balay und seine mit Recht berühmte Mannschaft klärte einige für mich unbeantwortbare bibliothekarische Fragen. Betty Paine tat mehr, als meine schwer lesbaren Blätter mehr als einmal abzuschreiben; sie versorgte mich auch mit interessanten Bildern und einschlägigen

Anekdoten und hat sich sehr mit diesem Manuskript identifiziert. Danken möchte ich auch den hilfreichen Könnern am Yale Manuscripts and Archives, namentlich Judith Schiff. Darüber hinaus gilt mein Dank dem Bibliothekar Ferenc Gyorgyey von der Historical Library der Yale Medical School.

Sehr zu danken habe ich auch den Archivaren in den verschiedenen Städten, die meine Briefe beantworteten, mich auf die richtigen Quellen verwiesen und mir damit viel Zeit ersparten. Dies gilt für Köln, Hamburg, München (Staatsbibliothek und Monacensia-Sammlung), Marbach (Deutsches Literatur-Archiv/Schiller-Nationalmuseum), Karlsruhe, Berlin (West-Berlin natürlich), ferner für Cambridge, Oxford, Oslo, Lille, Paris und Göteborg. Besonders dankbar bin ich für die Information, die mir freundlicherweise Mrs. Ingvari Desaix vom «Göteborgs Konstmuseum» gab.

Für die USA möchte ich meinen Dank aussprechen: Herbert Cahoon von der Pierpont Morgan Library, New York; Rita H. Warnock von der John Hay Library, Brown University; Richard J. Wolfe von der Francis A. Conway Library of Medicine in Boston; Lynn Metz, Kurator der College Archives des Knox College in Galesburg (Illinois); Dorothy Green und Susan L. Boone, Sophia Smith Collection, Smith College, Northampton (Massachusetts); Ruth James, Amherst Historical Society, Amherst (Massachusetts); Eva Moseley, Schlesinger Library, Radcliffe College, Harvard University, Cambridge (Massachusetts); Sara Timby, Manuscripts Division der Stanford University, Stanford (California); Susan Matusek vom Institute for Sex Research, Indiana University, Bloomington (Indiana); Peter Fusco vom Los Angeles County Museum of Art; Sara S. Hodson, Huntington Library, San Marino (Kalifornien).

Wie sehr ich in der Schuld des Western New England Institute for Psychoanalysis stehe, wo ich meine siebenjährige Pflichtzeit als Research Candidate abgeleistet habe, ist unübersehbar. Besonders und unvergeßlich verpflichtet bin ich Dr. Richard Newman – aus Gründen, die er ebensogut kennt wie ich – und Ernst Prelinger, dessen ungeheures und lebendiges Wissen über das Gesamtgebiet der Psychoanalyse mir erst klargemacht hat, welche entscheidende Rolle die Realität für den Werdegang der Seele spielt.

Dank abzustatten habe ich auch einer ganzen Reihe von Studenten, Kollegen in Yale und anderswo, Bekannten, Fremden, die nach einer Vorlesung zu mir kamen; sie alle haben mir mehr geholfen, als ich sagen – und auch nur erinnern – kann. Sie alle werden nichts dagegen einzuwenden haben, wenn ich mich in Form einer einfachen alphabetischen Aufzählung dafür erkenntlich zeige, daß sie mich über eine unbekannte Persönlichkeit unterrichtet, mir eine aufschlußreiche Geschichte erzählt, ein russisches Wort übersetzt, auf einen mir unbekannten Titel hingewiesen oder nur einfach zugehört haben: James Albisetti, Madelon Bedell, John Blum, John Brewer, Michael Burns, Paul Bushkovitch, Ruth Butler, Susan Chitty, Judy Coffin, Stefan Collini, Marian F. Conway, Nancy Cott, Angela Covey-Crump, Carl Degler, Peter Demetz, Betty Anne Doebler, Teri Edelstein, Richard Ellmann, Jane Fulcher, John Garraty, Sophie Glazer, Raymond Grew, Sir Ernst Gombrich, Fred Grubel, Robert Harding, Brian Harrison, Judith Hughes, Isabel Hull, Julie Iovine, Jane Isay, Steven Kablick, Herbert Kaplan, Jay Katz, Carl Landauer, Tim Lang, Tom Laqueur, Lisa Lieberman, Peter Loewenberg, Gene McAfee, Jeffrey Merrick, Ellen Messer, Marc Micale, Sir Ralph

Millais, James Mohr, David Musto, Thomas Nipperdey, Harry Payne, Janet Polasky, Barbara Corrado Pope, Jules Prown, Howard A. Reed, Monika Richarz, Samuel Ritvo, David Roberts, Jeffrey Sammons, C. J. Scheiner, Steven Scher, Alexander Shenker, Daniel Sherman, Quentin Skinner, Pamela und Wim Smit, Albert Solnit, Valerie Steele, Mary Lee Townsend, Frank Turner, Heinrich Voss, Malcolm Warner, Sharon White.

Seit 1972 haben verschiedene meiner Studenten für mich recherchiert, vor allem in ausländischen Zeitschriften. Ihnen allen sei hiermit gedankt: Karen Bradley, Joseph Koerner, Jay Lutz (der für mich aus dem Schwedischen übersetzte), Georges Magaud, Harry Payne, Debra Perry, Becky Saletan, Sally Titman.

Dankbar anerkennen möchte ich auch die Hilfe meiner Freunde und Lektoren von der Oxford University Press: Sheldon Meyer hat unerschütterlich an mein Unternehmen geglaubt und mir Mut gemacht; Nancy Lane hat mir mehr geholfen, als sie vielleicht ahnt; Stephanie Golden war eine geduldige und sorgfältige Lektorin – respektvoll und doch kritisch, wenn es darauf ankam.

Und dann meine Leser! Vann Woodward, dem ich das Buch gewidmet habe, unterzog die lange Einleitung einer kritischen und konstruktiven Lektüre, zu einer Zeit, als ich seinen Beistand am dringendsten brauchte; Jerome Meyer, mein Studienkollege am Psychoanalytischen Institut, prüfte mit geschultem Blick das ganze Manuskript und ermutigte und korrigierte mich in bezug auf freudianische Feinheiten; Carol Payne stellte einige kritische Fragen zumal zum dritten Kapitel; meine alten Freunde Dick und Peggy Kuhn unterzogen das Manuskript einer einfühlsamen und psychologisch geschulten Lektüre, von der es erheblich profitierte; meine damaligen Studenten und Forschungsassistenten und nunmehrigen Freunde, Susanna Barrows und Henry Gibbons, gingen mit höchster Sorgfalt jedes Wort des Manuskriptes durch und lieferten Information, Unterstützung und Kritik in schöner Ausgewogenheit. Mein Kollege und Freund John Merriman meldete geistvollen und höchst produktiven Widerspruch an und war mir besonders dabei behilflich, den Ansprüchen der Realität gerecht zu werden. Und Bob Webb studierte wie immer mein Manuskript mit dem reichen Wissen des Historikers und dem scharfen Blick des Lektors und verbesserte erheblich, was er las. Bei solchen gebildeten und sorgfältigen Lesern bin ich versucht, die Schuld an etwa noch vorhandenen Fehlern *ihnen* in die Schuhe zu schieben!

Ruth Gay verdient einen eigenen Absatz. Nicht nur hat sie diese Seiten mehr als einmal, oft mehr als zweimal mit eindrucksvoller Geduld und mit überaus großem Verstand gelesen; in einer sehr realen Weise hat sie das Buch überhaupt erst ermöglicht; indem sie Trophäen aus den Archiven nach Hause schleppte, die ihr unfehlbares Auge erspäht hatte und die mich überhaupt erst an dieses psychologische Detektiv-Unternehmen denken ließen. Trotz wichtiger und zeitraubender eigner Arbeiten ist sie Kritiker, Lektor, Rechercheur und Enthusiast in einem gewesen. In einem sehr realen Sinn hat sie dieses Buch zu einer Zusammenarbeit gemacht.

Peter Gay

Register

(Bearbeitet von Franziska Jäger)

Abbott, Ezra 85
Abtreibung 252, 269, 284
– in Amerika 267, 268
Acton, William
– über weibliche Sexualität 169, 170, 180
Addison 421
– Verteidigung des Mittelstandes 51
Adler, Otto
– über weibliche Sexualität 177–181
– Fallgeschichten 179
Adoleszenz 88
– Sexualität in der A. 290
– Erwerb sexueller Kenntnisse 198, 334, 335
Aggression 14, 15, 80, 219, 374, 434
Ahlgren, Ernst, s. Benedictsson, Victoria
Aktdarstellung 380–397
– Gegner 388–397
Albert, Gemahl Königin Victorias von England 57, 76, 291
Alcott, Louisa May 115, 321
– Überarbeitung eigener Schriften 409
– Tagebuch 437
Alcott, William A.
– über weibliche Sexualität 171, 216
– Ratgeberliteratur zur Sexualität 313, 315
Alden, H. M., Herausgeber von *Harper's Magazine* 408
Alexander I., Zar 55, 56
Alger, Horatio 77
«American Federation for Sex Hygiene» 326
Amerika (USA) 28, 84, 175, 197, 206, 212, 238, 275, 282, 326, 404
– als bürgerliche Gesellschaft 13, 14, 73, 202, 203
– Frauenwahlrecht 14, 196
– Ärztinnen 14, 199, 200, 438
– Mittelschicht 31
– Einwanderung 60
– Frauenstudium 200, 201
– Geburtenkontrolle 267, 268, 272
– Sexualerziehung 199, 300
– Libertinismus 340
– Strafprozesse 361
Amiel, Henri-Frédéric
– über den Preis des Fortschritts 74
– Tagebuch 125, 439, 440
– weibliche Sexualität 163, 164
– Rätsel Frau 188
– spleen 216
– Frauendarstellung 221
– Masturbation 306, 318
– platonische Libertinage 339
– Nacktheit in der Öffentlichkeit 343
– weibliche Aufrichtigkeit 350
– sexuelle Informationen 359
– Pornographie 366
– über Künstler 390
Amme 351, 352
Amsterdam 51
Andersen, Hans Christian 125
Andrews, Caro 86
Angst
– bürgerliche 68–70, 448
– vor Veränderung 68
– Empfängnisverhütung 277, 285, 286
Anna Karenina
– Übersetzungspraktiken in A. K. 406
Anna O.
– eingebildete Schwangerschaft 257
Anomie
– als Preis für Veränderungen 68
Anthony, Susan B. 132, 209, 247
Antifeminismus 207–216, 225–230
s. a. Frauenbewegung, Gegner

Arbeiter-Aristokratie 40
Archer, Stevenson, Antifeminist 210
Architektur des 19. Jahrhunderts
– Kritik 405
Aristokratie 12
– gegen Heuchelei 402
Aristoteles 367
Armut
– im 19. Jahrhundert 34, 36, 56
Arnold, Matthew 403
– *Culture and Anarchy* 50
Arnold, Mrs. Matthew 227
Ärzte 319, 324
– Ängste 320, 322–324
– aus der Sicht des Patienten 320–322
– Gesellschaft 324
– Heuchelei 414
s. a. Ärztinnen
Ärztinnen
– in der öffentlichen Meinung 199
– Widerstände 199, 200, 240
– Auffassung Clarks 231
s. a. Ärzte
Asquith, H. H. 227
Aufklärung
– als geistige Bewegung des 18. Jahrhunderts 78, 79, 188
Australien
– Frauenstimmrecht 198
Aurora 389
Avantgarde 16, 38, 41, 42, 69
– Beweis bürgerlicher Unfähigkeit zur Liebe 47
– Wut 53, 365
– erotische Literatur 365, 366
Avery, Alida C. 235

Bach, Johann Sebastian 426
Bacon, Francis 78
Bagehot, Walter
– *Physics and Politics* 64
– über die Tyrannei der öffentlichen Meinung 416
– über das Privatleben 436
Bahr, Hermann 63
Balliet, Thomas M.
– über Sexualerziehung 326
Balzac, Honoré de 162, 335
Barmen 35
Barnard, A. M. 197
Barnes, Robert
– über Geburtswehen 246
Barney, Natalie 297
Barrows, Mary I. 437
Bartlett, John
– Charakterprofil des Joseph B. Lyman 164, 165
Basedow, Johann 388, 422
– über Masturbation 316
Bashkirtseff, Marie
– gegen Zola 47
– Tagebuch 440
Baudelaire, Charles 403
– Obszönitätsprozeß 360, 364
Beale, Dorothea 201
Beamte 32, 33, 40
Beard, George
– zur Sexualität 181
Beardsley, Aubrey 224, 230
– Frauendarstellungen 222
Bebel, August 174
Becklard, Eugène
– über weibliche Sexualität 174, 175
Beecher, Catharine 174, 270
– Grabstein für eine Katze 347
– Vertrautheit mit dem Sezieren 349, 350
Beecher, Harriet 270, 347
Beer, Thomas Cameron
– Sammlung erotischer Literatur 367, 368
Beeton, Isabella
– zum Tod ihrer Kinder 246
– *The Book of Household Management* 349, 350
– über das Stillen 351, 352
Belgien 248
– Mittelschicht 33
– Verstädterung 60, 61
– Bevölkerungsrate 279
Belknap, Alice 244, 300
– Unkenntnis der Empfängnisverhütung 271
Bell, Currer 197

Benedictsson, Victoria 115
– unglückliche Ehe 126, 127
– Schriften 125, 126
– über das Unglück, eine Frau zu sein 126, 130, 131
– Verbindung mit Georg Brandes 127–131
– Frigidität 131
– Selbstmord 131
– *Fru Marianne* 131
– Tagebuch 440
Bentham, Jeremy
– über Empfängnisverhütung 273
Bérenger, René 326
Berger, Oskar
– zur Masturbation 310
Bergeret, L.F.E.
– über Krankheiten, entstanden durch Empfängnisverhütung 276, 277
Bergmann, Ernst v.
– Studium für Frauen 240
Berlin 33, 206, 339
– Kulturbestrebungen 37
– Bevölkerungswachstum 61
Bernays, Martha 195, 342, 432
Bernoulli, Christoph
– demographische Studien 248, 251, 252
Bertillon, Jacques
– gegen Geburtenkontrolle 280
Besant, Annie 293, 294
– für Geburtenkontrolle 269
– über Sexualerziehung 298
– sexuelle Informationen 429
s.a. Bradlaugh-Besant-Prozeß
Besant, Walter
– *The Revolt of Man* 213
«Bewegung», als Terminus 77
Bigelow, Mira 92
Bildung 32, 39
Billroth, Theodor 39, 75
Bingham, Millicent, s. Todd, Millicent
Birmingham
– Bevölkerungswachstum 61
Blackwell, Elizabeth 200
– zur Sexualität 175, 176
– über weibliche Befriedigung 287
Blanc, Charles 394
Bloch, Iwan
– Untersuchung über Sexualität 148, 149
– über weibliche Sexualität 159, 160, 169, 183
Bloch, Marc 17
Blunt, Wilfried Scawen 292
Bochum 35
Böcklin, Arnold 391
Boswell, James
– Tagebuch 437
Borniertheit 46, 49
Bourgeoisie, s. Bürgertum
Bouvier, Jean-Baptiste
– Zunahme der Geburtenkontrolle 267
Bowater, Louisa
– Tagebuch 72
– Heirat 301
s.a. Knightley, Lady
Braddon, M.E.
– Realismus in der Literatur 347
Bradlaugh-Besant-Prozeß 272, 364
s.a. Besant, Annie
Bradner, Lester
– über den Einfluß der Frau 424
Brandes, Edvard 131, 216
Brandes, Georg 127–131, 403
– Charakterisierung des Bürgertums 41
– Tod der Tochter 250
Breuer, Josef
– über Feminismus 208
– Fall der Anna O. 256, 257
Briefwechsel
– als erotische Befriedigung 146, 147
– Vertraulichkeit 442
Brontë, Charlotte
– über Thackeray 406
Brügge 51
Brougham, Lord
– zur Mittelschicht 51, 52
– Herkunft aus der Mittelschicht 52
Bryn Mawr College 203, 207, 237
Büchner, Georg 346
Bülow, Cosima, s. Wagner, Cosima

Bülow, Hans 75
«bürgerlich»
– als Epitheton 30, 31, 39, 40, 43, 46, 50
Bürgertum (Bourgeoisie), Definition 12, 27, 29, 30, 32, 39, 40, 54, 55
– Terminus in Deutschland 28–30
– Philister 30, 38, 49, 50
– unterschiedliche Einkommensverhältnisse 33–36
– Interessenkonflikte 39, 40
– Borniertheit 41, 47
– Geschichte 44
– Angriffe 46–50
– Unfähigkeit zur Liebe 47, 434
– Selbstzufriedenheit 50–52
– Selbstkritik 54, 403
– Ängste 68–70, 448
– erotische Stimulantia 433
– Zurückhaltung 445–447
Bürokraten 33
Burckhardt, Jakob 403
– Reiz des Neuen 63
– Veränderungen 74, 75
Burne-Jones, Edward
– Frauendarstellungen 221
Burrows, Montagu, Antifeminist 212
Busch, Wilhelm 348
Buss, Frances Mary, Bildungsreformerin 236
Byron, George Gordon, Lord 220, 362, 403, 404
– zum Tod Keats' 131

Cabanel, Alexandre 394
Cabot, Elizabeth Dwight
– über Schwangerschaft 253
Cabot, Godfrey Lowell
– erotische Phantasien 136–138
– Pornographie 377
Cabot, Hugh 327, 328
– über Sexualerziehung 333
Cabot, Minnie 138
Calvin, Johann 401
Calhoun, George R.
– über die Folgen der Masturbation 306
Calm, Marie, Feministin 195
Camberwell
– Bevölkerungszuwachs in diesem Londoner Vorort 62
Camp, Maxime du 60
Campbell, Lord
– Kampf gegen Pornographie 360, 363
Campe, Joachim Heinrich
– zur Masturbation 315, 316
Camphausen, Otto
– über Expertenaristokratie 39
Canova, Antonio
– Aktskulpturen 382
Capellmann, Carl
– über Masturbation 314
Carlile, Richard
– über Empfängnisverhütung 273
Carlyle, Alexander 410
Carlyle, Thomas 403
– Wandel 58
– als Frauenfeind 225
– *Deutschlandreise* 410
– *Sartor Resartus* 432
Carroll, Lewis, Kinderphotograph 397
Chant, Laura 111
Charcot, Jean-Martin
– zusammen mit Magnan Untersuchung über Impotenz 302, 397
Chauncey, Elizabeth
– Tod der Kinder und eigener Tod 245, 246
Chauncey, Nathaniel
– Tod seiner Kinder und seiner Frau 245, 246
Cheney, Ednah Dow
– Biographie L. M. Alcotts 409
Chevalier, Ernest, Freund Flauberts 380
Chevalier, Michel 34
– Vergleich der amerikanischen und französischen Mittelschicht 31
Chloroform
– als Mittel zur Erleichterung der Geburt 246, 247, 357
Chopin, Frédéric
– über Clésinger 393

Christian, Jules
– über Masturbation 308
Clark, Kenneth 382, 384
Clarke, Edward H.
– zur höheren Schulbildung der Frauen 230–233
– *Sex in Education* 231–235
– Fall der Miss D. 232, 235
– als Kritiker 232–236
– *The Building of a Brain* 233
Clément, Charles
– zu Prud'hon 381
Clésinger, Jean-Baptiste 393
Cleve, Horatio Van 258
Cobbe, Frances Power, Feministin 193
Cobden, Richard 30
Coitus interruptus
– als Möglichkeit zur Geburtenkontrolle 274–276
– Schädigungen 276, 277
– Freud 277
Collins, Charles 301
Collins, Wilkie
– über Vorstädte 62
Comfort, Anna und George F. 234
Comstock, Anthony 390, 403
– Unterstützung für S. Stall 329
– Kampf gegen Pornographie 360, 362, 367
– pornographische Obsessionen 378
– über den Akt in der Kunst 388, 398
Condorcet, Marquis de 303
Conrad, Joseph 359
Constable, John 385
Cook, Clarence
– über «erotische Möbel» 431
Cooke, Nicholas Francis
– *Satan in Society* 188, 313, 314
– über die Frau als ein Rätsel 189
– zur Masturbation 314
Courbet, Gustave 383
Cross, J. W. 445
Croswell, Harry 348
Cruikshank, George 397
Czerny
– zum Frauenstudium 239
Dänemark 128
Daheim 334
– über Sinnlichkeit 340
– *Memento Mori* 347
Dall, Caroline H., Frauenrechtlerin 235
Daudet, Alphonse 365
Daumard, Adeline 43
Daumier, Honoré 405
– als Antifeminist 211
– über Stillen in der Öffentlichkeit 342
– künstlerischer Akt 391
Davies, John P. 79
Debay, Auguste
– über Sexualität 166–169
Defoe, Daniel 51, 176
Degas, Hilaire Germain Edgar
– Akte 383
Dehmel, Richard
– Obszönitätsprozeß 364
Dekamerone 367
Delacroix, Ferdinand Victor Eugène 383
Delbrück, Rudolf von
– über Beamte 33
Delila
– als femme fatale 220, 221
Demographiestudien 248
De Quincey, Thomas
– zu Goethes *Wilhelm Meister* 407
Descartes, René 78
Deslandes, Léopold
– zur Masturbation 308, 309, 312, 313
Desprez, Louis
– Obszönitätsprozeß 365
Deutschland 39, 40, 45, 67, 168, 197, 221, 237, 283, 379, 403, 404, 418
– Mittelklasse 28–30, 32
– Bildung 32, 35
– städtische Sozialstrukturen 33–35
– hohe Kultur 37
– Verachtung des Bürgertums im 18. und 19. Jahrhundert 49
– Verstädterung 60–62
– Zunahme der Mittelschichten 66
– gesetzliche Stellung der Frau 195
– Frauenstudium 202, 206, 237–241

– ausländische Studenten 202, 237
– Antifeministen 213–215
– Geburtenrate 279, 281
– Geburtenrückgang 281, 282
– Sexualerziehung 299, 300
– Skatologie 348, 349
– Schmutz- und Schundliteratur 361–363
Dewey, Orville 396
Diaphragma 274–276
Dickens, Charles 13, 79
– Karikatur der Mittelschicht 38, 412
– Hinweis auf Geburtenkontrolle 270
– über das Stillen 341, 342
– Spekulation über Kannibalismus 344
– zu Canova 382
– Gesellschaftssatire 405, 411
– Zensur durch Erben 409, 410
Dickens, Mamie
– Zensur der väterlichen Schriften 410
Dickinson, Anna, Frauenrechtlerin 204
Dickinson, Austin
– Verhältnis mit Mabel Todd 102, 103, 105–110, 112, 113
– Tod 106, 107
– unglückliche Ehe 110
– Moralität 110
– Vergleich mit Mabel Todds Vater 113, 114
– Beurteilung durch Millicent Todd 117
– Ansehen 119, 120
Dickinson, Emily 102, 119, 139
Dickinson, Ned 103, 104
Dickinson, Susan 103, 120
Diderot, Denis 176, 402
– Ödipuskomplex 407
Diemer, Michael Zeno, Maler 250
Disraeli, Benjamin 73, 127
– Angst vor Umwälzungen 70, 71
– zum Familienkult 435
Dodge, Mary A. 197
Doktrin der Distanz 390–395
Dole, Nathan Haskell 406
Dostojewski, Feodor 221
Douglass, Frederick 209
Droz, Gustave 169, 296, 361
– zur Sexualität 165
– *Un Eté à campagne* 372
Drysdale, George R., Feminist 207
Duchâtel, Graf
– über Veränderungen 70
Duff, Gordon, Lady
– Briefe aus Ägypten 352, 353
Duffey, Eliza 358
– männliche Brutalität in der Ehe 303
Dumas, Alexandre
– Frau als Rätsel 188
Dumont, Arsène
– Kapillaritätstheorie 279
Duncan, J. Matthews
– über weibliche Sexualität 149, 150, 177
– Freude am Ehe-Sex 290
Dunlap, William
– über den künstlerischen Akt 390
Durkheim, Émile 64, 323
– über Anomie 68
– zur Religion 71
Dyos, H. J. 62

Eckstein, Ernst 215
Edinburgh 51
Edwards, Jonathan 87
Ehe
– wirtschaftliche Einflüsse 33, 34, 434
– Altersunterschied der Partner 116, 117
– Sexualität in der Ehe 131–159, 290, 291
– «legalisierte Prostitution» 154
– Ehegesetze in England 193, 194
– Ehegesetze in Deutschland 194, 195
– Vollzug 290, 295–298, 300–302
– erotische Erfahrung 429, 430
– Liebe 434
– Tagebuch 441
Ehehandbücher 174
Einrichtungsgegenstände als Aphrodisiaka 431
Eisenbahn 25, 62, 64, 65
– Sinnbild des Wandels 23, 75, 76

Eliot, Charles W.
– über Sexualerziehung 326
Eliot, George 29, 197, 449
– Mabel Todd über 111
– *Middlemarch* 335
– Biographie 445
Elliott, Jeannie (spätere Sumner)
– Zurückhaltung und Kälte 442–444
Ellis, Havelock 183
– Vormarsch der Frauen 196, 199
– zur Schwangerschaft 255
– zur Masturbation 307, 316, 334
– über die Sinnlichkeit 328
Ellis, Sarah Stickney
– zur Rolle der Frau 173
Emerson, Ralph Waldo 409
Empfängnisverhütung (Geburtenkontrolle)
– Laienansichten 97
– Gladstone als Gegner 266
– J. St. Mill als Befürworter 266
– Befürworter 268–270, 276, 277, 279, 281, 283, 284, 286, 287
– moderne Techniken 270, 274, 284
– Gegner 270, 276, 278, 280–283
– Verfechter vor Gericht 272
– Leitfaden 272, 273
– wirtschaftliche Vorteile 274, 280
– Hilfsmittel 273, 274, 276
– Streit über Techniken 276
– Wirksamkeit 277–282, 287
– Klassencharakter 284–287
– Schädlichkeit 277, 285, 286
Empfindungslosigkeit, sexuelle
– Duncan 149, 150
– «Mosher Survey» 152
– Acton 170
– Adler 177, 178
Engels, Friedrich 29, 46
– Aufstieg des Bürgertums 45
– zur Bourgeoisie 48, 50
– bürgerliche Heuchelei 404
s.a. Marx
England 28, 43, 168, 238, 248, 272, 273, 275, 279, 283, 326, 379, 404, 421
– Mittelklasse 29, 30
– Einkünfte der Mittelklasse 34
– Bildung 34
– Armut 36
– hohe Kultur 37
– Verstädterung 60–62
– Expansion der Mittelklasse 65, 66
– rechtliche Stellung der Frau 192–194
– Frauenstimmrecht 196
– Ärztinnen 200
– Frauenstudium 201, 202
– Antifeminismus 212, 213
– Kindersterblichkeit 250
– Säuglingssterblichkeit 249–252
– Obszönitätsprozesse 360, 361
– Pornographie 372, 373
Enthaltsamkeit
– Folgen 166, 168
– Mittel zur Empfängnisverhütung 269, 272
Erfahrung
– Natur 21, 22, 189
– Konstruktion 22
– William James über 21
– historische Interpretation 23, 25, 26
Erziehung 35, s.a. Bildung, Frauenstudium
Es 23
Escoffier, Auguste
– Neuheiten 65
Ethelmer, Ellis 331, 332
Etty, William
– Sinnlichkeit der Aktdarstellung 385, 386, 388, 393
– Würdigungen 386, 387
Eugeniker 283
Eveline 374
Evelyn, John
– Tagebuch 437
Exner, M.J.
– über Sexualerziehung 300
Eyer, Alvin 312

Fabrikbesitzer 40, 41
Familie 338, 403
– als Institution 417
– Einstellung des 19. Jahrhunderts 417
– Kritik 417, 418, 427

– Grundtypen 418, 419
– patriarchalische 419, 420, 423
– Kernfamilie 420
– Zukunft 420, 421
– sexuelle Erziehung in 429
– Veränderungen 433
– Rivalitäten 435
– Kult 435
– Privatsphäre 435
Familiensoziologie 418
Farr, William
– über Säuglingssterblichkeit 248, 249
Fawcett, Philippa Garrett 236
Feminismus 173, 197, 208, 213, 426
s. a. Frauenbewegung
Feministinnen
– gegnerische Charakterisierungen 209–211, 213, 214
Flaubert, Gustave 7, 60, 299, 334, 403
– über die Bourgeoisie 16, 47, 49, 50
– *Salammbô* 50, 347
– Tod der Schwester Caroline 245
– skatologische Ausdrücke als Kind 338
– über das Stillen 342, 343
– Obszönitätsprozeß 360, 365
– künstlerische Aktdarstellungen 380
– zu Canova 382
—Sinnlichkeit in der Kunst 397
– *Education sentimentale* 400
Fliegende Blätter
– Antifeminismus 213, 214
Fließ, Wilhelm 10, 20, 284
Fontane, Theodor 299
Foote, Arthur 353
Foote, Mary 270, 271, 353
Forster, John
– Biographie Dickens' 410
Fortschrittsglaube 57
Fowler, O.S.
– zur Masturbation 315, 318
– sexuelle Ausschweifungen 318
– Können der Ärzte 320
Franklin, Sir John 344
Frankreich 29, 45, 49–51, 67, 197, 212, 249, 282, 296, 326, 379, 403, 427
– Definition der Bourgeoisie 30, 31
– Zolas Klassifizierung der Bourgeoisie 32
– Mittelschicht 33
– Verstädterung 60, 61
– Ausdehnung der Bourgeoisie 66
– Religion 71
– rechtliche Stellung der Frau 192, 194
– Frauenstimmrecht 196
– Ärztinnen 200
– Frauenstudium 202
– Frauenzeitschriften 208
– Antifeminismus 211
– Geburtenkontrolle 267, 272
– Geburtenrückgang 278, 279, 281
– Kampf gegen Geburtenrückgang 278–281
– excessive Sinnlichkeit 279, 340, 361, 384
– Sexualerziehung 299
– Obszönität 363
– Obszönitätsprozesse 361, 365
Frau
– als Rätsel 184, 188, 189
– Furcht des Mannes vor der 185, 187, 210, 211, 215, 216, 219–225, 228, 236, 241, 424, 427
– unterschiedliche Beurteilung in einzelnen Staaten 203
– Aufgabenzuteilung 424
Frauen
– Lage in Amerika 14
– Charakterisierung durch Bürgerfeinde 48
– im Beruf 65, 187, 425
– höhere Schulbildung und Studium 183, 200–203, 206
– Vormarsch der 187, 213
– Unzufriedenheit 190–192
– Kampf um Rechte 190
– Rechtsstatus 192–196
– wirtschaftliche Aussichten 197–199
– Berufe 197–199, 238–240
– Zulassung zum Studium 200–202
– Argumente gegen Studium 230–236, 240
– Geburtenkontrolle als Möglichkeit

des Abbaus der Unterschiede der Geschlechter 286, 287
– verhinderte Sexualaufklärung 290–296
– Vorwurf mangelnder Aufrichtigkeit 350
– Herabsetzung in der Pornographie 376
– Aufgabe, aus der Sicht des 19. Jahrhunderts 423–427
– Angst vor Männern 428
Frauenbewegung 182
– Ursprünge 207–209
– Literatur 208
– männliche Unterstützer 208, 209
– Gegner 209–216, 225
– Verspottung männlicher Anhänger 209, 210, 224
– weibliche Gegner 225, 227, 228
– Befürchtungen 226, 227, 229, 230
Frauenstimmrecht 196, 200
– Gegenargumente 225, 226
Freud, Anna
– Identifikation mit dem Aggressor 228
Freud, Sigmund 11–13, 15, 17, 21, 22, 47, 80, 88, 124, 130, 204, 300, 302, 323, 370, 391, 403, 415, 432, 433
– Erinnerung an frühe erotische Triebe 20, 23
– Psychoanalyse 24, 26, 58, 59, 241
– Fallgeschichte 26
– Ödipuskomplex 26, 58, 59, 414, 435
– Angst 68
– Anpassung 68
– bürgerliche Moral 70, 122
– sexuelle Sittlichkeit 122
– *Traumdeutung* 133, 183, 414
– *Drei Abhandlungen zur Sexualtheorie* 183
– weibliche Sexualität 183–185, 189
– zu J. St. Mill 194
– Erfahrung durch objektive Realitäten 243
– Geburtenkontrolle 268
– psychologische Risiken der Geburtenkontrolle 277, 284
– Malthusianismus 284
– zur Masturbation 304, 316
– sexuelle Neugier von Kindern 327
– Liebe 332, 334
– Kinderaufklärung 330, 333
– sexuelle Erfahrung der Jugend 334
– zum Stillen 342
– Geschlechtstrieb 373
– Kinder 374
– Erniedrigung des Sexualobjektes 377
– Entblößung 397
– Heuchelei 412, 413
– Gesellschaftstheorie 412, 413
– Kultur und Zivilisation 412, 413, 448
– Fall Dora 413
– infantile Sexualität 414
Frigidität
– Naphey 176
– Freud 184
Fromm, Erich 242
Froude, J. A.
– über Heuchelei 403, 416
Fruchtbarkeitstheorie 99
Fulda, Ludwig
– Zulassung von Frauen zum Studium 238
Fuller, Francis 349
Funcke, Otto
– Weiblichkeit 424

Gardner, Augustus
– «Mai-Dezember»-Ehen 116
Gargantua und Pantagruel 367
Garland, John 89
Garnett, Constance 406
Garnier-Pagès 43
Garrison, William Lloyd 207, 208
Gartenlaube 199
Gaskell, Elizabeth 351, 432
Gasparin, Agénor de, Antifeminist 211
Gauthiez, Pierre
– zu Prud'hon 381
Gautier, Théophile
– gegen Bourgeoisie 41
– über bürgerliche Ängste 69

– Frauenschilderung 222, 224
– zu Clésinger 393
Gavarni
– über bürgerliche Liebe 48
Geburt
– Müttersterblichkeit 245–248, 252
– Betäubung 246, 247
– Schmerzen 246, 247
– Aufklärung der Kinder 337, 338
– Anwesenheit des Mannes 262–264, 356, 357
Geburtenkontrolle, s. Empfängnisverhütung
Geldaristokratie 40
Georg III., König von England
– Proklamation gegen Unmoral 361
Gerhardt-Amyntor, Dagobert von
– zum Frauenstudium 238
Gérôme, Jean-Léon 391
Geschlechter
– Rolle der 423–427, 435
Geschlechtsverkehr
– voreheliche 92
– während der Schwangerschaft 153, 155, 314
– als Band der Ehe 156
– während der Menstruation 167, 314
– Übermaß 318
– Quellen 334, 341–349
– Erfahrungsaustausch 352
– Furcht vor 358
– Mysterium für Bürger des 19. Jahrhunderts 447
Gibbs, Mary Ann
– zum Tod der Schwester 258, 259
Gierke, Otto von
– zum Frauenstudium 239
Gilbert, W.S. 423, 426
Gilder, Helena 353
Gladstone, Catherine 366
– Niederkunft 262–264, 255, 257
– Stillen 355, 356, 358
Gladstone, William Ewart 355
– Bewertung des 19. Jahrhunderts 56
– Ungewißheit als Lebenselement 79
– mütterliche Einflüsse 262
– Glaube 262–266
– Anwesenheit bei Geburt seiner Kinder 262–264, 257
– über den Tod 264
– Tod der Tochter Jessy 264, 265
– Krankheit der Tochter Agnes 265, 266
– gegen Geburtenkontrolle 266
– über das Stillen 351, 355–357
– Tagebuch 355, 366, 439, 441
– gegen unsittliche Bücher 366
– über Frauen 425
– zu George Eliot 445
Glynn, Lavinia 264
Goethe, Johann Wolfgang von 28, 49, 336
– Kritik seiner Freizügigkeit 407
Goncourt, Edmond de
– Kastrationstraum 217–219
– Tod des Bruders 218
– *Chérie* 330
Goncourt, Edmond und Jules 48, 302, 340, 379, 426
– Preis des Fortschritts 74
– weibliche Sexualität 163
– Frauenfeindschaft 211, 219
– Tagebuch 218
– Verhältnis zueinander 218
– *Manette Salomon* 219
– zu F. Hankey 369, 370
– über Prud'hon 381
Goodyear, Charles 270
Gosse, Edmund
– über Victoria Benedictsson 126
Gouge, Olympe de 208
Gourrier, H.M.
– gegen Geburtenkontrolle 280
Gouvernanten 198, 208
Goya, Francisco 56
Graetz, Heinrich
– über die Liebe 447
Gray, Effie
– Tod dreier Schwestern 250
– Heirat mit John Ruskin 294, 295
– Annulierung der Ehe 295, 406
– Heirat mit J. Millais 295, 301
– Modell für Millais 389
Gray, Sophia 246

Greg, W.R. 175, 298
– weibliche Sexualität 171, 172
Gregory, Samuel
– zur weiblichen Masturbation 309, 314
Greuze, Jean Baptiste 402
Grimké
– Schwestern 208
Großbritannien, s. England, Schottland, Wales
Grossmith, George und Weedon
– *The Diary of a Nobody* 62
Guizot 43

Haggard, Rider 347
Halévy, Elie 17
Haller, Albrecht von 305
Hamerton, Philip Gilbert
– zu Etty 386
Hammond, William A.
– über Impotenz 302, 303
Hankey, Frederick 368–370
Handwerker 30, 35, 36, 40
Hanslick, Eduard 75
Hardy, Thomas 7, 398, 408
– über Zensur 408
Harrison, Brian 225
Hasselberg, Per, Bildhauer 380
Haweis, Eliza 432
Hawthorne, Nathaniel
– Ehe als Freibrief erotischen Genusses 132, 445, 446
– Tagebuchzensur 410, 446
– Liebesbriefe 442
– Reserviertheit in Gefühlsdingen 444
Hawthorne, Sophia 352, 445
– Ehe 132
– als Zensorin des Tagebuchs ihres Mannes 410, 446
s.a. Peabody, Sophia
Haydn, Josef 426
Hegel, Georg Friedrich Wilhelm 28, 405
Heine, Heinrich 37, 43, 48, 220
– Bürgerverachtung 46, 47, 49
– über den Fortschritt 57
– Sphinx 223
– zu Canova 382
Henderson, Charles Richmond
– zur Masturbation 316
– Unwissenheit und Fehlinformationen über Sexualität 325
Heptameron 367
Herbert, Sir Thomas 401
Herz, Henriette 208
Herzen, Alexander
– Zurückhaltung von Empfindungen 444, 445
Heuchelei
– Hang des Bürgertums zu 121, 122, 400, 401
– historische Beispiele 401
– Definition La Rochefoucaulds 401
– Kritiker 402–406
– Kulturheuchelei 413
– und Unbewußtheit 413, 414
– Historiker zur 415
– Furcht vor öffentlicher Meinung 416
Hinrichtungen, öffentliche 344
Historiker
– Anwendung der Psychoanalyse 16–18, 22, 24, 26
– Erfahrung 22, 25
– zur Heuchelei 415
Hobson, J.A.
– zur Heuchelei 414, 416
Hoffmann, E.T.A. 362, 404
– gegen Bürgertum 49
Hoffmann, Heinrich, *Der Struwwelpeter* 216, 217
Hofmannsthal, Hugo von 12
Hofstadter, Richard
– über Urbanisation in Amerika 60
Hogarth, Georgina
– über die Zensur von Dickens' Briefen 410
Holbein der Jüngere, Hans 51
Holt, Henry 407
Holywell Street (London)
– Pornographie 359, 360, 370
Hone, Philip 395
Hopkinson, James
– Traumsymbole 133–136
– Können der Ärzte 321

Horney, Karen
– Tagebuch 440
Houssaye, Henry 393
Howe, Julia Ward 92
– gegen Kritiker des Frauenstudiums 234–236
Howe, Samuel Gridley 92
Hufeland, Christopher Wilhelm
– über den Ärztestand 324
Hughes, Arthur und Molly 131, 296
Hugo, Victor 125
Huizinga, Johan 40
Hume, David
– über die Frau als Rätsel 188
Hunt, Harriot 187, 200
– Bezahlung der Lehrerinnen 198
– Ärztinnen 199
– Tagebuch 438
Huot, Marie 269
Hysterie im 19. Jahrhundert 117

Ibsen, Henrik 332, 403, 407, 426
Ich 23, 400, 416
– Funktionen des 242, 243
Impotenz
– in der Hochzeitsnacht 300, 301, 303
– medizinische Literatur 302, 303
– Behandlung 303
– Freud zur 377
Ingres, Jean Auguste Dominique 388
– Abbildung des Ödipus 223, 224
– Akte 383, 384
Inzest 435
– in der Pornographie 371, 376
– Ausflüchte 376
– Distanz als Schutz vor 391
Irrsinn
– durch Masturbation 305–308
Italien
– Ärztinnen in 200

Jackson, Holbrook
– Wandel der bürgerlichen Welt 63
Jacobi, Mary Putnam
– Menstruation und Lernfähigkeit 236
Jacobs, Aletta 199
Jaegle, Minna
– Verhalten beim Tod Georg Büchners 346
James, Alice 89, 90
James, Henry 43, 89, 90, 401
– über seichte Literatur 38
– zu Balzac 53
– Bürgerkritik 53
– Heuchelei der Schriftsteller 415
– Tagebuch 439
James, William 71, 89, 401
– zur Erfahrung 21
Janet, Paul 423
Jogiches 255
Johnson, Samuel
– zur Neuerungssucht 64
Jones, Lawrence
– über Sexualerziehung 298, 299
Judge, humoristische Zeitschrift in Amerika 404

Kannibalismus
– Dickens zum 344
– Swinburne zum 366
Kapitalismus im 19. Jahrhundert 76
Kastration
– Zola 211
– als Metapher 216, 217
– Goncourts Traum 217–219
Kaufmannsstand 51
Keats, John 131, 220
Kennedy, Helen P.
– Schülerinnenbefragung über Menstruationsaufklärung 297
Kent, Constance 215
Kierkegaard, Søren 403
Kilvert, Francis
– moralischer Rigorismus 341
Kinder
– in der bürgerlichen Ehe 147
– Recht des Mannes 193
– Sterblichkeit 250
– Trost angesichts des Todes 260
– erotische Gefühle 311
– verfehlte Sexualerziehung 326, 327, 330–333
– Quellen sexueller Information 334, 336

– elterliche Belehrung über Sexualität 337, 338, 429
– polymorphe Perversität 374, 375
– Änderung der Erziehungsmethoden im 19. Jahrhundert 422
– Tagebücher 437, 438
Kingsley, Charles 89, 131
– Hochzeitsnacht 301
– Wahrheitsliebe 421
Kingsley, Fanny 131
– als Zensorin der Tagebücher ihres Mannes 410
Kipling, Rudyard 215
Kirchhoff, Arthur
– Umfrage über Frauenbildung in Deutschland 237–241
Kirkland, Caroline 396
Kiss, *Amazone* 382
Kladderadatsch 404
Klassen
– und Säuglingssterblichkeit 248
– und Müttersterblichkeit 252
s.a. Mittelklasse
Klitoridektomie gegen Masturbation 311, 312
Knightley, Lady
– Tagebuch 440
Knightley, Rainald
– Heirat 301, 302
Knoedler, Herman 388
Knowlton, Charles
– *Fruits of Philosophy* 272, 273, 276, 364
Koch, Karl Heinrich Emil
– sinnliche Phantasien in Briefen 147
«köstlich», Gebrauch des Adjektivs 89
Komfort
– Demokratisierung des 430, 431, 433
– erotische Aspekte 431
– als Privatangelegenheit 436
Kondom 270, 271, 274, 276, 285, 286
Konflikt 16, 79
Kontrazeption, s. Empfängnisverhütung
Krafft-Ebing, Richard Freiherr von
– über weibliche Sexualität 157, 170
– *Psychopathia Sexualis* 170
Kronoff, Frieda von
– zum Tagebuchführen 439
Künstler
– Charakterisierung im 19. Jahrhundert 389, 390
Künstlermodelle 389
Kultur
– Umwälzungen im 19. Jahrhundert 11, 448
– Definition von 12
– bürgerliche 12–14, 18
– als Möglichkeit zur Bindung unbefriedigter Wünsche 24
– als Grenze der Leidenschaften 121
– politische 401
– Kompromisse 413
– Theorie Freuds 413, 447–449
Kultur, hohe
– Einstellung in Deutschland 37
– unterschiedliche Einstellung der Mittelschichten 37–40
– Begründung 51
– erotisches Fundament 170, 185
«Kulturheuchelei»
– Freud 412, 413, 447, 448
Kunst
– und Bürgertum 53
– Frauendarstellungen 220–225
– als Kulturzeuge 224
– als Vermittler sexuellen Wissens 388, 389, 397
s.a. Aktdarstellung

Laclos, Choderlos de 220
Lamartine, Alphonse de
– Zeitenwandel 71
Lange, Helene 194
La Rochefoucauld, François, Herzog von 401, 416
Lavasseur, Émile 278
Lawrence, D.H. 370
Leech, John
– Reaktion auf den Tod seines Kindes 250
Lehár, Franz 188
Lehrerinnen 198
– Seminar 201, 202, 204

Leihbücherei 362, 365, 379
Leipzig 206
Leixner, Otto von 214
– Tagebuch 124, 125, 440
– Volksbund zur Bekämpfung des Schmutzes in Wort und Bild 362
Le Journal pour Tous
– Darstellung des Tötens 347
Lenbach, Franz von 251, 389
Lenbach, Franz Josef
– Wiederverheiratung 251
Le Play, Frédéric 278, 422
– Familiensoziologie 418–421, 428
– *Les Ouvriers européens* 418
– Feminismus 426, 427
– Erbsünde 435
Le Sage, André René 367
Leslie C.R.
– zu Etty 387
Lester, C. Edwards
– zu Powers 395
Levertin, Oscar
– über Kastration 216
Lewes, G.H. 111
Lewin, Georg
– zum Frauenstudium 240
Liberalismus 405
Libertinage, platonische 339, 359
Libido 178, 368, 374
Liebe 14, 15, 47, 48, 434
– bürgerliche Unfähigkeit zur 47, 48, 434
– bürgerliche 157, 158, 434, 447
– Ethelmer zur 332
– romantische 434
Liebermann, Max 221
Linton, Eliza Lynn 191
– Feminismus 228, 229
Linton, W.J. 228
Lister, Joseph 304
Literatur des 19. Jahrhunderts 38
– sexuelle Informationen 334–336, 432
– Realismus 347
– Pornographie 364–366
– Selbstzensur 365
s.a. Ratgeberliteratur
Locke, John 59, 78, 422
Longfellow 92
Loomis, Eben 113, 114
Loomis, Mabel, s. Todd, Mabel
Loomis, Mary 93, 99
Lopes, Teixeira 380
Louis Philippe, französischer König 40, 45, 70
Lutyens, Edwin 292, 293
Lutyens, Lady, s. Lytton, Emily
Luxemburg, Rosa
– Wunsch nach einem Kind 255, 256
– Geburtenkontrolle 285
Lyman, Joseph 354
– Eheglück 138–142
– Schriften 139–141
– Charakterprofil 139, 164
– Gottergebenheit beim Tod der Tochter 259, 260
– Nacktbaden 343, 429
– Beschreibung von New York 339
Lyman, Laura (Baker) 159, 165, 431
– Eheglück 138–142
– schriftstellerische Tätigkeit 139, 141
– Tod der Tochter 259, 260
– Nacktbaden 343, 429
Lyon, Mary 201
Lyttelton, Edward
– über Sexualerziehung 327–329
– Jugendaufklärung 331
– zur Masturbation 331
Lytton, Emily (spätere Lady Lutyens)
– über Sexualerziehung 292
– Ehe 292, 293
– Vertrautheit mit dem Sezieren 350

Macaulay, Thomas Babington
– Familienleben 421
MacMonnies, Mary 396
Maddison, Isabel
– zum Frauenstudium in Deutschland 237
Magnan, Valentin, s. Charcot
Malthus, Thomas Robert 405
– *Essay on the Principle of Population* 269
– Geburtenkontrolle 269

«Malthusian League of London» 269, 274
Manchester
– hohe Kultur in 37
– Wachstum 61
Manet, Edouard 383, 392, 393
Mann, Thomas 28
Mannweib 211, 212
Mantegazza, Paolo 328
Marlitt, E. 197
Marmier, Xavier 408, 409
«Married Women's Property Acts» 193, 194
Marryat, Frederick 346
Martin, H. Newell
– weibliche Sexualität 171
– Zensur 407
Marts, William Gosser 411, 412
Marx, Karl 16, 45, 78, 403
Marx und Engels
– bürgerliche Liebe 48
– Stadt und Bürger 52
– bürgerliche Ehe 428
Marxisten
– Gebrauch des Wortes «bürgerlich» 29
– Empfängnisverhütung 285
Masturbation
– Terminologie 304, 305
– Ärzte zur 304–314, 319
– Kreuzzug gegen 305–316, 323, 325
– Krankheiten durch 306–309, 311–313
– weibliche 309, 310, 315
– Anreize 310, 388
– kirchliche Ansicht 314
– Erzieher zur 315, 316, 318
– Vergeudung 317, 325
– Lyttelton 331
– Ängste der Eltern 430
Mather, Cotton 59
«Matrimonial Causes Act» 192
Maude, Louise und Aylmer 406
Maudsley, Henry 231, 233
– *Sex in Mind and in Education* 230
– zur Masturbation 307, 308, 318
Maupassant, Guy de 362
Maurice, F.D. 208
McCabe, Lida Rose 201
Medizin im 19. Jahrhundert
– Fortschritte 304, 322, 323
– Qualität 322
Meirowsky
– zur Masturbation 310
Melbourne, Lord
– Einwände gegen *Oliver Twist* 402
Menstruation
– Auswirkung auf das Studium von Frauen 231, 232, 234, 236, 240
– Unterrichtung der Mädchen 297
– in der Literatur 335, 336
Meredith, George 434
Mérimée, Prosper 220
Metternich, Fürst 70
– zur Mittelklasse 55, 56
Meyer, Hermann von
– über die Frau als Ärztin 199
Michelet, Jules 189, 407
Migration 60
Militarismus 67
Mill, James
– zur Bedeutung der Mittelschicht 51
Mill, John Stuart
– zu den drei Klassen der englischen Gesellschaft 29
– Zeitalter des Wandels 58
– Fortschritt 73
– *The Subjection of Women* 192–194
– für Geburtenkontrolle 266
– über Familienleben 421
Millais, John Everett 250, 295, 390
– Hochzeit 301
– sexuelle Heuchelei 406
Miller, E.P.
– Mißbrauch der «Geschlechtsfunktion« 311, 312
Milton, John 134, 135
– Heuchelei 401
Mittelschicht im 19. Jahrhundert
– Unterteilung 15
– Informationsquellen über 19
– Definitionsschwierigkeiten 27
– zur hohen Kultur 37–40
– Nomenklatur 40

– wohlwollende Beobachter 50–53, 55
– Expansion 65, 66
– Mabel Loomis als Beispiel 84, 85
s. a. Bürgertum
Mobilität, soziale 67, 76, 77
Möbel
– als Sex-Symbole 346
– erotische Aspekte 431
Molière 401, 411
Monlau y Roca, Pedro Filipe
– über Masturbation 309
– über sexuelle Zurückhaltung der Frau 424
Monnier, Henry 41
Montefiore, Dora 115, 349
Montepin, Xavier de 364
Moore, George 379
Morazé, Charles 44
Moreau, Gustave 224, 225
Moreau, Paul 161
Morris, Mowbray 408
Morris, William 37, 403
– Gebrauch des Wortes «bürgerlich» 29
Morrison, James 36
Morton, Thomas 402
Moser, Hans 406
Mosher, Clelia Duel
– Charakter 150
– «Mosher Survey» 150–159, 176, 186, 329
– Geburtenkontrolle 271, 287
Mott, James 209
Mott, Lucretia 207, 209
– zur Ehe 132, 133
Mount Holyoke, Frauencollege 201
München 37, 38, 213
Mulready, William
– Modellstehen 389
– Aktdarstellungen 385, 391
Munby, A. J.
– über die Unwissenheit 291
Munch, Edvard
– Darstellungen der Frau 222, 224, 225, 230
Musset, Alfred de 362, 372
Mutter
– Primat 376
– gespaltenes Bild des Mannes 376
Mutterschaft 101, 254, 257
– als Aufgabe der Frau 258, 259

Nacktheit
– in der Öffentlichkeit 343
Nadaillac, Marquis de
– gegen Geburtenkontrolle 227, 228
– Verbreitung der Geburtenkontrolle bei niederen Ständen 284
Napheys, George H.
– Brautwerbung 92, 93
– Sexualität 176, 177, 182
Napoleon Bonaparte 47, 192
Nason, Elias 92
«National Society for the Scientific Study of Education» 326
Natur, menschliche 434, 435
Needham, Charles K.
– über den Bürger 28, 52
Neuerungssucht 63, 64
Neurasthenie 181
Neurosen 182, 183, 307
– Theorie Freuds 19, 338
– als Folge der Empfängnisverhütung 277
Neuseeland
– Frauenstimmrecht 198
New York 339
New York Herald
– gegen Feministinnen 209, 210
New York Tribune
– Antifeminismus 212
Niederlande 196
– Ärztinnen 199, 200
Nietzsche, Friedrich 403
– über die Gesellschaft 42
– über die Furcht vor dem Bösen 68
Nightingale, Florence 56
Nürnberg 51
Norwegen
– Ärztinnen 200
Nyström, Anton
– über Sexualität 168, 169

Oberlin College
– Zulassung von Frauen 201
«Obscene Publications Act» 360, 363
Obszönität
– Definition 363
– Prozesse wegen 364, 365
Ödipus
– in der Kunst des 19. Jahrhunderts 223, 224
– Ödipuskomplex 26, 58, 289, 407, 435
Österreich-Ungarn
– Ärztinnen 200
Oliver Twist
– Verteidigung 402
Onania 305, 319
Onanie
– eheliche, s. coitus interruptus
– Entstehung des Ausdrucks 305, s.a. Masturbation
Opium 402
Optimismus im 19. Jahrhundert 57, 59, 405
Ovid 363
Owen, Robert Dale
– über Empfängnisverhütung 274, 275, 364
– *Moral Physiology* 273, 274, 276
– über coitus interruptus 275, 276

Pappenheim, Bertha, s. Anna O.
Paquin, Paul
– über Heuchelei 415
Paris 248, 269, 339, 340, 342, 359
– Sozialstruktur 35, 36
– Wachstum 60, 61
Parton, Sara
– zu Whitman 350
Pasteur, Louis 304
Pater, Walter
– Charakterisierung der Frau 221
Payne, Joseph
– über Frauenbildung 230
Peabody, Sophia (spätere Hawthorne) 442, 444
s.a. Hawthorne, Sophia
Péguy, Charles
– Wandel 65
Penis 289
– in der Pornographie 370, 376
– -neid 130, 289
Pepys, Samuel
– Tagebuch 437, 439
Pessar 270
Pessimismus im 19. Jahrhundert 58, 59, 74, 401
Pestalozzi, Johann Heinrich 422
Peters, William 396
Petrie, James 254
Phantasie
– sexuelle 334
– Pornographie 374
Photographie 388
Phrenologie 139
Picasso, Pablo 383
Pius IX., Papst 267
Place, Francis
– Flugblätter für Empfängnisverhütung 273
– Methoden der Empfängnisverhütung 274
Planck, Max
– über Frauenbildung 240, 241
Platt, Smith H.
– weibliche Sexualität 172
– zur Masturbation 315
– über Sittsamkeit 414
Plauzoles, Sicard de
– über den Ehevollzug 297
Pomeroy, H.S.
– über Abtreibung 268
Poor, Henry Varnum
– über die Ehe 146
Pope, Alexander 118, 222
Pornographie 359–377
– Handel mit 359, 360
– Kreuzzug gegen 360–365, 377–379
– Definition 363
– Reiz der 368, 369
– Monotonie in der 373
– Kundenkreis 372, 373
Potter, Beatrice (spätere Webb) 28
– Sündenbewußtsein 54
– Antifeminismus 227

Pouillet, Thésée
– zur weiblichen Masturbation 310
Powers, Hiram 394–396
Preußen
– Bürgerstand 30
– Beamte 32, 33
– Säuglings- und Müttersterblichkeit 249, 251, 252
s. a. Deutschland
Privatsphäre 243, 400
– im 18. u. 19. Jahrhundert 431
– Familie 436
– Gefühle 442
Prölls, Robert
– Charakteristik des Mittelstands 52
Prostitution 28, 48, 192
– Quelle sexueller Information 339
Proust, Marcel 43, 68
Prud'hon, Pierre-Paul 381
Prüderie 346, 378
Pseudonyme für weibliche Autoren 126, 197
Psychoanalyse 17, 24, 25, 26, 58
s. a. Freud
Psychohistorie 17, 24
Pugin, Augustus Welby
– Architektur des 19. Jahrhunderts 404, 405
Punch 404, 445
– Antifeminismus in 212
Puschkin, Alexander 221
Pyramide
– soziale 27, 30, 36, 40, 66

Queens College (London) 208
Queiros, Eça de 380
Quetelet, Adolphe 248

Raabe, Wilhelm
– Antifeminismus 215
Ranke, Leopold von 48, 405
Rassenselbstmord 333
Ratgeberliteratur
– für Hausfrauen 349–352
– zur Sexualität 313–316
– zum Familienleben 431
s. a. Ehehandbücher
Raudot, C. M. 278
Reade, Charles
– «lüsterne» Prüderie 378
Reaktionsbildung
– als psychologischer Abwehrmechanismus 216, 368
Regression 373
Religion im 19. Jahrhundert 71, 72, 258–266, 420
– und Sexualität 169, 172–176
Renoir, Pierre Auguste 383
Revolution 44, 45, 192
– Französische 44, 59
– Industrielle 44, 59
Ribbing, Seved 161
Riegel, Franz
– zum Frauenstudium 240
Riehl, Wilhelm Heinrich
– über das Bürgertum 50, 422
– Antifeminismus 196
– Familiensoziologie 214, 215, 418–421, 426, 427, 429
– *Die Familie* 214, 418, 426
– Feminismus 426, 427
Rochard, Jules
– über die Stellung der Frau 236
Rodbertus, Karl Johann 255
Roebuck, J. A.
– Definition der Pornographie 363
Rogers, Eleanor
– Fehlgeburten 243, 245, 253, 321
Rohleder, Hermann
– über den Wandel 64, 65
– zur Masturbation 308, 310
– über Sexualerziehung 332
Romantiker 403, 434
Root, Edward Tallmadge
– zum Tod des Bruders 261
– Tagebuch 438
Root, Willie
– Tagebuch 438
Rosetti, Dante Gabriel
– Frauendarstellung 221, 372
Roubaux, Félix 162
Rousseau, Jean-Jacques 305, 422
Routh, C. H. F.
– gegen Empfängnisverhütung 277

Runge, Max, Antifeminist 215
Rush, Benjamin
– zur Masturbation 306, 308, 318
Ruskin, Effie, s. Gray, Effie
Ruskin, John 247, 250, 295, 389, 403, 423, 424
Rußland 279

Sacher-Masoch, Leopold von 373
Sadismus 216
– in der Pornographie 371, 373, 375
Säuglingsmord 284
Säuglingssterblichkeit im 19. Jahrhundert 245, 246, 248–250
Saint-Simon, Comte de 207
Sand, George 122, 208, 430
– Schwangerschaft 253, 254
– Eheverhalten des Mannes 296
– sexuelle Informationen 429
Sanger, Margaret 115
Santayana, George
– über die «doppelte» Moral 401
Satan 59, 313, 314
– Symbol 133–136
Saturday Review 227, 228
– Presserüge 378
– Kunst 391
– Scheinheiligkeit 402, 403
– Familie 423
Scheidenschwamm 271, 273, 274
Scheidenspülung 276, 286
Scheidungsrecht
– in Frankreich 192
– in England 192
– in Preußen 195
Schlesinger, Elisa 342
Schmidt, Erich 257
Schottland
– Eherecht 192
– Säuglingssterblichkeit 249
Schreber, Daniel Gottlob Moritz
– zur Masturbation 311
Schreber, Daniel Paul 311
Schrenk, Elias
– gegen Geburtenkontrolle 281
Schwangerschaft
– Angst 252–254, 256
– Befriedigung 253–256
– als «normale Krise» 256
Schweden 192, 194, 197
– gesetzliche Stellung der Frau 197
– Zensur 216
– Säuglingssterblichkeit 249
Schweiz
– Tod im Kindbett 252
Scott, James Foster
– über weibliche Sexualität 162
See, Anna P. 227
Seeberg, Reinhold
– Studie über Geburtenrückgang in Deutschland 281, 282
Seele
– und Erfahrung 21
– Urteilsfähigkeit 22
– Tätigkeiten 23
Selbstmord der Menschheit 231
Semmelweis, Ignaz 304
– Kindbettsterblichkeit 252
Seneca Falls (Amerika)
– Feministenkongreß 208, 209
Sexualerziehung 289–333
– Rolle der Fachleute 291, 303, 304, 327
– nationale Unterschiede bezüglich der 298, 299
– Informationsquellen 299, 300
– Gesellschaften für 325, 326
– Kongresse 326, 328
– für Frauen 328
– Literatur über 328–330
– Antwort auf kulturelle Ängste 332
Sexualität
– bürgerliche 14, 15
– neue Einstellung im 19. Jahrhundert 65
– Zeugnisauswertung 122–124
– Untersuchung der bürgerlichen 147–159
– und eheliche Liebe 147–159
– männliche, im Gegensatz zur weiblichen 159–182
– Ratgeberliteratur 165–176
– Theorien Freuds 182–186
– Unwissenheit 270

– Techniken der Empfängnisverhütung 284–288
– Entwicklung 289, 290, 345
– Unterdrückung 289
– Adoleszenz 290
– Aufklärungsliteratur 325, 326
– Antwort auf Kinderfragen 337, 338, 429
– Heuchelei 406
s. a. Sexualität weibliche, Sexualerziehung
Sexualität, weibliche
– Lester Ward 145, 146
– Untersuchungen über 148
– Streit über 159–183
– Frauenbewegung und 182
– Ärzte über 160–162, 166–172, 175–181
– medizinische Literatur zu 174, 180, 181
– Freud über 182–185
Sexualverhalten
– Untersuchungen 148–159
Shakespeare 58, 185, 372
Shaw, George Bernard 93, 403
– Bewertung des 19. Jahrhunderts 54
– zur Mittelschicht 69
– Feminismus 213
Shelley, Percy Bysshe 131
Siebert, Friedrich 161
– Sex in der Ehe 290
– Sexualerziehung 328, 329
Simpson, James 304
– Anästhesie bei Geburt 232
Sims, J. Marion, «heroische» Medizin 322
Sinnlichkeit 400
– Schriften 328, 329
– Atmosphäre 334
– Zulässigkeit 391, 394, 397
– in Alltagsdingen 431, 432
Skulptur 380, 382
Smiles, Samuel 77
Smith, Hannah
– über Schwangerschaft 252
Smith, Logan Pearsall
– kindliche Sexualinformationen 336, 337
Smith, Sydney
– über Zensorenmentalität 378
Smith, Tylor
– zur Anästhesie bei der Geburt 246
«Society for the Suppression of Vice» 360–362, 403
Soden, Hermann Freiherr von
– zur Frauenbildung 239
Sophokles 58
Soziologie 71, 77
Spanien
– Säuglingssterblichkeit in 249
Spectator 51, 422
Sphinx 222–224
Spitz, René
– Untersuchung der Methoden gegen Masturbation 311
Städte
– Anwachsen 60–62
– als Schule erotischer Erziehung 339, 340
Stall, Sylvanus 315
– über Sexualerziehung 329
Stanton, Elizabeth Cady 207, 247
– Eheglück 132
– Gleichstellung von Mann und Frau 132
– zu Whitman 132
– gegen Sklaverei 207, 208
– Einberufung der Konferenz von Seneca Falls 208
Stanton, Henry B. 132
Stanton, Theodore
– über weibliche Schriftsteller 197
«Stehkragenproletarier» 40
Stendhal 13, 50, 162, 301
– über Bürger 39, 46, 47
– über Scheinheiligkeit 404
Stephen, Leslie 408
Stern, Daniel 197
– über den weiblichen Instinkt 424
Sterne, Laurence 402
Stillen, in der Öffentlichkeit 342, 343
– Ratschläge zum 351
Stöcker, Helene, Sexualreformerin 169

Storch, als Kinderbringer 299, 337, 338
Storck, Karl 70
Stowe, Harriet Beecher
– Empfängnisverhütung 270
Strauß, Johann 38
«Streik der Bäuche» 269, 270
Strindberg, August 403
– über das Stillen 342
Struwwelpeter 215
Stuck, Franz von 389
– Frauendarstellungen 222, 224
Sturgis, F.R.
– Gegner des Kreuzzugs gegen die Masturbation 316
Suburban Souls 372
Sue, Eugène
– Obszönitätsprozeß 360
Sumner, William Graham 442–444
Swinburne, Algernon 220, 364–366, 379
Syme, James
– für Anästhesie bei Geburt 247
Symonds, J.A.
– zum Ausdruck «bürgerlich» 29
Symons, Arthur
– Mittelklassenkritik 53
Syphilis 332

Taine, Hippolyte 354
– englische Mädchen 340
– Zensur eigener Schriften 409
Tagebuch
– als Zeuge bürgerlicher Kultur 13, 441
– als sexuelles Zeugnis 122, 123
– einer Hausfrau aus Connecticut 190, 191, 228
– als Privatangelegenheit 436–440
– im 19. Jahrhundert 437
– Geschichte des 437, 438
– als Therapie 439
– als Gesprächspartner 439, 440
– als Zuflucht 441
– und Heirat 441
Tardieu, Auguste Ambroise
– Gerichtsmedizin 344
Tatler 422
Tennyson, Alfred 434
Thackeray, William Makepeace 76, 405
– zur Mittelschicht 27
– Eisenbahn 64
– *Vanity Fair* 343
– zu Etty 387
– Sexualheuchelei 406
Theilhaber, Felix 281, 282
The Boudoir 375
The Girl's Own Paper, Zeitschrift 425
The Nineteenth Century
– Aufruf gegen Frauenstimmrecht 227
Theosophie 71
Thomas, M. Carey 202–207, 252
– über Bildung 204–207
– über Feminismus 204, 205
– zu Clarke 233
– Entschluß zur Ehelosigkeit 253
– Tod des Bruders 260, 261
– über sexuelle Aufklärung 358, 359, 429
Thwing, Charles F.
– zur Frauenbildung 236
Tiepolo, Giovanni Battista 220
Tissot, Samuel-Auguste-André-David
– zur Masturbation 305, 306, 317
Tocqueville, Alexis de 43
– zur amerikanischen Gesellschaft 13, 73, 74
Tod
– bürgerliche Einstellung 258–266
– infolge Masturbation 308
– in der Literatur 347, 348
Todd, David 96, 271, 272, 354
– Einschätzung durch Mabel Loomis 86, 87, 90
– Werbung um Mabel Loomis 91–93
– zur Schwangerschaft seiner Frau 100–102
– Trauer um Austin Dickinson 106, 107
– Hilfestellung bei Seitensprüngen seiner Frau 107, 108, 110
– Schwäche für andere Frauen 108
– letzte Lebensjahre 108, 109
– Verhältnis zur Tochter 108

– Anwesenheit bei Geburt der Tochter 356
Todd, Mabel (Loomis) 83–121, 431
– Charakter 83
– Talente 84, 85
– Tagebuch 84, 85, 96, 124, 356, 357, 440, 441
– Familie 84–86
– Verehrer 85, 88
– gesellschaftliche Maximen 86, 87
– Snobismus 86, 109, 110
– Wirkung auf Männer 87
– Adoleszenz 88
– Hunger nach Liebe 88
– Flirts 89, 90
– Naturliebe 90, 91
– erotische Bedürfnisse 91, 92
– Eheglück 93–98
– Schwangerschaft 96–100, 253, 356
– persönliche Fruchtbarkeitstheorie 97, 99
– Abneigung gegen Mutterschaft 99, 100
– Affäre mit Austin Dickinson 103, 105–113
– Flirt mit Ned Dickinson 103, 104
– Trauer um Austin Dickinson 106, 107
– Selbstrechtfertigung 111
– Vergötterung des Vaters 113–115
– Erfahrungen mit Geldverdienen 151
– Empfängnisverhütung 271, 272, 288
– Besuch des Bostoner Athenäums 398
– Heuchelei 413
– Karriere gegen Ehe 425
Todd, Millicent 83, 97, 99, 356
– zur Trauer ihrer Eltern um Austin Dickinson 106
– Auswirkungen des elterlichen Verhaltens 107, 108, 117, 118, 429
Toulouse, Edouard
– über Feministen 211
Toynbee, Arnold
– Kritik an der Mittelschicht 54
Traum
– Fähigkeit des Fliegens im 133
– Kastration 217–219
– Menstruation im 228
– sexueller 371, 374
Treitschke, Heinrich von 237
Tronchin, Théodore 305
Trollope, Anthony 335
Twain, Mark 362
Tylor, E.B.
– Kulturrevolution 57
– Kulturwissenschaft 77

Über-Ich 23, 54, 416, 439
Übertragungsphänomen 416
Uhde-Bernays, Hermann
– über den Wandel 64
Umwälzungen des 19. Jahrhunderts, s. Wandel
Unbewußte, das 22, 185
Undset, Sigrid
– Unterschiede der Geschlechter 336, 337
Ungarn 279
USA, s. Amerika
Uwins, Thomas
– zu Etty 387

Vagina dentata 218, 219
Varigny, C. de
– nationale Frauenbilder 203
Varnhagen, Rahel von 208
Vassar College 204, 232, 235
Vater
– Idealisierungen im 19. Jahrhundert 115–117
– Verführung durch 338
– Autorität 420, 423, 427
s.a. Ödipuskomplex
Veblen, Thorstein 403
Veit, Dorothea 208
Vergewaltigung
– Diskussion über Bestrafungsarten 344
Verlobungszeit 92
Verstädterung 60, 61
Victoria, Königin von England 11, 12
– als größte Bürgerin 44
– Chloroform bei Geburt 246

– Charakter 291
Vigny, Alfred de 221, 222
Viktorianisches Zeitalter
– Fehlvorstellungen 14, 15, 18, 291
Villèle, Comte de 31
Villeneuve, Christophe de
– über das Familienleben 421
Vinci, Leonardo da 221
– Tagebuch 437, 439
Vizetelly, Henry 365
Voltaire 51
Voluptuous Confessions of a French Lady of Fashion 375
Vorstädte 62, 63
Vought, Lizzie (spätere Ward) 142, 144, 145, 271, 411
Voyeurismus
– in der Pornographie 371, 374

Wagner, Cosima
– Anwesenheit Richard Wagners bei der Geburt 357
– Tagebuch 437
Wagner, Richard 38, 357, 426
Wahrhaftigkeit 346, 416
– in Tagebüchern 439
Wales 34
– Verstädterung 60
Wandel, im 19. Jahrhundert 58, 59
– Angst vor 68, 69, 241
– Anpassung an 68
– in der Kultur 70
Ward, Mrs. Humphry 227, 439
Ward, James 347
Ward, Julia (spätere Howe) 92
Ward, Lester 159, 271
– Tagebuch 142, 441
– Werbung um Lizzie Vought 142–144
– Ehe 144, 145
– Schriften 145
– über weibliche Sexualität 146
– Brief an einen Heuchler 411, 412
Ware, John
– zur Masturbation 310, 311
Watt, James 47
Webb, Beatrice, s. Potter, Beatrice
Webb, Sidney 29
Weber, Marianne
– zum deutschen Familienrecht 194
Wechsel von Passivität zu Aktivität
– psychologische Vorteile 78, 203
Wedekind, Frank 299
Weltausstellung 1851 in London 57
– Skulpturen 382, 395
Weyh, Ferdinand 344, 345
Wharton, Edith
– Beispiel für Unaufgeklärtheit in der Ehe 398, 399
White Cross Society 326
Whitehead, Alfred North 78
Whitman Walt 132, 401, 403
– *Leaves of Grass* 132, 350, 409
– zum Tod eines Kindes 250
– Realismus 347
Wiederheirat 251
Wiertz, Antoine 391
Wilamowitz-Moellendorf, Ulrich von
– über Frauenbildung 239
Wilberforce, William 397
Wilde, Oscar 29, 222
Willard, Frances 347
Winthrop, John 420
Wissenschaft
– im 19. Jahrhundert 71, 72
Wittelsbach, bayerisches Königshaus 37
Witze, obszöne 336
Wodehouse, P. G. 36
«Wolfsmann», Patient Freuds 334
Wollstonecraft, Mary 208
Wood-Allen, Mary
– Ehevollzug 297
– sexuelle Aufklärung 330, 331
– Schriften zur sexuellen Aufklärung 330, 331
Wright, Henry C.
– über sexuelle Gleichheit in der Ehe 287
Wright, Martha C. 247
Wright, Susan 243, 271, 300
Wüstenfeld, Ferdinand
– über Frauenbildung 239

Zakrzewska, Marie 200, 231

– über Frauenbildung 233
Zeitalter der Nervosität 79
Zeitungen, als Quellen sexuellen Wissens 336
Zensur 53
– in der Literatur 365, 408–410
– Selbstzensur 406, 414
Zola, Émile 47, 379
– Klassifizierung der französischen Gesellschaft 32
– Zeitalter des Übergangs 58
– Neuheitensucht 65
– Betriebsamkeit 72
– gegen Geburtenkontrolle 280, 281
– *La Joie de vivre*, zur Menstruation 335, 336
– *La Terre* 365
– Verteidigung Manets 392
– Zensur seiner Schriften durch seine Witwe 408
Zürich 206

Peter und Ruth Gay bei C.H.Beck

Peter Gay
Bürger und Boheme
Kunstkriege des 19. Jahrhunderts
Aus dem Englischen von Ulrich Enderwitz, Monika Noll und Rolf Schubert
1999. 438 Seiten. Leinen

Peter Gay
Die Macht des Herzens
Das 19. Jahrhundert und die Erforschung des Ich
1997. 571 Seiten. Leinen

Peter Gay
Meine deutsche Frage
Jugend in Berlin 1933-1939
Aus dem Englischen von Ulrich Enderwitz, Monika Noll und Rolf Schubert
2. Auflage. 1999. 230 Seiten mit 13 Abbildungen. Paperback
Beck'sche Reihe Band 1310

Peter Gay
Die zarte Leidenschaft
Liebe im bürgerlichen Zeitalter
1987. 526 Seiten mit 20 Abbildungen. Leinen

Ruth Gay
Geschichte der Juden in Deutschland
Von der Römerzeit bis zum Zweiten Weltkrieg
Mit einer Einleitung von Peter Gay
Aus dem Englischen von Christian Spiel
1993. 280 Seiten mit 274 Abbildungen, davon 20 in Farbe. Leinen

Verlag C.H.Beck München